Thomas Blum

Theaterpädagogik am Theater der Migrationsgesellschaft

Eine rassismuskritische Analyse

Schibri-Verlag Berlin • Milow

Dorfstraße 60, 17337 Uckerland/OT Milow
E-Mail: info@schibri.de
http://www.schibri.de

Umschlagfoto: 123rf.com
Umschlaggestaltung, Satz und Layout: Schibri-Verlag, Milow

Printed in Germany

ISBN 978-3-86863-266-8

Inhaltsverzeichnis

1 Einleitung

1.1 Gegenwärtige Debatten um das Theater der Migrationsgesellschaft[1]

Aus dem Fenster des Raumes, in dem Teile dieser Untersuchung verfasst wurden, schaue ich auf die Fassade des Leipziger Stadttheaters. Dort hängt seit einigen Jahren durchgehend ein großes Transparent auf dem steht: „Das Land, das die Fremden nicht beschützt, geht bald unter. (Goethe)". Ich lese dieses Zitat als Bezugnahme auf und Intervention in den deutschen Migrationsdiskurs durch das Schauspiel Leipzig. Das Transparent verstehe ich als politisches Statement, mit dem das Haus sich in den gegenwärtigen Debatten um Flucht und Migration für den Schutz und damit implizit auch gegen die Bedrohung von und Feindlichkeit gegenüber „Fremden" positioniert.[2] Mit seiner öffentlichen Positionierung reiht sich das Haus in die lange Reihe von Theatern und Kulturinstitutionen ein, die spätestens seit am 20. Oktober 2014 in Dresden die erste Pegida-Demonstration stattfand, den vom ehemaligen Bundeskanzler Gerhard Schröder anschließend wiederholt geforderten „Aufstand der Anständigen" vollziehen.[3]

Ein knappes Jahr nach der ersten Pegida-Demonstration, am 23. September des ausklingenden „langen Sommer der Migration" (Hess u. a. 2017) des Jahres 2015

---

1 Der folgende Text ist als eine *An-Ordnung*, als eine von vielen möglichen Perspektivierungen dieser Debatten zu verstehen. Anders als es etwa die Bezeichnungspraxis „Darstellung" oder „Überblick" suggerieren würde, nimmt er eine keineswegs vollständige, objektive, standortungebundene und/oder interessenlose An-Ordnung vor, welche selbst sowohl als von migrationsgesellschaftlichen Diskursen strukturiert als auch als diskursiver Einsatz zu verstehen ist. In Anlehnung an eine Formulierung Ernesto Laclaus verstehe ich diesen und die folgenden Textteile dabei als das Ergebnis von Ent-Scheidungen. Mit dieser Schreibweise möchte ich auf die Dimension der notwendigen Scheidung von *etwas* zugunsten von *etwas anderem* hinweisen, die jedem Text zugrunde liegt. Insofern jeder Text immer auch anders sein könnte, trägt jeder Text immer auch gleichzeitig einen Verlust an möglichen anderen Texten in sich, während zugleich erst die Ent-Scheidung den „Sprung von der Erfahrung der Unentscheidbarkeit zu einem kreativen Akt" (Laclau 1999, S. 127) ermöglicht.

2 Zu den mit diesem Transparent aktualisierten migrationsgesellschaftlichen Zugehörigkeitsordnungen mit Blick auf die Verwendungsweisen der Konzepte „Fremdheit" und „Nationalität" und der im Imperativ des „Beschützens Anderer" angesichts des drohenden Untergangs des Eigenen adressierten Selbst- und Weltverhältnisse vgl. Blum 2019a.

3 So löschte etwa auch die Dresdner Semper-Oper im Dezember 2014 „demonstrativ" ihre Außenbeleuchtung, während draußen Pegida-Demonstrant*innen auf dem Dresdner Theaterplatz zum „gemeinsamen Weihnachtsliedersingen" einluden und befestigte vier Fahnen am Haus mit den Aufschriften „Augen auf", „Herzen auf", „Türen auf" und „Die Würde des Menschen ist unantastbar", vgl. sueddeutsche.de 2014.

begann das vermutlich prominenteste Internetportal für Theaterkritik nachtkritik.de eine Liste mit dem Namen „#refugeeswelcome – Wie die Theater in der Flüchtlingshilfe aktiv werden. Die Türen sind offen" zu führen, die mit folgendem Satz eingeleitet wurde:

> Der Flüchtlingsstrom nach Europa stellt die Gesellschaft vor gewaltige Aufgaben. Politische, soziale, kulturelle, logistische. Angesichts der Herausforderungen nehmen die deutschsprachigen Theater ihren gesellschaftlichen Auftrag verstärkt in den Blick und leisten unmittelbar Hilfe. (Rakow/Merck 2015)

Auf dieser Liste wurden zwischen September und Dezember 2015 die aktuellen Aktivitäten deutscher Theater in ihrem „Engagement für Asylsuchende" (ebd.) aufgeführt. Die Liste liest sich trotz ihrer nur viermonatigen „Laufzeit" wie eine fast vollständige Liste der öffentlich getragenen Stadt-, Staats- und Landestheater in Deutschland. Kaum ein Theater, das hier nicht auftaucht, kaum ein Theater, das nicht mit Unterkünften für geflüchtete Menschen kooperierte, Spenden sammelte, Projekte wie etwa internationale Cafés oder Kochveranstaltungen initiierte, Inszenierungen zum Thema Flucht erarbeitete und öffentliche (Diskussions-)Veranstaltungen organisierte (vgl. ebd.). Auch und besonders die theaterpädagogischen Abteilungen der Häuser wurden hier aktiv und aktiviert. Es entstand eine Vielzahl nicht nur an künstlerisch-pädagogischen Projekten, Kooperationen und Inszenierungen mit geflüchteten Kindern, Jugendlichen und Erwachsenen, sondern auch an Publikationen und Veranstaltungen, in denen die „Transkulturelle Theaterarbeit im Kontext von Flucht und Migration" (Bundesarbeitsgemeinschaft Spiel & Theater 2017)[4] thematisch wurde. So veranstaltete der Bundesverband Theaterpädagogik (BUT) seine jährliche Bundestagung im Jahr 2016 zum Thema „Theater mit Geflüchteten", bevor er am 04. Mai 2017 das erste Mal den bundesweiten „Preis für gelungene Theaterprojekte mit Geflüchteten" verlieh, für den Theaterprojekte gesucht wurden, „in denen eine aktive Mitwirkung und die Auseinandersetzung der Geflüchteten mit der eigenen und der Kultur des Aufnahmelandes besonders gefördert werden" (BuT e.V 2017). Doch nicht nur mit Blick auf das Thema Flucht lässt sich seit Mitte der 2010er Jahre eine große Prominenz theaterpädagogischer Projekte beobachten, in denen Migration explizit zum Thema gemacht wird. Während in theaterwissenschaftlichen, kulturpolitischen und

4 So der Name einer Tagung, die die BAG gemeinsam mit dem Landesverband Theaterpädagogik Niedersachsen und unterstützt von Jugendkulturarbeit e.V. am 18. Februar 2017 in Oldenburg durchführte, vgl. Lat Niedersachsen 2017.

theaterpädagogischen Analysen und Debatten lange diagnostiziert wurde, „Migration [...] findet im deutschen Theater nur als Marginalie statt" (SCHNEIDER 2011, S. 9) und hiermit verbunden vor allem eine mangelnde Auseinandersetzung der Stadt- und Staatstheater mit „Interkulturalität" als einem „Fremdwort" (STING 2010a, S. 54) im Theater problematisiert wurde, sind explizite Auseinandersetzungen mit Migration und mit hiermit in Verbindung gebrachten Themen wie beispielsweise Integration und Fremdheit inzwischen längst zu einem der zentralen Themen an deutschen Theatern und im Kontext von Theaterpädagogik und Kultureller Bildung geworden. Zunächst häufig unter der Überschrift einer Inter- oder Transkulturellen Theaterarbeit entstand und entsteht eine schier unüberschaubare Anzahl an theaterpädagogischen Projekten, mit denen der Anspruch verfolgt wird, einen produktiven Beitrag zu den jeweils diagnostizierten Herausforderungen der migrationsgesellschaftlichen Gegenwart zu leisten. Mit der Programmatik der Interkulturellen Theaterpädagogik etablierte sich seit Ende der 1990er Jahre eine fachwissenschaftlichen Ausarbeitung der Chancen und Herausforderungen „interkultureller" theaterpädagogischer Projekte.[5] Thematisch gemacht wird dabei häufig das *bildende Potenzial* der Theaterpädagogik als spezifische u.a. körpergebundene und in Gruppen stattfindende künstlerisch-pädagogische Praxis für die Beteiligten an „interkulturellen" theaterpädagogischen Projekten, etwa mit Blick auf die Stärkung von „Offenheit, Neugier für andere, Toleranz und Verständnis" (HOFFMANN/KLOSE 2008, S. 81) im Kontext der „Begegnung mit anderen Kulturen und Traditionen" (SCHNEIDER 2011, S. 10) sowie häufig auch den Erwerb der deutschen Sprache (STING 2010b; HOFFMANN/KLOSE 2008, S. 10). Neben und verwoben mit diesem bildenden Potenzial interkultureller Theaterprojekte wird in den Texten besonders auch ein *politisch-soziales Potenzial* herausgestellt, in dessen Zentrum das Ziel steht, „einen produktiven Dialog der Kulturen anzuregen" (STING 2012, S. 193) und „Integration mittels kultureller Praxis zu ermöglichen" (SCHNEIDER 2011, S. 10) sowie hiermit verbunden einen Beitrag zu leisten zu mehr „Teilhabe an Bildung, Arbeit und politischen Entscheidungen" (STING 2010a, S. 53).

Häufigen Auslegungen von Theaterpädagogik als „gutgemeinte Integrationsmaßnahme" (TSCHOLL 2008) entgegen werden seit Ende der 2000er Jahre im Theater gleichzeitig Ansätze prominenter, in denen die deutsche Migrationsgesellschaft

5 Vgl. ausführlicher hierzu Kapitel 3.2 dieser Arbeit, in dem ich auf die im Kontext der Interkulturellen Theaterpädagogik dominierenden Verwendungsweisen von „Kultur" eingehe, die grundlegend für die Markierung von Theaterprojekten als (nicht) „interkulturell" sind.

und ihr Theater grundsätzlicher mit Hinblick mit Blick auf Fragen der Repräsentation und der Diskriminierung befragt werden. Maßgeblich am im Jahr 2008 wieder eröffneten Berliner Theater Ballhaus Naunynstraße wurde und wird bis heute die Perspektive eines „postmigrantischen Theaters" und einer mit ihr verbundenen Theaterpädagogik entwickelt, aus der heraus „[...] lange vernachlässigte und unsichtbare Erzählungen, Erfahrungen, Figuren und kulturelle Erinnerungen künstlerisch aufgearbeitet und auf die Bühne gebracht werden" (Ballhaus Naunynstrasse 2016). Neben und verbunden mit postmigrantischen Ansätzen in Theater und Theaterpädagogik entwickelte sich seit Beginn der 2010er Jahre außerdem eine Vielzahl (weiterer) theatraler und performativer Auseinandersetzungen mit der deutschen und europäischen Kolonialgeschichte und mit Alltagsrassismus. Produktionen wie Nurkan Erpulats „Verrücktes Blut" (2011), Yael Ronens „Common Ground" (2014), Anta-Helena Reckes (Re-Inszenierung von) „Mittelreich" (2016) oder Thom Truongs „Enjoy Racism" (2018) stellen nicht nur viel beachtete und diskutierte künstlerische Einsätze in den deutschen Migrationsdiskurs dar, sondern wurden als solche auch auf das renommierteste Festival für deutschsprachiges Theater, das Berliner Theatertreffen eingeladen. Und das seit der Spielzeit 2013/2014 von Shermin Langhoff und Jens Hillje geleitete Berliner Maxim-Gorki-Theater, welches sich als ein Ort versteht, „[...] an dem Konstruktionen von Nation, Identität und Zughörigkeit in Auseinandersetzung mit Geschichte und durch Aufzeigen translokaler Bezüge hinterfragt werden" (Maxim Gorki Theater 2020) wurde von der Zeitschrift „Theater heute" sowohl 2014 als auch 2016 zum Theater des Jahres gewählt.[6]

In ihrem Rückblick auf das Theater der 2010er Jahre hebt die Theaterkritikerin Christine Wahl Anfang 2020 im Berliner Tagesspiegel entsprechend den (migrationsbezogenen) „Diversitätsdiskurs" als besonders prägend für diese Dekade hervor:

> Zum anderen haben in den 2010ern [...] auch Konzepte wie das des postmigrantischen Theaters eine weit über Berlin und Deutschland hinausreichende Relevanz erreicht. Mit dem Diversitätsdiskurs sind überfällige gesellschaftspolitische Fragen ins Branchenbewusstsein gerückt: Wessen Geschichten werden eigentlich erzählt, wer spricht für wen, und wer kommt praktisch gar nicht vor? Auf ähnliche Weise hat auch

6 Die hier kursorisch beschriebene Entwicklung einer Zunahme (der Wahrnehmung und Förderung) von Produktionen zu Rassismus, Kolonialität und Gewalt bezieht sich aufgrund des Forschungszeitraums dieser Untersuchung auf die 2010er Jahre.

> die #MeToo-Diskussion gleichermaßen innerbetriebliche Struktur- wie künstlerische Repräsentationsdebatten bewirkt. (Wahl 2020)

Analysiert und diskutiert werden in den Debatten um die Theater der Migrationsgesellschaft – häufig wie hier unter der Überschrift „Diversität" – bestehende institutionelle Ein- und Ausschlüsse auf der Ebene des Personals, der Wissensproduktion, der Publikumsstruktur oder der ästhetischen Strategien und Formate. Gefragt wird auch nach strukturellen, kollektiven und individuellen (Umgangsweisen mit) Diskriminierungen und anderen Formen der Gewalt an Theaterhäusern sowie nach den gegenwärtigen, historischen und auch zukünftigen Rollen und Funktionen der Kulturinstitutionen der Migrationsgesellschaft. Mit Blick auf die sich im Diskurs um das Theater vollziehenden Entwicklungen der letzten Jahre sprechen Elisa Liepsch und Julian Warner gar von einem sich im Kontext des Theaters in den 2010er Jahren vollziehenden „Paradigmenwechsel" (Liepsch/Warner 2018b, S. 10) und plädieren dafür, die „Kolonialität der eigenen Produktionsbedingungen und Institutionen" (ebd.) zu adressieren:

> Die weißen Institutionen, die ehemals weiße bürgerliche Selbstvergewisserung durch Repräsentationen des Selbst und des Fremden herstellten, stehen nun vor der Aufgabe, durch kritische Reflexion ihrer adressierten Publika, ihres Personals, ihres Programms und des Zugangs zu ihrer Institution der Diversität der deutschen Gesellschaft Rechnung zu tragen. (Liepsch/Warner 2018b, S. 10, Herv. i. O.)

In diesem Sinne plädieren auch jüngere Publikationen im Kontext von Theaterpädagogik und Kultureller Bildung für eine „kritische Reflexion" der Verwobenheiten von Institutionen, Diskursen und Praktiken des Theaters mit migrationsgesellschaftlichen Macht- und Herrschaftsverhältnissen. So fokussiert der von Anja Schütze und Jens Mädler herausgegebene Sammelband „*weiße* Flecken. Diskurse und Gedanken über Diskriminierung, Diversität und Inklusion in der Kulturellen Bildung" die Schnittstelle von Kunst und Bildung mit Blick auf

> [...] Leerstellen im Sinne des Nicht-Wissens über strukturelle Ausschlüsse oder des Nicht-Wahrnehmens des eigenen Beitrags im Erhalt von Machtverhältnissen. Es geht um einen diskriminierungskritischen Blick auf Ausbildung und Alltagspraxis im Feld der Kulturellen Bildung und darüber hinaus. Es geht auch darum, welche Körper, Erfahrungen und welches Wissen im Kontext von Kultureller Bildung Anerkennung finden und wer oder was als „anders" konstruiert und hierarchisiert wird. (Schütze/Maedler 2017a, S. 9)

1.2 Der Diskurs der Theaterpädagogik der Migrationsgesellschaft und seine Subjekte

Die vorliegende Studie widmet sich diesem Bereich der Verwobenheit der Theaterpädagogik mit migrationsgesellschaftlichen Macht- und Herrschaftsverhältnissen mit Blick auf die Theaterpädagogik am Theater. Anders als in den überwiegenden praktischen wie theoretischen theaterpädagogischen Arbeiten sollen dabei nicht primär die (vermeintlichen) bildenden, sozialen, künstlerischen oder politischen Potenziale der Theaterpädagogik in den Blick genommen werden. Sondern solche wie die oben exemplarisch angeführten Zielsetzungen etwa der Integration oder der Förderung eines interkulturellen Dialogs durch die Theaterpädagogik nehme ich als Ausdrücke und Bestandteile (migrations-)gesellschaftlicher Diskurse und den mit diesen verbundenen Macht- und Herrschaftsverhältnissen in den Blick. Aus einer praxeologisch-diskurstheoretisch orientierten Perspektive auf Theaterpädagogik gilt mein Interesse dem Diskurs der Theaterpädagogik am Theater der Migrationsgesellschaft. Ich frage, wie dieser Diskurs in Interviewgesprächen mit Theaterpädagog*innen[7] zur Frage nach der politischen Dimension ihrer theaterpädagogischen Praxis aktualisiert wird. Mich interessiert, auf welche Weise hier machtvolle migrationsgesellschaftliche Differenz- und Zugehörigkeitsordnungen (Mecheril 2016c, S. 15) für den spezifischen Kontext „Theaterpädagogik an Berliner Theatern" aktualisiert werden und inwiefern. Und auf welche Weise in diesen Aktualisierungen Adressierungen und Positionierungen von Subjekten entlang natio-ethno-kulturell kodierter Unterscheidungen (Mecheril 2004) vorgenommen werden und bedeutsam sind. Theaterpädagogik am Theater perspektiviere ich hierfür als einen diskursiven Ort, den ich dahingehend befrage, wie an ihm Ordnungen der Migrationsgesellschaft auf welche Weise wirksam und hervorgebracht werden.

In Anlehnung an die Theorie der Strukturierung von Anthony Giddens (1997) verstehe ich unter *Ordnungen* relativ dauerhafte Zusammenhänge, die innerhalb

7 In der vorliegenden Untersuchung orientiere ich mich mit Blick auf die sprachliche Markierung von Geschlecht an der Schreibweise mit Genderstern (zum Beispiel Teilnehmer*in, Spieler*in, Theaterpädagog*in) und hiermit am Versuch einer möglichst (geschlechter-)gerechten Schreibweise. Mit dem Einfügen des Sterns sollen auch diejenigen sprachlich einbezogen werden, die sich nicht in eine hegemoniale binär organisierte Geschlechterordnung, in der es nur „männlich" oder „weiblich" gibt, einordnen wollen oder können und soll diese Ordnung mitsamt ihren heteronormativen Implikationen als hegemoniales kulturelles Konstrukt thematisiert und problematisiert werden (vgl. Pusch/Sookee 2021).

von Gesellschaften Sinn schaffen und strukturierend auf die Erfahrungen von Menschen und deren Selbstverständnis einwirken. Differenzordnungen stellen „eine im Innenraum von gesellschaftlicher Realität angesiedelte, projizierte und wirkende Macht" dar, sie „führen Unterscheidungen ein, die das gesellschaftliche Geschehen symbolisch und materiell, diskursiv und außer-diskursiv für Mitglieder von Gesellschaften begreifbar machen." (Mecheril 2008c). Der Begriff der Ordnung markiert eine Perspektive, in der individuelles theaterpädagogisches Handeln nicht vorwiegend in seiner Autonomie, sondern vielmehr in seiner Strukturiertheit betrachtet wird: In seiner Abhängigkeit von dem, was zu einem bestimmten historischen Zeitpunkt der Gegenwart, an einem bestimmten Ort, in einem bestimmten Kontext aus einer spezifischen Position heraus als mögliches Handeln überhaupt denkbar ist und zur Verfügung steht. Ordnungen wären jedoch falsch verstanden als Determinanten für menschliche Handlungen und Selbstverständnisse. Menschen sind entsprechend keine „Deppen der Ordnung" (Broden/Mecheril 2010, S. 16) und die theaterpädagogische Praxis lässt sich nicht als eine bloße Aufführung von dominierenden gesellschaftlichen Ordnungen in der Theaterpädagogik verstehen. Denn Ordnungen werden von menschlichem Verhalten nicht nur aufgegriffen, sondern auch verschoben und unterlaufen und befinden sich daher in permanenten umkämpften Wandlungen.

Im Kontext der Theaterpädagogik am Theater lassen sich Praktiken des Entwerfens, des Leitens, des Probens oder des Inszenierens von theaterpädagogischen Projekten aus der Perspektive eines solchen Ordnungsbegriffs erstens dahingehend betrachten, welche Ordnungen in ihnen wie aufgeführt, verschoben und materialisiert werden und zweitens, auf welche Weise durch diese (Aufführungen von) Ordnungen in der Theaterpädagogik welcher Sinn geschaffen wird. So argumentiere ich beispielsweise in Kapitel 8, dass die spätestens seit dem Sommer 2015 sehr prominente Vielzahl an Theaterprojekten mit geflüchteten Menschen eine spezifische Ordnung (des Politischen) aufführt, welche den Sinn haben kann, das Theater der Migrationsgesellschaft und seine Theaterpädagogik auf eine Art und Weise zu positionieren, durch die bestimmte Privilegien und Machtverhältnisse vor ihrer kritischen Reflexion geschützt werden können. Indem die vorliegende Untersuchung wie hier beispielhaft skizziert bedeutsame theaterpädagogische Ordnungen sichtbar macht und rassismuskritisch perspektiviert, möchte sie auch zu deren Wandel beitragen.

Theoretisch grundlegend ist für diese Untersuchungsperspektive ein praxeologisch-diskurstheoretisch informiertes Verständnis von Theaterpädagogik als eine situierte kulturelle Praxis, deren Praktiken sich weder als komplett neue noch als von anderen (beispielsweise pädagogischen und künstlerischen) Feldern isolierte noch als in sich homogene Praktiken vollziehen. Vielmehr lassen sie sich verstehen als historisch verflochtene, zeitlich und räumlich dynamische sowie widersprüchliche Praktiken, die eng mit Diskursen der Migrationsgesellschaft verknüpft sind. (Theaterpädagogische) Praktiken werden hier als die „kleinste Einheiten der Kultur" (Reckwitz 2010, S. 189) als gleichzeitig wissensbasiert und wissenskonstituierend in den Blick genommen. In ihren „Überlegungen zu einer praxeologischen Didaktik der Theaterpädagogik" (Hentschel 2017) versteht Ulrike Hentschel „Kultur" im Anschluss an eine solche praxeologisch-kulturwissenschaftliche Perspektive als ein „Feld von Sinn- und Bedeutungsproduktion in symbolischen Ordnungen" (ebd., S. 203). Praktiken nimmt sie vor diesem Hintergrund als etwas in den Blick, das „innerhalb verschiedener Wissensordnungen (des Alltags, der Politik, des Lehrens und Lernens, der Künste, ...) auf- und ausgeführt" (ebd.) wird. Für das Feld der Theaterpädagogik betont sie, „dass sich die künstlerischen Praktiken des Theaters auf vielfältige, historisch sich wandelnde Weise auf die kulturellen Praktiken des Alltags beziehen, sie in ihren Aufführungen wiederholen, reflektieren, mit ihnen spielen und sie dabei verschieben" (ebd., S. 209). Mit Blick auf die Spezifik des theaterpädagogischen Feldes unterstreicht sie, dass mit der Transformation von Alltagspraktiken in theatrale Praktiken ein „Rahmenwechsel und damit eine grundlegende Bedeutungsverschiebung" einherginge, welcher für eine Betrachtung von Bildungsprozessen im Kontext von Theaterarbeit grundlegend sei:

> Durch die Aufführung von Alltagspraktiken im theatralen Kontext werden diese wiederholt, verdoppelt, verschoben, auf die verschiedenste Art verfremdet, um- und neukonstruiert. Das ermöglicht letztlich einen reflexiven Zugang der Akteure zu diesen Praktiken und stellt gleichzeitig eine Bedingung der Möglichkeit dar, die routinierten Muster der Alltagspraktiken zu irritieren. Nicht zuletzt liegt in dieser Qualität theatraler Praktiken im Verhältnis zu den Praktiken anderer Wissensordnungen der Nucleus für Bildungsprozesse, die mit der Theaterarbeit einhergehen. (Hentschel 2017, S. 209)

Darüber hinaus verweist Hentschel auf die performative Dimension theatraler Praktiken und betont, dass theaterpädagogische Arbeit nicht nur in einem sozialen und kulturellen Kontext zu verorten sei, sondern diesen Kontext – im grundlegenden Sinne eines doing culture (Hörning/Reuter 2004) - mit ihren Praktiken auch hervorbringe (vgl. ebd., S. 210). Theaterereignisse lassen sich mit Ute Pinkert (Pinkert 2008a, S. 177) in diesem Sinne als cultural performances auf einem durch einen spezifischen Rahmenwechsel charakterisierten künstlerischen Feld verstehen, die „[…] mit außerhalb des Theaters vorhandenen kulturellen Praktiken und Bildern und den ihnen zugrunde liegenden und durch sie produzierten Macht- und Gesellschaftsverhältnissen […]" verknüpft sind. Mit Theater und Theaterpädagogik wird „das „Selbstverständnis und Selbstbild" einer Kultur […] formuliert und damit Kultur als solche hervorgebracht und manifestiert" (ebd.). Die an der Schnittstelle von (Theater-)Kunst und Bildung spezifische Verflochtenheit theaterpädagogischer Praktiken mit (migrations-)gesellschaftlichen Diskursen und Verhältnissen stellt einen relevanten Hintergrund der vorliegenden Untersuchung dar.

Migrationsgesellschaftliche Diskurse etwa um Integration betrachte ich dabei im Anschluss an Tania Meyer „nicht als ‚Kontext' […], der Theater und Kunst als ‚Text', als in sich mehr oder weniger geschlossene Systeme oder als eigene (autonome) Sprache umrahmt" (Meyer 2016b, S. 346). Vielmehr geht es um eine Untersuchung der Eingebundenheit theaterpädagogischer Diskurse und Praktiken als Bestandteile migrationsgesellschaftlicher Ordnungen. Auch vor diesem Hintergrund spreche ich in der vorliegenden Untersuchung nicht von Theater/Theaterpädagogik IN der Migrationsgesellschaft. Sondern die Bezeichnungspraxis Theater/Theaterpädagogik der Migrationsgesellschaft soll auf eben diese Beziehung der Verwobenheit von Theaterpädagogik und migrationsgesellschaftlichen Macht- und Herrschaftsverhältnissen hinweisen. In dieser Perspektive schließt die vorliegende Untersuchung mit Blick auf ihr Anliegen an Ulrike Hentschels und Ute Pinkerts (2014) Plädoyer für eine Abkehr von der im Kontext Kultureller Bildung lange dominierenden Wirkungsforschung hin zur fachwissenschaftlichen Entwicklung einer „reflexiven Theaterpädagogik" an, welche sich zu den eigenen „Erkenntnissen und den Bedingungen ihres Entstehens" zurückbeugt und „ihre normativen Voraussetzungen, unbefragten Standards und präskriptiven Inhalte" (ebd., S. 5) problematisiert.

Wenn in der vorliegenden Arbeit in diesem Sinne von einer reflexiven Auseinandersetzung mit der *Theaterpädagogik der Migrationsgesellschaft* die Rede ist, dann geht es mir dabei im Gegensatz zu einem im fachwissenschaftlichen Kontext dominierenden Verständnis nicht um eine Beschäftigung mit einem *spezifischen* Bereich innerhalb der Theaterpädagogik wie etwa der „Interkulturellen Theaterpädagogik". Sondern mit der Perspektive Migrationsgesellschaft wird hier eine *allgemeine* Perspektive markiert (vgl. MECHERIL 2019, S. 8f.). Aus dieser werden Migrationsphänomene als *konstitutiv für alle gesellschaftlichen Bereiche* aufgefasst, unabhängig davon, ob diese (gegenwärtig) in Diskursen explizit mit Migration in Verbindung gebracht werden oder nicht. Entsprechend können *alle* theaterpädagogischen Diskurse und Praktiken aus dieser Perspektive sinnvollerweise daraufhin befragt werden, auf welche Weisen in ihnen migrationsgesellschaftliche (Wissens-)Ordnungen wirksam sind und aktualisiert werden. So auch die von mir geführten Interviewgespräche zur Frage nach dem Politischen der Theaterpädagogik, die ich nicht mit dem Vorhaben einer Auseinandersetzung mit den Verhältnissen von Theaterpädagogik und Rassismus geführt habe. Wie ich in Kapitel 6.1 ausführlicher erläutern werde, ist diese Ausrichtung der Untersuchung erst *nach* den Gesprächen in der Auseinandersetzung mit den Transkripten und einer Entscheidung für diese Analyseperspektive entstanden.

Auch wenn das beginnende 21. Jahrhundert sich als „Zeitalter der Migration" (CASTLES/MILLER 2010) verstehen lässt, ist Migration, verstanden als grenzüberschreitende Wanderungsbewegung von Menschen, historisch nicht neu und auch kein ausschließlich modernes Phänomen (MECHERIL 2016b; BADE/VAN EIJL 2010). Mit Blick auf die Migrationsgeschichte der Bundesrepublik Deutschland seit dem 19. Jahrhundert spricht der Migrationsforscher Klaus Bade (2004) vielmehr vom „Normalfall Migration". Der von Paul Mecheril (2004) eingeführte Begriff „Migrationsgesellschaft" trägt dieser historischen wie gegenwärtigen Normalität und Bedeutsamkeit der verschiedenen Formen von Migration Rechnung. Migration als Praxis der Überschreitung von Grenzen lässt sich dabei als ein „Phänomen der Beunruhigung" (MECHERIL 2016b, S. 16) sowie potenziellen Sichtbarmachung von nicht nur territorialen, sondern auch institutionellen, gesetzlichen und symbolischen Grenzen verstehen, welche wiederum eng mit Fragen der Zugehörigkeit verbunden sind.

> Durch Migration wird die Frage der Zugehörigkeit – nicht nur die der sogenannten Migrant/innen – individuell, sozial und auch gesellschaftlich zum Thema, da durch Migration eine Differenzlinie befragt wird, die zu den grundlegendsten gesellschaftlichen Unterscheidungen gehört. Diese (imaginäre) Grenze scheidet das ‚Innen' von dem ‚Außen'. Migration ist somit nicht angemessen allein als Prozess des Überschrei-

> tens von Grenzen beschrieben, sondern als ein Phänomen, das die Thematisierung und Problematisierung von Grenzen zwischen ‚Innen' und ‚Außen' und zwischen ‚Wir' und ‚Nicht-Wir' bewirkt und damit sowohl die Infragestellung einer fundamentalen Unterscheidung gesellschaftlicher Ordnung als auch ihre Stärkung vornimmt. (Mecheril u. a. 2010b, S. 12–15)

Als Analyseperspektive markiert „Migrationsgesellschaftlichkeit" vor diesem Hintergrund mein Interesse an der Frage, wie in einer konstitutiv von Migration geprägten Gesellschaft Zugehörigkeiten zu einem „Innen" und einem „Außen" im theaterpädagogischen Kontext entworfen werden. Die hiermit verbundenen alle Subjekte betreffenden Praktiken der Unterscheidung zwischen einem „Wir" und einem „Nicht-Wir" und die durch und in ihnen vollzogenen Positionierungen im sozialen Raum bilden dabei sowohl die Grundlage als auch den Effekt spezifischer gesellschaftlicher Macht- und Herrschaftsverhältnisse, die in der vorliegenden Studie mit Fokus auf die Theaterpädagogik am Theater in den Blick genommen werden.

Vor diesem Hintergrund lässt sich das allgemeine Interesse der Studie neu und präziser fassen: Das Erkenntnisinteresse der Untersuchung gilt dem Verständnis der Migrationsgesellschaftlichkeit von Theaterpädagogik am Theater. Diese untersuche ich auf der Ebene der Diskurse mit Blick auf Konstruktionsweisen des Politischen der Theaterpädagogik in Interviewgesprächen mit und zwischen Theaterpädagog*innen und die in diesen vollzogenen Aktualisierungen von Unterscheidungen zwischen „Wir" und „Nicht-Wir".

Mit der vorliegenden Studie möchte ich so zur (Selbst-)Reflexion der Eingebundenheiten der Theaterpädagogik in migrationsgesellschaftliche Macht- und Herrschaftsverhältnisse beitragen. Grundlegend hierfür sind insbesondere Bezüge auf diskustheoretisch informierte rassismuskritische und subjektivierungstheoretische Analyseperspektiven. Diskurse der Theaterpädagogik am Theater befrage ich dahingehend, inwiefern migrationsgesellschaftliche Differenz- und Zugehörigkeitsordnungen auf welche Weise für die Konstruktion des Gegenstands einer (politischen) Theaterpädagogik am Theater bedeutsam sind und welche Subjektpositionen hierbei auf welche Weise adressiert und bedeutsam werden. Anschließend an eine politisch-theoretische Perspektive, der zufolge „die Frage nach der Politik immer auch eine Frage nach ihrem Subjekt ist" (Saar 2011, S. 356) geht es mir um die Entwicklung einer rassismuskritisch und subjektivierungstheoretischen Perspektive auf den Diskurs der Theaterpädagogik am Theater als Auseinandersetzung mit dem Politischen der Theaterpädagogik. Das Politische fasse ich dabei im Anschluss an Perspektiven der Cultural Studies „[...] im weiten Sinne hegemonialer Fixierungspraktiken, die das gesamte Feld des Sozialen [...] umfassen, und nicht notwendigerweise nur das politische System" (Marchart 2008, S. 221). Die Untersuchung schließt damit an die von der Theaterpädagogin Tania Meyer als eine politisierende Perspektive auf Theaterpädagogik zu verstehende Sichtweise, „Theater als gesellschaftliche Praxis zu verstehen" (ebd., S. 17) ebenso an, wie an die von ihr in diesem Zusammenhang beschriebene „Schwierigkeit, mit Theater nicht rassistisch zu sein" (Meyer 2016b, S. 14).[8]

Theoretisch grundlegend hierfür ist ein Verständnis von Rassismus als ein machtvolles historisch fundiertes und sich in permanenter Bewegung befindendes gesellschaftliches Strukturprinzip, welches unser aller Denken, Fühlen und Handeln beeinflusst. Ohne damit die Gewaltförmigkeit der verschiedenen Formen des Rassismus und seiner Effekte auf rassifizierte Subjekte bagatellisieren zu wollen, weisen Anne Broden und Paul Mecheril (2010, S. 12) mit dem Begriff der „Normalität des Rassismus" in diesem Sinne auf die grundlegende und alltägliche Bedeutsamkeit von Ordnungen des Rassismus hin. Bei Rassismus handle es sich um „gewöhnliche Unterscheidungen (Mecheril u. a. 2010b, 150 ff.).[9] Rassismus wird aus der vorliegenden rassismuskritischen Perspektive entsprechend nicht als ein gesellschaftliches Randphänomen oder eine soziale Verfehlung Einzelner verstanden, sondern als eine „allgemeine strukturelle Logik des gesellschaftlichen Zusammenhangs, die auf allen Ebenen gesellschaftlicher Wirklichkeit bedeutsam sein kann" (Melter/Mecheril 2009, S. 11). Diese gesellschaftliche Wirklichkeit ist keine „natürlich" existierende, sondern ist vielmehr geprägt von historisch gewachsenen, umkämpften und sich verändernden (post-)kolonialen und postnationalsozialistischen[10] Strukturen sowie von diskursiv ausgehandelten, hegemonial wirkenden, kontingenten und situierten Wissensordnungen.

Im Zentrum des Rassismus steht dabei eine Unterscheidung und Hierarchisierung von Menschen, die eng mit der Etablierung und Legitimation kolonialer

8 Mit dieser Formulierung schließt Meyer an den inzwischen fast schon *klassischen* Titel des von Annita Kalpaka und Nora Räthzel (1986) herausgegebenen Sammelbandes „Die Schwierigkeit nicht rassistisch zu sein" an.

9 Mark Terkessidis (2004) spricht von der „Banalität des Rassismus"

10 Auf die Bedeutsamkeit des deutschen Kontexts als postnationalsozialistischer Kontext (Messerschmidt 2009) für die Auseinandersetzung mit Rassismus werde ich in Kapitel 2 ausführlicher eingehen.

und postkolonialer Herrschafts- und Ausbeutungsverhältnisse verbunden ist (vgl. Castro Varela/Dhawan 2020). Der Begriff „Rasse" bezeichnet hier keine vermeintliche biologische, sondern „[…] eine diskursive Kategorie, um die herum ein System sozio-ökonomischer Macht, Ausbeutung und Ausgrenzung organisiert ist, die man Rassismus nennt" (Hall 2004b, S. 204). Der maßgeblich von Edward Said (1978) geprägte Begriff des „Othering" (deutsch: Ver-anderung) weist besonders prägnant darauf hin, dass der oder die Andere (z.B. in der Adressierung eines „Migrationshintergrundes") erst durch einen aktiven Konstruktionsprozess zur/zum Anderen *gemacht* wird. Auch wenn (explizite) Bezüge auf vermeintliche menschliche „Rassen" in Europa und der Bundesrepublik Deutschland kaum noch präsent sind, bilden rassifizierende Unterscheidungen weiterhin ein bedeutsames Strukturprinzip gesellschaftlicher Wirklichkeit. Formen eines „Rassismus ohne Rassen" (Balibar/Wallerstein 1990) oder eines „kulturellen Rassismus" (Hall/Mehlem/Koivisto 1994) adressieren Menschen ähnlich dem biologistischen Rassedenken als Angehörige von miteinander nicht zu vereinbarenden, unveränderbaren und ihre Einstellungen und ihr Verhalten determinierenden Kulturen. In Abgrenzung von den vermeintlich unterlegenen Anderen wird hierbei ein „dominanzkulturelles" (Rommelspacher 1998) *weißes*[11] und häufig unmarkiertes „Wir" konstruiert und mit scheinbar „natürlichen"

11 Die in der vorliegenden Studie verwendeten Schreibweisen „Schwarz" (groß geschrieben) und *„weiß"* (kursiv) weisen darauf hin, dass die Begriffe Schwarz und *weiß* hier nicht zur Beschreibung von phänotypischen Merkmalen von Menschen genutzt werden, sondern verstanden werden als „konstruierte Kategorien, die auf Dominanzverhältnisse und damit verbundene verschiedene gesellschaftliche Positionierungen, Hintergründe, Sozialisationen und Lebensrealitäten verweisen. Die Kursivschreibung *weiß* verweist auf einen soziopolitischen Ort, der als Norm konstruiert und mit Privilegien ausgestattet ist, üblicherweise aber unmarkiert bleibt. Schwarz stellt eine widerständige politische Selbstbezeichnung dar. Durch das Großschreiben von „Schwarz" wird dieser Widerstand zum Ausdruck gebracht. *Weiß* bildet dagegen kein politisches Pendant" (Grünheid/Nikolenko/Schmidt 2020, S. 20). Maßgeblich für die Entwicklung der Bezeichnungspraxis *weiß* als Analyseinstrument einer „unsichtbar herrschenden Normalität" (Wachendorfer 2001) ist die Perspektive der Critical Whiteness Studies. Diese auf Wissensarchiven Schwarzer Menschen und Menschen of Color über *weiß* positionierte Menschen basierende Forschungsperspektive (vgl. Eggers u. a. 2005) richtet den Fokus „auf die Kontinuitäten und Effekte von Rassismus, indem die Herstellung von Whiteness als Norm, von der weiße Menschen profitieren und Schwarze Menschen ausgeschlossen werden, und die Erzeugung von Herrschaft zum Thema wird" (Grünheid/Nikolenko/Schmidt 2020, S. 20). Weil die im deutschsprachigen (Forschungs-)Kontext häufige Übersetzung von whiteness mit „Weiß-Sein" Gefahr läuft, die Kategorie *weiß* als ein „Sein" zu essentialisieren , wähle ich in der vorliegenden Arbeit zur Markierung der hier thematisch werdenden sozialen Positionierung die Bezeichnungspraxen *„weiß* positioniert" und *„whiteness"*.

Privilegien versehen. Mittels der machtvollen Unterscheidung von Subjekten als solche, die diesem „Wir" zugehörig und nicht zugehörig sind, werden Menschen im Rassismus unterschiedliche Plätze in der Gesellschaft zugewiesen und soziale, wirtschaftliche, politische oder rechtliche Ein- und Ausschlüsse und privilegierte oder eingeschränkte Zugänge zu symbolischen und materiellen Ressourcen legitimiert (vgl. MECHERIL 2014b).

Grundlegend hierfür sind Diskurse, in denen „rassistisches Wissen" (TERKESSIDIS 2004, 91ff.) nicht nur hergestellt, sondern auch als ein gesellschaftlich akzeptiertes, wahres Wissen etabliert wird, welches „ins ‚normale' gesellschaftliche Funktionieren eingelassen" ist (ebd., S. 119). Diskurstheoretische Perspektiven auf Rassismus untersuchen vor diesem Hintergrund, wie in beispielsweise wissenschaftlichen, medialen oder politischen Diskursen Wissen produziert und produktiv wird und wie dieses für die Etablierung, Bewahrung, Legitimation oder auch Veränderung rassistischer Macht- und Herrschaftsverhältnisse funktional ist.

Bedeutsam für die vorliegende Studie ist die sich aus einem solchen Rassismusverständnis ergebende Annahme, dass theaterpädagogische Praktiken und Diskurse nicht außerhalb des Rassismus positioniert sind, sondern mit (Wissens-)Ordnungen des Rassismus verwoben sind. In diesem Sinne geht es in der vorliegenden Untersuchung um eine Beschäftigung mit den *Eingebundenheiten* von Theaterpädagogik in Rassismus und die Frage, wie beispielsweise stereotypisierendes Wissen über Andere theaterpädagogisches Arbeiten beeinflusst und wie dieses in der Theaterpädagogik auf spezifische Weise im Dazwischen von Theaterkunst und Pädagogik aktualisiert wird. Theaterpädagogische Bezugnahmen auf Kategorien wie „Fremdheit", „Interkulturalität" oder „Diversität", wie sie oben beispielhaft skizziert wurden, lassen sich aus dieser Perspektive sinnvoll hinsichtlich der Frage analysieren, wie in und mit ihnen migrationsgesellschaftliche Differenz- und Zugehörigkeitsordnungen und mit diesen verbundene Macht- und Herrschaftsverhältnisse bestätigt, spezifiziert und verändert werden.

Den allgemeinen Gegenstand der Untersuchung bildet vor diesem Hintergrund das in der Theaterpädagogik am Theater aktualisierte Wissen. Wissen wird dabei hier diskurstheoretisch verstanden mit Blick auf die

> [...] Machtwirkungen, die es insbesondere über Individuen entfaltet, die mithilfe des Wissens sich selbst, Andere und die Welt nicht nur verstehen, sondern auch auf sich selbst, Andere und die Welt einwirken. (MECHERIL U. A. 2010b, S. 72)

Mein mit der Analyse des Diskurses der Theaterpädagogik am Theater einhergehendes erkenntnispolitisches Anliegen lässt sich mit Lawrence Grossberg als Versuch formulieren, „nachzuspüren, wie Macht in die Möglichkeiten der Menschen, ihr Leben auf würdige und sichere Art zu verbringen, eindringt, sie beschneidet und sich ihrer bemächtigt" (zitiert nach Mecheril 2016b, S. 501). Die oben markierte „Schwierigkeit, nicht rassistisch zu sein" betrifft dabei jedoch nicht nur theaterpädagogische Praktiken und Diskurse, sondern auch ihre wissenschaftliche Erforschung. Für Forschende gibt es keine Position außerhalb gesellschaftlicher Verhältnisse und damit auch nicht außerhalb des Rassismus und rassistischer (Wissens-)Ordnungen.[12] Die von Meyer angeführte „Schwierigkeit, mit Theater nicht rassistisch zu sein" geht mit der Schwierigkeit, mit (theaterpädagogischer) Wissensproduktion auf dem wissenschaftlichen Feld im Sinne einer epistemischen Gewalt (vgl. Spivak 1988a) etwa durch die Reproduktion von Praktiken der Kulturalisierung oder der Essentialisierung im wissenschaftlichen Forschen „nicht rassistisch zu sein" Hand in Hand.[13]

Wenn ich mich im Folgenden forschend mit Rassismus als einem Herrschaftsverhältnis beschäftige, dann ist es mir vor diesem Hintergrund wichtig zu betonen, dass es keinen Ort außerhalb des Rassismus gibt, von welchem aus ich meine Forschungspraxis vollziehen könnte. Auch wenn dieser Satz für alle Menschen gilt, so betrifft er *weiß* positionierte Menschen auf spezifische Weise, insofern diese, wie

12 Dies ist auch deshalb von besonderer Relevanz, weil die historische Entstehung des modernen Rassismus zutiefst mit der Entstehung der europäischen Moderne und dem sich in dieser vollziehenden Entstehen eines modernen Wissenschaftsverständnisses verbunden ist (vgl. Mbembe 2016). Mit Blick auf die Verflochtenheit von Rassismus und (Wissenschaft der) Aufklärung erläutert Veronika Kourabas in diesem Sinne: „Gerade das im westlichen Europa progressiv gedeutete Zeitalter der Aufklärung und der Moderne, das die Freiheit von weißen Männern ausweitete, war aufs Engste mit der Unfreiheit von Schwarzen Menschen und People of Color aufgrund rassistischer Abwertungen und Wissensproduktionen verbunden. Die Moderne beinhaltete die Manifestierung und drastische Verschärfung der Unfreiheit, Versklavung, Kolonialisierung, Entmenschlichung und Ermordung von Schwarzen Menschen [...]. Insbesondere die modernen Wissenschaften im weißen Europa waren an der Entstehung von Rassismus und seiner pseudowissenschaftlichen Legitimation beteiligt: die Erforschung, Klassifikation und der Versuch, Menschen in Gruppen zu unterteilen, war (und ist) wesentlich für Rassismus [...]. So hat ein Zuwachs an Wissen und Aufklärung nicht zu einer Abschaffung des Rassismus geführt, sondern diesen mit bedingt, wenn nicht gar stabil gegen kritische Einwände werden lassen" (Kourabas 2019).

13 Auf diese Schwierigkeit gehe ich im Laufe der Arbeit an verschiedenen Stellen mit Blick auf konkrete Problemstellungen und sich aus herrschaftskritischer Perspektive hieran anschließende Spannungsverhältnisse ein.

Jule Bönkost pointiert formuliert, eine „besondere ‚Fähigkeit' [besitzen], Rassismus zu reproduzieren" (BÖNKOST 2016). Als im Rassismus *weiß* positionierter Wissenschaftler forsche ich aus einer Position heraus, die strukturell von Ordnungen des Rassismus profitiert und habe von Kindheit an eher gelernt, die mich mit Privilegien ausstattenden rassistischen Ordnungen mit meinem Tun zu erhalten, als sie in Frage zu stellen. In verschiedenen Zusammenhängen bemühe ich mich darum, hegemoniale rassistische Wissensbestände, Denkweisen und Verhaltensmuster mit Blick auf meine Forschungspraxis zu reflektieren und auf eine Weise zu *ver-lernen*, die einer Veränderung gesellschaftlicher Verhältnisse hin zu weniger Gewalt über Andere zuträglich ist. Im Wissen darum, dass jedoch „*weiße* Bemühungen gegen Rassismus oft zur Dominanzsicherung" (ebd., Herv. i. O.) beitragen, ist es mir hierbei mit Blick auf die vorliegende Untersuchung ein Anliegen, die Lesenden zu einer (herrschafts-)kritischen Lektüre dieser einzuladen und ihre Schwachstellen und „toten Winkel" als Anlass einer Weiterentwicklung herrschaftskritischer Perspektiven in der Theaterpädagogik zu nehmen.

Als veröffentlichte wissenschaftliche Monographie fließt dieser Text wie andere Veröffentlichungen in den Diskurs der Theaterpädagogik der Migrationsgesellschaft ein und zeitigt möglicherweise (Herrschafts-)Effekte. Auch hiermit einher geht eine spezifische und erkenntnispolitische Verantwortung wissenschaftlicher Forschung, die ich ausführlicher im sechsten Kapitel thematisiere. Denn Diskurse – zum Beispiel wissenschaftliche, künstlerische, pädagogische oder politische Diskurse über Migration oder über Theater - bilden ihre Gegenstände aus diskurstheoretischer Perspektive nicht einfach nur ab, sondern diese werden als solche im und vom Diskurs mit hervorgebracht (vgl. einführend SCHÄFER 2019; BUBLITZ 2015). In diesem Sinne verstanden als Praktiken, „[...] die systematisch die Gegenstände bilden, von denen sie sprechen" (FOUCAULT 1981, S. 74) lassen sich Diskurse im Anschluss an Michel Foucault als produktive sprachförmige Ordnungsstrukturen begreifen, die der machtbasierten Herstellung von Wissenssystemen dienen.

Gesellschaftliche Diskurse über „Sprache", „Integration", „Teilhabe", „Kultur" oder „Religion" beeinflussen das Geschehen in theaterpädagogischen Kontexten auch deshalb, weil sowohl Theaterpädagog*innen als auch ihre Gegenüber „[...] von gesellschaftlichen Diskursen beeinflusst sind und sich im Lichte dieser Diskurse verstehen und aufeinander Einfluss nehmen" (MECHERIL U. A. 2010b, S. 72). Ein *Ziel* der Untersuchung besteht vor diesem Hintergrund darin, sich jener Beeinflussung des theaterpädagogischen Geschehens zu nähern und dafür in der Theaterpädagogik vorgenommene Weisen der Aktualisierung und Spezifizierung gesellschaftlicher Migrationsdiskurse besser zu verstehen. Als rassismus- und herrschafts*kritisch* verstehe ich die mit diesem Ziel verbundene Forschungspraxis insofern, als dass sie für den Kontext der Theaterpädagogik einen Beitrag leisten soll zur – mit den Worten Foucaults - „Kunst, nicht dermaßen [von im Rassismus zur Verfügung gestellten Wissen, TB] regiert zu werden" (Foucault 1992b). Ausgehend von der Annahme der Kontingenz migrationsgesellschaftlicher Verhältnisse soll meine Untersuchung so zu einer Veränderung dieser Verhältnisse hin zu weniger Gewalt über Andere beitragen, ohne dabei jedoch zu wissen, wie diese Veränderung aussieht.

Meine Untersuchung des Feldes der Theaterpädagogik als einem Feld, auf dem Bildungs- und Subjektivierungsprozesse vollzogen werden, vollzogen werden *sollen* und explizit zum Gegenstand der Forschung gemacht werden, orientiere ich außerdem an migrationspädagogischen Theorieperspektiven, in denen

> [...] die Frage bedeutsam [ist], wie Pädagogik einen Betrag zur (Re-)Produktion dieser Ordnung leistet und welche Möglichkeiten der Veränderung und Schwächung dieser Ordnung gegeben sind und entwickelt werden können. (Mecheril et al. 2010, S. 12–15)

Diesem grundsätzlichen Interesse an der Schwächung von Ordnungen des Rassismus folgend, möchte ich mit meiner Untersuchung anhand exemplarischer Beschäftigungen mit der Frage nachgehen, auf welche Weise mit Diskursen verwobene Herrschafts- und Machtverhältnisse in das Sprechen von Theaterpädagog*innen hineinwirken und zwar auch in jenes Sprechen, das sich eigentlich als (herrschafts-)kritisch versteht. In den Blick rückt das „Theaterpädagogik Sprechen" [14] als Modus der Reproduktion und Veränderung gewaltvoller migrationsgesellschaftlicher Ordnungen. Meine Analyse verstehe ich als einen Versuch der theaterpädagogischen Selbstreflexion, der auch mein eigenes Sprechen und Schreiben (in den Interviews und in dieser Untersuchung) als Teil des theaterpädagogischen Diskurses einbezieht.

Insofern sowohl Bildungs- als auch Subjektivierungsprozesse aus migrationspädagogischer Perspektive immer zutiefst mit den gesellschaftlichen Macht- und

14 Vgl. den in diesem Sinne ausgerichteten Band „Pädagogik Sprechen" von Alisha Heinemann und Natascha Khakpour (2019).

Herrschaftsverhältnissen, in denen sie sich vollziehen und die sie vermitteln, verschränkt sind (vgl. KOLLER 2016; ROSE 2016; MECHERIL 2014b; BRODEN/MECHERIL 2010), bilden migrationsgesellschaftliche Differenzordnungen relevante Kontexte für Praktiken der Subjektivierung. Subjektivierung verstehe ich hier in Anlehnung besonders an Judith Butlers anti-essentialistische Subjekttheorie als den paradoxen Eintritt des Subjektes in den Diskurs, bei dem Restriktion und Formation des Subjekts zusammenfallen, denn „[i]ns Leben gerufen wird das Subjekt [...] durch eine ursprüngliche Unterwerfung unter die Macht“ (BUTLER 2001b, S. 8). Hiermit verbunden ist ein aus meiner Perspektive in der Theaterpädagogik bisher (zu) wenig reflektiertes Verständnis von Macht, welches über eine Vorstellung von Macht als Begrenzung und / oder Zwang hinausgeht, sondern in dem scheinbar paradoxerweise Macht nicht *entgegen* der Freiheit wirkt, sondern *durch* Freiheit (vgl. ausführlich Kapitel 4).

Für eine Analyse von Praktiken der Subjektivierung im vorliegenden Kontext werden aus einer an Stuart Hall orientierten Perspektive auf Diskurse des Rassismus als produktive „Repräsentationsregime“ (HALL 1994a, S. 142) die in theaterpädagogischen Diskursen aktualisierten Positionierungen „eigener“ und „anderer“ Subjektivitäten relevant. Vor diesem Hintergrund weist Nadine Rose mit Blick auf Subjektivierungsprozesse darauf hin, „[...] dass es unter den Bedingungen einer auch rassistisch strukturierten symbolischen Ordnung keine Subjekt-Werdung außerhalb des Rassismus geben kann [...]“ (ROSE 2012, S. 212). Mit meiner Analyse des Diskurses der Theaterpädagogik am Theater als ein Ort, der unterschiedlich positionierte Subjekte adressiert und Subjektpositionen performativ hervorbringt, schließe ich an das Anliegen der kritischen Migrationsforschung an,

> [...] die gesellschaftlichen Bedingungen in den Blick zu nehmen, aufgrund derer Menschen überhaupt in die Position kommen, (sich) als migrationsgesellschaftliche spezifische Subjekte zu denken, als solche zu handeln und sich auf gesellschaftliche Bedingungen zu beziehen. (MECHERIL U. A. 2013, S. 17)

Das Material der Untersuchung bilden die Transkripte von acht etwa zweistündigen Interviewgesprächen, die ich zwischen Herbst 2014 und Frühling 2015 mit (leitenden) Theaterpädagog*innen an Berliner Stadt- und Staatstheatern zum Thema „Das Politische der Theaterpädagogik“ geführt habe und von denen ich vier für eine tiefergehende Analyse ausgewählt habe. Theaterpädagogik am Theater verstehe ich hierbei als einen diskursiven Ort (vgl. Kapitel 7), der sich u.a. dadurch auszeichnet, dass er von fachwissenschaftlicher theaterpädagogischer Seite mit Blick auf seine derzeitige im Vergleich zu anderen Abteilungen am Theater besondere Involviertheit in gegenwärtige politische Debatten beschrieben wird. So betonen Mira Sack und Ute Pinkert in ihrem Vorwort zum Sammelband „Theaterpädagogik am Theater", die Theaterpädagogik bilde derzeit am Theater wie keine andere Abteilung „eine Schnittstelle zu virulenten politischen und gesellschaftlichen Debatten" (Pinkert/Sack 2014, S. 7). In den Interviews sprechen die Gesprächspartner*innen mit mir über „Dimensionen des Politischen" ihrer theaterpädagogischen (Jugendclub-)Praxis an Berliner Theatern. Mit der Fokussierung von Interviewgesprächen möchte ich das Wissen von Theaterpädagog*innen an Berliner Theatern in den Blick nehmen und daraufhin befragen, welche Wissensordnungen in Gesprächen mit bzw. *zwischen* Theaterpädagog*innen[15] auf welche Weise jeweils als gültige oder nicht gültige reifiziert und bedeutsam werden. Eine solche diskurstheoretisch informierte Beschäftigung mit Interviews ist aus erziehungswissenschaftlicher Perspektive relevant, weil für die Hervorbringung von Wissensordnungen

> [...] nicht nur diejenigen Gegenstandskonstruktionen relevant sind, die in wissenschaftlichen oder medialen Diskursen produziert werden. Vielmehr gilt es auch jene Konstruktionen in die Untersuchung einzubeziehen, die in Artikulationen von Lehrer_innen, Sozialpädagog_innen oder Erwachsenenbildner_innen, von Schüler_innen, Lernenden, Eltern [...] vollzogen werden. (Fegter u. a. 2015b)

In ihrer *methodologischen Ausrichtung* orientiert sich die vorliegende Untersuchung an einem im Kontext einer poststrukturalistisch informierten kultur- und erziehungswissenschaftlichen Diskursforschung (vgl. Fegter u. a. 2015a; Angermüller u. a. 2014; Thompson/Jergus/Breidenstein 2014) zu verortenden Ansatz. Diese zeichnet sich grundsätzlich dadurch aus, dass sie ihren Gegenstandsbereich der Diskurse als „Zusammenhang von Wissensformierungen, Machtverhältnissen und Subjektivierungen" (Fegter u. a. 2015b, S. 10) untersucht. Die in der vorliegenden Untersuchung eingenommene Perspektive einer *Analyse diskursiver Praktiken* lässt sich als Variante einer Diskursforschung beschreiben, in der der jeweils spezifische - etwa in Interviews – hergestellte Sinn als Ausdruck *und* Herstellung von Diskursen begriffen und analysiert wird. Dieser Ansatz wurde im deutschsprachigen Raum mit Blick auf die Interviewforschung

15 In Kapitel 6.1 gehe ich ausführlicher auf meine eigene Position als Untersuchender auf dem theaterpädagogischen Feld sowie auf die „Geschichte" dieses Untersuchungsprozesses ein.

maßgeblich von Daniel Wrana (2015a; 2014b; 2012; Wrana/Langer 2007) und Kerstin Jergus (Jergus/Thompson 2017; 2015; 2014; 2011) diskutiert und konkretisiert. Sein Ziel ist es, den Zusammenhang der miteinander verknüpften Formierung von Wissen und Subjektivität dahingehend zu analysieren, „[...] wie in sozialen, diskursiven Praxen zugleich symbolische Ordnungen und vergesellschaftete Subjekte hervorgebracht werden" (Wrana 2014a, S. 175). Seine erkenntnistheoretische Grundlage bildet die methodologisch interessierte Lektüre besonders Michel Foucaults und Judith Butlers. Mit Blick auf die Sprechenden im Interviewmaterial vollziehen sich Praktiken der Subjektivierung aus der Perspektive einer Analyse diskursiver Praktiken als „Akte und Praktiken des Positionierens im Vollzug - [als] soziale Praxis der Positionierung ‚in motion'" (Wrana 2015a, S. 124) im Kontext eben jener konstellativen Verknüpfungen, mit denen in den Interviewgesprächen der Gegenstand der Theaterpädagogik am Theater der Migrationsgesellschaft performativ hervorgebracht wird.

Diskurse der Theaterpädagogik der Migrationsgesellschaft sind bisher nur sporadisch und überwiegend in Form kurzer Perspektivierungen hinsichtlich ihrer Eingebundenheiten in machtvolle migrationsgesellschaftliche Differenz- und Zugehörigkeitsordnungen fokussiert worden.[16] Eine Ausnahme bildet hier Tania Meyers Dissertation „Gegenstimmbildung. Strategien rassismuskritischer Theaterarbeit" (Meyer 2016b). In ihrer rassismuskritischen Analyse von (fachwissenschaftlichen und programmatischen) Konzeptualisierungen einer Interkulturellen Theaterpädagogik seit Mitte der 90er Jahre problematisiert Meyer die diesen zugrunde liegende essentialisierende Vorstellung einer ethnischen Differenz. Verknüpft mit der Vermischung von verschiedenen Differenzbegriffen (künstlerische Differenz, ästhetische Differenz, kulturelle Differenz und Differenz im Kontext von Bildung) in der Konzeption der Interkulturellen Theaterpädagogik führe dieser Essentialismus zu einer paradoxen Figur aus Zuwendung, Othering und Aneignungsästhetik im Diskurs der Interkulturellen Theaterpädagogik. Migrationsgesellschaftlich als Andere geltende Spieler*innen würden so hier als Kristallisationspunkt *der* Schnittstelle des Theaterpädagogischen überhaupt konstruiert:

> Im Interkulturellen tritt somit eine – wenn nicht die – Schnittstelle der Theaterpädagogik, nämlich die zwischen Theater/Kunst/Ästhetik und (ästhetischen) Bildungsprozessen, insofern am deutlichsten zu Tage, als sowohl das Differente im Sozialen als auch das formalästhetisch Differente im Spielenden mit Migrationshintergrund ver-

16 Vgl. hierzu ausführlich das dritte Kapitel dieser Arbeit.

> eint scheint. Anders gesagt fungiert der/die ethnisch different oder ‚migrantisch' identifizierte Spieler_in selbst als genau diese Schnittstelle, an der sich die verschiedenen Erfahrungen von Differenz – individuelle, soziale und zudem ‚kulturelle' – ästhetisch überkreuzen und bündeln. (Meyer 2016b, S. 50, Herv. i. O.)

An Tania Meyers instruktive rassismuskritische Analyse theaterpädagogischer Wissensproduktion in fachwissenschaftlichen Diskursen der Interkulturellen Theaterpädagogik und in zwei Theaterinszenierungen möchte ich in meiner Untersuchung mit Blick auf Interviews mit Theaterpädagog*innen anschließen und sie erweitern. Den Diskurs der Theaterpädagogik am Theater fokussiere ich vor dem Hintergrund sowohl der hier von Meyer formulierten Diagnose als auch des oben skizzierten Verständnisses von Migrationsgesellschaft mit einem (auch) *allgemeinen* Interesse: Es geht um ein besseres Verständnis der migrationsgesellschaftlichen Verfasstheit der Theaterpädagogik am Theater, um die Bedeutsamkeit migrationsgesellschaftlicher Differenz- und Zugehörigkeitsordnungen für gegenwärtige Konstruktionen des Gegenstandes einer (politischen) Theaterpädagogik am Theater. Hiermit verbunden ist die durchaus weitreichende Frage, inwiefern gegenwärtige Konstruktionsweisen der Theaterpädagogik am Theater als Arbeits- und Diskursfeld konstitutiv durch rassistisches Wissen und die Ver-anderung von Subjekten strukturiert sind.

Mit der vorliegenden Untersuchung möchte ich einen Beitrag zur theaterpädagogischen Fachwissenschaft sowohl auf empirischer als auch auf theoretischer Ebene leisten. Auch wenn die Auseinandersetzung mit den Transkripten als empirisches Material der Arbeit einen wesentlichen Bestandteil der Untersuchung darstellt, so bildet sie doch nicht den einzig bedeutsamen Fokus meiner Arbeit. Sondern es ist mir hier zugleich auch ein Anliegen, die relevant gemachten theoretischen, methodologischen, politischen und künstlerischen Bezüge und Kontexte für den theaterpädagogischen Kontext aufzuarbeiten und für diesen fruchtbar zu machen. Andere Forschende möchte ich so dabei unterstützen, den bisher aus meiner Perspektive v.a. auch auf methodologischer Ebene in der Theaterpädagogik vernachlässigten Fragen nach den Subjekten der Theaterpädagogik und den Verhältnissen von Theaterpädagogik und Differenzordnungen (weiter) nachzugehen.

Hierfür schließe ich an diese Einleitung mit einführenden Bezugnahmen auf für die Untersuchung wesentliche (diskurs-)theoretische Perspektiven der Rassismuskritik und der Migrationspädagogik sowie ihre Bedeutsamkeit für meine

Arbeit an (Kapitel 2). Hierauf aufbauend perspektiviere ich mit Bezug auf im theaterpädagogischen Kontext entwickelte rassismuskritische Auseinandersetzungen mit der Theaterpädagogik der Migrationsgesellschaft einen Forschungshorizont dieser Studie (Kapitel 3). Im Anschluss diskutiere ich für die vorliegende Untersuchung bedeutsame Bezüge auf diskurstheoretisch informierte Perspektiven auf das Subjekt und die Praktiken seiner Hervorbringung, wobei ein besonderer Schwerpunkt auf den Ausführungen Judith Butlers liegt (Kapitel 4). In Kapitel 5 führe ich die erläuterten Perspektiven mit Blick auf meine Untersuchung zusammen und präzisiere hiervon ausgehend ihr Forschungsanliegen und ihren Gegenstand. In Kapitel 6 entwickle ich meine Perspektive auf die Transkripte von Interviewgesprächen als Material der Untersuchung, erläutere grundlegende Perspektiven der für diese Untersuchung leitenden Methodologie einer Analyse diskursiver Praktiken und beschreibe und begründe mein konkretes Untersuchungsvorgehen. Hieran anschließend diskutiere ich zentrale fachwissenschaftliche Beschreibungen des Feldes „Theaterpädagogik am Theater“ sowie des Formats „Jugendclub am Theater“ und entwickle vor dem Hintergrund der bisher diskutierten theoretischen Positionen eine Perspektivierung der Theaterpädagogik am Theater als diskursiver Ort (Kapitel 7). Das Herzstück meiner Arbeit mit dem Interviewmaterial bildet das achte Kapitel, in welchem ich drei zentrale Figuren der Konstruktion des Politischen der Theaterpädagogik am Theater der Migrationsgesellschaft in den untersuchten Praktiken modelliere: Die Konstruktion des Politischen der Theaterpädagogik am Theater über die Theaterarbeit mit „Flüchtlingen“ (Kapitel 8.1), über die Adressierung einer „Heterogenität der Anderen“ (Kapitel 8.2) und im Kontext von Semantiken des „Eine Bühne/Stimme geben“ und mit diesen verknüpften Adressierungen Anderer als (authentische) Expert*innen (Kapitel 8.3). Meine Analysen fasse ich abschließend in Kapitel 9 zusammen um dann in Kapitel 10 über ihre möglichen Implikationen für eine rassismus- und herrschaftskritische Theaterpädagogik am Theater der Migrationsgesellschaft nachzudenken.

2 Rassismuskritische und migrationspädagogische Perspektiven

In den folgenden Kapiteln nehme ich auf für diese Untersuchung wesentliche u.a. rassismuskritische, migrationspädagogische, theaterpädagogische und subjektivierungstheoretische Perspektiven Bezug und plausibilisiere ihre Bedeutsamkeit für meine Arbeit. Dabei sollen die ausgewählten Theoriebezüge - mit einem Wort Michel Foucaults - als eine Art „Werkzeugkiste" für das Verständnis und auch die Demontage gesellschaftlicher Machtsysteme fungieren. Und zwar einschließlich derjenigen Machtsysteme, aus denen möglicherweise auch die vorliegende Untersuchung hervorgegangen ist (vgl. Foucault 1976, S. 53). Diese (wissenschaftlichen) Werkzeuge müssen sich, wollen sie im Sinne des in der Einleitung beschriebenen erkenntnispolitischen Anliegens wirksam sein, auf begründete Weise unterscheiden von jenen, mit denen gesellschaftliche Herrschaftsverhältnisse befördert und legitimiert wurden und werden.[17] Ein solches Unterscheidungsmerkmal besteht im Anschluss an die Konturen einer „Migrationsforschung als (Herrschafts-)Kritik" (Mecheril u. a. 2016a) darin, dem Ziel von Verhältnissen verpflichtet zu sein, in denen Menschen in der Lage sind, „ihr Leben auf würdige und sichere Art zu verbringen" (Grossberg 1999, S. 62) und *gleichzeitig* die Vorstellung davon, was es heißt, dass Menschen ihr Leben auf „würdige und sichere Art" führen, „notwendig offen zu halten und in dem unabschließbaren Projekt der fortwährenden Re-Vision der Kritik immer wieder zu öffnen" (Mecheril u. a. 2016a).

Diesem Spannungsverhältnis verpflichtet werde ich im folgenden zweiten Kapitel in für diese Untersuchung zentrale rassismuskritische Perspektiven einführen. Fernab davon, eine umfassende Besprechung der bestehenden heterogenen und differenzierten rassismuskritischen, post- und dekolonialen Analysen und Theorien vornehmen zu wollen, diskutiere ich dabei ausschließlich diejenigen Begrifflichkeiten, die für die intersubjektive Nachvollziehbarkeit der Analyseinstrumente

17 Auf grundsätzlicher Ebene bringt Audre Lorde diese Notwendigkeit einer herrschaftskritischen Reflexion der eigenen (widerständigen) Praktiken auf den Punkt, wenn sie schreibt „For the masters tool will never dismantle the masters house" (Denn das Werkzeug des Herrn wird niemals das Haus des Herrn zerlegen) (Lorde 2019, S. 121).

und -perspektiven der vorliegenden Untersuchung relevant sind.[18] Auch vor dem Hintergrund der oben beschriebenen herrschaftskritischen erkenntnispolitischen Ausrichtung dieser Untersuchung werde ich mich hierbei maßgeblich an Perspektiven der Cultural Studies und hier besonders des britischen Kultur- und Rassismustheoretikers Stuart Hall orientieren.

Für die Cultural Studies ist kennzeichnend, dass diese von einem unauflösbaren Zusammenhang zwischen Wissen und Macht ausgehen und sie daher mit der „politischen Effektivität von Wissenseffekten rechnen" (Marchart 2008, S. 38). Vor diesem Hintergrund spielt die Idee der Selbstreflexivität wissenschaftlicher Forschung für die Forschungen der Cultural Studies eine wichtige Rolle. Sie gehen davon aus, „dass die Macht- und Kräftelinien, die den Kontext eines zu untersuchenden kulturellen Phänomens bilden, nicht vor ihrer eigenen Praxis haltmachen" (ebd., S. 41).

Besonders Stuart Halls zahlreiche Analysen und Theoretisierungen bilden einen Bezugspunkt vieler jüngerer rassismuskritischer Auseinandersetzungen und sind im deutschsprachigen Kontext auch bereits für den pädagogischen Zusammenhang fruchtbar gemacht wurden (vgl. Mecheril/Witsch 2006; Hörning/Winter 1999). Im „magischen Dreieck" (Marchart 2008, S. 33) der Begriffe Kultur, Identität und Macht fokussiert Hall besonders die Bedeutsamkeit von Diskursen für Rassismus und nimmt Rassismus als ein produktives diskursives „Repräsentationsregime" (Hall 1994a, S. 142) in den Blick, welches hinsichtlich des in ihm produzierten dichotom organisierten Wissens zu analysieren ist:

> Kurz, der Diskurs stellt, als ein ‚Repräsentationsregime', die Welt entsprechend einer vereinfachten Dichotomie geteilt dar – in den Westen und den Rest. Das ist es, was den Diskurs von ‚der Westen und der Rest' so zerstörerisch macht – er trifft grobe und vereinfachte Unterscheidungen und konstruiert eine absolut vereinfachte Konzeption von ‚Differenz'. (Hall 1994a, S. 142)

Marcharts Formulierung vom „magischen Dreieck" der Cultural Studies verweist auf eine bedeutsame Unterscheidung zwischen dieser Forschungsperspektive

18 Für einen Forschungsüberblick zu Rassismustheorie und Rassismuskritik im bundesdeutschen Kontext siehe einführend Melter/Mecheril 2009 und mit Blick auf gegenwärtige Verschiebungen im bundesdeutschen Kontext (etwa Stichwort: „nach Köln") Castro Varela/Mecheril 2016. Für eine Einführung in postkoloniale Theorien vgl. Castro Varela/Dhawan 2020 sowie den Band zu „Schlüsselwerke[n] der Postcolonial Studies" von Reuter/Karentzos 2012.

und der beispielsweise der deutschsprachigen Kulturwissenschaften: Anders als in diesen untersuchen Cultural-Studies-Analysen „Kultur" immer als ein Feld, welches mit „Macht" und „Identität" verknüpft ist und verstehen sich explizit als ein „politisches Theorieprojekt" (Hall 2018).[19] „Cultural Studies" untersuchen politisches und kulturelles Handeln auf der Grundlage eines Selbstverständnisses zwischen „interventionistischer wissenschaftlicher Praxis und Theorie" und „nüchterner Distanz zu den bestehenden Wirkungskreisen der Politik" (Marchart 2008, S. 43). Dieses politische Selbstverständnis der „Cultural Studies" versteht sich dabei nicht als Einschränkung vorgeblicher wissenschaftlicher Objektivität und Wertfreiheit. Es basiert vielmehr auf der Annahme, dass die Analyse des Konstruktionscharakters von sozialen Identitäten und den sie umgebenen Machtverhältnissen grundlegend für das Verständnis von Wirklichkeit und Möglichkeiten ihrer Veränderung ist. In diesem Sinne sind Cultural Studies als eine *politisch engagierte* wissenschaftliche Perspektive zu verstehen, als eine Perspektive, die versucht,

> [...] die besten verfügbaren intellektuellen Ressourcen zu verwenden, um zu einem besseren Verständnis der Machtbeziehungen [...] in einem bestimmten Kontext zu gelangen, im Glauben, dass ein solches Wissen die Menschen in eine bessere Position versetzt, den Kontext und damit die Machtbeziehungen zu verändern. (Grossberg 1999, S. 55)

Ein weiteres Kriterium der Auswahl der folgenden Theoretisierungen ist außerdem ihre Gegenstandsbezogenheit, wobei sich „Gegenstand" hier sowohl breit als ein interessierender inhaltlicher Gegenstand (Theaterpädagogik der Migrationsgesellschaft) als auch im engeren methodologisch-methodischen Sinne als ein ausgewählter im Material zu analysierender Gegenstand (Praktiken der Aktualisierung natio-ethno-kulturell kodierter Zugehörigkeitsordnungen) verstehen lässt. Für die rassismuskritische Analyse der Produktion natio-ethno-kulturell kodierter Zugehörigkeitsordnungen im Kontext der Theaterpädagogik werde ich vor diesem Hintergrund in theoretische Perspektiven einführen, denen gemeinsam ist, dass sie

(a) ein an Foucaults Diskursbegriff orientiertes Interesse an *Diskursen* des Rassismus verfolgen,

---

19 Vor diesem Hintergrund wird auch in deutschsprachigen Forschungskontexten von einer Übersetzung von „Cultural Studies" mit „Kulturwissenschaften" abgesehen.

(b) das in Diskursen produzierte Wissen aus einer Perspektive in den Blick nehmen, mit der seine Beziehungen zu *migrationsgesellschaftlichen Macht- und Herrschaftsverhältnissen* analysiert werden können,

(c) sich für die in Differenzkonstruktionen und -verhältnisse eingelagerte *Adressierung und Positionierung von Subjekten* in Diskursen interessieren.

Die Untersuchung der Produktion natio-ethno-kulturell kodierter Zugehörigkeitsordnung(en) auf dem Feld der Theaterpädagogik als einem Feld, auf dem Bildungs- und Subjektivierungsprozesse vollzogen werden, vollzogen werden *sollen* und explizit zum Gegenstand der Forschung gemacht werden, legt außerdem in der vorliegenden eher erziehungs- als theaterwissenschaftlich interessierten Untersuchung eine Orientierung an migrationspädagogischen Theorieperspektiven nahe, in denen „[…] die Frage bedeutsam [ist], wie Pädagogik einen Betrag zur (Re-)Produktion dieser Ordnung leistet und welche Möglichkeiten der Veränderung und Schwächung dieser Ordnung gegeben sind und entwickelt werden können" (Mecheril u. a. 2010b, S. 12–15). Dies daher, weil, wie ich in Kapitel 4 ausführlicher erläutern werde, sowohl Bildungs- als auch Subjektivierungsprozesse aus der hier zugrunde gelegten Perspektive immer zutiefst mit den gesellschaftlichen Macht- und Herrschaftsverhältnissen, in denen sie sich vollziehen und die sie vermitteln, verschränkt sind (Koller 2016; Mecheril 2014a; Broden/Mecheril 2010).

Im Folgenden werde ich zunächst (2.1) einige für diese Untersuchung grundlegende rassismustheoretische Perspektiven auf das Phänomen Rassismus und seinen gegenwärtigen Stellenwert in der Bundesrepublik Deutschland erläutern. Anschließend (2.2) werde ich in die Perspektive der Migrationspädagogik einführen sowie in die in dieser theoretischen Perspektive vorgenommenen Verhältnissetzungen zwischen migrationsgesellschaftlichen Differenzordnungen wie der des Rassismus und dem Feld der Pädagogik.

2.1 Grundlegende Perspektiven der Rassismuskritik

Im Anschluss an rassismuskritische Theorieperspektiven lässt sich Rassismus grundsätzlich verstehen als ein auf unterschiedlichen Ebenen wirksames „System von Diskursen und Praxen, die historisch entwickelte und aktuelle Machtverhältnisse legitimieren und reproduzieren" (Rommelspacher 2009, S. 29). Als „allgemeine strukturelle Logik des gesellschaftlichen Zusammenhangs" (SCHARATHOW U. A. 2009, S. 11) strukturiert Rassismus die Lebenswirklichkeiten *aller* Menschen auf bedeutsame und zugleich sehr unterschiedliche Weise. Diese Strukturierung betrifft dabei nicht nur ein (vermeintliches) Außen des gesellschaftlichen „Umfelds", sondern auch Prozesse der (Selbst-)Bildung (vgl. ausführlich Kapitel 5.1 dieser Arbeit). „Rassismus bildet", weil er „mittels Wissen und Erfahrung auf Prozesse der Konstitution und Transformation von Selbst- und Weltverhältnissen positiv oder negativ Einfluss nimmt" (BRODEN/MECHERIL 2010, S. 7).

Anders als es in vielen gegenwärtigen gesellschaftlichen Debatten suggeriert wird, gibt es keinen Ort und keine Position außerhalb des Rassismus, von wo aus Rassismus kritisiert oder analysiert werden könnte, wohl aber unterschiedliche Positionierungen innerhalb rassistischer Ordnungen. Rassismus lässt sich weder zutreffend als Problem des „rechten Rands" beschreiben, noch geht er in den individuellen Einstellungen und Verhaltensweisen einer etwaigen „rassistischen Person" auf. Aus der Perspektive der Rassismusforschung handelt es sich bei Rassismus vielmehr um ein breites und komplexes gesellschaftliches Strukturprinzip, in und mit dem gesellschaftliche Macht- und Herrschaftsverhältnisse und mit diesen verknüpfte (post-)koloniale Ausbeutungsverhältnisse hergestellt und gesichert wurden und werden (sollen). In diesem Sinne verstehen rassismuskritische Perspektiven rassistische Strukturen und Prozesse als auf generelle Muster der Unterscheidung verweisende allgemein wirksame Zusammenhänge, „die auf den unterschiedlichen Ebenen gesellschaftlicher Wirklichkeit (Gesetze, Institutionen, alltagsweltliche Interaktionen, individuelle Selbstverständnisse) optional zur Verfügung stehen" (SCHARATHOW U. A. 2009, S. 10).

Mit Birgit Rommelspacher lässt sich zwischen drei maßgeblichen Ebenen von Rassismus unterscheiden, welche als miteinander verzahnt gedacht werden müssen: Die strukturelle, die institutionelle und die individuelle Ebene.

> Von strukturellem Rassismus spricht man, wenn das gesellschaftliche System mit seinen Rechtsvorstellungen und seinen politischen und ökonomischen Strukturen Ausgrenzungen bewirkt, während der institutionelle Rassismus sich auf Strukturen von Organisationen, eingeschliffene Gewohnheiten, etablierte Wertvorstellungen und bewährte Handlungsmaximen bezieht. Der strukturelle schließt also den institutionellen Rassismus ein [...]. Der individuelle Rassismus hingegen beruht auf persönlichen

> Handlungen und Einstellungsmustern und bezieht sich auf die direkte persönliche Interaktion. (Rommelspacher 2009, S. 30)

Auch wenn eine Perspektive auf die umfassende Bedeutung von Rassismus für letztlich alle gesellschaftlichen Lebensbereiche auch heute noch in den meisten Auseinandersetzungen mit Rassismus marginal ist, so ist sie dennoch auch im Kontext der deutschsprachigen Rassismusforschung nicht neu. Bereits in den 80er Jahren wiesen Annita Kalpaka und Nora Räthzel mit ihrer Untersuchung von Rassismus in Deutschland auf die „Schwierigkeit, nicht rassistisch zu sein" (Kalpaka/Räthzel 1986) hin und markierten damit eine von verschiedenen „Stunden Null" jener Auseinandersetzung mit Rassismus in der deutschsprachigen Forschungslandschaft, welche ihre zentrale Referenz in den englisch- und französischsprachigen ideologie- und diskurstheoretischen Rassismustheorien etwa von Stuart Hall, Etienne Balibar oder Robert Miles findet.

2.1.1 Rassismus als machtvolle Praxis der Unterscheidung

Rassismus lässt sich als eine historisch maßgeblich im Kontext des Kolonialismus fundierte machtvolle Praxis der bewertenden und hierarchisierenden binarisierenden Unterscheidung zwischen einem konstruierten „Wir" (zum Beispiel die „Deutschen", die „Christ*innen", das „Volk", die „Europäer*innen" etc.) und einem diesem entgegen gesetzten „Nicht-Wir" (zum Beispiel die „Ausländer*innen", die „Muslim*innen", die „Juden", die „Migrant*innen", die „Fremden", etc.) verstehen. Er dient laut Stuart Hall unter anderem dazu, „soziale, politische und ökonomische Praxen zu begründen, die bestimmte Gruppen vom Zugang zu materiellen oder symbolischen Ressourcen ausschließen" (Hall 2000, S. 7), während im Rassismus zugleich andere bevorteilt und privilegiert werden. Postkoloniale Analysen untersuchen vor diesem Hintergrund, wie Rassismus auf bedeutsame Weise in (globale wie lokale) Ordnungen sowie hegemoniale, auf gewaltvoller Ausbeutung (von Arbeitskraft, materiellen Ressourcen, Wissen, etc.) und Herabwürdigung der kolonisierten Gesellschaften und Subjekte beruhende Wirtschaftsformen und mit diesen einhergehende „imperiale Lebensweisen" (Brand 2017) eingeschrieben war und ist. Die gegenwärtigen globalen Verhältnisse, sei es auf wirtschaftlicher, auf politischer oder auf sozialer Ebene, gegenwärtige Migrations-, Handels oder Naturverhältnisregime sind aus dieser Perspektive nicht angemessen zu verstehen, ohne dabei ihre (post-)koloniale Gewordenheit und die Bedeutsamkeit von Rassismus zu berücksichtigen. Rassismus und Kolonialismus waren dabei immer schon verwoben mit anderen Herrschaftsverhältnissen, beispielsweise dem des Patriarchats, und schaffen spezifische aus diesen Verwobenheiten hervorgehende subalterne Subjektpositionen (vgl. SPIVAK 1988a). Hiermit eng verbunden ist die Herstellung rassifizierenden Wissens, deren Bedeutsamkeit die vorliegende Untersuchung mit Blick auf einen kleinen Teilbereich gesellschaftlicher Wirklichkeit, die Theaterpädagogik am Theater, gewidmet ist. Diskurse spielen hier auch deshalb eine bedeutsame Rolle, weil in ihnen Wissen über ein rassifiziertes „Nicht-Wir", über ein nicht explizit rassifiziertes „Wir" sowie über die Beziehungen zwischen den derart konstruierten Gruppen produziert wird. „Mit ‚Diskurs' meinen wir eine besondere Weise, ‚den Westen', ‚den Rest' und die Beziehungen zwischen ihnen zu repräsentieren" (HALL 1994a, S. 150), und diese Weise der Repräsentation dient zur Begründung und Legitimation von Ausbeutungsverhältnissen und anderen Formen illegitimer Gewalt. Diskurstheoretische Perspektiven auf Rassismus untersuchen, wie dieses Wissen in verschiedenen Kontexten auf jeweils spezifische Weisen (re-)produziert und verschoben wird, wie es also aktualisiert wird.

In Anlehnung an eine theoretische Beschreibung von Rassismus durch Albert Memmi weisen Paul Mecheril und Claus Melter (MECHERIL/MELTER 2010) auf vier konstitutive Elemente des Rassismus hin: Rassismus lässt sich demnach verstehen als ein System, das durch das Zusammenwirken von Praktiken der Unterscheidung (1), Homogenisierung (2) und Hierarchisierung (3) gekennzeichnet und eng mit Machtverhältnissen (4) verknüpft ist.[20]

20 Ähnlich wird Rassismus in einer Vielzahl rassismustheoretischer Annäherungen an das Phänomen beschrieben, vgl. neben MEMMI 1987 etwa MILES 1991; TERKESSIDIS 1998; HALL 2004c. Rudolf Leiprecht fasst mit Blick auf die Überschneidungen der verschiedenen Definitionen von Rassismus in der (gegenwärtigen) Rassismustheorie zusammen, es werde übergreifend „heute meist davon ausgegangen, dass es sich bei Rassismus um historische und gesellschaftliche Hervorbringungs- und Reproduktionsprozesse von Ideen, Vorstellungen, (Alltags-)Theorien, Repräsentationen, Wissen u.Ä. zu ‚Großgruppen' handelt, die als ‚Rassen' konstruiert, zueinander in ein hierarchisches Verhältnis gesetzt und als sich selbst reproduzierende und deshalb über Generationen miteinander Einheiten (Genealogien) vorgestellt werden. Je nach Ansatz werden ähnlich angelegte Konstruktionsmuster auch unter Begriffen wie Ethnie, bzw. Volk, Kultur, Stamm, Kaste oder Nation miteinbezogen, teilweise auch in Verbindung mit Religion. Es wird zudem davon ausgegangen, dass diese Konstrukte – ausgestattet mit einem bestimmten Ausmaß an Macht – als Ordnungsmuster, Wissenssysteme, Deutungsschemata und Differenzlogiken soziale Verhältnisse regulieren und/oder (je nach Konzeptualisierung) sie rechtfertigen, grundlegend in sie eingeschrieben sind, in einem dynamischen Kräfteverhältnis dominant werden sowie zu spezifischen Herrschaftsformen führen" (LEIPRECHT 2016, S. 226).

Rassismus ist (1) eine Praxis der *Unterscheidung* von Menschen, in der auf bestimmte Merkmale der körperlichen Erscheinung (etwa Hautfarbe, Haarstruktur, Nasenform)[21], auf Sprachen oder auf den Namen von Menschen Bezug genommen wird und auf dieser Grundlage einige Menschen als erkennbar „anders" markiert werden, während anderen (zumeist implizit) eine vermeintlich natürliche Zugehörigkeit zu einem derart konstruierten „Wir" zugesprochen wird. Diese „Wir"/"Nicht-Wir"-Unterscheidung wird dabei auf flexible Weise anhand von unterschiedlichen und miteinander verwobenen Differenzierungspraktiken konstruiert. Die im Rassismus gegenwärtig seltener biologistisch, sondern häufiger verknüpft mit Bezugnahmen auf „Kultur" oder „Religion" als solche identifizierten und hervorgebrachten „anderen" Körper dienen dabei als „Bedeutungsträger, als Zeichen innerhalb eines Diskurses um Differenz" (Hall 2000, S. 7). Der postkoloniale Theoretiker Edward Said prägte für den hiermit verbundenen Prozess der Konstruktion der Anderen den heute im Kontext rassismuskritisch informierter Forschung sehr geläufigen Begriff des *Othering* (Said 1979). Dieser ins deutsche gelegentlich als „Ver-anderung" (Reuter 2002) übertragene Begriff weist besonders prägnant darauf hin, dass der oder die Andere erst durch einen aktiven Konstruktionsprozess zur/zum Anderen *gemacht* wird. Im Kontext des lange vorherrschenden auf wissenschaftlichen Rassetheorien beruhenden biologistischen Rassismus wird den derart konstruierten Anderen so die Zugehörigkeit zu einer

21 Diese (Unterscheidungs-)Merkmale sind als solche nicht gegeben, sondern selbst das Ergebnis von Prozessen des Markierens, des Versehens mit Bedeutung und des Interpretierens von Wirklichkeit. Denn auch „wenn Hautfarbe zentral für Rassenkonstruktionen ist, ist es wichtig zu verstehen, dass es paradoxerweise nicht um die tatsächliche Farbe der Haut geht – die sonnenbankgebräunte Weiße Person bleibt Weiß, die hellhäutige Schwarze Person Schwarz –, sondern um die geschichtlich-kulturelle Aufladung bestimmter körperlicher Merkmale wie Gesichtsform, Haare und Haut. Weißsein und Schwarzsein sind also soziale und politische Konstruktionen, keine biologisch festgesetzten Größen" (Bendix 2013, S. 15)

vermeintlichen biologischen „Rasse"[22] zugeschrieben. Der vom britischen Rassismusforscher Robert Miles für diesen Prozess der Unterscheidung geprägte Begriff der „Racialization" (dt: Rassifizierung oder Rassialisierung)[23] macht besonders gut deutlich, dass „Rasse" keine natürliche, sondern eine soziale Kategorie und das Ergebnis eines Markierungs- und Konstruktionsprozesses darstellt. Diskurstheoretisch perspektiviert beschreibt Stuart Hall diese als eine diskursive und keine biologische Kategorie, als

> […] organisierende Kategorie der Sprechweisen, Repräsentationssysteme und sozialen Praktiken (Diskurse), die einen […] Zusammenhang von Unterscheidungen nach physischen Charakteristiken – Hautfarbe, Haarform, physische und körperliche Eigenschaften – als symbolische Markierung dazu benutzen, um eine Gruppe gesellschaftlich von einer anderen zu unterscheiden. (Hall 1994b, S. 208)

Das hier sichtbar werdende Paradoxon zwischen Konstruiertheit und Wirkmacht der Kategorie *race* lässt sich als eine der zentralen Schwierigkeiten wissenschaft-

22 Der Begriff „Rasse" wird im Deutschen in der wissenschaftlichen Auseinandersetzung mit Rassismus in Anführungszeichen gesetzt, um auf den sozial-kulturellen Konstruktionscharakter der Kategorie zu verweisen und dem Irrtum vorzubeugen, es handle sich hier um eine biologische Kategorie. Die Nutzung des Begriffs ist im deutschsprachigen Raum auch aus rassismuskritischen Perspektiven umstritten, was sich etwa mit Blick auf die Diskussionen um seine Verwendung in juristischen Texten wie dem Grundgesetz der Bundesrepublik Deutschland oder dem Allgemeinen Gleichbehandlungsgesetz nachvollziehen lässt (vgl. etwa Barskanmaz 2011). Kritiker*innen fordern eine Streichung des Begriffs aus juristischen Texten, weil seine Verwendung die Vorstellung der Existenz von „Rassen" befördere. Autor*innen, die für die Beibehaltung des Begriffs plädieren, argumentieren hingegen, dass nicht „Rasse" zu Rassismus führe, sondern andersherum. „Rasse" stelle daher eine Kategorie dar, die aus dem Herrschaftsverhältnis Rassismus entstehe. Solange sie als Differenzkategorie Gesellschaft im Sinne von Ungleichheitsbeziehungen strukturiere, sei es wichtig, den Begriff auch als rechtliche Ungleichheitskategorie sichtbar zu machen. Beide Positionen sind sich jedoch darin einig, dass der Begriff immer in Anführungszeichen gesetzt werden sollte, um seinen sozialen Konstruktionscharakter zu markieren und ihn nicht als vermeintlich biologische Kategorie zu missbrauchen. In der vorliegenden Arbeit werde ich die Bezeichnung „Rasse" an solchen Stellen benutzen, in denen es explizit um den Begriff geht. Die mit dem Begriff adressierte Differenzkategorie bezeichne ich im Anschluss an die anglophone Diskussion als race. Ich schließe mich hiermit der Argumentation von Khakpour, Niggemann, Pohn-Lauggas, Räthzel und Diaz an, die in ihrem Vorwort zur deutschen Übersetzung von Stuart Halls (2020) Schrift „Vertrauter Fremder" argumentieren, dass die Bezeichnung „Rasse" im Deutschen „durch ihre besondere historische Definition im deutschen Faschismus bis heute belastet ist", während der Begriff race im angelsächsischen Raum ambivalenter besetzt sei, da dieser auch als Teil der Selbstdefinition emanzipatorischer Bewegungen genutzt werde (ebd.).

23 Die beiden deutschen Begriffe „Rassialisierung" und „Rassifizierung" werden synonym verwendet, ich verwende in der vorliegenden Arbeit den Begriff „Rassifizierung".

licher, politischer, künstlerischer und alltagsweltlicher Beschäftigungen mit Rassismus beschreiben. Die französische Soziologin Colette Guillaumin pointiert das hier zum Ausdruck kommende Spannungsverhältnis drastisch mit den inzwischen berühmten Worten: „race does not exist, but it does kill people" (GUILLAUMIN 2010, S. 107).[24]

Rassismus ist (2) eine Praxis der *Homogenisierung*. Den als „anders" markierten Menschen werden bestimmte Mentalitäten zugeschrieben. Konstruiert wird in solchen „personenbezogenen Außen-Innen-Imaginationen" (LEIPRECHT 2016, S. 227) eine scheinbar unveränderliche Verbindung („äußerer") körperlicher oder kultureller Zeichen mit ("inneren") Eigenschaften auf den Ebenen von Charakter, Intelligenz und Temperament. Rassifizierten Personen wird auf der Grundlage einer „deterministisch vorgestellten Relation zwischen *Makro-Konstrukten* wie ‚Rasse' oder ‚Kultur', und den ihnen jeweils *zugeordneten Individuen*" ihre Individualität abgesprochen und sie werden „gleichsam als *‚Marionetten'* dieser Makro-Konstrukte gesehen" (ebd., Herv. i. O.). Als mutmaßliche Stellvertreter*innen eines Kollektivs wird ihnen ein auf den Zuschreibungen zu diesem Kollektiv beruhendes Wesen zugeschrieben, das durch bestimmte nicht veränderbare Eigenschaften gekennzeichnet ist.

Wie Stuart Hall herausarbeitete, nehmen hierbei Praktiken der Stereotypisierung eine zentrale Rolle ein. Halls differenztheoretische Lektüre des Foucaultschen Diskursbegriffs fokussiert besonders die Eigenschaft des Diskurses, durch die Ermöglichung bestimmter Sprechweisen andere Sprechweisen zugleich zu verhindern. Als eine „Gruppe von Aussagen, die eine Sprechweise zur Verfügung stellen, um über etwas zu sprechen – zum Beispiel eine Art der Repräsentation - eine besondere Art von Wissen über einen Gegenstand" wird in Diskursen nicht nur das jeweilige Thema in einer bestimmten Weise als solches konstruiert, sondern der Diskurs „begrenzt ebenfalls die anderen Weisen, wie das Thema konstruiert werden kann" (HALL 1994a, S. 150). Im Sinne jener Bindung, die Foucault als Macht/Wissen (FOUCAULT 1992a) bezeichnet hatte, fokussiert Hall Stereotypisierung als eine Form der Macht, jemanden oder etwas auf eine bestimmte Weise zu repräsentieren und so symbolisch Grenzen zu etablieren, die festlegen, wer zugehörig bzw. nicht-zugehörig sei. Denn Stereotypisierung trennt „das Normale

24 Ähnlich weist auch Stuart Hall auf das Spannungsverhältnis zwischen Konstruiertheit und Wirkmacht der „Rasse"-Kategorie hin: „Rasse existiert nicht, aber Rassismus kann in sozialen Praxen produziert werden" (HALL 2000, S. 7).

und Akzeptable vom Anormalen und Unakzeptablen ab" (Hall 2004a, S. 144) um das Unakzeptable dann als auf *wesentliche* Weise nicht passend und andersartig auszuschließen:

> Stereotype erfassen die wenigen ‚einfachen, anschaulichen, leicht einprägsamen, leicht zu erfassenden und weithin anerkannten' Eigenschaften einer Person, reduzieren die gesamte Person auf diese Eigenschaften, übertreiben und vereinfachen sie, und schreiben sie, ohne Wechsel oder Entwicklung für die Ewigkeit fest. [...] Stereotypisierung reduziert, essentialisiert, naturalisiert und fixiert ‚Differenz'. (Hall 2004a, S. 143)

Insofern, wie hier deutlich wird, Stereotypisierung immer auch den Versuch einer Naturalisierung darstellt, lässt sie sich mit Hall darüber hinaus außerdem als eine Strategie der Repräsentation verstehen, die Differenz nicht nur herstellen, sondern auch „für immer sichern" (Hall 2004a, S. 130) soll. Sie ist der Versuch, „das unvermeidbare ‚Entgleiten' von Bedeutung aufzuhalten und eine diskursive und ideologische ‚Schließung' sicherzustellen" (ebd.). Grad und Weise der Wirksamkeit der hier in den Fokus geratenen „Schließungen" durch die essentialisierende Unterscheidung zwischen einem Eigenen und einem Anderen hängen dabei für Hall mit der Routinisierung ihrer Wiederholung in hegemonialen Diskursen zusammen; Judith Butler prägt in einem ähnlichen Zusammenhang den Begriff der „Sedimentierung" (vgl. Kapitel 4). Vor dem Hintergrund von Foucaults Begriff der Diskursiven Formationen, mit dem dieser das Zusammenwirken einer Vielzahl ähnlich gelagerter Aussagen bezeichnet, entwirft Hall mit Blick auf sich wiederholende besonders wirksame Praktiken der Repräsentation den Begriff „Repräsentationsregime" (auch: „Repräsentationssystem") als das zur Verfügung stehende dominante „Repertoire an Bildern und visuellen Effekten, durch das ‚Differenz' in einem beliebigen historischen Moment repräsentiert wird" (ebd., S. 115).[25] Indem die Anderen in Diskursen wieder und wieder auf bestimmte Weise zum Beispiel als „unzivilisiert", „rückständig" und „exotisch" repräsentiert werden, erlangt das hier produzierte Wissen seine wirklichkeitskonstituierende Macht.

25 Als Ausprägung symbolischer Macht spielen Repräsentationsregime besonders auch im Kontext von Theater eine große Rolle, da dieses, wie Tania Meyer aufzeigt, „wie alle Medien/Künste – vom Staatstheater zur Workshoppräsentation – die Macht, zu zeigen hat. Es ist die Macht, jemanden darzustellen, zu repräsentieren und damit unweigerlich in einer bestimmten Art und Weise zu sehen zu geben" (Meyer 2011, S. 72).

Im Kontext des postnationalsozialistischen Deutschland lässt sich in den Erscheinungsformen von Rassismus eine Verschiebung feststellen, in der Macht- und Herrschaftsverhältnisse nicht mehr mit Bezug auf den Begriff „Rasse", sondern auf die „andere" „Kultur" oder „Religion" der Anderen gefestigt und begründet werden. So hatte Theodor Adorno bereits früh eine sprachliche Verschiebung festgestellt, mit der gleichzeitig auch eine konzeptuelle Verschiebung des Rassismus analysiert werden kann: „Das vornehme Wort Kultur tritt anstelle des verpönten Ausdrucks *Rasse*, bleibt aber ein bloßes Deckbild für den brutalen Herrschaftsanspruch" (Adorno 1975, S. 28, Herv. i. O.).

Mit Konzepten wie dem des „Kulturellen Rassismus" (Hall/Mehlem/Koivisto 1994) oder des „Neo-Rassismus" (Balibar/Wallerstein 1990) werden die verschiedenen Ausprägungen des Rassismus analysiert, dessen Formen und Funktionsweisen als synchron wie diachron in beständigen und umkämpften Veränderungs- und Anpassungsprozessen zu begreifen sind. Auch wenn in den gegenwärtigen deutschsprachigen Migrationsdiskursen (explizite) Bezugnahmen auf biologistische Rassekonzeptionen kaum noch eine Rolle spielen, wirken die Mechanismen der Differenzierung und Homogenisierung von Menschen auf der Grundlage statisch imaginierter Gruppen in den neueren Formen des Rassismus weiter. Häufig von einem essentialisierenden Verständnis von „Kultur" als geschlossene, in sich homogene und verfestigte Systeme ausgehende Bezugnahmen auf „Kultur" lassen sich dabei (auch) als „Sprachverstecke" für letztlich weiterhin an Rassekonstruktionen orientierte Unterscheidungen verstehen, die den Begriff „Rasse" ersetzen und verlängern, ihn aber auch verschieben. So etwa in dem Sinne, den Anne Broden und Paul Mecheril mit Blick auf an kulturellen Differenzkonstruktionen orientierten Semantiken der Überfremdung und Minorisierung skizzieren:

> Neuere Formen des Rassismus argumentieren nicht mehr mit ‚rassischer Reinheit' und dem Erfordernis, diese zu schützen. Vielmehr geht es in der modernen Variante um die Bewahrung der eigenen ‚kulturellen Identität' […], ihrem Schutz vor Überfremdung und Minorisierung. (Broden/Mecheril 2010, S. 15)

Paul Gilroy erläutert, dass es sich bei diesem „Rassismus, der es vermeiden möchte, als solcher wahrgenommen zu werden" (Gilroy 1992, 87, zitiert nach Hall 1994b, S. 208) um den Versuch auch der kulturellen Homogenisierung von Nationen in Abgrenzung von inneren und äußeren Bedrohungen handelt.[26] Und auch Stuart Hall weist auf die enge Verbindung der Konstruktion einer kulturellen mit der einer nationalen Identität hin (HALL 1994b, S. 208). Entgegen der für den „Kulturellen Rassismus“ zentralen essentialistischen Vorstellung von Kulturen als in sich abgeschlossene, voneinander getrennte und starre Einheiten oder Systeme, die sich auf ein bestimmtes zugrunde liegendes Wesen, eine Essenz,[27] zurückführen lassen, fasst die Perspektive der Cultural Studies „Kultur“ als Feld von Bedeutungsproduktion, welches grundlegend mit Fragen von Macht und Identität verknüpft ist. „Kultur“ beschreibt aus dieser Perspektive „[...] ein Feld von Machtbeziehungen, auf dem soziale Identitäten wie Klasse, ‚Rasse‘, Geschlecht oder sexuelle Orientierung konfliktorisch artikuliert und zu breiteren hegemonialen Mustern verknüpft werden“ (MARCHART 2008, S. 16). Mit Blick auf den Untersuchungsgegenstand dieser Arbeit ist vor diesem Hintergrund zu fragen, inwiefern die Rede von „Kultur“ als zentralem Begriff der Theaterpädagogik rassifizierende Unterscheidungen aufruft, aktualisiert, reproduziert und/oder verschiebt und welche Subjektpositionen auf welche Weise in theaterpädagogischen Bezugnahmen auf „Kultur“ für den Kontext der Theaterpädagogik am Theater aktualisiert werden.

Rassismus ist (3) eine Praxis der *Hierarchisierung*. Rassismus bewertet die den Anderen zugeschriebenen ‚Mentalitäten’ als minderwertig[28] und (daher) dem dominanten „Wir“ nicht zugehörig und jene der eigenen Gruppe als höherwertig und fraglos zugehörig. Den so als unterlegen konstruierten Anderen wird auf diese Weise ein spezifischer Platz mit weniger Rechten und Privilegien im gesellschaftlichen Raum zugewiesen. Sie werden, wie Mecheril und Melter doppeldeutig formulieren, zu „Anderen unter uns“ (MECHERIL/MELTER 2010, S. 156). Im Kontext des Neo-Rassismus hingegen verliert die grundsätzliche Hierarchisierung verschiedener „Kulturen“ zugunsten einer Theorie ihrer Unvereinbarkeit an Bedeutung. Ausgehend von einem essentialisierenden Kulturbegriff wird hier

26 Etiénne Balibar weist auf die grundsätzliche Relevanz des Rassismus für die westlichen Gesellschaften hin, denn diese würden seit Ende des neunzehnten Jahrhunderts „um den Signifikanten der ‚Rasse‘ herum [ge]bildet“ (BALIBAR/WALLERSTEIN 1990, S. 25).

27 Vgl. dazu auch den Eintrag zum Begriff „Essentialismus“ in Nünning 2004, S. 162.

28 Hierbei geht es um eine grundsätzliche Minderwertigkeit. Dies schließt jedoch nicht die Adressierung von „positiven“ Eigenschaften im Kontext der Rassifizierung aus, wie sie sich etwa im Kontext von Praktiken der Objektivierung und Sexualisierung Anderer (vgl. beispielhaft KILOMBA 2016) oder im Topos des „Edlen Wilden“ (vgl. beispielhaft ARNDT/THIERL/WALTHER 2001) und den mit diesen verknüpften Gewaltformen manifestiert.

„die Schädlichkeit jeder Grenzverwischung und die Unvereinbarkeit der Lebensweisen und Traditionen" (Balibar/Wallerstein 1990, S. 28) als Grund herangezogen, die Anderen als „hier" deplatziert zu adressieren um ihnen auf dieser vermeintlichen Grundlage den Zugang zu gleichen Rechten und Möglichkeiten außerhalb ihres „angestammten" Gebiets abzusprechen. Prozesse der Rassifizierung dienen letztlich immer der Herstellung einer an rassifizierenden Unterscheidungen orientierten hierarchischen sozialen Ordnung. Im „Ordnungsprinzip des Rassismus" werden Menschen „klaren Positionen zugeordnet. Rassismus ordnet Körper und die ihnen zugeschriebenen ‚Identitäten' und Handlungspraxen im Raum" (Mecheril/Melter 2010, S. 156).

Die den Anderen zugeordneten homogenisierten Eigenschaften dienen dabei, wie prominent bereits Edward Said herausarbeitete, zugleich immer auch der Konstruktion eines als überlegen markierten „Wir". In seiner 1978 veröffentlichten und von vielen als „Gründungsdokument postkolonialer Theorie" (Castro Varela/Dhawan 2005, S. 31) angesehenen Studie „Orientalism" hatte Edward Said die diskursive Konstruktion des „Orients" mit Blick auf die Repräsentation eines „orientalischen Anderen" analysiert und diese als *Othering* zu verstehen gegeben. Gleichzeitig arbeitete Said die hiermit verbundene Konstruktion eines „europäischen Eigenen" heraus: „The Oriental is irrational, depraved (fallen), childlike, ‚different', thus the European is rational, virtuous, mature, ‚normal'" (Said 2003, S. 40).

Beispielhaft für einige gegenwärtige diametral entgegengesetzt konstruierte Eigenschaftszuweisungen im Kontext globaler (entwicklungspolitischer) Diskurse beschreiben die Autor*innen der Broschüre „Mit kolonialen Grüßen…" des glokal e.V.:

> Der Globale Süden bzw. Schwarzsein werden in Verbindung gebracht mit traditionell, unterentwickelt, unveränderlich, passiv, empfangend, primitiv/einfach, emotional/irrational/fühlend, ursprünglich/natürlich/naturnah, ländlich, undiszipliniert und in ihrer Kultur verhaftet; der Westen und Weißsein hingegen sei gleichbedeutend mit modern, entwickelt, ständig im Wandel, aktiv, gebend, komplex, rational/denkend/wissend, fortschrittlich/kultiviert, städtisch, diszipliniert und zivilisiert. (Bendix 2013, S. 16)

Postkoloniale Analysen fokussieren in diesem Sinne die Abhängigkeit der Selbstformung des „westlichen" Subjekts von der Konstruktion eines „anderen", „nichtwestlichen" Subjekts. Hierin zeigt sich auch der Versuch einer grundsätzlichen Perspektivverschiebung, wie sie sich auch mit Bezug auf die Arbeitsweisen Michel Foucaults und Judith Butlers beschreiben lässt, die ich in Kapitel 4 diskutieren werde. Diese hatten in ihren Analysen versucht, gesellschaftliche Norm und Normalität über eine Betrachtung des Ausgeschlossenen sowie der spezifischen Strategien des Ausschlusses zu verstehen. Analog zu dieser Vorgehensweise schauen auch postkoloniale Analysen von der vermeintlichen (kulturellen) Peripherie auf das vermeintliche (kulturelle) Zentrum. Im Mittelpunkt derartiger Analysen steht das theoretische und empirische Interesse an den spezifischen Ausprägungen des Zusammenspiels von Selbst- und Fremdkonstitution im (post-)kolonialen Kontext. Mit Blick auf das – mit Ernesto Laclau: konstitutive – Außen gehen postkoloniale Analysen dabei davon aus, dass „[...] die Grenzmarkierung von einem ‚Anderen', einem Außen für die fragile Stabilisierung des kulturellen Zentrums – hier: der westlichen Kultur – selber ein notwendiges Fundament darstellt" (Reckwitz 2008, S. 95), während die Existenz dieses Außen das vermeintlich „natürliche" Zentrum zugleich immer auch bedroht.

Für die vorliegende Untersuchung ist diese Perspektive auf das wechselseitig konstitutive Verhältnis der hierarchisierenden Konstruktion eines Eigenen und eines Anderen wichtig. Denn von ihr ausgehend geraten bei der Analyse diskursiver Praktiken der Aktualisierung natio-ethno-kultureller Zugehörigkeitsordnungen in der Theaterpädagogik die jeweiligen impliziten, als Gegensatzpaar in Erscheinung tretenden Adressierungen und Positionierungen in den Blick. Wenn in theaterpädagogischen Diskursen Subjekte als „Jugendliche mit Migrationshintergrund" als Andere adressiert, wiederholt mit bestimmten Eigenschaften verbunden und auf spezifische Weisen positioniert werden, so stellt sich aus der hier skizzierten Perspektive die Frage, in welcher Weise dabei implizit auch ein „Eigenes" der Theaterpädagogik (am Theater), gewissermaßen als „Anderes der Anderen" produziert wird.

Rassismus ist (4) eine Praxis, die auf verschiedenen Ebenen mit *Macht* verbunden ist. Die Wirksamkeit des Rassismus als gesellschaftliches Strukturprinzip beruht auf der Macht, die genannten Unterscheidungen und die mit ihnen verbundenen Praktiken der Homogenisierung und Hierarchisierung in umkämpften gesellschaftlichen Verhältnissen (immer wieder neu) durchzusetzen und zu legitimieren.[29] Hierfür spielen Praktiken der Naturalisierung eine wichtige Rolle. Stuart Hall (2004c; 2000; 1994a; 1994) nimmt die in Diskursen des Rassismus miteinander verschränkte Produktion von Wissen, Macht und Subjekten als eine in den Blick, die wesentlich dadurch gekennzeichnet ist, dass sie eine vermeintliche „Natürlichkeit" bestehender gesellschaftlicher Verhältnisse suggeriert. Denn der (biologistische) Rassismus „behauptet, die sozialen und kulturellen Differenzen, die rassistische Ausgrenzung legitimieren, in genetischen und biologischen Differenzen begründen zu können, das heißt in der Natur" (vgl. Hall 2004b, S. 204). Die mit der Konstruktion der Anderen verbundenen Ein- und Ausgrenzungen, die unterschiedlichen Zugänge zu symbolischen wie materiellen Ressourcen, die verschiedenen Spielarten von Privilegierungen und Deprivilegierungen können sozial umso wirksamer werden, je mehr die mit ihnen verbundene gesellschaftliche Ordnung als eine vermeintlich natürliche Ordnung etabliert werden kann. Rassismus stellt somit ein

> [...] Interpretations- und Wissensreservoir bereit, wie die gegenwärtige Ordnung der Ungleichheit zu begreifen ist und über diesen Aspekt hinaus, dass eben jene Ungleichheitsverhältnisse auf eine ‚höhere Ordnung' bzw. einen auszumachenden Grund zu-

29 Vor diesem Hintergrund lässt sich verstehen, warum es keinen sogenannten ‚reverse racism', keinen umgedrehten Rassismus geben kann. Zwar kann es durchaus zu (Äußerungen von) Vorurteilen gegenüber Angehörigen der Dominanzkultur kommen und auch zu deren Benachteiligung in bestimmten Kontexten. Dies korrespondiert jedoch nicht mit einer strukturellen Ungleichheit und Schlechterstellung. Die Gruppe der rassifizierten und migrantisierten Personen besitzt nicht die (historisch maßgeblich im Kolonialismus äußerst gewaltvoll etablierte) Macht zur umfassenden gesellschaftlichen Durchsetzung der oben beschriebenen hierarchisierenden Praktiken der Unterscheidung und des mit diesen verbundenen stereotypisierenden Wissens. So unterstreicht etwa Yasemin Shooman mit Blick auf die jüngeren Diskussionen einer „Deutschenfeindlichkeit" migrantisierter Gruppen die Relevanz von gesellschaftlichen Machtverhältnissen und betont, „dass diejenigen, von denen diese Angriffe ausgehen, nicht über die gesellschaftliche Macht verfügen, ihre Ressentiments dahingehend durchzusetzen, dass sie die Opfer, die zur Gruppe der Etablierten gehören – in diesem Fall also weiße Deutsche – auf eine untergeordnete soziale Stellung verweisen könnten. Diese Machtasymmetrie zeigt sich unter anderem darin, dass, im Unterschied zu rassistischen Annahmen, ‚deutschenfeindliche' Positionen nicht in Talkshows des öffentlich-rechtlichen Fernsehens verhandelt werden und ‚deutschenfeindliche' Bücher nicht in renommierten Verlagen erscheinen und sich zu Bestsellern entwickeln. Minderheitenangehörige, die ‚deutschenfeindliche' Vorurteile hegen und artikulieren, verfügen aufgrund der strukturellen Machtasymmetrie also über keine Diskursmacht, die die Etablierten [...] in ihrer sozialen Stellung gefährden und durch die Stigmatisierung zu ihrer gesellschaftlichen Marginalisierung führen könnte" (Shooman 2018).

> rückzuführen seien, die die Herabwürdigung der als anders und fremd klassifizierten Subjekte und Subjektgruppen rechtfertige […]. (Kourabas 2019, S. 5)

Das in (theaterpädagogischen) Diskursen produzierte Wissen rückt aus dieser Perspektive dann auch hinsichtlich der in ihm vollzogenen Praktiken der Naturalisierung und deren Funktionalität für die Etablierung, die Legitimation und den Erhalt (migrations-)gesellschaftlicher Macht- und Herrschaftsverhältnisse in den Blick.

Insofern ist Rassismus immer vor dem Hintergrund sowohl historisch gewachsener als auch gegenwärtig bestehender globaler und lokaler Macht- und Herrschaftsverhältnisse zu analysieren, mit denen er auf mindestens doppelte Weise grundlegend verknüpft ist: Einerseits bedurfte und bedarf es einer relativen Macht, um gewaltvolle rassistische (Wissens-)Ordnungen immer wieder neu entgegen anderer Ordnungsmöglichkeiten als scheinbar natürliche und legitime Ordnungen zu etablieren. Andererseits ist die Verteilung von Macht im Kontext asymmetrischer Machtverhältnisse als Effekt eben dieser rassistischen Ordnungen zu verstehen. Herrschaftskritische Perspektiven auf Rassismus fokussieren die Frage, auf welche Weise dieser funktional für die Herstellung, den Erhalt, die Aktualisierung und die Legitimation gesellschaftlicher Herrschafts- und Dominanzverhältnisse und die mit diesen verbundenen Privilegierungen und Deprivilegierungen ist (vgl. Mecheril u. a. 2016a). Eine zentrale Strategie für die Aufrechterhaltung globaler wie lokaler rassistischer Ordnungen besteht hierbei in der Dethematisierung der Bedeutsamkeit von Rassismus für die gegenwärtigen globalen und lokalen Verhältnisse und die mit ihnen verbundene enorme soziale Ungleichheit. Alana Lentin beschreibt die Strategie der „Nicht-Auseinandersetzung" mit Rassismus auf der Ebene europäischer (Innen- und Außen-)Politik als „silence about race", die den Erhalt eines rassistischen Status Quo paradoxerweise gerade dadurch ermöglicht, dass sie sich als „nicht-rassistisch" inszeniert:

> The silence about race in Europe allows European states to declare themselves non-racist, or even anti-racist, while at the same time continuing to imply an inherent European superiority, which determines both international relationships and relationships with those seen as ‚in but not of Europe' within its domestic spheres. (Lentin 2008, S. 487)

Die enge Verbindung zwischen rassifizierenden Praktiken der Unterscheidung und der Herstellung von Macht über Andere lässt sich bis an die Anfänge des modernen Rassismus zurückverfolgen: Postkoloniale Forschungen geben rassifizierendes Wissen über die Anderen als zentrale Legitimationsstrategie für die historische wie gegenwärtige ökonomische, kulturelle, etc. Ausbeutung (ehemals) kolonialisierter Gesellschaften im Kontext des europäischen Kolonialismus und Imperialismus zu verstehen. Das Zusammenspiel der impliziten Konstruktion eines überlegenen „Wir" in der Konstruktion eines unterlegenen „Nicht-Wir" lässt sich mit María do Mar Castro Varela und Nikita Dhawan als essentiell für den kolonialen Diskurs verstehen:

> Tatsächlich beruht der koloniale Diskurs essentiell auf einer Bedeutungsfixierung, die in der Konstruktion und Fixierung der ausnahmslos Anderen zum Ausdruck kommt. Die gewaltvolle Repräsentation der Anderen als unverrückbar different war notwendiger Bestandteil der Konstruktion eines souveränen, überlegenen europäischen Selbst. (Castro Varela/Dhawan 2005, S. 16, Herv. i. O.)

Wenn Stuart Hall wie oben beschrieben Diskurse als Systeme der Repräsentation der Anderen an Foucault anschließend mit Blick auf ihre *Produktivität* zu verstehen gibt, meint Produktivität hier in diesem Sinne nicht nur, dass die beschriebenen Repräsentationssysteme Wissensordnungen produzieren, sondern auch, dass diskursiv Differenz herstellende Repräsentationsregime eine ermöglichende Grundlage des kolonialen Systems von Ausbeutung und Unterwerfung bildeten. In seinem Aufsatz „The West and the Rest" (1994a) stellt Hall heraus, wie wichtig die Herstellung eines Wissens über die Anderen für die Art und Weise der Begegnung zwischen Europäer*innen und Angehörigen außereuropäischer Gesellschaften im Kontext des Kolonialismus war und beschreibt die historisch enge Verbindung zwischen Wissensordnungen und der Herstellung und Legitimation (post-) kolonialer Ausbeutungsverhältnisse:

> Die Frage, wie mit den Ureinwohnern und den ethnischen Gruppen der Neuen Welt im sich entwickelnden Kolonialsystem umzugehen sei, hing direkt mit der Frage zusammen, welche Art von Menschen und Gesellschaften sie waren – was wiederum vom westlichen Wissen über sie abhing, davon, wie sie in diesem Wissen repräsentiert wurden. (Hall 1994a, S. 168)

Zentral für das Verständnis des historischen Zeitpunktes der Entstehung und Konjunktur von Rassetheorien im Kontext der europäischen Aufklärung ist dabei die zeitliche Analogie dieser Epoche zur Hochphase der kolonialen europäischen Expansion und Ausbeutung nicht nur mit Blick auf das hier derart hergestellte dominante Selbstverständnis eigener Zivilisiertheit und Überlegenheit.[30] Angesichts der in der Aufklärung als *universell* propagierten Menschenrechte und der mit ihnen einhergehenden Vorstellungen von „Freiheit, Gleichheit und Brüderlichkeit" lassen sich die wissenschaftlich propagierten Rassetheorien auch als „Antwort" auf ein ethisches „Problem" verstehen: Wie sollte die in ihrer Brutalität fundamental diesen zentralen Werten der Aufklärung entgegenstehende Ausbeutung und Ermordung der Menschen in den Kolonien innerhalb Europas gerechtfertigt werden, besonders auch mit Blick auf das eigene Selbstbild eines „zivilisierten Europa"? Rassetheorien halfen hierbei auf bedeutsame Weise, indem sie nicht nur eine biologistisch begründete *natürliche* Überlegenheit der *weißen* europäischen Gesellschaften über die Menschen in den kolonialisierten Territorien behaupteten, sondern auch deren Status des Mensch-Seins grundsätzlich in Frage stellten (vgl. Hall 1994a, 168f.). Die Gewaltherrschaft der Europäer über die eroberten Kolonialgebiete und ihre Bewohner*innen konnte aus dieser Logik heraus als moralisch legitim oder gar als *notwendig* auch für die zu beherrschenden und als unzivilisiert und barbarisch adressierten Anderen vermittelt werden. In diesem Sinne betonen María do Mar Castro-Varela und Nikita Dhawan:

> Notwendigerweise wurde der Prozess der Kolonialisierung durch einen Legitimierungsdiskurs begleitet, der den Kolonialismus als ‚zivilisatorische Mission' präsentierte, die den kolonisierten Ländern schließlich ‚Reife' und ‚Freiheit' bringen würde. Rationalisten, Modernisten und Liberale in Europa haben immer wieder – trotz der Eingeständnisse der begangenen Gewalttaten – hervorgehoben, dass Kolonialismus und Imperialismus letztlich der ‚unzivilisierten' Welt die Aufklärung Europas, seine Rationalität und seinen Humanismus gebracht haben (vgl. Gandhi 1998: 32f.). Das Vordringen der europäischen Kolonisierung wurde konsequenterweise als großartiger Triumph der Wissenschaft und Rationalität über den Aberglauben und das Unwissen gefeiert. (Castro Varela/Dhawan 2005, S. 15)

30 In seinem Aufsatz „Der Westen und der Rest: Diskurs und Macht" untersucht Stuart Hall aus diskurstheoretischer Perspektive die konstitutive Rolle von außereuropäischen Gesellschaften für die Formierung der europäischen Modernität und Aufklärung und resümiert: „Ohne den Rest (oder seine eigenen internen ‚Anderen') wäre der Westen nicht fähig gewesen, sich selbst als Höhepunkt der Menschheitsgeschichte zu erkennen und darzustellen. Die Figur des ‚Anderen', der an den äußeren Rand der begrifflichen Welt verbannt und als absoluter Gegensatz, als die Negation all dessen konstruiert war, wofür der Westen stand, tauchte mitten im Zentrum des Diskurses über die Zivilisation, die Kultiviertheit, die Modernität und die Entwicklung des Westens wieder auf. ‚Der Andere' war die ‚dunkle', die vergessene, die unterdrückte und verleugnete Seite, das Gegenbild der Aufklärung und der Modernität" (Hall 1994a, S. 174).

2.1.2 Zur Verwendung und Vermeidung des Begriffs „Rassismus" in Deutschland

Während Rassetheorien eine deutlich längere Tradition haben, findet sich der Begriff „Rassismus" publiziert erstmals 1938. Der deutsche Arzt, Sexualforscher und Mitbegründer der Homosexuellen-Bewegung Magnus Hirschfeld verwendete den Begriff in seinem 1933/1934 geschriebenen und 1938 posthum zunächst auf Englisch veröffentlichten Werk „Racism", in dem er die nationalsozialistische „Rassen"-Ideologie widerlegen wollte (Arndt 2015, S. 15). Trotz – oder auch wegen – dieser frühen Verwendung des Begriffs „Rassismus" in Deutschland, ist der Begriff in deutschsprachigen Debatten sowohl politisch als auch sozialwissenschaftlich bis Anfang/Mitte der 90er Jahre nicht nur stark unterrepräsentiert, sondern ist, so zeigt Brigitte Kossek (1999), geradezu tabuisiert worden. Wie Annita Kalpaka und Nora Räthzel (1986) früh feststellten, steht diese im deutschen Kontext spezifische Zurückweisung des Rassismusbegriffs historisch in engem Verhältnis zur Auseinandersetzung Nachkriegsdeutschlands mit der eigenen Geschichte des Nationalsozialismus.[31] Anne Broden und Paul Mecheril formulieren mit Blick auf die im postnationalsozialistischen Deutschland spezifische (Nicht-) Auseinandersetzung mit Rassismus in den Jahrzehnten nach 1945: „‚Rassismus' war keine Kategorie der Beschreibung deutscher Realität, weil diese Beschreibung mit etwas gleichgesetzt wurde, das nicht sein durfte: die Kontinuität zum Nationalsozialismus" (Broden/Mecheril 2010, S. 12).

Auch heute wird der Rassismusbegriff in Deutschland vielfach zugunsten von Begriffen wie „Ausländerfeindlichkeit" oder „Fremdenfeindlichkeit" gemieden und/oder in den Rechtsextremismus verschoben.[32] Die Verwendung der Be-

31 Zur Auseinandersetzung mit Rassismus im postnationalsozialistischen Deutschland vgl. Messerschmidt 2009.

32 Dies betrifft nicht nur öffentliche Debatten, sondern auch etwa die Rechtsextremismusforschung. Im Gegensatz zu Rassismus handelt es sich nach Rommelspacher beim Rechtsextremismus um „[...] ein politisches Einstellungsmuster [...], das auf die politische Verfasstheit der Gesellschaft abzielt. Der Rechtsextremismus basiert zwar auch auf einer biologistischen Theorie ‚natürlicher' Hierarchien, versteht diese jedoch zugleich als politisches Konzept, denn er will diese Hierarchien verschärfen und in einem anhaltenden Kampf den ‚Besten' zur Herrschaft verhelfen. [...] Der Rechtsextremismus ist eine politische Ideologie, die ihre gesellschaftlichen Vorstellungen auch umsetzen möchte, während der Rassismus eher ein kulturelles Phänomen ist, das Werte, Normen und Praxen in der Gesellschaft prägt. Das bedeutet, dass es zwar Rassismus ohne Rechtsextremismus gibt, nicht aber Rechtsextremismus ohne Rassismus" (Rommelspacher 2009, S. 29).

griffe „Ausländerfeindlichkeit" und „Fremdenfeindlichkeit" ist jedoch nicht nur häufig unzutreffend, sondern lässt sich auch als Strategie der Dethematisierung von Rassismus perspektivieren.[33] So wird Rassismus auch gegenüber Menschen diskriminierend wirksam, die keine Ausländer*innen (Ebene der Staatsbürgerschaft) und keine Fremden (Ebene des Bekanntheitsgrades) sind. Und auch nicht alle Ausländer*innen sind von Rassismus betroffen, sondern eben nur jene, die auf der Grundlage rassifizierender Unterscheidungen nicht als *weiß* „gelesen" werden. Rassismus geht außerdem auch nicht in einer Semantik der „Feindlichkeit" auf. Etwa weil rassistische Diskriminierung auch in Situationen stattfinden kann, die ganz ohne eine feindliche Haltung gegenüber der diskriminierten Person auskommen. So in Momenten der Absprache von Zugehörigkeit durch wiederholtes Nachfragen nach der Herkunft einer Person (vgl. Ergün-Hamaz 2014). Oder in Momenten der Exotisierung von Menschen, zum Beispiel wenn deren „animalischen Haare" thematisch gemacht werden (vgl. Kilomba 2016). Auch auf der Ebene politischer Maßnahmen greife eine Fokussierung allein der Mechanismen der Ausgrenzung angesichts moderner mit Aktivierung und Responsibilisierung operierender Herrschaftsformen zu kurz, wie sich zum Beispiel mit Blick auf das Integrationsdispositiv[34] analysieren lässt (vgl. beispielhaft Lingen-Ali/Mecheril 2019; Hess/Binder/Moser 2009). Mark Terkessidis spricht mit Blick auf die gegenläufigen Adressierungen migrationsgesellschaftlich als Andere Geltender im Kontext politischer Maßnahmen und Diskurse um Migration von einer „Dialektik der Ein- und Ausgrenzung" (Terkessidis 1998, S. 78).

Benutzt als Synonym für „Rassismus", wie es häufig im Kontext medialer Darstellungen rassistischer Gewalt stattfindet (Hirsbrunner 2015), greifen die Begriffe „Ausländerfeindlichkeit" und „Fremdenfeindlichkeit" nicht nur zu kurz, sondern auch auf weiteren Ebenen „daneben": Nicht nur verbinden sie Rassismus als „-feindlichkeit" mit einem bestimmten Gefühl der Aversion gegenüber den Anderen und ignorieren dabei auf der Ebene von Emotionen die beispiels-

---

33 Vgl. dazu ausführlich Taguieff 2000

34 „'Integration' ist hier eine Anpassungsleistung, die als ,Migranten' geltende Personen zu erbringen haben. ,Integration' ist zugleich ein Sanktionssystem, da bei nicht erbrachter ,Integration' symbolische und ökonomische Strafen drohen. ,Integration' bestätigt die Zuschreibung von Fremdheit, da die Vokabel nahezu ausschließlich benutzt wird, um über sogenannte Menschen mit Migrationshintergrund (MmM) zu sprechen. Indem sie als MmM bezeichnet werden, werden sie - selbst wenn sie in Deutschland geboren und aufgewachsen sind und hier ihren Lebensmittelpunkt haben - als ,fremde Elemente', die zu integrieren seien, konstruiert" (Mecheril 2011)

weise auch begehrenden Bezugnahmen im Rassismus (vgl. HALL 2004a), wie sie im Kontext von Exotisierungen (DANIELZIK/BENDIX 2015) zu analysieren sind. Vielmehr reduzieren sie Rassismus auf die Ebene einer (feindlichen) Einstellung oder eines (feindlichen) Handelns von Individuen oder Gruppierungen gegenüber Anderen. Nicht nur *dethematisieren* sie damit weitere Ebenen des Rassismus wie die strukturelle oder die institutionelle sowie die hiermit verbundenen ungleichen Privilegien, zum Beispiel mit Bezug auf materielle Ressourcen. Sondern sie sprechen gleichzeitig auch jene Menschen, die sich Anderen gegenüber nicht auf diese intendierte „feindliche“ Weise verhalten von ihrer Involviertheit in rassistische Verhältnisse frei und dethematisieren die Effekte von nicht intendiertem verletzendem Sprechen. Sie erschweren das Thematisieren von Rassismus als gesellschaftliches Strukturprinzip. Denn wenn Rassismus zu thematisieren mit dem Thematisieren einer Feindlichkeit gleichgesetzt wird, kann die Thematisierung von Rassismus abgelehnt werden, indem der mit diesem verbundene Vorwurf der Feindlichkeit abgelehnt wird.

Astrid Messerschmidt weist in diesem Zusammenhang die Verlagerung von Rassismus in den (Rechts-)Extremismus neben der Verlagerung von Rassismus in die Vergangenheit, der Skandalisierung von Rassismusdiagnosen und Praktiken der Kulturalisierung als zentrale „Distanzierungsmuster“ im Kontext der „postnationalsozialistischen Struktur rassistischer Normalität“ (MESSERSCHMIDT 2010, S. 41) aus. Während die Muster Skandalisierung und Verlagerung in den Rechtsextremismus Rassismus fälschlicherweise als etwas erscheinen lassen, „das nicht zum ‚Eigentlichen' der Gesellschaft gehört“ und somit als „Ausnahme- und Randphänomen“ markieren, dienen die Muster Kulturalisierung und Verschiebung in die Vergangenheit dem Schutz des Selbstbildes derjenigen, die rassistisch handeln, „indem sie mit der ‚anderen' Kultur eine plausible Begründung bereit stellen und die Abgrenzung der gegenwärtigen Gesellschaft von einer rassistischen Geschichte betonen“ (ebd.).

Als Gründe für die Vermeidung des Rassismusbegriffs in Deutschland und die hiermit einhergehende im internationalen Vergleich geringere Auseinandersetzung mit Rassismus im politischen wie im wissenschaftlichen Kontext führt Birgit Rommelspacher die vor dem Hintergrund des Nationalsozialismus zu betrachtende spezielle Auseinandersetzung Deutschlands mit seiner Rolle im Kolonialismus an, insofern dieser

> [...] in Deutschland als ein weniger gravierendes Phänomen betrachtet wird und in seiner Bedeutung gewissermaßen hinter dem Nationalsozialismus zu verschwinden scheint. Dementsprechend wurde in Deutschland auch die weltweit geführte Entkolonisierungsdebatte bisher kaum zur Kenntnis genommen. (ROMMELSPACHER 2009, S. 33)[35]

Nadine Rose (2012) weist außerdem auf drei weitere Gründe für das Vermeiden der Auseinandersetzung mit Rassismus im Zusammenhang mit vorherrschenden Selbstverständnissen im deutschen Kontext hin:

Erstens stehe die Annahme einer rassistisch strukturierten Gesellschaft in direktem Widerspruch zu „einem Selbstverständnis im deutschen Kontext, in dem man sich den Idealen der Aufklärung verpflichtet sieht“ (ROSE 2012, S. 185). Vor diesem Hintergrund erscheine es

> [...] geradezu paradox anzunehmen, dass die generalisierten Gleichheits- und Gerechtigkeitsvorstellungen moderner Wohlfahrtsstaaten faktisch in Ungleichheiten münden. [...] Die Vorstellung eines gesamtgesellschaftlichen Rassismus erscheint angesichts eines explizit juristisch verankerten Diskriminierungsverbots als unglaubwürdig. (ebd.)[36]

Zweitens identifiziert sie den Glauben an eine Leistungsgesellschaft, in der die Position des Individuums von dessen Tüchtigkeit und Leistungsfähigkeit und nicht von dessen Positionierung im Kontext einer Differenzkategorie wie Rassismus, Geschlecht und/oder Klasse geprägt ist. Die Annahme einer rassistisch strukturierten Gesellschaft widerspreche vor diesem Hintergrund einem vorherrschenden „meritokratischen Selbstverständnis im deutschen Kontext“ (ROSE 2012, S. 186).

---

35 Dass der deutsche Kolonialismus und Nationalsozialismus eng miteinander verwoben waren und etwa bereits in der Kolonie „Deutsch Südwestafrika“ Einrichtungen eingerichtet wurden, die sich als erste deutsche Konzentrationslager verstehen lassen, analysieren Florian Fischer und Nenad Čupić in ihrem Band „Die Kontinuität des Genozids“ (FISCHER/ČUPIĆ 2015).

36 Das hier sichtbar werdende Paradoxon zeigte sich beispielsweise im Herbst 2020 in der Ablehnung der Durchführung einer Rassismus-Studie bei der deutschen Polizei durch den deutschen Innenminister Horst Seehofer. Dieser begründete seinen Widerstand gegen eine solche Studie damit, dass Rassismus in der Bundesrepublik illegal sei und daher per se nicht bei der Polizei vorkommen könne, vgl. AFP/EPD 2020.

Und drittens weist Rose auf die Schwierigkeit gerade für *weiß* positionierte Menschen hin, die rassistische Strukturiertheit von Gesellschaft nachzuvollziehen, insofern diese Annahme weder den eigenen Wissensbeständen noch den eigenen Erfahrungen unmittelbar zu entsprechen scheine. Dies, obwohl – wie Rose (ebd.) mit den Worten Ruth Frankenbergs ausführt –

> [...] jedes beliebige System der Herrschaft ebenso das Leben jener prägt, die davon profitieren, wie das Leben jener, die dadurch unterdrückt werden, wenn dies auch in unterschiedlicher bzw. gegensätzlicher Weise geschieht. (Frankenberg 1996, S. 54)

Wenn sich mit Blick auf die letzten Jahre feststellen lässt, dass Rassismus als Analyseperspektive in Deutschland in politischen, wissenschaftlichen, pädagogischen und künstlerischen Kontexten eine zunehmende Bedeutung erhält, so lässt sich dies mit Paul Mecheril einerseits mit Blick auf die „explanativen Grenzen" (Mecheril 2004, S. 179) von Begriffen wie Ausländer- oder Fremdenfeindlichkeit erklären. Andererseits findet sich der Begriff „Rassismus" zunehmend in politischen Konzepten und Arbeitspapieren, da er über die internationale Politik, insbesondere über Richtlinien der EU, „gewissermaßen reimportiert" (Rommelspacher 2009, S. 29) werde. Und drittens lässt sich spätestens seit Mitte der 2010er Jahre mit Blick auf die migrationsgesellschaftlichen Dynamiken im bundesdeutschen Kontext nicht nur die zunehmende öffentliche Präsenz von offen rassistischen Gruppierungen und Parteien wie Pegida und AfD beobachten, sondern auch von dezidiert gegen Rassismus gewandten sozialen Bewegungen wie der „Black Lives Matter"-Bewegung. Rassismus ist zu einem zunehmend *explizit* umkämpften öffentlichen Auseinandersetzungsthema geworden, auf dessen gesamtgesellschaftliche Relevanz nicht erst seit kurzem, aber immer erfolgreicher eine Vielzahl an u.a. Aktivist*innen, Autor*innen, Politiker*innen und Wissenschaftler*innen hinweisen und zu welchem in den letzten Jahren im deutschsprachigen Kontext eine wachsende Anzahl an breiter rezipierten u.a. rassismuskritisch orientierten Büchern, Fernsehsendungen, Podcasts und Veranstaltungsreihen entstanden ist.[37]

37 Vgl. hier beispielhaft für viele in den letzten Jahren im deutschsprachigen Kontext entstandene erfolgreiche Bücher zum Thema Rassismus: Amjahid 2017; Ogette 2018; Czollek 2018; Aydemir/Yaghoobifarah 2019; Hasters 2019; Eddo-Lodge 2019.

2.2 Migrationspädagogische Perspektiven

2.2.1 Migrationspädagogik und Migrationsgesellschaftlichkeit

Die maßgeblich von Paul Mecheril (2004) eingeführte Perspektive „Migrationspädagogik“ bezeichnet einen Ansatz, mit dem das Feld der Bildung in der Migrationsgesellschaft macht- und differenztheoretisch sowie rassismuskritisch reflektiert wird (Mecheril 2016b). Migrationspädagogische Perspektiven untersuchen die Frage, auf welche Weise sich mit Migrationsbewegungen verbundene Dynamiken auf Fragen der Bildung auswirken und welchen Beitrag pädagogische Institutionen, Diskurse und Praxen zur Erzeugung einer gesellschaftlichen Wirklichkeit leisten, die aus der Perspektive der Migrationspädagogik auf bedeutsame Weise durch die „wechselseitig konstitutive Dynamik von Grenzformationen und Zugehörigkeitsordnungen“ (Mecheril 2016c, S. 15) geprägt ist. Für eine migrationspädagogisch informierte Forschung ist die Idee bedeutsam, dass sich die

> [...] Grundkategorie des wissenschaftlichen Nachdenkens über migrationsgesellschaftliche Phänomene im Verhältnis von Individuen und Gruppen zu natio-ethno-kulturell kodierten Zugehörigkeitsordnungen sowie in der Veränderung dieses Verhältnisses findet. (Mecheril 2016c, S. 15)

Migration wird hier also nicht (nur) als ein spezifisches Thema verstanden, mit dem sich beispielsweise im Rahmen eines theaterpädagogischen Projekts auseinandergesetzt werden kann. Vielmehr geht die migrationspädagogische Perspektive aus von einer tiefgreifenden Bedeutsamkeit der mit Migration, Postkolonialität und Globalisierung verknüpften migrationsgesellschaftlichen Verhältnisse für „alle pädagogischen Bereiche und Handlungsfelder [...] und alle pädagogischen Handlungsebenen“ (Mecheril 2016c, S. 20), für die „Organisationsformen, Methoden, Inhalte wie auch Kompetenzen pädagogischer Professioneller“ (ebd.). Mit Blick auf die Theaterpädagogik als eine Disziplin, die nicht nur im pädagogischen, sondern auch im künstlerischen Feld verortet ist, ist davon auszugehen, dass selbige Bedeutsamkeit auch für alle künstlerischen Bereiche, Handlungsfelder und Handlungsebenen gilt, dass also auch diese auf grundlegende Weise mit migrationsgesellschaftlichen Verhältnissen verknüpft sind, von diesen beeinflusst werden und auf sie einwirken.[38] Diskurse der Theaterpädagogik als einer Disziplin im „Dazwischen" von Kunst und Pädagogik sollen vor diesem Hintergrund in der vorliegenden Untersuchung daraufhin befragt werden, auf welche spezifische Weise in ihnen migrationsgesellschaftliche Zugehörigkeitsordnungen wiederholt, produziert aber auch verändert werden (vgl. Mecheril 2012, S. 4).

Die zunehmende Anerkennung der Migrationstatsache als eine gesellschaftliche Realität wird in der Bundesrepublik Deutschland seit der Jahrtausendwende prominent durch den Ausspruch, Deutschland sei ein „Einwanderungsland" zum Ausdruck gebracht. Diese inzwischen auch offizielle Anerkennung einer gesellschaftlichen Realität ist das Ergebnis eines langwierigen und umkämpften (politischen) Prozesses. Über einen langen Zeitraum wurde in der Bundesrepublik Deutschland „Einwanderung" als ein für das gesellschaftliche Gefüge relevanter Faktor auf politischer Ebene nicht anerkannt. Und dies, wie Klaus Bade formuliert, obwohl seit den späten 70er Jahren in wissenschaftlichen Untersuchungen ebenso wie von anderen Akteur*innen die Tatsache, dass es

> [...] durch Zuwanderung und Integration zu Strukturveränderungen der ‚Aufnahmegesellschaft' kommen und diese im Ergebnis zur ‚Einwanderungsgesellschaft' werden würde, immer wieder vergeblich vorgetragen [wurde]. Die frühen Forschungsergebnisse wurden nicht zur Kenntnis genommen, sondern verdrängt oder auch aus vermeintlich besserer politischer Weitsicht herablassend abgewiesen. (Bade)

So lässt sich der Begriff „Einwanderungsland" auch als Bestandteil einer Widerstandsbewegung gegen eine lange unverrückbare offizielle politische und politisch wirksame Position „Deutschland ist kein Einwanderungsland" verstehen, welche Klaus Bade rückblickend als „die parteiübergreifende Lebenslüge" (Bade 2017, S. 157) der letzten Jahrzehnte in der Bundesrepublik Deutschland bezeichnet.[39]

---

38 Dass dies in ganz grundlegender Weise auch mit Blick etwa auf Fragen der Ästhetik der Fall ist, zeigen Ruth Sondereggers Untersuchungen zur „Kolonialität der Ästhetik", in denen sie darlegt, „dass die Entstehung der philosophischen Ästhetik [...] als Reaktion auf den kolonial gestützten Kapitalismus verstanden werden muss [...]" (Sonderegger 2018, S. 251).

39 Die Formulierung „Deutschland ist kein Einwanderungsland" findet sich in der Koalitionsvereinbarung von CDU/FDP aus dem Jahre 1983 wieder und mündete im selben Jahr u.a. in die Verabschiedung des Rückkehrförderungsgesetzes, dessen Ziel es war, die Anzahl der in Deutschland lebenden türkischen, portugiesischen, marokkanischen und tunesischen Familien innerhalb der nächsten zehn Jahre zu halbieren (vgl. Brech 2013).

Wenn in der vorliegenden Untersuchung trotzdem nicht nach einer Theaterpädagogik im Einwanderungsland Deutschland, sondern nach einer Theaterpädagogik der Migrationsgesellschaft gefragt wird, so lässt sich dies auf einige weitere Implikationen zurückführen, die mit den verschiedenen Begrifflichkeiten verbunden sind.

So umfasst die gewählte Bezeichnungspraxis „Migrationsgesellschaft“ anders als „Einwanderungsland“ oder auch der von Bade oben genutzte Begriff der „Einwanderungsgesellschaft“ die Tatsache, dass eine Migrationsgesellschaft nicht nur durch eine einseitige Wanderungsbewegung in die Gesellschaft „hinein“ geprägt ist. Der manchmal ebenfalls verwendete Begriff „Zuwanderungsgesellschaft“ suggeriert außerdem, dass es sich bei „Migration“ um etwas handelt, das additiv der Gesellschaft hinzugefügt wird. Anders als „Einwanderung“ und „Zuwanderung“ ist der Begriff „Migration“ allgemeiner und lässt den Raum offen auch für Bewegungen der „Auswanderung“, deren quantitative wie qualitative Bedeutsamkeit im Sprechen über Migration häufig wenig Raum erhält.[40] Außerdem ist der Begriff der Migrationsgesellschaft anders als die genannten Alternativen in der Lage, auch jene zunehmend relevanter werdenden Migrationsphänomene sprachlich einzubeziehen, bei denen es sich nicht nur um einen zeitlich begrenzten Übergang zwischen zwei eindeutig örtlich festgelegten Lebensräumen handelt. Vielmehr kann Migration *selbst* zu einer Existenzform werden und wird es gegenwärtig angesichts steigender Mobilitäten und Mobilitätsausprägungen immer häufiger. So etwa im Kontext von Formen der „Transmigration“, die sich dadurch auszeichnet, dass die faktische und symbolische Wanderung in ihr selbst eine „Daseinsform“ (Pries 2001, S. 9) darstellt, in welcher „pluri-lokale Sozialräume gebildet [werden], die sich über verschiedene Nationalgesellschaften oder gar Kontinente erstrecken können“ (ebd.).

Paul Mecheril (2016b, S. 14) weist darauf hin, dass die Begriffe „Einwanderungsgesellschaft“ und „Zuwanderungsgesellschaft“ außerdem affirmativ Bezug nehmen auf ein Verständnis von Gesellschaft als „nationalstaatlichem Container“[41], ein Bezug, den er mit Ulrich Beck als sich in einer wissenschaftlichen und politischen Tradition eines „methodologischen Nationalismus“ (Beck 2005) zu ver-

40 So sind im Jahr 2016 nach Daten des statistischen Bundesamtes etwa 1,86 Mio Menschen nach Deutschland „eingewandert“ und 1,36 Mio Menschen aus Deutschland „ausgewandert“, die Gesamtbevölkerungszahl wuchs um etwa eine halbe Million auf etwa 82,52 Mio.

41 Vgl. auch Mau u. a. 2007

stehen gibt. Mecheril argumentiert, dass der in Becks Ausführungen nicht zufällig in seiner historischen Analogie zur Entstehung der wissenschaftlichen Disziplin der Soziologie analysierte „methodologische Nationalismus" sich mit Blick auf die Begriffe/Konzepte „Einwanderung" bzw. „Zuwanderung" nicht nur in der oben erläuterten Dethematisierung bestimmter Migrationsphänomene zeige. Vielmehr bringe das Ersetzen des Begriffes „Migration" durch „Einwanderung" und „Zuwanderung" den Nationalstaat selbst als grundsätzlich zu erhaltendes Bezugskonzept performativ mit hervor, denn dieser werde „in Form eines nach außen abgeschlossenen Containers als selbstverständlicher Bezugsraum der Wanderungsbewegungen von Menschen inszeniert, was Interessen und Positionen dient, die nicht nur auf die Wahrung des jeweiligen Nationalstaats, sondern des Prinzips des Nationalstaats zielen" (Mecheril 2016b). Dieses Prinzip des Nationalstaats ist eng verknüpft mit dem in der Theaterpädagogik auch historisch äußerst relevanten Begriff der „Gemeinschaft" (vgl. Keller 2018). Nationen lassen sich mit Benedict Anderson als begrenzt und souverän vorgestellte Gemeinschaften („imagined communities") denken, für deren Imagination eine spezifische Formation der Unterscheidung zwischen jenen, die als zugehörig vorgestellt werden und jenen, die als „fremd" vorgestellt werden konstitutiv ist. Vorgestellt ist diese Gemeinschaft deswegen, weil, wie Anderson ausführt,

> [...] die Mitglieder selbst der kleinsten Nation die meisten andern niemals kennen, ihnen begegnen oder auch nur von ihnen hören werden, aber im Kopf eines jeden die Vorstellung ihrer Gemeinschaft existiert. (Anderson 1996, 14f.)

Damit geraten die in den verschiedenen Konzeptionen von Nation, Nationalität und Nationalstaatlichkeit hervorgebrachten Zugehörigkeitsordnungen in den Blick sowie die Frage danach, auf welche Weise diese im Kontext der Theaterpädagogik gestärkt und/oder geschwächt werden. Diskurstheoretisch perspektiviert gibt Stuart Hall nationale Kulturen mit Blick auf ihre Uneinheitlichkeit zu verstehen als „einen *diskursiven* Entwurf [...], der Differenzen als Einheit oder Identität darstellt [und] von tiefen inneren Spaltungen durchzogen und nur durch die Ausübung der kulturellen Macht ‚vereinigt' [wird]" (Hall 1994b, S. 207, Herv. i. O.). Als Feld der Herstellung des Kulturellen können theaterpädagogische Diskurse vor diesem Hintergrund daraufhin befragt werden, welche Konzeptionen von Nation als einer imagined community in ihnen aktualisiert und hervorgebracht werden.

Die Entscheidung für den Begriff „Migrationsgesellschaft" stellt außerdem einen Anschluss an eine bestimmte vornehmlich aber nicht ausschließlich im Kontext der Migrationspädagogik zu verortende (Forschungs-)Perspektive dar. Mit der Bezeichnungspraxis „Migrationsgesellschaft" wird hier eine „allgemeine Perspektive" (Mecheril 2016b, S. 15) zum Ausdruck gebracht, mit der eine ganze Bandbreite an Phänomenen unter einem spezifischen Blickwinkel betrachtet werden.

> Phänomene der Übersetzung oder Vermischung als Folge von Wanderungen, der Entstehung von Zwischenwelten und post-nationalen Identitäten und Bürgerschaftsverhältnissen, Geschlechterverhältnisse als thematische Arena der Konstruktion von natio-ethno-kulturell kodierten Hierarchien [...], der Umstand, dass in immer mehr Staaten die Beibehaltung der Staatsbürgerschaft auch nach Emigration und Einbürgerung möglich ist, die Auseinandersetzungen um die Frage, wer ‚wir' sind, die Pluralisierung von kollektiven Erinnerungsnarrativen etwa mit Bezug auf die Shoa oder Antisemitismus [...] oder die zuweilen an rassistische Konstruktionen des und der Anderen anschließende Form der Unterscheidung von Menschen [...] sind einige Themen, die beispielhaft auf das Spektrum der Phänomene hinweisen, die unter der Perspektive ‚Migrationsgesellschaft' in den Blick kommen. (Mecheril 2016b, S. 15)

Die Betrachtung gesellschaftlicher Verhältnisse als *migrationsgesellschaftliche* Verhältnisse verweist darauf, dass Migration gesellschaftlich in allen – also auch in den nicht explizit mit „Migration" verknüpften - Bereichen *produktiv* ist, dass sie Gesellschaften auf verschiedenen Ebenen etwa auf der Ebene der Institutionen, auf der Ebene der Diskurse und auf der Ebene der Subjektbildung auf grundlegende Weise betrifft und verändert (vgl. Foroutan/İkiz 2016). Migration wird dabei grundsätzlich verstanden als Bewegung von Menschen über Grenzen hinweg, die mit einer räumlich-territorialen sowie einer zeitlichen Dimension verbunden und diskursiv verfasst ist. Denn Phänomene der Überschreitung von Grenzen werden, wie Paul Mecheril ausführt, „erst durch Diskurse [...] politisch, wissenschaftlich, künstlerisch, pädagogisch, alltagsweltlich als Flucht, als Mobilität oder als Migration hervorgebracht" (Mecheril 2016c, S. 10). Auch wenn grenzüberschreitende Wanderungsbewegungen von Menschen historisch nicht neu sind und Migration kein ausschließlich modernes Phänomen darstellt, lässt sich die Gegenwart des beginnenden 21. Jahrhunderts aufgrund der verglichen mit anderen historischen Zeiten hohen Anzahl an Menschen in Prozessen der Migration als „Zeitalter der Migration" („Age of Migration") (Castles/Miller 2010) bezeichnen.

Dass und wie Migration Gesellschaften verändert, kann auf verschiedene Weise analysiert werden. Naika Foroutan und Dilek İkiz unterstreichen die historisch wie gegenwärtig transformierende und modernisierende Kraft von Migration, die sie als „Motor für gesellschaftliche Veränderungen und Modernisierungsprozesse" (Foroutan/İkiz 2016, S. 139) perspektivieren. Entgegen einer in Deutschland sich hartnäckig haltenden Negativ- und Defizit-Perspektive, die „Migration vor allem in Verbindung mit Armut und Kriminalität, als störend, bedrohend und fremd thematisiert" (Mecheril 2010c, S. 8) lassen sich Migrant*innen in dieser Perspektive verstehen als Akteure, die neues Wissen und neue Perspektiven in gesellschaftliche Zusammenhänge einbringen und diese mitgestalten (vgl. ebd.). Als Bewegung über Grenzen hinweg lässt sich Migration überdies mit Paul Mecheril auch als ein „Phänomen der Beunruhigung" (Mecheril 2016b, S. 16) perspektivieren. „Migration problematisiert Grenzen" (ebd.), denn oft ist es erst die Überschreitung von Grenzen, die deren Existenz und Geltung deutlich macht. Hierbei geht es nicht nur um territoriale (nationalstaatliche) Grenzen, sondern ebenso um (mit diesen verbundene) gesetzliche, institutionelle und symbolische Grenzformationen, die durch Migration thematisiert und sichtbar gemacht werden können. Mecheril weist darauf hin, dass durch Migration eine Differenzlinie befragt wird,

> […] die zu den grundlegendsten gesellschaftlichen Unterscheidungen gehört. Diese (imaginäre) Grenze scheidet das ‚Innen' von dem ‚Außen'. Migration ist somit […] ein Phänomen, das die Thematisierung und Problematisierung von Grenzen zwischen ‚Innen' und ‚Außen' und zwischen ‚Wir' und ‚Nicht-Wir' bewirkt und damit sowohl die Infragestellung einer fundamentalen Unterscheidung gesellschaftlicher Ordnung als auch ihre Stärkung vornimmt. (Mecheril 2010c, 12f.)[42]

Verstanden als Beunruhigung vermeintlich selbstverständlicher gesellschaftlicher Grenzformationen symbolischer wie materieller Art, problematisiert und thematisiert Migration nicht nur die Zugehörigkeiten von Menschen, die als „Mig-

42 Durchaus auch kritisch mit Blick auf die Überlagerung von anderen gesellschaftlich relevanten Differenzkategorien wie beispielsweise Klasse und mit ihnen einhergehenden Dominanzverhältnissen sprechen Anne Broden und Paul Mecheril von einer gegenwärtigen „Prävalenz nationaler, kultureller und ethnischer Differenz- und Identitätskategorien" (Broden/Mecheril 2007, S. 13). Nach Naika Foroutan ist Migration zu einer „bewertenden und markierenden Zuordnungskategorie bzw. Ressource für das Verstehen und Erklären politischer und gesellschaftlicher Prozesse" avanciert und in diesem Sinne zu einem „gesellschaftsstrukturierenden Metanarrativ" (Foroutan/İkiz 2016, S. 139) geworden.

rant*innen“ adressiert werden, sondern vielmehr grundlegende Fragen der Zugehörigkeit auf individueller, sozialer und gesellschaftlicher Ebene (vgl. MECHERIL 2014b, S. 13). Denn unter

> [...] migrationsgesellschaftlichen Bedingungen der Irritation von Zugehörigkeitsverhältnissen wird Zugehörigkeit – als Topos wie als Erfahrung – zum Thema. Wir sprechen über Zugehörigkeiten, weil Zugehörigkeit zum Problem geworden ist – individuell und überindividuell. (MECHERIL 2010c, S. 14)

2.2.2 Natio-ethno-kulturell kodierte Zugehörigkeitsordnungen in der Migrationsgesellschaft

Die verschiedenen, ineinander verschränkten gesellschaftlichen Differenz- und Dominanzverhältnisse innerhalb von Gesellschaften und der Beitrag, den Diskurse der Theaterpädagogik zu deren Herstellung und Veränderung leisten, sind vor diesem Hintergrund wesentlich mit Blick auf die Frage nach Zugehörigkeitsordnungen zu analysieren. Im Kontext von Ordnungen des Rassismus lassen sich theaterpädagogische Diskurse daraufhin befragen, welche Zugehörigkeitsordnungen in ihnen (re-)produziert werden, und inwiefern für diese natio-ethno-kulturell kodierte Unterscheidungen eine Rolle spielen. Die Bezeichnungspraxis „natio-ethno-kulturelle Unterscheidungen“ markiert eine Unterscheidung von Menschen entlang der Zuschreibung von Merkmalen (vermeintlicher) Nationalität, (vermeintlicher) Ethnizität und (vermeintlicher) Kultur. Die kompliziert klingende Konstellation „natio-ethno-kulturell“ verweist dabei nicht nur auf die jeweils einzelnen zugehörigen Konzepte Nationalität, Ethnizität und Kulturalität, sondern soll auch anzeigen, dass es sich bei diesen Konzepten im Kontext von Migrationsdiskursen um miteinander verknüpfte und aufeinander in signifizierender Weise verweisende Konzepte handelt. Diese beziehen ihre soziale Wirksamkeit gerade auch daher, dass sie auf verschwommene Weise als miteinander verbunden imaginiert werden. Erst so ist es möglich, auf ihrer Grundlage zwischen einem natio-ethno-kulturell kodierten „Wir“ und einem „Nicht-Wir“ zu unterscheiden und jene „Imaginationen, Unterstellungen und sehr groben Zuschreibungen vorzunehmen, die dem Gebrauch solcher Bezeichnungen wie ‚türkisch‘, ‚italienisch‘, ‚deutsch‘, ‚arabisch‘ zugrunde liegen“ (MECHERIL 2010c, S. 13). Denn, wie Mecheril ausführt:

> Die Imagination des natio-ethno-kulturellen ‚Wir' ist häufig damit verknüpft, dass Differenz nach außen projiziert wird. Das Andere des natio-ethno-kulturellen ‚Wir', das ‚Nicht-Wir', zeichnet sich in der Fantasie, die dieses ‚Wir' ermöglicht, dadurch aus, dass es nicht hierher, an diesen Ort gehört und deshalb hier vermeintlich legitimerweise über weniger Rechte verfügt. Wenn in Deutschland von ‚Migrant/innen', ‚Ausländern', ‚Polen', von ‚Migrantenkindern', von ‚Deutschen' oder ‚Brasilianer/innen' die Rede ist, dann – so die hier formulierte These – ist in der Regel nicht allein von Kultur, Nation oder Ethnizität die Rede, sondern in einer diffusen und mehrwertigen Weise von den auch begrifflich aufeinander verweisenden Ausdrücken Kultur, Nation und Ethnizität. Der Ausdruck natio-ethno-kulturell zeigt dies an. Er ruft in Erinnerung, dass die sozialen Zugehörigkeitsordnungen, für die Phänomene der Migration bedeutsam sind, von einer diffusen, auf Fantasie basierenden, unbestimmten und mehrwertigen ‚Wir'-Einheit strukturiert werden. (Mecheril 2010c, S. 13)

Es geht hier also auch um das Imaginäre von Gesellschaft, für welches natio-ethno-kulturell kodierte Unterscheidungen aus dieser Perspektive konstitutiv sind. Um den Konstruktionen dieses natio-ethno-kulturell kodierten „Wir" und seiner Gegenparts aus zugehörigkeitstheoretischer Perspektive nachzugehen, unterscheidet Mecheril (2003) im Kontext einer empirischen Studie drei analytisch unterscheidbare Dimensionen von Zugehörigkeit, die in jeder Zugehörigkeitsordnung empirisch unterschiedlich gefasst sind und die im Folgenden verkürzt und vereinfacht angeführt werden sollen:

Die Dimension der *Mitgliedschaft* regelt, wer zugehörig ist und wer nicht, etwa formal auf der Ebene von Aufenthaltsgenehmigungen oder informell auf der Ebene der Frage, woher jemand kommt.

Wirksamkeit ist die Kategorie, mit deren Hilfe analysiert werden kann, welche Formen von Partizipation und Praxis zugestanden werden und welche nicht. Denn:

> Jeder Zugehörigkeitsraum ist ein hegemonialer Handlungs- und Wirksamkeitsraum. Das in diesem Raum entwickelte und in diesen Raum eingebrachte habituelle Wirksamkeitsvermögen Einzelner bestätigt die Zugehörigkeit oder die Nicht-Zugehörigkeit des und der Einzelnen. (Mecheril 2016c, S. 17)

Verbundenheit bezeichnet die auch über längere Zeiträume hinweg entstehenden Bindungen von Menschen an Kontexte und kann sich auf kulturelle Verbundenheit ebenso beziehen wie auf emotionale Verbundenheit, moralische Verpflichtung, kognitiv-praktische Vertrautheit und/oder materielle Verbundenheit (Mecheril 2016c, S. 18).

An natio-ethno-kulturellen Unterscheidungen orientierte migrationsgesellschaftliche Zugehörigkeitsordnungen sind dabei neben Rassismus auch mit weiteren Differenzverhältnissen verwoben. Die Juristin Kimberly Crenshaw (1989) prägte Ende der 80er Jahre im US-amerikanischen Kontext mit Blick auf die spezifische Diskriminierung Schwarzer Frauen, die sich weder mit Richtlinien gegen die Diskriminierung von (*weißen*) Frauen noch mit denen gegen die Diskriminierung Schwarzer (Männer) angemessen bekämpfen ließ, den mittlerweile sehr populären Begriff der Intersektionalität (Walgenbach 2017; Emmerich/Hormel 2013; Winker/Degele 2010). Aus einer antiessentialistischen Perspektive werden die Wechselwirkungen verschiedener Herrschaftsformen wie Rassismus, Sexismus, Klassismus, Ableismus, etc. auf eine Weise in den Blick genommen, in der diese nicht als additive, sondern als auf struktureller Ebene miteinander verschränkte Kategorien gedacht werden (vgl. ausführlicher Kapitel 4). Dies bedeutet auch, dass alle Menschen auf je verschiedene Weisen von intersektional strukturierten Differenzkategorien und mit diesen verbundenen gesellschaftlichen Ungleichheitsverhältnissen betroffen sind, wie Nancy Fraser ausführt:

> After all, gender and 'race' are not neatly cordoned off from one another. Nor are they neatly cordoned off from sexuality and class. Rather, all these axes of injustice intersect one another in ways that affect everyone's interests and identities. No one is a member of only one such collectivity. And people who are sub ordinated along one axis of social devision may be dominant along another. (Fraser 1995, S. 91)

Für eine Analyse von diskursiven Zugehörigkeitsordnungen heißt dies, dass die jeweilige spezifische Bedeutung natio-ethno-kulturell kodierter Adressierungen von Zugehörigkeiten immer auch in ihrer Verschränkung mit anderen Differenzverhältnissen vermittelt wird. So zum Beispiel in den immer wiederkehrenden Kopftuchdebatten der letzten Jahre, in denen die spezifischen hier verhandelten natio-ethno-kulturellen Zugehörigkeitsordnungen ohne Einbezug hegemonialer Geschlechterordnungen kaum produktiv zu analysieren wären. Oder in den medialen Diskursen „nach Köln" (Messerschmidt 2016), in denen die Vorfälle der Silvesternacht 2015/2016 auf eine Weise thematisch gemacht wurden, in der ein Bild des (für „unsere" Frauen) bedrohlichen, sexuell potenten und übergriffigen fremden Mannes in einer Art aktualisiert wurde, in der die „imaginierte Sexualität der Anderen [...] aggressiver, brutaler und unmittelbarer als die Sexualität des ‚weißen' Mannes" (Kulaçatan 2016, S. 112) inszeniert wird und welches in einer Tradition der (hier: sexualisierenden) diskursiven Verschränkung verschiedener Differenzkategorien im Dienste der „Dämonisierung der Anderen" (Castro Varela/Mecheril 2016) steht:

> In einer klassischen Strategie wurden, um eine moralisch empörte Befürwortung des Kampfes sowie eine Bereitschaft, sich in diesen zu begeben, sicher zu stellen, die Körper weißer Frauen diskursiv als unterdrückt und unterjocht, zugleich moralisch ehrenwert, keusch und rein, als unschuldige Hüterinnen der deutschen Nation und deren patriarchalen Schutz benötigend, inszeniert. Es ist dieser weiße, weibliche Körper, der zum Schlachtfeld wird, auf dem gewaltvoll die Grenzen von ‚Rasse', Geschlechterverhältnissen, Nation und Klassenzugehörigkeit gezogen werden, die für weiße Frauen zur Subordination und für kolonisierte Männer zur gewaltvollen Exklusion und in extremen Fällen, wie bei der Lynchjustiz in den USA, auch zum Tod führen. Die Vermittlung von Rassekonzepten und rassifiziertem Denken über Sex-Bilder und Sex-Diskurse hat (rassistische) Tradition (McClintock 1995; Ware/Back 1992), zugleich wird Sexualität durch Rassekonzepte, Nationalität und Klasse definiert und konstruiert: ‚Just as ethnicity is sexualised, sex is itself racialised, ethnicized and nationalized.' (Nagel 2003: 55) (Mecheril/van der Haagen-Wulf 2016, 124f.)

Aus der Perspektive auf eine derartige hier beispielhaft skizzierte Verschränktheit verschiedener Differenzkategorien in natio-ethno-kulturell kodierten Zugehörigkeitsordnungen rücken die oben eingeführten an Rassekonstruktionen orientierten Subjektkonstruktionen eines Eigenen und eines Anderen als nicht nur rassifizierte, sondern als zugleich vergeschlechtlichte, klassisierte, ableisierte, etc. in den Blick.

Während die in einem Diskurs aktualisierten Anrufungen einerseits als jeweils spezifische diskursive Praktiken (vgl. Kapitel 6) zu analysieren sind, lässt sich andererseits in einer breiteren Perspektive von Zugehörigkeits*ordnungen* sprechen. In Anlehnung an die Theorie der Strukturierung von Anthony Giddens (1997) bezieht sich die Rede von Zugehörigkeitsordnungen dabei auf Ordnungen als „relativ dauerhafte Signifikations-, Dominations- und Legitimationszusammenhänge" (Mecheril 2010c, S. 16). Soziale Ordnungen lassen sich in diesem Sinne grundsätzlich verstehen als „bedeutsame Rahmungen und Bedingungen von Handlungen und Selbstverständnissen" (ebd., S. 17), für deren Entstehen auf symbolischer Ebene mit Judith Butler Sedimentierungen von Normen als maßgeblich verstanden werden können (vgl. Kapitel 4). Trotz ihrer Bedeutsamkeit werden Ordnungen hier jedoch nicht als Determinanten für menschliche Handlungen und Selbstverständnisse verstanden und Menschen entsprechend nicht als „Deppen der Ordnung“ (Broden/Mecheril 2010, S. 16) konzeptionalisiert. Vielmehr sind Menschen in der Lage, sich zu Ordnungen zu verhalten, diese zu verschieben oder zu unterlaufen, so dass sich Ordnungen als in permanenten (und umkämpften) Wandlungen und Verschiebungen befindlich begreifen lassen.

Für Zusammenhänge der (ästhetischen) Bildung sind rassistische Ordnungen im Allgemeinen und natio-ethno-kulturell kodierte Zugehörigkeitsordnungen im Speziellen auch deshalb bedeutsam, weil (theater-)pädagogische Praktiken wie andere kulturelle Praktiken als *strukturierte* Praktiken erst innerhalb dieser Ordnungen ihren Sinn erhalten. Gleichzeitig leisten pädagogische und andere kulturelle Praktiken als *strukturierende* Praktiken wichtige Beiträge zur Herstellung und Transformation migrationsgesellschaftlicher (Zugehörigkeits-)Ordnungen. Im Kontext einer migrationspädagogischen Analyse von sozialen Ordnungen rücken natio-ethno-kulturell kodierte Zugehörigkeitsordnungen in dieser doppelten Verflochtenheit mit gesellschaftlichen Macht- und Herrschaftsverhältnissen in den Blick.

(Bestehende) soziale Ordnungen sind nicht „natürlich gegeben“, sondern das Ergebnis von dauerhaften und vieldimensionalen politischen, kulturellen, juristischen, etc. Herstellungsprozessen, sie sind permanent „umkämpft, während sie ihre Wirksamkeit zugleich häufig gerade daher erlangen, diese Umkämpftheit zugunsten ihrer vermeintlichen Natürlichkeit zu verschleiern. Im Sinne einer „Normalität des Rassismus“ (Broden/Mecheril 2010, S. 18) können rassistische Ordnungen dabei als scheinbar *selbstverständlich* geltende Ordnungen untersucht und mit Blick auf die Formen der (diskursiven) (Re-)Produktion vermeintlich „gewöhnlicher Unterscheidungen“ (Mecheril/Melter 2010) hin analysiert werden. Im Sinne einer solchen (abzubauenden) „Normalität“ des Rassismus bezeichnet Rassismus auch ein „alltägliches“ Phänomen, mit dem alltägliche Erfahrungen verbunden sind. Alltäglicher Rassismus

> [...] legitimiert gesellschaftliche Mechanismen der Ungleichheitskonstruktion durch Bezug auf nationale, ethnische und kulturelle Herkunft. Dabei geht es vor allem darum, ‚die Bedeutung von Menschen innerhalb der Gesellschaft zu bestimmen: Wer hat

> Prestige, wer hat das Sagen, wessen Stimme wird gehört und welche wird zum Schweigen gebracht' (Rommelspacher 2003, 4). (Broden/Mecheril 2010, 13f.)

Als „gelebte und auf eine verfestigte, vergewöhnende Geschichte zurückblickende Realität asymmetrischer Beziehungen" (Broden/Mecheril 2010, S. 18) wirken (auch aber nicht nur: rassistische) Herrschaftsverhältnisse in diesem Sinne „natürlich". Mit Blick auf das (theater-)pädagogische Feld und seine Untersuchung ist vor diesem Hintergrund davon auszugehen, dass Ordnungen des Rassismus zumeist „[...] maskiert und in Weltverständnissen von Pädagogen und Pädagoginnen, zum Beispiel Lehrerinnen, eingelassen oder in Materialien, Bildern und Texten materialisiert [...]" (ebd.) wirksam sind. Diesen Ordnungen im Kontext der Theaterpädagogik am Theater nachzuspüren, sie auf diese Weise aus ihrer vermeintlichen Natürlichkeit zu lösen und somit zu irritieren, ist ein Anliegen der vorliegenden Untersuchung. In ihrer Relevantsetzung von rassismuskritischen und migrationspädagogischen Perspektiven schließt sie dabei an bestehende Perspektivierungen im Kontext von Theaterpädagogik und Kultureller Bildung im deutschsprachigen Raum an, welche ich im folgenden Kapitel darstellen, diskutieren und systematisieren werde.

3 Theaterpädagogik am Theater der Migrationsgesellschaft – diskursive Einsätze

In der Einleitung hatte ich die (allgemeine) Bedeutsamkeit migrationsgesellschaftlicher Differenz- und Zugehörigkeitsordnungen für die Theaterpädagogik am Theater der Migrationsgesellschaft skizziert. Anliegen des folgenden Kapitels ist es nun vor dem Hintergrund der in Kapitel 2 eingeführten rassismuskritischen und migrationspädagogischen Perspektiven einen Einblick in jüngere fachwissenschaftliche *rassismuskritisch informierte und positionierte Perspektivierungen* der Theaterpädagogik (am Theater) der Migrationsgesellschaft zu geben und diese mal mehr mal weniger durch Bezugnahmen auf andere Fachbereiche zu ergänzen und zu perspektivieren. Mit den folgenden Bezügen auf bestehende rassismuskritische Perspektiven in der Theaterpädagogik möchte ich gewissermaßen einen Forschungshorizont meiner Studie markieren, einen bedeutsamen Zusammenhang, in den sie sich einordnen lässt und dessen Erkenntnisse und Diskussionen meine Kenntnisse und Aufmerksamkeitsrichtungen geprägt haben. In der Darstellung dieses Forschungshorizontes leiten mich folgende Fragen: Wie werden theaterpädagogische Diskurse und Praktiken im (jüngeren) deutschsprachigen Diskurs fachwissenschaftlich aus rassismuskritischen Perspektiven diskutiert? Welche Dimensionen der Theaterpädagogik wurden hierbei bisher in den Blick genommen und hinsichtlich der Herstellung und Veränderung natio-ethno-kulturell kodierter Zugehörigkeitsordnungen auf welche Weisen thematisch gemacht?

Dem mit diesen Fragen verbundenen Anliegen einer Einführung in bedeutsame rassismuskritische Perspektivierungen von Theaterpädagogik im deutschsprachigen Diskurs werde ich im Folgenden in vier Schwerpunktsetzungen nachgehen: Ausgehend von einer kurzen Einordnung der Forschungslandschaft zum Verhältnis von Theaterpädagogik und Rassismus werde ich im ersten Teilkapitel (3.1) einige meines Erachtens grundlegende in der Literatur vorgenommene rassismuskritisch informierte theoretische Perspektivierungen erläutern, die die sowohl historische als auch gegenwärtige Eingebundenheit von Theater und Theaterpädagogik in gesellschaftliche Macht- und Herrschaftsverhältnisse in den Blick nehmen. Im zweiten Teilkapitel (3.2) fokussiere ich rassismuskritische Auseinandersetzungen mit Diskursen des Interkulturellen, welche im Kontext der Theaterpädagogik ihren prominentesten Ausdruck in Programmatiken einer Interkulturellen Theaterpädagogik fanden. Anschließend (3.3) werde ich jüngere Debatten um und Einsätze in bestehende Repräsentationsverhältnisse an Theatern und anderen Kulturinstitutionen mit Blick auf Perspektiven des postmigrantischen Theaters sowie die im Diskurs bedeutsamen Programmatiken einer „interkulturellen Öffnung“ und einer „Diversity-Orientierung“ der Theater fokussieren und (herrschafts-)kritisch perspektivieren.

Mit der eingangs gewählten Formulierung eines „Nachgehens“ rassismuskritischer Perspektivierungen mit gewählten „Schwerpunktsetzungen“ soll markiert werden, dass hier weder ein Anspruch auf „Richtigkeit“ im Sinne einer Objektivität noch auf Vollständigkeit verfolgt wird. Vielmehr lässt sich der folgende Text als Ausdruck (m)eines Verständnisses, (m)einer Kenntnis und (m)einer Relevanzsetzung von theaterpädagogischen Debatten auf der Grundlage u.a. von Lektüren und Diskussionen mit Anderen verstehen. Entsprechend zeichnet er sich im Sinne jener in der Einleitung im Anschluss an Ernesto Laclau eingeführten Perspektive auf die Notwendigkeit von Ent-Scheidungen durch unbewusste, aber auch durch einige bewusste Auslassungen aus:

Nicht bzw. nur indirekt in den Blick genommen werden im Folgenden die verschiedenen fachwissenschaftlichen und/oder programmatischen Konzeptionen einer Theaterpädagogik der Migrationsgesellschaft, welche sich in meinem Verständnis nicht an der in dieser Untersuchung zugrunde gelegten rassismuskritischen Perspektive orientieren. Konkret und in besonderem Maße betrifft dies erstens die Konzeptionalisierungen der in der theaterpädagogischen Fachwissenschaft lange dominierenden „Interkulturellen Theaterpädagogik“ besonders durch Wolfgang Sting (vgl. exemplarisch Sting 2014; Sting 2008; Sting 1994), welche als eigenständiger fachwissenschaftlicher Beitrag nicht selbst, sondern in Kapitel 3.2 nur vermittelt über ihre rassismuskritische Perspektivierung thematisch werden wird. Ähnliches gilt zweitens für jene maßgeblich im Kontext des Hildesheimer Instituts für Kulturpolitik entstandenen Publikationen zu einem „Interkulturellen Audience Development“ (Mandel 2013; Mandel 2011) bzw. einem „Audience Development in der Migrationsgesellschaft“ (Allmanritter 2017), in denen die Frage fokussiert wird, wie Kulturinstitutionen wirksam „Menschen mit ausländischen Wurzeln [...] als (potenzielles) Publikumssegment“ (ebd., S.9) aktivieren können. Auch auf diese werde ich nur skizzenhaft und indirekt über die Erläuterung von sie rassismuskritisch problematisierenden Positionen eingehen. Drittens werde ich auch auf die besonders in den letzten Jahren zunehmenden rassismuskritischen Publikationen in wissenschaftlichen Disziplinen, die als Disziplinen im

Dazwischen von Kunst und Pädagogik an die Theaterpädagogik anschließen, im vorliegenden Text aus pragmatischen Gründen immer nur im konkreten Bezug auf Dimensionen eingehen, die in der Auseinandersetzung mit der fachwissenschaftlichen theaterpädagogischen Debatte meines Erachtens bedeutsam sind. Dies betrifft besonders jüngere Publikationen im Kontext der Kunstvermittlung (Mörsch 2019; Kazeem-Kamiński/Bayer/Sternfeld 2017) und Kunstpädagogik (Czejkowska 2016), der Musikpädagogik (Stoffers 2019) oder der Kulturellen Bildung (Baitamani u. a. 2020; Bücken 2020; Menrath 2019; Aktaş u. a. 2018; Bücken u. a. 2018). Dasselbe gilt viertens für die im theaterwissenschaftlichen Kontext stehenden vor allem - jedoch nicht ausschließlich - an Theaterformen und -traditionen interessierten Beschäftigungen mit Theaterereignissen, wie in Christine Regus Studie „Interkulturelles Theater zu Beginn des 21. Jahrhunderts. Ästhetik – Politik - Postkolonialismus" (Regus 2009) oder in Günther Heegs Entwurf eines „Transkulturellen Theaters" (Heeg 2017).

3.1 Theaterpädagogik der Migrationsgesellschaft – erste Perspektivierungen

In der fachwissenschaftlichen Diskussion spielen rassismuskritische Perspektivierungen theaterpädagogischer Diskurse und Praktiken seit spätestens Anfang der 2010er Jahre eine zunehmende wenn auch weiterhin marginale Rolle. Bereits verhältnismäßig früh für den deutschsprachigen theaterpädagogischen Kontext veröffentlichte Tania Meyer erste kurze Artikel aus rassismuskritischer Perspektive mit „polemischen Anmerkungen zu einer interkulturellen oder transkulturellen Theaterpädagogik" (Meyer 2008). Neben den Veröffentlichungen von Meyer stellen die teilweise auch im theaterpädagogischen Kontext veröffentlichten bzw. (auch) auf diesen bezogenen Texte zum postmigrantischen Theater (Yildiz/Hill 2015; Langhoff/Kulaoglu/Kastner 2014; Sharifi 2014; Langhoff 2011b; Sharifi 2011) und der hier zentralen Problematisierung bestehender Repräsentationsverhältnisse in der deutschen Theaterlandschaft relativ frühe (analytische wie programmatische) auch rassismuskritisch orientierte Einsätze dar.[43] Ab Mitte der 2010er Jahre ist dann eine zunehmende Anzahl an rassismuskritisch (Blum 2017; Dede Ayivi 2017; Ghaffarizad/Linnemann

43 Als „rassismuskritisch orientiert" bezeichne ich die Texte zum postmigrantischen Theater, weil diese sich nur manchmal selbst als „rassismuskritisch" benennen (etwa Sharifi 2017), sie häufig jedoch auch wenn diese Verortung nicht explizit praktiziert wird, eine Vielzahl an Bezügen auf rassismuskritische Theoriebildung aufweisen.

2017; Meyer 2016a; Eilers 2015) und/oder postkolonial (Schüler/Stocker 2019; Zinsmaier 2019) orientierten Texten im fachwissenschaftlichen theaterpädagogischen Kontext zu verzeichnen. (Auch) vor dem Hintergrund, dass es sich bei der Theaterpädagogik um eine nicht nur relativ junge, sondern auch um eine zwar wachsende, aber noch immer recht kleine Fachwissenschaft mit wenigen umfangreicheren Forschungsarbeiten und -projekten handelt ist zu erklären, dass die überwiegenden rassismuskritischen Publikationen im theaterpädagogischen Kontext jedoch keine systematischen (empirischen oder theoretischen) Untersuchungen im engeren Sinne darstellen. Vielmehr zeichnen sich die meisten Texte dadurch aus, dass sie ausgehend von ausgewählten rassismus-, diskriminierungs- und herrschaftskritischen Theoriebezügen eine Perspektivierung von Theaterpädagogik vornehmen, die häufig über exemplarische Betrachtungen eines spezifischen theaterpädagogischen Projekts oder eines Phänomens wie beispielsweise Praktiken des Blackfacing im Theater ein rassismuskritisches Nachdenken über die Theaterpädagogik der Migrationsgesellschaft vollziehen. Hierbei spielen auch mit kritischer Theoriebildung verzahnte aktivistische Einsätze in die deutsche Theaterlandschaft eine wichtige Rolle; zum Beispiel die Interventionen des Bündnis kritischer Kulturpraktiker*innen, die in Berlin und über Berlin hinaus u.a. maßgeblich zur (Wieder-)Aufnahme der Debatten über die Praxis des Blackfacing und ihre Verflochtenheiten mit Ordnungen des Rassismus beigetragen haben.[44] Es ist zudem anzumerken, dass trotz der in jüngerer Zeit zunehmenden Prominenz der Auseinandersetzung mit einer rassismuskritisch und/oder postkolonial informierten Perspektive auf Diskurse und Praktiken der Theaterpädagogik, anders als im Kontext der Kulturellen Bildung (Schütze/Maedler 2017b; Ziese/

44 Die jüngeren aktivistischen Einsätze gegen die (Re-)Produktion rassifizierenden Wissens an (Berliner) Theaterinstitutionen, wie sie besonders im Kontext der Blackfacing Debatten Anfang der 2010er Jahre prominent wurden, sind nicht neu, wie Bahareh Sharifi und Lisa Scheibner bemerken: „Längst vergessen sind inzwischen jene türkischen Künstler*innen, die in den 1970er Jahren in Berlin-Kreuzberg im Bethanien -mittlerweile ein renommiertes Künstler*innenhaus- ihre Ateliers hatten. Die öffentliche Benennung von Rassismus im Theaterraum begann auch nicht erst 2012 mit dem Protest der Gruppe ‚Bühnenwatch', sondern fußt schon in der Bühnenbesetzung der jüdischen Gemeinde gegen den Antisemitismus des Fassbinder-Stückes ‚Der Müll, die Stadt und der Tod' im Jahr 1985 und zahlreichen anderen Protesten gegen rassistische Darstellungen auf deutschen Bühnen (bereits 2003 protestierte die ISD -Initiative Schwarzer Menschen in Deutschland- gegen den rassistischen Sprachgebrauch der Berliner Volksbühne)" (Sharifi/Scheibner 2015).

Gritschke 2016)[45] oder im Kontext der Auseinandersetzung mit Möglichkeiten einer „kritische[n] Praxis an *weißen* [Kultur-]Institutionen" (Liepsch/Warner 2018a) bis heute noch kein rassismuskritisch orientierter Sammelband mit fachwissenschaftlichen Verhältnissetzungen von Theaterpädagogik und Migration, Migrationsgesellschaftlichkeit, Rassismus oder auch postkolonialen Perspektivierungen der Theaterpädagogik erschienen ist.

(Auch) vor dem Hintergrund der geringen Anzahl an rassismuskritischen Forschungsarbeiten in der Theaterpädagogik erhält Tania Meyers im Jahr 2016 veröffentlichte theaterpädagogische Dissertationsschrift „Gegenstimmbildung. Strategien rassismuskritischer Theaterarbeit" eine besondere Relevanz.[46] In dieser entwickelt Meyer eine explizit politisierende Perspektive auf Diskurse und Praktiken der Theaterpädagogik, in der sie das Theater jenseits einer vermeintlichen „Unschuld" der Künste in den Blick nimmt als „Werkzeug für die Produktion und Reproduktion von identitären Einheiten, die zumeist in homogenisierender Weise als voneinander getrennt und hierarchisch konstruiert werden" (Meyer 2016b, S. 66).

Bezugnehmend auf jene von Annita Kalpaka und Nora Räthzel bereits Mitte der 80er Jahre geprägte Feststellung der in Ordnungen des Rassismus bestehenden grundsätzlichen „Schwierigkeit, nicht rassistisch zu sein" (Kalpaka/Räthzel 1986), stellt die „Schwierigkeit *mit Theater* nicht rassistisch zu sein" (Meyer 2016b, S. 14, Herv. i. O.) das zentrales Thema der Arbeit von Tania Meyer dar. Diese Schwierigkeit ergibt sich aus der im zweiten Kapitel dieser Arbeit erläuterten Perspektive auf Rassismus als machtvolles gesellschaftliches Strukturprinzip, weil es aus dieser Perspektive kein Sprechen, kein Denken, kein Handeln, kein Wissen und kein Fühlen außerhalb von Ordnungen des Rassismus geben kann, keine Position, von der aus mit Theater in (migrations-)gesellschaftliche Verhältnisse interveniert werden könnte, ohne dass diese Position selbst bereits konstitu-

45 Während des Verfassens dieser Studie im Erscheinen befindet sich außerdem ein von María do Mar Castro Varela und Leila Haghighat herausgegebener Band mit dem Titel „Double Bind postkolonial. Kritische Perspektiven auf Kunst und Kulturelle Bildung" (vgl. Castro Varela/Haghighat 2022).

46 Wegen dieser meiner Einschätzung nehme ich in der vorliegenden Arbeit an zwei Stellen ausführlicher Bezug auf Meyers Dissertation: Erstens im Folgenden mit Blick auf einige meines Erachtens wesentliche Perspektivierungen des Verhältnisses von Theaterpädagogik und Rassismus. Zweitens in Kapitel 3.2.2, in dem ich auf Meyers Analyse des Diskurses der Interkulturellen Theaterpädagogik eingehe.

tiv durch Rassismus geprägt wäre. Mit dem Ziel des Entwurfs einer (Theorie der) Theaterpädagogik als „Gegenstimmbildung zu Kulturellem Rassismus in theaterpädagogischen Projekten", die sich als „kritische Intervention in gesellschaftliche Diskurse um Migration versteht" (ebd.) arbeitet Meyer vor dem Hintergrund dieser Schwierigkeit eine grundsätzliche rassismuskritische Perspektivierung von Theaterarbeit heraus, für welche sie ähnlich wie die vorliegende Arbeit auf ein „Begriffs- und Methodenarsenal" aus poststrukturalistisch orientierten Theorien der Cultural, Postcolonial und Gender Studies zurückgreift.[47] Praktiken und Diskurse der Theaterpädagogik gibt sie als auf doppelte Weise eingebunden in gesellschaftliche Migrationsdiskurse zu verstehen. Diese Eingebundenheit fokussiert sie als ein *wechselseitig produktives Verhältnis* von Theater/Theaterpädagogik und gesellschaftlichen Rahmungen. Einerseits wirken gesellschaftliche Rahmungen strukturierend auf theaterpädagogische Diskurse und Praktiken ein. Dominante Diskurse etwa um Migration, Kultur und Integration beeinflussen maßgeblich die Art und Weise, wie Theater und Theaterpädagogik gedacht, begründet und interpretiert werden und welchen Subjekten im Kontext der Theaterpädagogik welche Möglichkeiten von Zugehörigkeit nahegelegt werden. Andererseits stellt Theaterpädagogik eben diese gesellschaftlichen Rahmungen auf spezifische Weisen (mit) her, etwa durch die (Re-)Produktion stereotypisierender Wissensbestände oder deren Verschiebung. In dieser herstellenden Ebene von Theater und Theaterpädagogik liegt die von Meyer in ihrer Dissertation mit Blick auf zwei theaterpädagogische Inszenierungen fokussierte spezifische Verantwortung für das „Wie" dieser Hervorbringung von Wirklichkeit im Kontext von Theaterprojekten, welche - im begrifflichen Rahmen Meyers - als ein „Gegensprechen" potenziell verändernd in gesellschaftliche Verhältnisse eingreifen können. Theaterereignisse lassen sich in diesem Verständnis als „ein komplexer, multimedialer Text auffassen" (Meyer 2016b, S. 16) der aus der „Selektion und Kombination gesellschaftlich vorhandener, ‚flottierender' Diskurspartikel, die der dem Text vorgängige Kontext enthält und bereitstellt" (ebd.) entstehen. Gleichzeitig ist aber „jeder Text als je neue Re-Selektion und -Kombination des bearbeiteten Materials eine eigenständige Artikulation" (ebd.), welche immer auch eine „diskursive Positionierung sowie ein prinzipielles Potenzial zur Intervention in den rahmenden Kontext" (ebd.)

47 Die theoretische Nähe zwischen Tania Meyers Forschungsperspektive und meiner eigenen ist kein Zufall. Bereits seit 2011 stehen wir in regelmäßigem Austausch zu (rassismus-) kritischen Perspektiven auf Theaterpädagogik, arbeiten zusammen im Arbeitskreis Kritische Theaterpädagogik und nehmen gemeinsam regelmäßig an den Promotionskolloquien der Universität der Künste in Berlin teil.

beinhaltet.[48] Um diesem Potenzial auf die Spur zu kommen fokussiert Meyer als zentrale Aufgabe theaterpädagogischer Theoriebildung und Praxis die rassismuskritische (Selbst-)Reflexion im Sinne einer „Befragung der (eigenen) Blick- und Wissensbildungen und deren Verwicklung" (ebd., S.15), welcher sich auch die vorliegende Untersuchung widmet.

Theaterpädagogik und theaterpädagogische Diskurse lassen sich zusammenfassend aus rassismuskritischer Perspektive also sinnvollerweise daraufhin befragen, auf welche Weise in ihnen migrationsgesellschaftliche Differenzordnungen relevant und (re-)produziert werden und in welches Verhältnis sie sich zu diesen Ordnungen und den mit ihnen verknüpften Macht- und Herrschaftsverhältnissen setzen. Im Folgenden werde ich dieser Befragung mit Blick auf den lange Zeit in der Theaterpädagogik dominierenden Bereich der Interkulturellen Theaterpädagogik nachgehen. Hierbei werde ich nach einer kurzen Einführung in die dominierende Programmatik der Interkulturellen Theaterpädagogik zunächst eine Perspektivierung von dominanten Verwendungsweisen von „Kultur" im Kontext der (Interkulturellen) Theaterpädagogik vornehmen (3.2.1), bevor ich anschließend in 3.2.2 einige (weitere) wesentliche rassismuskritische Perspektivierungen der Programmatik der Interkulturellen Theaterpädagogik in Tania Meyers Dissertation „Gegenstimmbildung" erläutern werde.

3.2 Kritische Perspektiven auf Konzepte der Interkulturellen Theaterpädagogik

Auseinandersetzungen mit dem Verhältnis von „Theater und Migration" (Schneider 2011a) fanden im fachwissenschaftlichen Diskurs der Theaterpädagogik seit Mitte der 1990er Jahre vornehmlich im Kontext von Entwürfen der Programmatik einer „Interkulturellen Theaterpädagogik" (Sting 1994) statt. Auch wenn es innerhalb dieser Programmatik unterschiedliche Nuancen gibt, lässt diese sich als eine in ihren wesentlichen Zielsetzungen und begrifflichen Bezugnahmen meines Erachtens in sich relativ homogene Programmatik verstehen – möglicherweise auch deshalb, weil hier nur wenige Akteure publiziert haben (vgl. exemplarisch

48 In der Entwicklung der vorliegenden subjektivierungstheoretisch orientierten Perspektive fokussiere ich diese von Meyer hier angeführte doppelte Eingebundenheit von Theaterpädagogik in ihre gesellschaftlichen Rahmungen mit Bezügen auf Jacques Derrida und Judith Butler (Kapitel 4) sowie eine mögliche methodologische Lesart für die Diskursforschung (Kapitel 6) als doppelte Iterabilität diskursiver theaterpädagogischer Praktiken.

Sting 2014; Schneider 2012; Hoffmann/Klose 2008). Mit dem Begriff „Interkulturelle Theaterpädagogik" bezeichne ich hier eine sowohl im Kontext der theaterpädagogischen Fachwissenschaft als auch in vielen theaterpädagogischen Projekten relevante *Perspektivierung* der Theaterpädagogik, in deren Zentrum die verschiedenen (vermeintlichen) Potenziale von sogenannten „interkulturellen Theaterprojekten" stehen.[49] In seiner Antrittsvorlesung am Hamburger Institut für Performance Studies zur Programmatik der Interkulturellen Theaterpädagogik definiert Wolfgang Sting: „Interkulturelles Theater setzt sich mit der Vielfalt der Kulturen, ihren Ausdrucksformen und Problemen auseinander und berührt dabei Fragen der interkulturellen Bildung" (Sting 2003). Der Anspruch und das Versprechen interkultureller theaterpädagogischer Theoriebildung besteht, wie in dieser kurzen Definition exemplarisch nachvollziehbar wird, im Entwurf einer Perspektive auf Theater und Theaterpädagogik, in der eine Ebene des Gesellschaftlich-Politischen (die „Vielfalt der Kulturen" und ihre „Probleme"), eine Ebene des Ästhetisch-Kommunikativen („Ausdrucksformen" der verschiedenen „Kulturen") und eine Ebene der (interkulturellen) Bildung auf produktive Weise miteinander verzahnt werden sollen.[50]

Die fachwissenschaftlich proklamierte mehrdimensionale *Potenzialität* interkultureller theaterpädagogischer Projekte lässt sich dabei mit Blick auf zwei unterschiedliche Richtungen systematisieren. Einerseits geht es um die Potenziale von

49 In der sich durch die Texte ziehenden Betonung der Potenziale interkultureller theaterpädagogischer Projekte reiht sich die Interkulturelle Theaterpädagogik in eine „Tradition" von Beiträgen zur theaterpädagogischen Theoriebildung ein, welche die *Potenz* der Theaterpädagogik für ganz verschiedene Zielsetzungen herausarbeiten und damit letztlich auch die recht junge und eher kleine Disziplin der Theaterpädagogik (wissenschaftlich) legitimieren und – auch im Wettbewerb um materielles wie symbolisches Kapital - in Position bringen (wollen).

50 Dieser Anspruch wird auch an die Publikation „Theater Interkulturell" herangetragen, die bis heute die einzige empirische Studie zur Interkulturellen Theaterpädagogik darstellt, in der bundesweit knapp 500 Spielleiter*innen zu den Potenzialen und Herausforderungen ihrer „interkulturellen Theaterarbeit" befragt wurden. So betont Birgit Oelschläger in ihrer Rezension des Buches in der dramapädagogischen Zeitschrift „Scenario" das Ziel einer dreifachen Nutzbarmachung „kultureller Identität" für das Theater: „Durch die verschiedenen Blickwinkel der Autoren wird in den Aufsätzen der Spagat zwischen Integration und interkulturellem Dialog deutlich, denn bei den hier als ‚junge Migranten und Migrantinnen' bezeichneten Schülern und Schülerinnen handelt es sich größtenteils um die sogenannte zweite und dritte Generation von Migrantenfamilien. Eine Fragestellung, die das Buch auch aufwirft, lautet daher, was macht diese spezifische kulturelle Identität aus und wie kann dieser Hintergrund inhaltlich, pädagogisch und ästhetisch für das Theater nutzbar gemacht werden" (Oelschläger 2009, S. 81).

(„interkultureller") Theaterpädagogik für die an ihr teilnehmenden Gruppen und andererseits um die Potenziale der an ihr teilnehmenden („interkulturellen") Gruppen für die Theaterpädagogik.

Aus Theater und Theaterpädagogik heraus gedacht geht es um die bildenden, politischen und sozialen Potenziale interkultureller Theaterarbeit für die an ihr partizipierenden Subjekte. Interkulturelle Theaterprojekte, so formuliert es Wolfgang Sting, könnten für die Teilnehmenden „eine Schule des Sehens, eine Schule des Sprechens, eine Schule des (sich) Zeigens, eine Schule des sich Begegnens und letztlich ein Schule der Teilhabe und der Integration" (Sting 2010a, S. 56) sein. So wird mit interkultureller Theaterarbeit beispielsweise das Potenzial der Förderung des Erlernens der deutschen Sprache für nicht muttersprachliche Teilnehmende verbunden, die Vermittlung von sozialen Kompetenzen, von Toleranz, Demokratiefähigkeit und Umgang mit Vielfalt sowie das besondere „Integrationspotenzial" (Hoffmann/Klose 2008, S. 10) interkultureller Theaterarbeit betont. Klaus Hoffmann, Rainer Klose und Petra-Angela Ahrens (2008) resümieren in ihrer Diskussion der bundesweiten „Bestandsaufnahme über Theaterarbeit mit Kindern und Jugendlichen mit Migrationshintergrund", Theater könne als Ort der „Begegnung der Kulturen" die „Bereitschaft, sich mit anderen Kulturen auseinander zu setzen und Unterschiede zu respektieren" fördern und vermittle so "wichtige Fähigkeiten für gelingende Integration" (ebd., S. 82). Die Theaterarbeit mit „Gruppen aus verschiedenen Kulturen und Religionen" (ebd., S. 81) trage auf „Subjektebene" (ebd.) dazu bei, bei den Teilnehmenden „Offenheit, Neugier für andere, Toleranz und Verständnis" (ebd.) zu entwickeln und fördere die „Bereitschaft, sich mit anderen Kulturen auseinander zu setzen und Unterschiede zu respektieren" (ebd.). Rassismuskritische Perspektivierungen Interkultureller Theaterprojekte problematisieren vor dem Hintergrund solcher Zielsetzungen das hier dominierende Verständnis von Theaterpädagogik als „Schule der Integration" (Sting 2010a, S. 56). Durch die affirmative Einfügung in das hegemoniale Integrationsdispositiv (vgl. Kapitel 2) und die mit diesem verbundene „Dialektik von Ein- und Ausgrenzung" (Terkessidis 1998, S. 78) schreibe eine derart ausgerichtete Theaterpädagogik sich in das Ziel der Assimilation von „Minderheiten" in ein als homogen gedachtes natio-ethno-kulturelles „Wir" ein. So kritisiert Dirk Eilers Interkulturelle Theaterarbeit als „eine Art Sozialreportage mit Integrationsauftrag" (Eilers 2015, S. 544) welche der „Überprüfung von ‚Integrationsprozessen' seitens der Mehrheitsgesellschaft" (ebd.) zuarbeite.

Wie auch andere kulturpädagogische Sparten[51] bemüht(e) sich die Interkulturelle Theaterpädagogik, wie hier exemplarisch sichtbar wird, darum, sich innerhalb der Debatten um Migration und angesichts der mit ihr diskursiv in Verbindung gebrachten gesellschaftlichen Herausforderungen und Chancen als eine Disziplin in Stellung zu bringen, die für die dominanten Forderungen der Politik nach Integration, nach einem interkulturellen Dialog und nach interkultureller Begegnung einen besonderen Beitrag leisten könne.[52] Geesche Wartemann weist darauf hin, dass das Theater hierbei häufig zu einem Ort des harmonischen Miteinanders stilisiert werde, womit ihm letztlich eine Art Katalysator-Funktion zugeschrieben wird:

> Das Theater wird zu einem besonderen gesellschaftlichen Ort, an dem eine Annäherung von Menschen verschiedener Kulturen möglich sei. Während Einwanderern und Asylbewerbern im Alltag feindlich begegnet wird, sie zunehmend ausgegrenzt werden, sollen eben diese Grenzen im Rahmen interkultureller Theaterprojekte überschritten werden. Je bedrohlicher sich die gesellschaftliche Realität gestaltet, je unverhohlener und aggressiver der Fremdenhass zum Vorschein kommt, desto beschwörender klingen die Formeln vom friedfertigen Miteinander im Rahmen des Theaters. (WARTEMANN 2002, S. 88)

In Theater und Theaterpädagogik hinein gedacht geht es um deren inhaltliche wie ästhetische Bereicherung durch als „migrantisch" markierte Teilnehmer*innen an interkulturellen Theaterprojekten, mit welcher auf jene prominent vom Theaterwissenschaftler Christopher Balmer geprägte Diagnose einer gegenwärtigen Abs-

---

51 Santina Battaglia und Paul Mecheril bemerken die finanzielle Gebundenheit von Projekten Kultureller Bildung an öffentliche Förderungen und verweisen auf die starke ökonomische Verflochtenheit Kultureller Bildung mit kultur- und bildungspolitischen Institutionen: „[E]mpirisch ist kulturelle Bildung in ihren Ausgestaltungen vielfältig (vgl. etwa FUCHS 2008). Sie ist jedoch – wie auch die politische Bildung – aufgrund ihrer finanziellen Bedingungen stark durch bildungspolitische Programmatiken und ihre Implikationen beeinflusst sowie auch durch kulturpolitische Machtverhältnisse und Interessen, und daher in der politischen Praxis verortet (STEIGERWALD 2019, 33)" (BATTAGLIA/MECHERIL 2020, S. 35).

52 Vgl. z.B. den in den Jahren 2006 und 2007 in der „Blütezeit" der Interkulturellen Theaterpädagogik zwischen Mitte der 2000er und Mitte der 2010er Jahre unter dem Eindruck des Abschneidens der BRD in den internationalen Pisa-Tests maßgeblich von der Bundesregierung unter Angela Merkel im Kontext der ersten beiden „Integrationsgipfel" ins Leben gerufenen „Nationalen Integrationsplan" (NIP) sowie sein auf dem fünften Integrationsgipfel 2012 entworfenes Nachfolgedokument, den „Nationaler Aktionsplan Integration", in denen jeweils die Notwendigkeit des „Interkulturellen Dialogs" sowie des Aufbaus „Interkultureller Kompetenzen" betont wird.

tinenz der Auseinandersetzung mit Interkulturalität im deutschen Theater reagiert werden könne: „Interkulturalität wirkt in der deutschen Theaterlandschaft wie ein Fremdwort" (Balme 2007, S. 20)

Anders als im Kontext des Interkulturellen Theaters der 80er Jahre, wie es von Peter Brook oder Ariane Mnouchkine vertreten wurde, leitet sich die interkulturelle Verfasstheit von Theaterprojekten dabei in der Interkulturellen Theaterpädagogik nicht aus der im Kontext des „professionellen Theaters" wesentlichen ästhetischen Auseinandersetzung mit global-regional verschieden entwickelten Theatertraditionen, -formen und -praktiken ab (vgl. Regus 2009). Als „interkulturell" werden im fachwissenschaftlichen theaterpädagogischen Kontext vielmehr solche Theaterprojekte gefasst, deren Beteiligten die Zugehörigkeit zu unterschiedlichen (National-)Kulturen zugeschrieben wird. Die den Kern von Programmatiken der Interkulturellen Theaterpädagogik bildenden spezifischen Potenziale leiten sich in der Theoriebildung der Interkulturellen Theaterpädagogik aus einer Zentrierung von als Angehörige einer „anderen Kultur" adressierten „Spielern mit Migrationshintergrund" ab. Tania Meyer zeigt in ihrer Analyse von Programmatiken der Interkulturellen Theaterpädagogik kritisch auf, dass dieser Zentrierung eine kulturalistisch essentialisierende Festschreibung der Anderen eingeschrieben ist, die es ermöglicht, das Interkulturelle und seine Potenziale für die Theaterarbeit konzeptuell

> [...] aus der Präsenz von Spieler_innen herzuleiten, deren ‚ethnische Differenz' als ‚Migrationshintergrund' in die Theaterarbeit einfließt. Genauer: Interkulturalität entsteht durch die Zuschreibung einer Differenz per se an jene Spieler_innen, einer Differenz, die aus einer Vielzahl an [...] konkret fixierbaren ‚kulturellen' Differenzen abgeleitet wird. (Meyer 2016b, S. 49)

Diese hier von Meyer angeführte derart zugeschriebene und in als „anders" markierten Spieler*innen verortete *spezifische* Differenz sollen diese in vielen sogenannten interkulturellen Theaterprojekten als Bereicherung in die Theaterarbeit einbringen, wobei es sich sowohl um die Zuschreibung einer spezifischen inhaltlichen wie auch einer ästhetischen Bereicherung handeln kann. So weist Mark Terkessidis auf den „voyeuristischen Charme" der in Theaterprojekten zu beobachtenden scheinbar natürlichen Verknüpfung von „Migration und Doku" (Terkessidis 2011, S. 44) hin. Diese Verknüpfung schlage sich auch in der Wahl der ästhetischen Formate der Projekte nieder, in denen es zumeist um dokumentarische oder biografische Theaterformen gehe, in denen die als „anders" markierten Teilnehmenden einen Einblick in ihre „Kulturen" geben sollen. Im Sinne einer „Themen-Teilnehmer-Verquickung" (Meyer 2016b, S. 64) werden nicht *weiß* positionierte Künstler*innen und Spieler*innen hierbei häufig als auf scheinbar natürliche Weise für die Auseinandersetzung mit bestimmten Themen wie „Fremdheit" oder „Gewalt" im Theater zuständig adressiert. Hiermit einher geht, wie Azadeh Sharifi beschreibt, häufig eine Festlegung auf „stereotype Rollen" und „Klischeefiguren" (Sharifi 2014, S. 93), während den migrantisierten[53] Spieler*innen umgekehrt die Beschäftigung mit Inhalten, Formaten und Rollen, die nicht in einen Zusammenhang mit „Migration" gestellt werden, häufig verwehrt bleibt. Verstanden als „Instrumentalisierungszusammenhang" sind derart differenzfixierende Ansätze im Theater dabei gleichzeitig auch funktional für die Herstellung eines Eigenen. Sie können als nützlich für eine permanente „revitalisierende ‚Erneuerung' der eigenen kulturellen Position" (ebd., S. 51f.) durch den Einbezug der exotisierten Anderen verstanden und problematisiert werden.

Für die Entwicklung einer rassismuskritischen Perspektive auf die Theaterpädagogik spielt die kritische Auseinandersetzung mit der Interkulturellen Theaterpädagogik als einer fachwissenschaftlichen Perspektive, der in der theaterpädagogischen Fachwissenschaft lange „von anderer Seite wenig hinzugefügt oder entgegnet" (Meyer 2016b, S. 39) wurde, seit Ende der 2000er Jahre eine zentrale Rolle. Vor diesem Hintergrund werde ich im Folgenden anschließend an die bisherigen Ausführungen weitere meines Erachtens bedeutsame Dimensionen dieser Auseinandersetzung diskutieren: In Kapitel 3.2.1 fokussiere ich die für Programmatiken der Interkulturellen Theaterpädagogik wesentlichen Verwendungsweisen von „Kultur", wobei ich mich besonders auf Auseinandersetzungen mit der Verwendungsweise von „Kultur" im Kontext von Rassismuskritik und Migrationspädagogik beziehen werde. In Kapitel 3.2.2 erläutere ich zentrale postkoloniale theaterwissenschaftliche Auseinandersetzungen mit dem Interkulturellen Theater und deren Bezug auf Wolfgang Stings Konzeption der Interkulturellen Theaterpädagogik durch Tania Meyer.

53 Die hier gewählte Bezeichnungspraxis „migrantisiert" soll auf den Konstruktionsprozess der Subjektpositionen „Migrant*in" und „Mensch mit Migrationshintergrund" verweisen, darauf, dass Menschen nicht „migrantisch" sind, sondern zu „Migrant*innen" gemacht werden.

3.2.1 Verwendungsweisen von „Kultur" in der (Interkulturellen) Theaterpädagogik

Die Bedeutsamkeit der Markierung und Festschreibung kultureller Differenz in Konzeptionen des Interkulturellen wurde bereits relativ früh von verschiedenen Seiten rassismuskritisch perspektiviert und als Aktualisierung eines essentialistischen Kulturbegriffs problematisiert (vgl. Blum 2011; Meyer 2011; Meissner 2010; Meyer 2008). Mit der Fokussierung der *Verwendungsweise* von „Kultur" beziehe ich mich im folgenden Text auf ein Interesse weniger an einer theoretischen Einordnung und Kontextualisierung von verschiedenen Kulturbegriffen, sondern daran, *wofür* Bezugnahmen auf „Kultur" in der (Interkulturellen) Theaterpädagogik jeweils funktional sind, welche Denk- und Praxisräume mit ihnen eröffnet und welche geschlossen werden und welche diskursiven (Macht- und Herrschafts-)Effekte vor diesem Hintergrund beschrieben werden können. Dabei handelt es sich beim folgenden Text weniger um eine Zusammenführung bereits bestehender theaterpädagogischer Auseinandersetzungen mit der Verwendungsweise von „Kultur" im Kontext der (Interkulturellen) Theaterpädagogik, in denen meines Wissens fast ausschließlich die Dimension der Essentialisierung von „Kultur" fokussiert wird. Sondern er stellt einen Versuch einer Systematisierung verschiedener zu problematisierender Dimensionen theaterpädagogischer Verwendungsweisen von „Kultur" dar, bei welchem ich mich besonders an der im migrationspädagogischen Kontext entwickelten kritischen Perspektivierungen der Interkulturellen Pädagogik orientiere.

Für die Verwendungsweise von „Kultur" im Kontext der Interkulturellen Theaterpädagogik ist zunächst eine grundsätzlich dominierende Engführung des Begriffs „Kultur" im Sinne einer Reduktion auf „Nationalkultur" zu beschreiben: Denn wenn in der (Interkulturellen) Theaterpädagogik von den verschiedenen „Kulturen" der Teilnehmenden an theaterpädagogischen Projekten die Rede ist, so bezieht sich dies überwiegend auf deren mit ihrer (vermeintlichen) nationalen Herkunft verbundenen „Kultur". Andere Dimensionen des Kulturellen hingegen, zum Beispiel ob jemand auf dem Land oder in der Stadt, in einem eher konservativen oder eher liberalen Umfeld, als Kind von Arbeiter*innen oder Akademiker*innen aufgewachsen ist, werden hier als bedeutsame und Menschen prägende kulturelle Kontexte nicht mitgedacht. Eine derartige Reduktion von „Kultur" auf „Nationalkultur", wie sie sich im Kontext einer Vielzahl theaterpädagogischer Bezüge auf das Interkulturelle beschreiben lässt, trägt tendenziell zur Stärkung eines „national-ethnischen Unterscheidungsschemas“ bei, wie Paul Mecheril und Annita Kalpaka dies auch mit Blick auf die Interkulturelle Pädagogik erläutern. So finde sich beispielsweise in Konzepten interkultureller Kompetenz zumeist „ausnahmslos eine Auseinandersetzung mit *internationalen* und *interethnischen* Situationen. [...] Damit trägt der affirmative Bezug auf ‚kulturelle Differenz' zur Stärkung des national-ethnischen Unterscheidungsschemas bei [...]“ (Mecheril/Kalpaka 2010, S. 87, Herv. i. O.). Die in der Interkulturellen Theaterpädagogik vornehmlich als deren Zielgruppe in den Blick genommenen „Spieler*innen mit Migrationshintergrund“ werden so als beispielsweise „türkische“ oder „arabische“ Jugendliche adressiert und auf diesen (vermeintlichen) national-kulturellen Kontext (und die dominierenden Vorstellungen von ihm und/oder Auseinandersetzungen mit diesen) reduziert, während alle anderen für die derart Adressierten bedeutsamen kulturellen Kontexte nicht relevant gemacht werden.

Hiermit verbunden werden in Konzepten der Interkulturellen Theaterpädagogik „Kulturen“ zumeist essentialisierend im Sinne in sich geschlossener und klar voneinander zu unterscheidender homogener Einheiten adressiert, bei deren „Begegnung“ vor dem Hintergrund ihrer Getrenntheit und Unterschiedlichkeit automatisch ein (spezifisches) Konfliktpotenzial bestünde. Ein solcher Kulturbegriff lässt sich mit Wolfgang Welsch (2000) auf eine prominent von Johann Gottfried Herder entwickelte Kulturvorstellung zurückführen. In einem „Kugelmodell“ beschrieb Herder (National-)Kulturen als in sich und voneinander abgegrenzte Ganzheiten, die sich durch soziale Einheitlichkeit und ethnische Fundierung charakterisieren lassen. In einem solchen essentialisierenden Verständnis erscheinen „Kulturen“ irrtümlicherweise als organische und wesenhafte Entitäten, die unabhängig von ihren Mitgliedern existieren und sich im Kontext „interkultureller Begegnungen“ gegenüberstehen, bereichern oder zu „Kulturkonflikten“ führen können. Ein solches „Inseldenken“ (Mecheril 2010a, S. 64) von Kulturen schreibt Menschen tendenziell fest, sie werden zu Repräsentant*innen einer „Kultur“, welche mit bestimmten - alle ihre Mitglieder fast schon deterministisch prägenden - Werten, Vorstellungen, kulturellen Praktiken, etc. verbunden werden.

Mit Blick auf die Adressierung kulturell Anderer in der Interkulturellen Theaterpädagogik konkretisiert sich diese Festschreibung in einer problematischen Analogisierung zwischen einer „Verschiedenheit von Lebenskulturen“ und einer „Verschiedenheit von Theaterkulturen“ (Meyer 2008, S. 193). So stellen beispielsweise Klaus Hoffmann und Rainer Klose in ihrer „Bestandsaufnahme" hinsichtlich der zu beobachtenden „interkulturellen" Veränderungen in der Theaterpädagogik fest, es falle „[...] theaterästhetisch auf, dass die Projekte eindeutig körperorientierter werden und von autobiografischem Material geprägt sind" und resümieren, offensichtlich werde die „[...] theaterpädagogische Szene [...] bereits von den Mitspieler/-innen aus anderen Herkunftsländern ästhetisch beeinflusst" (Hoffmann/Klose 2008, S. 11). Auch wird in Konzepten der Interkulturellen Theaterpädagogik immer wieder eine vermeintliche Bereicherung durch das „Fremde" herausgestellt und das „migrantische" Subjekt als Repräsentant dieses „Fremden" adressiert. In seiner rassismuskritischen Perspektivierung des Interkulturellen Theaters bemerkt Dirk Eilers, dass hiermit häufig eine Definitionsmacht von *weiß* positionierten Theatermacher*innen einhergeht zu bestimmen, was und vor allem auch wer als „fremd" gilt, während die eigene und gleichsam homogenisierte Position, von der aus diese Fremdheit markiert wird, dethematisiert wird (vgl. Eilers 2015, S. 542).

Mit Blick auf einen Kulturbegriff in der Interkulturellen Theaterpädagogik, „der ‚Kulturen' als ethnisch fundierte, nach innen homogene und nach außen abgrenzende Ganzheiten vorstellt" erläutert Tania Meyer, das Konzept der Interkulturalität sei immer schon angelegt auf das „Brückenbauen *zwischen* Kulturen" (Meyer 2016b, S. 66, Herv. i. O.).[54] Im Kontext der Interkulturellen Pädagogik zeigen Titel wie „Bildungsbrücken bauen. Stärkung der Bildungschancen von Kindern mit Migrationshintergrund. Ein Handbuch für die Elternbildung" (Boos-Nünning 2016), wie einflussreich die Vorstellung von Kulturen als „Inseln", die mit Brücken verbunden werden können und sollen auch heute noch ist. Dasselbe gilt für den kunstwissenschaftlichen Bereich, in dem etwa Jürg Martin Meili in seinem Buch „Kunst als Brücke zwischen den Kulturen: Afro-amerikanische Musik im Licht der schwarzen Bürgerrechtsbewegung" (Meili 2014) vor dem Hintergrund einer

54 Ähnlich problematisiert auch die Theaterwissenschaftlerin Christine Regus mit Blick auf Konzeptionen des Interkulturellen Theaters, dass ein essentialisierender Kulturbegriff Unterschiede zwischen Menschen auf deren „kulturellen Hintergrund" festschreibe und sie so festsetze. Außerdem naturalisiere ein essentialistischer Kulturbegriff die von Menschen gemachte und damit veränderbare Welt und fixiere und homogenisiere Menschen als Angehörige „anderer Kulturen". In Anlehnung an Foucault weist sie darauf hin, dass es eine zentrale Strategie zur Erhaltung symbolischer Ordnungen ist, bestimmte Werte und Grenzen als unverrückbar darzustellen, indem sie als naturgegeben und objektiv beschrieben und so der politischen Veränderbarkeit entzogen werden (vgl. Regus 2009, 35f.).

Diagnose zunehmender „interkultureller Spannungen" die Frage untersucht: „Ist Kunst in der Lage, eine Brücke zwischen den Kulturen zu schlagen?" (ebd.).

Mit Theaterpädagogik im Speziellen und mit Kunst und Kultur im Allgemeinen werden im Sinne dieses „Brücken Bauens" zwischen den derart erst als essentiell different hervorgebrachten Kulturen immer wieder Potenziale der „Begegnung" und des „Dialogs" mit anderen Kulturen verbunden. So unterstreicht Wolfgang Schneider in der Einleitung zum von ihm herausgegeben Band „Theater und Migration" die gesamtgesellschaftliche Wichtigkeit von Kunst und Kultur für einen „interkulturellen Dialog":

> Kunst und Kultur sind aber für einen gelingenden interkulturellen Dialog unverzichtbar. Die den Künsten innewohnende Dynamik, ihr Experimentier- und Innovationscharakter, ihr emotionales Potenzial und nicht zuletzt auch die Möglichkeit der nonverbalen Kommunikation erleichtern und befördern die Begegnung mit anderen Kulturen und Traditionen und können die wechselseitige Akzeptanz verstärken. Besonders kulturelle Bildungsprozesse vermögen es, unterschiedliche Wertvorstellungen und Lebensformen zu vermitteln. Kenntnis und Verständnis füreinander sind wesentliche Voraussetzungen für ein gewaltfreies Zusammenleben in der Gesellschaft. (Schneider 2011, S. 11)

Wolfgang Welsch weist auf die grundsätzliche Nähe eines an Herder angelehnten „traditionellen Kulturkonzepts" zu Kulturellem Rassismus hin. Dieses sei als ein „Konzept der inneren Homogenisierung und äußerer Abgrenzung" nicht nur „deskriptiv falsch", sondern auch „normativ gefährlich und unhaltbar" (Welsch 2000, S. 331f.). Mit Blick auf das obige Zitat von Wolfgang Schneider konkretisiert sich diese Nähe nun darin, dass hier implizit von kulturell differenzierten Subjekten quasi anhaftenden „unterschiedlichen Wertvorstellungen und Lebensformen" ausgegangen wird, während gleichzeitig eine Homogenität von Wertvorstellungen und Lebensformen innerhalb der jeweiligen (National-)Kulturen behauptet und eine Bedrohung des (vermeintlich bestehenden) „gewaltfreien Zusammenlebens in der Gesellschaft" mit der Anwesenheit von migrantisierten Subjekten verknüpft wird.

Annita Kalpaka weist auf die auch gesamtgesellschaftliche *Funktion* der scheinbar im Dienste eines harmonischen Miteinander stehenden Adressierungen der Akzeptanz und Wertschätzung einer essentialisierten kulturellen Differenz hin, insofern diese potenziell die Aufrechterhaltung von Migrationsregimen und mit diesen verbundenen Migrationspolitiken und Praktiken der „Rückführung“ von „Eingewanderten“ in ihre „Heimatländer“ unterstützen:

> Das Reden über Kulturdifferenz und Akzeptanz der Unterschiedlichkeit von Kulturen ist bzw. kann gut in rechte und rechtsextreme Diskurse eingebunden werden. Kultur als Natureigenschaft von Menschen, als Nationalkultur und als statisch und unveränderbar gedacht, dient oft als Begründung für eine ‚Rückführung' von Eingewanderten zum Schutz ‚beider Seiten' [...]. Aus der behaupteten Unverträglichkeit der ‚fremden Kulturen' mit der ‚deutschen Kultur' wird die Forderung nach Rückführung in die Heimatländer abgeleitet [...]. (Kalpaka 2006, S. 393)

Ähnlich wie mit Blick auf die Interkulturelle Pädagogik lässt sich mit Blick auf die Interkulturelle Theaterpädagogik außerdem als ein Grundproblem beschreiben, „dass der Versuch, einer Verschiedenheit Rechnung zu tragen, eine spezifische Verschiedenheit immer schon *setzt*“ (Mecheril 2010a, S. 63). Gesetzt und fokussiert wird im Kontext der Interkulturellen Theaterpädagogik Differenz als *kulturelle* Differenz. Dieser spezifischen Fokus auf Differenz als kulturelle Differenz bildet die semantische Grundlage dafür, in sogenannten interkulturellen Theaterprojekten „interkulturelle Probleme wie Fremdheit, Rassismus oder Gewalt“ zu bearbeiten (Sting 2010b, S. 26). Derartige Semantiken, in denen wie hier Rassismus, Gewalt, Fremdheit, Ausgrenzung, etc. als „interkulturelle Probleme“ adressiert werden, bilden eine zentrale Grundlage der Interkulturellen Theaterpädagogik, weil erst aus dieser Verortung dieser „Probleme“ *in der interkulturellen Begegnung* das Potenzial der interkulturellen Theaterarbeit abgeleitet werden kann. Die hier vorgenommene Reduktion des Herrschaftsverhältnisses Rassismus und der mit ihm und weiteren Herrschaftsverhältnissen verbundenen Differenzordnungen lässt sich mit Paul Mecheril als *Kulturalisierung migrationsgesellschaftlicher Differenz* (Mecheril 2010a, S. 64) beschreiben. Denn indem „Kultur“ eine Vorrangstellung mit Blick auf migrationsgesellschaftliche Differenz gegeben wird, fallen andere migrationsgesellschaftlich bedeutsame Differenzen wie etwa ökonomische, politische oder rechtliche Differenzen und ihre Bearbeitung im Kontext des Theaters aus dem Blick. Derartige Bezüge auf „Interkulturalität“ dienen einer Fokussierung migrationsgesellschaftlicher Verhältnisse und einer hiermit verbundenen Verhältnissetzung der Theaterpädagogik zu diesen, in der alles, was nicht „Kultur“ ist, dethematisiert wird, wobei zugleich die oben beschriebene Essentialisierung und Reduktion von „Kultur“ zum Tragen kommt. In diesem Sinne erläutern Santina Battaglia und Paul Mecheril mit Blick auf interkulturelle Ansätze in der Kulturellen Bildung, solange diese sich weniger mit der kulturellen Pluralität hoch differenzierter Gesellschaften in einer *allgemeinen* Einstellung beschäftigten, sondern im Wesentlichen mit kultureller Diversifizierung als Resultat von Migration, suggerieren sie,

> [...] dass die Diversifizierung und Pluralisierung von Problemlagen, Bildungsanliegen und -voraussetzungen sowie die Vielfalt der Bildungsverläufe in einer Migrationsgesellschaft insgesamt unter der Kategorie ‚Kultur' beschrieben und behandelt werden könnten. (Battaglia/Mecheril 2020, S. 38)

Die enge Verbindung von „Migration" und „Interkulturalität" läuft überdies nicht nur Gefahr, migrationsgesellschaftliche Differenz auf vermeintliche kulturelle Unterschiede zu reduzieren, sondern mithilfe der *Praktik „Kultur"* produziert sie Andere und aktualisiert zugleich mit der Unterscheidung „Wir" / „Nicht-Wir" verbundene natio-ethno-kulturell kodierte Zugehörigkeitsordnungen (vgl. Mecheril/Kalpaka 2010, S. 85).

Auch wenn – möglicherweise auch als Effekt rassismuskritischer Einsätze - seit Anfang/Mitte der 2010er Jahre im deutschsprachigen Raum immer weniger fachwissenschaftliche Publikationen zu verzeichnen sind, die sich der expliziten Weiterentwicklung einer Interkulturellen Theaterpädagogik widmen: Die hier herausgearbeiteten Verwendungsweisen von „Kultur" und ihre Implikationen sind meines Erachtens auch heute noch bedeutsam sowohl für die theaterpädagogische Praxis, in der beispielsweise weiterhin Ausbildungen zur „Spielleiter/in mit interkultureller Kompetenz" (Interkulturell Aktiv 2021) angeboten werden, *als auch* für die fachwissenschaftliche Wissensproduktion in der Theaterpädagogik. Auch wenn in dieser *explizite* Bezugnahmen auf das Theorem des Interkulturellen nunmehr seltener geworden sind, so stellt dieses und stellen seine Implikationen auch außerhalb von Programmatiken der Interkulturellen Theaterpädagogik einen bedeutsamen Bezugspunkt dar, der weiterhin in vielen theaterpädagogischen Debatten aktualisiert wird. Etwa in Bezugnahmen auf Ansätze der Transkulturalität wie in Günther Heegs Entwurf eines „Transkulturellen Theaters" (Heeg 2017) mit dem Ziel einer „spielenden Begegnung durch Theater" (Heeg/Hillmann 2017), in der Entwicklung eines „Interkulturellen Audience Development" (Mandel 2013) zu einem „Audience Development in der Migrationsgesellschaft" (Allmanritter 2017), aber auch in den vielen gegenwärtig besonders im Bereich der Kulturellen Bildung sehr prominenten Bezugnahmen auf Diversität (Georgi 2017; Keuchel/Kelb 2015), in denen besonders die Dimension der Kulturalisierung migrationsgesellschaftlicher Differenz im Namen einer anzustrebenden „kulturellen Vielfalt" eine wichtige Rolle spielt.[55]

Die Wirkmacht des Konzepts der Interkulturalität betrifft aber auch solche fachwissenschaftlichen Auseinandersetzungen, in denen es (vordergründig) gar nicht um Fragen der Theaterpädagogik der Migrationsgesellschaft zu gehen scheint. So lässt sich beispielsweise mit Blick auf den in der Fachwissenschaft inzwischen in seiner Ambivalenz in den Blick genommenen theaterpädagogischen Partizipationsdiskurs (vgl. Kup 2019; Braun/Witt 2017; Scheurle/Hinz/Köhler 2017a; Seitz 2015) die Bedeutsamkeit der Adressierung der Partizipation von migrationsgesellschaftlich als Andere Geltenden als Repräsentant*innen einer „anderen" Kultur für diesen Diskurs sowie eine Analogie zwischen Partizipations- und Integrationsdiskursen nachvollziehen (vgl. Blum 2017). So wird mit der Teilhabe migrationsgesellschaftlich als Andere Geltender im theaterpädagogischen Partizipationsdiskurs häufig das Potenzial von Einblicken in „fremde Kulturen" oder aber auch von einer Spiegelung und Kritik der „deutschen Kultur" auf der Theaterbühne verbunden und migrationsgesellschaftlich als Andere Geltende so in einer spezifischen *Funktion* für die Theaterpädagogik adressiert. Partizipation wird vor diesem Hintergrund als eine Art (vermeintlicher) „win-win"-Situation hervorgebracht, in der als Andere Adressierte als solche auch festgeschrieben werden und das Theater als der Gegenstand, an dem partizipiert werden kann, selbst nicht zur Debatte gestellt, sondern essentialisiert wird (ebd.).

Die hier in den Blick rückende *allgemeine* Bedeutsamkeit des Interkulturalitätsparadigmas für theaterpädagogische Fachdiskurse lässt sich im Rückgriff auf die oben eingeführten theoretischen Perspektiven als *Migrationsgesellschaftlichkeit theaterpädagogischer (Fach-)Diskurse* bezeichnen. Deren Untersuchung stellt meines Erachtens auch und besonders in den theaterpädagogischen Bereichen, die *nicht* explizit mit „Migration" oder „Inter/-Transkultur" assoziiert werden, ein erhebliches Forschungsdesiderat der theaterpädagogischen Forschung dar. Zu befragen sind aus dieser Perspektive grundlegende theaterpädagogische Begriffe wie Partizipation, Gemeinschaft oder Bildung dahingehend, wie in ihnen hegemonia-

55 Ich werde in Kapitel 3.3.2 ausführlicher auf den „Diversity-Diskurs" in der Theaterpädagogik und den hier angedeuteten Aspekt eingehen.

le migrationsgesellschaftliche Wissensbestände etwa über „Kultur“ zum Tragen kommen und aktualisiert werden.

3.2.2 Theaterpädagogische Diskurse des Interkulturellen

Die Auseinandersetzung mit der Interkulturellen Theaterpädagogik abschließend werde ich im Folgenden Tania Meyers instruktive Analyse einer im deutschsprachigen Raum dominierenden fachwissenschaftlichen Konzeption der Interkulturellen Theaterpädagogik erläutern. War das vorher gehende Kapitel insbesondere an migrationspädagogischen Beschäftigungen mit dem „Interkulturellen“ und deren Bezug auf die Theaterpädagogik orientiert, so liegt der Schwerpunkt im folgenden Kapitel auf der Darstellung der von Meyer entwickelten maßgeblich theater- und kunstwissenschaftlich fundierten Auseinandersetzung mit der Interkulturellen Theaterpädagogik.

In ihrer Dissertation „Gegenstimmbildung. Strategien rassismuskritischer Theaterarbeit“ analysiert Tania Meyer unter der Überschrift „Diskurse des Interkulturellen“ (Meyer 2016b, S. 33–72) den deutschsprachigen Diskurs der Interkulturellen Theaterpädagogik. Hierbei nimmt sie besonders Wolfgang Stings seit 1994 in einer Vielzahl an Aufsätzen entworfene Konzeption einer Interkulturellen Theaterpädagogik in den Blick. Diese sei zu einem „unwidersprochenen Grundmodell einer Interkulturellen Theaterpädagogik“ (ebd., S. 40) geworden, welches Meyer mit dem Ziel einer „begründete[n] Abgrenzung vom Begriff der ‚Interkulturellen Theaterpädagogik‘ und [der] Herleitung einer daraus erkennbaren Neuausrichtung“ (ebd., S. 22) problematisiert.

In ihrer Analyse zeigt Meyer auf, dass und wie die sowohl für kunst- als auch für bildungstheoretische Überlegungen bedeutsamen Begriffe Fremdheit, Differenz und Alterität in der Konzeption der Interkulturellen Theaterpädagogik mit einer ethnisierten kulturellen Differenz verknüpft werden und hiermit hegemonialen migrationsgesellschaftlichen Differenz- und Zugehörigkeitsordnungen zuarbeiten. Differenz würde hier zum „Bindeglied“ (Meyer 2016b, S. 46) zwischen mehreren Paradigmen: dem Künstlerischen, dem Ästhetischen, dem (darin) Bildenden und dem Interkulturellen. Während Differenz als zentrales Motiv im Kontext der Theoretisierung von Prozessen *künstlerischer Produktion und Rezeption* „als das (u. a. vom Alltag) Andere, Unbekannte und Fremde betont und im Sinne von Verfremdung“ (ebd., S. 47) vorgestellt werde, beschreibe Differenz im Kontext von

Theorien ästhetischer Bildung „individuelle wie auch soziale Erfahrungen von Gleichzeitigkeit im Wechsel von verschiedenen Ebenen (z. B. Wirklichkeitsmodi), in der das Mehrdeutige, Ambivalente, v. a. aber das „Dazwischen" zum wesentlichen Moment oder Merkmal erklärt wird" (ebd.).[56] Stings Konzeption verknüpfe nun nicht nur diese verschiedenen Konzepte von Differenz mit Blick auf theaterpädagogische Projekte, wobei sie tendenziell auch entdifferenziert würden. Sondern vor dem Hintergrund der Annahme, dass Differenz und Fremdheit bereits „Grundelemente im allgemeinen Bildungsprozess, aber auch konstitutiv für ästhetische Erfahrung und ästhetische Praxis" seien (Sting 2005, S. 43), perspektiviert Meyer Stings Entwurf einer Interkulturellen Theaterpädagogik als Versuch einer theoretisch-konzeptuellen Erweiterung theaterpädagogischer Theoriebildung, deren Grundlage die Vorstellung von einer weiteren (spezifischen, nämlich: kulturalisierten) Differenzebene bilde, welche in sogenannten *interkulturellen* Theaterprojekten aufgrund der (vermeintlichen) kulturellen Differenz der teilnehmenden Spieler*innen mit zum Tragen komme. Meyer zeigt kritisch auf, wie Sting dabei eine Zentrierung von ethnisch als „anders" adressierten Spieler*innen in interkulturellen Theaterprojekten vornimmt, die es ermöglicht, das Interkulturelle konzeptuell aus der Präsenz von ver-anderten Spieler*innen herzuleiten. Neben der Tatsache, *dass* hier ein tendenziell essentialisierender Kulturbegriff zum Tragen kommt (vgl. oben) wird dieser dabei auf spezifisch *funktionale* Weise für den Kontext theaterpädagogischer Theoriebildung spezifiziert. Denn verfolgt wird mit der Konzeption der Interkulturellen Theaterpädagogik, wie Meyer meines Erachtens überaus überzeugend darlegt, eine konzeptuelle „Erweiterung theaterpädagogischer Theoriebildung *im Allgemeinen*" (Meyer 2016b, S. 49, Herv. i. O.). Zu deren Zweck würden die unterschiedlichen Differenzkonzepte auf theoretisch zu problematisierende Weise ineinandergeschoben und mit einem essentialisierenden Konzept kultureller Differenz kombiniert, welches migrationsgesellschaftlich als Andere geltende Spieler*innen – so meine Lesart von Meyers Ausführungen - letztlich zu einer *Ressource* für die (Erweiterung der) Theoretisierung der bildenden, künstlerischen und sozialen Potenziale des Theaterpädagogischen werden lässt:

56 Ulrike Hentschel hatte in ihrem als ein Grundlagenwerk der Theaterpädagogik zu erachtenden 1996 veröffentlichten Entwurf „Theaterspielen als ästhetische Bildung" die aus der Auseinandersetzung mit dem Gegenstand Theater potenziell resultierende Differenzerfahrung als zentralen Bildungsmoment theaterpädagogischer Praxis erläutert, welcher im Theaterspiel u.a. vor dem Hintergrund der Gleichzeitigkeit der Erfahrungen von sowohl „Ich" als auch „Nicht-Ich" entstehen kann (vgl. Hentschel 2010).

> Im Interkulturellen tritt somit eine – wenn nicht die – Schnittstelle der Theaterpädagogik, nämlich die zwischen Theater/Kunst/ Ästhetik und (ästhetischen) Bildungsprozessen, insofern am deutlichsten zu Tage, als sowohl das Differente im Sozialen als auch das formalästhetisch Differente im Spielenden mit Migrationshintergrund vereint scheint. Anders gesagt fungiert der/die ethnisch different oder ‚migrantisch' identifizierte Spieler_in selbst als genau diese Schnittstelle, an der sich die verschiedenen Erfahrungen von Differenz – individuelle, soziale und zudem ‚kulturelle' – ästhetisch überkreuzen und bündeln. (Meyer 2016b, S. 50, Herv. i. O.)

Neben dieser Problematisierung der innertheoretischen Funktionalität von Stings Konzeption für die Theaterpädagogik beschäftigt sich Meyer – auch vor dem Hintergrund der das Zentrum ihrer Untersuchung bildenden Inszenierungsanalyse – außerdem mit theaterwissenschaftlichen Debatten um das Interkulturelle sowie deren Problematisierungen aus postkolonialen Perspektiven. Mit Rückgriff auf den Theaterwissenschaftler Rustom Bharucha stellt sie fest, dass der Interkulturalismus westlicher Theatermacher wie Brook, Wilson oder Mnouchkin „nicht von neokolonialen Praxen der Aneignung getrennt werden kann" (Meyer 2016b, S. 52). Weil sich das westliche Interesse an außereuropäischen Theaterformen vornehmlich auf das Traditionelle beziehe, schreibe sich das Interkulturelle Theater ein in die homogenisierende Repräsentation einer Rückständigkeit der Anderen, durch die sich das derartig verstandene interkulturelle Theater gleichzeitig für die Konstruktion eines modernen und fortschrittlichen Westens dienlich erweise (vgl. ebd., S. 53). Neben dem sich in der zeitlichen Distanzierung „anderer" Theaterformen als vormodern manifestierenden „allochronen Diskurses", wie Meyer es mit Rückgriff auf Johannes Fabian formuliert (ebd., S. 54), kritisiert sie mit Bharucha außerdem die Dekontextualisierung, die stattfinde, wenn jeweilige kulturelle Einzelelemente, Formen und Techniken aus dem außereuropäischen Theater in das westliche Theater überführt würden. Diese Dekontextualisierung sei auch deshalb Programm (auch) der theaterwissenschaftlichen Theoriebildung, weil erst durch die Enthistorisierung und auch die „Ent-Deutung" (ebd.), den Verzicht also auf den Versuch des Verstehens, eine vermeintliche Stärke des Interkulturellen Theaters abgeleitet werden könne: Dieses könne, mit den Worten Fischer-Lichtes als „Theater der Präsentation" ein (vermeintlich) überkommenes „Theater der Repräsentation" ablösen (ebd.). Als hiermit verbunden gibt Meyer im Kontext des interkulturellen Theaters die „bewusste Herstellung von ästhetischer Unverständlichkeit" zu verstehen, durch welche Fremdheit nicht nur konstruiert, sondern auch ontologisiert würde – und zwar „mittels der „Ausstellung von ‚anderen Körpern', die auf ihr reines So-Sein reduziert und als ‚anders' naturalisiert werden" (ebd., S. 55). Auch in diesem Kontext problematisiert Meyer eine Funktionalisierung der naturalisierten Differenz der Anderen. Denn diese

> [...] ent-semantisierende und fremd-fixierende Ästhetik benötigt, statt Begegnung, Dialog oder Aushandlungen von und mit Geschichten, Praxen, Sozialitäten, Sprachen oder Sinnstiftungen, gerade Distanz und Differenz per se, um die eigene Theaterkultur in Bewegung beschreiben zu können. (ebd., Herv. i. O.)

Insofern jede Kenntnis spezifischer sozialer, historischer oder habitueller Kontexte der theatral in den Blick genommenen Formen und Techniken bereits eine Annäherung an das bedeute, was nur im ästhetisierten Fremd-Sein als „Erneuerung, Revitalisierung oder Modernisierung" (ebd.) des westlichen Theaters funktioniere, *müssen* die angeeigneten Elemente enthistorisiert und ihrer Bedeutungen und Kontexte entleert werden. Etwa,

> [...] um künstlerisch als Fremdelemente in den Dienst eines erneuerten ‚Theaters der Präsentation' gestellt werden zu können, wie dies mit Blick auf eine Ausführung der Theaterwissenschaftlerin Erika Fischer-Lichte deutlich wird: ‚Als einzelne in sich bedeutungslose Laute und Bilder ohne jeden Bezug auf Ursprung oder Herkunft verweisen sie lediglich stumm auf sich selbst zurück. Es gibt keine Zeichenprozesse, keine Bedeutungen, keine Orientierung mehr.' (Fischer-Lichte 1996a: 256). (Meyer 2016b, S. 56)

Die Repräsentation des Anderen als vormodern und oft auch vorsprachlich und die mit ihr verbundene Reduktion des Anderen auf den (naturalisierten) Körper ist insofern nicht nur (stereotypisierender) Effekt einer auf Tradition reduzierten Darstellung. Sondern im Kontext des Interkulturellen Theaters *konstituiert* sich ‚Moderne' wie Meyer überzeugend argumentiert vielmehr aus der derart vollzogenen (ästhetischen) Distanzierung im Theater (ebd.). Indem in dieser auf ein Fremdverstehen gänzlich verzichtet wird, könne diese Position einer – mit einem Begriff mit Gayatri Spivaks - Praxis der „strukturellen Desartikulation" im Sinne einer kategorischen Ausschließung der Fähigkeit zu sprechen im Theater den Weg bereiten, mit der eine Subalternisierung der derart positionierten Subjekte einhergehe:

> Unter dem Vorwand poststrukturalistischer Bedeutungsskepsis hat diese Aneinanderreihung fremdkultureller Versatzstücke, die jeglicher Signifikations- und Repräsenta-

> tionskompetenz beraubt sind, die strukturelle Desartikulation – und damit auch die Subalternisierung – des/der Anderen zum Effekt. Denn Subalternität ist gerade gekennzeichnet und hergestellt durch strukturelle Verunmöglichung von Sprechen […], durch die radikale Ausschließung aus der Intelligibilität – dem Gehört- und Verstandenwerden. (Meyer 2016b, S. 57)

Problematisiert wird so eine dominante theaterwissenschaftlichen Fassung des Interkulturellen, in der die politischen Dimensionen ästhetischer Praxis im postkolonialen Kontext mit Blick auf deren Eingebundenheiten in historische und aktuelle beispielsweise ökonomische oder (identitäts-)politische Diskurse zugunsten einer „Kraft der Ästhetik" dethematisiert wird (Meyer 2016b, S. 59). Vor diesem Hintergrund beleuchtet Meyer nun Wolfgang Stings Konzeption der Interkulturellen Theaterpädagogik als eine, in welcher sich Anleihen dieser „ästhetizistischen" (Regus 2009, S. 62) Perspektive wiederfinden ließen, insofern auch Sting Interkulturelle Theaterpädagogik mit Schwerpunkt auf einem Ästhetischen konzipiere, „das in Paradigmen des Fremden, Anderen [und] der Differenz Formelementen wie auch Spieler_innen zugeschrieben wird" (Meyer 2016b, S. 61). Dabei bestehe eine zentrale Problematik darin, dass das Politische in Stings Konzeption „auf inhaltlich-thematische Auseinandersetzungen – gesellschaftliche Problemstellungen der Theaterstücke – reduziert und im Effekt die Differenz des Anderen ‚mit Migrationshintergrund' zum Ästhetischen erhoben wird" (ebd.). Hiermit verbunden ließe sich eine doppelte Adressierung der Anderen als Verkörperung einerseits des gesellschaftlich Problembehafteten und andererseits des Ästhetisch Erneuernden beschreiben. „In einer hierarchischen Ordnung spaltet sich der Migrationshintergrund auf: Zum einen avanciert er zum Mittel der Kunst, während er auf inhaltlicher Ebene mit gesellschaftlichen Problemen behaftet wird" (ebd.)

Denn während auf der internationalen Bühne solche Theaterprojekte als interkulturell profiliert wurden, in deren Mittelpunkt performative Experimente mit Formenlehren unterschiedlicher Traditionen stehen und hiermit verbunden häufig auch mit „anderen" Körpern, wird die Interkulturalität von Theaterproduktionen im deutschsprachigen Diskurs der Interkulturellen Theaterpädagogik dezidiert in einen Zusammenhang mit Migration, Zuwanderung und Integration gestellt. „Migration" als gesellschaftliches Phänomen wird dabei an die als „migrantisch" adressierten Subjekte geknüpft und so (auch, aber nicht nur: als Thema) den als „Spieler*innen mit Migrationshintergrund" adressierten Teilnehmenden an Theaterprojekten zugewiesen. Vor dem Hintergrund dieser doppelten Analogisierung (vereinfacht: Interkulturalität ist gleich Migration, Migration ist gleich „Teilnehmer*innen mit Migrationshintergrund") problematisiert Meyer in Konzeptionen der Interkulturellen Theaterpädagogik eine *Zentrierung* von migrationsgesellschaftlich als Andere geltenden Spieler*innen als Zielgruppe der Theaterprojekte, deren Interkulturalität aus ihrer Teilnahme abgeleitet würde und in denen sie „zugleich als Klientel der (integrativen) Ziele wie Integration, Spracherwerb etc. fungieren" (Meyer 2016b, S. 63).

Das migrantisierte Subjekt werde dabei jedoch nicht nur als Objekt von Integrationsbemühungen, etc. hinsichtlich seiner Defizite adressiert, sondern gleichzeitig auch hinsichtlich seiner Potenzialität als „Ressource für die künstlerisch-ästhetischen Produktionsprozesse" (Meyer 2016b, S. 63). Häufig orientierten sich sogenannte interkulturelle Theaterprojekte in ihren Themen an den Lebenssituationen der Teilnehmenden und fokussieren Themen wie „Ausgrenzung und Fremd- oder Anderssein" (Sting 2008, S. 101). In einer „Themen-Teilnehmer-Verquickung" (Meyer 2016b, S. 64) würden migrationsandere Spieler*innen in interkulturellen Theaterprojekten so auf bestimmte sich vermeintlich aus ihrem „Migrationshintergrund" ableitende Themen festlegt, in welche sie einen „authentischen Einblick" geben sollen.

In der Interkulturellen Theaterpädagogik würden migrationsgesellschaftlich als Andere Geltende außerdem auch hinsichtlich einer besonderen Körperlichkeit adressiert, welche entweder aus dem „produktiven Umgang mit sprachlichen Defiziten" (Meyer 2016b, S. 67) abgeleitet würde oder aus der Behauptung einer „grundsätzlichen Körperlichkeit im Handeln bzw. in der Spielweise der migrantisch Positionierten" (ebd.). Meyer verweist auf die Tradition dieses stereotypen Topos in einer seit Jahrhunderten währenden Kontinuität, „die den ‚naturhaften' Anderen auf besondere Fähigkeiten festlegt – etwa in den Bereichen des Sports, des Tanzes, der Rhythmik und nicht zuletzt der Sexualität – und fetischisiert" (ebd.). Hierbei werde nicht nur das „migrantische Subjekt" reduziert, sondern auch ein naturalisiertes Konzept des Körpers aktualisiert. Der Fokus auf die Körperlichkeit bestimmter Spieler*innen reduziere das Konzept Körper „auf ‚seine' naturalisierte Physis und Sinnlichkeit" und schreibe ihm so eine „nicht hintergehbare Präsenz zu, in der das ‚Migrantische' mit all seinen Implikationen ‚evident' ist" (ebd., S. 68). Vor dem Hintergrund dieser Evidenzproduktion kritisiert Meyer das Anliegen interkultureller Theaterprojekte, Differenz zu *zeigen* als eines, welches grundsätzlich von der Vorgängigkeit dieser Differenz ausgehe, anstatt

Differenz als Prozess und Produkt diskursiver Herstellungsweisen in den Blick zu nehmen. Mit Bezug auf Roland Barthes kontextualisiert Meyer das hier adressierte „Zeigen von Differenz" als Praxis der *Entnennung*, in der der vorausgegangene Prozess der Benennung und Identifizierung – als „Spieler*in mit Migrationshintergrund" – unsichtbar gemacht und damit aus dem Bereich des Verhandelbaren gelöst und stattdessen naturalisiert werde.

Abschließend weist Meyer auf die grundlegende *Ambivalenz* der Ausrichtung auf „Teilnehmende mit Migrationshintergrund" in Theaterprojekten hin. Mit Mariam Soufi Siavash argumentiert sie, dass die Bühne im Sinne eines „Empowerment" (Siavash 2011, S. 85) als Plattform der Mitgestaltung dienen könne, „von der aus eigene Geschichten erzählt und vor allem mitgestaltet werden können und sollen" (Meyer 2016b, S. 69), wobei es eben nicht um „Migrantenthemen" gehe, sondern um ein Sprechen, welches Anspruch auf „das Ganze" nehme.

> Es geht (gerade auf der Bühne) um die Herstellung einer gesellschaftlich mit Rechten und Zugängen ausgestatteten ‚Sichtbarkeit'. Denn die öffentliche Bühne verspricht über das ‚Sich-Zeigen' nicht nur die Herstellung einer Normalität hinsichtlich der Anwesenheit von Migrantinnen und Migranten in der Gesellschaft. Die ‚kleine' – im Verhältnis z. B. zum Film relativ unaufwändige, flexible – Theaterbühne bietet vor allem die Möglichkeit, diese Herstellung von Sichtbarkeit in Eigenregie zu gestalten und damit dominante Sichtbarkeitspolitiken in der medialen und gesellschaftlichen Bildproduktion zu subvertieren. (Meyer 2016b, S. 69)

Diese Potenzialität von Theater als „Empowerment" könne jedoch nicht in einem Zeigen einer als vorgängig imaginierten Differenz bestehen, sondern müsse den Akt ihrer Herstellung reflektieren. Ansonsten riskierten Theaterprojekte, „denjenigen, die auf der Bühne sprechen sollen, wollen oder dürfen, vorzuschreiben, wie dieses Sprechen auszusehen hat, um gehört und anerkannt zu werden" (Meyer 2016b, S. 70).

3.3 Jüngere diskursive Einsätze zu Repräsentationsverhältnissen im Theater der Migrationsgesellschaft

Nachdem ich in Kapitel 3.1 wesentliche grundlegende rassismuskritische Perspektiven auf das Verhältnis von Theaterpädagogik und Ordnungen des Rassismus eingeführt habe und in Kapitel 3.2 verschiedene Dimensionen der Auseinandersetzung mit der lange Zeit in der Theaterpädagogik dominierenden Programmatik der Interkulturellen Theaterpädagogik diskutiert habe, fokussiere ich im Folgenden jüngere Debatten um und Einsätze in bestehende Repräsentationsverhältnisse an Theatern und anderen Kulturinstitutionen. Hierbei werde ich mich vor allem auf Perspektiven des postmigrantischen Theaters sowie gegenwärtige Programmatiken einer institutionellen „Öffnung" der Theater und den in diesem Zusammenhang bedeutsamen Diversity-Diskurs beziehen.

Die Entwicklung und Beschreibung des postmigrantischen Theaters seit Mitte/ Ende der 2000er Jahre spielt eine zentrale Rolle für die jüngeren Debatten um das Theater der Migrationsgesellschaft. Dessen Perspektiven wurden im theaterpädagogischen Kontext maßgeblich von der Theaterwissenschaftlerin Azadeh Sharifi (2017; 2014; 2011) eingeführt. Beim Begriff „postmigrantisch" handelt es sich um einen (diskurstheoretisch fundierten) Begriff der inzwischen auch in anderen künstlerischen Bereichen sowie im wissenschaftlichen Kontext Verwendung findet (vgl. LORNSEN 2007).[57] Mit ihm soll im Theater auf verschiedenen Ebenen eine kritische Auseinandersetzung mit Migrationsdiskursen sowie herrschenden Differenz- und Zugehörigkeitsordnungen im Theater ermöglicht und vorangetrieben werden:

> Einerseits soll die homogene und problemfokussierte Diskussion um Migration aufgebrochen werden und andererseits sollen Perspektiven von Menschen mit – eigener oder intergenerativer – Migrationsgeschichte in den Diskurs eingebracht werden, damit ein gemeinsamer Assoziations- und Denkraum eröffnet werden kann (SHARIFI 2017)

57 Der Begriff „postmigrantisch" ist im Kontext von Rassismuskritik und Migrationsforschung nicht unumstritten. So distanziert sich Paul Mecheril (2014) in seinem Artikel „Was ist das X im Postmigrantischen?" vom Begriff des „postmigrantischen", weil dieser je nach Lesart von „post-x" sowohl ein zeitliches als auch ein normatives „nach der Migration" markiere. Zwar sei die unter diesem Begriff vorgenommene Auseinandersetzung mit der Frage, „welche Gruppen wie und mit welchen Interessen ihre Version migrationsgesellschaftlicher Wirklichkeit hegemonial werden lassen" und die hiermit verbundene „(migrations-)gesellschaftliche Diagnose und der politische migrationsgesellschaftliche Einsatz, die sich mit dem Zeichen des Postmigrantischen verbinden" (MECHERIL 2014d, S. 108) einsichtig und zutreffend. Mecheril argumentiert jedoch überzeugend, „dass es in der gegenwärtigen Situation nicht um eine Absetzbewegung vom Migrantischen, sondern von bestimmten einflussreichen politischen, diskursiven und kulturellen Reglementierungen migrationsgesellschaftlicher Phänomene (bzw. des Migrantischen) gehen sollte. Der Ausdruck ‚postmigrantisch' distanziert sich in meinem Verständnis gewissermaßen vom falschen Objekt. [...] Es geht um die politische, kulturelle, epistemische Besetzung des Migrantischen/ des Migrationsgesellschaftlichen, nicht um seine Überwindung" (ebd.).

Als zentrales Anliegen postmigrantischer künstlerischer, (theater-)wissenschaftlicher und politischer Einsätze beschreibt Sharifi die Auseinandersetzung mit

> [...] Fragen nach der Repräsentation in der deutschen Theaterlandschaft. Denn es ist essentiell zu hinterfragen, wer auf und hinter der deutschen Bühne präsent ist. Wer darf wen darstellen? Wer darf über wen sprechen? Und wer darf sich selbst repräsentieren? (Sharifi 2014, S. 91)

Einerseits spiegle sich die „systematische Ungleichheit in der Anerkennung von Identitäten und Zugehörigkeiten in der Gesellschaft" (ebd., S. 93) in den deutschen Stadt- und Staatstheatern wieder. Andererseits würden bestehende Machtverhältnisse durch den Ausschluss von nicht *weiß* positionierten Künstler*innen in den Institutionen verstärkt. Denn mit der Besetzung von Positionen an den Häusern einher ginge auch eine „Definitionsmacht über Kunst und Künstler_innen" (ebd.).[58] In den Blick rückt vor diesem Hintergrund auch die Frage danach, was als (deutscher) Kunstkanon mit Gültigkeit und Bedeutsamkeit versehen wird, danach, was in diesem Kanon als für die Kulturgeschichte Deutschlands bedeutsam kontextualisiert, anerkannt und erinnert wird (vgl. Sharifi 2014, S. 95–97). Postmigrantisches Theater lässt sich in diesem Sinne auch verstehen als intervenierende Reaktion auf die Bedeutsamkeit der Exklusion und/oder Aneignung von nicht *weiß* positionierten Künstler*innen für die Konstruktion nationaler Vorstellungen von Kunst und Kultur.[59] So wurde das vermutlich prominenteste Beispiel für ein postmigrantisches Theater in Deutschland, das Berliner Ballhaus Naunynstraße, im Jahr 2008 als „Plattform für postmigrantische Kulturpraxis"

58 Thu Hoài Tran merkt in diesem Sinne an: „Erst eine Vielfalt von Narrativen führt dazu, dass Menschen, die nicht dem weiß privilegierten Bildungsbürgertum angehören, sich selbst und ihre Geschichten im Theater wiederfinden und das Theater somit als einen Ort der Kulturellen und politischen Bildung für sich nutzen können" (Tran 2017, S. 26)

59 Mit Blick auf den britischen Kontext bemerkt der britisch-indische Künstler und Publizist Rasheed Araeen in seinem Aufsatz „Art history as a common heritage" (1999) in diesem Sinne, die britische Kunst der Nachkriegszeit sei vor allem durch eine postkoloniale und multiethnische Gesellschaft beeinflusst worden. Die Relevanz der künstlerischen Arbeiten von nicht weiß positionierten Künstler*innen sei jedoch immer vornehmlich aus einer ethnisierenden Perspektive beurteilt worden und so als Beitrag außerhalb der kulturellen Geschichte Englands verortet worden. Vor diesem Hintergrund plädiert Araeen für eine Re-Vision der nationalen europäischen Kunst- und Kulturgeschichte(n) mit Blick auf die Einflüsse von als „migrantisch" markierten Künstler*innen: „Without a recorded history, nothing else can follow: no celebration of achievment: no development of a common cultural heritage. This results in immigration populations looking outside these shores for their history and cultural points of reference" (Araeen 1999, S.4, zitiert nach Sharifi 2014, S. 97).

(ebd., S. 93) vor dem Hintergrund der „Notwendigkeit einer Institutionalisierung und Sichtbarmachung von marginalisierten künstlerischen Positionen" (Sharifi 2017) (wieder-)eröffnet. Ausgehend von der Diagnose einer „Homogenität von weißen Künstler_innen der institutionalisierten Häuser" (Sharifi 2014, S. 92) sollte mit dem Ballhaus Naunynstraße ein theatraler Raum geschaffen werden, in dem „bis dahin überhörte Geschichten über die deutsche Gesellschaft" (Sharifi 2017) aus der Perspektive von Menschen erzählt werden konnten, die „selbst nicht mehr migriert sind, diesen Migrationshintergrund aber als persönliches Wissen und kollektive Erinnerung mitbringen" (Langhoff/Kulaoglu/Kastner 2014, S. 400).

Der im Kontext des postmigrantischen Theaters fokussierten Frage nach (den Möglichkeiten von) Repräsentation werde ich im Folgenden im Rückgriff auf eine Unterscheidung Gayatri Chakravorty Spivaks mit Blick auf zwei Dimensionen dieses Begriffs nachgehen. In ihrem inzwischen kanonischen Text „Can the Subaltern Speak?" beschäftigt sich Spivak (1988a) mit Fragen der Repräsentation und weist darauf hin, dass der Begriff „Repräsentation" sowohl eine Dimension von „Vertreten" als auch eine von „Darstellen" enthält. Vor dem Hintergrund dieser Differenzierung werde ich den folgenden Text entlang dieser beiden meines Erachtens zentralen Schwerpunktsetzungen der gegenwärtigen Debatten um das und die Theater(-pädagogiken) der Migrationsgesellschaft orientieren.[60] Im Folgenden (3.3.1) werde ich zunächst auf einige jüngere rassismuskritisch informierte Auseinandersetzungen mit den im Kontext von Theater und Theaterpädagogik (re-)produzierten Wissensbeständen eingehen, wobei es besonders um Fragen der *Darstellung* gehen wird. Anschließend (3.3.2) werde ich auf gegenwärtige Debatten um die Theater(-institutionen) der Migrationsgesellschaft fokussieren, für die Fragen danach, wer an diesen Institutionen eigentlich in welchen Funktionen und auf welche Weisen *vertreten* ist und wen und was vertritt, bedeutsam sind.

60 *Nicht* in den Blick nehmen werde ich die für eine rassismuskritische *Analyse* fachwissenschaftlicher Diskurse aus den vorliegenden Perspektiven meines Erachtens wesentliche Frage, auf welche Weisen diese beiden Dimensionen von Repräsentation in den jüngeren diskursiven Einsätzen zum Theater der Migrationsgesellschaft miteinander ins Verhältnis gesetzt werden, etwa mit Blick auf Spielarten jenes von Spivak erstmalig 1981 in ihrem Aufsatz „French Feminism in an International Frame" angeführten „strategischen Essentialismus" und dessen herrschaftskritischen Potenziale sowie der *gleichzeitig* mit ihm verbundenen Gefahr, „die rein strategische Gestalt dieses Vorhabens aus den Augen zu verlieren, da sonst der strategische Essenzialismus schnell in ‚echten' Essenzialismus einfrieren [kann]" (Nandi 2018).

3.3.1 Darstellen: Theater als Ort der künstlerischen Hervorbringung von Wissen

Mit Blick auf Darstellungen von Migration und Migrationsgesellschaft im Theater kritisieren postmigrantische und rassismuskritische Einsätze eine in vielen Projekten (re-)produzierte Defizit-Perspektive auf Migration als eine vermeintliche Randerscheinung in Deutschland, welche es „mit nationalstaatlichen und gegenwärtig auch europäischen Regulierungsinstrumentarien zu kontrollieren" gelte und mit der ein „Mechanismus der Stigmatisierung" zusammenhänge, der „die nachkommenden Generationen der zugezogenen Personen ebenfalls beeinflusst" (Sharifi 2014, S. 90). Dieser „Mechanismus der Stigmatisierung" wurde aus rassismuskritischer Perspektive im Kontext des Gegenwartstheaters maßgeblich mit Blick auf Praktiken der stereotypisierenden Darstellung[61] auf der Bühne problematisiert. Das Theater rückt hier als ein Ort in den Blick, der

> [...] die Macht, zu zeigen hat. Es ist die Macht, jemanden darzustellen, zu repräsentieren und damit unweigerlich in einer bestimmten Art und Weise zu sehen zu geben. (Meyer 2011, S. 72)

Mit Blick auf die Geschichte des bürgerlichen Theaters in Deutschland beschreibt der Theaterwissenschaftler Christopher Balme die zentrale Rolle des stereotypisierten exotischen Fremden als Mittel der Erzählung für die Ebene der Herstellung eines Eigenen. Stereotypisierende Darstellungen und Konstruktionen von Fremdheit seien

> [...] mehr als nur oberflächlicher Exotismus; sie sind Bestandteil einer reziproken Beziehung, die weit über spezifische Fragen der kulturellen Andersartigkeit hinausweist und bis in die Sphäre der Subjektkonstitution hineinreicht. (Balme 2001, S. 7)[62]

61 Zur Erinnerung: Aus der Perspektive der Cultural Studies werden Stereotype wie ich in Kapitel 2 mit Stuart Hall erläutert hatte als Effekte von Repräsentations- und Bezeichnungspraxen aufgefasst, mit denen entlang eines binär organisierten Schemas Menschen als Andere konstruiert und als unveränderlich „anders" festgeschrieben werden, womit gesellschaftliche Macht- und Herrschaftsverhältnisse hergestellt und legitimiert werden.

62 Bereits 1978 hatte Edward Said in seinem Buch „Orientalism" die Herstellung des orientalisierten Anderen mit einer Theatermetapher beschrieben: „[...] die Idee der Repräsentation ist eine theatralische, wobei der Orient als Bühnenbild für den gesamten Osten dienen soll. Auf der Bühne erscheinen dann Protagonisten, die für ihren jeweiligen Hintergrund auftreten" (Said 1979, S. 80).

So hat, wie postkoloniale theaterhistorische Studien betonen, insbesondere das deutschsprachige bürgerliche Theater immer schon maßgeblich an der „europäischen Selbstkonstruktion der Höherwertigkeit“ mitgewirkt, welche sich „bis in Gefühls- und Wahrnehmungsstrukturen eingekörpert hat“. (Meyer 2019, S. 6)

Sharon Dodua Otoo weist in diesem Sinne auf die enge Verknüpfung von Vorstellungen einer Universalität der Kunst mit der Konstruktion von *whiteness* hin. Die sich wiederholende stereotypisierende Darstellung und hiermit verbunden Konstruktion Anderer im Theater diene dabei nicht nur der impliziten Herstellung eines überlegenen „Wir“, sondern auch dazu, eine Auseinandersetzung mit der Position *whiteness* zu verhindern und dieser als einer vermeintlich universellen Position, von der aus Kunst und Wissen „über die Welt“ produziert werden könne, Geltung zu verschaffen. (vgl. Otoo 2012)

In den Blick rückt aus einer herrschaftskritischen Perspektive entsprechend nicht nur die Frage *wie*, sondern auch *warum* wir Theaterpädagogik betreiben. Dies jedoch nicht (zuvorderst) mit Blick auf jene vermeintlichen sozialen oder bildenden „Heilsversprechungen“ (Pinkert 2009) der Theaterpädagogik für die Teilnehmenden an theaterpädagogischen Projekten, sondern mit Blick auf ihre Rolle in der Herstellung, Etablierung und Veränderung von (migrations-)gesellschaftlichen Macht- und Herrschaftsverhältnissen. Anstelle einer im (deutschsprachigen) Diskurs dominierenden Perspektive auf Kulturelle Bildung als eine Praxis, die ausschließlich die potenziell bedeutsame Rolle von Auseinandersetzungen mit „den Künsten“ (*the arts*) für die Transformation sozialer Ungleichheit und die Ermöglichung von Bildungsprozessen fokussiert, konstatiert in diesem Sinne Ruben Gaztambide-Fernández, dass

> [...] genau dieses Konzept der ‚Künste‘ (in Anführungsstrichen) Bildungsprojekte untergräbt, die sich mit Antidiskriminierung, Entkolonialisierung und anderen Freiheitsprojekten auseinandersetzen. (Gaztambide-Fernández 2017, S. 21)

Gaztambide-Fernández beschreibt die historisch bedeutsame Funktion der „Künste“ für die Bildung von Nationen, welche auf eine nationale „Kultur“ (culture) und auf diese repräsentierende anerkannte nationale Künstler*innen angewiesen gewesen seien. Als „Metonymie für alles Gute und Schöne“ (Gaztambide-Fernández 2017, S. 26) symbolisierten „die Künste“ die angenommene Fähigkeit der europäischen Kultur zur Schönheit, wofür gleichzeitig eine essentialistische Definition dessen, was überhaupt als „Kunst“ gelten darf und was nicht ausgearbeitet und etabliert werden musste. „Die Künste" versteht Gaztambide-Fernández in diesem Sinne nicht als deskriptiv, sondern als normativ fundierten Begriff, als „eine Menge von Diskursen oder Ideen und Gedankengängen, die bestimmte Praktiken und Objekte danach kategorisieren, ob sie das Etikett verdienen" (Gaztambide-Fernández 2017, S. 26). Vor diesem Hintergrund fokussiert er die Funktion der Kulturellen Bildung im Kontext des europäischen Kolonialismus als ein seit ihren Anfängen im 18. Jahrhundert immer schon „zivilisierendes Projekt der Enkulturation" (ebd., S. 25), welches auf der Annahme und Adressierung der Überlegenheit der europäischen Zivilisation und der Unterlegenheit des rassifizierten Anderen basierte. Dabei seien „die Künste" immer als „Eigentum der europäischen Zivilisation" angesehen worden, und als solches

> [...] wurden sie bei Kolonialunternehmungen immer als Aufhänger für das Schreckgespenst des Anderen hergenommen. Bei derartigen Unternehmungen dienten die Künste als Ausdruck der rassischen [sic!] Überlegenheit, und somit wurde Kulturelle Bildung als ein Projekt angelegt, das den eroberten Völkern das Glück der europäischen Zivilisation brachte. (Gaztambide-Fernández 2017, S. 25)

In kolonialen Unternehmungen bildete das Projekt der scheinbar harmlosen Enkulturation der Anderen über die europäische Literatur, das Theater, die Musik und die Bildenden Künste so ein scheinbar „humanes" Gegenstück zur parallel ausgeübten rohen Kolonialgewalt, mit welchem die Legitimität des europäischen Herrschaftsanspruchs untermauert werden sollte. (vgl. Mignolo 2010)

Gegenwärtige postkoloniale und rassismuskritische Perspektivierungen von Theatern als „Austragungsort (kultur-)politischer Kämpfe um Hegemonie" (Liepsch/Warner 2018b, S. 12) analysieren in diesem Sinne die historische wie gegenwärtige Rolle von Kunst und Kunstinstitutionen für Weisen der (nationalen) Selbstvergewisserung, in deren Zentrum die Konstruktion eines überlegenen – europäischen, deutschen, *weißen* - „Wir" steht, für welche die Konstruktion eines unterlegenen „Nicht-Wir" konstitutiv ist. Aus rassismuskritischer Perspektive thematisch gemacht werden im Kontext des Theaters hierbei vor allem dominierende stereotypisierende Darstellungen der Anderen als exotische, rückständige, ungebildete, körperliche, etc. Repräsentant*innen eines Anderen, mit denen implizit die Fortschrittlichkeit, Gebildetheit, Vernunft und Zivilisiertheit des Eigenen adressiert und hiermit verbundene Zugehörigkeitsordnungen im Theater performativ hervorgebracht werden. Mit Blick auf theaterpädagogische Formate werden hierbei häufig theaterpädagogischen Projekte problematisiert, in denen Kinder oder Jugendliche mit einem vermeintlichen „Migrationshintergrund" als Teilnehmer*innen an Theaterprojekten „eingeladen" werden, um dort als Repräsentant*innen einer vermeintlichen „Parallelgesellschaft" über „sich" zu berichten und so in einem voraus-gesetzten natio-ethno-kulturell kodierten „Anders-Sein" festgeschrieben werden, welches sie als Ressource in die Theaterarbeit einbringen sollen. Diese Gefahr laufen besonders auch solche Formate, deren Zielsetzung darin besteht, die vermeintlich Anderen als das „Fremde" ins Theater zu holen und ihnen mit den Mitteln des Theaters „eine Stimme zu geben", mit der sie sich in ihrem zugeschriebenen Anderssein artikulieren sollen. Aus einer vorgeblich „authentischen" Position sollen die Anderen als Expert*innen ihrer kulturalisierten Lebenswelten dominierende Vorstellungen von diesen entweder bestätigen oder widerlegen. Oder beides. So findet sich zum Beispiel in der Internet-Selbstbeschreibung der Inszenierung „Morgenland. Ein Abend mit Dresdnerinnen und Dresdnern aus dem Orient" an der Dresdner Bürgerbühne sowohl der Anspruch, „aufzuräumen" mit „Vorurteilen und Klischees" als auch der eines „Kennenlernens ihrer Kultur" sowie das Resümee „alles wie bei uns, nur anders" (Staatsschauspiel Dresden 2015).[63] Eine Vielzahl an (jüngeren) etwa postmigrantisch positionierten Theaterproduktionen lässt sich als künstlerische Einsätze in die gegenwärtigen Debatten um das Theater der Migrationsgesellschaft lesen. Als Versuche etwa, nicht ver-andernde künstlerische Formate der Repräsentation und Reflexion (migrations-)gesellschaftlicher Verhältnisse zu entwickeln. Als Versuche aber auch, Räume der künstlerischen Auseinandersetzung mit den vielfältigen Erfahrungen, die im Rassismus als „anders" positionierte Menschen in diesen machen, zu erschaffen, wie dies u.a. im Kontext solcher Theaterprojekte stattfindet, deren Ziel in einem Empowerment von Menschen besteht, die im Rassismus zu Anderen gemacht werden.[64] Hierbei geht es jedoch zumeist nicht

63 Zum Spannungsverhältnis von Differenzfixierung und -ignoranz in der Theaterpädagogik vgl. Blum 2017.

64 Etwa im Projekt „Real Life Deutschland", welches aus einer Kooperation der Initiative Schwarze Menschen in Deutschland (ISD-Bund e.V.), der Landesarbeitsgemeinschaft Spiel und Theater NRW e.V. und Blauschwung e.V. – Verein für freie Bildungskultur hervorging. In der Projektbeschreibung heißt es: „In unserem selbstentwickelten Theaterstück real life: Deutschland geht es uns vor allem darum, eine afrodeutsche Sicht auf alltägliche Situationen auf die Bühne zu bringen. In diesem Stück erwartet die Zuschauenden eine Reise durch eine Szenencollage. Diese spiegelt die verschiedenen Perspektiven und Erlebnisse von den schauspielenden Jugendlichen wider, die in Deutschland als Angehörige einer Minderheit leben. Wir machen hiermit Schwarzes Leben und Schwarze Geschichte erfahrbar – real und unbequem! […] Mit diesem Stück wollen wir deutlich machen wie es ist, sich fremd im eigenen Land zu fühlen. Insbesondere wollen wir Menschen in ähnlichen Situationen zeigen, dass sie nicht alleine sind. JedeR kann sowohl individuelle als auch kollektive Widerstandsstrategien gegen Rassismus entwickeln. Empowerment statt Exotisierung!" (Initiative Schwarze Menschen in Deutschland 2016)

darum, den oben skizzierten diskursiv dominierenden Defizitperspektiven auf Migration und Migrationsandere ein positives Bild auf die besonderen Kompetenzen oder Stärken von als „Migrant*innen“ oder „Flüchtlinge“ markierten Subjekten entgegen zu setzen. Rassismuskritisch informierte Einsätze fokussieren weniger ein vermeintliches „so sein“ von Subjekten, welches sich letztlich einer essentialisierenden Logik anschließt, sondern die kritisch-reflexive Auseinandersetzung beispielsweise mit gegenwärtigen Dynamiken und Prozessen der Ver-anderung und deren Effekten mit künstlerischen Mitteln.[65] So betonen Nurkan Erpulat und Jens Hillje mit Blick auf die Produktion „Verrücktes Blut“[66]: „In dem Stück geht es nicht um die Schüler. In dem Stück geht es nicht um die Lehrer. In dem Stück geht es nicht um Schule. In dem Stück geht es um den Blick darauf, es geht um das Publikum“ (Erpulat/Hilje 2010, S. 49). Wie die Produzent*innen in einer Vielzahl an Interviews immer wieder entgegen in der Kritik dominierenden Interpretationen des Stückes als „Migrantenthriller“ (Becker/Wildermann 2011) und als „Amok-Komödie vom Zusammenprall der Kulturen“ (Berliner Festspiele 2011) betonen, geht es ihnen darum, die die in diesem „Blick“ wirksam werdenden Dynamiken von Prozessen der Ver-anderung und die hiermit verbundenen (Macht-)Funktionen hegemonialer Differenzordnungen thematisch zu machen und zu reflektieren. Dirk Eilers formuliert in diesem Sinne das Ziel, im Kontext des Theaters „das ‚Eigene‘ und das ‚Andere’ in seiner Konstruiertheit auf der einen Seite und seine verhee-

65 Entgegen im Theater weiterhin dominanten ver-andernden Repräsentationsstrategien fordert in diesem Sinne der Dramaturg Björn Bicker, „Theater als einen Ort künstlerisch-politischer Praxis zu betrachten [und] Formen der Repräsentation zu finden, mit denen man das Thema [Migration] sinnvoll darstellen kann, ohne dabei zur voyeuristischen Migrations- und Diversity-Peepshow zu werden“ (Bicker 2009, S. 32).

66 Die 2009 am Ballhaus Naunynstraße produzierte und bis heute äußert prominente Inszenierung „Verrücktes Blut“ erzählt angelehnt an den französischen Film „La Journée de la Jupe“ des Regisseurs Jean-Paul Lilienfeld vordergründig die Vorkommnisse in einer Berliner Schulklasse ab dem Moment, in dem die Lehrerin für das Fach „Darstellendes Spiel“ eine Pistole in die Hand bekommt. Mit dieser Pistole bewaffnet nimmt sie ihre Schüler*innen als Geiseln und zwingt sie, Auszüge aus Schillers „Die Räuber“ und „Kabale und Liebe“ zu spielen. Hierbei gibt sie den Jugendlichen, die überwiegend in (immer wieder in ihrem Konstruktionscharakter thematisierten) orientalisierenden Stereotypen inszeniert werden, nicht nur die Art und Weise der Darstellung der Schillerschen Figuren vor, sondern versucht ihre Schüler*innen auch in Anlehnung an Schillers Konzept der „ästhetischen Erziehung“ zu „mündigen“ Bürger*innen zu erziehen (vgl. Erpulat/Hilje 2010). Azadeh Sharifi beschreibt als Thema des Stückes den „Bruch und die Dekonstruktion von Stereotypen, die Aneignung von deutschem Kulturgut, die aus neuer Perspektive von neuen Produzenten erzählt wird“ (Sharifi 2011, S. 40). Das Stück wurde inzwischen mehrfach auch für den theaterpädagogischen Kontext mit Blick auf seine „ästhetischen Strategien des Umgangs mit stereotypen Identitätskonstruktionen“ (Blum 2019b) analysiert und fruchtbar gemacht.

renden Auswirkungen für rassistisch markierte Personen auf der anderen Seite zu thematisieren" und plädiert für ein Verständnis von Theater und Theaterpädagogik als „politisch-künstlerische Praxis", die dazu beitragen sollte, „dass ‚Differenz' nicht mehr im Kontext von Ver-anderung auftritt, sondern Differenzen in Form von sozialer Ungleichheit und Diskriminierung thematisiert würden" (Eilers 2015, S. 545).

Sichtbar wird hier ein Spannungsverhältnis im Kontext der Repräsentation von Differenz, welches ich in Anlehnung an Ausführungen Paul Mecherils (2008b) als Spannungsverhältnis zwischen „Differenzfixierung" und „Differenzignoranz" zu verstehen geben möchte. Die Theaterpädagogik der Migrationsgesellschaft steht mit Blick auf dieses Spannungsverhältnis vor der Aufgabe, Differenz weder essentialisierend und naturalisierend festzuschreiben, noch die enorme Bedeutsamkeit von Differenzkonstruktionen für bestehende (migrations-)gesellschaftliche Macht- und Herrschaftsverhältnisse und die mit diesen einhergehenden unterschiedlichen Rechte und Möglichkeiten von Menschen zu ignorieren.

Indem postmigrantische Theaterproduktionen häufig explizit Rassismus als gesellschaftliches Strukturprinzip und seine (diskriminierenden) Effekte thematisieren, wenden sie sich auch gegen eine in den meisten Theaterinszenierungen weiterhin dominante Dethematisierung und/oder Verkürzung von Rassismus im Sinne einer solchen Differenzignoranz. Ähnlich zu gesamtgesellschaftlichen Diskursen findet diese im Kontext des Theaters ihren Ausdruck u.a. darin, das Herrschaftsverhältnis Rassismus im Sinne der oben im Rückgriff auf Astrid Messerschmidt eingeführten „Distanzierungsmuster" (vgl. Kapitel 2) entweder gar nicht, oder als Bestandteil einer Fremden- oder Ausländerfeindlichkeit Anderer, in einer anderen Zeit oder an einem anderen Ort zu inszenieren. Theaterprojekte, in denen Rassismus auf diese Weise verkürzt und distanziert wird, erschweren nicht nur eine Auseinandersetzung mit Rassismus als gesellschaftliches Strukturprinzip. Sondern ein solcher Zugriff lässt sich auch mit Blick auf seine Funktionalität für die Theater perspektivieren. Denn das Theater und die Theatermacher*innen werden hier häufig als selbst außerhalb rassistischer Ordnungen stehende Instanzen inszeniert und somit tendenziell von der Verantwortung der (Selbst-)Reflexion der eigenen Eingebundenheit in Rassismus enthoben. Vielmehr wirkt hier jene Überzeugung, die Tobias Linnemann und Kim Annakathrin Ronacher in Anlehnung an ihre Erfahrungen aus rassismuskritischen Weiterbildungen an Kultureinrichtungen beschreiben: „Rassismus und Weißsein, das spielt bei uns keine Rolle“ (LINNEMANN/RONACHER 2016, S. 188)

Als ein Distanzierungsmuster im Kontext Theater lässt sich auch die Tatsache verstehen, dass rassismus- und herrschaftskritisch informierte künstlerische Einsätze in den Migrationsdiskurs in Theaterkritiken und -kommentaren häufig eben *nicht* als Auseinandersetzung mit dem Spannungsverhältnis von Konstruiertheit und Wirkmacht binär organisierter Kategorien von „Wir“ und „Die Anderen“ und deren gewaltsamen Effekten verstanden werden, sondern als essentialisierende Bestätigung dieser Kategorien (fehl-)interpretiert werden. Mit Blick auf die Hartnäckigkeit von an hegemonialen Wissensbeständen orientierten diskursiven Um- und Überschreibungen von rassismuskritischen, postmigrantischen und/oder dekolonialen Theaterproduktionen in der Kritik bemerkte Shermin Langhoff bereits früh im Jahrbuch der „Theater heute“ bzgl. dominanter Interpretationsweisen, dass der

> [...] eigene Leitkulturchauvinismus sich so stark festgesetzt hat, dass er differenziertere künstlerische Auseinandersetzungen nicht mehr wahrzunehmen vermag und Kritik zurecht stutzt auf seine triumphierende Bestätigung. (LANGHOFF 2011a, S. 26)

Hegemonietheoretisch gelesen lässt sich dieses von Langhoff hier thematisierte Unvermögen der Wahrnehmung differenzierter künstlerischer Auseinandersetzungen nicht nur als ein vermeintliches *Missverstehen* kontextualisieren, sondern kann als Einsatz im Kampf um vorherrschende Narrative und Interpretationen verstanden werden. Die Persistenz des dominanzkulturell verankerten machtvollen Wissens über die Anderen und die hiermit verbundene für den Erhalt von Herrschaftsverhältnissen funktionale „Normalität rassistischer Darstellung“ (LEMMLE 2012) im Theater bildet den Hintergrund für eine dominanzkulturelle Aneignung und Einordnung selbst solcher Projekte, in deren Zentrum eine kritische Befragung dieses Wissens und seiner Funktionalität für (migrations-)gesellschaftliche Macht- und Herrschaftsverhältnisse steht.

3.3.2 Vertreten: Gegenwärtige Debatten um die Theaterinstitutionen der Migrationsgesellschaft

Neben den skizzierten künstlerischen rassismuskritisch informierten Auseinandersetzungen mit Migration und Migrationsgesellschaftlichkeit werden in den

2010er Jahren auch zunehmend (bereits lange bestehende) Kritiken an den strukturell bestehenden Ein- und Ausschlüssen etablierter Theaterhäuser prominenter und im Kontext einer Vielzahl an Veranstaltungen und Publikationen verhandelt. So diskutierte die Dramaturgische Gesellschaft auf ihrer Jahrestagung 2011 unter der Überschrift „Wer ist wir? Theater in der interkulturellen Gesellschaft" mit über 230 Teilnehmenden Fragen nach den „[…] Aufgaben und Herausforderungen des Theaters in der sich dramatisch verändernden Gesellschaft […]" und gibt im Konferenzbericht zusammenfassend als Ergebnis der Tagung das Ziel einer „interkulturellen Öffnung" der Theaterinstitutionen in Deutschland sowie die „Anerkennung von Verschiedenheit, Barrierefreiheit und Chancengleichheit" als gegenwärtige „Kernaufgaben der Theater" zu verstehen (Dramaturgische Gesellschaft 2011). Nur fünf Jahre nachdem Wolfgang Schneider in der Einleitung des von ihm herausgegebenen Sammelbandes „Theater und Migration. Herausforderungen für Kulturpolitik und Theaterpraxis" bemängelt, die Auseinandersetzung mit Migration fände „[…] im deutschen Theater nur als Marginalie statt" (Schneider 2011, S. 9) resümieren Sandrine Micossé-Aikins und Bahareh Sharifi im Jahr 2016 die „Unumstrittenheit" des „Diversitätsproblems" des Kultursektors:

> Inzwischen ist es unumstritten: Der Kultursektor hat ein Diversitätsproblem. Angehörige* unterschiedlichster Gruppen erfahren Diskriminierung beim Zugang zu Kunstausbildung und Kulturinstitutionen. Diese Tatsache manifestiert sich in den Programmen, dem Personal, aber auch den Besucher*innen der meisten Institutionen. So wird in den letzten Jahren immer wieder der Ruf nach einer diversitätsorientierten Öffnung des Bereichs laut. (Micossé-Aikins/Sharifi 2017, S. 13)

Programme wie die 2017 von der Berliner Senatsverwaltung für Kultur und Europa eingerichtete Konzeptions- und Beratungsstelle für Diversitätsentwicklung im Kulturbetrieb „Diversity. Arts. Culture" sollen in diesem Sinne „[…] Kunst und Kultur für alle zugänglich machen und Barrieren abbauen, um spannende Kunst aus unterschiedlichen Perspektiven in den Kulturbetrieb zu bringen" (Diversity Arts Culture 2020). Und das 2018 von der Kulturstiftung des Bundes initiierte Programm „360°. Fonds für Kulturen der neuen Stadtgesellschaft" setzt sich das Ziel, (etablierte) Kulturinstitutionen durch die Bereitstellung von materiellen und immateriellen Mitteln dabei zu unterstützen,

> [...] sich intensiver mit den Themen Migration und kulturelle Vielfalt als chancenreiche Zukunftsthemen auseinanderzusetzen und neue Zugänge und Sichtbarkeiten für Gruppen der Gesellschaft zu schaffen, die bislang nicht ausreichend erreicht wurden. (360 Grad 2020)

Derartige und weitere Auseinandersetzungen sind dabei jedoch keinesfalls in sich homogen und auch nicht unumkämpft. So intervenierte im Januar 2014 das Berliner „Bündnis kritischer Kulturschaffender" unter dem Motto „Mind the Trap" in eine am Deutschen Theater Berlin in Kooperation mit dem Institut für Kulturpolitik der Universität Hildesheim und der Kulturloge Berlin stattfindende Tagung. Unter dem Titel „Mind the Gap – Zugangsbarrieren zu kulturellen Angeboten und Konzeptionen niedrigschwelliger Kulturvermittlung" stellte diese sich zur Aufgabe, die „Barrieren der Nutzung (hoch-)kultureller Angebote bei verschiedenen Bevölkerungsgruppen" zu beleuchten mit dem Ziel, mittels Kulturvermittlung „‚Schwellen' bei Menschen abzubauen, die bislang keinen Zugang zu kulturellen Einrichtungen gefunden haben" (Universität Hildesheim 2014). Eine frei verfügbare Videodokumentation der Intervention des „Bündnis kritischer Kulturschaffender" zeigt, wie eine etwa zehnköpfige Gruppe die stattfindende Tagung unterbricht, um dort auf der Bühne eine Rede zu verlesen, die auf verschiedene aus Sicht des Bündnisses zu problematisierende Aspekte der Veranstaltung hinweist. Ein Text auf der Wordpress-Seite von „Mind the Trap" fasst die Kritik des Bündnisses mit Blick auf den Einladungstext zur Tagung zusammen:

> Nicht nur kommt hier ein sowohl eurozentristisches als auch äußerst eingeschränktes Verständnis von Kultur (‚Hochkultur' versus ‚kulturfernes' Publikum) zum Ausdruck. Die Diskussion wird darüber hinaus von *weißen* Wissenschaftler_innen, Künstler_innen und Kulturschaffenden unter dem weitestgehenden Ausschluss von Repräsentant_innen der aufgelisteten ‚Gruppen' durchgeführt. Der Text zur Konferenz verortet dabei das Problem auf der Seite derjenigen, die den Weg in die vermeintlich ‚hochkulturellen' Institutionen nicht ‚finden' und blendet der Ausgrenzung tatsächlich zugrunde liegende strukturelle und institutionelle Aspekte wie Rassismus, Ableismus, Sexismus etc. sowie die in den letzten zwei Jahren immer wieder vorgebrachte Kritik an der Reproduktion diskriminierender Stereotype aus. (Mind the Trap 2014, Herv. i. O.)

Fernab von bloß emphatischen Bezugnahmen auf eine aufgrund der sich verändernden demographischen Bevölkerungszusammensetzung in der Bundesrepublik Deutschland anzustrebende „interkulturelle Öffnung" der Theater sowie eine

Erweiterung der Zugangsmöglichkeiten zu diesen etablieren sich im jüngeren Diskurs vermehrt auch dezidiert herrschaftskritische Perspektiven, in denen Kulturinstitutionen im Anschluss an rassismuskritische und postkoloniale Theorien als Orte „hegemonialer Repräsentationspolitiken" (Haghighat 2017, S. 97) in den Blick genommen werden. Mit dem Ziel einer „Dekolonialisierung des Stadttheaters" wird die Bedeutung von Theatern als machtvolle Instanz der Produktion migrationsgesellschaftlicher Differenzverhältnisse problematisiert, die „koloniale Kontinuitäten fortführt, [...] gewaltvolle Strukturen aufrechterhält und zur Konstruktion der scheinbar ‚Anderen' in der Gesellschaft beiträgt" (Tran 2017, S. 21). Problematisiert wird in diesem Zusammenhang auch die Dominanz der Imagination eines Theaterpublikums als ausschließlich *weiß* positioniertes „Bildungsbürgertum" (Sharifi 2014, S. 95) für die künstlerischen Produktionen. Perspektivierungen der Stadt- und Staatstheater als *„weiße* Institutionen" (Liepsch/Warner 2018a) thematisieren die historischen wie gegenwärtigen Rollen des Theaters für die Etablierung und Aufrechterhaltung *weißer* Vorherrschaft und plädieren vor diesem Hintergrund dafür, an Kulturinstitutionen

> [...] Räume zu schaffen, in denen die Anderen gehört werden, und andere bisher unbeachtet gebliebene Perspektiven freizulegen, die bisher als nicht wertvoll qualifiziert waren. (Castro Varela/Dhawan 2012, S. 279)

Die Markierung von Theater als *weiße* Institution wäre jedoch missverstanden, wenn sie verstanden würde als bloßer Hinweis auf eine numerische Überzahl *weiß* positionierter Menschen in der Belegschaft, die durch die Diversifizierung derselben gelöst werden könnte. Adressiert wird hier aus herrschaftskritischer Perspektive vielmehr eine komplexe Dominanz, „die aus Strukturen, Praktiken, unhinterfragten Privilegien, ästhetischen Vorstellungen und unterschiedlich positionierten Subjekten besteht" (Liepsch/Warner 2018b, S. 10f.). Wenn aus rassismus- und herrschaftskritischen Perspektiven die Notwendigkeit einer „Öffnung" und einer Erhöhung der Zugangsmöglichkeiten von nicht *weiß* positionierten Künstler*innen, Mitarbeiter*innen und Zuschauer*innen betont wird, geht es in diesem Sinne nicht nur um eine personelle *Erweiterung* der Kulturinstitutionen, sondern auch um Frage nach ihrer grundlegenderen Transformation. Insofern greifen auch die gegenwärtig im Kontext von Theaterpädagogik und Kultureller Bildung sehr prominenten Bezüge auf Ansätze aus dem Bereich des Diversity-Management[67]

67 vgl. zu jüngeren Diversity-Ansätzen im Kontext der Kulturellen Bildung einführend Menrath 2019.

häufig zu kurz, bzw. lassen sie sich gar im Sinne einer *vordergründigen Harmonisierung* als kontraproduktiv für eine herrschaftskritische Veränderung der Institutionen als Orte der (Re-)Produktion hegemonialer Differenzordnungen einordnen.

In ihrem Text „Diversitätsmanagement oder Imagepflege?" betrachten Leila Haghighat und Nina Simon in diesem Sinne Ansätze der Diversifizierung von Kulturinstitutionen mit Rückgriff auf Sara Ahmed als ein derzeit zentrales Konzept in der Theorie und Praxis von Institutionen, welches sie „als Teil des Mainstreams, der zwischen Effektivitäts- (Diversity als Teil des Geschäfts) und moralisch-ethischem Diskurs (Diversity als Möglichkeit sozialer Gerechtigkeit) schwankt" (Ahmed 2011 zitiert nach Haghighat/Simon 2018) verstehen. So werde in Diversity-Ansätzen im Kontext der Kulturellen Bildung häufig Vielfalt als Ressource adressiert, welche die Institution bereichern kann und soll, wie dies zum Beispiel der Sammelband „Diversität in der Kulturellen Bildung" (Keuchel/Kelb 2015) proklamiert und als Klappentext formuliert: „Diversität gilt als Grundprinzip und die Vielfalt kultureller Ausdrucksformen als große Stärke der Kulturellen Bildung". Hinter der Diversifizierung des Personals von Kulturinstitutionen verbirgt sich jedoch, wie Haghighat und Simon pointiert anmerken, häufig bloß eine „Imagepolitik" mit dem Ziel, einen Wandel des Erscheinungsbildes einer Institution zu lancieren, ohne die Organisationskultur selbst in Frage zu stellen. Diversity-Ansätze könnten weiterhin auch deshalb herrschaftskritisch problematisiert werden, weil der Reiz von Diversity im Kontext Kultureller Bildung häufig darin liege, „sich gut zu fühlen" und dieses „sich gut fühlen" es Menschen erleichtere, „sich zu entspannen und sich weniger bedroht zu fühlen, so als ob wir es schon ‚gelöst hätten' und es nichts mehr zu tun gäbe" (Ahmed 2011, zitiert nach Haghighat/Simon 2018). Diversity-Ansätze, die keine tiefergreifende Veränderung der Strukturen sondern letztlich eine Kommodifizierung adressieren, so folgern Haghighat und Simon, tendierten daher dazu, einer grundlegenden Befragung der strukturellen Eingebundenheiten und Beteiligungen von Kulturinstitutionen an der Herstellung migrationsgesellschaftliche Ungleichheitsverhältnisse abträglich zu sein und dienten stattdessen letztlich der Wahrung und Absicherung dominanzkultureller Ordnungen und der in diesen hervorgebrachten privilegierten Positionen.

Die hier adressierte notwendige Veränderung betrifft einerseits das Initiieren und Institutionalisieren des an Kulturinstitutionen notwendigen „Antidiskriminierungshandelns" (Mörsch 2016b, S. 72).[68] Gefragt wird auch nach strukturellen, kollektiven und individuellen (Umgangsweisen mit) Diskriminierungen und anderen Formen der Gewalt an Theatern. In diesem Sinne entwarfen die Regisseurin Julia Wissert und die Dramaturgin und Rechtsanwältin Sonja Laaser Anfang 2019 eine Anti-Rassismus-Klausel zur Aufnahme in Arbeitsverträgen an Theatern, „um im Rahmen eines Vertragsverhältnisses Beteiligte vor rassistischen Äußerungen und Übergriffen durch Mitarbeiter*innen der/des Auftraggeberin/s zu schützen" (Anti-Rassismus-Klausel 2021). Sie betrifft andererseits jedoch auch eine grundsätzlichere Befragung von Kulturinstitutionen in Hinblick auf das in ihnen wirksame und produzierte Wissen, auf die dominanten und mit (Wissens-)Ordnungen des Rassismus verwobenen Vorstellungen von Kultur, Kunst, Bildung, Subjekt und Gesellschaft sowie deren Implikationen für die Praxis der Institutionen; zum Beispiel wenn diese sich mit dem (vermeintlichen) Ziel einer Erweiterung von Zugangsmöglichkeiten zu Angeboten der ästhetischen oder kulturellen Bildung bestimmten „Zielgruppen" wie „Jugendlichen mit Migrationshintergrund" oder „Geflüchteten" zuwenden.

Wie Carmen Mörsch (2016b) zusammenfasst, handelt es sich bei der Definition von Zielgruppen entlang soziodemografischer Marker um ein Instrument aus der Marktforschung. Theaterpädagogik und Kultureller Bildung werde in Zielgruppendiskursen implizit die Rolle einer Anbieterin von Waren oder Dienstleistungen zugewiesen, während die adressierten Nutzer*innen als Kund*innen bzw. Konsument*innen adressiert würden. Mörsch weist überdies darauf hin, dass Definitionen von Zielgruppen die Tendenz haben, gegenüber der „Komplexität, Viel-

68 So problematisiert die Schauspielerin Nisma Cherrat in ihrem Text „Mätresse - Wahnsinnige – Hure" (2005) meines Wissens als eine der ersten im deutschsprachigen Publikationskontext die eingeschränkten und stereotyp fundierten Darstellungsmöglichkeiten als Schwarz positionierte Schauspielerin an deutschen Theatern, welche inzwischen in einer Vielzahl an Texten thematisiert und analysiert wurden. Vgl. hierzu auch die jüngeren Berichte und Analysen der Performance-Künstler*innen und Theatermacher*innen Lara-Sophie Milagro (2015) und Simone Dede Ayivi (2015) sowie die Abschlussarbeit von Julia Wissert (2014) am Mozarteum Salzburg. In dieser beschäftigt sich Wissert mit den wiederkehrenden Erfahrungen von Schwarzen Schauspieler*innen, Regisseur*innen und Choreograph*innen im Kontext der künstlerischen Ausbildung. Die in den von Wissert geführten Interviews beschriebenen Erfahrungen bei Vorsprechen an Schauspielschulen seien immer wieder ähnlich gewesen: „Ich hab dann an der … vorgesprochen. Bin in die letzte Runde gekommen. Da hat der Schulleiter mir aber direkt gesagt, dass ich mir dessen bewusst sein muss, dass ich immer die Putzfrau oder die Prostituierte spielen werde" (Wissert 2014, S. 20). Ähnlich beschreibt es der Regisseur Nurkan Erpulat in Interviews: „Shakespeare durfte ich nicht machen, das wurde mir an der Hochschule für Schauspielkunst in Berlin nicht zugetraut" (Sevil 2012).

deutigkeit und Dynamik von Gesellschaft konservativ und vereinfachend zu sein" (ebd., S. 68). Zu problematisieren sind Zielgruppendiskurse auch und besonders dann, wenn sie, wie dies häufig in Fachdiskursen der Theaterpädagogik geschieht, mit der Zuschreibungen von Defiziten von Anderen über Kategorisierungen wie „bildungsfern" oder „kulturfern" einhergehen.[69] Nicht nur werden hier die oben angesprochenen tendenziell abwertenden homogenisierenden Stereotypen wirksam, sondern solche Bezeichnungen setzen, wie Carmen Mörsch anmerkt, auch „unhinterfragt voraus, dass geklärt ist, was ‚Bildung' und ‚Kultur' jeweils bedeuten, wer sie hat und wer sie nicht hat" (ebd.). Gleichzeitig können sie eine Perspektive befördern, in der unterschiedliche Zugänge und Mechanismen von Ein- und Ausschlüssen in Kulturinstitutionen nicht mit Blick auf hier wirksame Differenzverhältnisse thematisch gemacht werden, sondern den „fernbleibenden Zielgruppen als Defizite angekreidet werden" (Shah/Erhard 2014, S. 1f.). Die in Zielgruppenformulierungen vorgenommenen Identifizierungen sind daher weder zufällig noch neutral, sondern von den „Perspektiven und Interessen der Einladenden" (Mörsch 2016b, S. 68) geformt. Sie haben nicht nur „die Funktion, das Andere herzustellen, sondern auch, das Eigene als angestrebte Norm zu bestätigen" (ebd.). Angebote für auf diese Weise definierte Zielgruppen laufen so häufig Gefahr, die Ungleichheit, die durch sie vordergründig bekämpft werden soll, zu verstärken.

Dies betrifft auch solche Zielgruppenformulierungen, in denen die hier Angesprochenen nicht mit Blick auf vermeintliche (Bildungs-)Defizite als „Empfänger*innen" adressiert werden, sondern auf beispielsweise spezifische Wissensbestände über Migration Bezug genommen wird. In diesem Sinne bemerkt Thomas Geier mit Blick auf die Dominanz einer „Gesellschaft der Zielgruppen" (Geier 2017) im Kontext der Kulturellen Bildung aus rassismuskritischer Perspektive die Gefahr einer Verknüpfung der von Rassismus „Betroffenen" mit der Aufgabe, den Rassismus zu analysieren. Zwar sei es wichtig, diese als Akteur*innen und nicht als Empfänger*innen von Kultureller Bildung zu adressieren, doch

> [...] solange die eigenen Strukturen und Selbstverständnisse nicht konsequent analysiert werden, bleiben Veranstaltungen, auf denen z. B. sogenannte ‚Betroffene' sich Gehör verschaffen (dürfen), weiterhin paternalistische ‚Spektakel des Anderen' (vgl. Hall 2004). Betroffen sind dann wiederum nur die als Andere markierten. Von den herrschenden Differenzverhältnissen sind jedoch alle betroffen, nur unterscheidet sich die Art und Weise des Betroffenseins mitunter erheblich. (Geier 2017, S. 198)

69 vgl. zur Bedeutsamkeit der Kategorie „Bildungsfern" aus dieser Perspektive auch Ribolits 2008.

4 Diskurstheoretische Perspektiven auf Praktiken der Subjektivierung

Die Frage nach dem Status des Subjekts wurde in der europäischen Philosophie lange Zeit überwiegend in einer Weise verhandelt, in deren Zentrum die grundlegende Annahme eines menschlichen Wesens steht, dem ein (etwa rationaler oder metaphysischer) *Kern* innewohnt. Die mit dieser Perspektive verbundene erkenntnistheoretische Vorstellung eines in sich autonomen und handlungsfähigen Subjekts ist seit dem 17. Jahrhundert ein historisches Projekt der europäischen Moderne, welches als maßgeblich nicht nur für philosophisch-theoretische Betrachtungen, sondern auch für die praktisch-politischen Selbstverständnisse und Selbstverständigungen europäischer Gesellschaften zu verstehen ist. Diese besonders prominent von René Descartes und Immanuel Kant entwickelte Auffassung eines selbstbestimmten und sich emanzipierenden Subjekts wird seit dem 19. Jahrhundert von verschiedenen Theoretiker*innen kritisiert. Bereits Marx, Kierkegaard, Nietzsche und Freud entwickeln mit unterschiedlichen konzeptuellen Mitteln eine Perspektive auf das Subjekt, die sich „rhetorisch verkürzt als theoretischer ‚Tod' jenes Subjekts abbilden lässt, wie es von der klassischen Bewusstseins-, Geist- und Handlungsphilosophie vorausgesetzt wurde" (Reckwitz 2008, S. 12f.). Statt als relativ souveränes und kreatives Wesen rücken sie das Subjekt als Produkt von es von außen beeinflussender und steuernder ökonomischer, gesellschaftlicher, geistiger, politischer oder triebhafter Mächte und Kräfte in den Blick (vgl. Alkemeyer/Budde/Freist 2013, S. 9). Stuart Hall formuliert mit Blick auf diese ersten „Dezentrierungen" des Subjekts in der Spätmoderne[70]:

> Gegenüber dem Versprechen der Modernität von der großen Zukunft: ‚Ich bin, ich bin der westliche Mensch, also weiß ich alles. Alles beginnt mit mir', sagt der Modernismus: ‚Immer langsam. Was ist mit der Vergangenheit? Was ist mit den Sprachen, die du sprichst? Was ist mit dem unbewussten Leben, über das du nichts weißt? Was ist mit all den anderen Dingen, die dich sprechen?'. (Hall 1999, S. 86)

Seit den 1960er Jahren wird die Neufassung des Subjektbegriffs aus strukturalistisch und poststrukturalistisch informierter Perspektive prominent etwa von Michel Foucault, Judith Butler und Stuart Hall bearbeitet und die Vorstellung des

70 In der hier zitierten deutschen Übersetzung steht „Modernität" für *modernity* und „Modernismus" für *modernism*, meistens werde die Begriffe jedoch mit „Moderne" (*modernity*) bzw. Spätmoderne (*modernism*) übersetzt.

cartesianisch-kantischen Subjekts u.a. als Essentialismus problematisiert.[71] Aus den hier zur Geltung kommenden diskurstheoretischen Perspektiven werden Genese und Konstitution sozialer Wirklichkeit nicht (mehr) einem handelnden, sinnkonstituierenden Individuum oder Subjekt zugeschrieben, sondern anonymen und regelgeleiteten (diskursiven) Praktiken. Das Subjekt wird „dezentriert" und ist nicht länger das

> [...] Fundament letzter Gewissheiten und zentraler archimedischer Punkt von Geschichte und Gesellschaft [...]. Es verliert nicht nur seine zentrale Funktion als souveränes und willentlich handelndes (Erkenntnis-)Subjekt, als Schöpfer und Urheber allen Seins und Wissens, sondern erscheint seinerseits in diskursive Strukturen eingebettet [...]. (Bublitz 2018a, 3f.)

Angesichts machtvoller dem Subjekt *vorgängiger* Diskurse, in und mit denen Wirklichkeit nicht nur abgebildet, sondern auch hergestellt wird, zeigt sich das Subjekt nicht mehr als Urheber der sozialen Wirklichkeit, sondern vielmehr als deren Effekt. Es verliert sowohl seinen „Ort als Null- und Fixpunkt des philosophischen und humanwissenschaftlichen Vokabulars" (Reckwitz 2008, 12f.) als auch seinen vermeintlich einheitlichen und kohärenten Kern. Die Frage, wie Menschen in Anbetracht dieser grundlegenden Bedeutsamkeit von Diskursen für die Herausbildung von Subjektivität überhaupt zu Subjekten werden, wird aus den hier vorliegenden diskurstheoretisch informierten Perspektiven als Frage nach Prozessen der Subjektivierung bzw. der Subjektivation[72] untersucht.

Subjektanalysen lassen sich „notwendigerweise als Machtanalyse, als Unterwerfungsanalyse begreifen" (Saar 2013, S. 20). Denn die historischen Formen, die das Subjekt annehmen muss, um als ein solches anerkannt und handlungsfähig zu werden, sind weder natürlich noch neutral. Sie entstehen vielmehr im Kontext (umkämpfter) sozialer Ordnungen, die dem Subjekt vorgängig und mit ge-

71 Neben diesen um den Poststrukturalismus angesiedelten Kritiken des modernen, autonomen Subjekts gibt es von diesen zu unterscheidende Ansätze, deren Kritik am modernen Subjektbegriff aus anderen theoretischen Positionen heraus entsteht. So etwa Seyla Benhabibs Konzeption des „Selbst im Kontext" oder Theoriebildung im Kontext des Kommunitarismus etwa in Charles Taylors „Quellen des Selbst" (vgl. Saar 2011).

72 Der Begriff der „Subjektivation" wird im deutschen Sprachgebrauch zumeist in solchen Arbeiten benutzt, die sich explizit auf die Subjekttheorie Judith Butlers beziehen. Im vorliegenden Text, der sich sowohl auf die theoretischen Arbeiten Butlers als auch auf andere Autor*innen bezieht, wird überwiegend der geläufigere Begriff „Subjektivierung" benutzt, außer ich beziehe mich explizit auf theoretische Ausführungen Butlers.

sellschaftlichen Macht- und Herrschaftsverhältnissen verknüpft sind. Diese finden einen Ausdruck in den Formen von Subjektivität, die zu einem bestimmten historischen Zeitpunkt an einem bestimmten Ort als anerkennbare (diskursiv) hervorgebracht und hegemonial werden. Wie dies im Kontext von Berliner Theatern geschieht, soll in der vorliegenden Untersuchung mit einem Fokus auf den Diskurs der Theaterpädagogik am Theater und die in ihm angelegten bzw. aktualisierten diskursiven Formungen von Subjekten entlang natio-ethno-kulturell kodierter Zugehörigkeitsordnungen in den Blick genommen werden. Dafür werde ich im Folgenden von dem hier skizzierten dezentrierten Subjektverständnis ausgehend einige zentrale Aspekte einer subjektivierungstheoretisch informierten Analyseperspektive auf Diskurse vorstellen und ihre Bedeutsamkeit für die vorliegende Untersuchung plausibilisieren. Der folgende Text verfolgt vor dem Hintergrund dieser Untersuchungsbezogenheit keinen Anspruch auf eine (vermeintlich) vollständige Darstellung der verschiedenen poststruktural informierten Subjekttheorien. Vielmehr ist es sein Ziel, jene Konzepte und Begriffe zu diskutieren und zu begründen, die für die vorliegende Untersuchung grundlegend sind und in ihr relevant gemacht werden. Dafür werde ich in 4.1 zunächst in einige maßgeblich an die Theorien Michel Foucaults anschließende Perspektiven subjektivierungstheoretischer Ansätze und in zentrale mit diesen verbundene Begriffe einführen, bevor ich dann in 4.2 spezifischer auf die Subjekttheorie Judith Butlers als eine Perspektive eingehen werde, die das Entstehen des Subjekts im Kontext der Herstellung von Differenzordnungen analysiert und die mir (auch) vor diesem Hintergrund besonders geeignet für eine rassismuskritische Analyse zu sein scheint.

4.1 Das Konzept der Subjektivierung

Mit der Perspektive *Subjektivierung* wird vor dem Hintergrund der oben eingeführten poststruktural informierten Verschiebung des Subjektverständnisses ein grundsätzlicher Perspektivwechsel beim Nachdenken über das Subjekt gefasst. Anschlussfähig an jenes von Foucault formulierte Interesse daran, wie „in unserer Kultur Menschen zu Subjekten gemacht werden" (Foucault 2005, S. 269) rücken an Prozessen der Subjektivierung interessierte Autor*innen nicht mehr die Frage nach dem (vermeintlich stabilen und authentischen) „Inneren" des Subjekts in den Blick, sondern die Bedingungen der Gewordenheit und des ständigen

Werdens von Subjekten.[73] Trotz der Vielzahl an bestehenden sich voneinander unterscheidenden Theoretisierungen des Subjekts und seiner Subjektwerdung lassen sich für diese einige geteilte „Eckpfeiler“ beschreiben, in deren Erläuterung ich mich folgend besonders auf grundlegende Überlegungen Michel Foucaults, Louis Althussers und Judith Butlers sowie deren Rezeption im Kontext kultur- und erziehungswissenschaftlicher Subjektforschung beziehen werde.

Subjektivierungstheoretische Perspektiven eint ein Interesse an der Frage, wie und auf welche Weisen an einem jeweiligen Ort zu einem jeweiligen historischen Zeitpunkt aus Menschen überhaupt Subjekte werden (können). „Wer nach der Subjektivierung fragt, nach dem Subjekt-Werden von Subjekten, will nicht wissen, wer oder was das Subjekt ist, sondern, wie es geworden ist“ (Saar 2013, S. 17). Gefragt wird, was es in einem spezifischen Kontext bedarf, um als Subjekt anerkannt zu werden und welche Prozesse der (Selbst-)Formung des Subjekts in seiner Verwobenheit mit den es umgebenden sozialen Ordnungen vor diesem Hintergrund wie beschreibbar sind und in welchen Verhältnissen zur Macht die jeweiligen (Un-)Möglichkeiten der Subjektwerdung stehen.

Der Begriff der Subjektivierung verweist dabei auch darauf, dass das Subjekt nicht als „Vorhandenes“, sondern immer nur im Prozess seiner kulturellen Produktion betrachtet werden kann.[74] Vor diesem Hintergrund spricht Ulrich Bröckling davon, das Subjekt der Subjektivierung existiere nur in der grammatikalischen Form des „Gerundivum“, als „[…] wissenschaftlich zu erkundendes, pädagogisch zu

73 Foucault selbst beschreibt dieses Interesse an den historischen Formen der Subjektivierung in seinem Aufsatz „Subjekt und Macht“ rückblickend als Zentrum seiner philosophischen Arbeit: „Zunächst möchte ich sagen, welches Ziel ich in den letzten zwanzig Jahren in meiner Arbeit verfolgt habe. Es ging mir nicht darum, Machtphänomene zu analysieren oder die Grundlagen für solch eine Analyse zu schaffen. Vielmehr habe ich mich um eine Geschichte der verschiedenen Formen der Subjektivierung des Menschen in unserer Kultur bemüht. Und zu diesem Zweck habe ich Objektivierungsformen untersucht, die den Menschen zum Subjekt machen“ (Foucault 2005, S. 269). In diesem Sinne versteht Martin Saar Foucaults gesamtes Werk als Projekt einer „anti-subjektphilosophischen Revision des Subjektbegriffs“ (Saar 2013, S. 21).

74 Judith Butler weist in diesem Zusammenhang auch auf die paradoxe Situation der Subjektforschung hin. Während einerseits Subjektivierungsanalysen die Gemachtheit des Subjekts und seine gesellschaftlich gerahmten Konstitutionsmodi untersuchen, wird es in diesem Sprechen andererseits immer schon vorausgesetzt und gesetzt: „Man kann sich paradoxer Weise gar nicht auf Individuen oder ihr Werden beziehen, ohne sich zuvor schon auf ihren Subjektstatus zu beziehen. Die Geschichte der Subjektivation ist notwendig zirkulär und setzt ebendas Subjekt schon voraus, das sie erst erklären will“ (Butler 2001b, S. 16).

förderndes, therapeutisch zu stützendes und aufzuklärendes, rechtlich zu sanktionierendes, ästhetisch zu inszenierendes, politisch zu verwaltendes, ökonomisch produktiv zu machendes usw. [...]" und sei daher „[...] kein Produkt, sondern Produktionsverhältnis" (Bröckling 2007, S. 22).

Subjektivierungstheoretische Ansätze zeichnen sich trotz bestehender Differenzen durch zwei gemeinsame Grundannahmen aus:

Zum einen gehen sie davon aus, dass das Subjekt „gemacht" ist und nehmen vor diesem Hintergrund die historischen, sozialen und kulturellen Gefüge in den Blick, in denen die Formen möglicher und unmöglicher Subjektivität angelegt und produziert werden. Im Anschluss an Louis Althusser wird diese Dimension von Prozessen der Subjektivierung als eine Anrufung (Interpellation) des Subjekts durch ihm vorgängige Ordnungen und Diskurse (bei Althusser: Ideologien) konzeptionalisiert, der dieses sich notwendigerweise unterwerfen muss, um seine Existenz zu erlangen.

Zum anderen gehen subjektivierungstheoretische Perspektiven davon aus, dass das Subjekt durch die ihm vorgängigen Ordnungen im Prozess der Herausbildung seiner Subjektivität *nicht komplett* determiniert ist. Vielmehr lässt Subjektivierung sich beschreiben als eine „Szene der Macht, aus der Freiheit und (in einem gewissen Sinne) freie Subjekte hervorgehen" (Saar 2013, S. 20). Menschen sind keine „Deppen der Ordnungen" (Broden/Mecheril 2010, S. 16), sondern „grundsätzlich in der Lage, sich zu den Ordnungen zu verhalten, die Wirkung dieser Ordnungen zu suspendieren" (ebd.)[75]. Subjekte verfügen mit Blick auf die Prozesse der Herstellung ihrer Subjektivität über eine gewissen Freiheit in der Aneignung und Fehlaneignung der kulturell vorbestimmten Subjektformen, welche ebenso wie die mit ihnen verbundenen gesellschaftlichen Ordnungen selbst wiederum auf die Performanz des Subjekts angewiesen sind. Denn Ordnungen (des Rassismus) sind, wie ich im zweiten Kapitel dieser Untersuchung zu verstehen gegeben habe, kontingent, sie „unterliegen Wandlungen, nicht zuletzt aufgrund der Kämpfe, die um sie (und in ihnen) geführt werden, sie verschieben sich und sind verschiebbar"

75 Stuart Hall beschreibt Prozesse der Subjektivierung aus der Perspektive des Subjekts mit Blick auf dessen Eigenanteil als ein „Vernähen" des Subjekts mit einer diskursiv hergestellten Subjektposition und führt hierfür den Begriff der „Artikulation" (engl: articulation) ein: „Die Vorstellung eines wirkungsvollen Vernähens zwischen Subjekt und Subjektposition erfordert nicht nur die ‚Anrufung', sondern auch, dass das Subjekt in die Position investiert. Das Vernähen ist also nicht als einseitiger Prozess zu denken, sondern als Artikulation" (Hall 2004d, S. 173).

(Broden/Mecheril 2010, S. 16). Zentral ist aus subjektivierungstheoretischer Perspektive jedoch, dass diese (gewisse) Freiheit des Subjekts nicht auf ein vermeintlich freies den Menschen innewohnendes „Selbst" zurückzuführen ist, sondern sich eben seiner Unterwerfung unter die geltenden Ordnungen verdankt und in konstitutiver Abhängigkeit von diesen zu denken ist.

Trotz einer möglicherweise auf den ersten Blick aufscheinenden Ähnlichkeit unterscheidet sich diese Perspektive auf das Subjekt in einigen grundlegenden Hinsichten von der Perspektive der Sozialisation. Der Begriff der Sozialisation wurde am Ende des 19. Jahrhunderts von Émile Durkheim (1858-1917) in den wissenschaftlichen Diskurs eingeführt. Unter Sozialisation verstand dieser Phänomene der Anpassung eines Menschen an die Gesellschaft (vgl. Niederbacher/Zimmermann 2011). Viele sozialisationstheoretische Perspektiven fokussieren eine Konfrontation des Individuums mit gesellschaftlich auferlegten Rollensets, die es zu erfüllen lernt und an deren normativen Erwartungen es sich beispielsweise durch Zwang oder Moral zu orientieren hat. Im erziehungswissenschaftlichen Fachdiskurs wurde das Verständnis von Sozialisation mit der Zeit erweitert und weit ausdifferenziert (vgl. Hurrelmann/Bauer 2015). Sozialisationstheorien fassen Sozialisation als einen

> [...] Prozess, in dessen Verlauf sich der mit einer biologischen Ausstattung versehene menschliche Organismus zu einer sozial handlungsfähigen Persönlichkeit bildet, die sich über den Lebenslauf hinweg in Auseinandersetzung mit den Lebensbedingungen weiterentwickelt. (Hurrelmann/Bauer 2015, S. 15)

Sozialisation wird nicht mehr verstanden als eine passive Aufnahme von normativen Setzungen wie Normen und Werte, sondern als deren aktive Aneignung durch ein Individuum in Interaktion mit der es umgebenen Gesellschaft (vgl. Dirim/Mecheril 2018, S. 22). Entgegen der hier aufscheinenden Polarität fasst die subjektivierungstheoretische Perspektive das Verhältnis von Individuum und Gesellschaft jedoch *nicht* im Sinne einer Gegenüberstellung von Individuum und Gesellschaft. Sie geht auch nicht von einem in den meisten Sozialisationstheorien angelegten Identitätsbegriff aus, bei dem unter Identität „eine Ganzheit des So-Seins verstanden wird, die es in einem *stimmigen*, widerspruchsfreien, zumindest einem kohärenten Sinne zu entfalten gilt" (Dirim/Mecheril 2018, S. 22, Herv. i. O.). Sondern sie geht von einer konstitutiven und untrennbar mit Machtverhältnissen zusammen zu denkenden Verwobenheit von Subjekt und gesellschaftlichen Ordnungen aus, bei deren Untersuchung nicht die gesellschaftlichen Erwartungen, sondern die „kulturelle Form, die das ‚Individuum', der ‚Einzelne' selber in einem bestimmten historischen Kontext wie selbstverständlich erhält" (Reckwitz 2008, S. 14) in den Blick rückt. Seinen Status als Subjekt erhält dieses überhaupt erst aus den es umgebenden (etwa natio-ethno-kulturell kodierten, vergeschlechtlichenden und ableisierenden) sozialen Ordnungen, die aus Individuen Subjekte machen. Das Subjekt ist damit auf eine Weise als von gesellschaftlichen Strukturen abhängig zu denken, in der diese ihm nicht äußerlich sind, sondern in denen es als Subjekt überhaupt erst als solches konstituiert wird.[76] Subjektordnungen des Rassismus, in und mit denen Subjekte entlang natio-ethno-kulturell kodierter Unterscheidungen als „Migrant*in" oder „Nicht-Migrant*in" hervorgebracht werden, stellen in diesem Sinne keine (bloßen) Systeme sanktionsfähiger sozialer Erwartungen dar, mit denen Subjekte sich auseinandersetzen müssen und mit denen sie einen Umgang finden müssen. Vielmehr bilden sie machtvolle Gefüge, denen Individuen sich in einer vorbestimmten Form unterwerfen müssen, um überhaupt als Subjekte anerkannt und intelligibel zu werden, Gefüge, die ihre Subjekte „bis in ihre körperlichen Bewegungen, ihre Emotionen und ihr privates Selbstverstehen hinein modellieren" (Reckwitz 2008, S. 7) und außerhalb derer Subjektivität weder denkbar noch lebbar ist.[77]

Wenn in der vorliegenden Untersuchung der Blick auf den theaterpädagogischen Migrations*diskurs* und seine Aktualisierung in Interviews gerichtet wird, dann vor

76 Auch wenn subjektivierungstheoretische Ansätze das in Sozialisationstheorien angewandte Subjektverständnis auf kategorialer Ebene problematisieren, weisen Norbert Ricken und Jürgen Wittpoth in ihrer vergleichenden Diskussion von Subjekt- und Sozialisationstheorien darauf hin, dass die (selbstverständlich heterogene) Analyseperspektive Sozialisation auch als „Korrektiv" (Ricken/Wittpoth 2017, S. 245) für potenzielle Leerstellen von Subjektivierungsanalysen fruchtbar gemacht werden könne. So plädieren sie für eine stärkere Auseinandersetzung mit Pierre Bourdieus Feldbegriff (vgl. Bourdieu/Wacquant 1996), welcher im Kontext subjektivationstheoretischer Analysen dazu dienen könnte, „die soziale Logik und Spezifik der jeweiligen gesellschaftlichen Kontexte stärker zu berücksichtigen, als das manchmal subjektivationstheoretisch getan wird" (Ricken/Wittpoth 2017, S. 246).

77 Vor diesem Hintergrund lässt sich der kartesianisch-kantische Subjektentwurf selbst ebenso wie die mit ihm verbundene in westlichen (post-)modernen Gesellschaften auch heute prägnant in die Selbstverständnisse von Menschen einfließende Vorstellung eines relativ autonomen, selbstbestimmten und sich selbst verwirklichenden Subjekts als Effekt einer kulturellen Ordnung perspektivieren, in der eben diese Kategorien von Bedeutung sind. Subjekte werden zu einer „vorgeblich autonomen, selbstinteressierten, sich selbst verwirklichenden Instanz, indem sie sich entsprechenden kulturellen Kriterienkatalogen der Autonomie, der Selbstinteressiertheit, der Selbstverwirklichung etc. unterwirft" (Reckwitz 2008, S. 14).

dem Hintergrund der Annahme, dass Diskurse bedeutsame „Orte" darstellen, an denen Subjektivitäten in einem bestimmten historischen und sozialen Kontext hergestellt und verändert werden. Ausgehend von der als *linguistic turn* beschriebenen sprachtheoretischen Wende in Philosophie und Kulturwissenschaften rückt der Diskursbegriff ein Verständnis von Sprache in den Blick, in der Sprache nicht als Widerspiegelung von Wirklichkeit, sondern als wirklichkeitstragendes und -konstituierendes Phänomen betrachtet wird. Wobei unter „Sprache" nicht nur „mit Worten sprechen" gemeint ist, sondern ebenso alle anderen Formen, in denen Aussagen[78] getroffen werden können, sowohl körperlich als auch – im Kontext von Theater – mit bestimmter Lichtführung, mit der Verwendung bestimmter Materialien, mit räumlichen Anordnungen, etc. Michel Foucault unterstreicht im Sinne einer solchen Perspektivierung der Produktivität von Sprache, dass Diskurse „nicht, wie man vielleicht erwarten könnte, eine reine und einfache Verschränkung der Dinge mit den Wörtern sind" (Foucault 1981, S. 74). Diskurse sind für Foucault vielmehr „als Praktiken zu behandeln, die systematisch die Gegenstände bilden, von denen sie sprechen. Zwar bestehen diese Diskurse aus Zeichen; aber sie benutzen diese Zeichen für mehr als nur zur Bezeichnung der Sachen. Dieses *mehr* macht sie irreduzibel auf das Sprechen und die Sprache. Dieses *mehr* muss man ans Licht bringen und beschreiben" (ebd., Herv. i. O.). Diskurse lassen sich in diesem Sinne verstehen, als „sprachförmige Ordnungsstrukturen" (Sarasin 2006, S. 99), die ordnen, was denk- und sagbar ist. Sie regeln die „Beherrschung von Gegenständen" (Foucault 1981, S. 74), indem sie ein produktives Beziehungsverhältnis zwischen den Dingen und den Worten herstellen. Weil diese Beherrschung Ausschlüsse und Verunmöglichungen impliziert, muss man den Diskurs für Foucault „als eine Gewalt begreifen, die wir den Dingen antun; jedenfalls als eine Praxis, die wir ihnen aufzwingen" (Foucault 2003, S. 34f.).

In ihrer Produktivität dienen Diskurse der Herstellung und Unterhaltung gesellschaftlicher Wissenssysteme, welche wiederum untrennbar mit der Frage der Macht verbunden sind. Einerseits ist, was als Wissen (beispielsweise über Migration) im weitesten Sinne gewusst wird, Bestandteil und Ergebnis machtvoller Diskurse. Andererseits basiert jede Form der Macht (beispielsweise Migrations- und Grenzregime) auf einem zugehörigen Wissen und der mit diesem verbundenen

78 Der Begriff „Aussage" wird im Kontext der Diskurstheorie häufig auf Foucault zurückgeführt. Eine „Aussage" liegt für diesen auch ungebunden an die (grammatikalische) Struktur „Satz" vor, nämlich immer dann, wenn „irgendeine Folge von Zeichen, von Figuren, von Graphismen oder Spuren" (Foucault 1981, S. 120) eine Ordnung erkennen lässt (vgl. Ruoff 2009, S. 73–76).

Hervorbringung spezifischer Subjekte, etwa von „Migrant*innen“, welches sie als solche erst ermöglicht. In „Überwachen und Strafen“ konzipiert Foucault die Beziehung von Macht und Wissen in diesem Sinne in einem gegenseitig konstitutiven Verhältnis, welches sich dadurch auszeichnet, „dass Macht und Wissen einander unmittelbar einschließen; dass es keine Machtbeziehung gibt, ohne dass sich ein entsprechendes Wissensfeld konstituiert und kein Wissen, dass nicht gleichzeitig Machtbeziehungen voraussetzt und konstituiert“ (Foucault 1992a, S. 39). Was wir beispielsweise als „Migration“ in Abkehr von „Mobilität“ oder als „Theater“ in Abkehr von anderen (kulturellen) Praktiken fassen, was wir über „Migration“ und „Theater“ wissen, wie wir über sie nachdenken, welche Gefühle wir angesichts von „Migration“ und „Theater“ fühlen und in welches Verhältnis wir uns hiermit verbunden zu diesen setzen, all das tun wir *innerhalb* von Diskursen über „Migration“ und „Theater“ und dem, was in diesen Diskursen an ihrem jeweiligen spezifischen Ort und in ihrer jeweiligen spezifischen Zeit als Wissen über „Migration“ und „Theater“ (nicht) angelegt ist. Die oben beschriebene grundlegende Verwobenheit von Wissen und Macht zeigt sich vor diesem Hintergrund als ein Zusammenspiel von Ein- und Ausschluss, von Ermöglichung und Verunmöglichung von Wissen über einen Gegenstand. Dieser wird also erst als Effekt umkämpfter sozialer Ordnungen ohne das stabile Fundament einer vermeintlichen Essenz durch den Diskurs *als eben genau jener Gegenstand* („Migration“, „Theater“, etc.) hergestellt – und zwar immer wieder und als permanente nicht komplett determinierte auch heterogene Praktiken. Denn auch wenn Diskurse wie oben beschrieben als Ordnung stiftende Strukturen zu verstehen sind, lassen sich diskursive Praktiken nicht komplett einem übergreifenden und stabilen Strukturprinzip unterordnen, sondern sind als sowohl kontingente als auch widersprüchliche Ereignisse zu betrachten (vgl. hierzu und besonders zu den methodologischen Konsequenzen dessen ausführlicher in Kapitel 6 dieser Arbeit). *Zwischen* Struktur und Ereignis angesiedelt, stellen Diskurse immer auch

> [...] Momente einer historischen Ereignishaftigkeit und Singularität dar, die Ordnung aufbricht und jenes ‚unaufhörliche und ordnungslose Rauschen des Diskurses‘ (Foucault 1974: 35) hervorbringt, dem eine diskursive ‚Polizei‘ dadurch beizukommen versucht, dass sie über die Einhaltung der Regeln ihrer Produktion und Zirkulation wacht. (Bublitz 2015, S. 49)

Während der Begriff „Diskurs“ als theoretischer Begriff im Singular das allgemeine Gebiet aller Aussagen anspricht, zeigt die Verwendung der Begrifflichkeit „Diskurse“ im Plural an, dass es unterschiedliche, wenn auch nicht voneinander isoliert zu denkende und zu erforschende Diskurse wie etwa einen theaterpädagogischen Diskurs und einen erziehungswissenschaftlichen Diskurs gibt, mit denen unterschiedliche Hervorbringungen von Subjektivität einhergehen. In den jeweiligen Diskursen sind spezifische Gruppen von Aussagen versammelt, die sich von anderen Aussagegruppen unterscheiden lassen und die sich dahin gehend untersuchen lassen, wie in ihnen ein Gegenstand auf jeweils spezifische Weise hergestellt wird. Während eine Person, die ein Buch veröffentlicht, beispielsweise im juristischen Diskurs als Urheber*in erscheint, erscheint sie im künstlerischen Diskurs als Schöpfer*in/Autor*in und im ökonomischen Diskurs als Produzent*in (vgl. Kammler u. a. 2010, S. 234). Darüber hinaus zeigt der Plural von „Diskurse“ auch an, dass Diskurse als an einen Kontext gebundene *lokale und situierte Praktiken*, als „kontextualisierte Äußerungsakte“ (Wrana 2015b, S. 121) zu verstehen sind. „Der“ überhistorische und überall auf der Welt oder auch nur in Berlin einheitliche Diskurs der Theaterpädagogik am Theater existiert nicht. Wohl aber lässt sich trotz seiner Uneinheitlichkeit von einem *jüngeren oder gegenwärtigen* theaterpädagogischen Diskurs im Kontext von Berliner Theatern sprechen. Dieses Sprechen kann jedoch nur eine perspektivierende Annäherung sein und den in uneinheitlichen diskursiven Praktiken hervorgebrachten Diskurs nicht vermeintlich objektiv wissenschaftlich abbilden. Dabei ist der Begriff der Annäherung selbst insofern an dieser Stelle problematisch, als dass er den theaterpädagogischen Diskurs als einen Gegenstand suggeriert, der unabhängig von seiner Betrachtung und Beschreibung existiert. Dementgegen versteht sich die vorliegende Untersuchung als eine Herstellung von (wissenschaftlichem) Wissen über den Diskurs, die sich einerseits *in* diesen einschreibt und den Diskurs als Wissensobjekt in seiner Perspektivierung auf eine spezifische Weise mit herstellt und andererseits *aus* diesem Diskurs selbst hervorgeht.

Zusammenfassend lässt sich festhalten: Diskurse sind eng mit Praktiken der Subjektivierung verknüpft bzw. lassen sich als Praktiken der Subjektivierung untersuchen. Denn Diskurse produzieren bestimmte Subjektformen, mit denen Identifizierungen und Abgrenzungen erst möglich werden. Sie bilden die Klassifikationsraster, „[...] nach denen Subjekte überhaupt vorgestellt, unterschieden und entsprechend produziert werden bzw. sich selber produzieren können“ (Reckwitz 2008, S. 24). Und sie beschreiben darüber hinaus „Techniken der Subjektivierung“ (Gelhard/Alkemeyer/Ricken 2013), in denen die jeweiligen Ideale durch das Subjekt in alltäglichen Praktiken umgesetzt bzw. (neu) hervorgebracht werden können. Diskurstheoretische Analysen von Praktiken der Subjektivierung stellen in diesem Sinne die Frage, welche Diskurse innerhalb einer historischen Gesamtheit von Ereignissen welche Formungen des Subjekts definieren und klassifizieren und damit diskursiv hervorbringen (vgl. Reckwitz 2008, S. 28).

Diskurse *vermitteln* dabei nicht nur, was es heißt, beispielsweise eine „Frau" oder ein*e „Migrant*in" zu sein. Sondern sie stellen das Subjekt „Frau" oder „Migrant*in" als eine Kategorie, mit der Menschen sich selbst, andere und die Wirklichkeit um sich herum interpretieren und von der aus ihr Handeln angeleitet wird, überhaupt erst als solches her. Foucault betont entsprechend, die Macht der Subjektivierung gelte „[...] dem unmittelbaren Alltagsleben, das die Individuen in Kategorien einteilt, ihnen ihre Individualität zuweist, sie an ihre Identität bindet und ihnen das Gesetz der Wahrheit auferlegt, die sie in sich selbst und die anderen in ihnen zu erkennen haben" (Foucault 2005, S. 275). In diesem Sinne untersuchen jüngere kulturwissenschaftliche Subjektivierungsanalysen beispielsweise, „welches Know-how und welche Wunschstrukturen, welche körperlichen Routinen und welches Selbstverständnis, welche Abgrenzungsformen nach außen und welche Kompetenzen, welche psychisch-affektiven Orientierungen und Instabilitäten" dem Subjekt in Diskursen nahegelegt und von ihm ausgebildet werden, um „jener ‚Mensch' zu werden, den die jeweiligen gesellschaftlichen Ordnungen voraussetzen" (Reckwitz 2008, S. 9f.).

Das Verhältnis von Subjektivierung und Macht beschränkt sich dabei wie hier deutlich wird nicht auf die Restriktion des Subjekts, auf seine Beschränkung und Begrenzung, sondern die Machtform der Subjektivierung wird als eine zugleich *produktive* Kraft konzeptionalisiert: Mit Blick auf die Prozesse der Subjektivierung nimmt Michel Foucault in seinem Aufsatz „Subjekt und Macht" den relationalen Aspekt von Macht, die Machtbeziehungen in den Blick und mit ihnen die Frage, „wie sie ausgeübt wird, also was da geschieht, wenn jemand, wie man sagt, Macht über andere ausübt" (Foucault 2005, S. 281). Zentral ist hierbei der Fokus auf den Aspekt des Einwirkens auf das Handeln Anderer als Form der Ausübung von Macht:

> Macht wird immer von den ‚einen' über die ‚anderen' ausgeübt. Macht existiert nur als Handlung, auch wenn sie natürlich innerhalb eines Möglichkeitsfeldes liegt, das sich auch auf dauerhafte Strukturen stützt. [...] In Wirklichkeit sind Machtbeziehungen

> definiert durch eine Form von Handeln, die nicht direkt oder unmittelbar auf andere, sondern auf deren Handeln einwirkt. Eine handelnde Einwirkung auf Handeln, auf mögliches oder tatsächliches, zukünftiges oder gegenwärtiges Handeln. (Foucault 2005, S. 285)

In diesem handelnden Einwirken auf das *Handeln* Anderer liegt der Unterschied des Begriffs der „Macht" zu dem der „Gewalt". Denn Gewaltbeziehungen definieren sich für Foucault durch physischen Zwang ohne jegliche Freiheit der Entgegnung. In Abgrenzung von Gewaltbeziehungen ist eine Voraussetzung für Machtbeziehungen die Anerkennung des Anderen als handelndes Subjekt. Macht lässt sich somit als eine Form der Führung bzw. des Regierens verstehen. Es geht darum, „[...] Einfluss auf die Wahrscheinlichkeit von Verhalten zu nehmen. [...] In diesem Sinne heißt Regieren, das mögliche Handlungsfeld anderer zu strukturieren" (Foucault 2005, S. 286f.). Zentral für Foucaults Verständnis von Machtbeziehungen ist die ihnen immanente Existenz von Freiheit auch beim Subjekt, auf das Macht ausgeübt wird. Die Freiheit bildet dabei einerseits die Grundlage für die Möglichkeit der Ausübung von Macht, ist andererseits aber auch die Grundlage potenzieller Widerständigkeit:

> In diesem Verhältnis ist Freiheit die Voraussetzung für Macht [...]. Aber zugleich muss die Freiheit sich einer Machtausübung widersetzen, die letztlich danach trachtet, vollständig über sie zu bestimmen. Machtbeziehungen und Widerspenstigkeit der Freiheit lassen sich also nicht voneinander trennen. (Foucault 2005, S. 287)[79]

Zusammenfassend lässt sich bis hierher festhalten, dass aus der vorliegenden Perspektive das Subjekt als eines betrachtet wird, dessen Formung hinsichtlich seines Werdens und seiner Gewordenheit zu untersuchen ist. Konstituiert wird das Subjekt durch die Anrufung in einer ihm vorgängigen Form, der es sich einerseits unterwerfen muss, während andererseits für die Weise dieser Form der Machtaus-

79 Foucault versteht Macht als allen Gesellschaften inhärent. Es könne keine Gesellschaften ohne Machtbeziehungen geben, denn in Gesellschaft leben bedeute, dass es stets möglich sei, dass die einen auf das Handeln der anderen einwirken. Eine Gesellschaft ohne Machtbeziehungen ist daher für Foucault „[...] nur eine Abstraktion" (Foucault 2005, S. 289). Die politische Aufgabe wissenschaftlicher Forschung erläutert Foucault entsprechend als diejenige, „die Machtbeziehungen und den ‚Agonismus' zwischen ihnen und der intransitiven Freiheit zu analysieren, herauszuarbeiten und in Frage zu stellen, ja dass dies sogar die eigentliche politische Aufgabe jeglicher sozialen Existenz darstellt" (Foucault 2005, S. 289).

übung ein gewisses Maß an Freiheit konstitutiv ist, in welchem auch das Potenzial von Widerstand angelegt ist. Diskurse als dem Subjekt vorgängige machtförmige sprachliche Strukturen stellen bedeutsame „Orte" dar, an denen das Subjekt angerufen und hergestellt wird. Sie produzieren ein Wissen über die soziale Wirklichkeit, mit welchem diese nicht abgebildet, sondern *als solche* in einem bestimmten historischen und sozialen Kontext auf jeweils spezifische, widersprüchliche und umkämpfte Weise hergestellt wird – und mit ihr die jeweiligen Vorstellungen von Subjektivität, die mit diesem Wissen verknüpft sind. Doch wie genau lässt sich die Anrufung des Subjekts durch den Diskurs fassen? Woher bezieht dieser seine Macht der Anrufung? Und wie lässt sich die Freiheit des Subjekts als eine Form von potenziell wiederständiger Handlungsmacht denken, wenn das Subjekt auf die dargestellte Weise vom Diskurs abhängig bzw. ihm unterworfen ist? Um diesen und weiteren Fragen nachzugehen, werde ich im Folgenden einige grundlegende Gedanken Judith Butlers erläutern.

4.2 Judith Butlers Theorie der Subjektivation als existenzverleihende Unterwerfung[80]

Es gibt nicht DIE Subjektivierungstheorien, sondern diverse und sich teilweise widersprechende Ansätze, die verschiedene Schwerpunkte setzen und mit Blick auf verschiedene Aspekte des Konzepts unterschiedlich differenziert ausgearbeitet sind. Im Folgenden werde ich ausführlicher auf die subjekttheoretischen Ausführungen Judith Butlers eingehen. Die Auseinandersetzung mit Butlers Perspektive auf Subjektivierung halte ich aus mindestens den folgenden fünf Gründen für fruchtbar: Erstens handelt es sich bei der Theorie Butlers um eine Perspektive auf das Subjekt, in der nicht nur gesellschaftliche Herrschaftsverhältnisse, sondern explizit auch die Relevanz von Differenzordnungen für diese betrachtet wird. Butler entwickelt ihre Subjekttheorie mit Blick auf das Zusammenspiel von Heteronormativität und Geschlechterordnungen. Daher bietet sie sich, wie Nadine Rose

80 Diese sehr prägnante Formulierung entnehme ich Nadine Roses (2012) Dissertation „Migration als Bildungsherausforderung".

(Rose 2016, S. 332) darlegt, neben den Arbeiten Michel Foucaults,[81] besonders für eine Bezugnahme auf Rassismus als eine neben und mit Gender verbundene Gesellschaft dominant strukturierende Differenzordnung zur Produktion von Subjekten an. Zweitens existiert sowohl im erziehungswissenschaftlichen Diskurs (Ricken/Casale/Thompson 2019; Ricken/Balzer 2012) als auch im spezifischen Kontext der Migrationspädagogik (Rose 2016; Kleiner/Rose 2014; Rose 2012) sowie vereinzelt auch in der Theaterpädagogik (vgl. insbesondere Meyer 2016b) bereits eine Auseinandersetzung mit Butlers Subjekttheorie und ihrer Bedeutung für die jeweiligen Fachbereiche, an die sich anschließen lässt. Drittens denkt Butler *diskurs*theoretisch über das Subjekt nach und ist damit anschlussfähig an die vorliegende an den Cultural Studies orientierte Perspektive auf die Relevanz von Diskursen im Kontext von Rassismus und deren Untersuchung im Interviewmaterial. Viertens arbeitet Butler mit Blick auf die verschiedenen Dimensionen von Prozessen der Subjektivierung zwischen Anrufung und Selbst-Bildung des Subjekts in einer Auseinandersetzung mit Althusser zu der Frage des Prozesses der Anrufung des Subjekts, welcher ebenfalls in der vorliegenden Analyse des Interviewmaterials in den Blick genommen werden wird. Und fünftens bietet Butlers im Anschluss an Austin und Derrida entwickelte Konzeption der *Performativität* von Sprache eine Perspektive an, mit der das Sprechen in Interviews hinsichtlich seiner subjekt-produzierenden Macht analysiert werden kann und die besonders auch für die im sechsten Kapitel diskutierte methodologisch-methodische Positionierung der vorliegenden Arbeit grundlegend ist.

Auf den folgenden Seiten werde ich einige wesentliche Eckpunkte der Butlerschen Perspektive auf das Subjekt darstellen. Dafür werde ich zunächst auf den Entstehungskontext der Butlerschen Subjekttheorie in Butlers Auseinandersetzung mit heteronormativen (Zwei-)Geschlechter- und Begehrensordnungen und der in

81 Eine Perspektive auf die Relevanz von Differenz ist auch für Foucault zentral. Jedoch lässt sich feststellen, dass einige Arbeiten in Foucaultscher Tradition etwa im Kontext der Governmentality-Studies den für Subjektivierungsprozesse konstitutiven Aspekt der Differenz eher vernachlässigen. Wenn Ulrich Bröckling (2007) beispielsweise – überaus instruktiv - die hegemoniale Subjektform des „unternehmerischen Selbst" in seiner gleichnamigen prominenten Studie herausarbeitet, so wird der Frage nach dem Anderen (in) dieser Subjektivierungsform dort wenig Beachtung geschenkt. In seinem Aufsatz „Das unternehmerische Selbst und seine Geschlechter. Gender-Konstruktionen in Erfolgsratgebern" (Bröckling 2002) gibt Bröckling dieser Leerstelle Raum und analysiert explizit vergeschlechtlichte Adressierung der „Selbst-Unternehmerin" (Bröckling 2002, S. 181), ohne dabei jedoch auf die konstitutive Relevanz von Differenz für die analysierte Subjektform des unternehmerischen Selbst oder die hier wirksam werdenden Praktiken der Naturalisierung einzugehen.

diesen hervorgebrachten Subjektposition „Frau" eingehen. Anschließend werde ich dann in drei zentrale Begriffe Butlers einführen: Zunächst werde ich Butlers Arbeit an Althussers Begriff der „Anrufung" erläutern, den sie mit Foucaults Überlegungen zur subjektivierenden Produktivität von Diskursen weiterentwickelt. Daran anschließend widme ich mich Butlers Konzeption von Performativität, mit der sie im Anschluss an John Austins Sprechakttheorie und deren Erweiterung durch Jacques Derrida begründet, wie und woher Diskurse die Macht der subjektivierenden Anrufung beziehen. Aus der Verflechtung dieser beiden Ebenen erläutere ich dann abschließend kurz Grundzüge von Butlers Position bzgl. der Handlungsfähigkeit des Subjekts, welche sie als ein Potenzial der Resignifizierung entwickelt, deren Grundlage der konstitutive Bruch der sich wiederholenden sprachlichen und körperlichen Äußerung mit ihrem Kontext bildet.

4.2.1 Kritik der Naturalisierung

Ihren Entwurf eines nicht-essentialistischen Subjektbegriffs formuliert Judith Butler zunächst in ihrer 1990 veröffentlichten und inzwischen als einer, wenn nicht *der* Klassiker der Gender-Studies zu bezeichnenden Untersuchung „Gender Trouble", die im deutschen unter dem Titel „Das Unbehagen der Geschlechter" in erster Auflage im Jahr 1991 erschien. Mit „Bodies that matter"/„Körper von Gewicht" (1993/1995) entwickelt sie den Entwurf weiter und differenziert dort vor allem auch ihre Kritik an der Trennung der Konstruiertheit von *sex* und *gender*, auf die ich weiter unten eingehen werde. In den beiden 1997 im englischen Original veröffentlichten Büchern „The psychic life of power. Theories in Subjection" („Psyche der Macht. Das Subjekt der Unterwerfung", deutsche Erstausgabe 2001) und „Excitable Speech. A Politics of the Performative" („Hass spricht. Zur Politik des Performativen", deutsche Erstausgabe 2006) entwickelt Butler dann (weitere) zentrale Begriffe ihrer Theorie des Subjekts. Butlers Nachdenken über das Subjekt ist dabei sowohl spezifisch auf Subjektivierung im Kontext heteronormativer Geschlechter- und Begehrensordnungen als auch auf allgemeinere Fragen nach dem Subjekt, dessen Werden sowie seiner Handlungsfähigkeit bezogen. Vor diesem Hintergrund versteht Paula-Irene Villa Butlers Überlegungen zum Subjekt als zum einen „im engeren Sinne politisch motiviert, zum anderen – mit der politischen Dimension allerdings eng verwoben – ist ihr Erkenntnisinteresse philosophisch-theoretischer Natur" (VILLA 2003, S. 38).

Ausgangspunkt für Butlers Arbeit in „Das Unbehagen der Geschlechter" ist die kritische Betrachtung der in feministischen Bewegungen und Theoriebildungen häufig vorausgesetzten Identitätskategorie „Frau".[82] Butler weist darauf hin, dass das Subjekt „Frau" nicht per se existiert. Es herrsche vielmehr „kaum Übereinstimmung darüber, was denn die Kategorie ‚Frauen' konstituiert oder konstituieren sollte" (Butler 2001a, S. 16). Im Anschluss an Foucault argumentiert Butler, dass Diskurse, in diesem Fall der heteronormative Geschlechterdiskurs mit seinen binären Kategorien sich gegenseitig begehrender Geschlechtsidentitäten, den Subjekten vorrangig sind und das Subjekt „Frau" vor diesem Hintergrund entgegen einer naturalisierenden Vorstellung von Geschlecht als *Effekt* seiner sprachlichen und politischen Repräsentation in Diskursen zu betrachten ist. Vor diesem Hintergrund untersucht Butler in „Das Unbehagen der Geschlechter" jene „Rechtsformation von Sprache und Politik, die die Frauen als ‚Subjekt' des Feminismus repräsentiert" (Butler 2001a, S. 16). Die feministische Kritik im Allgemeinen und politisches (Gleichstellungs-)Recht im Besonderen müsse vor diesem Hintergrund daraufhin betrachtet werden, wie hier Subjekte wie „die Frau" hergestellt und naturalisiert und dabei zugleich andere nicht der Zweigeschlechtlichkeit entsprechende Formen von Geschlechtsidentität ausgeschlossen würden. Es genüge entsprechend nicht, „zu untersuchen, wie Frauen in Sprache und Politik vollständiger repräsentiert werden können" (ebd., S. 17), sondern die feministische Kritik müsse auch begreifen, „wie die Kategorie ‚Frau(en)', das Subjekt des Feminismus, gerade durch jene Machtstrukturen hervorgebracht und eingeschränkt wird, mittels derer das Ziel der Emanzipation erreicht werden soll" (ebd.).

Damit richtet sich Butler explizit und auf kontrovers diskutierte Weise gegen die Unterscheidung von *sex* und *gender*, wie sie von Gayle Rubin (1975) eingeführt wurde. In dieser Perspektive wird Geschlecht aufgeteilt in eine kulturelle Dimension von Geschlecht (*gender*) einerseits, mit der bestimmte Rollenerwartungen einhergehen, die auf der Grundlage sozialer und kultureller Zuschreibungen entwickelt werden und eine vermeintlich natürliche körperliche Dimension von Geschlecht (*sex*) andererseits, die sich aus universell verallgemeinerbaren biologischen Merkmalen des Körpers ergibt. Während erstere im Kontext feministischer Bewegungen und kritischer Geschlechterforschung häufig problematisiert werde, werde zweitere zumeist als ein scheinbar fixierter körperlich-leiblicher Kern

82 Villa weist darauf hin, dass Butler damit zugleich eine mit Subjektivität verbundene Vorstellung von Authentizität kritisiert: „Was authentisch ist, ist wahr, weil es das Innerste eines Subjekts verkörpert und weil sich darin eine unhinterfragbare Erfahrung verbirgt" (Villa 2003, S. 38).

des Geschlechtssubjekts verhandelt. Wer diese „natürliche" Ausstattung der Geschlechtskörper anzweifle, werde für verrückt erklärt und besorgt beiseite genommen, wie es Butler selbst passiert sei: „[V]ielleicht hatte einfach jemand vergessen, mich über die ‚Tatsachen des Lebens' aufzuklären?" (Butler 1997, S. 14).[83] Hannelore Bublitz führt diese auch heute noch in vielen Debatten bestehende Schwierigkeit der Etablierung eines nicht-naturalistischen Verständnisses von *sex* auf Bemühungen um eine Bewahrung des Körpers als „authentische" Bastion zurück:

> Die Einsicht, dass Natur immer schon Ergebnis – und nicht Voraussetzung – kultureller Erkenntnisse ist, bildet wie keine andere ein unüberwindbares Hindernis der Aufnahme der Butlerschen Thesen. Der Körper als das Authentische gilt als Bastion, die als das subjektiv Widerständige unwiederbringlich erscheint und gegen die Zwänge von Kultur und Gesellschaft verteidigt wird. (Bublitz 2018b, S. 57)

Aus Butlers Perspektive ist die Form der Unterscheidung zwischen *sex* und *gender* insofern problematisch, weil sie *sex* als eine vermeintlich vordiskursive Kategorie denkt und naturalisiert und das Tor öffnet für die gleichzeitige Ableitung und normative Aufladung eines authentisch-natürlichen Körpers. Dem entgegen weist sie darauf hin, dass es unmöglich ist, auf eine vordiskursive Art und Weise über den Körper und seine biologischen Merkmale nachzudenken. Analog zur oben dargestellten Differenz zwischen subjektivierungstheoretischen und sozialisationstheoretischen Perspektiven auf die Formung des Subjekts geht auch Butler davon aus, dass dem Geschlechtskörper das Gesellschaftliche nicht in der Figur einer Trennung von Individuum und Gesellschaft entgegensteht und auf diesen Einfluss nimmt, sondern dass sich dieses Gesellschaftliche im Körper des Subjekts materialisiert.[84] Butler richtet sich damit gegen die Annahme einer zeitlichen Abfolge der Subjektwerdung, in der es ein bereits vorhandenes Subjekt gibt, welches dann zum Objekt der Subjektivation wird. Vielmehr weist sie darauf hin, dass ein „reiner", ein nicht-subjektivierter menschlicher Körper, der seinen kulturellen Klassifizierungen vorgängig ist, schlichtweg nicht denkbar ist, dass er ein „gedankenexperimentelles Ding der Unmöglichkeit" (Reckwitz 2008, S. 84) darstellt. Versuche, einen vermeintlich inneren Kern des menschlichen Körpers vor seiner

83 Ähnliches passiert im Kontext Rassismus, wenn man die rassifizierende Kategorisierung von menschlichen Körpern hinsichtlich vermeintlich „natürlicher" Hautfarben oder Ethnien in Frage stellt und mit Blick auf ihren auf komplexe Weise mit gesellschaftlichen Machtverhältnissen verwobenen Konstruktionscharakter perspektiviert.

84 Butler denkt Körperlichkeit als Materialisierung sedimentierter Normen, ich werde dies weiter unten ausführlicher erläutern.

kulturellen Modellierung von eben dieser Modellierung abzugrenzen, können vielmehr ihrerseits als spezifische kulturelle Naturalisierungs- und Essentialisierungsstrategie analysiert werden, mit denen der Geschlechterdiskurs sich ein vermeintlich sicheres und der Kontingenz entzogenes Fundament schafft.

Wenn die biologische Bestimmung des Geschlechts kulturellen Kategorien folgt, erscheint das biologische Geschlecht nicht mehr als Voraussetzung seiner Beschreibung, sondern als „Effekt des kulturellen Konstruktionsapparates" (Butler 2001a, S. 24). Das soziale Geschlecht umfasst das biologische Geschlecht gleich mit, insofern es jene diskursiven Mittel in sich trägt,

> [...] durch die eine ‚geschlechtliche Natur' oder ein ‚natürliches Geschlecht' als ‚vordiskursiv', d.h. als der Kultur vorgelagert oder als politisch neutrale Oberfläche, auf der sich Kultur einschreibt, hergestellt und etabliert wird. (Butler 2001a, S. 24)

Die naturalisierende Differenzierung von sozialem und biologischem Geschlecht wird so von Butler historisiert und als Wirkung zeitlich wie lokal situierter Diskurse zu verstehen gegeben. Als ein eng mit gesellschaftlichen Machtverhältnissen verwobenes Ergebnis kultureller Wertungen und Klassifikationen wird das naturalisierte Biologische dann als Begründungsgrundlage einer hegemonialen Geschlechterordnung verstehbar, die hinsichtlich der in ihr vollzogenen (diskursiven) Praktiken der Naturalisierung und der mit diesen einhergehenden Machteffekte analysiert werden kann.

Hannelore Bublitz (2018b) beschreibt drei zentrale Brüche mit vorherrschenden Annahmen über Geschlecht und Körper, die mit Butlers Dekonstruktion der naturalisierenden Differenzierung von *sex* und *gender* einhergehen. Erstens und allen voran sei es der Bruch mit der Annahme, Geschlecht sei eine „natürliche Eigenschaft von Körpern, die die Grundlage einer natürlichen Ordnung der Geschlechter bildet" (ebd., S. 54). Zweitens und eng damit verbunden sei es der Bruch mit der Annahme einer dem Körper innewohnenden natürlichen Differenz der Geschlechter, welcher in eine Entnaturalisierung des Biologischen und der mit ihm verknüpften Ordnung der Zweigeschlechtlichkeit führt (ebd.). Und drittens breche Butler hier gleichzeitig mit der Annahme, dass der derart bezeichnete Geschlechtskörper eine mit seiner sozialen verbundene (hetero-)sexuelle Identität stiftet, in der die sexuellen Begehrensstrukturen (*desire*) und Praktiken des Subjekts kontinuierlich und kohärent mit einem kulturell verfestigten, anatomischen Geschlecht verbunden werden:

Die (hetero-)sexuelle Fixierung wird als Effekt diskursiver Praktiken vorgestellt, die durch entsprechende Regulierungsverfahren die binäre Geschlechterdifferenz mit (hetero-)sexuellen Praktiken verschränken. (Bublitz 2018b, S. 55)

Bublitz weist vor diesem Hintergrund darauf hin, dass Butlers diskurs- und machtpolitische Problematisierung der heteronormativen Geschlechterordnung und der Strategien ihrer Naturalisierung in der Trennung von *sex* und *gender* zugleich eine grundlegendere Kritik an einem Dualismus von Natur (*sex*) und Kultur (*gender*), von Körper und Geist adressiert. Denn die von Butler kritisierte „Metaphysik der Substanz" (Butler 2001a, S. 37) eines natürlichen Geschlechtskörpers ließe sich auf jenen für die abendländische Philosophiegeschichte bestimmenden Körper-Geist-Dualismus zurückführen, in dem der Körper dem Geist in Form einer hierarchisierenden Unterscheidung entgegengesetzt werde:

> Hier erscheinen Körper und Geist, Materie und Form als ontologische Unterscheidungen und hierarchische Ordnungen, die das Phantasma nähren, der Geist könne den Körper unterwerfen, ja, mehr noch, er könne seiner Verleiblichung entfliehen. (Bublitz 2018b, S. 57)

Butlers Kritik richtet sich in „Das Unbehagen der Geschlechter" auf einen von ihr innerhalb identitätspolitischer[85] feministischer Bewegungen identifizierten „Repräsentationsdiskurs" (Butler 2001a, S. 20), der nicht nur naturalisiere, sondern darüber hinaus und damit verbunden auch die intersektionale Verfasstheit von Identität verkürze bzw. ignoriere. Der von Kimberly Crenshaw (1989) in der Auseinandersetzung mit der spezifischen Diskriminierung Schwarzer Frauen geprägte Begriff der Intersektionalität adressiert die Verschränkung (*intersection*, dt:

85 Butler unterscheidet zwischen jenen Gruppen, deren „Gruppenidentität" sich über ein Interesse oder einen Wert konstituiert, zum Beispiel Friedensaktivist*innen oder Tierschützer*innen einerseits und jenen „identitätspolitischen", die von einer vornehmlich geteilten kollektiven Identität, etwa als Frauen ausgehen.

Straßenkreuzung) verschiedener Differenzkategorien innerhalb einer Person.[86] Mit der Anerkennung dieser Verschränkung einher geht die Notwendigkeit einer machtkritischen Auseinandersetzung mit der Spezifik von Positionierungen in gesellschaftlichen Ordnungen und den mit diesen verbundenen (De-)Privilegierungen. Eine solche findet sich in der von intersektional denkenden Forscher*innen und Aktivist*innen vollzogenen Problematisierung eines Anti-Rassismus wieder, als dessen politische Subjekte vornehmlich (heterosexuelle Cis-)Männer gedacht werden sowie in der eines *weißen* Feminismus, in dem die Lebenswelten und Probleme (westlicher) *weißer* Frauen als universell für alle Frauen gesetzt und damit letztlich bestehende Herrschaftsverhältnisse verfestigt werden (vgl. HOOKS 1981).[87] In diesem Sinne problematisiert auch Butler einen Komplex aus sich als universell verstehendem Feminismus und seiner zugehörigen Theoriebildung, der „[...] die nichtwestlichen Kulturen kolonialisiert und als Träger westlicher Vorstellungen von Unterdrückung dienstbar macht" (BUTLER 2001a, S. 19). Dem entgegen weist sie darauf hin, dass das, was in Diskursen als Subjekt „Frau" adressiert und hervorgebracht wird, nicht einheitlich, sondern immer verwoben mit anderen Differenzkategorien und lokal wie historisch spezifisch ist. Nicht nur ginge kein Mensch in der Identität[88] „Frau" völlig auf, schließlich sei „eine Frau zu ‚sein', [...] sicherlich nicht alles, was man ist" (ebd., S. 18). Die historisch und lokal spezifisch unterschiedliche Bedeutung von Identitätskategorien ließe sich auch nicht im Sinne einer ‚mehrfachen Diskriminierung' additiv zusammenrechnen, sondern präge diese in ihrer jeweils spezifischen Ausformung maßgeblich:

---

86 Das von der Juristin Crenshaw kritisierte Antidiskriminierungsrecht war nicht in der Lage, diese Diskriminierung adäquat abzubilden und gegen sie zu intervenieren, weil im von Crenshaw exemplarisch untersuchten Fall der Diskriminierung einer Schwarzen Arbeitnehmerin durch eine größere Firma, in der für sie als Schwarze Frau keine besetzbare Position bestand, dieser Firma weder eine grundsätzliche Diskriminierung von Frauen (weiße Frauen konnten in der Administration der Firma arbeiten) noch eine grundsätzliche Diskriminierung von Schwarzen (Schwarze Männer konnten in der Produktion der Firma arbeiten) vorgeworfen werden konnte (vgl. CRENSHAW 1989).

87 Bereits 1851 kritisierte die lange Zeit selbst versklavte Abolitionistin Sojourner Truth in einer Rede auf dem Frauenkongress in Ohio, dass die Frauenbewegung in den USA das Wahlrecht nur für weiße Frauen einforderte mit der inzwischen häufig als einer der ersten Ausdrücke einer intersektionalen Perspektive verstandenen Frage „Ain´t I a woman?". Truths Rede gilt als einer der Gründungsmomente des Schwarzen Feminismus, dessen intellektuelle Kontinuitäten und Brüche in einem jüngst von Natasha Kelly (2019) herausgegebenen Sammelband mit bedeutenden Texten der letzten Jahrzehnte u.a. von Angela Davis, The Combahee River Collective, bell hooks, Audre Lorde, Kimberlé Crenshaw und Patricia Hill Collins nachzuvollziehen sind.

88 „Identität" ist für Butler das „Selbst-Bewusstsein darüber, wer man ist" (VILLA 2003, S. 39).

> Diese Bestimmung [als ‚Frau'] kann nicht erschöpfend sein, [...] weil die Geschlechtsidentität in den verschiedenen geschichtlichen Kontexten nicht immer übereinstimmend und einheitlich gebildet worden ist und sich mit den rassischen, ethnischen, sexuellen, regionalen und klassenspezifischen Modalitäten diskursiv konstituierter Identitäten überschneidet. Folglich lässt sich die ‚Geschlechtsidentität' nicht aus den politischen und kulturellen Vernetzungen herauslösen, in denen sie ständig hervorgebracht und aufrechterhalten wird. (Butler 2001a, S. 18)

Die Repräsentation eines der Politik vorgängigen sozialen und universellen Subjekts „Frau" ignoriere, dass die Kategorie „Frau" eben nicht eine gemeinsame Identität, sondern vielmehr einen „Kampfschauplatz" bezeichne (Butler 2001a, S. 18) und als solcher als Ergebnis heterogener diskursiver Produktionsprozesse stets in historischem Wandel begriffen sei. Anders als manch andere*r Theoretiker*in der Intersektionalität denkt Butler die Kategorien, die hier in ihrer Verschränktheit in den Blick geraten, nicht als Diskursen vorgängige Kategorien, durch deren Überschneidung es zu spezifischen Positionierungen komme, sondern als *in ihrem Zusammenspiel* in permanenten diskursiv-materiellen Produktionsprozessen begriffene. So verweist Fatima El-Tayeb mit Blick auf die gegenseitige Abhängigkeit der Kategorien *race* und *sex* auf die „Unmöglichkeit, das eine ohne das andere adäquat zu analysieren" (El-Tayeb 2012, S. 129). Dies wird beispielsweise mit einem Blick auf gegenwärtige Subjektordnungen im Kontext des antimuslimischen Rassismus (vgl. Attia/Keskinkiliç 2016) schnell nachvollziehbar: Hier lässt sich nur schwer über eine nicht vergeschlechtlichte „muslimische" Subjektposition nachdenken, weil die Subjektpositionen „muslimischer Mann" und „muslimische Frau" in Diskursen des antimuslimischen Rassismus nicht nur hinsichtlich ganz unterschiedlicher Eigenschaften adressiert werden, sondern mit diesen auch ganz unterschiedliche Verhältnisse zwischen dem derart vergeschlechtlichten und rassifizierten Subjekt auf der einen Seite und dem als Teil einer Dominanzkultur adressierten Subjekt konstruiert werden. Während die muslimisierte Frau aus ihrer vermeintlichen Unterdrückung „befreit" werden muss, muss der muslimisierte Mann kontrolliert und diszipliniert werden (vgl. hierzu ebd.; Attia 2009). Vor dem Hintergrund der Gefahr einer Isolation von Kategorien im Bild der *intersection* haben in diesem Kontext Katharina Walgenbach und Gabriele Dietze im Sinne der von Butler vertretenen anti-essentialistischen Position den alternativen Begriff „interdependenter" Kategorien vorgeschlagen, da dieser „die gegenseitige Abhängigkeit von sozialen Kategorien fokussiert und damit die komplexen Beziehungen von Dominanzverhältnissen in den Vordergrund stellt" (WALGENBACH 2012).[89]

Butlers radikal anti-essentialistische Position wurde im Kontext feministischer Theoriebildung prominent bereits früh u.a. von Seyla Benhabib kritisiert, die Butler vorwirft, dass diese durch ihre Praxis der Dekonstruktion die feministische Bewegung unterlaufe, indem sie das Subjekt „Frau" seiner Handlungsfähigkeit beraube.[90] In „Der Streit um Differenz" (BENHABIB U. A. 1995) fragt sie einfach formuliert „Wenn es keine ‚Frauen' gibt, wie soll es dann eine Frauenbewegung geben?". Butler nimmt diese Kritik sowohl politisch als auch theoretisch ernst (vgl. BUTLER 1995b) und erwidert mit einer scheinbar paradoxen Formel, in der sie das strategische Moment des Repräsentierens mit ihrem anti-essentialistischen Subjektentwurf kombiniert: „Der Feminismus braucht ‚die Frauen', aber er muss nicht wissen, ‚wer' sie sind" (BUTLER 1993).

Die hier von Butler adressierte Gleichzeitigkeit von politischer Notwendigkeit der (Selbst-)Repräsentation auf der einen und ihrer Unmöglichkeit auf der anderen Seite ähnelt dem Konzept des „strategischen Essentialismus", das die postkoloniale Theoretikerin Gayatri Spivak mit Blick auf Fragen der (Selbst-)Repräsentation von subalternen Subjekten entwarf. In ihrem 1988 veröffentlichten Artikel „Subaltern Studies: Deconstructing Historiography" setzt sich Spivak mit dem Versuch einer Neuschreibung der indischen Geschichte durch die Subaltern Studies Group auseinander. Diese hatte versucht, mit Blick auf die Geschichte des antikolonialen Widerstandes in Indien ein subalternes Subjekt nachzuzeichnen, welches als revolutionäres Subjekt einen entscheidenden Anteil am Kampf gegen die britische Besatzung hatte. Ziel war es, die Leerstellen in einer von der indischen Elite geprägten hegemonialen Geschichtsschreibung thematisch zu machen und infrage zu stellen, in der die Widerstände der Subalternen gegen die Kolonialmacht weitgehend dethematisiert worden waren. In ihrer Analyse argumentiert Spivak, dass zwar auch hier ein essentialisiertes, sich selbst bewusstes (jetzt: revolutionä-

89 Vgl. ausführlicher hierzu: WALGENBACH/DIETZE 2007.

90 Eine weitere Kritik an Butlers subjektivierungstheoretischen Untersuchungen formuliert Nancy Fraser, die darauf hinweist, dass Butler sich in ihren Texten an einem (dominanten) subjektphilosophischen Zugang als an dem Zugang der „Moderne" abarbeite und dabei andere – alternative – moderne subjektphilosophische Ansätze nicht einbeziehe. Die Vielfalt bereits bestehender (kritischer) Subjektbegriffe ignoriere sie zugunsten eines herrschenden Subjektverständnisses, welches sie als – alleiniges – Gegenbild/Feindbild für ihre eigene Konzeption benutze (vgl. VILLA 2003, S. 44f.).

res subalternes) Subjekt vorausgesetzt bzw. diskursiv hergestellt werde, dieses jedoch als „a *strategic* use of positivist essentialism in a scrupulously visible political interest“ (Spivak 1988b, S. 13, Herv. i. O.) verstanden werden könne. Während aus der Perspektive des strategischen Essentialismus einerseits die Problematik essentialisierender Kategorien und Subjektentwürfe bestehen bleibt und mit ihr die Aufgabe von deren Dekonstruktion und Verschiebung, wird andererseits betont, dass diese Kategorien in bestimmten Kontexten sinnvollerweise verwendet werden können oder gar notwendig sind, um die politische und soziale Welt zu verstehen und ihr zu agieren:

> [S]trategic essentialism accepts that essentialist categories of human identity should be criticized, but emphasizes that one cannot avoid such categories at times in order to make sense of the social and political world. (Morton 2003, S. 75)

In ihrem 2007 publizierten Gespräch mit dem Titel „Who sings the Nation-State? Language, Politics, Belonging“ (dt: „Sprache – Politik – Zugehörigkeit“, 2011) diskutieren Butler und Spivak den Begriff des „performativen Widerspruchs“. Ein solcher entstehe, wenn eine Ordnung zugleich aufgerufen und dekonstruiert werde. Die titelgebende Frage „Who sings the Nation-State?“ geht auf eine Serie von Ereignissen im Frühjahr 2006 in Kalifornien zurück, bei denen illegalisierte „Migrant*innen“ auf der Straße gemeinsam die amerikanische Nationalhymne auf Spanisch sangen und sich damit sowohl die Hymne als auch den öffentlichen Raum auf eine Weise (fehl-)aneigneten, die von der Bush-Administration heftig kritisiert und in der (nicht nur) amerikanischen Öffentlichkeit stark diskutiert wurde (vgl. Spiegel-Online 2006). Während von den Singenden hier einerseits der Wunsch nach US-amerikanischer Staatsbürgerschaft in einem kollektivierenden Aufrufen von Gleichheit zum Ausdruck gebracht wurde, wurde das Konzept der Staatsbürgerschaft zugleich kritisch thematisch gemacht bzw. verschoben und mit ihm die mit ihm verbundene natio-ethno-kulturell kodierte (Zugehörigkeits-)Ordnung, in der Sprache „zum Kriterium [wird], wer der Nation zugehört und wer nicht“ (Butler/Spivak 2011, S. 43). Aus der Betrachtung und Analyse dieses konstitutiv von performativen Widersprüchen geprägten Aktes des politischen Widerstands folgert Judith Butler, dass

> [...] keine radikale Politik des Wandels ohne performativen Widerspruch möglich ist. Eine Freiheit auszuüben und eine Gleichheit gerade gegenüber einer Autorität geltend zu machen, die beides ausschließt, heißt zu zeigen, wie Freiheit und Gleichheit

> sich jenseits ihrer positiven Artikulationen bewegen können und müssen. Man ist auf den Widerspruch angewiesen, man muss ihn exponieren und bearbeiten, um zu etwas Neuem zu gelangen. Einen anderen Weg scheint es nicht zu geben. (Butler/Spivak 2011, S. 47f.)

Mit Blick auf eine in diesem Sinne informierte Theaterpädagogik ließe sich weiterdenken, wie ein strategischer Essentialismus aussehen könnte, durch den sich im Kontext von Proben und Theateraufführungen performative Widersprüche produzieren lassen; eine dekonstruierende Perspektivierung von essentialisierenden Subjektkategorien und -ordnungen also, die sich gleichzeitig mit der Notwendigkeit von deren Aufrufen und auch Aufführen für die Herstellung eines kollektiven „Wir" auseinandersetzt und die vor diesem Hintergrund nach – vielleicht spielerischen – Ansatzpunkten sucht, um der *Gleichzeitigkeit* von Unmöglichkeit und Notwendigkeit, von Affirmation und Verschiebung in Form performativer Widersprüche einen Ausdruck zu verleihen – sei es in Hinsicht auf die Performance der Theaterpädagog*in/Spielleitung oder mit Blick auf in Proben entstehende theatrale Aufführungen der angeleiteten Gruppe.

4.2.2 Das Konzept der Anrufung

Den Prozess der Formung des Subjekts durch den Diskurs untersucht Butler mit dem Begriff der *subjectivation*, der an Foucaults Begriff des *assujetissement* anschließt und ins deutsche zumeist als „Subjektivation" übersetzt wird (vgl. Bublitz 2018b; Ricken/Balzer 2012).[91] Butler denkt das Subjekt innerhalb einer scheinbar paradoxen Figur, in der seine Unterwerfung mit seiner Ermöglichung zusammenfällt. Mit der Formulierung „Ins Leben gerufen wird das Subjekt [...] durch eine ursprüngliche Unterwerfung unter die Macht" weist Judith Butler (2001b, S. 8) auf diese *Gleichzeitigkeit* von Formation und Restriktion des Subjekts durch die Macht hin. „Macht" ist dabei für Butler analog zu Foucaults produktivem Machtbegriff nicht als eine das Subjekt von außen einschränkende Kraft zu denken, sondern sie ist dem Subjekt innerlich, sie ist die konstitutive Grundlage von Subjektivität, sie *produziert* Subjektivität.

> Verstehen wir aber mit Foucault Macht auch als das, was Subjekte allererst bildet oder formt, was dem Subjekt erst seine schiere Daseinsbedingung und die Richtung seines

91 Beiden Begriffen, *subjectivation* und *assujetissement*, ist – anders als im Deutschen – der unterwerfende Charakter des von ihnen bezeichneten Phänomens deutlicher anzusehen: Das englische Verb *to subject* heißt ebenso „unterwerfen" wie das französische *assujetir*.

> Begehrens gibt, dann ist Macht nicht einfach etwas, gegen das wir uns wehren, sondern zugleich im strengen Sinne das, wovon unsere Existenz abhängt und was wir in uns selbst hegen und pflegen. (Butler 2001b, 7f., Herv. i. O.)

Zentral für dieses machtvolle Bilden oder Formen des Subjekts ebenso wie für seine Unterwerfung sind dabei auch in Butlers Perspektive Diskurse, welche sie angelehnt an den oben ausgeführten Diskursbegriff Michel Foucaults versteht als machtvolle Praktiken, die Wirklichkeit nicht nur beschreiben, sondern herstellen. Als den Subjekten vorgängig produzieren Diskurse in ihrer *formativen* Funktion das Subjekt, welches ohne sie als solches nicht existieren kann. Gleichzeitig regulieren sie in ihrer *restriktiven* Funktion das Subjekt, insofern dieses nur als ein bestimmtes zur Existenz kommen kann, während andere Möglichkeiten von Subjektivität „undenkbar" sind. Subjektivierung kann bei Butler als zugleich restriktiv normierende und formierende Konstitution des Subjekts in Abhängigkeit von einem Diskurs verstanden werden, in dem bereits festlegt ist, wie wir überhaupt zu einem „Subjekt" werden können. Mit Bezug auf die doppelte Bewegung von Restriktion und Produktivität in Butlers Beschreibung der Subjektkonstitution prägt Nadine Rose in diesem Zusammenhang den prägnanten Begriff der „existenzverleihenden Unterwerfung" (Rose 2012, S. 90).[92] Weil das Subjekt der Macht des Diskurses einerseits unterworfen ist und sie andererseits von diesem verliehen bekommt, um sprechen und anrufen zu können, betont Butler, das Subjekt sei auf doppelte Weise ein „Subjekt der Macht (wobei der Genitiv sowohl das ‚Zugehören zur Macht' wie die ‚Ausübung der Macht' bezeichnet) [...]" (Butler 2001b, S. 18).

Wie aber genau „funktioniert" die Konstitution des Subjekts durch Diskurse? Butler greift hierfür auf Althussers Figur der Anrufung zurück, die dieser erstmals 1970 in seinem in der französischen Zeitschrift *La Pensée* veröffentlichten Essay „Ideologie und ideologische Staatsapparate" entwirft. In Auseinandersetzung mit marxistischen Ansätzen entwirft Althusser die Herstellung von Subjektivität als

92 Zur konstitutiven Funktion der diskursiven Restriktion führt Nadine Rose aus: „In dieser vorläufigen Bestimmung von Subjektivation wird die Restriktion, die Beschränkung in der Norm als sine-qua-non-Bedingung des Subjekts ausbuchstabiert, unter beständigem Hinweis darauf, dass gesellschaftliche Diskurse im Vorgang der Subjektivation produktiv werden, also allererst das hervorbringen, was als Subjekt verstanden werden kann und es damit auch erst zur Teilnahme an Sozialität ermächtigen. Das Subjekt, das innerhalb dieser ‚gewissen Beschränkung' entsteht [...] verdankt sich eben seiner Unterwerfung unter die normierende Regulation" (Rose 2012, S. 106).

Prozess der Unterwerfung des Individuums durch die Ideologie in einem wechselseitigen Verhältnis:

> Wenn wir sagen, dass die Kategorie des Subjekts für jede Ideologie konstitutiv ist, so muss jedoch zugleich sofort hinzugefügt werden, dass die Kategorie des Subjekts nur insofern konstitutiv für jede Ideologie ist, als es die Funktion jeder Ideologie ist (sie wird durch diese Funktion definiert), die konkreten Individuen als Subjekte zu ‚konstituieren'. In diesem Spiel doppelter Konstitution besteht die Funktionsweise jeder Ideologie, ist doch die Ideologie nichts anderes als ihre Funktionsweise in den materiellen Formen der Existenz dieser Funktionsweise. (ALTHUSSER 1970, S. 19)

Im Zentrum dieses Prozesses steht der Moment der Anrufung (Interpellation[93]), wie er von Althusser in der häufig zitierten „Polizistenszene" exemplarisch als ein Vorgang beschrieben wird, in dem das Individuum durch einen Ruf oder eine Benennung als Subjekt konstituiert wird: Ein Mensch wird auf der Straße durch einen Polizeibeamten mit „Hey, Sie da" angerufen. Der Mensch dreht sich um und wird durch diese „einfache Wendung um 180 Grad" (ALTHUSSER 1970, S. 21) zum Subjekt. Denn der Angesprochene dreht sich um „in dem Glauben, der Ahnung, dem Wissen, er sei gemeint, und erkennt damit an, dass ‚sehr wohl er es ist', an den sich der Anruf richtete" (ebd.). Althussers Polizistenszene verweist damit, wie Ulrich Bröckling feststellt, auch auf die „unmögliche Zeitstruktur" der Arbeit an der Subjektivierung, in der das „immer schon" mit dem „erst noch" als „paradoxe Aufforderung, zu werden, was man schon ist" (BRÖCKLING 2007, S. 27) zusammenfällt.

Insofern hier das Subjekt als Konsequenz aus der Macht der Sprache entsteht, ist Althussers Modell anschlussfähig an eine diskurstheoretische Perspektive, wie sie Judith Butler vertritt. Butler übernimmt grundsätzlich Althussers Konzeption der Subjektwerdung durch Anrufung, plädiert jedoch dafür, nicht die Vorstellung einer herrschenden Ideologie, sondern den Diskurs als Ausgangspunkt der Anrufung zu verstehen.

Am Beispiel von Vergeschlechtlichung als Subjektivierung überführt Butler Althussers Vorstellung von Ideologie in „Körper von Gewicht" in die einer diskursiven Matrix (hier: der (Zwei-)Geschlechtlichkeit). Butler beschreibt die benennende Anrufung eines ungeborenen Kindes mit dem Ausruf des Arztes „Es ist ein

93 Althusser nutzt hier auch die Nebenbedeutung des französischen Wortes *Interpellation*, das im polizeilichen Kontext auch „vorübergehende Festnahme" bedeutet.

Mädchen" als eine exemplarische Szene, in der der leiblich und begehrensorientiert strukturierte Diskurs dem „Zum-Vorschein-Kommen" des Menschen vorausgeht. In der englischsprachigen Literatur wird dieses Konzept häufig in die Formel „A girl is girled" gefasst. Die begründende Anrufung „Es ist ein Mädchen" ist in diesem Sinne keine schlichte *Beschreibung* der Geschlechtlichkeit eines Kindes, sondern als Beschreibung ist sie Teil seiner *Herstellung*, sie initiiert den – unabschließbaren – Prozess des „Mädchen-werdens" bzw. „Zum-Mädchen-Machens":

> Und in der Tat, mit der ärztlichen Interpellation (ungeachtet der in den letzten Jahren aufgekommenen Ultraschallaufnahme) wechselt das Kleinkind von einem ‚es' zu einer ‚sie' oder einem ‚er'; und mit dieser Benennung wird das Mädchen ‚mädchenhaft' gemacht, es gelangt durch die Anrufung des sozialen Geschlechts in den Bereich von Sprache und Verwandtschaft. […] Das Benennen setzt zugleich eine Grenze und wiederholt einschärfend eine Norm. (BUTLER 1997, S. 29)

Mit seiner vergeschlechtlichenden Anrufung beginnt dabei auch die Verortung des Menschen innerhalb einer spezifischen symbolischen Ordnung, die sein „In-Der-Welt-Sein" ein Leben lang prägen wird. Die zugrunde liegende Norm der (Zwei-) Geschlechtlichkeit schreibt sich im Akt der Anrufung in das Kind ein und wird zugleich durch diesen Akt als solche materialisiert.

Auch wenn Butler Althussers materialistische Vorstellung von Ideologie als Ausgangspunkt der Anrufung nicht folgt, teilt sie doch seine Fokussierung der materiellen Kraft von Anrufung. In den Blick gerät so der Körper, den Butler als materialisierte Norm untersucht. Die Produktivität der Anrufung erwirkt für Butler also nicht nur die Form(ierung) der Subjekte und ihres an über die symbolische Ordnung vermittelten Normen orientierten Verhaltens. Sondern sie bedingt auch ihre körperliche Materialität, bzw. andersherum gedacht: ihre materialisierte Körperlichkeit. Mit dieser Konzeption des Körpers *als* materialisierte Norm setzt Butler sich von (sozialisationstheoretischen) Vorstellungen einer Einschreibung sozialer Normen in einen vorgegebenen, scheinbar natürlichen Körper ab. Stattdessen greift sie Foucaults Konzeption einer Unterwerfung der Körper auf, in der diese zu Wissensobjekten und zur Machtwirkung gleichermaßen werden. Diskurse konstituieren in diesem Sinne im Körper eine Materialität, in der sich Diskursives und Physisches miteinander verschränken, so dass Materialität nicht ohne eine diskursive Form denkbar ist. Hannelore Bublitz spricht vor diesem Hintergrund mit Blick auf Geschlechterdiskurse prägnant von einer Macht, die „‚in Fleisch und Blut' übergeht, d. h. den Geschlechtskörper als solchen diskursiv erst hervorbringt und so das Geschlecht – körperlich-physisch – erst materialisiert (Bublitz 2018a, S. 3). Dabei werden zwei Grenzen aufgerufen und gesetzt: Zum einen die Grenze zwischen „sie" und „er", zwischen einer vermeintlich natürlichen männlichen und einer weiblichen Geschlechtlichkeit; zum anderen diejenige Grenze, die das, was nicht intelligibel ist, vom intelligiblen abgrenzt, in diesem Fall, weil ersteres der diskursiven Matrix der (Zwei-)Geschlechtlichkeit nicht entspricht. Im Prozess der Subjektivation wird diese zweite Grenze gleichzeitig aufgerufen und hergestellt, während zugleich ein konstitutives Merkmal für sie in ihrer Verunsichtbarung liegt, die erst ihre vorgebliche Natürlichkeit ermöglicht.[94]

Für den Prozess der diskursiven Subjektivation ist hiermit verbunden eine Gleichzeitigkeit von Normativität und Universalität des Subjekts entscheidend. Das Subjekt ist „Ziel eines Subjektivationsprozesses und zugleich angeblich immer schon dagewesen" (Reckwitz 2008, S. 86). Einerseits wird das Subjekt als Bestandteil einer natürlichen Ordnung adressiert und damit immer auch die (hier: biologisch begründete) Normalität einer Subjektform angerufen, jenseits der ein Individuum im Extremfall seine Intelligibilität verliert – zumindest aber als pathologisch und veränderungsbedürftig erscheint, wie es Michel Foucault in „Wahnsinn und Gesellschaft" und „Die Geburt der Klinik" analysiert hatte. Eine „Frau" oder ein „Mann" zu sein und das jeweils andere Geschlecht zu begehren erscheint dann als „normaler" Ausdruck einer binär organisierten heteronormativen Geschlechterordnung. Andererseits ist Subjektivität immer normativ und als etwas zu beschreiben, das es anzustreben gilt. Eine „richtige" „Frau" oder ein „richtiger" „Mann" zu sein stellt dann einen normativen Referenzpunkt dar, der unerreichbar bleibt und von den Einzelnen durch entsprechende Bemühungen permanent performativ hervorzubringen ist.

Butler verweist außerdem darauf, dass es sich beim Prozess der Anrufung um kein singuläres, sondern um ein sich wiederholenden Ereignis handeln muss, damit dieser machtvoll sein kann. Der Begriff der Anrufung, mit Butler verstanden als „Instrument und Mechanismus von Diskursen [...], deren Wirksamkeit sich nicht auf den Augenblick der Äußerung reduzieren lässt [...]" (Butler 2006, S. 57) be-

94 Es handelt sich hierbei um die Grenze der „Verwerfung" (Butler 1997, S. 30), eine vermeintlich absolute Grenze, die letztlich das „Menschliche" (ebd.) bestimmt und es vom „Unmenschlichen" (ebd.) unterscheidet.

zeichnet entsprechend ein *kontinuierliches* diskursives Geschehen, welches sich im Sprechen im weitesten Sinne materialisiert.[95]

Butler setzt sich dabei dezidiert von der Vorstellung der Existenz eines souverän sprechenden Subjekts im Prozess der Anrufung ab. Da Diskurse den Subjekten vorgängig sind, können sie von den Subjekten nicht intentional kontrolliert werden. Die Anrufung eines anderen Subjekts wird nicht einem souveränen und willentlich handelnden Subjekt zugeschrieben, sondern anonymen, regelgeleiteten und machtförmigen diskursiven Praktiken, welche von Subjekten aufgerufen werden. Als „Element von Diskursuniversen, die ihm vorgängig sind" (Bublitz 2018a, S. 3f.) ruft das Subjekt Diskurse auf, deren Macht es für sein eigenes Sprechen nutzt und ohne deren Ermächtigung sein Sprechen unmöglich wäre.

Hiermit wird zugleich ein für die vorliegende Untersuchung von Interviewgesprächen relevanter „Verantwortungsbereich" des Subjekts markiert.[96] Dieses bestimmt nicht „aus sich heraus" über sein Sprechen und die sich in diesem aktualisierenden Diskurse. Es ist jedoch, wie ich im Folgenden anhand von Butlers Konzeption der Performativität darstellen werde, durchaus in der Lage, auf die *Art und Weise der Wiederholung und Veränderung* der ihm vorgängigen sprachlichen Ordnungsstrukturen Einfluss zu nehmen. Grundsätzliche Voraussetzung für das Sprechen-Können eines Subjekts ist dabei jedoch, dass dieses selbst zunächst als Subjekt konstituiert wurde (vgl. Butler 2006, S. 58f.). Entsprechend liegt auch der Ursprung der Macht der Anrufung gerade nicht im sprechenden Subjekt selbst, sondern in den ihm vorgängigen Diskursen, die gewissermaßen als „Fluss von Wissen" (Jäger/Jäger 2007, S. 15) durch das sprechende Subjekt hindurchfließen und gleichzeitig in jedem konkreten Sprechakt auf spezifische Weise verschoben und aktualisiert werden.

Mit Blick auf das Sprechen in Interviewgesprächen bedeutet dies, dass die Subjekte, die in diesen sprechen, also selbst als solche angerufen wurden und werden

95 In diesem Geschehen übernimmt dabei nicht nur das „direkte Ansprechen", sei es in mündlicher, sei es in schriftlicher Form, eine subjektkonstituierende Rolle, wie es die Polizistenszene Althussers nahelegen könnte. Vielmehr kann Subjektivierung ebenfalls ohne die Anwesenheit und das Wissen der zu subjektivierenden Person stattfinden, etwa in Form eines theaterpädagogischen Vortrags über die Arbeit mit „Migrant*innen". Auch wenn an diesem Vortrag gar keine Mitglieder der hier ko-konstruierten Gruppe teilnehmen, trägt der Vortrag zur Konstitution der Subjektposition „Migrant*in" bei.

96 Ich gehe hierauf ausführlicher aus methodologischer Perspektive in Kapitel 6 ein.

und sich dieser Anrufung unterworfen haben und unterwerfen – wobei die in diesem Satz jeweils zusätzlich hinzugefügte Präsens-Form des Verbs unterstreichen soll, dass sowohl der Prozess der Anrufung als auch der Prozess der existenzverleihenden Unterwerfung unter diese Anrufung *in* den Interviewgesprächen selbst stattfindet, sich wiederholt und aktualisiert. Wie ich ausführlicher in Kapitel 6 darstellen werde, stellen Interviewgespräche also auch mit Blick auf die sprechenden Subjekte selbst Kontexte der Subjektivierung dar, die dahingehend analysiert werden können, wie die Sprechenden sich selbst als Subjekte in diskursiv strukturierten Positionen hervorbringen, wie sie diese aufgreifen, verfestigen und verschieben.

4.2.3 Die Performativität der sprachlichen Äußerung

Aber woher beziehen Anrufungen die Macht, Subjekte zu konstituieren? Althusser antwortet auf diese Frage, indem er einerseits mit Rückgriff auf Gottesvorstellungen am Beispiel der christlich-religiösen Ideologie ein mit Autorität versehenes „absolutes Subjekt“ (Althusser 1970, S. 146) fokussiert, das eine Unterwerfung mit verinnerlichten Heilsversprechen verknüpft. Andererseits verweist er auf die Unterstützung des von ihm beschriebenen ideologischen Staatsapparates durch den „repressiven Staatsapparat“ (ebd., S. 148), also durch Institutionen wie die Regierung, die Polizei oder die Armee. Wenn Butler wie oben dargestellt auf Althussers Konzeption der Ideologie antwortet, dass nicht die Ideologie, sondern der Diskurs dem Subjekt vorrangig sei, widerspricht sie damit auch der Vorstellung eines großen Subjekts hinter der Position des Anrufenden. Um die Frage nach der Machtquelle des Diskurses zu beantworten, rekurriert Butler stattdessen auf die Tatsache, dass Sprechen als per se performativ beschrieben werden kann und entwickelt aus einer Auseinandersetzung mit John Austins Sprechakttheorie und deren Erweiterung/Kritik durch Jacques Derrida ihre Theorie der Performativität.[97]

Der britische Sprachphilosoph John Austin gilt als Begründer der Sprechakttheorie. Im Mittelpunkt seiner Forschung steht die Frage nach den Wirkungen der Sprache. In seiner Vorlesungsreihe „How to do things with words“/„Zur Theorie

97 Butlers Performativitätstheorie hat neben Victor Turners (2000) Ritualtheorie entscheidend zur Etablierung des *performative turn* im sozial- und kulturwissenschaftlichen Kontext beigetragen. Mit *performative turn* wird ein Paradigmenwechsel beschrieben, mit dem beispielsweise „Kultur“ nicht mehr primär als etwas Geistig-Ideelles erscheint, sondern als etwas, „was beständig in Körpern und Dingen in der Aufführung und in der Ausführung“ (Reckwitz 2008, S. 87) hervorgebracht wird.

der Sprechakte" (1962/1972) verweist er auf den handelnden Aspekt von Äußerungen und grenzt sich damit von einer verifikationistischen Fokussierung der Wahrheitsbedingungen von Sprache ab. Entgegen einer Reduktion von Sprache auf konstative Äußerungen führt Austin den Begriff der „performativen Sprechakte" ein. Damit bezeichnet er jenes Sprechen das insofern eine Handlung vollzieht, als dass es das, wovon es spricht, durch sein Sprechen gerade tut. So vollzieht der Satz „Ja, ich nehme die hier anwesende XY zur Frau" in Austins berühmten Beispiel einer standesamtlichen Trauung (Austin 2002, S. 35) eben jene Handlung, von der er spricht. Der Bräutigam tätigt hier gewissermaßen „mehr" als nur eine bloße sprachliche Äußerung, er tut durch seine Äußerung das, wovon er spricht. Indem er die Worte ausspricht, heiratet er und stellt dadurch performativ einen sozialen Tatbestand, die Ehe, her. Als andere Beispiele für klassische Situationen performativer Sprechakte nennt Austin das Wetten, das Taufen und das Vermachen (ebd., S. 36).

Da in dieser Perspektive auf das Sprechen der *Vollzug* einer Handlung im Vordergrund steht, interessiert für solches Sprechen als Kriterium seines Gelingens nicht, ob es wahre oder falsche Aussagen tätigt, sondern ob der Vollzug der Handlung durch es gelingt oder verunglückt. Es sind Äußerungen, bei denen etwas „schiefgehen kann" (Austin 2002, S. 36). Austin fragt sich nun, ob es verallgemeinerbare Bedingungen gibt, die das Gelingen eines Handlungsvollzugs durch einen Sprechakt unterstützen. Dabei stellt er zunächst fest, dass derartige Bedingungen über das richtige Formulieren der Wörter hinausgehen müssen:

> Außer dass man die Wörter der performativen Äußerung aussprechen muss, müssen in der Regel eine ganze Menge anderer Dinge in Ordnung sein und richtig ablaufen, damit man sagen kann, wir hätten unsere Handlung glücklich zustande gebracht. (Austin 2002, S. 36)

Dieses „in Ordnung sein" und „richtig ablaufen" betrachtet Austin unter der Überschrift der Konventionen und kennzeichnet performative Sprechakte als „konventionale Handlungen" (Austin 2002, S. 37). Anhand verschiedener – teilweise sehr komischer – Beispiele für mögliche verunglückte performative Sprechakte, wie das Vererben eines Vermögens, das man gar nicht besitzt oder die Taufe von Pinguinen durch einen Heiligen, betrachtet Austin eine Reihe von sechs „Regeln", die für das Gelingen eines performativen Sprechaktes eingehalten werden müssen. Dabei entdeckt er zwei grundsätzliche Bereiche, aus denen das Verunglücken eines Sprechakts begründet werden kann: Zum einen müssen die *institutionellen*

Rahmenbedingungen der Sprechsituation erfüllt sein, womit etwa die Befugnis der Beteiligten, diese Handlung tatsächlich zu vollziehen oder ihr den Konventionen entsprechender Ablauf gemeint sind. Zum anderen braucht es bestimmte *intentionale* Voraussetzungen des Sprechenden, die Absicht, sich auf eine bestimmte Art und Weise zu verhalten und die Handlung ernsthaft durchzuführen.[98]

Austin unterscheidet zwischen der lokutionären, der illokutionären und der perlokutionären Dimension von Sprechakten: Die lokutionäre Dimension bezeichnet die schlichte Tatsache, *dass* man etwas mit Wörtern innerhalb einer bestimmten Grammatik sagt. Die illokutionäre Dimension bezeichnet den Vollzug einer Handlung, *indem* man etwas sagt während bei der perlokutionären Dimension die zeitlich dem Sprechen nachfolgende Wirkung des Sprechens in den Blick gerät, also das, was *dadurch*, dass man etwas sagt, als Effekt des Gesagten passiert. Die illokutionäre und die perlokutionäre stellen demnach performative Dimensionen des Sprechens dar. Insofern Austin darauf hinweist, dass mit jeder Aussage immer sowohl lokutionäre als auch illokutionäre Akte vollzogen werden, kennzeichnet er letztlich jede Form des Sprechens als performativ. So mag zum Beispiel der Satz „Ich arbeite als Theaterpädagoge" zunächst nicht performativ erscheinen. Durch eine Paraphrasierung zu „Ich behaupte, ich arbeite als Theaterpädagoge" wird jedoch auch hier der Vollzug einer Handlung, nämlich der des Behauptens, durch den Sprechakt deutlich.

Im Anschluss an Austin betrachtet Butler mit Bezug auf die illokutionäre Dimension die Anrufung als einen performativen Sprechakt, der das Subjekt, das er benennt, als solches hervorbringt, bzw. den Prozess der Subjektivierung im Sinne einer Handlung *vollzieht*.

Gleichzeitig macht sie deutlich, dass sich Austins Modell und Althussers Figur der Anrufung auf den ersten Blick nicht vereinen ließen. Denn bei Austin wird das sprechende Subjekt bereits vorausgesetzt, während bei Althusser das Subjekt erst durch das Angerufen werden, also durch einen Sprechakt, entstehe:

> Zunächst scheint der Austinsche Begriff der illokutionären Äußerung mit dem Althusserschen Begriff der Anrufung unvereinbar. Nach Austin geht das sprechende Subjekt

98 Was nicht zu verwechseln ist damit, dass das „Gesagte", etwa das gegebene Versprechen, tatsächlich auch „ernst gemeint" ist. So kann ich durchaus ein gelingendes Versprechen geben, auch wenn ich schon weiß, dass ich es brechen werde. Ob der performative Sprechakt des Versprechens gelingt, ist also nicht von meiner Ehrlichkeit abhängig, sondern von der Frage, ob ich gewillt bin, das (gelogene) Versprechen derart zu geben, dass es den Konventionen eines Versprechens entspricht.

> dem Sprechen voraus, während nach Althusser umgekehrt der Sprechakt dem Subjekt vorausgeht, das er zur sprachlichen Existenz bringt. Somit bildet anscheinend die ‚Anrufung', die bei Althusser das Subjekt erst erzeugt, die Voraussetzung für jene im Subjekt zentrierten Sprechakte, die Austins Analysen bevölkern. (Butler 2006, 44f.)

Doch indem Butler auf eine Analogie zwischen beiden Theorien verweist, kann sie eine „Brücke" (Butler 2006, S. 47) zwischen ihnen bauen. Austins performativer Sprechakt, etwa des Versprechens, gewinnt seine Kraft daraus, dass im Moment seiner Äußerung die Konventionen eingehalten werden und nicht etwa daraus, dass hinter ihm eine tatsächliche Absicht steht, ihn zu erfüllen. Und Althusser verweist darauf, dass jede*r bereits in das Ritual der Ideologie eingetreten ist, „gleichgültig, ob zuvor ein ‚echter' Glaube an diese Ideologie existiert oder nicht" (ebd., S. 46). Er betont die rituelle Form der Ideologie und die Produktivität und mit ihr die Materialität des Rituals. Die performative Materialität des Rituals erläutert Althusser am Beispiel von Pascals Ausführungen zum religiösen Glauben: „Knie nieder, bewege die Lippen zum Gebet und Du wirst glauben" (Althusser, zitiert nach ebd.). Hier geht der Glaube an Gott dem Gebet nicht voraus, sondern er entsteht *durch* die Praxis des Gebets. Entsprechend ist die Existenz der „Idee" des christlichen Glaubens für Althusser keine „per se" existierende, sondern sie ist „[...] eingeschrieben in die Handlung der Praxen, die durch Rituale geregelt werden" (Althusser, zitiert nach Butler 2006, S. 46). Judith Butler fasst zusammen: „Das Ritual ist insofern materiell als es produktiv ist, d. h. insofern es den Glauben erzeugt, der angeblich ‚hinter' ihm steht" (ebd.).

Vor dem Hintergrund des Althusserschen Rituals und der Austinschen Konvention verweist Butler in einer Verbindung beider auf den *konstitutiven Moment der Nicht-Singularität* einer Äußerung. Die rituelle Dimension der Konvention beinhalte, „dass der Augenblick der Äußerung durch frühere und sogar künftige Augenblicke geprägt ist" (Butler 2006, S. 47). Butler stellt dar, dass ein Subjekt, das durch die Anrede eines anderen konstituiert wird, gleichermaßen andere als Subjekte ansprechen kann, dabei jedoch weder über eine reine Handlungsmacht im Sinne einer Vorgängigkeit des Subjekts vor den Diskurs verfügt noch in einem absolut determinierten Verhältnis zu einer ihm vorgängigen Macht steht. Ein anrufendes Subjekt sei in seiner Existenz immer auch von der Anrede durch Andere abhängig und insofern immer gegenüber der Sprache der Anderen verletzlich:

> In diesem Falle stellt das Subjekt weder einen souveränen Handlungsträger dar, der ein bloß instrumentelles Verhältnis zur Sprache hat, noch einen bloßen Effekt, des-

> sen Handlungsmacht sich in reiner Komplizenschaft mit dem vorgängigen Verfahren der Macht erschöpft. Keine Übernahme der Handlungsmacht kann die Verletzbarkeit durch den anderen überwinden, die durch die dem Subjekt vorausgehende Anrede bedingt ist (auch aus diesem Grund fällt ‚Handlungsmacht' nicht mit ‚Beherrschung' zusammen). (Butler 2006, S. 47)

In dieser Logik können Subjekte nicht komplett intentional über ihr Sprechen verfügen, können aber auch nicht als bloßer Machteffekt einer symbolischen Ordnung verstanden werden. Butler belegt so eine Relation von Subjekt und Sprache, in der die Sprache dem Subjekt seine Macht (der Anrufung) verleiht, ohne dass Subjekte jedoch absolut über die ihnen vorgängige sprachliche Ordnung (intentional) verfügen könnten. Handlungsmacht ist für Butler entsprechend eine Macht, die das Subjekt paradoxerweise erst aus seiner Beherrschung/Unterwerfung durch die Sprache gewinnt. Insofern handelt es sich bei Handlungsmacht um eine Macht, mit der gleichzeitig immer auch eine konstitutive *Verletzbarkeit* einhergeht, ein, wie Nadine Rose es formuliert, „Ausgesetzt-und-Abhängig-Sein gegenüber jenen [...], die den Diskurs mobilisieren und die Anrufung in Kraft setzen können" (Rose 2012, S. 123). Wenn Butler hier darauf hinweist, dass auch die Macht des Ansprechenden nur relativ ist, schließt sie einerseits an Austin an, widerspricht aber andererseits seiner These von der Absicherbarkeit performativen Sprechens durch konventionale Bedingungen und die Intentionalität des Sprechenden. Im Anschluss an Jacques Derridas Kritik an Austins Theorie verweist Butler vielmehr darauf, dass jedes Sprachhandeln durch seine Wiederholbarkeit und die Notwendigkeit seiner Wiederholung immer auch ein gewisses Scheitern in sich trägt.

In seinem Text „Signatur Ereignis Kontext" argumentiert Derrida (1988) gegen Austin, Bedingung für den performativen Sprechakt seien nicht Konventionen oder Intentionen, sondern die Struktur von Schrift und Sprache.[99] In deren Zentrum steht für Derrida die für jedes Zeichen konstitutive Zitier- und Wiederhol-

99 In „Signatur Ereignis Kontext" beschreibt Derrida vier Kerneigenschaften von Schrift, die Gerald Posselt wie folgt zusammenfasst: „1. die *Beständigkeit* oder das *Bestehenbleiben* des geschriebenen Zeichens über die Gegenwart seiner Inskription hinaus; 2. die *Iterabilität* des Zeichens, wobei der Begriff der Iterabilität die Wiederholung mit der Andersheit verbindet (298); 3. die Kraft des schriftlichen Zeichens zum *Bruch mit seinem Kontext* (und mit sich selbst), da man ein schriftliches Syntagma aufgrund seiner Iterabilität immer aus einer Verkettung herausnehmen und in andere Ketten einschreiben oder diesen aufpfropfen kann; 4. die *Verräumlichung* (*espacement*), die das geschriebene Zeichen als eine visuelle Markierung in einem bestimmten Raum sowohl ‚von den anderen Elementen der internen kontextuellen Kette' als auch von seinem Referenten und selbst von seinem Signifikat trennt (vgl. 300f.)" (Posselt 2003, ohne Seite, Herv. i. O.).

barkeit (Iterabilität): Das Zeichen kann als Zeichen nur funktionieren, indem es wiederholt wird, wobei es aus seinem alten Kontext gelöst und in einen neuen Kontext eingebaut wird. Einerseits ist das Zeichen immer nur aufgrund seiner bereits vorherigen Existenz benutzbar, es beruft sich auf seine vorherigen Nutzungen, ohne welche es nicht verstehbar wäre. Andererseits bricht jedes Zeichen in der Wiederholung in einem neuen Kontext mit dem ihm vorgängigen Kontext. Derrida kennzeichnet diesen konstanten Bruch des Zeichens mit seinen vorherigen Bedeutungen, der sich aus der Singularität seiner jeweiligen Nutzung erklärt, als „Struktur des Geschriebenen selbst" (ebd., S. 302). Insofern dem Zeichen seine permanente Verschiebung immanent ist, kann es niemals auf eine eindeutige und ewige Bedeutung festgelegt werden, es hat die Struktur einer „Wiederholung ohne Fundament" (Reckwitz 2008, S. 90).

Im Anschluss an Derridas Betonung der Iterabilität von Zeichen geht Butler davon aus, dass Zeichen ihre performative Wirksamkeit erst ihrer Wiederholung verdanken und beschreibt unter Berücksichtigung von Austins Hinweisen auf die Konventionalität des Sprechens, dass bestimmte Zeichen stärker als andere dabei helfen, Subjekte zu reglementieren. Dabei handelt es sich für Butler um genau jene subjektivierenden Sprechweisen, die öfter als andere wiederholt werden und sich derart zu Normen entwickeln können. Performativität dürfe entsprechend nicht „als ein vereinzelter oder absichtsvoller ‚Akt' verstanden werden, sondern als die ständig wiederholende und zitierende Praxis, durch die der Diskurs die Wirkung erzeugt, die er benennt" (Butler 1997, S. 22).

Um die unterschiedliche Kraft von Zeichen zu kennzeichnen, von denen sich einige zu Normen entwickeln können, andere jedoch schwach bleiben, führt Butler die Idee der *Sedimentierung* ein: Durch die verschiedene Häufigkeit ihrer Wiederholung hinterlassen Zeichen unterschiedlich starke Spuren. Zeichen, die öfter wiederholt werden, sedimentieren sich stärker und können sich derart zu Normen verfestigen. Im Umkehrschluss bedeutet dies jedoch auch, dass mächtige Zeichen auf ihre regelhafte und regelmäßige Wiederholung angewiesen sind, um Normen sein und bleiben zu können.

Das Subjekt fasst Butler entsprechend als Produkt einer Wiederholung diskursiver Normen in deren rekontextualisierender Zitation (Butler 1997, S. 37–40). Die Akte, die ein Körper in einer unablässigen Kette von Wiederholungen vollzieht, bilden performative Äußerungen, in denen das Subjekt als ein solches mit spezifischen Eigenschaften hervorgebracht wird und gleichzeitig andere Subjekte als solche anruft. Durch die Wiederholung von diskursiv als „männlich" oder „weiblich" markierten Normen körperlicher Akte des Sprechens, der Bewegung, des Sich-Kleidens, etc. wird das, was es heißt, ein solches Subjekt zu sein, performativ im Tun des Subjekts hergestellt und aktualisiert. Identität wird dann „gerade performativ durch diese ‚Äußerungen' konstituiert, die angeblich ihr Resultat sind" (Butler 2001a, S. 49).

Durch seinen Eintritt in die Norm setzt das Subjekt sich dabei notwendigerweise gleichzeitig von anderen potenziell möglichen Formen von Subjektivität ab. Es tritt in den Bereich des Symbolischen ein, dessen Existenz wiederum erst durch die *Verwerfung* eines Außen gesichert wird, welches Butler mit Rückgriff auf Derrida ähnlich wie Mouffe/Laclau als ein „konstitutives Außen" perspektiviert. Vor diesem Hintergrund zeigt sich die „Bedingung für das Überleben des Subjekts [als] Verwerfung dessen, was das Subjekt fundamental bedroht" (Butler 2006, S. 212). Diese Verwerfung bezeichnet Butler mit Rückgriff auf einen Begriff Lacans als „Sperre" (ebd.).[100] Sie betont, dass diese „Sperre" in ihrer doppelten Funktion als Bedrohung durch und Schutz vor dem „Unsagbaren" Subjekte in einem ständigen Prozess, einer „kontinuierlichen Dynamik", strukturiert:

> Diese doppelte Dimension der Lacanschen ‚Sperre' (bar) darf jedoch nicht nur als eine Struktur gedacht werden, von der das Subjekt einmal inauguriert worden ist, sondern muss als eine kontinuierliche Dynamik im Leben des Subjekts vorgestellt werden. Die Regeln, die die Intelligibilität des Subjekts beschränken, werden das Subjekt sein Leben lang strukturieren. Der Strukturierungsprozess ist niemals ganz abgeschlossen. Dadurch, dass das Subjekt im Handeln seinen Platz in der Sprache einnimmt, sichert es seine Fortdauer dort, wo diese Fortdauer zugleich durch eine Bedrohung und den

100 Anders als Foucault, der eine derartige Auseinandersetzung strikt ablehnte, beschäftigt sich Butler auch dezidiert mit der psychologischen Dimension der Subjektivierung, wobei sie v. a. auf Freud und Lacan rekurriert. Erst unter Einbezug einer libidinös leidenschaftlichen Verhaftetheit des Subjekts gegenüber seiner spezifischen Subjektivierung gelingt es Butler mit Bezug u. a. auch auf die psychoanalytischen Begriffe des Gewissens, der Identifizierung und der Melancholie zu erklären, warum das Subjekt sich überhaupt freiwillig von der Anrufung unterwerfen lässt bzw. diese Unterwerfung so erfolgreich sein kann. Diese Dimension der Butlerschen Subjekttheorie erhält in den Analysen der vorliegenden Arbeit aufgrund ihres in Kapitel 6 ausgeführten Vorgehens jedoch keine Relevanz und wird vor diesem Hintergrund auch nicht weiter ausgeführt. Zur Darstellung (auch kritischer) Perspektiven auf diese psychologische Dimension des Butlerschen Subjektdenkens vgl. Bublitz 2018b, S. 90–97.

> Widerstand dagegen aufrechterhalten wird, eben durch die Bedrohung einer Auflösung des Subjekts. (Butler 2006, S. 212)

Gleichzeitig weist Butler – in Analogie zu Foucaults Forschungen zum Wahnsinn – auf die fatalen auch institutionalisierten Konsequenzen hin, die ein Durchbrechen der Grenzen des Sagbaren durch ein „unmöglich sprechendes" Subjekt mit sich bringt. Nicht nur werde dieses Sprechen entwertet, sondern die Fortdauer des Subjekts selbst würde in Frage gestellt und diesem drohten Konsequenzen „von einem Gefühl, dass man ‚zerfällt', bis zur staatlichen Intervention [...], die für die Einlieferung in eine psychiatrische oder eine Strafvollzugsanstalt sorgt" (Butler 2006, S. 212f.). Es sind also gerade die durch starke Sedimentierung etablierten Normen, die im Prozess der Subjektivierung das Mögliche vom Unmöglichen differenzieren und damit das Unsagbare zugleich als Bedingung der Subjektbildung verstehbar werden lassen. Für Sprechen als von sprachlichen Ordnungen strukturiertes Tun ist dann die Verwerfung des sich den dominierenden diskursiven Ordnungsstrukturen entziehenden Unsagbaren zugunsten der Norm konstitutiv.

Insofern die Normen ihrerseits Produkte von Wiederholungen performativer Aussagen sind, zeigt sich, dass Normen und Subjekte eine grundlegende Abhängigkeit von ihrer sprachlichen Aktualisierung teilen. Subjekt und Norm befinden sich in einer Beziehung gegenseitiger Existenzverleihung: Nicht nur das Subjekt verdankt seine Existenz dem ordnungsgemäßen Zitieren der Norm. Sondern auch die Norm ist für ihre Existenz darauf angewiesen, durch das Subjekt sedimentiert, materialisiert und aktualisiert zu werden:

> Die Kraft und Unbedingtheit dieser Normen (das ‚Geschlecht' als eine symbolische Funktion muss als eine Art Anweisung oder Gebot verstanden werden) ist deswegen funktional abhängig von der weitgehenden Aktualisierung und Zitierung des Gesetzes. Das Gesetz ohne seine annähernde Aktualisierung wäre kein Gesetz, [...] [insofern] wird ‚das Gesetz des Geschlechts' nur in dem Maße laufend gefestigt und als das Gesetz idealisiert, indem es andauernd wiederholt wird als das Gesetz, erzeugt wird als das Gesetz, als das vorausliegende und unerreichbare Ideal, und zwar von den gleichen Zitierungen erzeugt wird, von denen es heißt, das Gesetz würde sie befehligen. (Butler 1997, S. 38)

Subjektivierendes Sprechen lässt sich vor diesem Hintergrund in einer Doppelbewegung beschreiben:

Einerseits ruft die Anrufung (etwa als „Migrant*in" oder als „Deutsche*r") eine unendliche Vielzahl an historisch ähnlichen Anrufungen auf, die sie als Norm zitiert. Der Sprechakt erhält seine Kraft nicht aus einer vermeintlichen Absicht, sondern dadurch, dass in ihm „frühere Sprachhandlungen nachhallen und *sie sich mit autoritativer Kraft anreichert, indem sie vorgängige autoritative Praktiken wiederholt bzw. zitiert*" (Butler 2006, S. 83, Herv. i. O.).

Andererseits muss der Akt der Anrufung eben diese Mobilisierung vorgängiger sedimentierter Zeichen verbergen, da deren Sichtbarkeit die Anrufung zu einem Zitat degradieren und ihr somit jene Kraft nehmen würde, die sie erst aus ihrer vorgeblichen Natürlichkeit und damit einhergehenden Alternativlosigkeit bezieht. Butler betont, dass ein Begriff oder eine Äußerung „nur soweit funktioniert, wie sie aus ermöglichenden Konventionen, durch die sie mobilisiert wird, *schöpft und diese zugleich verdeckt*" (Butler 2006, S. 83, Herv. i. O.). Die Bedingung für die performative Kraft einer Anrufung liegt dann darin, dass sie sowohl „geschichtlich aufgebaut [als auch] zugleich verborgen ist" (ebd., S. 84).

Dabei trägt das wiederholende performative Sprechen einer Norm nicht nur zu deren weiterer Sedimentierung bei, sondern stärkt tendenziell auch die Macht des Sprechenden, denn, wie Nadine Rose feststellt, „[…] erweckt eine performative Äußerung, die vorgängige autoritative Sprechakte wiederholt, den Eindruck, als spräche sie mit der Stimme einer Autorität, die sich zwar der Wiederholung verdankt, aber gerade dadurch wirksam ist, dass sie nicht als Zitat sichtbar wird" (Rose 2012, S. 133).

Mit Blick auf theaterpädagogische Diskurse geraten die subjektivierenden Wiederholungen normativer Ordnungen dann als solche in den Blick, die besonders dadurch wirksam werden, dass sie ihren Status als Zitate einer historischen Abfolge ähnlich strukturierter Zeichen verbergen. Insofern lässt sich ein Ziel dieser Arbeit formulieren als (Unterstützung der) Arbeit an der Sichtbarmachung einer performativen Verweisungsstruktur, in der das Anrufen des Subjekts seine Kraft erst aus der Zitation autoritativen Sprechens erhält, welches es wiederholt und damit bestimmte Zeichen zu Normen sedimentiert, während es seinen Zitatcharakter gleichzeitig zu verbergen sucht. Als Ziel einer derart informierten theaterpädagogischen Forschung lässt sich dann der Versuch beschreiben, das konstitutive Verbergen der (sprachlichen und körperlichen) Verweisungsstrukturen der normativen Ordnungen des Diskurses der Theaterpädagogik am Theater zugunsten einer Reflexion seiner Eingebundenheit in sedimentierte Formungen der Anrufung des Subjekts zu brechen.

4.2.4 Postsouveräne Subjektivität

In „Das Unbehagen der Geschlechter" formuliert Butler: „Bevor die Repräsentation erweitert werden kann, muss man erst die Bedingungen erfüllen, die notwendig sind, um überhaupt Subjekt zu sein" (Butler 2001a, S. 16). Weil das Subjekt auf konstitutive Weise an den Diskurs gebunden ist, ist auch die Handlungsfähigkeit des Subjekts eingebettet in jene diskursiven Ordnungen, die es hervorbringen und gegen die es womöglich seine Kritik richtet. In „Psyche der Macht" fasst Judith Butler die komplexe Beziehung von Subjekt, Diskurs und Handlungsfähigkeit zusammen als eine Abhängigkeit des Subjekts von ihm vorgängigen Diskursen, unter die es sich unterwerfen muss, um zu seiner Handlungsfähigkeit zu gelangen:

> Subjektivation besteht eben in dieser grundlegenden Abhängigkeit von einem Diskurs, den wir uns nicht ausgesucht haben, der jedoch paradoxerweise erst unsere Handlungsfähigkeit ermöglicht und erhält. ‚Subjektivation' bezeichnet den Prozess des Unterworfenwerdens durch Macht und zugleich den Prozess der Subjektwerdung. (Butler 2001b, S. 8)

Wie aber kann ein derart in Abhängigkeit konzipiertes Subjekt nun trotzdem als eines mit einer gewissen Freiheit und (kritischen) Handlungsfähigkeit gedacht werden? Und wie kann im Anschluss hieran über eine Theaterpädagogik nachgedacht werden, die trotz ihrer konstitutiven Eingebundenheit in diskursive Ordnungen handlungsfähig im Sinne einer herrschaftskritischen Praxis ist, deren Ziel (auch) in der Destabilisierung von hegemonialen Formen der Subjektivierung und den mit diesen verbundenen Differenzordnungen besteht?

Butlers Antwort auf die Frage nach der (kritischen) Handlungsfähigkeit des Subjekts entwirft sie nicht *entgegen* der Notwendigkeit der Unterwerfung, sondern *in* ihr, wofür sie den Begriff der „Postsouveränität" (Butler 2006, S. 32) der Handlungsfähigkeit des Subjekts prägt. Im Zentrum ihrer Überlegungen steht dabei die Potenzialität, die sich aus der Unmöglichkeit der absoluten Übereinstimmung eines sprachlichen oder körperlichen Zeichens mit sich selbst in einem anderen Kontext (zu einem anderen Zeitpunkt, an einem anderen Ort) oder mit einem anderen Zeichen ergibt, während es als „Kopie ohne Original" (Schröter 2004,

S. 139) zugleich auf seine Wiederholung angewiesen ist. Hieraus entwickelt Butler eine Theorie, in der sie potenziell widerständige Handlungsmacht in der Möglichkeit der „Resignifizierung" (auch hier im Anschluss an einen Begriff Derridas) dominanter diskursiver Ordnungen verortet.

Derridas Hinweis auf den für ein Zeichen immer notwendigen Bruch mit dem Kontext weitet Butler auf den Bereich der Performativität aus. Auch in der eine normative Ordnung bestätigenden performativen Wiederholung liegt immer ein Moment der Nicht-Übereinstimmung, der eine Verschiebung von Normen ermöglicht. Zum einen ergeben sich im konkreten Tun des Subjekts zwangsläufig immer wieder Verfehlungen, Inkohärenzen und Brüche etwa mit den institutionalisierten Geschlechterordnungen, welche das Potenzial in sich tragen, mit der Zeit nicht mehr als Verfehlungen der Norm zu erscheinen, sondern als deren Umschreibung (vgl. Reckwitz 2008, S. 90f.). Und zum anderen lässt sich anschließend auch an die oben mit den Begriffen Intersektionalität und Interdependenz eingeführte Perspektive eine Überschneidung einer Vielzahl verschiedener als Norm und Normalität wirkender Subjektivationsdimensionen innerhalb ein und derselben Person beobachten, sodass es in jedem Subjekt zu einer nicht vorhersehbaren Konstellation unendlicher potenziell aufeinander wirkender Überschneidungen kommt.

Aus diesen konstitutiven Momenten der Nicht-Übereinstimmung des Zeichens mit sich selbst entwickelt Butler nun das Potenzial einer Handlungsfähigkeit über die Möglichkeit, über die *Fehlaneignung* verschiebende Effekte zu erzeugen, die sie als „katachrestische Effekte" bezeichnet (Butler 2006, S. 226). Dabei liegt das widerständige politische Potenzial des Sprechens für Butler in dieser Fehlaneignung von Begriffen. In „Hass spricht" erläutert sie dies am Beispiel der Nutzung des Begriffs „Subjekt" in philosophischen Texten, welcher „offenbar zu stark mit der Erwartung von Souveränität und epistemologischer Transparenz beladen ist" (ebd.). Anstatt aber den Begriff „Subjekt" nicht mehr zu gebrauchen, plädiert Butler dafür, den Begriff durch einen neuen Gebrauch mit einer neuen Bedeutung zu versehen und so „die sonst festgefügte Kontextwahrnehmung [zu] erschüttern, die er aufruft" (ebd.). Es ist eben dieses verschiebende Aufrufen von Begriffen, in dem Butler ein „beständiges politisches Versprechen" (ebd.) identifiziert, mit dem einher die Möglichkeit von „Akte[n] des Widerstands" (ebd., S. 227) geht:

> Kurz gesagt, es geht mir darum, dass gerade in der Fähigkeit dieser Begriffe, eine nichtgewöhnliche Bedeutung anzunehmen, ihr beständiges politisches Versprechen liegt. Ich würde sogar sagen, dass das Widerstandspotential solchen Aufrufens genau in dem Bruch besteht, den es zwischen einer gewöhnlichen Bedeutung und einer nicht-gewöhnlichen Bedeutung hervorruft. Ich möchte vorschlagen, in Anlehnung an Bourdieu und mit ihm davon auszugehen, dass der Sprechakt ein institutioneller Ritus ist, um damit zu zeigen, dass bestimmte Formen, ein Sprechen aufzurufen, Akte des Widerstands sind. (Butler 2006, 226f.)

Akte des Widerstands durch Resignifizierung können dabei sowohl durch einen Bruch auf körperlicher Ebene vollzogen werden, als auch durch einen Bruch auf der Ebene des Sprechens.

Für ihre Konzeption von Handlungsfähigkeit in der *körperlichen Überschreitung* greift Butler auf Bourdieus Theorie des Habitus zurück. Bourdieu versteht den Habitus als vom Subjekt inkorporiertes, innerhalb einer spezifischen Gruppe kollektives System von Werte- und Verhaltensdispositionen (vgl. Müller 2016). Als einverleibte „zur Natur gewordene und damit als solche vergessene Geschichte ist der Habitus wirkende Präsenz der gesamten Vergangenheit, die ihn erzeugt hat" (Bourdieu 2003, S. 105). Ähnlich wie Butler versteht auch Bourdieu den Körper dabei nicht als bloßen „Repräsentanten" einer gesellschaftlichen Ordnung, sondern als ihre „Verkörperung". Butler fokussiert nun besonders auf die Performativität des Habitus, den sie nicht nur als Produkt seiner Bedingungen betrachtet, sondern der auch in dem Sinne produktiv ist, dass er diese Bedingungen selbst erhält und erzeugt.[101]

101 Auf eine zusätzliche „Erweiterung" von Bourdieus Sozialtheorie durch die Brille der Performativität macht Jörg Volbers (Volbers 2011, S. 141–160) in seiner Untersuchung von „Familienähnlichkeiten" und Differenzen von praxistheoretischen Perspektiven im Anschluss an Bourdieu und Giddens und der performativitätsorientierten Perspektive Butlers aufmerksam. Letztere erinnere daran „[...], dass Sinn innerhalb der sozialen Praxis nicht einfach präsent ist, sondern allein durch die differenzierende *zeitliche Logik* des Erinnerns, Wiedererkennens und Neubeziehens zugänglich wird" (Volbers 2011, S. 154). Mit Blick auf diese temporale Seite der Praxis kritisieren laut Volbers besonders Boltanski und Thévenot Bourdieus Sozialtheorie, der sie eine zu einseitige Betonung der sozialen Ordnung und Stabilität vorhalten. Stattdessen betonen sie „[...] die Dimension der Kontingenz, der Sinnverschiebung und des Sinnentzugs, die auch die Dekonstruktion interessiert" (ebd.). Außerdem verweisen sie so auf jene Dimension der ständigen Mobilität von Bedeutungsproduktion, die Butler, wie ich weiter unten erläutern werde, im Anschluss an Derrida als konstitutives Merkmal jeder Sprachhandlung entwickelt.

> Insofern Bourdieu anerkennt, dass der Habitus mit der Zeit gebildet wird und dass diese Bildung zu einem gefestigten Glauben an die ‚Wirklichkeit' des gesellschaftlichen Feldes führt, in dem er wirksam wird, erfüllen [...] gesellschaftliche Konventionen die Körper mit Leben, die wiederum diese Konventionen als Praktiken reproduzieren und ritualisieren. So wird der Habitus geformt, aber er formt auch: Der körperliche Habitus stellt in ebendiesem Sinne eine stillschweigende Form von Performativität dar, eine Zitatenkette, die auf der Ebene des Körpers gelebt und geglaubt wird. Der Habitus [...] generiert auch Dispositionen. (BUTLER 2006, S. 242, Herv. i. O)

Butler weist auch hier wieder auf die Relevanz der Naturalisierung für die Erhaltung und Produktion gesellschaftlicher Ordnungen hin. Denn gerade, weil der Körper als „natürlich" imaginiert wird, kann er (unbemerkt) zur Stabilisierung gesellschaftlicher Ordnungen beitragen. Dabei könne die durch den Körper vorgenommene Wiederholung gesellschaftlicher Normen jedoch immer nur partiell sein. Hieraus ergibt sich das von Butler unter dem Begriff der „Überschreitung" gefasste Widerstandspotenzial des Körpers. In der Bewegung der Überschreitung sei der Körper in der Lage kulturelle Bedeutung zu verunsichern, indem er „die diskursiven Mittel enteignet, mit denen er selbst hergestellt wurde" (BUTLER 2006, S. 248).

Exemplarisch für eine derartige Praxis der körperlichen Überschreitung nennt Butler Rosa Parks berühmte Weigerung, entgegen der US-amerikanischen Jim-Crow-Gesetze[102] ihren zuvor an „falscher Stelle" eingenommenen Sitz im Autobus für einen *weißen* Fahrgast freizumachen. Ihre Weigerung und die mit ihr verbundene Verhaftung am selben Tag des 1. Dezember 1955 lösten den (vom damals noch recht unbekannten Matin Luther King Jr. mitorganisierten) „Busboykott von Montgomery" aus, der als einer der zentralen Ausgangspunkte der Schwarzen Bürgerrechtsbewegung in den USA verstanden wird. Butler führt den Widerstand Rosa Parks als Beispiel für die Möglichkeit auch unautorisierter, nicht-legitimierter Norm-Überschreitungen auf, welches zeige,

> [...] wie die Form gesellschaftlicher Institutionen einem Wandel unterworfen ist und sich verändert und wie eine Anrufung, die keine vorgängige Legitimität besitzt, die bestehenden Formen der Legitimität herausfordern und damit die Möglichkeit zukünftiger Formen herausfordern kann. (BUTLER 2006, S. 230)

102 Als Jim-Crow-Gesetze werden eine Reihe von rassistischen Gesetzen zur „Rassentrennung" in den Südstaaten der USA bezeichnet, die von der Abschaffung der „Sklaverei" 1865 bis zum Inkrafttreten des Civil Rights Acts und des Voting Rights Acts Mitte der 1960er-Jahre in Kraft waren, vgl. einführend etwa ARNDT 2015, S. 69–71.

Als weiteres Beispiel für eine resignifizierende Praxis der körperlichen Überschreitung lassen sich die in Butlers Schriften häufigen Bezüge auf Travestie verstehen. Als Parodien von heteronormativen Ordnungen der Zweigeschlechtlichkeit zeigen diese, dass es keine „richtige" Geschlechtsidentität, sondern lediglich eine Annäherung an bzw. Imitation von deren (binären) Kategorien geben kann und legen dabei in ihren Inszenierungen zugleich die Konstruiertheit der Norm offen.

Während „Überschreitung" bei Butler die körperliche Potenzialität von Widerstand oder Gegenverhalten beschreibt, fasst sie die sprachliche Praxis der Resignifizierung als „Verschiebung". In der Praxis der Begriffsverschiebung wird der notwendige Bruch mit dem Kontext einer sprachlichen Äußerung subversiv für eine Neukontextualisierung eines Begriffes genutzt. Diese Praxis beschreibt Butler anhand der Strategie des „Dagegen-Sprechen" (Butler 2006, S. 27), in der rassistische oder auf anderen Differenzlinien beruhende abwertend-beleidigende Bezeichnungen angeeignet und in transformierter Form in den Diskurs (wieder-) eingeschrieben werden können. Wenn beispielsweise der abwertende Begriff *nigger* im amerikanischen Rap durch den afroamerikanische Rapper ICE-T übernommen und bewusst den durch ihn materialisierten Normen und Wertungen widersprechend umgedeutet wurde, so wurde der Begriff hier gegen die ihm vormals eingeschriebene Ordnung gewendet. Ähnlich lässt sich auch die Bedeutungsverschiebung des Begriffes *queer* (dt.: eigenartig; seltsam) nachvollziehen, der bis in die 80-er Jahre hinein als Schimpfwort für Personen benutzt wurde, die in der Performance ihrer Geschlechtsidentität oder ihrer sexuellen Orientierung von der CisGender-Heteronormativität abwichen. Im Laufe der Zeit wurde der Begriff durch politische Widerstandsbewegungen umgedeutet und positiv gewendet, so dass er heute in Deutschland vornehmlich als (nicht abwertende) (Selbst-) Bezeichnung bekannt ist. Derartige – bewusste – Verschiebungen von Begriffen stellen dabei nicht nur eine Neubewertung und Neukontextualisierung dar, sondern sind zugleich eine Form der Aneignung und Enteignung, in der das Sprechen in einen außergewöhnlichen Kontext versetzt wird.

Die in der sprachlichen wie körperlichen Resignifizierung angelegte Handlungsmacht des Subjekts fasst Butler als eine des „postsouveränen Subjekts" und weist darauf hin, dass auch wenn „[...] einige Theoretiker die Kritik der Souveränität als Zerstörung der Handlungsmacht missverstehen, [...] meiner Ansicht nach die Handlungsmacht gerade dort ein[setzt], wo die Souveränität schwindet" (Butler 2006, S. 32). Handlungsmacht wurzelt für Butler also gerade nicht in einer vermeintlichen Autonomie des Subjekts, das gewissermaßen von „außen" auf gesellschaftliche Ordnungsstrukturen blicken könnte. Vielmehr bildet die Anerkennung der diskursiven Verflochtenheit bzw. Hervorgebrachtheit des Subjekts die Grundlage für potenzielle Resignifizierungen, deren Macht sich aus dem Nicht-Essentiellen sprachlicher Zeichen rekrutiert. Handlungsmacht zeigt sich dann in einem von dieser Anerkennung ausgehenden Umgang mit denjenigen dem Subjekt vorgängigen, historisch gewachsenen diskursiven Ordnungsstrukturen, durch die es selbst konstituiert ist und aus denen es seine Handlungsfähigkeit erst bezieht.

> Dieses ‚Ich', das durch die Häufung und die Konvergenz solcher ‚Rufe' hervorgebracht wird, kann sich nicht selbst aus der Geschichtlichkeit der Kette von Anrufungen herauslösen oder sich aufrichten und sich mit jener Kette konfrontieren, so als sei sie ein Objekt, das mir gegenübersteht, das ich nicht bin, sondern nur das, was andere aus mir gemacht haben. [. . .] Das ‚Ich', das sich seiner Konstruktion entgegenstellen würde, schöpft immer in irgendeinem Sinne aus dieser Konstruktion, um seinen gegensätzlichen Standpunkt auszudrücken. (Butler 1997, S. 166f.)

4.2.5 Kurze Zusammenfassung

Dieses Teilkapitel abschließend möchte ich im Sinne der Nachvollziehbarkeit kurz einige wesentliche Aspekte der hier eingeführten Perspektive Judith Butlers auf Prozesse der Subjektivation zusammenfassen: Ausgehend von einer Betrachtung der Subjektposition „Frau" adressiert Butler die politische Notwendigkeit, die Prozesse der Herstellung von Subjektivität als Ausdruck und Materialisierung von Machtverhältnissen in den Blick zu nehmen. Dabei rückt sie besonders Strategien der Naturalisierung der Subjekte und auch ihrer Körper in den Blick. Entgegen der verbreiteten Unterscheidung zwischen *sex* als körperliches Geschlecht und *gender* als soziales Geschlecht zeigt sie auf, dass auch das vermeintlich natürliche biologische Geschlecht immer schon als Effekt des Sozialen zu betrachten ist. Weil die Kategorien und Merkmale der Beschreibung und Erfassung von Körpern *als X/Y/Z* diskursiv verfasst und damit produktiv sind, sind (Geschlechts-) Körper als „Mann" oder „Frau" nicht als natürliche Gegebenheiten zu betrachten, sondern als Ausdruck einer hegemonialen heteronormativen Ordnung der Zweigeschlechtlichkeit. Diese materialisiert sich in den Körpern der Subjekte in sich gegenseitig bedingender Abhängigkeit von weiteren Differenzordnungen, mit denen die Vergeschlechtlichung des Subjekts intersektional bzw. interdependent verbunden ist.

Prozesse des Subjektwerdens denkt Butler in einer scheinbar paradoxen Figur, in der die Restriktion des Subjekts mit seiner Formation zusammenfällt. In einer sprachtheoretischen Wendung von Althussers Konzeption der Interpellation zeigt Butler, wie das Subjekt durch den Diskurs in einer unendlichen Kette von Wiederholungen in seiner spezifischen Form angerufen wird und sich dieser Anrufung immer wieder unterwerfen muss, um zu seiner Existenz zu gelangen, während andere Möglichkeiten von Subjektivität zugleich verworfen werden. Erst durch die Unterwerfung unter den ihm vorgängigen Diskurs erhält das Subjekt seine Intelligibilität und mit ihr die Macht, andere Subjekte anzurufen, so dass sich das anrufende Sprechen des Subjekts (etwa in Interviews) als eines fassen lässt, welches in radikaler Abhängigkeit von Diskursen und den in und mit ihnen angelegten Ordnungen zu denken ist.

Auf der Grundlage einer Auseinandersetzung besonders mit Austin und Derrida führt Butler den Begriff der Performativität ein. Mit diesem kann sie nicht nur begründen, wie der Diskurs aus der performativen Kraft des Sprechakts seine Macht erhält, das Subjekt in dieser Form anzurufen, sondern auch, dass diskursive Ordnungen wie Geschlechterordnungen oder Ordnungen des Rassismus zugleich ihrerseits auf Performanz angewiesen sind. Weil dem Zeichen in der Bewegung der Iteration seine permanente Verschiebung immanent ist, kann es niemals eine eindeutige und ewige Bedeutung erlangen, sondern existiert immer nur als eine Art Kopie ohne Original. Als solche ist es auf seine permanente Wiederholung angewiesen, während die Spezifik dieser Wiederholung zugleich über den Prozess der Sedimentierung Normen herausbildet. Das Subjekt als materialisierte Körperlichkeit des Diskursiven erscheint dann als eine Instanz, die ihre Existenz der erfolgreichen Zitation der sedimentierten Norm verdankt, welche ihrerseits auf ihre wiederholte Performanz durch das Subjekt angewiesen ist.

Vor dem Hintergrund dieser Prekarität der scheinbar stabilen und „natürlichen" diskursiven Ordnungen entwickelt Butler die Handlungsmacht des Subjekts als eine des postsouveränen Subjekts. Am Beispiel körperlicher Überschreitung und sprachlicher Verschiebung zeigt Butler, wie Subjekte in der Lage sind, gesellschaftliche Ordnungen zu verändern, indem sie sich diese Ordnungen resignifizierend fehlaneignen. Handlungsmacht und mit ihr die Möglichkeit von Widerstand gegen und Veränderung von hegemonialen Ordnungen resultiert für Butler nicht aus einer vermeintlichen dem Diskurs vorgängigen Freiheit des Subjekts, sondern wird von ihr in jenem Rahmen gedacht, der durch die Notwendigkeit der Unterwerfung des Subjekts unter den Diskurs festgelegt wird. In den Blick gerät dann eine Perspektive, die sich mit einem Wort Butlers verpflichtet, die „,Fähigkeit' der Handlung [. . .] an solchen Schnittpunkten [zu denken], wo der Diskurs sich erneuert" (Butler 1995a, S. 125).

5 Zusammenführung und Präzisierung des Untersuchungsinteresses

Im Folgenden sollen in einer Zusammenführung der bisherigen Ausführungen Ordnungen des Rassismus als Kontext von Subjektivierung in den Blick genommen werden. Ziel ist es zunächst in 5.1 die analytische Perspektive auf Subjektivierung im Kontext von Rassismus einerseits zu plausibilisieren und sie andererseits theoretisch zu spezifizieren. Vor dem Hintergrund dieser Zusammenführung rassismus- und subjektivierungstheoretischer Perspektiven werde ich anschließend in 5.2 die Bedeutsamkeit des konturierten Zusammenhangs für die Theaterpädagogik plausibilisieren und meine Fragestellung präzisieren.

5.1 „Rassismus bildet“: Rassismus als bedeutsamer Kontext der Subjektivierung

In Kapitel 2 habe ich Rassismus bezugnehmend auf rassismuskritische Perspektiven zu verstehen gegeben als ein machtvolles und historisch fundiertes gesellschaftliches Strukturprinzip, mit welchem Menschen voneinander unterschieden und mit unterschiedlichen Rechten, Möglichkeiten und Zugängen zu Ressourcen versehen werden. Als ein System von Diskursen und Praxen dient Rassismus der Herstellung und dem Erhalt gesellschaftlicher Macht- und Herrschaftsverhältnisse und war und ist eng mit der Ausübung von Gewalt und der ökonomischen, kulturellen und politischen Ausbeutung von im Rassismus als Andere konstruierten Menschen verknüpft.

Weil Ordnungen des Rassismus das (global-)gesellschaftliche Geschehen symbolisch, materiell und institutionell ordnen und begreifbar machen, erfahren Menschen nicht nur gesellschaftliche Realität, sondern auch sich selbst und andere vermittelt durch diese Ordnungen. Wissensordnungen des Rassismus funktionieren als eine Art omnipräsente und scheinbar „normale“ und dadurch nur schwer erkennbare „Folie“, mit der Menschen sowohl die Welt als auch sich selbst in der Welt (bewusst und unbewusst) interpretieren. Étienne Balibar beschreibt Rassismus in diesem Sinne als einen Schlüssel, der dazu diene, „nicht nur das zu interpretieren, was die Individuen erleben, sondern auch das, was sie innerhalb der gesellschaftlichen Welt *sind*“ (Balibar 1990, S. 26, Herv. TB). Diskurse des Rassismus stellen nicht nur Wissen (und Nicht-Wissen) über die Welt zur Verfügung, sondern vermitteln Subjekten auch, welche Position(en) sie in dieser Welt auf welche Weise bewohnen (können).

Mit der Formulierung „Rassismus bildet" weisen Paul Mecheril und Anne Broden (2010) auf diese in mehrfacher Weise „bildende" Dimension von Rassismus hin. „Bildung", so erläutern sie im Sinne des von Rainer Kokemohr, Hans-Christoph Koller und Winfried Marotzki geprägten transformatorischen Bildungsbegriff, bezeichne „[...] allgemein Phänomene und Prozesse der wissens- und erfahrungsbegründeten Transformation personaler Selbst- und Weltverhältnisse" (Broden/Mecheril 2010, S. 7) und könne an allen Erfahrungen und Gegenständen ihren Ausgang nehmen. Die Formulierung „Rassismus bildet" zeige vor diesem Hintergrund an, „dass Rassismus mittels Wissen und Erfahrung auf Prozesse der Konstitution und Transformation von Selbst- und Weltverhältnissen positiv oder negativ Einfluss nimmt" (ebd.).

Mit Judith Butler hatte ich Subjektivierung oben als einen Prozess beschrieben, in dem das Subjekt sich einer ihm vorgängigen machtvollen symbolischen Ordnung unterwirft und durch diese Unterwerfung in der Gleichzeitigkeit von Formation und Restriktion als Subjekt sowohl beschränkt als auch hervorgebracht wird. Migrationsgesellschaftliche Differenz- und Zugehörigkeitsordnungen lassen sich als solche dem Subjekt vorgängigen Ordnungen verstehen und bilden als solche eine relevante Grundlage von Prozessen der Subjektivierung. Im Kontext einer auf bedeutsame Weise von Ordnungen des Rassismus strukturierten Gesellschaft gibt es dabei nicht nur, wie oben erläutert, keine Position außerhalb des Rassismus, von der aus dieser zu beschreiben oder zu kritisieren wäre, sondern es gibt auch keine Subjekt-Werdung außerhalb der im und mit dem Rassismus hergestellten Ordnungen. Als ein „strukturierter und strukturierender Raum, in dem aus Individuen ‚Subjekte' werden" (Mecheril u. a. 2010b, S. 157) bringt Rassismus Subjektordnungen hervor, in denen alle Menschen auf je spezifische Weise als Subjekte des Rassismus angerufen werden und sich in Reaktion auf und in Abhängigkeit von diesen ebenso wie von weiteren, komplementären und/oder entgegen laufenden Anrufungen als Subjekte hervorbringen (müssen). Rassismus als ein „Komplex, in dem Wissen-Macht-Verschrän-kungen eine Grundlage von Subjektivierungsprozessen ausbilden" (Broden/Mecheril 2010, S. 14) lässt sich aus herrschaftskritischer Perspektive dann als ein spannungs- und widerspruchsvolles Herrschaftsverhältnis beschreiben, welches in die Herausbildung unser aller Subjektivitäten hineinspielt und dem sich niemand entziehen kann. Die rassistische

Ordnung wirkt nicht allein als „äußerliche" Verteilung von Ressourcen und Möglichkeiten, sondern sie ist „auch in dem Sinne produktiv, dass sie auf Selbstverhältnisse und -praxen einwirkt" (Broden/Mecheril 2010, S. 17).

Zentral für die Auseinandersetzung mit Prozessen der Subjektivierung im Kontext von Rassismus ist dabei die Bedeutsamkeit der (Produktion von) *Differenz*. Vor dem Hintergrund dieser Bedeutsamkeit argumentiert Nadine Rose (2016, S. 326–339) in ihrem Eintrag zum Stichwort „Subjektverhältnisse" im „Handbuch Migrationspädagogik" dafür, dass sich für eine Untersuchung von Prozessen der Subjektivierung im Kontext Rassismus besonders eine Adaption von Foucaults[103] und Butlers Gedanken zur (Hetero-)Normativität unserer eingewohnten Geschlechterdifferenzierung und zugehöriger Begehrensoptionen als aussichtsreich erweise. Denn sowohl Foucault als auch Butler untersuchen die Frage, was es bedeutet, ein Subjekt zu sein und zu werden, über eine diskurstheoretisch informierte Auseinandersetzung mit der Herstellung von *Differenz*, welche diese Überlegungen grundsätzlich anschlussfähig macht für die Auseinandersetzung auch mit der Bedeutsamkeit anderer Differenzordnungen für Prozesse der Subjektivierung.

Diese Bedeutung von Differenz möchte ich im Folgenden noch einmal kurz erläutern: In Diskursen werden Subjekte voneinander auf eine spezifische Weise *unterschieden* und qua dieser Unterscheidung werden ihnen unterschiedliche Plätze mit unterschiedlichen Rechten und Zugängen zu Ressourcen in der Gesellschaft zugewiesen. Verstanden als eine produktive Kraft materialisiert sich Macht in der Hervorbringung des Subjekts dabei in einem doppelten Sinne different: Zum Einen stellen Differenzkategorien als vermeintlich natürliche Kategorien der Unterscheidung in ihrer Spezifik einen Effekt machtvoller Diskurse dar. Macht materialisiert sich hier im Sinne einer *Herstellung von (hegemonialen, binär organisierten) Kategorien der Differenz* mit der zugleich andere mögliche Kategorien verworfen werden. Zum Anderen materialisiert sich Macht in den in Diskursen derart entlang von Differenzkategorien hervorgebrachten Subjektpositionen *in* den Subjekten. Auf Subjekte wird je nach ihrer Positionierung durch den Diskurs *auf unterschiedliche Weise Macht ausgeübt*. Sie müssen sich je nach ihrer Positionierung unterschiedlichen Anforderungen unterwerfen, um als Subjekte Existenz zu erlan-

103 Foucault hatte sich in seinen Vorlesungen „In Verteidigung der Gesellschaft" im Kontext seiner Ausführungen zu „Bio-Macht" (Foucault 2009) selbst ebenfalls kursorisch mit Rassismus beschäftigt und diesen als politische Strategie in einer „Normalisierungsgesellschaft" analysiert, deren Ziel die biopolitische Erfassung und Regulierung der Bevölkerung sei.

gen und anerkannt zu werden. Diese Subjektpositionen sind jedoch nicht singulär, sondern werden im Kontext von hegemonialen durch Differenzkonstruktionen konstituierten Subjektordnungen angelegt und im Modus zitierenden Wiederholens beständig performativ aktualisiert und verändert. Auch die Handlungsmacht des Subjekts ist vor diesem Hintergrund als eine *spezifische* (wenn auch notwendigerweise nicht zu fixierende) positionsbedingte Handlungsmacht zu denken, da sie von der Unterwerfung unter diskursiv verfasste differente Subjektpositionen strukturiert wird.

Subjektordnungen des Rassismus lassen sich vor diesem Hintergrund als grundsätzlich binär strukturierte und hierarchisch organisierte Differenzordnungen verstehen, in denen Subjektivität entlang einer bewertenden Unterscheidung zwischen einem natio-ethno-kulturell kodierten „Wir" und einem diesem entgegenstehenden „Nicht-Wir" produziert wird. Die hierbei kreierten relational aufeinander bezogenen Subjektpositionen zeichnen sich idealtypisch dadurch aus, dass sie als diametral entgegengesetzt konstruiert werden. Unterscheidungen zwischen Eigenen und Anderen, zwischen „Deutschen" und „Ausländern" oder zwischen „mit Migrationshintergrund" und „ohne Migrationshintergrund" lassen sich aus dieser Perspektive sowohl als dominante als auch als normalisierte Praktiken der Subjektivierung im Rahmen natio-ethno-kulturell kodierter Zugehörigkeitsordnungen analysieren. Subjektivierung im Kontext von Differenzordnungen zeichnet sich dabei durch jene Gleichzeitigkeit von Norm und Normalität aus, die ich oben mit Butler anhand der Subjektivierung im Kontext heteronormativer Geschlechterordnungen erläutert hatte. Einerseits wird eine den binär angeordneten und aufeinander bezogenen Kategorien beispielsweise „Ausländer*in" und „Deutsche*r" entsprechende Identität zu „sein" als Normalität adressiert und werden damit andere Formen hybrider Identitätsentwürfe oder von Mehrfachzugehörigkeiten als Abweichung diskreditiert. Andererseits zeichnen sich Identitäten wie „Ausländer*in" und „Deutsche*r" gerade dadurch aus, dass sie als unerreichbare Normen permanente Arbeit an sich selbst voraussetzen und letztlich niemand jemals die Erwartungen daran, was es heißt, „Ausländer*in" oder „Deutsche*r" zu „sein" vollständig erfüllen kann.

Subjektivation, wie oben mit Judith Butler ausgeführt verstanden als existenzverleihende Unterwerfung des Subjekts unter den Diskurs, lässt sich dann im Kontext Rassismus als eine ebenso notwendige wie unabschließbare Unterwerfung des Subjekts unter die im Diskurs des Rassismus entlang der natio-ethno-kulturell kodierten Unterscheidung zwischen einem „Wir" und einem „Nicht-Wir" zur Verfügung gestellten Subjektformen verstehen. Rassistische Sprechakte oder Anrufungen rufen „Individuen in einen entsprechenden Subjektstatus hinein und setzen den Prozess des ‚Zum-Anderen-Machens' in Gang, dem analog ein Prozess des ‚Zum-Eigenen-Machens' derjenigen, die rassische Anrufungen tätigen, gegenüber gestellt werden müsste" (Rose 2016, S. 333). Rassifizierende Anrufungen können mit Butler gedacht deshalb wirksam sein, weil es sich bei ihnen um konventionale Zitate von ihnen vorausgehenden Sprechakten handelt, weil sie also „bekannte und weitgehend anerkannte gesellschaftliche ‚Wissens'- und ‚Wahrheitsbestände' aktualisieren" (ebd.), welche für Subjekte selbst dann grundlegend für Prozesse der Subjektivierung sind, wenn es sich um degradierte Subjektpositionen handelt. So argumentiert Judith Butler mit Blick auf die Anrufung rassifizierter Subjekte, dass die Konstitution zum Subjekt sich auch über verletzende rassistische Anrufungen vollziehen könne, weil es besser sei, mit einem verletzenden Namen belegt zu werden, als gar nicht anerkennungsfähig zu sein (vgl. Butler 2006, S. 48). Mit Blick auf Prozesse der Subjektivierung lässt sich Rassismus dann zusammenfassend verstehen als eine wirksame und diskursiv zirkulierende Differenzordnung, die

> [...] eine – den Subjekten gegenüber vorgängige – rassistische Unterscheidungslogik prozessiert, innerhalb derer Subjekte angerufen, sozial positioniert und entsprechend ihrer Positionierung formiert werden ebenso wie sie sich selbst formieren. Das bedeutet auch, dass sie sich selbst als entsprechend ‚minder-' oder ‚höherwertige' Subjekte zu verstehen, zu inszenieren und zu identifizieren lernen. (Rose 2016, S. 334).

Mit Blick auf im Rassismus als Andere hervorgebrachte Subjekte heißt dies, wie Astride Velho (2015) herausarbeitet, dass die rassifizierten Anderen sich selbst als solche Andere wahrnehmen und empfinden, wobei die „angebotenen" Subjektpositionen nicht nur Restriktionen, sondern auch spezifische (Handlungs-) Möglichkeiten beinhalten:

> Rassismuserfahrungen machen krank. Sie marginalisieren und belasten Menschen auch gesundheitlich, was sich auf ihre Befindlichkeit, Subjektivität und Handlungsmöglichkeiten auswirkt [...]. Die Normalität rassistischer Diskriminierung stellt Lebensbedingungen her, die als prekär und potenziell krisenhaft bezeichnet werden können, auch wenn viele unter diesen Bedingungen handlungs- und widerstandsfähig sind und bleiben. Nicht nur für die Gesundheit bedenkliche alltägliche Erfahrungen

> von Unterwerfung und Herabwürdigung, sondern auch Erfahrungen von Angebot und Anrufung, durch die sich sowohl Restringierungs- als auch Ermöglichungsprozesse entwickeln [...], erschaffen Subjektivität. Rassismuserfahrungen wirken durch ihren repressiven Gehalt nicht lediglich unterdrückend, ausgrenzend oder krankmachend, sondern sind zudem als Angebote auf gewisse Subjektpositionen zu verstehen, die wiederum Konsequenzen für die Verfasstheit und das Handeln der Betroffenen haben. (VELHO 2015, S. 15)

Die notwendige Unterwerfung des Subjekts ist in ihrer Spezifik nicht determiniert, sondern beinhaltet und produziert einen gewissen Grad an Freiheit. Wie alle anderen Anrufungen auch sind rassistische Anrufungen der Gefahr des Scheiterns ausgesetzt. Subjekte eignen sich (bewusst und unbewusst) die im Rassismus zur Verfügung gestellten Positionen als Andere oder Eigene im Modus verschiebenden Wiederholens performativ an, wobei die Möglichkeit sprachlicher wie körperlicher Resignifizierung besteht. Migrationsgesellschaftliche Subjektordnungen sind selbst auf ihre Performanz durch das Subjekt angewiesen und werden von diesem beständig aktualisiert und verändert. Diese Performanz betrifft dabei sowohl die Performanz der eigenen Einnahme einer Subjektposition durch das Subjekt als auch die Performanz der aus dieser Einnahme heraus getätigten Anrufungen anderer Subjekte. Beide wirken an der Herstellung und Verschiebung dessen, was es beispielsweise bedeutet, ein*e Migrant*in zu „sein" mit.

Dabei spielt in Differenzordnungen im Allgemeinen und im Kontext des Rassismus im Besonderen die Naturalisierung von Differenz in den *Körpern* eine zentrale Rolle: Körper werden als vermeintlich natürlich voneinander zu unterscheidende Körper hervorgebracht, mit denen relational aufeinander bezogene Subjektpositionen und mit diesen einhergehende unterschiedliche Plätze im sozialen Raum mit unterschiedlichen Machtmöglichkeiten begründet und legitimiert werden. Mit Blick auf Rassismus bedeutet ein solcher subjektivierungstheoretisch informierter Ansatz nach der Entstehung des „rassisiert-ethnisiert[en], nationalisiert[en]" (HALL 2004d, S. 176) Körpers zu fragen und diesen Körper mit Blick auf seine (historische) Gewordenheit und sein permanentes Werden als Effekt machtvoller Diskurse der (naturalisierenden, biologisierenden, ethnisierenden) Rassifizierung zu analysieren.[104] Dieses Interesse an den Prozessen der Naturalisierung des Körpers scheint mir besonders für den theaterpädagogischen Kontext interessant zu sein, insofern es sich hier um einen Kontext handelt, für den in seiner Zugehörigkeit zum Theater als (mit dem Körper) *darstellende* Kunst der Körper schon immer von besonderer Bedeutung war und ist (vgl. hierzu HENTSCHEL 2017).[105]

5.2 Theaterpädagogik – Rassismus – Subjektivierung: Eine Verhältnissetzung

In ihrem teilweise autobiografischen Text „The afro-actor's experience – Von Schafen und anderen Rollen" beschreibt die Berliner Künstlerin und Schauspielerin Lara Sophie Milagro („Label Noir") eine Szene aus ihrer Schulzeit.

> Eine Grundschule in Deutschland, Mitte der 80er Jahre. Es ist Weihnachtszeit, die Kinder aller Klassen proben gemeinsam für eine Aufführung der Weihnachtsgeschichte. ‚Ich kann gut singen', ruft eines der Mädchen, ‚ich kann alle Lieder, die die Engel singen müssen schon auswendig.' Die Lehrerin schüttelt den Kopf. ‚Du kannst keinen Engel spielen', sagt sie. ‚Warum nicht?' fragt das Mädchen. ‚Weil du nicht aussiehst wie ein Engel', sagt die Lehrerin. ‚Dann spiele ich die Maria', sagt das Mädchen. Die Lehrerin lacht. ‚Wie die Maria siehst du schon gar nicht aus', sagt sie, ‚aber wir brauchen noch ganz viele Tiere für den Stall, du könntest dir aussuchen, welches du spielen willst.' Das Mädchen entscheidet sich für ein Schaf. ‚Das passt zu dir', sagt ein Mitschüler zu ihr, ‚deine Haare sind auch wie bei einem Schaf.' Am nächsten Tag werden Kostüme gebastelt, das Mädchen bekommt eine Mütze mit aufgeklebten weißen Wattebällchen darauf. Plötzlich hat sie ein ganz komisches Gefühl. ‚Ich möchte das Schaf doch nicht spielen', sagt sie zur Lehrerin, ‚ich sing dann lieber nur im Chor.' ‚Das ist gut', sagt die Lehrerin, ‚du hast ja auch wirklich eine sehr schöne Stimme!'. (MILAGRO 2015, S. 201)

104 Stuart Hall selbst hat sich in seinem Text „Wer braucht Identität" mit den Subjekttheorien Althussers, Foucaults und Butlers beschäftigt und dabei besonders die Perspektive Butlers als anschlussfähig für eine rassismustheoretisch informierte Subjektanalyse zu verstehen gegeben, weil Butler anders als Foucault in seiner Ablehnung der Psychologie als „weitere Kraft im Netzwerk der Disziplinierungsmächte" (HALL 2004d, S. 183) nicht Gefahr laufe, durch den kategorischen Ausschluss des Unbewussten eine überbetonte Intentionalität des Subjekts besonders mit Blick auf die Bedingungen von dessen Eigenanteil im Prozess der Subjektivierung zu behaupten.

105 „Ohne Körper geht nichts" lautet der entsprechende programmatische Titel eines 1999 zuerst erschienen Klassikers der theaterpädagogischen Fachliteratur (vgl. KOCH 2011).

Um die Untersuchungsperspektive meiner subjektivierungstheoretisch und rassismuskritisch ausgerichteten Analyse zu verdeutlichen, möchte ich kurz beispielhaft auf die oben aufgeführte biografische Episode eingehen. In Lara-Sophie Milagros Einstieg in ihren Text „The afro-actor's experience – Von Schafen und anderen Rollen" wird gut die Adressierung einer Schülerin als „anders" und eine mit ihr verbundene Positionierung im sozialen Raum nachvollziehbar: Dem Mädchen gegenüber wird von der Lehrerin über ihr „anderes" Aussehen begründet, dass es die gewünschten Rollen des Engels und der Maria im Krippenspiel der Schule nicht spielen kann, wohl aber die Rolle eines Tieres im Stall. Die von der Lehrerin vorgenommene Adressierung als „anders" aussehend wird zusätzlich durch einen Mitschüler konkretisiert, der dieses „andere" Aussehen am Aussehen der Haare des Mädchens festmacht. Deutlich wird hier die Anrufung des Mädchens in einer bestimmten Subjektform des Anderen, deren hier explizierte Eigenschaften zunächst darin bestehen, „anders" auszusehen und schön singen zu können. Verbunden mit dieser Subjektform sind bestimmte hierarchisierende Zuweisungen von Plätzen im sozialen Raum, mit denen spezifische Zugehörigkeiten hergestellt werden. Dem Mädchen wird der Zugang zu den gewünschten Rollen über ihr „anders" Aussehen als (prinzipiell) unmöglich vermittelt. Während *weiß* positionierte Mitschülerinnen von der Lehrerin im Umkehrschluss vermutlich grundsätzlich Zugang sowohl zu den (tragenden) Rollen des Engels und der Maria als auch zu den Rollen der Tiere bekommen. Über die Begründung, sie (und mit ihr alle rassifizierten Anderen) sehe nicht aus wie der Engel oder die Maria wird das Mädchen nicht nur als Andere adressiert, sondern es wird ihm auch hiervor ausgehend eine spezifische Zugehörigkeitsmöglichkeit zur Theatergruppe vermittelt. In dem Ausspruch der Lehrerin, sie sehe „schon gar nicht" wie die Maria aus, zeigt sich außerdem eine weitere Hierarchisierung: Während die Rolle des Engels für die Lehrerin vielleicht unter bestimmten Umständen noch irgendwie durch das Mädchen besetzt hätte werden können, ist es für die Lehrerin absolut undenkbar, die (symbolisch möglicherweise noch stärker aufgeladene) Rolle der Maria mit der als „anders" aussehend kategorisierten Schülerin zu besetzen. Das Lachen der Lehrerin, die sich amüsiert über den Vorschlag des Mädchens zeigt, die Rolle der Maria zu spielen, verweist dabei darauf, dass die Ordnung, auf die sie sich hier bezieht, für sie eine selbstverständliche, eine „natürliche" Ordnung ist.

Zusammenfassend lässt sich das Handeln der Lehrerin als theaterpädagogische Praktiken der Adressierung und Positionierung lesen, in denen dominierende weithin anerkannte Wissensordnungen des Rassismus wirksam werden und die, im Kontext der Wiederholung ähnlicher Praktiken, im oben beschriebenen Sinne bildend sind, weil sie Einfluss auf die Herausbildung des Selbstverhältnisses des adressierten und positionierten Kindes nehmen. Diesem Kind wird eine mit spezifischen Eigenschaften verknüpfte Subjektivität als Andere nahegelegt, mit der einher eine Positionierung als tendenziell nicht-zugehörig innerhalb des durch Ordnungen des Rassismus strukturierten sozialen (Theater- und Klassen-)Raums geht. Aus der vorliegenden subjektivierungstheoretischen Perspektive würden diese hier kurz skizzierten (Sprach-)Handlungen der Lehrerin nun genauer betrachtet werden. Es würde gefragt, welche Subjektivität genau sie dem Mädchen nahelegen, welche konkreten Positionierungen im sozialen Raum mit dieser einher geht und auf welche Weise sie sich auf welche spezifischen Diskurse und scheinbar „natürlichen" (Differenz-)Ordnungen sowie auf mit diesen verbundene rassistische Wissensbestände beziehen. Dabei würde auch die Beschreibung der guten Gesangsstimme des Mädchens und die mit ihr verbundene Anerkennung und Positionierung dahingehend analysiert werden, wie hier tradierte Wissensordnungen des Rassismus wirksam und aktualisiert werden.

Gleichzeitig wird im Beispiel, das aus der späteren Perspektive der Schülerin formuliert ist, deren Reaktion auf die erfahrenen Adressierungen beschrieben, nämlich ihre auf einem „komischen Gefühl" beruhende Entscheidung, die Rolle des Schafes doch nicht zu spielen, sondern stattdessen im Chor zu singen. Diese Beschreibung verweist auf den oben erwähnten Eigenanteil des sich bildenden Subjekts und kann als Ausdruck eines Subjektbildungsprozesses und der mit ihm verbundenen Entwicklung spezifischer Selbst-, Fremd- und Weltverhältnisse gelesen werden. Das „komische Gefühl" des Mädchens wird ausgelöst durch die an sie heran getragene Kostümierung als Schaf mit weißen Wattebällchen. Selbst bei Schafen wird hier also *whiteness* zur Norm gemacht, von der die Schülerin mit ihrem Aussehen „abweicht". Möglicherweise führt diese (erneute) Erfahrung der (Nicht-)Zugehörigkeit und der zugeschriebenen Abweichung von einer vermeintlichen Normalität, bei dem anfangs so schauspielfreudigen Mädchen in diesem Beispiel zu ihrem abschließenden Entschluss, gar keine Rolle mehr spielen zu wollen, sondern ausschließlich im Chor zu singen. Ebenso von Interesse wäre aus subjektivierungstheoretisch informierter Perspektive die Frage, welche Praktiken der Herstellung eines Eigenen in der oben beschriebenen Szene auf welche Weise vollzogen werden und wie hier die Position „Theaterlehrer*in" verschränkt mit hegemonialen Differenzordnungen adressiert und hergestellt wird.

In der vorliegenden Untersuchung interessiere ich mich für derartige Praktiken der Subjektivierung im Kontext der Theaterpädagogik. Anders als es die obige Passage nahelegen könnte, betrachte ich hierbei jedoch nicht Interaktionssituationen etwa in Theaterproben. Sondern ich interessiere mich für den Diskurs der Theaterpädagogik am Theater und seine Aktualisierung in Interviewgesprächen zwischen Theaterpädagog*innen. Ich beschäftige mich mit der Frage, auf welche Weisen natio-ethno-kulturell kodierte Subjekt- und Zugehörigkeitsordnungen in diesem Diskurs bedeutsam sind und wie sich diese Bedeutsamkeiten mit Blick auf die im Diskurs voneinander unterschiedenen Subjekte rassismuskritisch perspektivieren lassen.

Dass Theaterpädagogik überhaupt einen Kontext der Subjektivierung darstellt, wird erst in der jüngeren theaterpädagogischen Literatur untersucht (Kup 2019; Hentschel 2017; Blum 2015; Hentschel/Pinkert 2014). So fragen Ute Pinkert und Ulrike Hentschel in ihrer wissenstheoretischen Auseinandersetzung mit Praktiken der Theaterpädagogik: „Welche konkreten Praktiken – beispielsweise des Übens, des Probens, des Beobachtens und Beschreibens, der Repräsentation – tragen im Feld der Theaterpädagogik zur Formation von Subjekten [...] bei?" (Hentschel/Pinkert 2014, S. 5). Die hier markierte Perspektive stellt jedoch bis heute eine marginale Perspektive in der theaterpädagogischen Forschung dar. Herauszuheben als meines Wissens bisher einzige dezidiert subjektivierungstheoretisch informierte (empirische) Analyse im deutschsprachigen theaterpädagogischen Kontext ist hier Johannes Kups 2019 veröffentlichte Dissertation „Das Theater der Teilhabe. Zum Diskurs um Partizipation in der zeitgenössischen Theaterpädagogik". In dieser untersucht Kup den theaterpädagogischen Partizipationsdiskurs mit Rückgriff auf Foucaults Konzept der Gouvernementalität hinsichtlich der in ihm angelegten Mobilisierungen von Techniken der Selbstregierung als einen „Produktionsort spezifischer Formen der Subjektivierung" (Kup 2019, S. 16).

Doch auch jenseits einer Perspektive auf „klassische" Diskursfragmente wie etwa theaterpädagogische Programmatiken lässt sich der Bereich der Theaterpädagogik als Kontext der Subjektivierung verstehen und untersuchen. In theaterpädagogischen Workshops und Proben beispielsweise werden alle Beteiligten auf vieldimensionale und miteinander verwobene Weisen als Subjekte adressiert und verhalten sich zu diesen Adressierungen sprachlich wie körperlich. Proben, Schulstunden und Aufführungen lassen sich dahingehend untersuchen, welche gesellschaftlichen Wissens- und Differenzordnungen in ihnen auf welche Weise wirksam und (re-)produziert werden und wie in ihnen die Beteiligten welche an sie herangetragenen Subjektpositionen einnehmen und sich diese Positionen (fehl-)aneignen, sie zitieren und verschieben.

Weil Ordnungen des Rassismus wie oben erläutert nicht nur dort wirksam und bedeutsam sind, wo es explizit um Themen wie „Rassismus", „Migration", „Flucht", etc. geht, sondern in *allen* Bereichen gesellschaftlicher Wirklichkeit, lassen sich auch *alle* theaterpädagogischen Projekte, Publikationen, Aufführungen, etc. dahingehend analysieren, wie in ihnen Subjektpositionen relevant und aktualisiert werden und in welchen Verhältnissen diese zu Ordnungen des Rassismus stehen. Mit der oben eingeführten Analyseperspektive Migrationsgesellschaftlichkeit formuliert: Alle sich im Kontext der Theaterpädagogik vollziehenden Prozesse der Subjektivierung lassen sich auch hinsichtlich ihrer Migrationsgesellschaftlichkeit und damit hinsichtlich ihrer Verhältnisse zu migrationsgesellschaftlichen Macht- und Herrschaftsverhältnissen und den in diesen hervorgebrachten Differenz- und Zugehörigkeitsordnungen analysieren. Eine derartige *allgemeine* Untersuchungsperspektive stellt bisher ein Desiderat der theaterpädagogischen Forschung dar, welchem ich mit meiner Untersuchung in einem kleinen Teilbereich der Theaterpädagogik begegnen möchte: Dem Diskurs (des Politischen) der Theaterpädagogik an Berliner Theatern.

Die vorliegende Untersuchung erforscht das Verhältnis von Theaterpädagogik und migrationsgesellschaftlichen Macht- und Herrschaftsverhältnissen mit Blick auf die in Interviewgesprächen zwischen Theaterpädagog*innen über das Politische der Theaterpädagogik aktualisierten Wissensordnungen und die mit diesen verbundenen Anrufungen des Subjekts. Sie schließt dabei an das Anliegen der kritischen Migrationsforschung an,

> [...] die gesellschaftlichen Bedingungen in den Blick zu nehmen, aufgrund derer Menschen überhaupt in die Position kommen, (sich) als migrationsgesellschaftliche spezifische Subjekte zu denken, als solche zu handeln und sich auf gesellschaftliche Bedingungen zu beziehen. (Mecheril u. a. 2013, S. 17)

Ausgehend von der Annahme einer allgemeinen Bedeutsamkeit von Ordnungen des Rassismus für die Theaterpädagogik interessiere ich mich dafür, inwiefern und auf welche Weise diese Ordnungen in der diskursiven Hervorbringung der Theaterpädagogik am Theater und ihrer Subjekte relevant werden.

Da es wie oben beschrieben unter den Bedingungen rassistischer Ordnungen keine Subjekt-Werdung außerhalb dieser Ordnungen geben kann, betrifft die subjektivierende Dimension natio-ethno-kulturell kodierter Zugehörigkeitsordnungen nicht nur diejenigen Menschen, die im Rassismus als Andere positioniert werden, sondern auch diejenigen, die als Teil des dominanzkulturellen „Wir" positioniert und strukturell privilegiert werden. Bezogen auf das Sprechen von Theaterpädagog*innen bedeutet dies auch, dass diese nicht nur hinsichtlich der spezifischen in ihnen vollzogenen Prozesse des „Zum-Anderen-Machens" etwa von Beteiligten an theaterpädagogischen Projekten untersucht werden können. Sondern, dass mit diesen Prozessen verbunden vor dem Hintergrund des in Kapitel 2 beschriebenen konstitutiven Verhältnisses zwischen den rassifizierten Positionen der Eigenen und der Anderen analog ein „Prozess des ‚Zum-Eigenen-Machens'" derjenigen Subjekte analysiert werden kann, die nicht als Andere adressiert werden. Zu fragen ist dann nicht nur, welche (häufig: expliziten) Konstruktionen des Anderen sich analysieren lassen, sondern auch, welche (häufig: impliziten) Konstruktionen des Eigenen der Theaterpädagogik hierbei analog vollzogen werden. Mit beiden gehen spezifische Formen der Anrufung des Subjekts einher, unter welche dieses sich unterwerfen muss, um in seine Existenz zu gelangen und welche hinsichtlich der mit ihnen verwobenen Möglichkeiten von Zugehörigkeit analysiert werden können.

Zentral für das Bestehen von rassifizierenden Differenzordnungen und ihre Macht der Subjektivierung ist dabei der oben mit Butler erläuterte Aspekt der vermeintlichen „Natürlichkeit" der im Rassismus produzierten Unterschiede sowie deren Institutionalisierung in Form von Gesetzen, in Form von alltagspraktischen Unterscheidungen, in materialer Art, etc.. In diesem Sinne weist auch Paul Mecheril darauf hin, dass, indem Ordnungen des Rassismus natürlich und selbstverständlich wirken, sie unmerklich und immun für ihre Hinterfragung zu sein scheinen (vgl. Mecheril 2014b, S. 17). Diese vermeintliche Selbstverständlichkeit und Natürlichkeit natio-ethno-kulturell kodierter Zugehörigkeitsordnungen und der in ihnen angelegten Subjektpositionen im Kontext der Theaterpädagogik durch ihre analytische Sichtbarmachung (weiter) zu irritieren ist ein politisches *Anliegen* der vorliegenden Untersuchung. Ihr in der Einleitung formuliertes Forschungsinteresse an der Migrationsgesellschaftlichkeit des Diskurses der Theaterpädagogik am Theater und seinen Subjekten möchte ich vor dem Hintergrund der bisherigen Ausführungen diese Zusammenführung abschließend in vier Fragen wie folgt präzisieren:

Inwiefern und auf welche Weise werden Wissensordnungen des Rassismus und mit diesen verbundene Zugehörigkeitsordnungen in den untersuchten Interviewgesprächen zum Politischen der Theaterpädagogik am Theater relevant und aktualisiert?

Inwiefern und auf welche Weise werden hiermit verbunden die Subjekte der Theaterpädagogik am Theater entlang natio-ethno-kultureller Unterscheidungen diskursiv hervorgebracht und als Bestandteile eines Eigenen und eines Anderen mit unterschiedlichen Eigenschaften, Anforderungen und Zugehörigkeitsmöglichkeiten im Kontext der Theaterpädagogik adressiert?

Wie wird hier Theaterpädagogik am Theater durch die Aktualisierung migrationsgesellschaftlicher Differenz- und Subjektordnungen auf spezifische Weise als (politischer) Ort diskursiv hergestellt? Bzw. andersherum gefragt: Inwiefern und auf welche Weise lassen sich die Aktualisierungen migrationsgesellschaftlicher Differenz- und Subjektordnungen im theaterpädagogischen Diskurs als verwoben mit der diskursiven Hervorbringung von Theaterpädagogik am Theater verstehen?[106]

Über welche Effekte der untersuchten diskursiven Hervorbringung der Theaterpädagogik am Theater der Migrationsgesellschaft für die Stabilisierung und Destabilisierung migrationsgesellschaftlicher Macht- und Herrschaftsverhältnisse lässt sich auf begründete Weise nachdenken?

106 In Kapitel 7.3 werde ich ausführlicher auf die hier vorgegriffene Perspektive auf Theaterpädagogik am Theater als diskursiver Ort eingehen.

6 Material, Methodologie und Vorgehen der Untersuchung

Bis hierher habe ich bedeutsame politische wie theoretische Bezüge und Kontexte sowie Anliegen und Interesse dieser Untersuchung erläutert. In den folgenden Ausführungen zur Methodologie geht es mir nun darum, den Gegenstand der Untersuchung sowie meinen Forschungsprozess und mit ihm den Weg hin zu den Ergebnissen der Untersuchung zu markieren und zu plausibilisieren. Hierfür beschreibe und plausibilisiere ich zunächst in 6.1 meine Perspektive auf die Transkripte von Interviewgesprächen zwischen Theaterpädagog*innen als Material der Untersuchung. Anschließend diskutiere ich in 6.2 unter Bezugnahme auf eine praxeologisch-poststrukturalistische Methodologie die von mir in dieser Arbeit eingenommene Perspektive einer Analyse diskursiver Praktiken. Ebenfalls in 6.2 argumentiere ich, warum und auf welche Weise mit Blick auf diese Praktiken sinnvollerweise bedeutsame *diskursive Figuren* des Diskurses der Theaterpädagogik am Theater als analytischer Gegenstand meiner Untersuchung herausgearbeitet werden können. Abschließend werde ich dann in 6.3 die konkreten in dieser Untersuchung vollzogenen Forschungspraktiken der Generierung und Bearbeitung des Interviewmaterials darstellen, begründen und kontextualisieren.

Entgegen dominierenden Vorstellungen eines linearen Forschungsverlaufs ist es mir wichtig zu betonen, dass das Untersuchungsinteresse meiner Arbeit so nicht am Anfang der Untersuchung stand, sondern sich im Laufe des Forschungsprozesses verändert, entwickelt und geschärft hat. Interesse, Gegenstand, Vorgehensweisen, Methodologie und (weitere) theoretische Bezugspunkte meiner Untersuchung waren nicht von Beginn an festgelegt, sondern sind das Ergebnis eines gegenseitigen Befruchtens und Einflussnehmens der verschiedenen Elemente des Forschungsprozesses sowie von Entscheidungen, die ich in diesem Prozess für und gegen Möglichkeiten seiner Weiterentwicklung getroffen habe. Dieses von mir verfolgte forschungspraktische Vorgehen lässt sich mit Reiner Keller als „gegenstandsbezogen“ beschreiben. Mit Blick auf die Diskursforschung weist Keller darauf hin, dass die verschiedenen Phasen eines Forschungsprozesses in dessen Praxis zumeist nicht nacheinander stattfinden, sondern miteinander verschlungen:

> Generell werden die einzelnen Phasen, insbesondere diejenigen der Literaturauswertung und Datenerhebung/Datenanalyse, selten in streng linearer Reihenfolge umgesetzt. Häufiger sind Wechselbewegungen zwischen den Etappen des Forschungsprozesses. Auch und gerade die Fragestellung wird im Fortgang einer Untersuchung präzisiert, modifiziert, mitunter auch zugunsten einer entstehenden neuen Perspektive ersetzt. (Keller 2011, S. 84)

Die systematische Befragbarkeit und begründete Veränderbarkeit nicht nur, wie es hier bei Keller anklingt, der Fragestellung, sondern aller Bausteine meiner Forschungsarbeit, verstehe ich als eine methodologische Grundeinstellung meines Arbeitsprozesses.[107] Im Sinne einer „reflektierten Offenheit" (Breuer 2009, zitiert nach Kruse 2014, S. 41) unterscheidet sich eine solche Perspektive auf die Beweglichkeit von Gegenstand, Methode, Forschungsprozess von einer Vielzahl von quantitativen und qualitativen Forschungszugängen, in denen, wie Saphira Shure problematisiert,

> [...] eine frühe und eindeutige Festlegung auf eine klar identifizierbare Methode, genaue Forschungsfragen, eine oder mehrere These/n, einen zu Beginn feststehenden zu beforschenden Gegenstand, möglichst standarisierte Auswertungsmethode/n und vor allem ein festgelegter Ablauf des Forschungsprozesses zentrale Qualitätskriterien für die jeweiligen Forschungsprojekte sind [...]. (Shure 2021, S. 77)

Ein bedeutsamer Grund hierfür besteht in meiner Überzeugung, dass eine wissenschaftliche Forschung, die auf die hier beschriebene Weise bereits vorab ihren Gegenstand und den Weg seiner Untersuchung festzurrt, Setzungen vornimmt, mit denen dem, was an – überraschenden, sperrigen, widersprüchlichen - Erkenntnissen über einen Gegenstand und mit diesen über sinnvolle Weisen seiner Erforschung im Laufe eines Forschungsprozesses erst entstehen kann, aufgrund der vorherigen Festlegungen nicht angemessen nachgegangen werden kann. Meinen Forschungsprozess sehe ich stattdessen mit Gerhard Kleining als einen nichtlinearen Forschungsprozess, in dem der Gegenstand und mit ihm die Frage nach sinnvollen Möglichkeiten seiner Untersuchung im stetigen Miteinander von Suchen und Finden entwickelt und konkretisiert wurde: „Der Forschungsprozess ist

107 Bei einem besseren Verstehen und Einordnen dieser Grundeinstellung haben mich die beiden methodologischen Kapitel der jüngst im Zusammenhang der Bielefelder Forschungswerkstatt unter Leitung von Prof. Dr. Paul Mecheril entstandenen Dissertationen von Saphira Shure (2021) und Tobias Linnemann (noch unveröffentlicht) sehr unterstützt.

zielgerichtet (‚Finden'), aber nicht geradlinig oder linear, weil der Gegenstand erst gefunden werden soll (‚Suchen')" (Kleining 1995, S. 270).

Wie jeder Text stellt auch die vorliegende textliche Darstellung der Untersuchung eine (An-)Ordnung her. Die Praxis des (An-)Ordnens bezieht sich dabei auf die Darstellung der gesamten Untersuchung und der verschiedenen in ihr zum Tragen kommenden Aspekte, die ich hier in einer „klassischen" Reihenfolge gruppiere, von einer Einleitung über Bezugnahmen auf zentrale theoretische und methodologische Perspektiven hin zu den Ergebnissen der Interviewanalysen und deren Zusammenfassung und Perspektivierung im abschließenden Teil. In dieser An-Ordnung kommt besonders das „Gefundene" und weniger der Prozess des Suchens zum Tragen, auch wenn dieser den größeren zeitlichen Teil meiner Forschungspraxis ausmachte. In der Konsequenz dieses Verständnisses wäre es vor dem Hintergrund der oben beschrieben systematischen Offenheit der verschiedenen Bausteine der Untersuchung falsch, diese An-Ordnung als Verweis auf eine lineare Auseinandersetzung zu verstehen, in der beispielsweise *erst* eine Fragestellung entwickelt wurde, *dann* eine Auseinandersetzung mit rassismus- und subjektivierungstheoretischen Perspektiven stattfand und *dann* ausgehend von diesen Perspektiven der Blick auf das Material und einen zuvor festgelegten Gegenstand gerichtet wurde. Wenn im vorliegenden Text diese und andere Elemente der Untersuchung chronologisch aufeinander folgen, dann aus Gründen der Strukturierung für die Lesbarkeit.[108]

6.1 Zum Material

Für meine Auseinandersetzung mit dem Diskurs der Theaterpädagogik am Theater untersuche und perspektiviere ich in der vorliegenden Arbeit die Transkripte von vier etwa zweistündigen Interviewgesprächen zu „Dimensionen des Politischen" in der Theaterpädagogik, die ich relativ zu Beginn des Arbeitsprozesses an der Dissertation zwischen Winter 2014 und Frühjahr 2015 mit (leitenden) Theaterpädagog*innen von Berliner Theatern in den Räumlichkeiten der jeweiligen Theater geführt habe.

108 Zum Ausdruck kommt hier aber auch meine (lange unbewusste) Entscheidung für die Anlehnung an eine wissenschaftliche Darstellungskonvention, welche mit Blick auf die theoretischen Prämissen dieser Arbeit auch auf formaler Ebene durchaus stärker zu reflektieren gewesen wäre.

Einen Hintergrund für mein Interesse am Politischen der Theaterpädagogik am Theater zu Beginn meines Forschungsprozesses bildete die Beobachtung einer Zunahme der Bedeutung des Politischen in der Theaterpädagogik seit Beginn der 2010er Jahre. So wurde in dieser Zeit auf einer Vielzahl von bundesweiten Festivals und Tagungen von Theaterpädagog*innen, Jugendlichen und Jurys eine (zunehmende) Relevanz des Politischen im Kontext von theaterpädagogischen Produktionen mit Jugendlichen beschrieben. Etwa präsentierte der Juryvorsitzende des Theatertreffens der Jugend, Martin Frank vom Theater Basel, das Programm dieses wohl prominentesten Festivals junger deutschsprachiger Theaterpädagogik in seinem Vorwort zum Festivalheft 2012 als „politisches Festivalprogramm". Weiter schreibt er: „Alle acht Produktionen sind deutlich von politischen Motiven getragen. Das ist überraschend und lässt aufhorchen, hinschauen und hoffentlich nachdenken" (FRANK 2012). Gleichzeitig nahm ich ein Forschungsdesiderat zum Poltischen in der Theaterpädagogik wahr: Vor dem Hintergrund bildungstheoretischer Perspektivierungen der Theaterpädagogik und einer hiermit verbundenen Kritik an den dominierenden Indienstnahmen theaterpädagogischer Arbeit für ökonomische, soziale, moralische und/oder politische Ziele war es mit dem Entwurf von „Theaterspielen als ästhetischer Bildung" (HENTSCHEL 2010) Mitte der 90er Jahre und eines damit einhergehenden „ästhetischen Paradigmas" (vgl. PINKERT 2008c) in der Theaterpädagogik zu einer Leerstelle im Fachdiskurs gekommen, in welchem eine nicht „verzweckende"[109] Perspektivierung der Theaterpädagogik mit Blick auf ihr Verhältnis zum Politischen noch ausstand.

Ein weiteres wichtiges Anliegen und eine Motivation war es für mich am Anfang des Forschungsprozesses, das „Wissen" von praktizierenden Theaterpädagog*innen so in meine Forschung einfließen zu lassen, dass es als ein „Wissen der Künste"[110] die fachwissenschaftliche Auseinandersetzung inspirieren und bereichern sollte. Den Hintergrund für dieses Anliegen bildete u.a. die Feststellung, dass trotz eines Selbstverständnisses der Theaterpädagogik als einer „anwendungsorientierten Disziplin" bisher insgesamt nur sehr wenige interviewbasierte Forschungsarbeiten in der Theaterpädagogik vorlagen, und wenn, dann geht es in diesen

109 Mit dem Begriff „Verzweckung" bezieht Ulrike Hentschel sich auf Diskurse der *Instrumentalisierung* der Künste für außerästhetische Zielsetzungen, etwa moralischer oder ökonomischer Art, und deren Relevanz im theaterpädagogischen Kontext (vgl. HENTSCHEL 2007).

110 Diesen Titel trug zeitgleich ein Graduiertenkolleg an der Berliner Universität der Künste, vgl. die Abschlusspublikation WISSENDERKUENSTE.DE 2021.

Arbeiten vorzugsweise um die (vermeintlichen) positiven Wirkungen theaterpädagogischer Arbeit, beispielsweise prominent mit Bezug auf die Entwicklung sozialer oder ästhetischer Kompetenzen von Jugendlichen durch das Theaterspiel und deren Einschätzung durch Lehrende (vgl. Domkowski 2011).[111]

Erst in der Lektüre der vor diesem Hintergrund geführten und transkribierten Interviewgespräche entstand in einem zirkulären Prozess der Befruchtung und Befragung des Materials in Auseinandersetzung mit theoretischen Perspektiven und anderen Forschenden in Kolloquien, Interpretationsgruppen und Forschungswerkstätten das spezifische Forschungsinteresse der vorliegenden Untersuchung am Diskurs der Theaterpädagogik am Theater mit Blick auf seine Migrationsgesellschaftlichkeit. Denn in den Gesprächen zu „Dimensionen des Politischen" in der Theaterpädagogik fielen mir die häufigen Bezugnahmen auf die theaterpädagogische Arbeit mit „Jugendlichen mit Migrationshintergrund" oder mit „Flüchtlingen" seitens der Interviewten ebenso auf, wie der große Raum, der dem expliziten Sprechen über die gegenwärtige Relevanz der Auseinandersetzung mit „Migrationsthemen" und der „Fluchtthematik" an der Institution Theater in den Gesprächen zukam.[112]

Durch die Beschäftigung mit diskurstheoretisch informierten Perspektiven auf „Wissen" (vgl. Kapitel 4) verstand und verstehe ich die Interviewgespräche hierbei nicht als vermeintliche Aussagen darüber, wie Theaterpädagog*innen ihre Praxis etwa auf eine rassismuskritische Weise gestalten und wie dies die theaterpädagogische Fachwissenschaft bereichern könnte. Sondern die Interviewgespräche las und lese ich als Aktualisierungen von (theaterpädagogischen) Diskursen, die sich sinnvollerweise hinsichtlich der Frage untersuchen lassen, wie in ihnen (migrations-)gesellschaftliche Wissensordnungen wirksam und neu konstelliert werden. Im Kontext erziehungswissenschaftlicher Diskursforschung betont Susanne Fegter in diesem Sinne die Relevanz der Erforschung von Diskursen auch mit Blick

111 Ein Überblick über zu diesem Zeitpunkt prominente „Wege zur Erforschung theaterpädagogischer Praxen" findet sich in Pinkert 2008b.

112 Dabei gehe ich davon aus, dass diese meine Wahrnehmung der Relevanz von migrationsgesellschaftlichen Ordnungen in den Interviews, die ja bereits eine erste Perspektivierung und Interpretation darstellt, auch und besonders dadurch geprägt wurde, dass ich mich sowohl wissenschaftlich in meiner theaterpädagogischen Masterarbeit als auch in anderen nicht-universitären Kontexten seit Ende der 2000er Jahre intensiv mit Rassismus als einem bedeutsamen gesellschaftlichen Strukturprinzip beschäftige.

auf die Artikulationen pädagogischer Akteur*innen und resümiert, dass für ein Verständnis der Wissensbestände, die das pädagogische Tun beeinflussen

> [...] nicht nur diejenigen Gegenstandskonstruktionen relevant sind, die in wissenschaftlichen oder medialen Diskursen produziert werden. Vielmehr gilt es auch jene Konstruktionen in die Untersuchung einzubeziehen, die in Artikulationen von Lehrer_innen, Sozialpädagog_innen oder Erwachsenenbildner_innen, von Schüler_innen, Lernenden, Eltern [...] vollzogen werden. (Fegter u. a. 2015a, S. 17)

Das Sprechen in Interviews wird also nicht nur als eines betrachtet, in dem gesellschaftliche Wissensordnungen wirksam werden, sondern es stellt aus der vorliegenden Perspektive einen Ort dar, an dem dieses Wissen in Praktiken des verschiebenden Zitierens aktualisiert und performativ hervorgebracht wird.

Wichtig ist es mir an dieser Stelle, noch einmal darauf hinzuweisen, dass aus der vorliegenden diskurstheoretischen Perspektive ein Verständnis meiner rassismuskritischen Perspektivierung dieses Sprechens in den Interviews im Sinne eines Aufzeigens von individuellen Fehlleistungen und/oder eines Überführens der handelnden Akteur*innen, die sich der entsprechenden Praktiken bedienen, fehl am Platze wäre. Stattdessen geht es mir hier um eine Auseinandersetzung mit der *Vermitteltheit* von theaterpädagogischen Praktiken und um ein Interesse an deren spezifischen Eingebundenheiten in migrationsgesellschaftliche Differenzordnungen. Wie ich in Kapitel 4 ausführlich diskutiert habe, stellt das Subjekt aus den vorliegenden Perspektiven keine autonome Instanz dar, die komplett frei darüber entscheiden könnte, auf welche Weise sie über sich selbst und die Welt nachdenkt und spricht. Vielmehr setzt die Möglichkeit eines intelligiblen Sprechens die Unterwerfung des Subjekts unter die ihm vorgängige diskursive Ordnung voraus, welche sich durch das Subjekt und sein Sprachhandeln wiederum materialisiert und aktualisiert. Die Sprechenden in den Interviews (mich selbst eingeschlossen) sind entsprechend nicht die *Urheber*innen* der in ihrem Sprechen (re-)produzierten Ordnungen und Wissensbestände und auch nicht dafür verantwortlich, dass diese für ihr Sprechen bedeutsam sind, sondern sie zitieren und verschieben sie als solche, denen sie selbst ihre Existenz verdanken. Es geht mir darum, diesen Ordnungen in der Theaterpädagogik am Theater auf die Spur zu kommen und nicht darum, Subjekte als beispielsweise „rassistisch" zu diffamieren, weil in ihrem Sprechen, wie letztlich - wenn auch auf unterschiedliche Weisen - in jedem Sprechen, vorherrschende Wissensordnungen des Rassismus wirksam und analysierbar sind.

Dass Ordnungen des Rassismus im Diskurs der Theaterpädagogik am Theater relevant sind, ist aus der vorliegenden Perspektive weder überraschend noch anders vorstellbar. Von Interesse ist jedoch das *Wie* dieser Relevanz, also auf welche (spezifisch theaterpädagogische) Weise diskursive Ordnungen und in diesen angelegte Subjektpositionen im Kontext der Theaterpädagogik am Theater aktualisiert werden. Weil aus diskurstheoretischer Perspektive Wissen und Macht eng miteinander verwoben sind (vgl. Kapitel 4), geht es mir hierbei auch und besonders um die möglichen Implikationen dieser Aktualisierungen für die (De-)Stabilisierung (migrations-)gesellschaftlicher Macht- und Herrschaftsverhältnisse auf dem Feld der Theaterpädagogik am Theater. Aus der Analyseperspektive Migrationsgesellschaftlichkeit verstanden als eine *allgemeine* Perspektive betrifft dies nicht bloß solche Passagen in den Interviewgesprächen, in denen explizit über Migration oder migrationsgesellschaftlich als Andere Geltende gesprochen wird. Vielmehr rückt die Frage in den Blick, inwiefern sich eine *grundlegende* migrationsgesellschaftliche Verfasstheit des Diskurses der Theaterpädagogik am Theater beschreiben lässt, bzw. ob und auf welche Weise der Gegenstand Theaterpädagogik am Theater in den Interviewgesprächen diskursiv als einer hergestellt wird, für den migrationsgesellschaftliche Differenz- und Zugehörigkeitsordnungen bedeutsam sind.

Aussagen über das „Wie" dieser migrationsgesellschaftlichen Verfasstheit entwerfe ich in der vorliegenden Untersuchung in der Auseinandersetzung mit dem Material „Transkripte von Interviewgesprächen". Dieses zeichnet sich teilweise durch andere Eigenschaften aus, als Veröffentlichungen zum Beispiel von wissenschaftlichen oder programmatischen Texten, die im Kontext einer Diskursanalyse häufiger in den Blick genommen werden. Grundsätzlich folgt die gesprochene Sprache anderen formalen Regeln als die Schriftsprache, etwa weil in ersterer sehr selten in ganzen Sätzen gesprochen wird (vgl. Przyborski/Wohlrab-Sahr 2014, S. 165). Während wissenschaftliche und programmatische Publikationen sich (auch) als Argumentationen lesen lassen, die relativ fokussiert und strukturiert ihren Gegenstand in Textform entwerfen, wird der Gegenstand in Interviewgesprächen außerdem auf eine Weise entworfen, die sich durch eine geringere Kontrolle über den „Text" auszeichnet, als dies beispielsweise in publizierten Textformaten der Fall ist, welche mehrere Be- und Überarbeitungsschleifen durch ihre Autor*innen durchlaufen.

Durch die offen gehaltenen Fragen besonders zu Beginn des Interviews zeichnen sich die vorliegenden InterviewTranskripte als Textsorte darüber hinaus durch einen hohen Gehalt an langen Narrationen über die eigene theaterpädagogische Praxis durch die Interviewten aus und können daher als *narrative Praktiken*, als eine Form des „Erzählens von sich" (Bender/Eck 2014, S. 473) gelesen werden. Vor diesem Hintergrund bietet das Material auch Aufschluss darüber, wie Theaterpädagog*innen ihre Praxis unter der Überschrift des „Politischen" erzählend beschreiben, begründen und kontextualisieren und wie dabei Theaterpädagogik als ein je spezifischer Gegenstand konstruiert wird, in dem die beteiligten Gesprächspartner*innen sich selbst und Andere durch ihre Narrationen verorten und positionieren.

Diesen Aufschlüssen gehe ich in einer Auseinandersetzung und Bearbeitung von Transkripten nach. Transkripte verstehe ich als Ergebnisse von situativ und kulturell vermittelten textlichen Herstellungsprozessen, in denen spezifische Inszenierungen der an den Gesprächen beteiligten Subjekte und ihrer Auseinandersetzungsprozesse hergestellt werden (vgl. Rose 2012, S. 14). Hiermit rückt der Konstruktionscharakter und die Vermitteltheit auch von Transkripten entgegen einer Perspektive auf einen vermeintlichen Abbildungscharakter dieser Textsorte in den Blick:

> Lange Zeit wurde die Herstellung von Transkripten als ein theorieneutraler Prozess betrachtet [...]: Transkribierende bilden einfach auf dem Papier ab, was im Gespräch gesagt und getan wird, und Leser von Transkripten wissen danach, wie ein Gespräch ablief. Dabei wurde vernachlässigt, dass die Herstellung und die Verwendung von Transkripten theoriegeladene, konstruktive Prozesse sind. Transkripte sind tatsächlich durch eine erhebliche Reduktion [...] gekennzeichnet sowie dadurch, dass das zeitgebundene Gesprächsverhalten in zeitentbundene visuelle Produkte überführt wird. Transkripte sind also immer selektive Konstruktionen, [...] weil an der Herstellung und Verwendung von Transkripten immer Menschen mit ihren besonderen Zielsetzungen, Fähigkeiten und Beschränkungen beteiligt sind. (Kowal/O'Connell 2003, zitiert nach Kruse 2010, S. 141)

Transkripte sind also nicht als neutrale Texte zu verstehen, die in der Lage wären, das Geschehen in einem Interviewgespräch vermeintlich 1:1 abzubilden. Sie sind gebunden an ihre Autor*innen und deren Leistung einer nachträglichen textlichen Ko-Konstruktion der Interviewgespräche, bei welcher bereits Interpretationen zur Geltung kommen (vgl. Mecheril 2003, S. 43). In diesem Sinne verstehe ich die von mir erzeugten Transkripte als textuelle Transformationen von textuellen Transformationen, welche selbst das Resultat von sozialen Praktiken darstellen. Transkripte zeichnen sich dabei dadurch aus, dass in ihnen ein Ereignis (ein Gespräch), in dem eine Vielzahl an Aspekten wie Gesten, Mimik, Körperhaltungen und -bewegungen, Betonungen, Sprechgeschwindigkeiten, Blicke und vieles mehr in einen geschriebenen Text (das Transkript) übersetzt wird, wobei ein Großteil der Praktiken, mit denen in der Gesprächsinteraktion dem Gesagten und auch dem Miteinander ein spezifischer und variierender Sinn verliehen wird, in dieser Übersetzung verloren gehen. Sie sind „selektive und abstrahierende Ausschnitte aus der Gesamtheit des Gesprächsgeschehens […] und die Transkription ein ‚konstruktiver Prozeß'" (Deppermann 1999, zitiert nach Reh 2003, S. 79). In diesem wird ein *verbaler* Ausschnitt der betrachteten Situation und nur dieser in den Blick genommen. Ihre Selektivität und Konstruktivität stellen den Wert von Transkripten allerdings, wie Sabine Reh betont, nur dann grundsätzlich in Frage, wenn man – anders als dies hier getan wird – „davon ausgeht, dass es eine ‚eigentliche Gesprächsrealität' gebe, die der einzig legitime Untersuchungsgegenstand sei" (ebd.). Vor diesem Hintergrund lassen sich die das Material bildenden Transkripte als einerseits eigenständige Texte verstehen, die nicht mit den Interviewgesprächen gleichzusetzen sind, sondern als gewissermaßen „neue" Texte zu betrachten sind. Während für sie andererseits das Ereignis des Interviewgesprächs grundlegend ist, insofern sie ohne dies nicht existieren könnten und sie den Anspruch verfolgen, zwar nicht alle, jedoch zentrale Aspekte aus dem Interviewgeschehen aus einer bestimmten Perspektive analysierbar zu machen. Um Ergebnisse dieser Analyse überprüfbar zu machen, schlägt Deppermann vor, die Transkriptionsweise von Interviews an das jeweilige Untersuchungsinteresse derart anzupassen, dass die im Transkript abgebildete Beschreibungsebene, von Pausen, von Intonationen, etc., eine Ebene „tiefer" liegen soll, als dies in der analytischen Bearbeitung des Transkripts zum Tragen kommt:

> Das Transkript soll so beschaffen sein, dass es dem Leser erlaubt, die Fundierung und die Validität der Ergebnisse einzuschätzen; es muss also auch solche Aspekte enthalten, die geeignet wären, die Analyse zu widerlegen (…) Aus diesen Überlegungen

> ergibt sich eine allgemeine Regel des Auflösungsniveaus: Das Auflösungsniveau des Transkripts muss mindestens eine Abbildungs- bzw. Beschreibungsebene detaillierter sein als das Auflösungsniveau, auf dem der Untersuchungsgegenstand definiert ist. Nur so ist gewährleistet, dass mit dem Transkript untersucht werden kann, wie die Phänomene im Gespräch konstituiert werden (anstatt ihre Existenz im Transkript schon vorauszusetzen). (Deppermann 2001, zitiert nach Przyborski/Wohlrab-Sahr 2014, S. 166)

Weil die Aufmerksamkeit der vorliegenden Untersuchung sich auf diskursive Figuren richtet, habe ich mich für eine Transkriptionsweise mit mittlerer Detailgenauigkeit entschieden (vgl. Dresing/Pehl 2017, 20-24). Kommata und Satzzeichen habe ich nicht nach grammatikalischen Regeln, sondern nach meinem Eindruck der Sinngebung gesetzt und besonders starke Betonungen von Wörtern durch deren Unterstreichen gekennzeichnet. Explizite „ähms" und andere „Zwischentöne" wurden ebenso notiert, wie Momente etwa des Lachens (lacht) sowie Pausen im Gesprächsfluss, welche bei Längen unter einer Sekunde mit einem (.) und bei Längen ab einer Sekunde mit einer entsprechenden Zahl in Klammern – zum Beispiel (2) - festgehalten wurden. Die Veränderung beispielsweise von Sprechgeschwindigkeiten oder der Lautstärke habe ich nicht mit in die Transkription aufgenommen.

Hieran anschließend möchte ich transparent machen, was die vorliegende Beschäftigung mit Transkripten neben den „wirklichen Gesprächsverläufen" außerdem *nicht* untersuchen kann und will: Weder kann sie Auskünfte über in den Gesprächen beschriebene theaterpädagogischen Praktiken des Probens, Inszenierens, etc. geben, noch darüber, inwiefern die in den Gesprächen thematisierten Jugendclubprojekte zur (De-)Stabilisierung migrationsgesellschaftlicher Macht- und Herrschaftsverhältnisse beigetragen haben. Schlicht deshalb, weil die Interviews aus den vorliegenden Perspektiven nicht als Abbildungen von Wirklichkeiten in den Blick genommen werden, sondern als Wirklichkeiten hervorbringende durch Diskurse vermittelte Praktiken. Als Ergebnis von Entscheidungen für einen und gegen einen anderen Schwerpunkt der Untersuchung nicht in den Blick genommen wird in der vorliegenden Arbeit außerdem der Aspekt der Interaktion in den Interviews und die hiermit verbundene Frage nach den *spezifischen Modi* der gemeinsamen Herstellung von Sinn in einem Gespräch zwischen Theaterpädagog*innen angesichts eines laufenden Aufnahmegeräts. Auch die hiermit verbundene Frage, auf welche Weise die Sprechenden in den Interviews sich hierbei zueinander verhalten und welche situativen Selbst- und Fremdpositionierungen in den Interaktionen vollzogen werden, steht nicht im Zentrum meiner Untersuchung.

Auch wenn die letztgenannten Fokussierungen aufgrund des hier fokussierten Gegenstands nicht dem Interesse meiner Untersuchung entsprechen, verweisen sie doch auf eine weitere bedeutsame Eigenschaft des hier untersuchten Materials. Diese besteht darin, dass die Gegenstände, die durch das „über sie" Sprechen in Interviews als solche hervorgebracht werden als von der interviewführenden und der interviewten Person *gemeinsam* in einem bestimmten Setting hervorgebrachte Gegenstände zu analysieren sind. Hiermit einher geht für meine Untersuchung die Anerkennung der Tatsache, dass eine Perspektive auf die Interviewten als „Informant*innen" ebenso wenig sinnvoll erscheint wie eine komplette Ausblendung des Gesprächscharakters von Interviews. Für mich bedeutet dies, in meiner Analyse der Interviewtranskripte die Äußerungen von mir als Interviewendem ebenfalls als Teil der Wissensproduktion in den Gesprächen einzubeziehen und Interviewsequenzen im Transkript auch dahingehend in den Blick zu nehmen, welchen Anteil eine Frage oder Äußerung von mir an der in der Antwort erfolgten Bedeutungsproduktion hat. In meiner Analyse des Materials frage ich daher in Anlehnung an ein Interpretationsverfahren aus der Objektiven Hermeneutik (vgl. WERNET 2009) etwa, welche inhaltlichen und formalen Weichenstellungen durch eine Frage vorgenommen und welche Anschlüsse hiermit angeboten wurden, um hiervon ausgehend die von der interviewten Person getätigte Weiterentwicklung der gemeinsamen Sinnkonstruktion kontextualisieren und besser verstehen zu können.

Von Bedeutung ist für die Gesprächsverläufe außerdem, dass interviewende und interviewte Person beide im Kontext von gesellschaftlichen (Differenz-)Ordnungen positioniert sind und sich im Laufe eines Interviewgesprächs permanent auch im Bezug aufeinander positionieren und verhalten. Es ist davon auszugehen, dass die Gespräche mit anderen Forschenden als mir andere Verläufe genommen hätten und für diese Verläufe neben anderen Faktoren auch meine eigenen Positionierungen u.a. als *weißer,* männlicher, deutscher Theaterpädagoge und Akademiker Einfluss darauf nahmen, wie die Interviewten mir gegenüber beispielsweise ihre Projekten mit „Geflüchteten" oder mit „jungen Frauen" darstellten. Auch wenn also davon auszugehen ist, dass die Positionierungen der an den Gesprächen Beteiligten durchaus einen Einfluss auf die Gesprächsverläufe genommen haben, so steht auch eine Auseinandersetzung mit der hieran anschließenden Frage, inwieweit und auf welche Weisen diese in der gemeinsamen Herstellung von Sinn relevant waren, nicht im Fokus meiner Untersuchung, sondern wird hier von mir zugunsten einer anderen Schwerpunktsetzung vernachlässigt.

Die hier thematisch gemachte Perspektive auf den interaktiven und positionsbedingten Charakter der Gegenstandskonstruktion in den Interviews wäre falsch verstanden, würde sie darauf zurückgeführt werden, dass durch diese Faktoren eine „Verfälschung" der vollzogenen Gegenstandskonstruktionen vorläge. Vielmehr möchte ich mit dieser Perspektive markieren, dass es hier nicht um die Beschäftigung mit vermeintlich immer auf diese Weise stattfindenden Gegenstandskonstruktionen geht, *ohne* dabei jedoch das Bestehen eines vermeintlich „authentischen" Sprechens zu suggerieren, das durch äußere Einflussfaktoren wie den Interaktionscharakter mit mir gewissermaßen verzerrt oder „von sich entfremdet" wird. Die Transkripte der Interviewgespräche in der vorliegenden Untersuchung verstehe ich nicht als Aufschlüsse darüber, welches vermeintlich immer „bestehende" Wissen sich in den Gesprächen „ausdrückt", sondern als Texte, deren Grundlage eine Interaktion bildet, in der von den am Gespräch Beteiligten situativ „Wahrheitsräume" (Jergus 2014, S. 63) inauguriert werden, die den Raum des Sag- und Denkbaren im Kontext des Gesprächs (immer wieder neu) konstellieren.

Die in den Interviews vollzogenen Konstruktionen der Theaterpädagogik am Theater der Migrationsgesellschaft sind also einerseits kontingent, insofern es sich bei ihnen um mögliche, aber nicht notwendige Konstruktionen handelt. Vor dem Hintergrund der Macht von Diskursen sind sie andererseits jedoch auch strukturiert und lassen sich hinsichtlich der Systematik dieser Strukturierung und der Weise ihrer Aktualisierung lesen, interpretieren und perspektivieren (vgl. Kapitel 4). Das von und zwischen meinen Gesprächspartner*innen und mir in den Interviewgesprächen und über die Transkripte vermittelte aktualisierte theaterpädagogische Wissen steht nicht „allein". Sondern in ihm kommen sedimentierte Ordnungen zum Ausdruck, werden aufgegriffen, spezifiziert und verschoben und es ist mit anderen Formen der Wissensproduktion, etwa in gesellschaftlichen Migrationsdiskursen, in fachwissenschaftlichen theaterpädagogischen Publikationen oder im Kontext theaterpädagogischer Fortbildungen verbunden. Und es wäre für weitere theaterpädagogische Forschung im Anschluss an Überlegungen zur Konstellierung unterschiedlicher Materialsorten im Kontext der erziehungswissenschaftlichen Diskursforschung (vgl. Fegter u. a. 2015a, S. 32–36) interessant, die unterschiedlichen Weisen dieser Aktualisierungen auch mit Blick auf ihre Materialität zu untersuchen. Hinsichtlich der Frage also beispielsweise, inwiefern sich Unterschiede in der diskursiven Hervorbringung der Theaterpädagogik der Migrationsgesellschaft in der theaterpädagogischen Fachliteratur und derjenigen in Transkripte von Gesprächen zwischen Theaterpädagog*innen untersuchen lassen und was wir hieraus erfahren können über die Bedeutsamkeit auch der Materialitäten theaterpädagogischer Wissensproduktion für deren Inhalte.[113]

6.2 Zur Methodologie der Analyse diskursiver Praktiken

Die vorliegende Untersuchung orientiert sich in ihrer methodologischen Ausrichtung an einem im Kontext einer poststrukturalistisch informierten kultur- und erziehungswissenschaftlichen Diskursforschung zu verortenden Ansatz (vgl. Fegter u. a. 2015a; Angermüller u. a. 2014; Thompson/Jergus/Breidenstein 2014).[114] Dieser zeichnet sich grundsätzlich dadurch aus, dass er Diskurse als „Zusammenhang von Wissensformierungen, Machtverhältnissen und Subjektivierungen“ (Fegter u. a. 2015a, S. 10) in den Blick nimmt. Anders als viele Ansätze der Untersuchung von Interviews in der qualitativen Sozialforschung und deren Ziel „[…] Lebenswelten ‚von innen heraus' aus der Sicht der handelnden Menschen zu beschreiben“ (Flick/Kardorff/Steinke 2008, S. 14), interessiert sich die vorliegende Perspektive der Diskursanalyse verallgemeinert gesprochen tendenziell weniger für den jeweils spezifischen von sozialen Akteuren hergestellten sub-

113 Dieser Vorschlag wäre meines Erachtens auf fruchtbare Weise anschlussfähig an Ulrike Hentschels und Ute Pinkerts Beschäftigung mit der Bedeutsamkeit verschiedener Wissensformen in der Theaterpädagogik (vgl. Hentschel/Pinkert 2014; Hentschel/Pinkert 2017).

114 An dieser Stelle sei daraufhingewiesen, dass es „*die* Diskursanalyse“ nicht gibt, weder mit Blick auf die jeweiligen (zumeist an Foucault anschließenden) Theorien und deren Weiterentwicklungen, auf die sich Diskursanalysen beziehen, noch mit Blick auf das mit Blick auf diese Theorien zu plausibilisierende methodische Vorgehen, noch mit Blick drittens auf die jeweiligen Lesarten der analytischen Gegenstände, die im Zusammenspiel der beiden ersten Aspekte mit der empirischen Praxis entstehen. Um die mit einer Bezugnahme auf miteinander inkohärente Analyseperspektiven einhergehende Gefahr theoretisch-methodologischer Inkonsistenz zu vermeiden, lehnen sich Diskursanalysen daher häufig an eine der diskursanalytischen „Schulen“ wie die Kritische Diskursanalyse nach Jäger oder die Wissenssoziologische Diskursanalyse nach Keller an, innerhalb deren ausgearbeiteten Paradigmen sie sich orientieren (vgl. dazu auch Fegter u. a. 2015a, S. 11f.). Eine Darstellung der verschiedenen diskursanalytischen Zugänge und Positionen findet sich etwa im „Wörterbuch der interdisziplinären Diskursforschung“ (Wrana 2014b).

jektiven Sinn, sondern eher für eine „Analyse der formalen Bedingungen der Entstehung von Sinn" (Foucault/Defert/Bischoff 2001, S. 771). Mit Blick auf Wissens*ordnungen* fokussiert sie diejenigen Semantiken, die sich als zentrale, wiederkehrende und typische Semantiken eines Diskurses beschreiben lassen und so Auskunft geben können darüber, wie in diesem Diskurs Wissen in Verbindung mit Machtverhältnissen geordnet und hierbei das Sagbare vom Nicht-Sagbaren unterschieden wird. Diskurse lassen sich, wie in Kapitel 4 ausführlich dargestellt, aus dieser Perspektive dabei grundsätzlich als Praktiken verstehen, die subjektivierend wirken. Der an Foucault orientierte hier herangezogene Diskursbegriff geht also auch bezüglich des Subjekts davon aus, dass Diskurse „systematisch die Gegenstände bilden, von denen sie sprechen" (Foucault 1981, S. 74).

Mit Bezug auf einen migrationspädagogischen Forschungsansatz betont Paul Mecheril (2010a) die Relevanz der Untersuchung der diskursiven Produktion von Wissen für die Untersuchung pädagogischer Kontexte, weil das Geschehen in diesen auf bedeutsame Weise von den Machtwirkungen vorherrschenden Wissens beeinflusst wird, insofern die hier handelnden Individuen mithilfe dieses Wissens „sich selbst, Andere und die Welt nicht nur verstehen, sondern auch auf sich selbst, Andere und die Welt einwirken" (ebd., S. 72). Theaterpädagogik am Theater stellt aus dieser Perspektive ein Handlungsfeld dar, das sinnvollerweise hinsichtlich seiner Involviertheit in migrationsgesellschaftliche Diskurse zu untersuchen ist:

> Gesellschaftliche Diskurse etwa über ‚Sprache' [oder] ‚Integrationsbreitschaft' beeinflussen das Geschehen in pädagogischen Kontexten, weil sowohl Pädagog/innen als auch ihre Gegenüber von gesellschaftlichen Diskursen beeinflusst sind und sich im Lichte dieser Diskurse verstehen und aufeinander Einfluss nehmen. (Mecheril 2010a, S. 72)

In meiner Auseinandersetzung mit meinen Gesprächen mit Theaterpädagog*innen an Berliner Theatern fokussiere ich die in diesen Gesprächen (über das Transkript vermittelten) vollzogenen *diskursiven Praktiken.* Der hier zugrunde liegende Ansatz einer Analyse diskursiver Praktiken in Interviews lässt sich als Variante einer Diskursforschung beschreiben, in der der jeweils spezifische in Interviews hergestellte Sinn als Ausdruck und Herstellung von Diskursen begriffen und analysiert wird. Mit Blick auf die Interviewforschung wurde dieser Ansatz in der deutschsprachigen Raum maßgeblich von Daniel Wrana (2015a; 2014b; 2012; Wrana/Langer 2007) und Kerstin Jergus (Jergus/Thompson 2017; 2015;

2014; 2011) diskutiert und konkretisiert. Sein Ziel ist es, den Zusammenhang der miteinander verknüpften Formierung von Wissen und Subjektivität dahingehend zu analysieren, „[…] wie in sozialen, diskursiven Praxen zugleich symbolische Ordnungen und vergesellschaftete Subjekte hervorgebracht werden" (Wrana 2014a, S. 175). Seine Grundlage bildet die methodologisch interessierte Lektüre poststrukturalistischer Theorieperspektiven, besonders Michel Foucaults und Judith Butlers.

Im Folgenden werde ich für das bessere Verständnis der methodologischen Perspektive einer Analyse diskursiver Praktiken einige ihrer wesentlichen methodologisch-theoretischen Grundannahmen skizzieren. Hierbei geht es mir nicht um deren grundsätzliche Diskussion, sondern darum, sie forschungspragmatisch mit Blick auf die vorliegende Untersuchung nachvollziehbar zu machen.

In seinen Grundlegungen einer Analyse diskursiver Praktiken greift Daniel Wrana (2015a; 2014a; 2012; 2006) innerhalb des Foucaultschen Diskursbegriffs dessen Unterscheidung zwischen den *diskursiven Formationen* einerseits und den *diskursiven Praktiken* andererseits auf. Unter der Perspektive auf Diskurse als *diskursive Formationen* (vgl. Foucault 1981, 48ff.) werden diese als gesellschaftliche Wissensfelder und -ordnungen verstanden, die das „Repertoire des Sagbaren" (Wrana 2014a, S. 176) bilden. Der Diskurs wird hier als eine übergreifende symbolische Ordnung begriffen, als ein Objekt, das empirisch mit Blick auf eine gewisse innere Homogenität isolierbar und in seinen Eigenschaften bestimmbar ist. In den Blick rückt unter dieser Perspektive das *Gemeinsame* einer größeren Menge von durch Raum und Zeit verstreuten Artikulationen (vgl. Fegter u. a. 2015a, S. 13). Unter der Perspektive auf Diskurse als *diskursive Praktiken* (vgl. Foucault 1981, 128ff.) hingegen wird der Diskurs nicht als Objekt, sondern als Tätigkeit betrachtet, als performativ-produktiver Vollzug von Diskursivität. In den Blick rücken unter dieser Perspektive die „Handlungsweisen, in denen sich das Sagbare und Sichtbare formt" (Wrana 2014a, S. 176), also die spezifische Art und Weise, in der *situativ* symbolische Ordnungen aufgerufen, verworfen und hergestellt werden. Hierbei gelten

> […] mittels Interviews erhobene Äußerungen von pädagogischen Professionellen, pädagogischer Klientel oder individuell Lernenden oder auch in pädagogischen Situationen beobachtete Gespräche und Interaktionen ebenso als diskursive Praxen wie von

> Expert_innen artikulierte wissenschaftliche oder bildungspolitische Texte. (Fegter u. a. 2015a, S. 17)

Während Beschäftigungen mit diskursiven Formationen Diskurse häufig als „relativ homogene, regelhafte und stabile sprachliche Objekte“ (Wrana 2012, S. 196), als „Die Diskurse“ rekonstruieren, fokussiert die vorliegende praxeologisch orientierte Perspektive diskursive Praktiken als heterogene, heteronome und situierte Praktiken, die wissensbasiert und auf kollektive Wissensordnungen bezogen sind. „Wissen“ bezieht sich hier im Foucaultschen Sinne nicht auf eine etwaige in den Praktiken produzierte „Summe von Erkenntnissen“ (Foucault/Defert/Bischoff 2001, S. 921), sondern wird selbst als Praktiken fokussiert, als „[...] Wissenspraktiken, die die Bedingungen von Sagbarkeit und Sichtbarkeit bilden“ (Wrana 2012, S. 196). Auch eine diskursive Praktik lässt sich also als eine sich im Körper materialisierende ereignishafte „typisierte Form des Sich-Verhaltens“ (Reckwitz 2010, S. 189) verstehen, deren jeweilige serielle Aktualisierung eine spezifische diskursive Praxis bildet.

In diskursiven Praktiken im Kontext von Interviews wird der im Sprechen repräsentierte Gegenstand „als Relationierung von Bedeutungsfeldern, Wissensobjekten und Subjektivitäten“ (Wrana 2012, S. 196) performativ hergestellt. Der in dieser Perspektive auch als „doing discourse“ (Füssel/Neu 2010) zu verstehende Äußerungsakt beruht dabei auf dem mit Judith Butler in Kapitel 4 als „Iterabilität“ zu verstehen gegebenen Charakter von Sprechen als wiederholende Verschiebung: Performativ Wirklichkeit herstellende diskursive Praktiken beziehen sich in dieser Perspektive auf vorhergegangene und zu diskursiven Ordnungen sedimentierte diskursive Praktiken indem sie diese zitieren, um durch sie ihren Sinn zu erhalten. Gleichzeitig modifiziert der Sprechakt diesen Sinn im Moment seiner Zitation notwendigerweise, insofern dieser durch seinen neuen Kontext nie gleich, sondern immer nur different wiederholt werden kann. So hatte Butler mit Rückgriff auf Derrida begründen können, dass ein Sprechakt im Akt des Zitierens immer einen Bruch mit den vorhergegangenen Sprechakten vollzieht (vgl. Kapitel 4). Somit verkennt der Sprechakt die diskursive Ordnung notwendigerweise und verknüpft ihre Gegenstände auf neue Weise miteinander, während er gleichzeitig nicht unabhängig von der diskursiven Ordnung artikuliert werden kann. Mit Blick auf diese ihre Eigenschaft verschiebender Wiederholung, ihre Iterabilität, ist eine diskursive Praxis nicht als singulärer Akt zu analysieren, sondern als Moment einer ihr vorausgegangenen, sie ermöglichenden und sich in ihr aktualisierenden kollektiven sozialen und kulturellen Praxis.

Als diskursive Praktiken analysiert rücken Diskurse dann nicht als „Der Diskurs XY", sondern als heterogene und dynamische „Ensembles diskursiver Praktiken" (Wrana 2012, S. 198) in den Blick, die sich als *Kontexte* von Äußerungsakten mit Blick auf bedeutsame diese prägende diskursive Figuren untersuchen lassen. Aus der Perspektive einer Analyse diskursiver Praktiken sind diese Kontexte dabei nicht als den in Interviews vorgenommenen Ordnungsbewegungen bloß *vorauszusetzende* zu verstehen, sondern werden in diesen vielmehr nicht nur aufgegriffen, sondern auch hergestellt. Wenn analysiert wird, wie in Praktiken auf Formationen als übergeordnete Wissensordnungen iterierend Bezug genommen wird, dann aus der Annahme heraus, dass diese Ordnungen ihre Geltung erst aus ihrer performativen Hervorbringung in Praktiken beziehen, wobei solche Praktiken der „Autorisierung von Ordnung" (Thompson/Jergus/Breidenstein 2014) sowohl gelingen als auch misslingen können.

Sprechakte in Interviews bringen die Gegenstände, von denen sie sprechen vor diesem Hintergrund performativ im Modus verschiebender Wiederholung hervor. In den Fokus der Diskursanalyse rückt dann eine von Brüchen durchzogene und in ihrer Geltungsproduktion prekäre diskursive Praxis, die hinsichtlich des machtförmigen Zusammenspiels von Bedeutungsproduktion und Subjektivierung analysiert werden kann. Damit lässt sich die vorliegende poststrukturalistisch-praxeologisch orientierte Perspektive mit Blick auf die Analyse von Interviews abgrenzen von einer ontologisierenden Zurechnung von Aussagen auf eine soziale Wirklichkeit, die ihren „Ausdruck" in den Äußerungen der Interviewten findet (vgl. Jergus 2014, S. 65). Auch eine Vorstellung der im Interview sprechenden Subjekte als „Zurechnungsadresse" (ebd.), welche weltauslegend über Sinnproduktion verfügen können, ist aus der vorliegenden Perspektive nicht haltbar (vgl. Kapitel 6.1). Vielmehr wird das Sprechen in Interviews hier als sowohl performativ wie auch figurativ verstanden. Als ein Sprechen, welches weder als „Ausdruck" einer Wahrheit, noch eines konsistenten und autonomen Subjekts verstanden werden kann und für das nicht davon auszugehen ist, dass sich in ihm „ein einheitlicher Zusammenhang – des Wissens, des Subjekts oder des Sozialen – entäußern bzw. ausdrücken würde" (ebd., S. 57).

Aus dieser Perspektive finden in Interviewgesprächen zwei voneinander zu unterscheidende und miteinander verwobene Prozesse der Subjektivierung statt:

Zum einen die Subjektivierung der jeweils „Sprechenden“ selbst, die in ihrem Sprechen eine bestimmte Subjektposition im Rahmen des von ihnen hergestellten Gegenstandes beziehen. Wer eine diskursiv strukturierte Subjektposition einnimmt, aus der er spricht, der subjektiviert sich in diesem Moment selbst innerhalb des Diskurses. In Interviews konstruieren die Sprechenden also nicht nur den von ihnen sprachlich hervorgebrachten Gegenstand als einen ganz bestimmten Gegenstand, sondern sie konstituieren auch sich selbst als Subjekte. Stuart Hall beschreibt diesen Akt des Bezugs einer Subjektposition im Sprechen als Akt eines temporären „Vernähens“ (*suture*) des Subjekts mit einer aus einer diskursiven Praktik hervorgegangenen Position. (Hall 2004d). Diese selbst-bildenden Prozessierungen der sprechenden Subjekte materialisieren sich im Interviewmaterial als „Akte und Praktiken des Positionierens im Vollzug - [als] soziale Praxis der Positionierung ‚in motion,“ (Wrana 2015a, S. 124).[115]

Zum anderen diejenige Form der Subjektivierung, die sich, wie ich Kapitel 4 ausführlich erläutert habe, in Anlehnung an Althusser und Butler als Anrufung des Subjekts fassen lässt und sich in Interviews als Adressierungen materialisiert. Von Bedeutung ist hierbei die Annahme, dass Subjektivierungsregimes ihre Wirkung auf Subjekte als performative Hervorbringungen eines Diskurses unabhängig davon entfalten, ob diese die subjektivierenden diskursiven Praktiken selbst „zur Kenntnis nehmen“ (vgl. Fegter u. a. 2015a, S. 25). Auch wenn die in den Interviews vollzogenen Anrufungen von Subjekten sich nicht trennen lassen von den Positionen, aus denen heraus sie getätigt werden, so bilden sie doch das Hauptaugenmerk des vorliegenden Interesses an den Subjekten des Diskurses der Theaterpädagogik am Theater der Migrationsgesellschaft.

Die in Interviewgesprächen getätigten Anrufungen von Subjekten rufen vorhergegangene Anrufungen ebenso wie die mit diesen verknüpften symbolischen Ordnungen auf. Praktiken der Subjektivierung in Interviewgesprächen sind inso-

115 Mit Blick auf die Unabgeschlossenheit von Sinn betont Jergus: „Für eine Analyseperspektive bedeutet dies, nicht davon ausgehen zu können, dass sich in Interviewartikulationen ein einheitlicher Zusammenhang – des Wissens, des Subjekts oder des Sozialen – entäußern bzw. ausdrücken würde“ (Jergus 2014, S. 57). Es kann also keine „Wirklichkeit“ beschrieben werden, die in den Interviews ihren „Ausdruck“ fände.

fern eng mit der Hervorbringung des Diskurses der Theaterpädagogik am Theater verwoben: Dieser kann einerseits erst von der Einnahme einer in ihm möglichen Subjektposition aus artikuliert werden, während in ihm andererseits die eigene Subjektivität ebenso wie die Subjektivität Anderer in Praktiken der Subjektivierung hervorgebracht werden.

Mit Blick auf die oben eingeführte Eigenschaft der Iterabilität lässt sich für diskursive Praktiken in Interviews die *doppelte Iterabilität* feststellen, die mit der Aktualisierung einer diskursiven Ordnung und ihrer Subjekte im Kontext eines Sprechaktes verknüpft ist. Denn sowohl die Ordnungen als auch die von den Subjekten eingenommenen Subjektpositionen werden im Sprechen notwendigerweise sowohl zitiert als auch verschoben.

> [Der] Akt kann seinem Widerspruch, wiederholt und anders zugleich zu sein, ebenso wenig entgehen, wie das Subjekt seinem Widerspruch, selbst zu handeln und doch permanent dem Schon-da-Seienden ausgesetzt zu sein. (Wrana 2012, S. 198)

Die hier fokussierten Interviewgespräche konstruieren entsprechend nicht nur den Gegenstand von dem sie sprechen, sondern aktualisieren auch mit ihm verbundene Subjektpositionen, die mit Blick auf ihre Beziehung zu migrationsgesellschaftlichen Differenz- und Zugehörigkeitsordnungen analysiert werden können.

Den *analytischen* Gegenstand bilden aus dieser Perspektive die diskursiven *Figuren*, die in diskursiven Praktiken als sowohl strukturierte wie auch strukturierende Weisen der Bedeutungskonstitution im Kontext von Wissensordnungen untersucht werden können. Der Begriff der diskursiven Figur bezieht sich dabei allgemein darauf, wie im Vollzug diskursiver Praktiken eine Ordnung hergestellt wird, indem Sinnbezüge miteinander verbunden, Subjektpositionen gesetzt und Gegenstandsfelder konstruiert werden (vgl. Wrana 2014a, S. 185). In den Blick rücken aus dieser Perspektive die *konstellativen Verknüpfungen*, die in den Interviewgesprächen vorgenommen werden, beispielsweise die im Material äußerst bedeutsamen Weisen der Verknüpfung des Sprechens über das Politische der Theaterpädagogik am Theater mit einer Zuwendung zu migrationsgesellschaftlich als Andere Geltenden als Teilnehmende an theaterpädagogischen Jugendclubprojekten. Damit rückt für die Analyse nicht nur in den Blick, wie in den iterierenden Sprechakten in Interviews vorangegangene Akte aufgegriffen, wiederholt und transformiert werden, sondern auch, wie bestimmte diskursiv mögliche Verknüpfungen jeweils vorgenommen und andere gleichzeitig nicht vorgenommen und damit „Grenzen des Sagbaren" (ebd., S. 181) performativ aktualisiert werden.

6.3 Zum forschungspraktischen Vorgehen

Im Folgenden werde ich mein forschungspraktisches Vorgehen in der Untersuchung darstellen, begründen und kontextualisieren. Dafür werde ich zunächst kurz auf meine Positionierung zur Frage nach der Methode im Kontext der erziehungswissenschaftlichen Diskursforschung eingehen, bevor ich anschließend zentrale Stationen der Generierung des Materials und der in der Auseinandersetzung mit ihm entstandenen Ergebnissen erläutere.

Der Begriff „Methode" ist abgleitet vom altgriechischen Wort für „Weg zu etwas hin" und bezieht sich im wissenschaftlichen Kontext zumeist auf ein mehr oder minder spezifiziertes nicht singuläres Verfahren der Untersuchung eines Gegenstandes, auf einen „Weg zu etwas hin" also, auf den Forschende sich begeben können und auf dem sie Orientierung finden. Im Kontext der Diskursforschung wird der Stellenwert der Methode jedoch kontrovers diskutiert (vgl. FEGTER U. A. 2015a, S. 30–32). Eine Methodisierung der Diskursforschung grundsätzlich befürwortende Positionen argumentieren, dass die Explikation des angewandten Verfahrens ein wichtiges Gütekriterium von Forschung sei und darüber hinaus erst durch die Konfrontation eines Gegenstandes mit einer spezifischen Methode Raum auch für unerwartete Ergebnisse entstünde. Aus einer anderen Warte heraus erscheint jedoch genau die hier unterstellte „Gewissheitsabsicherung" (ebd., S. 30) als problematisch, erstens „[…] weil sie ihre Nicht-Begründbarkeit ignoriert und den Erkenntnisgewinn ausschließt, der auch mit dem Unbestimmbaren verbunden ist […]" (ebd.) und zweitens, weil „[…] mit dem Anspruch auf die methodisch reproduzierbare Repräsentation von Wirklichkeit gerade die Spezifik von Diskursanalysen unterlaufen wird" (ebd., S. 31)

Im Sinne der zu Beginn dieses Teilkapitels mit Bezug auf Breuer beschriebenen „reflektierten Offenheit" als methodologische Grundeinstellung meiner Untersuchung schließe ich mich in dieser Kontroverse der zweiten Position an. Hierin besteht auch ein politischer Einsatz der hier gewählten methodologischen Perspektive, insofern sich die Entscheidung für diese und gegen andere Perspektiven der Diskursforschung mit Hans-Christoph Koller und Jenny Lüders verstehen lässt als […] Teil der Kämpfe um die Bemächtigung des Diskurses […], bei denen es [...] keinen neutralen Standpunkt [gibt], von dem aus die ‚Güte, bzw. die Regelkonformität einer Diskursanalyse objektiv beurteilt werden könnte. (Koller/Lüders 2004, S. 72). In diesem Sinne „sind auch Methodenfragen Machtfragen" (ebd.).

Wenn ich im Folgenden die von mir vollzogenen Forschungspraktiken erläutere, dann geht es mir daher hier nicht um eine mit einem Objektivitätsanspruch versehene (nachträgliche) Methodisierung der Untersuchung, sondern darum, wichtige Schritte auf dem Weg meiner Untersuchung intersubjektiv nachvollziehbar zu machen, auch wenn eine umfassende Darstellung und Übersetzung dieses Weges nicht möglich ist (vgl. Mecheril 2003, S. 45). Auf diese Weise möchte ich Aufschluss über verschiedene Aspekte und Stationen meines Forschungsprozesses hin zu der Entwicklung der von mir entwickelten Figuren geben und diese Aspekte und Stationen somit diskutierbar und verhandelbar zu machen. Dies halte ich deshalb für wichtig, weil ich wissenschaftliche Forschung grundsätzlich als Teil von „Erkenntnispolitiken" (Ricken/Koller/Reichenbach 2011) verstehe, als eine spezifische und machtvolle Praxis der Hervorbringung von Wissen, welche auch mit Blick auf die in ihr getroffenen bewussten und unbewussten Entscheidungen für und gegen bestimmte beschrittene Wege weder neutral noch objektiv ist. Mit Blick auf die Interviewforschung verweist die Erziehungswissenschaftlerin Sabine Reh in diesem Sinne auf deren performativen Charakter, insofern „es sich bei deren Tun sowohl in der Erhebung ihrer Materialien wie auch in deren Interpretation um eine (immer machtförmige) soziale Praxis handelt" (Reh 2003, S. 26). Wissenschaftliche Forschung ist selbst als diskursive Praxis zu verstehen und damit im hegemonietheoretischen Sinne mit Chantal Mouffe und Ernesto Laclau als Einsatz im Ringen um Bedeutung zu betrachten (vgl. Laclau/Mouffe 2001). Dieser Einsatz zeichnet sich in der vorliegenden Arbeit auf erkenntnistheoretischer Ebene dadurch aus, dass in ihm Bedeutung zwar in der Auseinandersetzung mit einem Forschungsgegenstand zu-geschrieben (was mit dem Präfix „zu" den Aspekt der Schließung beinhaltet) und her-gestellt (was im Sinne von „stellen" auch den Aspekt der Verortung beinhaltet) wird, diese Bedeutung jedoch nicht als abgeschlossene, widerspruchsfreie oder gar objektive Bedeutung zu verstehen gegeben werden soll. Als wissenschaftlicher „Diskurs über Diskurse" (Keller 2011, S. 65) produziert die vorliegende Diskursforschung vor diesem Hintergrund ebenso wie die von ihr untersuchten diskursiven Praktiken keine vermeintliche Wahrheit, sondern Aussageereignisse, die selbst in die diskursiv strukturierten Räume des Sagbaren eingebunden sind und deren Entstehungsweise ich nicht verschleiern, sondern möglichst nachvollziehbar halten möchte. Denn die machtvollen Prämissen, die unser forschendes Handeln beeinflussen, können – mit einer Formulierung Stuart Halls - dann am wirksamsten sein, „wenn es so aussieht, als sei unser Sprechen ein bloßes Beschreiben dessen, wie die Dinge sind“ (Hall 2004c, 151f.).

Für das Interesse am Diskurs der Theaterpädagogik am Theater und seiner Aktualisierung im Sprechen von Theaterpädagog*innen habe ich mich für Interviews mit (leitenden) Theaterpädagog*innen an Berliner (Staats- und Stadt-) Theatern entschieden. Weil der Fokus der Interviewgespräche auf der Beschreibung der Jugendclubpraxis (vgl. Kapitel 7) der Gesprächspartner*innen lag, war es mir wichtig, hierfür mit Theaterpädagog*innen ins Gespräch zu kommen, die in ihrer Praxis einen Jugendclub an ihrem Theater leiten oder in der vorangegangenen Spielzeit leiteten. Aufgrund meines Interesses an der Frage nach dem Politischen theaterpädagogischer Jugendclubpraxis habe ich von den vier Berliner Theatern, in deren Selbstbeschreibung auf der Webseite in der Spielzeit 2014/2015 eine explizite Bezugnahme auf das Politische ihrer Theaterarbeit vorgenommen wird, die jeweils leitenden Theaterpädagog*innen per Mail um ein Gespräch mit mir gebeten und von allen Angefragten eine Zusage erhalten. Zusätzlich habe ich leitende Theaterpädagog*innen von drei weiteren großen und renommierten Berliner Theaterinstitutionen angefragt, deren Internetauftritte sich dadurch auszeichneten, dass hier keine expliziten Bezugnahmen auf das Politische vorgenommen wurden, während die angeführten Projekte für mich intuitiv durchaus als politische Theaterprojekte zu verstehen gewesen wären. Auch von diesen habe ich durchweg Zusagen zu den Interviewgesprächen erhalten. Insgesamt habe ich Gespräche mit Theaterpädagog*innen von sieben Berliner Theatern geführt. Nicht verfolgt wurde hierbei der Anspruch einer repräsentativen Auswahl von Berliner Theatern. Sondern ausgehend vom diskurstheoretischen Interesse der Untersuchung gehe ich davon aus, dass der Diskurs der Theaterpädagogik am Theater mit anderen Gesprächspartner*innen (und auch einer anderen interviewenden Person) auf andere Weise aktualisiert worden wäre und sich in der Bearbeitung der Transkripte mit Blick auf interviewübergreifende bedeutsame diskursive Figuren möglicherweise andere Schwerpunktsetzungen ergeben hätten.

In einer ersten Mail habe ich die Gesprächspartner*innen dann zunächst nach ihrer grundsätzlichen Bereitschaft für ein Interview gefragt sowie mich und mein Forschungsanliegen zu „Dimensionen des Politischen in der theaterpädagogischen Inszenierungspraxis im Bereich Jugendclubs" vorgestellt. Während der restliche Text immer gleich war, variierte die Vorstellung von mir als Person hierbei, weil ich jeweils bestimmte Bezugspunkte hergestellt habe, in denen die Gesprächspartner*innen und ich uns bereits im Rahmen einer Veranstaltung oder eines anderen Anlasses begegnet sind. Diese Bezugspunkte hatten möglicherweise den Effekt, dass das Gespräch von den Angefragten als ein Gespräch (auch) unter Kolleg*innen eingeordnet wurde, während in der Mail gleichzeitig das wissenschaftliche Vorhaben – entsprechend meinem damaligen Verständnis der Untersuchung - als eines beschrieben wurde, in dem es darum geht, etwas über die Erfahrungen und Arbeitsweisen der Interviewten zu erfahren, so dass hier eine Adressierung als Kolleg*innen und als Expert*innen gleichzeitig wirksam gewesen sein und Effekte bezüglich des Sprechens bei den Interviews gehabt haben könnte.

Nach den Zusagen durch die Gesprächspartner*innen und der Vereinbarung eines Termins für das Gespräch, schickte ich allen Interviewpartner*innen eine Mail mit weiteren Informationen über das Interview, welche neben einem Dank die geplante zeitliche Rahmenbedingung eines etwa zweistündigen Gesprächs, meine Kontaktdaten sowie eine differenzierte Beschreibung meines Anliegens enthielt. Dieses habe ich wie folgt dargelegt:

> In unserem Gespräch möchte ich gern von Ihnen etwas über Ihre theaterpädagogische Inszenierungspraxis mit Jugendlichen erfahren. Dazu werde ich Ihnen Fragen zu Ihren theaterpädagogischen Erfahrungen und Einschätzungen stellen. Mich interessiert, was Ihre letztes/aktuelles Jugendtheaterprojekt war/ist, was Ihnen dabei wichtig war/ist und warum. Außerdem interessiert mich, welche Rolle für Sie in Ihrer theaterpädagogischen Praxis das Politische spielt und was Sie unter einer politischen theaterpädagogischen Praxis verstehen.

Die anderthalb- bis zweieinhalbstündigen Gespräche selbst führten wir dann in den Räumlichkeiten der jeweiligen Theaterinstitutionen unter der „Beobachtung" eines von mir mitgebrachten Aufnahmegeräts.

Mit Blick auf das Format der Interviews hatte ich mich in Anlehnung besonders an die Manuale zur Interviewforschung von Cornelia Helfferich (2011), Jan Kruse (2010) und Aglaja Przyborski und Monika Wohlrab-Sahr (2014) für teilstrukturierte, seminarrative Leitfadeninterviews entschieden. Angesiedelt im Kontinuum zwischen der großen Offenheit narrativer Interviews und der starken Strukturierung von Fragebogeninterviews wird diese Form als besonders geeignet für solche Untersuchungen angesehen, für die eine „Verzahnung von Strukturierung beziehungsweise Fokussierung und Offenheit" (Kruse 2010, S. 75) hilfreich zu sein scheint. Angesichts meines ursprünglichen Interesses an der Beschreibung von Dimensionen des Politischen der Theaterpädagogik durch Theaterpädagog*innen schien mir diese Interviewform besonders geeignet. Einerseits sollte sie die Möglichkeit einer offenen Entwicklung der Gesprächsverläufe durch die Interviewten im Sinne des narrativen Interviews ermöglichen, andererseits sollte sie mir im zweiten Teil des Gesprächs ermöglichen, einige Aspekte, über die ich gern von den Interviewten etwas erfahren wollte, im Anschluss an die Haupterzählung der Gesprächspartner*innen und die in dieser vollzogenen Relevanzsetzungen ergänzend nachzufragen, insofern diese nicht schon selbst angesprochen worden waren. So interessierte mich beispielsweise, inwiefern die Gesprächspartner*innen auch mit Blick auf ästhetischen Strategien in der Jugendclubpraxis eine politische Dimension sahen und welche Rolle der institutionelle Kontext in ihren Augen für ihre Jugendclubpraxis spielte, und wenn diese Themen im Laufe des Gesprächs nicht von ihnen angeführt wurden, so stellte ich meinen Gesprächspartner*innen gegen Ende diese Fragen.

Nach den Interviewgesprächen und deren Transkriptionen ließen mir alle Interviewten eine Freigabe des Ihnen zur Verfügung gestellten Interviewtranskripts auch ohne Anonymisierung zukommen. Trotzdem habe ich mich entschieden, die Namen der Gesprächspartner*innen nicht zu nennen und ebenso wenig die Theater-Institutionen, denen diese zuzuordnen sind. Sowie auch sonst alle „Kennzeichnungen" der Interviewten und der entsprechenden Institutionen so zu bearbeiten, dass eine Rückverfolgung auf bestimmte Personen möglichst erschwert wird. Den Hintergrund hierfür bildet meine Erfahrung, dass in manchen Kontexten, in denen ich Material aus den Interviews eingebracht habe, eine Tendenz dazu bestand, die interpretierten Sequenzen nicht in ihrer Diskursivität zu betrachten, sondern diese auf die interviewten Personen bezogen wurden. (Auch und besonders) im Kontext der späteren Weiterentwicklung des Interesses meiner

Untersuchung hin zu einer rassismuskritischen Analyse stellt dies ein forschungsethisches Problem dar, insofern hier vorschnell Menschen vor dem Hintergrund eines verkürzten Rassismusbegriffs als „rassistisch“ eingeordnet und entsprechend abgewertet werden können. Die von mir wiederholt in Kontexten der Auseinandersetzung mit dem Material beobachtete individualisierende Perspektive auf das Interviewmaterial entspricht außerdem nicht dem vorliegenden Interesse am *Diskurs* der Theaterpädagogik am Theater. Im Gegenteil läuft es dem hiermit verbundenen Anliegen auch auf politischer Ebene zuwider, weil so beispielsweise rassifizierende Wissensbestände auf eine*n bestimmte*n Theaterpädagog*in und ein individuelles Fehlverhalten zurückgeführt und eben nicht in ihrer grundsätzlichen Bedeutsamkeit für die Theaterpädagogik betrachtet wurden. Die Einnahme einer solchen Perspektive verstehe ich als Praxis der Distanzierung, welche eine (selbst-)reflexive Auseinandersetzung mit Rassismus erschweren kann. Entsprechend ist es mir auch in der Darstellung der von mir erarbeiteten diskursiven Figuren wichtig, diese nicht auf einzelne Interviewte zurückzuführen, sondern als Bestandteile eines interviewübergreifenden (theaterpädagogischen) Diskurses zu verstehen zu geben, auch wenn bestimmte Aspekte in meinen Darstellungen stark an der sequenzanalytischen Auseinandersetzung mit dem Sprechen einer interviewten Person orientiert sind.

Es wird in den Transkripten und insgesamt in dieser Untersuchung auch nicht Auskunft über die „soziale Identität“ der Interviewten gegeben, wie dies im Kontext qualitativer Sozialforschung zum Beispiel mit Blick auf das Alter und das Geschlecht von Interviewpartner*innen üblich ist. Kerstin Jergus argumentiert im Sinne eines solchen Auslassens von Identifizierungen, dass hiermit eine essentialisierende Verknüpfung des Gesagten mit derartigen Markierungen unterbunden werden soll:

> Unabhängig davon, dass höchst fragwürdig erscheint, wie wissenschaftliche Forschung sich hierbei in (bspw. Heteronormative) Normalisierungsprozesse einschreibt, ist auch systematisch nicht plausibel, inwiefern eine geschlechtliche oder altersmäßige Identifizierung dem Gesagten einen Sinn verleiht, wenn nicht unterstellt wird, dass die Sprecherin mit dem Gesagten in repräsentationslogischer Weise authentifiziert und identifiziert wird. (Jergus 2014, S. 64)

Ich schließe mich dieser Auslassung auch aber nicht nur aufgrund der hier markierten Gefahr einer Essentialisierung an. Dies, obwohl eine der zentralen theoretischen Voraussetzungen meiner Untersuchung darin besteht, dass die in Differenzordnungen hergestellten Subjektpositionen maßgeblich Einfluss auf die Selbst-, Fremd- und Weltverhältnisse von Subjekten nehmen (vgl. Kapitel 4.1) und also davon auszugehen ist, dass die Positionierungen meiner Gesprächspartner*innen in Ordnungen (nicht nur) des Rassismus auf die in den Interviews vollzogenen Praktiken Einfluss genommen haben. Weil jedoch weder die Frage, wie die Interviewten sich in den Gesprächen als beispielsweise *weiß* oder Schwarz positionierte Theaterpädagog*innen positionieren und hervorbringen noch die Art und Weise der Beeinflussung der untersuchten diskursiven Praktiken durch die Positionierungen der Interviewten im Fokus dieser Arbeit steht, wird dieser Aspekt von mir zugunsten des gewählten Untersuchungsgegenstandes vernachlässigt.

Im Verständnis der Praxis, mit der ich aus Transkripten und ihrer Bearbeitung letztlich Interpretationstexte erschaffen habe, schließe ich an Paul Mecherils (2003) durch die Version der Grounded Theory von Anselm Strauss inspirierte Überlegungen zur Modellierung an. Der Begriff „Modellierung" bezieht sich „sowohl auf die Art des Umgangs mit dem Untersuchungsmaterial als auch auf die Erzeugung einer spezifischen Sorte von Ergebnissen" (Mecheril 2003, S. 41). Bei Modellierungen handelt es sich um einen „interpretativen Vorgang" (ebd.), in dem ein Text A (der Interpretationstext) durch die Auseinandersetzung mit einem Text B (dem Transkript) entsteht. Es handelt sich bei ihnen um einen „Umgang mit Texten, der neue Texte generiert" (ebd.), bei welchen es sich „nicht um notwendige Lesarten" (ebd., S. 46) handelt, sondern um Texte, die auch anders sein könnten, die jedoch auf der Grundlage „signifikanter Eindrücke" (ebd., S. 47) entstanden sind. Prozesse der Modellierung umfassen die

> [...] durch Interviewtexte angeregten Entwicklungen von Ideen, Vermutungen, Spekulationen, die sich in manchen Fällen rasch und weit von dem Ort ihrer Entstehung entfernen, immer wieder aber, sich selbst betrachtend und damit die Veränderung ihrer selbst ermöglichend, an ihn zurückkehren. (Mecheril 2003, S. 41)

Das Verhältnis zwischen den das Material meiner Untersuchung bildenden Transkripten und den in der Auseinandersetzung mit diesen erarbeiteten diskursiven Figuren fasse ich im Sinne der Perspektive der Modellierung als eines, welches sich sowohl durch eine relative Unabhängigkeit meiner Interpretationstexte von den Transkripten als auch durch deren Abhängigkeit von diesen auszeichnet. Denn

> [i]n einem strengen Sinne geht es nicht um die Rekonstruktion der im Interview geäußerten Inhalte; Ideen und Gedanken, die zum Interpretationstext beitragen, werden zwar durch Interviewtext-Passagen angestoßen, können sich aber herausgelöst aus der Bezogenheit auf diese Textabschnitte auf eine Weise entwickeln, welche ihnen einen eigenständigen Status zukommen lässt. Andererseits besteht eine enge Verschränkung zwischen beiden Textebenen. Denn die Modellierung bezieht sich immer wieder auf [den Transkripttext], der den grundlegenden Rahmen des modellierenden Tuns absteckt. Was im Interviewtext nicht vorkommt [...] kann in Ermangelung von Material auch nicht modelliert werden. (Mecheril 2003, S. 42)

Die von mir entworfenen Texte über diskursive Figuren der Theaterpädagogik am Theater, welche die Ergebnisse meiner Untersuchung bilden und herstellen, stellen also gewissermaßen eigenständige Texte dar, in denen ein über das Medium des Materials entstandenes Nachdenken über die Theaterpädagogik am Theater der Migrationsgesellschaft seinen Ausdruck findet, für welches die Auseinandersetzung mit dem Material der Untersuchung zwar eine notwendige, jedoch keine hinreichende Bedingung darstellt.

Mein konkretes forschungspraktisches Vorgehen war entsprechend durch unterschiedliche Versuche der Annäherung, Befragung, Bearbeitung und Kontextualisierung des Material gekennzeichnet, welche sowohl relativ dicht an diesem angesiedelt waren, als sich auch von diesem entfernten. Nach der Transkription der Interviews habe ich diese zunächst komplett gelesen und mir Notizen zu meinen ersten Eindrücken und Gedanken gemacht. Anschließend habe ich die Interviews in größere Sinnabschnitte unterteilt, wie „Sprechen über die letzte Inszenierung", „Sprechen über das Politische der Theaterpädagogik" oder „Sprechen über die personelle Zusammensetzung des Jugendclubs" und hiervon ausgehend kleine „Zusammenfassungen" der Interviewerzählungen und der in diesen vorgenommenen Schwerpunktsetzungen entworfen. In weiteren Lektüren habe ich mich dann zunächst mit allen Interviewanfängen tiefergehend beschäftigt. Denn in Anlehnung an Monika Wohlrab-Sahr und Aglaja Przyborski ging ich davon aus, dass mit dem Beginn des Interviews bereits eine relevante Rahmensetzung vorgenommen wird, die strukturierend auf den weiteren Erzählverlauf wirken kann:

> Die Feinanalyse beginnt grundsätzlich mit dem Anfang des Interviews bzw. der dokumentierten Interaktion. Dafür gibt es im Wesentlichen zwei Gründe: Zum einen

> werden in den Eröffnungspassagen einer konkreten Praxis – sofern der Beginn des Transkripts damit identisch ist – entscheidende Weichen für das Folgende gestellt, die später nur schwer revidierbar sind (Oevermann et al. 1980: 43; Oevermann 2000: 98; Leber/Oevermann 1994: 388; Wernet 2000: 61). [...] Zum anderen sollen generell die ersten Sequenzen einer Fallrekonstruktion, bei denen noch kein ‚innerer Kontext' vorliegt (Oevermann 1983), besonders extensiv ausgelegt werden, um hier reichhaltige, aber auch riskante, zu Beginn noch spekulative Strukturhypothesen zu entwickeln, die dann im Laufe der weiteren Interpretation konkretisiert oder auch widerlegt werden. (Przyborski/Wohlrab-Sahr 2014, 268f.)

Hieran anschließend widmete ich mich ganz unterschiedlichen nicht immer aus einem spezifischen Interesse heraus in den Blick geratenden Sequenzen, welche ich häufig im Kontext von Interpretationsgruppen, Kolloquien und Forschungswerkstätten mit unterschiedlichen Gruppengrößen von drei bis 25 Teilnehmenden und unterschiedlichen fachlichen Hintergründen (vor allem theaterpädagogische, erziehungswissenschaftliche und kulturwissenschaftliche Zusammenhänge) interpretiert und teilweise durch die Lektüre von Texten zu den hier entstandenen Aspekten kontextualisiert habe. Ebenso wie in meinen eigenen Analysen sind wir auch in den kollektiven Zusammenhängen der Textinterpretation in der Regel im Anschluss an das im Kontext der Objektiven Hermeneutik entwickelte Verfahren der Sequenzanalyse „line by line" vorgegangen (vgl. Wernet 2009) und haben die jeweiligen Sequenzen zunächst unter der bewusst offen gehaltenen Leitfrage „What the hell is going on there?" (Geertz 1983 zitiert nach Hirschauer 1997, S. 20) wirken lassen, befragt, assoziiert, interpretiert und kontextualisiert. Im Prozess dieser sequenzanalytischen Beschäftigungen formierte sich mehr und mehr das Interesse meiner Untersuchung an der Migrationsgesellschaftlichkeit des Diskurses der Theaterpädagogik und dieses Interesse wiederum nahm zunehmend Einfluss auch auf die Auswahl der Sequenzen, die ich detaillierter in den Blick nahm. So begann ich beispielsweise alle Sequenzen einer genaueren Betrachtung zu unterziehen, in denen explizit über in Differenzordnungen als Andere positionierte Subjekte gesprochen wird und ebenso alle, in denen explizit auf Migration oder Flucht Bezug genommen wird sowie die Sequenzen vor und nach den entsprechenden Textpassagen, um einen Einblick auch in die textinternen Funktionen dieses Sprechens zu gewinnen. Letztlich zeichnen sich auch vor dem Hintergrund des im Forschungsprozess entwickelten subjektivierungstheoretischen Interesses alle drei von mir aus dieser Annäherung an das diskursive Geschehen und seiner Bearbeitung entwickelten diskursiven Figuren dadurch aus, dass in ihnen das Sprechen über Andere eine tragende Rolle einnimmt. Zugleich gehen sie jedoch weder auf inhaltlicher noch auf formaler Ebene in einer bloßen Perspektivierung und Bearbeitung der Adressierungen und Positionierungen Anderer im Material auf. Sondern vor dem Hintergrund meiner Auseinandersetzung mit einer Vielzahl von thematisch ganz unterschiedlichen und auch für diese Arbeit unterschiedlich bedeutsamen Sequenzen und der durch diese Auseinandersetzung inspirierten Lektüren und Gespräche entstand zunehmend eine Perspektive, in der für mich die Verwobenheit zwischen dem Sprechen über Andere und der diskursiven Herstellung von Theaterpädagogik am Theater im Kontext von Gesprächen über das Politische der Theaterpädagogik in den Blick rückte. Gerade durch die Nicht-Linearität meines Forschungsprozesses und die hiermit verbundene Beweglichkeit des von mir gesuchten Gegenstandes (vgl. Kapitel 6.1) interpretierte ich eine Vielzahl an Textpassagen, welche vermutlich in einer Untersuchung, deren Gegenstände von vorherein festgelegt gewesen wären, nicht in den Blick geraten wären. In der auf diese Weise sehr vielfältigen Auseinandersetzung mit dem Material mit ihren ganz unterschiedlichen Interessenlagen und Schwerpunktsetzungen ergaben für mich ungeahnte Konturen und Verzahnungen verschiedener Ebenen des Diskurses der Theaterpädagogik am Theater, die ich im achten Kapitel in drei diskursiven Figuren darstelle und diskutiere. Deren Format zeichnet sich, um noch einmal auf Mecherils Überlegungen zur Modellierung zurück zu kommen, dadurch aus, dass es sich bei ihnen nicht um eine Auflistung von einzelnen interpretierten Aspekten handelt. Sondern in den hier entworfenen Texten habe ich vielmehr „einzelne Aspekte zu einem Gesamtzusammenhang verdichtet und ausgeweitet; anders formuliert: *Der Modellierungstext erzählt eine Geschichte*“ (Mecheril 2003, S. 42, Herv. i. O.).

7 Theaterpädagogik am Theater als diskursiver Ort

Theaterpädagogik am Theater stellt einen Ort dar, der von *spezifischen* Wissensbeständen, Ordnungen und Bedingungen strukturiert ist. Mit Blick auf die vorliegende Untersuchung bedeutet dies, dass die hier untersuchten Interviewgespräche mit Theaterpädagog*innen an Berliner Theatern als *situierte*[116] diskursive Praktiken verstanden werden, für welche die institutionalisierte (Berliner)[117] Theaterpädagogik am Theater als Kontext ihrer Hervorbringung eine bedeutsame Rolle spielt. Dieser Kontext soll im Folgenden in drei Hinsichten beschrieben werden: Erstens werde ich kurz in den Arbeitsbereich Theaterpädagogik am Theater einführen und in diesem Zusammenhang seine fachwissenschaftliche Perspektivierung als „Theatervermittlung" durch Ute Pinkert (2016; 2014) erläutern (Kapitel 7.1). Zweitens werde ich bestehende fachwissenschaftliche Beschreibungen des Formats Theaterjugendclub am Theater darstellen, welches einen zentralen Bezugspunkt sowohl des Arbeitsbereichs Theaterpädagogik am Theater als auch in den Interviewgesprächen bildet (Kapitel 7.2). Und drittens werde ich vor dem Hintergrund meiner bisherigen diskurstheoretischen Ausführungen eine (skizzenhafte) Theoretisierung der Theaterpädagogik am Theater entwickeln, in deren Zentrum deren Verfasstheit als diskursiver Ort steht (Kapitel 7.3).

Weil es mit Blick auf die Theaterpädagogik am Theater „bislang kaum theoretische Grundlagen und nur wenig systematische Praxisreflexionen" (Pinkert/Sack 2014, S. 7) gibt, stellt der von Pinkert unter Mitarbeit von Mira Sack im Jahr 2014 herausgegebene Sammelband „Theaterpädagogik am Theater" eine zentrale Referenz der Ausführungen zu den ersten beiden Punkten dar. Darüber hinaus erscheint mir Pinkerts Perspektivierung des Arbeitsfelds Theaterpädagogik am Theater auch deshalb fruchtbar, weil Diskurse wie in Kapitel 3 dargestellt *verortet*

116 Hiermit beziehe ich mich auch auf Donna Haraways Konzept des situierten Wissens, das sie im Zuge ihrer feministischen Auseinandersetzung mit Objektivität entworfen hat. In diesem legt Haraway u.a. dar, dass jede Wissensform immer historisch und kulturell spezifisch ist und es das *eine* Wissen nicht gibt, sondern immer nur partiale Wissensformen (vgl. Haraway 1995). Mit Blick auf die Subjekte als „Träger*innen" von Wissen betont Haraway, dass diese nicht von ihrer Umgebung getrennt werden können, sondern stets mit dieser verbunden und in ihr verkörpert sind.

117 Bestimmt spielt auch die Verortung der Theater in Berlin eine Rolle und bestimmt wäre eine Untersuchung von Theatern in Leipzig oder Zürich zu anderen Ergebnissen gekommen.

sind und Pinkerts Ausführungen ebenso wie die Interviewgespräche, die das Material der vorliegenden Untersuchung bilden, nicht nur den Ort Theaterpädagogik am Theater thematisch machen, sondern auch ebenso wie die von mir geführten Gespräche im Berliner Kontext entstanden sind.[118]

7.1 Theaterpädagogik am Theater als Theatervermittlung

Der Arbeitsbereich der Theaterpädagogik am Theater hat sich im Zuge der Konjunktur der Kulturellen Bildung[119] in den vergangenen Jahren als ein Handlungsfeld zwischen Kunst und Pädagogik zunehmend etabliert und professionalisiert (vgl. PINKERT 2016). Immer mehr Häuser richten junge Bühnen als eigene Sparten ein und eröffnen Räume für künstlerische Projektarbeiten, die Theaterpädagog*innen aber auch Regisseur*innen, Schauspieler*innen und andere Kunst- und Theaterschaffende initiieren, leiten und/oder kuratieren. Mittlerweile gibt es kaum noch ein Theater in Deutschland, das nicht zumindest eine*n Theaterpädagog*in beschäftigt. In Berlin sind es an den großen geförderten Häusern zumeist ganze theaterpädagogische Abteilungen, die sich der Aufgabe des Ermöglichens (von Bildungsprozessen in) der rezeptiven, häufiger aber produktiven Auseinandersetzung von Kindern, Jugendlichen aber auch Erwachsenen mit Theater zuwenden.[120] Vielerorts, wie am Maxim-Gorki-Theater unter der Intendanz von

118 Die im Sammelband „Theaterpädagogik am Theater“ vereinten Texte bilden außerdem das Resultat von zwei vom „Arbeitskreis Theaterpädagogik der Berliner Bühnen“ organisierten Veranstaltungen. Neben Ute Schlegel-Pinkert als Professorin für Theaterpädagogik an der Berliner Universität der Künste bestand dieser Arbeitskreis aus Theaterpädagog*innen von dreizehn mit öffentlichen Mitteln geförderten Berliner Theatern. Unter dem Titel „Was geht? Theaterpädagogik am Theater“ fand 2011 an der Universität der Künste Berlin ein Symposium und 2012 am Deutschen Theater Berlin eine Tagung mit laut Dokumentation über 100 teilnehmenden Theaterpädagog*innen statt, in deren Zentrum eine als Selbstverortung des Bereichs Theaterpädagogik am Theater zu verstehende Frage stand: „Was können wir, was nur wir können?“ (vgl. ARBEITSKREIS THEATERPÄDAGOGIK DER BERLINER BÜHNEN 2012).

119 Das gegenwärtig zu beobachtende Wachstum des Arbeitsbereichs Theaterpädagogik am Theater versteht Ute Pinkert begründet auch in der grundsätzlichen gegenwärtigen „Gewichtigkeit der Anforderungen an das Praxisfeld Vermittlung: Angesichts der abnehmenden Bedeutung der Kunstform Theater für das kulturelle Selbstverständnis in der Gegenwartsgesellschaft wird die Beziehung zwischen Theater und Gesellschaft zum Thema und zum Gegenstand von Arbeit“ (PINKERT 2016).

120 Die Stadt Berlin listet unter der Rubrik „Theater von A-Z“ exakt 100 Berliner Theater auf, deren Spannweite von Kabarett bis Oper, von Kriminaltheater bis Puppentheater, von großen staatlich geförderten Schauspielhäusern bis zu kleinen selbstorganisierten Kieztheatern, von Institutionen eines englischen, türkischen, polnischen und jüdischen Theaters bis zum Varieté-Theater reicht (vgl. STADT BERLIN 2021).

Shermin Langhoff oder am Deutschen Theater Berlin, ist Theaterpädagogik inzwischen zur „Chefsache" (PINKERT/SACK 2014, S. 7) geworden und wird infrastrukturell gestützt und als relevanter Bereich der Institution nach außen getragen. Gleichzeitig haben theaterpädagogische Abteilungen an vielen Häusern weiterhin stärker als andere Abteilungen mit begrenzten Ressourcen wie Produktionsbudgets oder Räumlichkeiten ebenso wie mit einer geringen Anerkennung der künstlerischen Dimension ihrer Arbeit umzugehen (vgl. FRANK 2014). Trotzdem halten die im Kontext der Theaterpädagogik am Theater entwickelten künstlerischen Produkte immer mehr Einzug in die Spielpläne der jeweiligen Häuser und wirken auch ästhetisch zunehmend auf die Theaterverständnisse der Häuser ein (vgl. PINKERT/SACK 2014, S. 7).[121] Unter dem Einfluss der zunehmenden Bedeutsamkeit eines Paradigmas der Partizipation und den häufig damit verbundenen Versprechungen einer Vergemeinschaftung und Demokratisierung des Theaters (vgl. KUP 2019) wird der Bereich der Theaterpädagogik am Theater für eine Vielzahl von künstlerischen ebenso wie politischen Akteuren zunehmend attraktiver. Die früher am Theater oft stiefmütterlich behandelte Theaterpädagogik wird zu einem zunehmend „wichtigen Partner in den Künsten" (SCHEURLE/HINZ/KÖHLER 2017b, S. 7).

Theaterpädagogische Arbeit findet am Theater in verschiedenen Formaten und Strukturen statt: In Vor- und Nachbereitungsworkshops zu den Themen und künstlerischen Strategien der an einem Haus laufenden Theaterproduktionen; in Kooperationen zwischen der Institution Theater und anderen Institutionen wie beispielsweise im Rahmen des Berliner Programms TUSCH (Theater und Schule); im Rahmen von Performance-Wettbewerben wie *unart;* oder in den Theaterclubs, in denen mit nicht professionell ausgebildeten Spieler*innen eigene Theaterproduktionen entwickelt werden. Deren bis heute häufigstes Format bildet der Jugendclub, welcher auch einen zentralen Bezugspunkt der in der vorliegenden

121 Zunehmend entdecken dabei auch Theaterregisseur*innen das künstlerische Potenzial der Arbeit mit nicht-professionellen Spieler*innen und greifen auf Ästhetiken eines „Theater der Erfahrungen" und einer hiermit verbundenen „sozialen Ästhetik" (WARTEMANN 2002) ebenso zurück wie auf Formate in der Tradition der von Rimini-Protokoll eingeführten Arbeit mit „Experten des Alltags". Wie auch im Kontext des *educational turn* (vgl. SCHNITTPUNKT 2012) im Kontext der Kunstvermittlung am Museum verschwimmen dabei auch am Theater die Grenzen zwischen theaterpädagogischer (Vermittlungs-)Arbeit und künstlerischen Projekten des sogenannten professionellen Theaters. So lässt sich hier mittlerweile gleichsam von einer „Professionalisierung der Theaterpädagogik oder von einer Pädagogisierung des professionellen Theaters" (HENTSCHEL/PINKERT 2008, S. 20) sprechen.

Arbeit untersuchten Interviewgespräche mit Theaterpädagog*innen an Berliner Theatern darstellt.

Ute Pinkert (2014) perspektiviert den Arbeitsbereich der Theaterpädagogik am Theater mit dem Begriff der *Theatervermittlung*. Einen wichtigen Bezugsrahmen hierfür bildet die Kennzeichnung von „Vermittlung“ durch Pierangelo Maset, Professor für „Kunst und ihre Vermittlung“ an der Leuphana Universität Lüneburg. Maset stellt fest, dass es nicht möglich ist, eine Sache so zu vermitteln, „wie die Sache selbst ist“, weil diese immer durch die beteiligten Subjekte und das verwendete Medium verändert werde. Es gelte daher mit der Vermittlung von Kunst nicht, „einen Inhalt für alle Zeiten identifizierbar festzuschreiben, sondern *eine Position zwischen dem Betrachtenden und dem ästhetischen Objekt, Konzept oder Ereignis* herzustellen“ (Maset 2002, S.13, zitiert nach ebd., S. 15, Herv. i. O.). Vor diesem Hintergrund entwirf Pinkert Theatervermittlung in einem allgemeinen Sinne *nicht* als Übermittlung eines Inhalts (etwa eines Theaterstückes) oder einer bestimmten Sichtweise, sondern als „In-Beziehung-Setzen von Phänomenen der Kunst und bestimmten Subjekten“ (ebd.).[122]

Mit dieser Abgrenzung von einem Verständnis von Vermittlung als Übermittlung schließt Pinkert auch an jene Diskussionen im Kontext der Kunstvermittlung an, in denen die Gefahr einer vorherigen Setzung von Kunst und der Beziehung der sich mit Kunst auseinandersetzenden Subjekte im Alltagsgebrauch des Begriffs „Vermittlung“ problematisiert wird. So weist Nora Sternfeld darauf hin, das Wort „Vermittlung“ suggeriere, „dass es da etwas Konkretes, vorher Existierendes, klar Umreißbares gibt, das vermittelt werden könnte“, und erzähle zugleich, dass

> [...] es da jemanden gibt, der das zu Vermittelnde vorher kennt – die VermittlerInnen – und dass dieses Wissen dann in möglichst präziser und verständlicher Form an jemand anderen, der es bisher nicht hatte, weitergegeben werden soll. (Sternfeld 2014, S. 9)

Entgegen einer solchen Auffassung von „Vermittlung als Einbahnstraße“ (Sternfeld 2014, S. 9) plädiert Sternfeld in Anlehnung an postkolonial fundierte Konzepte des „Ver_Lernens“ von hegemonialen Wissensbeständen (vgl. Castro

122 Theatervermittlung findet laut Pinkert außerdem in unterschiedlichen *Gefügen* und auf unterschiedlichen *Vermittlungsdimensionen* statt, welche sie ausführlich in Pinkert 2014a, 12-69 systematisiert.

Varela 2017) dafür, das Präfix „Ver-" im Begriff „Ver-mitteln" zu fokussieren und sich so

> der Idee einer einfachen Übermittlung oder jener einer konsenssuchenden Mediation zu widersetzen und auch das, was dabei tradiert werden soll, kritisch reflektierbar zu machen. Dann würde gängiges Wissen beim Vermitteln möglicherweise nicht nur tradiert, sondern auch reflektiert und vielleicht sogar erschüttert. (Sternfeld 2014, S. 9)

In Abgrenzung von anderen Arbeitsbereichen der Theaterpädagogik spielt für den Bereich der Theatervermittlung außerdem die Situiertheit an der Institution Theater eine entscheidende Rolle. Carmen Mörsch gibt Kunst*vermittlung* – im Unterschied zu anderen Bereichen der Kunstpädagogik – als eine Praxis zu verstehen, in der es darum geht, „Dritte einzuladen, um Kunst *und ihre Institutionen* für Bildungsprozesse zu nutzen: sie zu analysieren und zu befragen, zu dekonstruieren und gegebenenfalls zu verändern» (Mörsch 2009, S. 9, Herv. TB). In Anlehnung an dieses Verständnis entwirft Pinkert ein Verständnis von Theatervermittlung als eine „Praxis, Dritte einzuladen, um die Theaterkunst und die Institution des Theaters für Bildungsprozesse zu nutzen" (Pinkert 2016). In den Blick rücken vor diesem Hintergrund die Spezifik der Theaterpädagogik an der Institution Theater und die Frage, wie diese sich von anderen Bereichen der Theaterpädagogik unterscheiden. Die Perspektive Theatervermittlung geht also davon aus, dass die theaterpädagogische Praxis am Theater maßgeblich durch ihren spezifischen institutionellen Kontext am Theater geformt und beeinflusst ist. Ute Pinkert verortet die Praxis der Theatervermittlung mit Blick auf diesen Kontext an den Schnittstellen „*zwischen* Theaterkunst und Zuschaukunst, *zwischen* Theaterbetrieb und Schulbetrieb, *zwischen* Kunstdiskurs und theaterpädagogischem Fachdiskurs" (ebd.). Für eine Beschreibung von Praktiken der Theatervermittlung an diesen Schnittstellen übernimmt Pinkert eine Systematisierung, mit der Carmen Mörsch das Verhältnis von Kunstvermittlung zur Institution Museum beschreibt. Mörsch (2009) unterscheidet zwischen vier gegenwärtig dominanten Vermittlungsdiskursen am Museum: Dem affirmativem, dem reproduktivem, dem dekonstruktivem und dem transformativem Diskurs.

Im „affirmativen Diskurs" werde Kunst als eine „spezialisierte Domäne begriffen, für die sich in erster Linie eine Fachöffentlichkeit zu interessieren hat" (Mörsch 2009, S. 9). Die Aufgabe der Kunstvermittlung bestehe hier darin, als selbst hoch spezialisierte Kenner*innen und autorisierte Sprecher*innen der Institution „eine ebenso spezialisierte und selbstmotivierte, von vornherein interessierte Öffentlichkeit" (ebd.) in Formaten wie Vorträgen oder Katalogen zu adressieren und zu informieren.

Im „reproduktiven Diskurs" übernehme Kunstvermittlung „die Funktion, das Publikum von morgen heranzubilden und Personen, die nicht von alleine kommen, an die Kunst heranzuführen. Ausstellungshäuser und Museen werden dabei als Institutionen entworfen, die wertvolles Kulturgut öffentlich zugänglich machen, die aber mit hohen symbolischen Schwellen versehen sind" (Mörsch 2009, S. 9). In Angeboten besonders an Kinder und Jugendliche solle die Kunst des Museums in diesem Diskurs einer breiteren Öffentlichkeit zugänglich gemacht werden.

Im eng mit der kritischen Museologie verbundenen „dekonstruktiven Diskurs", dem Mörsch die eigene Position zuordnet, würden Ausstellungsorte und Museen „in erster Linie in ihrer gesellschaftlich zurichtenden und disziplinierenden Funktion als Distinktions-, Exklusions- und Wahrheitsmaschinen begriffen" (Mörsch 2009, S. 9). Kunstvermittlung in diesem Diskurs setze sich das Ziel, diese Funktionen zu hinterfragen und orientiere sich dafür an den dekonstruktiven Potentialen der Kunst im Sinne einer Kunstvermittlung, die „selbst künstlerische Merkmale aufweist" (ebd.).

Im „transformativen Diskurs" würden Ausstellungsorte und Museen seitens der Kunstvermittlung als „veränderbare Organisationen begriffen, bei denen es weniger darum geht, Gruppen an sie heranzuführen, als dass sie selbst [...] an die sie umgebende Welt – zum Beispiel ihr lokales Umfeld – herangeführt werden müssen" (Mörsch 2009, S. 10). Voraussetzung hierfür sei die Kritik an einem engen, selbstreferentiellen und auf Spezialistentum setzenden Kunstbegriff, von der aus die Institutionen der Kunst als öffentliche Räume entworfen werden. Gegen die „hierarchische Unterscheidung zwischen kuratorischer Arbeit und Vermittlung" (ebd., S. 11) würden in diesem Diskurs relativ autonom vom weiteren Ausstellungprogramm eigene Projekte gemeinsam mit dem Publikum entwickelt und in die Institution eingeführt.

Praktiken der gegenwärtigen Theaterpädagogik am Theater ordnet Pinkert vor diesem Hintergrund besonders dem reproduktiven Diskurs und dem transformativen Diskurs zu, während affirmativer und dekonstruktiver Diskurs nur eine marginale Rolle spielten (Pinkert 2016). Der relativ neue „transformative Diskurs" zeige sich in den zunehmenden Versuchen einer „Öffnung der Theater für andere, oft marginalisierte kulturelle Gestaltungs- und Ausdrucksformen und für nicht privilegierte gesellschaftliche Gruppen" (ebd.), welche im Berliner Kontext beispielsweise in Formaten wie der „Winterakademie" am Theater an der Parkaue, dem „Herbstcamp" am Jungen Deutschen Theater, dem „Berliner Kinderkongress" am Grips Theater oder dem vom Hebbel am Ufer durchgeführten Projekt „X-Schulen" sichtbar würden.[123] Mit Blick auf den lange Zeit dominierenden reproduktiven Diskurs und das mit ihm verknüpfte Ziel der Gewinnung von Nicht-Zuschauenden für die Institution Theater, wie es sich jüngst in den Konzeptionen eines „Audience Development" (MANDEL 2017) spiegelt, weist Pinkert auf dessen historische Bedeutsamkeit für die Entwicklung des Feldes hin. So sei

> [...] die Entwicklung der Theaterpädagogik am Theater in den Anfangsjahren eng mit dem Anliegen verbunden gewesen, Kinder, Jugendliche und junge Erwachsene als Zuschauer zu gewinnen – ihr Potential bei dieser Zielgruppe besser auszuschöpfen. (PINKERT 2016)

Vor diesem Hintergrund lässt sich eine Perspektive auf Theaterpädagogik am Theater beschreiben, in der deren künstlerische und bildende Qualität verglichen mit der Frage gewissermaßen ihrer Akquiseleistung in den Hintergrund gerückt wird. In diesem Sinne beschreibt Manfred Jahnke mit Blick auf den Stellenwert des Theaterjugendclubs, dass der Erfolg von Theaterpädagog*innen im Alltag am Stadttheater häufig „nicht an der ästhetischen Qualität einer Jugendclubinszenierung gemessen [wird], sondern primär daran, wie viele Schulklassen für die Aufführungen des Hauses begeistert werden können" (Jahnke 2005, S. 26f., zitiert nach PINKERT 2014, S. 32). Und auch Martin Frank weist mit Blick auf die 80er und 90er Jahre darauf hin, dass an den Häusern trotz entgegenlaufender Botschaften nach außen, der

> [...] interne Auftrag der Theaterpädagog_innen sehr oft nicht künstlerisch definiert war. Sie hatten schon bald nach der Spielplan-Pressekonferenz eine ganz andere Aufgabenstellung und wurden sehr deutlich gebeten, Schulklassen ins Haus zu holen, um die Auslastung zu erhöhen. (FRANK 2014, S. 188)

123 Im Sinne dieses transformativen Diskurses plädiert auch der Dramaturg Björn Bicker mit Blick auf die Theaterinstitution pointiert dafür, „sich selbst ab[zu]schaffen" und fordert mit Blick auf die durch eine grundlegende Transformation der Theater und der sie tragenden Strukturen und (Selbst-)Verständnisse thematisch werdenden Privilegien ein „Theater des Verzichts" (vgl. BICKER 2017).

In diesem Kontext wird in der theaterpädagogischen Fachwissenschaft außerdem die Frage nach der Verknüpfung des reproduktiven Vermittlungsdiskurses mit einem ihm zugrunde liegenden (*weißen* und bürgerlichen) essentialisierenden Theaterbegriff gestellt.[124] In ihren Thesen zur „Zukunft der Theatervermittlung" beschreibt Geesche Wartemann (2013) die Wirkmacht und Bedeutsamkeit eines traditionellen Theaterverständnisses für die Theatervermittlung:

> Ein großer Teil der theaterpädagogischen Formate setzt ein normatives, meist traditionelles Theaterverständnis voraus. Der ‚Kleine Theaterknigge' (Theater an der Parkaue), aber auch Gespräche mit Schulklassen werden so zur Lektion, in der eine Vermittlerin als Expertin das Theater und seine Konventionen erklärt. Auch die ‚Theaterakademie' für Kinder in der Tradition der Kinderuniversität (RuhrTriennale 2005) sowie (Bilder-)Bücher, die das Theater den meist jungen ZuschauerInnen vorstellen, gehören in dieses Modell. (Wartemann 2013, Herv. i. O.)

Vor dem Hintergrund des hier problematisierten Verständnisses nicht nur von Theater, sondern auch von Theatervermittlung im Sinne des oben skizzierten reproduktiven Vermittlungsdiskurses, plädiert Wartemann für eine „Reflexion und Diskussion darüber, wie sehr Ziele und Formen der Vermittlung an einen jeweiligen Theaterbegriff gebunden sind" (Wartemann 2013). Tania Meyer verweist in diesem Kontext auf eine grundsätzliche potenzielle Funktionalität der Abwertung von Formaten des – explizit – politischen Theaters für eine „Entpolitisierung" (Meyer 2016b, S. 61) des Theaters, welche den herrschaftsstabilisierenden Effekten des bürgerlichen Theaters zuarbeite. Mit Blick auf die vorliegende Untersuchung stellt sich vor diesem Hintergrund die Frage nach den in den Interviewgesprächen aktualisierten Kunst- und Theaterbegriffen und deren Verhältnissen zu migrationsgesellschaftlichen Differenz- und Zugehörigkeitsordnungen.[125]

---

124 Im Gegensatz zu einer Essentialisierung von Theater gehe ich davon aus, dass das, was Menschen unter dem Begriff „Theater" verstehen, schon immer an unterschiedlichen Orten, zu unterschiedlichen Zeiten mit unterschiedlichen Praktiken auf verschiedene Weisen hervorgebracht wurde und auch heute in ständiger Veränderung begriffen ist. So bemerkte etwa der Hildesheimer Theaterwissenschaftler Ulf Otto in seiner Leipziger Vorlesung mit dem Titel *doing theatre*: „Es gibt seit geraumer Zeit einiges im Theater zu sehen, von dem man bis vor wenigen Jahren nicht gedacht hätte, dass es Theater ist" (Otto 2014, S. 144).

125 Ahmed Shah und Nils Erhard vom Jugendtheaterbüro Berlin beschreiben ein „Knirschen", welches derzeit zunehmend in Projekten mit marginalisierten Jugendlichen hörbar würde, weil „der herrschende Kunstbegriff immer noch elitistisch ist und einen Großteil dessen, was an Kunst produziert wird, als ‚Jugend-' oder ‚Soziokultur' abtut" (Shah/Erhard 2014, S. 3).

Die hier angeführte fachwissenschaftliche Systematisierung unterschiedlicher für das Feld der Theaterpädagogik am Theater relevanter Diskurse soll nicht nur in die gegenwärtigen theaterpädagogischen Perspektivierungen des Feldes einführen, sondern sie führt auch zu einer Erweiterung der Fragen an das vorliegende Interviewmaterial. Für mich lenkt ihre Kenntnis die Aufmerksamkeit erstens auf die Frage nach den in den Interviewgesprächen iterierten Kunst- und Theater- und Bildungsbegriffen und deren Verhältnis zu migrationsgesellschaftlichen Differenz- und Zugehörigkeitsordnungen. Sowie zweitens auf die Frage danach, ob und auf welche Weise in ihnen die für den transformativen Diskurs beschriebene Zielsetzung einer Öffnung der Theater mit dem Ziel von deren Veränderung bedeutsam ist und inwiefern hierbei jeweils natio-ethno-kulturell kodierte Subjektpositionen aktualisiert und thematisch werden.

7.2 Zum Format Jugendclub am Theater

In den von mir geführten Interviewgesprächen mit Theaterpädagog*innen an Berliner Theatern habe ich diese sowohl in der Anfrage als auch im Gespräch nach ihres Erachtens etwaigen „politischen Dimensionen ihrer theaterpädagogischen Praxis“ gefragt und hierbei ein besonderes Interesse an der Jugendclubarbeit der Gesprächspartner*innen markiert. Vor diesem Hintergrund werde ich für ein besseres Verständnis meiner Arbeit besonders solcher Leser*innen, die selbst nicht im theaterpädagogischen Kontext verortet sind, im Folgenden auf das Format Jugendclub am Theater und seine Geschichte sowie wesentliche in diesem Kontext fachwissenschaftlich systematisierte Formate und Zielsetzungen theaterpädagogischer Jugendclubarbeit eingehen.

Die Arbeit mit Jugendclubs bildet trotz der immensen Diversifizierung theaterpädagogischer Angebote an Theatern noch immer einen zentralen Bestandteil theaterpädagogischer Arbeit am Theater und hängt auch historisch mit der Institutionalisierung der Theaterpädagogik am Theater in der BRD zusammen. So weist Ute Pinkert darauf hin, dass, während die Theater der DDR keinen kulturpolitischen Auftrag hatten, das „Selber-Theatermachen von Nicht-Professionellen anzuregen“, die westdeutsche Theaterpädagogik am Theater seit ihrer Institutionalisierung Anfang der 1970er Jahre immer schon in einer „doppelten Verfasstheit als Vermittlung von Theater und Vermittlung *mit* Theater“ zu beschreiben gewesen wäre (vgl. Pinkert 2014, S. 29, Herv. i. O.). Diese Institutionalisierung der Theaterpädagogik am Theater geht zurück auf eine vom deutschen Bühnenverein 1971 herausgegebene „Studie zum Kinder- und Jugendtheater". Hatte „die Jugend" im Kontext institutionalisierten Theaters zuvor „nur eine spezielle Zuschauergruppe [gebildet], für die neben dem gängigen Weihnachtsangebot in den siebziger Jahren zunehmend auch Kinder- und Jugendtheaterstücke angeboten wurden" (Frank 2014, S. 183), wurde den Theatern in der Studie des Bühnenvereins nun empfohlen, „das aktive Theaterspiel der Jugend zu fördern" (DBV 1971, S.7, zitiert nach Pinkert 2014, S. 29). Einerseits sollten Jugendliche zu öffentlichen Proben eingeladen werden, um das Interesse an der Arbeit des Theaters und an seinen Produktionsprozessen zu fördern. Und andererseits wurde empfohlen, dass Theater mindestens einmal in der Spielzeit versuchen sollten, ein Stück zu produzieren, in dem „die Kinder und Jugendlichen selbst als Akteure, Bühnen- und Kostümbildner u. dgl. beschäftigt werden können" (ebd.). Ziel war dabei vor allem eine auch politisch konnotierte Relevantsetzung der Institution Theater. Es ging darum, Jugendliche dazu anzuleiten, „das Theater als eine gesellschaftspolitische Notwendigkeit zu begreifen" (ebd.).

In den Blick rückte dabei in den Anfängen der „Jugendclubbewegung" (Frank 2014, S. 183) zunächst vor allem die Jugend als eine „homogen konstruierte Gruppe des Zuschauer-Nachwuchses" (Pinkert 2014, S. 30). Dieser wurde ein „erfrischendes Potenzial von Jugendlichkeit" (Frank 2014, S. 183) zugeschrieben, welches „Aufbruchsstimmung" (ebd.) verbreitete. Mit dem Einbezug und der theatralen Aktivierung dieser Gruppe wurden an den Theaterinstitutionen zwei verschiedenen Erwartungen verknüpft. Ging es von Seiten der Institution stark um das „Stiften einer intensiven *Beziehung*" (Pinkert 2014, S. 30, Herv. i. O.) zwischen Jugendlichen und Theater im Sinne des reproduktiven Diskurses, wurde seitens einer kritischen Theaterpädagogik im Sinne des transformativen Diskurses gerade „an die Differenz der nicht-professionellen Spielweise zum Stadttheaterbetrieb" (ebd.) die Erwartung auch einer Beeinflussung und Erneuerung des Theaters geknüpft. In diesem Sinne betont Jörg Richard:

> Von jungen Laien sind nicht nur reproduktive Darstellungsformen, sondern durchaus radikal produktive Neuerungen zu erwarten. Sie könnten vielleicht besser als das erfahrene und deshalb häufig eingefahrene Berufstheater auf eine der Selbstinszenierungsfragen und Darstellungsprobleme der Menschen heute reagieren, indem sie ihr alltägliches soziales Darstellungsverhalten experimentell ins theatrale Spiel einbringen. (Richard 1991, S.29, zitiert nach Pinkert 2014, S. 30)

Verbunden mit diesem Anspruch der künstlerischen Erneuerung des Theaters durch die Jugendlichen war spätestens seit den 1990er Jahren immer auch eine Verhandlung von Jugendclubinszenierungen mit Blick auf ihre besondere „Authentizität", welche sowohl in der künstlerischen Zusammenarbeit mit den Jugendlichen als auch im hier entstehenden Produkt verortet wurde. Dabei konnten sich, wie Martin Frank anhand einer modellhaften Unterscheidung mit Blick auf verschiedene Spielleitungstypen darlegt, Ansprüche an „Authentizität" auf ganz unterschiedlichen Ebenen manifestieren:

> Regisseur_innen reizte eher die altersgemäße Stimmigkeit der Besetzungen. Die ‚sexy Jugend', die radikalen Jugendlichen von der Straße, die sie veranlasste, sie in Fassbinderstücken oder Shakespeareadaptionen in Szene zu setzen. Bei Spielleitungen in Händen von Schauspieler_innen entdeckte man oft die Begeisterung am psychologisch entfesselten Spiel der Jugendlichen. [...] Der neue Berufsgruppe der Theaterpädagog_innen hingegen genügte die Tatsache, dass Jugendliche energetisch, frech und frisch auf der Bühne erscheinen, nicht. Hier entstand bald der Anspruch, mit Eigenproduktionen zu alters-, zeit-, oder regionalspezifischen Themen näher an die Lebensrealität der Jugendlichen heranzurücken [und] die Perspektive der Jugendlichen selbst auf die Bühne zu rücken. (Frank 2014, S. 187)

Als „Theaterjugendclub" wird heute ein Format an Theatern bezeichnet, das sich in der oben beschriebenen Tradition des Anregens von Kindern und Jugendlichen zum eigenen Theatermachen bewegt und inzwischen zum „Kerngeschäft" (Frank 2014, S. 183) der Theaterpädagogik am Theater gehört, um welches herum sich im Laufe der letzten Jahrzehnte eine vielfältige Infrastruktur von Treffen, Jugendtheaterfestivals sowie (weiteren) Austausch- und Weiterbildungsformaten für Theaterpädagog*innen ebenso wie für Jugendliche gebildet hat.[126] Theaterjugendclubs bieten Räume, in denen unter (theaterpädagogischer) Anleitung gemeinsam mit Jugendlichen in regelmäßigen Treffen zumeist über eine Spielzeit hinweg Theaterproduktionen erarbeitet, geprobt und entweder „intern" oder aber zumeist vor einem öffentlichen Publikum aufgeführt werden. Hierbei kann es

126 In der Regel liegt der Schwerpunkt der Jugendclubarbeit auf Schauspiel-Jugendclubs, grundsätzlich kann das Betätigungsangebot in Theaterjugendclubs jedoch „alle künstlerischen, technischen und administrativen Bereiche des Theaterschaffens für interessierte Jugendliche zugänglich machen. Zum Beispiel Theater-Workshops unter Anleitung von Schauspielern, Theaterpädagogen, Dramaturgen, Assistenten aus dem professionellen Theaterbereich. [...] Bekannt sind auch Jugendclubs z. B. zu Bühnenbildgestaltung, Theaterkritik, Autorenwerkstätten, Jugend-Tanz-Ensembles" (Frank 2003).

sich um sogenannte Eigenproduktionen, in denen ausgehend von der Beschäftigung beispielsweise mit einem Thema, einem Motiv, einem Material oder einem ästhetischen Format, ein „eigenes" Theaterereignis entwickelt wird, ebenso wie Um- und Übersetzungen oder Kommentierungen literarischer oder anderer Vorlagen wie beispielsweise Filme, Computerspiele oder Comics handeln. Im Kontext von Theaterjugendclubs werden eine Vielzahl ganz unterschiedlicher Praktiken relevant. Einerseits Inszenierungs- und Probenpraktiken der Recherche, des Improvisierens, des Erarbeitens und Probens von Szenen oder von (Bewegungs-) Sequenzen, der Entwicklung von Figuren oder Performance-Ichs, des Entwerfens von Textbausteinen, der Entwicklung ästhetischer Strategien und dramaturgischer Konzepte, der Kostümierung, der Auseinandersetzung mit Bildern, Musik, Literatur, Filmen, etc. und der Beschäftigung mit und Erforschung von Objekten und Materialien. Andererseits auch kommunikative, manageriale und organisatorische Praktiken des Ausschreibens und der Bewerbung eines Projekts, der Auswahl von Teilnehmenden, der Organisation von Räumen und Zeiten, der Akquise von finanziellen Mitteln und weiteren Ressourcen oder der institutionellen Verortung und etwaigen Verzahnung eines Jugendclubprojekts mit anderen Bereichen eines Hauses.

Ute Pinkert (2014, S. 31–33) beschreibt die gegenwärtige Jugendclubarbeit am Theater mit Blick auf vier unterschiedliche – als Annäherungen zu verstehende – Modelle, die sie entlang von zwei Achsen systematisiert: Hinsichtlich der organisatorischen und ästhetischen Beziehung zwischen Jugendclub und Theaterinstitution unterscheidet Pinkert die Pole „Verflechtung" und „Autonomie" (Modelle 1 und 2); und hinsichtlich der Interpretation der Rolle der Theaterkunst für die Jugendclubarbeit unterscheidet sie zwischen eher professions- und eher breitenorientierten Formaten (Modelle 3 und 4).

1: Das Modell der „Verflechtung" zwischen Theaterbetrieb und Jugendclub setzt auf die Einbindung von Jugendlichen in die verschiedenen Bereiche des Theaters, wie dies paradigmatisch im Kontext des Jugendclubs „Kritisches Theater" seit 1969 in Köln und Stuttgart unter der Intendanz von Hansgünther Heyme erprobt wurde. In diesem Modell ging und geht es häufig nicht nur um das Ziel der Bindung zukünftiger Zuschauer*innen im Sinne einer Besucherorganisation, sondern auch um ein „dialogisches Prinzip", das „die Zukunftsorientierung der Institution" im Blick hatte (Pinkert 2014, S. 31). Verflechtungen zwischen Jugendclubarbeit und Institution finden sich heute auf verschiedenen Ebenen: auf der Ebene des

Themas, etwa wenn sich die Jugendclubs an den Themen und Stoffen einer Spielzeit ausrichten; auf der Ebene der Spieler*innen, etwa wenn Jugendliche in professionelle (Erwachsenen-)Inszenierungen zum Beispiel als Elemente des Chors eingebunden werden, welche in den Jugendclubs geprobt werden; auf der Ebene der Spielleitung, etwa wenn Jugendclubs von Regisseur*innen, Regieassistent*innen – wie in Berlin am Maxim-Gorki-Theater unter der Intendanz von Armin Petras – oder von Schauspieler*innen geleitet werden; und natürlich auf der organisatorischen Ebene, etwa durch die gemeinsame Nutzung der Ressourcen eines Hauses.

2: Das Model der „Autonomie" bildet laut Pinkert das gegenwärtig verbreitetste Modell. Diese Jugendclubs seien „meist innerhalb des Theaters angesiedelt, arbeiten jedoch mehr oder weniger unabhängig von dessen Ästhetiken und Produktionsabläufen ohne große Ressourcen und bis vor wenigen Jahren auch im Schatten der Aufmerksamkeit des Hauses" (Pinkert 2014, S. 32). Besonders in diesem Kontext, wie er sich in Berlin an der Berliner Volksbühne im Format von P14 oder an der Schaubühne bei den ZWIEFACHEN finde, sei eine „spezifische Theaterästhetik von Jugendlichen" (Pinkert 2014, S. 32) entstanden, welche heute „für das künstlerische Selbstverständnis der Theaterpädagogik am Theater eine wichtige Rolle" (ebd.) spiele.

3: Das Modell der „Professionsorientierung" geht von der Auffassung aus, „dass der Jugendclub ein Raum für besonders theaterinteressierte und engagierte Jugendliche sein sollte, der ihnen ermöglicht, sich unter professionellen Bedingungen mit der Kunstform Theater auseinanderzusetzen" (Pinkert 2014, S. 32). Inszenierungen werden hier häufig mit einem Budget ausgestattet, welches dem Budget von (anderen) professionellen Inszenierungen am Haus entspricht und ebenso wie diese nicht über den Zeitraum einer Spielzeit in wöchentlichen Treffen, sondern in kurzen und sehr intensiven Probezeiträumen von einigen Wochen erarbeitet. Solche „Hochleistungs-Jugendclubs" (Frank 2014, S. 190) finden sich inzwischen an vielen Häusern in Deutschland an der Spitze einer pyramidenartig aufgebauten Jugendclubstruktur als „selbstverständliche Spielplanposition" in den neu gegründeten Jungen Theatern wie etwa in Berlin am Jungen DT.

4: Das Modell der „Breitenwirksamkeit" setzt darauf, „möglichst vielen Jugendlichen einen Zugang zum Theater zu ermöglichen und damit einen allgemeinen kulturellen Bildungsauftrag zu erfüllen" (Pinkert 2014, S. 33). Im Zentrum steht hier weniger eine künstlerische Exzellenz der Jugendclubproduktionen, als vielmehr Ziele von Teilnahme und Teilhabe. Dieses Modell zeichnet sich dabei häufig dadurch aus, dass es eine relativ große Offenheit bzgl. der Arbeitsformen und Spielweisen gibt, denn im Vordergrund steht hier die Übernahme einer *infrastrukturellen* Aufgabe der Kulturellen Bildung durch die Institution Theater.

Deutlich wird hier, dass die Jugendclubpraxis am Theater sich einerseits durch eine Vielzahl an ganz unterschiedlichen Praktiken und andererseits durch unterschiedliche mit diesen Praktiken verbundene und sich historisch und kontextabhängig wandelnde Formate und Zielsetzungen sowohl mit Blick auf die Institution Theater als auch mit Blick auf die am Theaterjugendclub teilnehmenden Akteur*innen auszeichnet. Dass die in der Jugendclubarbeit vollzogenen Praktiken sowie deren Formate und Zielsetzungen diskursiv vermittelt sind, stellt eine theoretische Grundannahme meiner Untersuchung dar. Hinsichtlich meiner Auseinandersetzung mit Transkripten von Interviewgesprächen mit Theaterpädagog*innen an Berliner Theatern stellt sich vor dem Hintergrund des mich leitenden Untersuchungsinteresses dann die Frage, *auf welche Weise* theaterpädagogische Praktiken und Ziele der Jugendclubarbeit in diesen Gesprächen thematisch gemacht und miteinander sowie mit der Frage nach dem Politischen der Theaterpädagogik am Theater in Beziehung gesetzt werden. Anschließend an das herrschaftskritische Interesse dieser Arbeit frage ich mich außerdem, über welche Implikationen dieser Thematisierungsweisen für die (De-)Stabilisierung migrationsgesellschaftlicher Differenz- und Zugehörigkeitsordnungen im Kontext des Theaters sich auf begründete Weise nachdenken lässt.

7.3 Theaterpädagogik am Theater als diskursiver Ort

Im Folgenden werde ich dieses Teilkapitel abschließend eine skizzenhafte Theoretisierung der Theaterpädagogik am Theater als diskursiver Ort entwickeln, bei der ich mich neben den diskutierten für meine Untersuchung wesentlichen theoretischen Prämissen vor allem auf Überlegungen aus dem Bereich der Kritischen Kunstvermittlung (vgl. Sternfeld 2014; schnittpunkt 2012; Mörsch/Sturm 2010) beziehe.

Den grundlegenden Ausgangspunkt dieser Überlegungen bildet die an meinen Ausführungen in den Kapiteln 2, 4 und 5 anschließende Perspektive auf Theaterpädagogik am Theater als Effekt und Bestandteil von Diskursen. Den Arbeitsbereich Theaterpädagogik am Theater verstehe ich im Sinne dieser doppelten Eingebundenheit in Diskurse als einen *diskursiven Ort*, der mit Blick auf sein Selbstverständnis, die von ihm adressierten „Zielgruppen" oder die in ihm geltenden Theater-, Bildungs- und Gesellschaftsbegriffe auf maßgebliche Weise von den in Diskursen zum Ausdruck kommenden (migrations-)gesellschaftlichen Macht- und Herrschaftsverhältnissen und mit diesen verwobenen Differenzordnungen strukturiert ist. Zugleich wirkt er mit seinen Praktiken der Herstellung von Wissen in der Konzeption und Entwicklung von Theaterprojekten oder der Adressierung von Teilnehmenden auf diese ein, reproduziert, verschiebt und aktualisiert sie. In ihrer Institutionalisierung spielt die Theaterpädagogik am Theater bei der iterativen Produktion ebenso wie bei der „Vernatürlichung" von subjektivierenden Zugehörigkeitsordnungen eine bedeutsame Rolle. Die in gesellschaftlichen Ordnungen des Rassismus hervorgebrachten vorherrschenden Deutungs- und Handlungsoptionen stehen hier nicht nur als machtvolle Rahmungen zur Verfügung, sondern sie werden „in den Institutionen gesellschaftlich wirklich gemacht" (Broden/Mecheril 2010, S. 18). Ähnlich wie pädagogische Institutionen bilden Theater, verstanden als Kultur- *und* Bildungsinstitutionen, einen „bedeutsame[n] Teil gesellschaftlicher Reproduktion" (ebd.), an dem Normalitätsordnungen wiederholt und verschoben werden. Denn

> [di]e Schule, das Jugendzentrum, die Universität, Einrichtungen der Erwachsenenbildung etc. stellen Orte dar, die Individuen in Selbstverständnisse und Selbstpraxen einführen, die durch hegemoniale Ordnungen vorstrukturiert sind. Die pädagogischen Institutionen sind produktiv im Hinblick auf die Positionierung von z.B. Schüler/innen im migrationsgesellschaftlichen Raum. Diese Positionierungen – zum Beispiel als ‚Migrant/in', ‚Muslim/a', als ‚spracheingeschränkt' – müssen als Wirkungen gesellschaftlicher Unterscheidungspraxen verstanden werden, die der Schule über- und vorausgelagert sind, in und von der Schule aber aufgegriffen und bestätigt werden. In der Schule lernen die Kinder, was es etwa in Deutschland heißt, eine ‚Migrant/in' bzw. eine ‚Nicht-Migrant/in', eine ‚Muslim/a' oder ‚spracheingeschränkt' zu sein. (Mecheril 2014b, S. 17f.)

Ebenso wie die „diskursive Institution" (Gutjahr 2017) Theater und mit ihr verwoben ist der Arbeitsbereich Theaterpädagogik am Theater dabei aus den vorliegenden Perspektiven nicht als ein „natürlicher" Ort zu verstehen, sondern als einer, der in einem permanenten Prozess der *performativen Hervorbringung* begriffen ist. Als „Ort" gilt (auch) für ihn, was Paul Mecheril und Saphira Shure mit Blick auf den „Raum" Schule formuliert haben:

> Räume sind nicht einfach ‚da', sie werden vielmehr durch Akteur*innen und Praktiken sowie institutionelle und strukturelle Bedingungen kontinuierlich erzeugt. Räume sind nicht allein geographisch bestimmte Einheiten. Sie sind, wie beispielsweise Michel Foucault (1999) hervorgehoben hat, niemals leer oder homogen, sondern immer auch sozial konstruiert und Resultat zuweilen kooperativer, zuweilen kompetitiv-antagonistischer Prozesse symbolischer Zuschreibung. [...] Der Raum Schule ist dieser Perspektive entsprechend nicht einfach vorhanden, sondern wird beispielsweise in und durch pädagogische, wissenschaftliche, politische, administrative, interaktionale und andere Praktiken erzeugt. (Mecheril/Shure 2018, S. 64)

Vor diesem Hintergrund verstehe ich „Theaterpädagogik am Theater" als ein Feld, das in seiner Spezifik durch künstlerische, pädagogische, wissenschaftliche, politische, administrative, interaktionale und andere Praktiken erzeugt wird und das maßgeblich durch die Institution des Theaters strukturiert wird, während es durch die in ihm vollzogenen Praktiken gleichzeitig Einfluss darauf ausübt, was diese Institution „ist". Für Praktiken auf dem Feld der Theaterpädagogik am Theater gilt mit Blick auf ihre Kontexte, was der Theaterwissenschaftler Matthias Warstatt mit Bezug auf das „applied theatre" formulierte: Sie

> [...] bringen die Gesellschaft und den sozialen Kontext, in den sie sich einzufügen glauben, letztlich höchstselbst hervor. [...] Anstatt Form und Kontext als getrennte Einheiten zu konzeptualisieren, müssen generische Formen daraufhin untersucht werden, wie sie ihre eigenen Kontexte erzeugen. (Warstatt 2015, zitiert nach Hentschel 2017, S. 210)

Theoretisch und normativ schließe ich mit dieser Perspektivierung des Arbeitsfelds Theaterpädagogik am Theater an Perspektiven einer Kritischen Kunstvermittlung an, die in der Tradition der *critical museology* stehen. Lange Zeit dominierende Perspektiven auf Kunstvermittlung, fokussierten die „Gelingensbedingungen und Wirkungen von Kunst- und Kulturvermittlung auf die Teilnehmer_innen" (Mörsch 2012), ohne hierbei „die Macht-Wissens-Komplexe, die die Kriterien für Gelingen und für erwünschte Effekte hervorbringen, zu hinterfragen" (ebd.). Stattdessen ginge es bei einer kritischen Kunstvermittlung, wie es Carmen Mörsch unter Bezugnahme auf eine Formulierung Frigga Haugs formuliert, darum, „sich selbst zu widersprechen" (ebd.). Es ginge darum,

[...] sich in Widerspruch gegenüber dem ‚schon Gewussten' – den dominanten Erzählungen, Versprechen und Legitimationsweisen der Kunstvermittlung selbst

– zu begeben und die Gewaltverhältnisse offenzulegen, die diesen Erzählungen, Versprechen und Legitimationsweisen innewohnen. (Mörsch 2012)

Das Verhältnis der Kunstvermittlung zu den sie umgebenen Institutionen wird in diesem Verständnis als eines der Veränderung gefasst, wobei diese Veränderung nicht nur eine normative Ebene umfasst, insofern Kunstvermittlung Einfluss auf die Kunstinstitutionen nehmen soll. Sondern adressiert wird hier auch eine konstitutive Ebene des wechselseitig beeinflussenden Verhältnisses von Kunstvermittlung und Institution. Die Kunstinstitution Museum wird hier als ein Ort verstanden, der als solcher auch durch die Kunstvermittlung als ein Arbeitsbereich am Scharnier zwischen Ausstellung und Öffentlichkeit performativ hervorgebracht wird. In ihrem im Jahr 2008 im Kunstmuseum Lentos in Linz gehaltenen Vortrag „Perfoming the Museum as a Public Sphere" beschreiben Eva Sturm und Carmen Mörsch diese Perspektive ausgehend von den Überlegungen Charles Garoians dahingehend, „dass alle Beteiligten eines Museums (von der Direktorin bis zum Publikum) dieses in jeder Situation durch ihr Handeln und Sprechen – performativ – erst erstellen und erfinden, wobei diese Prozesse in Machtverhältnisse eingebettet sind" (Mörsch/Sturm 2008).[127] Eine Kritische Kunstvermittlung als einer dieser Akteure stehe vor diesem Hintergrund vor folgenden Fragen, die durchaus auch auf die Theaterpädagogik am Theater zu übertragen sind:

> Welche diskursiven, welche denk- und handlungsmöglichen Räume werden hergestellt? Wer spielt darin welche Rolle? Wer wird in welche Rolle gebracht? Wer darf was und was macht man/frau dabei mit dem, was an Kunst da ist? (Mörsch/Sturm 2010, S. 2)

127 Mörsch und Sturm schlagen vor diesem Hintergrund eine Perspektive auf das Museum als öffentlichen Ort vor, der sich durch Vielstimmigkeit und die Bearbeitung von Machtverhältnissen auszeichnen sollte: „Wir wünschen uns, dass diese Anstrengung langfristig dazu führt, dass das Museum eine öffentliche Sphäre bildet, in der eine andere Art der Vielstimmigkeit die Handlungen strukturiert. [...] Eine Vielstimmigkeit unterschiedlicher Positionalitäten und ProtagonistInnen, bei der gleichzeitig und vor allem die Erfahrung der Begrenztheit und der Grenzhaftigkeit der Stimme möglich wird. Die das Schweigen als Form der Artikulation würdigt. Wo Widersprüchlichkeiten, Wiederholungen, Unterbrechungen und Überlagerungen und vor allem deutlich unterschiedliche SprecherInnenweisen und -positionen wuchern können. Wo Machtverhältnisse nicht nur benannt, sondern auf der Ebene der Repräsentation bearbeitet werden können. Und wo diese öffentliche Sphäre von der Institution unterstützt und aktiv hergestellt wird – zum Beispiel durch Ressourcen, durch Verzicht auf Privilegien, durch Durchlässigkeit, Transparenz, Offenheit und die Dekonstruktion der eigenen Hierarchien: Performing the Museum as a Public Sphere" (Mörsch/Sturm 2008).

Von bemerkenswerter Bedeutung ist meines Erachtens, dass von Mörsch und Sturm auch diejenigen Akteur*innen, die fernbleiben explizit als Beteiligte an der performativen Hervorbringung des Museums gefasst werden (vgl. ebd.). Denn auch das Fortbleiben von (bestimmten) Menschen nimmt Einfluss auf die Hervorbringung der Institution, beispielsweise auf das Wissen, das in ihr zirkuliert und eben nicht zirkuliert.[128]

Vor diesem Hintergrund setzt die hier eingenommene Perspektive auf Theaterpädagogik am Theater als diskursiver Ort einen anderen Schwerpunkt als die oben dargestellte Fassung von Theatervermittlung als eine „Praxis, Dritte einzuladen, um die Theaterkunst und die Institution des Theaters für Bildungsprozesse zu nutzen" (Pinkert 2016) hinaus. Denn aus der vorliegenden Perspektive geht es bei der Theaterpädagogik am Theater sowohl auf deskriptiver wie auch auf normativer Ebene nicht nur um die Ermöglichung von Bildungsprozessen *Anderer*, sondern auch und besonders darum, wie die Theaterpädagogik am Theater *selbst* im Zuge dieser „Einladungen" als ein spezifischer Ort hergebracht wird. Als Ort, an dem sich Bildungsprozesse vollziehen können (und sollen), wird das Feld Theaterpädagogik am Theater durch die in ihm vollzogenen und nicht vollzogenen Praktiken der in ihm handelnden und nicht handelnden Subjekte permanent neu verhandelt, aufgeführt und hervorgebracht. Und die Weise der Hervorbringung der Theaterpädagogik am Theater durch ihre Subjekte und Praktiken wiederum nimmt maßgeblich Einfluss darauf, welche (ästhetischen, politischen, kulturellen) Bildungsprozesse am Theater möglich und unmöglich werden.

Angesichts dieser Performativität von Theaterpädagogik am Theater rückt das oben für die Kunstvermittlung beschriebene „Potenzial zur Veränderung" (Mörsch/Sturm 2010, S. 3) der Institution Theater durch den Bereich der Theaterpädagogik am Theater in den Blick. Vor dem Hintergrund ihrer historischen wie gegenwärtigen Eingebundenheit in gesellschaftliche Macht- und Herrschaftsverhältnisse könnte Theaterpädagogik am Theater im Sinne eines kritischen Vermittlungsbegriffes einen „Raum für Dissens" (Sternfeld 2014, S. 10) öffnen, in dem die Institution Theater hinsichtlich ihrer Funktionen für die Herstellung eines

128 Diese Perspektive unterscheidet sich maßgeblich von einer Perspektive, wie sie in der derzeitigen Forschung zur Kulturellen Teilhabe von sogenannten „Nicht-BesucherInnen" von Kulturinstitutionen etwa durch Thomas Renz vom Hildesheimer Institut für Kulturpolitik eingenommen wird. Dieser geht es darum, zu erforschen, wie angesichts von deren zunehmenden „Legitimationsproblemen" neue „Zielgruppen" in die Kulturinstitutionen eingeladen werden können (vgl. Renz 2016).

als überlegen konstruierten Eigenen und eines als unterlegen konstruierten Anderen im Kontext des Rassismus befragt wird. Im Anschluss an die obige Auseinandersetzung mit Judith Butlers Begriff der Iterabilität erscheint mir neben dieser Perspektive auf die herrschaftsdestabilisierenden *Potenziale* der Theaterpädagogik am Theater außerdem die konstitutive *Angewiesenheit* der Theaterpädagogik am Theater auf die performative Wiederholung ihrer Bedeutung zentral – einer Bedeutung, die trotz ihrer scheinbaren Fundiertheit prekär und in Bewegung ist und von unterschiedlichen Subjekten an unterschiedlichen Orten unter unterschiedlichen Bedingungen beständig performativ hervorgebracht wird und werden *muss*.

Dabei gilt auch für die Theaterpädagogik am Theater, was Saphira Shure und Paul Mecheril in ihrer Perspektivierung der „Schule als institutionell und interaktiv hervorgebrachter Raum" (Mecheril/Shure 2018, S. 63) formulierten: Dieser sei „einerseits (auch) von Differenzverhältnissen und -ordnungen vermittelt [...] und andererseits an der Stärkung und Re-Produktion von Differenzordnungen beteiligt". (ebd., S. 64).[129] In den performativen Hervorbringungen der Theaterpädagogik am Theater und „ihrer" Subjekte kommen entsprechend gesellschaftlich dominante (Subjekt-)Ordnungen wie beispielsweise natio-ethno-kulturell kodierte Zugehörigkeitsordnungen zum Tragen. Sie fließen in die Aus- und Aufführungen der Theaterpädagogik am Theater ein und werden in ihnen aktualisiert. Die Perspektive auf Theaterpädagogik am Theater als diskursiver Ort markiert also auch, dass diese sich – bewusst und unbewusst, gewollt und ungewollt – *immer* mittels der in ihr vollzogenen Praktiken und der in diesen aktualisierten Wissensbestände in die Herstellung, Aufrechterhaltung und Verschiebung von migrationsgesellschaftlichen Differenzordnungen und mit diesen verwobenen Macht- und Herrschaftsverhältnissen einschreibt. Hiermit unterscheidet sie sich in einem

129 Mit Blick auf die Institution Schule erläutern Mecheril und Shure eine grundlegende Ambivalenz von Schule, die immer gleichzeitig ein Ort der Herrschaftspraxis wie der Befähigung zur gesellschaftlichen Teilhabe und Selbstentfaltung sei: „Einerseits soll die Schule in bestehende gesellschaftliche Verhältnisse hinein sozialisieren und dementsprechend die Vergesellschaftung ihrer Adressat*innen ermöglichen; eine ‚Eingliederung' in die Gesellschaft, die grundlegend bedeutsam ist, da Schüler*innen erst auf der Grundlage ihres ‚Vergesellschaftet-Seins' auch gesellschaftlich sprechen und agieren, also handlungsfähig werden können. Andererseits ist die ‚Eingliederung' auch mit der machtvollen Zuweisung bestimmter Positionen verbunden und baut auf wirksamen sozialen Konstruktionen und daran anschließenden Unterscheidungen auf. Zudem ist die Schule als Institution, gerade aufgrund ihrer Bedeutung für die Vergesellschaftung der Schüler*innen, auch an der Herstellung einer bestimmten gesellschaftlichen ‚Normalität' beteiligt – gestaltet diese also (etwa über institutionelle Logiken) mit" (Mecheril/Shure 2018, S. 78, Herv. i. O.).

wesentlichen Aspekt von jener Perspektive, die von Ute Pinkert (2008a) als eine kulturwissenschaftliche Perspektive auf Theaterpädagogik entworfen wurde:

> Unter einer kulturwissenschaftlichen Perspektive können sich Theaterpädagog/innen damit nicht nur als Experten für die Theaterkunst begreifen. Sie sind darüber hinaus aufgefordert, sich mit außerhalb des Theaters vorhandenen kulturellen Praktiken und Bildern und den ihnen zugrunde liegenden und durch sie produzierten Macht- und Gesellschaftsverhältnissen zu beschäftigen. (Pinkert 2008a, S. 177)

Auch wenn ich der hier formulierten Aufforderung zu einer Beschäftigung mit den kulturellen Praktiken der Theaterpädagogik und den ihnen zugrunde liegenden Macht- und Gesellschaftsverhältnissen zustimme, so entspricht deren Verortung *außerhalb* des Theaters eben nicht dem hier entwickelten Verständnis. Vielmehr geht es mir hier darum, Theaterpädagogik und Theater eben als solche diskursiven Felder in den Blick zu nehmen, in deren *„Inneren"* gesellschaftliche Verhältnisse und Ordnungen auf spezifische Weisen wirksam und hervorgebracht werden.

Ähnliches gilt für die Subjekte der Theaterpädagogik am Theater, beispielweise für die Theaterpädagog*innen oder die (weiteren) Mitglieder eines Jugendclubs: Diese werden im Kontext der Theaterpädagogik am Theater im Dazwischen von künstlerischen, pädagogischen und (kultur-)politischen Diskursen als spezifische Subjekte adressiert und positioniert und bringen sich in Abhängigkeit von diesen spezifischen Adressierungen und Positionierungen und den in sie eingelassenen (Un-)Möglichkeiten im Sinne der in Kapitel 4 beschriebenen existenzverleihenden Unterwerfung hervor. Dieses spezifische Dazwischen zeichnet sich in der Theaterpädagogik am Theater auch und besonders durch den Bezug zur Kunstform des Theaters aus. Auch wenn diese, wie Ulrike Hentschel und Ute Pinkert betonen, „ihre eigenen Gesetze, ihre Codes, ihre spezifischen Verfahren der Fiktionalisierung, ihre schauspielpädagogischen Methoden, usw." (Hentschel/Pinkert 2014) hat, so sind diese jedoch aus der vorliegenden Perspektive nicht als unabhängig von den in ihnen und durch sie wirksam werdenden (migrations-)gesellschaftlichen Ordnungen zu betrachten. Vielmehr steht auch die Entwicklung und Etablierung *bestimmter* künstlerisch-theatraler Traditionen, Codes, Verfahren und Positionen zu Ungunsten anderer Möglichkeiten sowohl historisch als auch gegenwärtig im Zusammenhang zu (migrations-)gesellschaftlichen Ordnungen (vgl. Kapitel 3) und lässt sich hinsichtlich der aus dieser Verwobenheit entstehenden Subjektpositionen im Kontext der Theaterpädagogik am Theater befragen. In diesem Sinne thematisiert Johannes Kup in seinen Ausführungen zu einer reflexiven Didaktik des Schulfachs Theater die „Subjektposition der Theaterlehrerin", welche durch „die Gestalt der jeweiligen Dispositive und Ordnungen – z.B. der schulischen Ordnung, der Ordnung einer Unterrichtssituation, einer Theaterprobe etc. [...]" (Kup 2017, S. 195) bestimmt werde.[130] Die Begriffe „Theaterpädagog*in am Theater" und „Jugendclubmitglied" beschreiben entsprechend nicht bloß einen Beruf oder eine Mitgliedschaft. Sondern sie adressieren eine Subjektposition, die durch diskursive Rahmungen geprägt ist, innerhalb derer angelegt ist, was es eigentlich zu einem jeweiligen Zeitpunkt an einem jeweiligen Ort *bedeutet*, „Theaterpädagog*in am Theater" oder „Jugendclubmitglied"[131] zu „sein" und welche zugleich in iterierenden Praktiken sowohl der Anrufung als auch der Selbstpositionierung permanent verschoben und mit (neuen) Bedeutungen versehen wird.

Weil es sich bei diesen diskursiven Rahmungen um migrationsgesellschaftlich verfasste diskursive Rahmungen handelt, sind auch die Subjektpositionen „Theaterpädagog*in am Theater" und „Jugendclubmitglied" solche, die nur in Abhängigkeit von migrationsgesellschaftlichen Differenz- und Zugehörigkeitsordnungen gebildet und eingenommen werden können. Vor diesem Hintergrund können sie sinnvollerweise hinsichtlich der Bedeutsamkeit dieser Ordnungen für ihre Hervorbringung und Ausgestaltung untersucht werden. Gleichzeitig bringen die Subjekte durch die Einnahme dieser Positionen nicht nur sich selbst, sondern auch die Theaterpädagogik am Theater hervor – und zwar ebenfalls verknüpft mit (migrations-)gesellschaftlichen Macht- und Herrschaftsverhältnissen und ihren Ordnungen. Die performative Herstellung von Theaterpädagogik am Theater durch ihre Subjekte lässt sich vor diesem Hintergrund diskurstheoretisch mit Judith Butler (vgl. Kapitel 4) verstehen als verschiebendes Zitieren vorangegangener sedimentierter Normen dessen, wie und als was Theaterpädagogik am Theater bisher repräsentiert wurde und was sie dabei jeweils bedeuten und nicht bedeuten

130 Kup betont dabei den Unterschied einer solchen subjektivierungstheoretisch informierten Perspektive zum Rollenbegriff: „In den Blick geraten dabei weniger das Verhältnis zwischen meiner ‚Privatperson' und meiner ‚Rolle als Lehrer', als vielmehr die diese Ordnung und Subjektposition konstituierenden institutionellen, pädagogischen, sozialen oder künstlerischen Praktiken" (Kup 2017, 195f.).

131 Zu befragen ist die Position „Jugendclubmitglied" maßgeblich auch hinsichtlich der in ihr wirksamen Konstruktionen von „Jugend" und deren spezifischer Aktualisierung und Inszenierung in der Theaterpädagogik, welche gegenwärtig in einem Forschungsvorhaben von Ina Driemel untersucht wird (vgl. Driemel 2013).

konnte; als eine prozessierte Praxis der (Re-)Signifizierung von Theaterpädagogik am Theater.

Zusammengefasst geht es in der hier eingenommenen Perspektive auf die Theaterpädagogik am Theater also darum, diese als ein Feld zu verstehen, das in konstitutiver Abhängigkeit von (migrations-)gesellschaftlichen Ordnungen und Diskursen sowohl als Feld als auch mit Blick auf die in diesem bedeutsamen Subjektpositionen performativ in seinen Praktiken hervorgebracht wird und das in den Weisen seiner Hervorbringung auf diese Ordnungen Einfluss nimmt. Dabei tragen nicht nur die Praktiken innerhalb des Feldes, sondern auch seine fachwissenschaftlichen Perspektivierungen und Systematisierungen, beispielsweise die oben angeführten zum Theaterjugendclub und seiner Geschichte, zur diskursiven Hervorbringung von Theaterpädagogik am Theater bei. Diese stellen keine vermeintlich neutralen und bloß abbildenden „Beschreibungen" eines Praxisfeldes dar, sondern lassen sich als performative Konstellierungen des Feldes verstehen, in denen Theaterpädagogik am Theater *als etwas* zur Geltung und als etwas anderes *nicht* zur Geltung gebracht wird. Mit Rückgriff auf die im Zuge des *cultural turn* seit den 1980ern entwickelte Perspektive auf die Relevanz von Praktiken für die Hervorbringung von „Kultur" (vgl. Jameson 2000) könnte dieses performative Herstellen von Theaterpädagogik am Theater auf den verschiedenen Ebenen im Anschluss an das Konzept eines *doing culture (Hörning/Reuter 2004)* als *Doing Theaterpädagogik am Theater* bezeichnet werden. In diesem *Doing* werden gleichzeitig und miteinander verwoben sowohl der Gegenstand Theaterpädagogik am Theater als auch ihre Subjekte in Abhängigkeit von jenen in hegemonialen Diskursen sedimentierten Normen hergestellt, die jeweils in einer bestimmten Gegenwart und an einem bestimmten Ort bedeutsam sind. Die vorliegende Untersuchung interessiert sich vor diesem Hintergrund für die wiederholenden, modifizierenden und widersprüchlichen Weisen dieser Hervorbringung in Interviewgesprächen mit Theaterpädagog*innen von Berliner Theatern. Ihr Fokus liegt hierbei besonders auf der Frage nach den in diesen iterierten Verhältnissen zwischen Theaterpädagogik am Theater und migrationsgesellschaftlichen Differenz- und Zugehörigkeitsordnungen und danach, inwiefern in der diskursiven Hervorbringung der Theaterpädagogik am Theater natio-ethno-kulturell kodierte Subjektpositionen aktualisiert und bedeutsam werden.

8 Diskursive Figuren der Theaterpädagogik am Theater der Migrationsgesellschaft

Die vorliegende Studie interessiert sich für den Diskurs der Theaterpädagogik am Theater der Migrationsgesellschaft und seine Aktualisierung in Gesprächen mit Theaterpädagog*innen von Berliner Theatern. Bis hierher habe ich für sie wesentliche Bezüge und Kontexte erläutert und von diesen ausgehend meine Perspektive auf das Material der Untersuchung und ihren Gegenstand entwickelt. Den Diskurs der Theaterpädagogik am Theater untersuche in Auseinandersetzung mit Transkripten von Interviewgesprächen dahingehend, wie in ihm migrationsgesellschaftliche Differenz- und Zugehörigkeitsordnungen wirksam und aktualisiert werden und inwiefern hier Konstruktionen eines natio-ethno-kulturell kodierten „Wir" und „Nicht-Wir" für die diskursive Herstellung des Politischen der Theaterpädagogik am Theater und ihrer Subjekte bedeutsam werden. „Theaterpädagogik am Theater" wird dabei von mir als ein diskursiver Ort verstanden, der als solcher sowohl als Effekt von Diskursen als auch mit Blick daraufhin betrachtet wird, wie diese Diskurse an ihm aktualisiert werden. In den Blick rückt dann ein Interesse daran, auf welche Weise welche Ordnungen der Theaterpädagogik am Theater der Migrationsgesellschaft und damit seine Realität hergestellt werden, Ordnungen die die theaterpädagogische Praxis maßgeblich strukturieren und in ihr materialisiert werden.

Wie ich in Kapitel 6 ausgeführt habe, stand dieses Interesse nicht am Anfang der Untersuchung. Sondern es bildet im Sinne einer „reflektierten Offenheit" (Breuer 2009, zitiert nach Kruse 2014, S. 41) als methodologischer Grundeinstellung meiner Untersuchung das Ergebnis von verschiedenen Praktiken der Annäherung an das Material und meiner im Laufe des Forschungsprozesses vollzogenen Entscheidung für einen Umgang mit diesem, während ich anderen möglichen Umgangsweisen und Schwerpunktsetzungen nicht nachgegangen bin.

Einen bedeutenden Ausgangspunkt der von mir fokussierten Lesart des Materials bildet die Wahrnehmung einer interviewübergreifend bedeutsamen Verknüpfung zwischen dem Sprechen der Interviewten über die politischen Dimensionen ihrer theaterpädagogischen Praxis am Theater mit expliziten Bezugnahmen auf die theaterpädagogische Arbeit mit migrationsgesellschaftlich als Andere Geltenden. Sei es in der Beschreibung eines als „Romaprojekt" (D, Pos. 28) markierten Theaterprojekts, dem Sprechen über das Ziel, „Flüchtlingen“ mit dem Theater eine „Stimme zu geben“ (B, Pos. 81), der Beschreibung von Theaterkooperationen mit Schulen mit „90% Migrationshintergrund“ (E, Pos. 38) oder im Anspruch an ein Berlin repräsentierendes „optisch gemischtes Ensemble“ (E, Pos. 10): Wenn in den Interviews über das Politische der theaterpädagogischen Praxis am Theater gesprochen wird, wird sehr häufig über die Arbeit mit migrationsgesellschaftlich als Andere Geltenden gesprochen. Die Wahrnehmung dieser engen Verknüpfung zwischen dem Sprechen über das Politische der Theaterpädagogik am Theater mit dem expliziten Sprechen über Andere stellt gewissermaßen ein erstes Ergebnis meiner Untersuchung dar. Sie hat mich zu einem Interesse daran geführt, *wie genau* Andere im theaterpädagogischen Kontext mit dem Politischen in Beziehung gesetzt werden. Diesem bin ich, wie oben dargelegt, aus der methodologischen Perspektive einer Analyse diskursiver Praktiken nachgegangen, deren Ergebnisse ich im Folgenden im Rahmen einer Modellierung von drei meines Erachtens bedeutsamen diskursiven Figuren darstelle.

Wichtig ist mir hierbei mit Blick auf die folgenden Texte noch einmal meine diskurstheoretisch-praxeologische Perspektive auf das Sprechen in den Interviews als Wiederholung und Aktualisierung von Praktiken zu betonen (vgl. Kapitel 6). Dies hier zu betonen ist für mir auch deshalb wichtig, weil die in der Modellierung der Figuren auch vor forschungspragmatischen Hintergründen entwickelte Darstellungsweise, in der immer wieder exemplarisch *eine* Passage aus *einem* Gespräch eingehend interpretiert wird, in dieser Hinsicht meines Erachtens ambivalent ist. Sie kann Lesende tendenziell zu einer individualisierenden Rückführung des Modellierten und seiner rassismuskritischen Perspektivierung auf die Interviewten verleiten. Wenn zum Beispiel in Kapitel 8.1 immer wieder Bezug genommen wird auf eine längere Passage aus dem Gespräch mit Interviewpartner*in B, dann nicht, um die hier modellierten Praktiken auf B als Sprecher*in zurückzuführen, sondern um die Möglichkeit eines exemplarischen Einblicks in den narrativen Kontext dieser Praktiken zu vermitteln. Es geht mir hier *nicht* um eine Analyse der Sprecher*innen in den Interviews und auch nicht darum, die in den Blick genommenen Praktiken als individuelle Praktiken zu verhandeln. Sondern ich gehe davon aus, dass das, was in den Interviewgesprächen über die Theaterpädagogik am Theater zum Ausdruck kommt, durch machtvolle migrationsgesellschaftliche Wissensbestände, durch eine „Politik der Wahrheit“ (Foucault 1992b, S. 15), vermittelt ist, in der das Sagbare vom Nicht-Sagbaren unterschieden wird. Die hier von mir thematisch gemachten Praktiken verstehe ich als iterierende subjektivierende Praktiken (vgl. Kapitel 6.2), als zwar nicht identische, aber doch zitierend-wiederholende und in dieser zitierenden Wiederholung verschiebende und modifizierende Aktualisierungen migrationsgesellschaftlich sedimentierter Wissensordnungen und der in diesen hervorgebrachten Subjektpositionen. Aus einer herrschaftskritischen Perspektive interessiere ich mich dafür, *auf welche spezifische Weisen* diese Ordnungen in den Interviewgesprächen zur politischen Dimension der Theaterpädagogik am Theater „als Relationierung von Bedeutungsfeldern, Wissensobjekten und Subjektivitäten" (Wrana 2012, S. 196) wirksam und fortgesetzt werden und über welche Effekte der von mir mit diesem Interesse modellierten Figuren für die Stabilisierung und Destabilisierung von Ordnungen des Rassismus sich auf begründete Weise nachdenken lässt.

8.1 „Flüchtlinge" als superlative Verkörperungen des Politischen

Im Zentrum des folgenden Kapitels steht die Modellierung einer diskursiven Figur, in der das Politische der Theaterpädagogik am Theater über die Theaterarbeit mit „Flüchtlingen" konstruiert und damit eng mit einer spezifischen Hervorbringung der Subjektposition „Flüchtling" verknüpft wird.

Im Folgenden werde ich in diese Figur einführend exemplarisch Sequenzen aus den Transkripten interpretieren, mit denen für meine Analyse zentrale Aspekte des hier aktualisierten Begriffs des Politischen in verdichteter Form thematisierbar werden.

Diese „Dichte" der im Folgenden analysierten Materialauszüge mit Blick auf die vorliegende Fragestellung bildet auch einen Grund für die Auswahl *genau dieser* Sequenzen als textliche Grundlage für das folgende Nachdenken. Ein zweiter Grund für ihre Auswahl besteht darin, dass in diesen Sequenzen das diskursive Hervorbringen des Politischen des Theaterpädagogischen in der Figur der Steigerung mit einem Sprechen über theaterpädagogische Projekte verknüpft ist, in dem und in denen jeweils eine (vermeintliche) „Flüchtlingsproblematik" (E 10) thematisch gemacht wird. Die ausgewählten Sequenzen sollen eine Auseinandersetzung mit der Frage ermöglichen, wie das Sprechen über theaterpädagogische „Flüchtlingsprojekte" (E 34) mit Blick auf die in diesem Sprechen adressierten „Flüchtlingsjugendlichen" (B 4) diesbezügliche Subjektpositionen aktualisiert, wobei sowohl die Weisen der Konstruktion eines Anderen als auch der Konstruktion eines Eigenen im Kontext der Theaterpädagogik am Theater fokussiert wird.

Neben den ausgewählten Passagen habe ich im Interviewmaterial weitere Passagen mit Blick auf das Zusammenspiel einer Figur der Steigerung des Politischen der Theaterpädagogik am Theater mit dem ,Sprechen über die Anderen' interpretiert. Einige dieser Passagen werden in späteren Teilkapiteln mit anderen Fokussierungen wie beispielsweise der Fokussierung von Semantiken des „Eine Stimme/Bühne Geben" oder Konstruktionen einer „Ästhetik des Eigenen" thematisch werden. Hierbei wird deutlich werden, dass die in dieser Arbeit deutend entworfenen Figuren einer politischen Theaterpädagogik nicht als voneinander getrennte Figuren gedacht werden können, auch wenn die gewählte schriftliche Darstellung dies aufgrund ihrer aneinanderreihenden Struktur suggerieren mag. Vielmehr lassen sich die hier fokussierten Figuren als ineinander auch im Sinne ihrer Bedeutungsproduktion verschränkte Figuren denken, die, in Anlehnung an Gilles Deleuzes und Félix Guattaris (1977) wissenschaftstheoretisches Konzept der Rhizomatik formuliert, vielwurzelige, in sich verflochtene Systeme bilden, in denen sich Einheit und Vielfalt ineinander verweben. In einer poststruktural informierten Lesart des Konzepts fasst Gabriel Kuhn entsprechend zusammen: „[W]eder existiert das eine vor oder über dem anderen noch hebt das eine das andere auf. Keines gibt es ohne das andere" (KUHN 2005, S. 63).

Im Folgenden werde ich in 8.1.1 zunächst einen in der Auseinandersetzung mit dem Material fokussierten substanzlogisch verfassten Begriff des Politischen in den Blick nehmen, in dem das Politische u.a. auf bedeutsame Weise als Außer-Gewöhnliches / Besonderes markiert wird. Anschließend werde ich in 8.1.2 den mit dieser Figur verbundenen Praktiken der Naturalisierung und Funktionalisierung der Subjektposition „Flüchtling"[132] nachgehen und zeigen, wie diese hier im Zusammenhang einer Steigerungslogik des Politischen als dessen superlative Verkörperung adressiert wird, der sich eine politische theaterpädagogische Praxis zuwenden kann. Im Zentrum von 8.1.3 fokussiere ich dann, wie sich die Steigerungslogik des Politischen in den untersuchten Praktiken auf eine Weise aktualisieren kann, in der die Subjektposition „Flüchtling" nicht nur als Verkörperung des Politischen adressiert wird, sondern wie dabei zugleich eine Markierung des Politischen als

132 Die Bezeichnungspraxis „Flüchtling" ist aus den in dieser Arbeit relevanten rassismuskritisch und postkolonial informierten (Analyse-)Perspektiven aus mehreren Gründen zu problematisieren. In Kapitel 8.1.2 werde ich hierauf ausführlicher eingehen.

problembehaftetes „Thema der Anderen“ aktualisiert wird, bevor ich in 8.1.4 dann die Ergebnisse zusammenführe und herrschaftskritisch perspektivere.

8.1.1 Praktiken der substanziellen (Ent-)Politisierung der Theaterpädagogik am Theater

Das Forschungsinteresse am Politischen der „theaterpädagogischen Inszenierungspraxis mit Jugendlichen“ im Kontext der Theaterpädagogik am Theater wurde den Interviewten bereits in der gemailten Interviewanfrage als Fokus des Interviews zu einem Forschungsprojekt vermittelt, das mit dem damaligen Arbeitstitel der Dissertation „Theaterpädagogische Praxis als politische Praxis“ überschrieben war. Im Gespräch mit B entwickelte sich das explizite Markieren der eigenen theaterpädagogischen Praxis als eine politische Praxis von Beginn an zu einem roten Faden des Interviewgesprächs:

> I: Gut, als Einstieg würde ich dich bitten, dass du mir einfach mal kurz ein jüngeres oder aktuelles theaterpädagogisches Inszenierungsprojekt, was du mit Jugendlichen machst, beschreibst. Also, wie kams zu dem Projekt, mit wem arbeitest du da, was macht ihr, einfach ein Beispiel, wo du vielleicht denkst, dass es vielleicht irgendwie auch repräsentativ ist für einen Teil deiner Arbeit, Jugendclubarbeit.
>
> B: Ja, Jugendclubarbeit ist ein Teil, klar, meiner Arbeit hier. Bin ich auch gerade mittendrin im Proben, hab gerade hier im Raum die letzten sechs Tage Proben, Intensivproben gehabt, bis letztes Wochenende, ähm (2) genau, [Theaterjugendclub 1] ist schon ein längerer, längerer Prozess sozusagen, ähm, das gibt es schon jetzt im (1) [Zahl] Jahr, es gab [Zahl] Inszenierungen, davon hab ich [Zahl] gemacht und bin jetzt sozusagen wieder dran an der [Zahl] Inszenierung, [Zahl] (lacht), äh das ist n Jugendclub, der heißt [Theaterjugendclub 1], das war damals eben halt wirklich der Versuch auch einen Jugendclub zu nehmen, der Politikthemen aus der Gesellschaft mit aufgreift [...] (B, Pos. 4-5)[133]

133 Aufgrund meines Anliegens der Anonymisierung (vgl. Kapitel 6.3) entwende ich den Transkriptionstexten solche Aussagen, die Rückschluss auf die Identitäten der Sprechenden zulassen würden und markiere diese Entwendungen im Text durch einen Hinweis in eckiger Klammer wie etwa oben [Theaterjugendclub 1]. Dazu gehören besonders die Namen der jeweiligen Institutionen, von Projekten, Theaterjugendclubs, Kooperationspartner*innen und Kolleg*innen, aber auch solche Informationen, welche indirekte Rückschlüsse erlauben würden, etwa wie in dieser Passage Verweise auf die Anzahl an Jahren, seit denen es einen Theaterjugendclub gibt.

Im Folgenden werde ich diese erste Markierung des von B geleiteten Jugendclubs als einer, der seit seiner Entstehung als einer „genommen worden“ sei, der „[…] Politikthemen aus der Gesellschaft mit aufgreift […]“ (B, Pos. 5) hinsichtlich des in dieser aufgerufenen Verhältnisses zwischen dem theaterpädagogischen Jugendclub und dem Politischen thematisch machen:

Die Formulierung fokussiert das „Politische“ in der Bezugnahme auf „Politikthemen“. Wenn hier auf das in der Interviewanfrage angekündigte Interesse nach dem *Politischen* in einer Bezugnahme auf *Politik* reagiert wird, so lässt sich dies mit Blick auf poststruktural informierte Auseinandersetzungen kontextualisieren, in denen der Begriff des „Politischen“ („le politique“) in Abgrenzung vom Begriff der „Politik“ („la politique“) untersucht wird. Autor*innen wie Jacques Rancière, Jean-Luc Nancy, Charlotte Mouffe und Ernesto Laclau diskutieren ein Verständnis des Politischen, das sich von der reinen Fokussierung auf institutionalisierte Staatsaktionen sowie Fragen nach der Organisation der Politik und deren Begründbarkeit abgrenzt. Vielmehr fokussiert die hier vollzogene theoretische Auseinandersetzung mit dem Politischen, wie Ulrich Bröckling und Robert Feustel zu verstehen geben, die Frage, welche Bereiche des Sozialen auf welche Weise politisiert und entpolitisiert werden und wer oder was als politisches Subjekt in diese Aushandlungsprozesse einbezogen ist:

> Wenn kein vorgegebener Ort des Politischen existiert, wenn es weder eigenständige Wertsphäre noch bloßer Überbau, weder staatlich vermittelte Allgemeinheit noch totalisiertes Ordnungsprinzip ist, dann verschiebt sich die Frage nach dem Politischen hin zu jener Frage, welche Bereiche des Sozialen politisiert und welche entpolitisiert werden. Das bezieht sich nicht nur darauf, was zum Gegenstand politischer Aushandlungs- und Entscheidungsprozesse wird, sondern auch darauf, wer oder was als politisches Subjekt einzubeziehen ist. (BRÖCKLING 2010, S.12)

Vor diesem Hintergrund lässt sich die hier vollzogene Markierung des Theaterjugendclubs als einer, der „Politikthemen aus der Gesellschaft mit aufgreift“ zunächst als eine Perspektivierung des Politischen der theaterpädagogischen Praxis verstehen, deren Bezugspunkt an dieser Stelle ein Begriff bildet, der in der Nähe des oben beschriebenen Verständnisses von „Politik“ („la politique“) verortet werden kann. Die oben angeführte Frage, „welche Bereiche des Sozialen politisiert und welche entpolitisiert werden“, wird in der Wortkomposition „Politikthemen“ außerdem in zwei weiteren Hinsichten „beantwortet“. Erstens insofern, dass im hier adressierten Verständnis das in der Interviewanfrage als Gegenstand des Gesprächs markierte Politische in seinem sprachlichen Aufgreifen an ein „Thema" geknüpft ist. Diese Verknüpfung des Politischen mit einem (häufig auch als „Inhalt" markierten) Thema lässt sich als *eine* bedeutsame Markierung des Politischen der Theaterpädagogik am Theater mit Blick auf alle Interviewtranskripte nachvollziehen. Die zweite Hinsicht bezieht sich auf das „Wie" dieser Verknüpfung. Denn das Sprechen von „Politikthemen" markiert das Politische als etwas, das manchen „Themen" zu eigen ist und anderen nicht. Das Sprechen von „Politikthemen" impliziert, dass es auch Themen gibt, die keine „Politikthemen" sind. In den Blick rückt hier eine über alle Interviews hinweg bedeutsame Markierung des Politischen als eine Qualität, die einem Gegenstand im weitesten Sinne mehr oder weniger zu eigen sein kann und die ich als substanzlogische Adressierung des Politischen der Theaterpädagogik am Theater verstehe. Adressiert als eine vermeintliche „Substanz" lässt sich der hier aktualisierte Begriff des Politischen mit jenen substanzphilosophischen Ontologien kontextualisieren, in denen „das Seiende als Selbstständiges, das als bleibender Träger seinen wechselnden Bestimmungen zugrunde liegt" (Halder 2008, S. 314) verstanden wird. Diese substanzlogische Verknüpfung des Politischen mit *bestimmten* Themen, an welche es als ein solcher „bleibender Träger" geknüpft ist, während es an andere Themen eben *nicht* geknüpft ist, verstehe ich als eine erste diskursiv vermittelte Ordnung des Politischen der Theaterpädagogik am Theater. Diese lässt sich interviewübergreifend in einer Vielzahl der fokussierten Praktiken nachvollziehen.

Im Gespräch mit E lässt sich die hier modellierte Ordnung in der Spezifik der Verknüpfung des Politischen mit der Relevantsetzung eines Themas auf der Grundlage einer substanzlogischen Fassung des Politischen exemplarisch nachvollziehen, wenn E auf die Bitte, eines der verschiedenen jüngeren Jugendclubprojekte für eine Beschreibung auszuwählen antwortet, wobei hier zusätzlich eine Graduierung zwischen „eindeutigen" und „weniger eindeutigen" politischen Themen eingeführt wird:[134]

> Ähm tja ich glaub dann schon also [Name einer Produktion mit dem Wort „Flucht" im Titel] war also am eindeutigsten ein politisches Thema (E, Pos. 9)

134 Auf diese Sequenz, den Zusammenhang und die Bedeutsamkeit des Gradierens des Politischen in den hier untersuchenten Praktiken werde ich weiter unten in diesem Teilkapitel ausführlicher eingehen.

Der Relevanz dieser Adressierung des Politischen der Theaterpädagogik am Theater als substanzlogisch an ein Thema geknüpftes Politisches werde ich im Folgenden hinsichtlich der aus dieser möglich und unmöglich werdenden *Verhältnissetzungen* der Theaterpädagogik am Theater zum Politischen nachgehen, während ich anderen möglichen Fokussierungen und Weiterführungen vor dem Hintergrund meines Untersuchungsinteresses nicht folgen werde.[135]

Das *Verhältnis* der Theaterpädagogik am Theater zum Politischen wird in der hier modellierten Figur als ein Verhältnis der *Zuwendung der Theaterpädagogik zur Gesellschaft* und den *in ihr* verorteten „Politikthemen" konturiert. Die konstitutive und spezifische Grundlage für dieses Verhältnis der Zuwendung ist dabei die Markierung einer substanzlogisch fundierten Getrenntheit des Politischen eines „Themas" auf der einen Seite und des theaterpädagogischen Jugendclubs auf der anderen Seite, welche in der oben zitierten Sequenz deutlich nachvollziehbar zum Ausdruck kommt, wenn es zum Jugendclub heißt, dass dieser „Politikthemen aus der Gesellschaft mit aufgreift" (B, Pos. 5). Erst vor dem Hintergrund der substanziellen Trennung von Theaterjugendclub und dem Politischen ergibt die Verhältnissetzung des Theaterjugendclubs zu den „Politikthemen aus der Gesellschaft" durch das Verb „aufgreifen" Sinn. Das Verb „aufgreifen" adressiert dabei eine Tätigkeit, in der etwas aufgenommen wird, das gleichermaßen extern wie verfügbar ist.[136] Gleichzeitig impliziert die Sequenz jedoch auch die Möglichkeit des Gegenteils, die Möglichkeit also eines Theaterjugendclubs, der eben nicht „Politikthemen aus der Gesellschaft" „aufgreift" und somit dann auch nicht (auf diese Weise) „politisch" ist. Das Politische wird hier so als eine mögliche aber nicht notwendige Dimension der Theaterpädagogik am Theater konstruiert, in deren Zentrum eine aufgreifende Bezugnahme auf ein Gesellschaftliches/Politisches steht, welches der Theaterpädagogik selbst deshalb äußerlich ist, weil es substanziell an bestimmte Themen, jedoch nicht an die Theaterpädagogik selbst geknüpft ist.

---

135 Anders als die Konstruktion der Verhältnisse zwischen dem Politischen der Theaterpädagogik am Theater und der Migrationsgesellschaft steht eine hier ebenfalls anschlussfähige differenzierte Auseinandersetzung mit Theorien des Politischen und dem Versuch einer diesbezüglichen Kontextualisierung nicht im Vordergrund dieser Untersuchung, auch wenn diese durchaus aufschlussreich sein könnte. Für eine Einführung in verschiedene Theoretisierungen des Politischen vgl. Bedorf 2010; Marchart 2010; Bröckling/Feustel 2010.

136 Wobei es sich bei den aufzugreifenden Objekten sowohl um Themen oder Vorschläge, als auch um Verdächtige oder straffällig Verfolgte handeln kann.

Die hier modellierte Ordnung des Politischen der Theaterpädagogik am Theater zeichnet sich zusammenführend also dadurch aus, dass die Theaterpädagogik am Theater im Sinne der oben mit Bröckling angeführten Frage, „welche Bereiche des Sozialen politisiert und welche entpolitisiert werden", über den Weg der Adressierung eines in der ihr äußerlichen Gesellschaft und deren „Themen" verorteten substanziell verfassten Politischen *implizit* selbst *entpolitisiert* wird. *Gleichzeitig* zu dieser Entpolitisierung ist jedoch die *explizite* Markierung theaterpädagogischer Praxis als einer politischen Praxis nicht nur in den oben angeführten Sequenzen, sondern für alle Interviews ebenso wie in den theaterpädagogischen Debatten der letzten Jahre von großer Bedeutung ist (vgl. Kapitel 1 und 3 dieser Arbeit). Vor diesem Hintergrund werde ich im Folgenden der Frage nachgehen, (als was genau) mit welchen spezifischen Praktiken im hier modellierten Zusammenhang das Politische der Theaterpädagogik am Theater konstruiert wird und argumentieren, dass für die Hervorbringung des hier konturierten Politischen der Theaterpädagogik am Theater Bezugnahmen auf migrationsgesellschaftlich als Andere Geltende und insbesondere auf die Subjektposition „Flüchtling" konstitutiv sind.

8.1.1.1 Das Politische als Dynamisches und Außergewöhnliches

Die folgende kurze Passage ist ebenfalls noch Teil des oben bereits zitierten ersten Sprechens von B im Interview. Nach der oben zitierten Einordnung des Jugendclubs als einer, der „Politikthemen aus der Gesellschaft mit aufgreift" fokussiert B die aktuelle Arbeit des Theaterjugendclubs an der Inszenierung einer dramatischen Textvorlage, welche im Folgenden als „Stück" bezeichnet wird. Mit Blick auf das Politische dieser Textvorlage nimmt B dann eine explizite Bezugnahme auf den Begriff des Politischen in Form von dessen Umkehrung vor:

> 21 Rollen, alle sind Sprecher irgendwie (I lacht), also sowas ganz schnelle Szenen hintereinander und wo ich dachte ok, das, das interessiert mich ähm (1) das Stück ist von daher spannend, weil es eigentlich das <u>unpolitische</u> Dasein der Jugend beschreibt, es geht um eine Kleinstadt, es geht um die Verliebtheit in der Kleinstadt, es geht um die alltägliche Gewalt in der Kleinstadt (B, Pos. 5)

Das Politische wird hier explizit in seiner Negation als „unpolitisches Dasein der Jugend" markiert. Insofern ein „Dasein" entsprechend dieser Formulierung „politisch" und/oder „unpolitisch" sein kann, wird das Politische auch hier substanzlogisch gefasst, als eine einem „Dasein" mehr oder weniger innewohnende Qualität. Zugleich erfahren wir hier etwas über die Spezifik dieser substanzlogischen Fassung des Politischen. Hinsichtlich der spezifischen semantischen Füllung des Begriffs „(un-)politisch" lassen sich in der zitierten Passage Zusammenhänge zwischen dem „unpolitischen Dasein der Jugend" und den nachfolgenden Konkretisierungen dieses „Daseins" in der „Kleinstadt" nachvollziehen. Gelesen als Konkretisierung des „unpolitischen Dasein[s] der Jugend" zeigt sich das Politische im Verlauf der Sequenz als eine Qualität, die weder in der „Kleinstadt", noch in der(en) „Verliebtheit", noch in der(en) „alltäglicher Gewalt" verortet wird. In einer Negation der Negation wäre das Politische in dieser Sequenz verbunden mit den Gegenteilen der genannten Begriffe, mit „Großstadt", mit „Nicht-Verliebtheit in der Kleinstadt/ Verliebtheit in der Großstadt" und mit „Nicht-alltäglicher Gewalt/ Alltäglicher Gewaltfreiheit".

Dabei wird das „Unpolitische" hier mit dem ebenfalls substanziell konnotierten Begriff „Dasein" verknüpft, der das „Unpolitische" als etwas tendenziell Statisches und Passives attribuiert, während das Politische im Umkehrschluss mit Dynamik und Aktivität verbunden wird. Blicken wir von dieser Markierung des Politischen als Bewegung der (aktiven) Dynamizität ausgehend noch einmal auf die zitierte Sequenz zurück, so lässt sich nachvollziehen, dass auch die zuvor genannten Aspekte einer Assoziation von „Politisch" mit „dynamisch/aktiv" tendenziell entsprechen. So erscheint die mit dem „unpolitischen" verknüpfte „Kleinstadt" im Vergleich zu „Großstadt" weniger dynamisch und die „alltägliche Gewalt" wird durch ihre Alltäglichkeit zu etwas eher Statischem, während das Dynamische und mit ihm das Politische vermutlich eher im Nicht-Alltäglichen, im Besonderen zu suchen ist. Und selbst die Formulierung der „Verliebtheit" vermittelt durch die gewählte Form der Substantivierung im Gegensatz zur Formulierung „Sich Verlieben" eine gewisse Passivität und Statik.

Für die zitierte Sequenz lässt sich also eine Verknüpfung des Politischen mit Eigenschaften der Dynamizität, der Aktivität und Besonderheit feststellen, während das Unpolitische im Statischen, Passiven und Alltäglichen/Normalen verortet wird. Die Verknüpfung des Politischen mit diesen (und weiteren) Qualitäten habe ich mit Blick auf eine Vielzahl an auf anderen Ebenen ganz unterschiedlich konturierten Praktiken im Material herausgearbeitet. Etwa in solchen, in denen das Politische der Theaterpädagogik bestimmt wird darüber, Teil von „politischen Bewegungen" (B, Pos. 41) zu sein, im und mit dem Theaterjugendclub eine „Utopie" zu behaupten und „ne Art Theater zu machen die es eigentlich nicht gibt" (D, Pos.

42) oder über das „spielerische [und] kreative Verhältnis zur Welt“ (E, Pos. 72), welches in einer politischen Theaterpädagogik mit dem Ziel „vermittelt“ werde, „dass ich nicht nur passiv Objekt bin, sondern dass ich zum Subjekt werde, zu dem was mich umgibt“ (E, Pos. 54).

Zusammenfassend konnte das Politische des Theaterpädagogischen im Kontext dieser Figur bisher in drei Hinsichten exemplarisch modelliert werden: Erstens (1) wird es als eine substanzielle *Eigenschaft* adressiert, die einem Gegenstand (mehr oder weniger) zu eigen oder nicht zu eigen sein kann. Mit Blick auf diese substanzlogische Fassung des Politischen ist dabei auffällig, dass dieser auf *expliziter* Ebene in den Praktiken „widersprochen“ wird, etwa durch die Äußerung, dass „alles immer politisch“ ist (C, Pos. 11), während sie jedoch auf *impliziter* Ebene in den Erzählungen der Interviewten über ihre (politische) theaterpädagogische Jugendclubpraxis für die hier vollzogenen Praktiken der Hervorbringung des Politischen der Theaterpädagogik am Theater strukturierend ist. Zweitens (2) wird das Politische ausgehend von seiner substanzlogischen Fassung als ein der Theaterpädagogik am Theater Äußerliches adressiert, dem sich die Theaterpädagogik am Theater / der Theaterjugendclub zuwenden kann. Und drittens (3) wird es mit dem Außergewöhnlichen, Dynamisch-Aktiven und Urbanen verknüpft[137]. Der Bedeutsamkeit und Verwobenheit dieser drei hier thematisch gemachten Hinsichten des Sprechens über das Politische werde ich im Folgenden mit einem besonderen Interesse an den Verhältnissen zwischen dem derart aktualisierten Politischen der Theaterpädagogik am Theater und dem Sprechen über Andere nachgehen. Hierfür relevant ist eine Markierung des Politischen in einer Steigerungslogik, für welche dessen substanzlogische Fassung die Grundlage bildet, insofern diese im Diskurs Praktiken der Hierarchisierung zwischen substanziell mehr oder weniger „politischen Gegenständen“ ermöglicht.

8.1.2 Das gesteigerte Politische der Arbeit mit „Flüchtlingsjugendlichen“ als „andere“ Praxis der Theaterpädagogik

Mit Blick auf das gesamte Interviewmaterial lässt sich das Sprechen über das Politische der Theaterpädagogik wiederholt in einer *Steigerungslogik* nachvollziehen, in der besonders bestimmte Projekte, Themen und Praktiken mit Blick auf ein ih-

137 Wobei ich im Folgenden besonders aber nicht ausschließlich die Markierung der Außergewöhnlichkeit des Politischen fokussieren werde.

nen innewohnendes „mehr" oder „weniger" an Politischem adressiert werden.[138] Die hier aktualisierte Figur der Steigerung des Politischen wird dabei im Material häufig in Praktiken aktualisiert, in denen gleichzeitig die Arbeit mit migrationsgesellschaftlich als Andere Geltenden thematisch gemacht wird, welche hierbei, wie ich folgend argumentiere werde, als superlative Bezugspunkte des steigerbaren und in diesem Zusammenhang auch normativ zu steigernden Politischen adressiert werden. Die vermeintlich besonders *hohe* Politizität[139] *bestimmter* Projekte, Themen und Praktiken wird dabei nicht nur wie in dieser Figur fokussiert, über die Zuwendung zu „Flüchtlingen" konstruiert. Sondern die hier untersuchten Praktiken des Diskurses der Theaterpädagogik am Theater zeichnen sich, wie ich auch in den Kapitel 8.2 und 8.3 mit Blick auf weitere ver-anderte Subjektpositionen ausführen werde, in einer grundsätzlichen Weise dadurch aus, dass in ihnen eine als ambivalent zu betrachtende Adressierung Anderer für die Herstellung des Politischen der Theaterpädagogik am Theater bedeutsam ist. Wiederholt wird das Politische der theaterpädagogischen Praxis hierbei als eines markiert, welches aus einer Überschreitung der theaterpädagogischen Jugendclubpraxis besteht, als eine zur „eigentlichen" Theaterjugendclubpraxis differente Praxis. So formuliert B kurz nach der oben zitierten Passage zur Arbeit mit einer dramatischen Textvorlage im Theaterjugendclub:

> ähm (1) wenn du auf das Politische abzielst, was dich ja auch interessiert, wir machen mit dieser Gruppe auch andere Aktionen [...] (B, Pos. 11)

Mit diesem Satz wird eine Passage eingeläutet, in deren Zentrum u.a. die Beschreibung einer Teilnahme des Jugendclubs an einer Demonstration steht. Dabei wird das Politische in der Formulierung „andere Aktionen" explizit mit einer „anderen" Praxis verknüpft, einer Praxis also, die different zur bisher fokussierten theaterpädagogischen Inszenierungspraxis im Theaterjugendclub ist. Dass diese „anderen Aktionen" zur zuvor beschriebenen theaterpädagogischen Inszenierungspraxis nicht in einem Verhältnis gleichwertiger Differenz stehen, wie es das Wort „anders" ebenfalls suggerieren könnte, sondern dass die „anderen Aktionen" als *politi-*

---

138 vgl. hierzu auch die Interpretationskapitel 8.2 und 8.3, in denen Praktiken modelliert werden, die das Politische der Theaterpädagogik am Theater ebenfalls jeweils in einer Steigerungslogik mit Blick auf „Heterogenität" und „Authentizität" konstruieren.

139 Mit dem Begriff „Politizität" schließe ich in meiner Perspektive an die subjektivierungstheoretisch fundierte Annahme einer konstitutiven Beziehung des (Theater-)Pädagogischen zum Politischen an (vgl. BÜNGER 2013), die der hier herausgearbeiteten substanzlogischen Fassung des Politischen zuwiderläuft.

scher zu bewerten sind, legt die Formulierung am Ende derselben Passage nahe, in der bezugnehmend auf die Arbeit des Jugendclubs an der Inszenierung der Textvorlage zusammenfassend betont wird:

> eigentlich was ich mit dem Stück mache, da zeige ich das Unpolitische oder in den Feinheiten, Andeutungen eben halt doch wieder sehr, ne gute Gesellschaftskritik, aber es bleibt eben halt beim Jugendclub nicht dabei, sondern geht darüber hinaus (5) (B, Pos. 11)

Dieses „darüber hinaus" führt B im Anschluss an die Beschreibung der Beteiligung des Jugendclubs an einer Demonstration aus:

> [...] aber es ging eben auch weiter, ich mein, es ist nicht beim Jugendclub stehen geblieben, sondern ich hab noch (1) aus der Flüchtlingsszene, ich hab, ich arbeite mit Flüchtlingsjugendlichen zusammen, schon lange (3) (B, Pos. 11)

Die zuvor positiv konnotierten und als dynamisch beschriebenen „anderen" Aktivitäten mit dem Jugendclub werden hier jetzt mit dem eher Statik suggerierenden Verb „stehenbleiben" kontrastiert. Insofern das Politische in der vorliegenden Figur wie oben dargestellt mit Dynamizität und Außergewöhnlichkeit verknüpft ist, suggeriert die Attribuierung der Jugendclubpraxis mit dem Verb „stehen bleiben" hier nun eine grundsätzlich geringe(-re) Politizität des Jugendclubs bzw. der Jugendclubarbeit verglichen mit dem Folgenden, welches durch das „sondern" eingeleitet und dann als Arbeit mit „Flüchtlingsjugendlichen" aus der „Flüchtlingsszene" eingeführt wird.

Mehr noch als durch das „was?" oder das „wie?" wird die zu steigernde Politizität theaterpädagogischer Praxis hier also dadurch bestimmt, „mit wem" diese Praxis vollzogen wird. Durch die Formulierung „es ging eben auch weiter" wird die Arbeit mit den als „Flüchtlingsjugendliche" adressierten Jugendlichen dabei in ein Verhältnis der Steigerung zur Jugendclubpraxis gesetzt. Als „politischere" Adressat*innen als die Mitglieder des Theaterjugendclubs werden „Flüchtlingsjugendliche" adressiert, wobei die vorhergehende Formulierung „ich hab noch aus der Flüchtlingsszene" die (hier konstruierte) Gruppe „Flüchtlingsjugendliche" zugleich als Bestandteile und/oder Repräsentant*innen einer „Flüchtlingsszene" markiert.

8.1.2.1 Konstruktionen des Politischen der Theaterpädagogik über die Subjektposition „Flüchtling"

Die Bezeichnungspraxis „Flüchtling" wird, wie ich folgend als Hintergrund für die weitere Auseinandersetzung skizzieren werde, aus rassismuskritisch und postkolonial informierten Perspektiven aus verschiedenen Gründen kritisch diskutiert. Hierfür grundlegend ist die subjektivierungstheoretisch informierte Annahme, dass es sich bei der Subjektposition „Flüchtling" nicht um eine natürliche Kategorie handelt, sondern um eine, die in (Migrations-)Diskursen auf je spezifische Weisen hergestellt und in Beziehung zum jeweiligen Kontext (hier: Theaterpädagogik am Theater) gesetzt wird. Ein „Flüchtling" zu *„sein"* lässt sich als Effekt von (hegemonialen) (Migrations-)Diskursen verstehen, die sich laut der Forschung u.a. maßgeblich dadurch auszeichnen, dass sie die Tatsache, dass die Position „Flüchtling" sich nicht aus der Migration[140] eines Individuums, sondern aus der rechtlichen Verfasstheit des sogenannten „Aufnahmelandes" „ableitet" zugunsten einer Verquickung dieser Markierung mit dem Subjekt verschleiern (vgl. NIEDRIG/SEUKWA 2010). Denn

> [...] die bloße individuelle oder kollektive Entscheidung einen Ort – aus welchem Grund auch immer – zu verlassen [...], macht aus einem Menschen noch keinen ‚Flüchtling'. Erst die Tatsache, dass der Flüchtlingsstatus aus der Sanktionierung dieser Handlung am Ankunftsort resultiert, macht aus jemandem einen Flüchtling. (SEUKWA 2016, S. 197, Herv. i. O.)

Als „Folge institutionellen Handelns in der Ankunftsgesellschaft" (ebd.) geht die Subjektposition „Flüchtling" also, anders als dies in vorherrschenden Alltagsdis-

140 Zur Erinnerung: Welche Bewegungen als „Mobilität" und welche als „Migration" gelten, lässt sich selbst als Effekt von Diskursen verstehen, so eine der grundlegenden Annahmen der kritischen Migrationsforschung (vgl. MECHERIL 2016c).

kursen verhandelt wird, nicht aus einer „Flucht" des Subjekts, sondern aus deren und dessen Hervorbringung als solche hervor.[141]

Mit Blick auf die Subjektposition „Flüchtling" wird aus der Perspektive der kritischen Migrationsforschung außerdem problematisiert, dass Menschen hier auf einen auf spezifische Weise hervorgebrachten politisch-rechtlichen Status reduziert und mit Blick auf diesen die unterschiedlichen Ursachen, Hintergründe und Beweggründe für eine Entscheidung zur Fluchtmigration zugunsten eines einzigen Merkmals homogenisiert werden.

> Die Flucht [...] wird als zentrales Merkmal dieser Personen herausgestellt und zum Hauptaspekt ihrer Identität gemacht. Die Menschen verlieren ihre Gesichter. All ihre Lebenserfahrungen, all das, was ihr Leben vor der Flucht bestimmt hat, ihre soziale Position, ihre Fähigkeiten, ihre Sprache etc. werden bedeutungslos. Sie werden nur noch als ‚Flüchtlinge' angesehen und mit verallgemeinernden Attributen bedacht. So kann die Kategorie ‚Flüchtling' und die damit verbundenen Zuschreibungen für die Betroffenen zu einem Gefängnis werden und zu einer grundlegend veränderten und reduzierten Selbstwahrnehmung führen. (Hemmerling 2003, S. 16)

Als monokausale Perspektive stellen Flüchtlingsdiskurse eine „identitätsstiftende Eindeutigkeit im ausschließlichen Bezug auf den Herkunftsort" (Seukwa 2016, S. 198) her und bilden dabei den Nährboden für diskriminierende Effekte. Die Markierung „Flucht" wird „[...] zum bestimmenden Merkmal der *Biografie* der Flüchtenden gemacht. Ihnen wird eine Identität zugeordnet, die umfassend über sie bestimmt" (ebd., Herv. i. O.). Ein „Flüchtling" zu „sein" wird so „[...] zum identitätsbestimmenden Merkmal stilisiert und alle anderen Persönlichkeitsmerkmale werden diesem einen Kriterium nach- und untergeordnet" (ebd.). Wenn durch Definitionen und Zuschreibungen hierbei soziale Wirklichkeiten konst-

141 Gegenwärtig dominierende Bezeichnungspraxen im Kontext „Flucht" lassen sich auch aus metaphernanalytischer Perspektive thematisch machen. Metaphern versteht Constanze Spieß in diesem Sinne als „kognitive und sprachliche Phänomene unserer Alltagskommunikation. Sie prägen unser Denken, Handeln und Sprechen" (Spiess 2017, S. 2). Im Kontext des Sprechens über Flucht fallen hierbei beispielsweise häufig verwendete Naturkatastrophenmetaphern wie beispielsweise „Flüchtlingsstrom", „Flüchtlingswelle" oder „Flüchtlingslawine" auf, deren Verwendung zu problematisieren ist: „Die Verwendung von Metaphern zum Thema Zuwanderung und Migration, die Bedeutungsaspekte wie „große Gefahr" (Naturkatastrophe) oder eine „nicht endende, große Bewegung" (Wasserlauf) fokussieren, engt die Sicht auf den Sachverhalt ein. Und mehr noch: Metaphern wie Strom, Welle, Lawine und Tsunami tragen dazu bei, dass die Personengruppe der Migrant_innen sprachlich negativ kontextualisiert und bewertet wird" (Spiess 2017, S. 1).

ruiert und Subjektivitäten essentialisierend auf eine einzige Kategorie reduziert werden, führt dies zu einer diskursiven „Naturalisierung der Flüchtlingsexistenz" (Hemmerling 2003, S. 15), die sich maßgeblich durch eine Dethematisierung sowohl ihres Entstehens als auch ihrer historischen und gegenwärtigen Funktionen im Kontext (post-)kolonialer globaler (Herrschafts-)Verhältnisse auszeichnet. Als spezifische Form des „Othering" lässt sich die Herstellung der Subjektposition „Flüchtling" als Ausdruck jener epistemischen Gewalt verstehen, die aus der Perspektive Gayatri Spivaks ihren deutlichsten Ausdruck in der Konstruktion des Anderen und der „asymmetrischen Tilgung seiner Spuren" erhält:

> The clearest available example of such epistemic violence is the remotely orchestrated, far-flung, and heterogeneous project to constitute the colonial subject as Other. This project is also the asymetrical obliteration of the trace of that Other in its precarious Subjectivity. (Spivak 1988a, S. 24)

Für mein Interesse an der diskursiven Hervorbringung der Theaterpädagogik am Theater über die Arbeit mit sogenannten „Flüchtlingen" ist vor diesem Hintergrund neben den bisher genannten Aufmerksamkeitsrichtungen die Frage danach bedeutsam, auf welche Weise welche Praktiken der Naturalisierung der Subjektposition „Flüchtling" in der hier modellierten Figur relevant werden. Hierfür werde ich zunächst auf die Spezifik der Verknüpfung dieser Subjektposition mit der Steigerungslogik eingehen, in der das Politische der Theaterpädagogik am Theater hier entworfen wird, sowie auf einige meines Erachtens aus herrschaftskritischer Perspektive bedeutende Implikationen dieser Konstruktion.

Ein von einer Steigerungslogik strukturierter Begriff des Politischen tendiert notwendigerweise dazu, ein „mehr" an Politischem anzustreben, denn nur in diesem „mehr" kann eine Steigerung stattfinden und sich das Politische vor dem Hintergrund der Annahme, dass bestimmte Gegenstände oder Aktivitäten politischer sein können als andere (immer wieder neu gesteigert er-) finden bzw. anstreben lassen. Mit Blick auf die oben abgebildeten Passage aus dem Gespräch mit B lässt sich nachvollziehen, wie die Arbeit mit geflüchteten Jugendlichen innerhalb dieser Steigerungslogik des Politischen konstruiert wird: In der Bezugnahme auf die „Flüchtlingsszene", auf „Flüchtlingsjugendliche" sowie auf „junge Flüchtlinge" und auf die „Flüchtlingsbewegung" im hier aus Gründen der Anonymisierung nicht zitierten Fortlauf der Passage werden Jugendliche, die nach Deutschland geflüchtet sind, als *superlative Bezugspunkte* in einer Figur der Steigerung des Politischen theaterpädagogischer Praxis adressiert. Bezeichnungen wie hier „Flüchtlingsbewegung“ oder an anderer Stelle „Flüchtlingsszene“ (B, Pos. 11) rufen dabei mit Blick auf die Subjektposition „Flüchtling“ eine gewisse Homogenität und - ganz im Sinne der Rede von „Parallelgesellschaften“ - eine Geschlossenheit bzw. auch Abgeschlossenheit einer Gemeinschaft mit eigenen (sozialen, kulturellen, ...) Regeln auf. Im Sinne solcher Adressierungen von „Flüchtlingen“ als homogenisierte Superlative des Politischen lassen sich vielfältige Praktiken der Adressierung der Subjektposition „Flüchtling“ im Material verstehen, zum Beispiel in Praktiken des hierarchisierenden Vergleichens verschiedener Erfahrungen von Teilnehmenden an Theaterprojekten:

> also die Geschichte von der, von jemandem, der dessen Wohnung abgebrannt ist und der mit nichts dasteht ist natürlich äh ne andere Geschichte als der kleine minderjährige Flüchtling, der eine Wahnsinns Odyssee hinter sich hat und unter äh lebensgefährlichen Umständen da geflohen ist aus Afghanistan (E, Pos. 18)

Oder in solchen Praktiken, in denen die auch emotional-affektive superlative Besonderheit der Arbeit mit geflüchteten Teilnehmenden steht, wie wenn es heißt:

> und für mich die die heftigsten Sachen waren tatsächlich mit den jungen Flüchtlingen (B, Pos. 41).

Diese Aktualisierung des Politischen der Theaterpädagogik am Theater der Migrationsgesellschaft lese ich als eine *funktionale* Relationierung von migrationsgesellschaftlichen Verhältnissen und theaterpädagogischer Praxis, in die Subjektposition „Flüchtling“ als Repräsentant*in des Politischen der Migrationsgesellschaft adressiert wird. Insofern dabei die (Zusammen-)Arbeit mit derart markierten Teilnehmenden an theaterpädagogischen Projekten als vermeintlich „politischste“ Auseinandersetzungsform in den Vordergrund rückt, wird die theaterpädagogische Auseinandersetzung mit migrationsgesellschaftlichen Verhältnissen an die *Körper des Subjekts „Flüchtling“* geknüpft. Dabei wird dieses zum *Ort* migrationsgesellschaftlicher Verhältnisse stilisiert, zu einem Ort, dem man sich (mit einem Jugendclub) nähern kann oder auch nicht. Stark formuliert lassen sich die bis hierher modellierten Praktiken mit Blick auf diese *Verortung* des Politischen wie folgt zusammenfassen: *Das Politisch(st)e der Migrationsgesellschaft befindet sich dort, wo sich „Flüchtlinge“ befinden, während das Politisch(st)e der Migrationsgesellschaft im Umkehrschluss dort, wo sich keine „Flüchtlinge“ befinden, nicht oder kaum relevant ist.* Das hier modellierte Politische der Theaterpädagogik ist dann auf die diesen

Ort verkörpernden Anderen angewiesen, welche vor dem Hintergrund dieser Angewiesenheit gleichzeitig als eben solche „andere“ Körper inszeniert werden (müssen). Im Umkehrschluss stellt die Theaterpädagogik selbst in dieser Logik (per se) keinen Ort der Migrationsgesellschaft dar, sondern wird in einem (vermeintlichen) *Außerhalb* (des Politischen) der Migrationsgesellschaft positioniert. Diese Positionierung der Theaterpädagogik am Theater außerhalb der bestehenden migrationsgesellschaftlichen Verhältnisse und ihrer „Thematiken“ und „Problematiken“ bildet die Ermöglichungsbedingung einer spezifischen theaterpädagogischen Bewegung der Zuwendung zu migrationsgesellschaftlichen Verhältnissen und ihrem Politischen, in die das Theater sich dann „einmischen“ (B, Pos. 33) kann. So wird das Politische an dieser Stelle als etwas von der Theaterpädagogik Getrenntes adressiert, das von dieser künstlerisch „thematisiert“ werden kann, indem, wie es an anderer Stelle heißt, „[…] das Theater [sich] öffnet äh für für andere Dinge […]“ (B, Pos. 41).

Diese von mir herausgearbeiteten Verortungen des Politischen in den Anderen und im „Außen“ und damit außerhalb des theaterpädagogischen Tuns verstehe ich als *Praktiken der Dethematisierung*. Ich werde auf diesen Aspekt in Kapitel 9 mit Blick auf alle drei modellierten Figuren ausführlicher eingehen. Dethematisiert werden in dieser Figur die bestehenden Involviertheiten der Theaterpädagogik am Theater in migrationsgesellschaftliche Macht- und Herrschaftsverhältnisse. Theaterpädagogik am Theater wird hier implizit als ein Ort adressiert, der nicht „von sich aus“ mit migrationsgesellschaftlichen Differenzordnungen und „Flucht“ als deren Effekt verbunden ist, sondern sich diesen in einer Bewegung zu einem „Außen“ hin zuwenden kann und muss. Theaterpädagogik am Theater wird so diskursiv als ein Ort hergestellt, dessen Verhältnis zu migrationsgesellschaftlichen Verhältnissen sich durch eine substanzielle Nicht-Eingebundenheit auszeichnet, welche durch die Bewegung der Zuwendung zu den als Träger*innen dieser Verhältnisse adressierten Subjekten gewissermaßen „überbrückt“ wird. Die Theaterpädagogik am Theater kann dann tendenziell jene Rolle des „Retters“ von „Flüchtlingen“ als „Opfer“ einnehmen, die Heike Niedrig und Louis Henri Seukwa (2010) mit Blick auf die Relevanz der Hervorbringung der Subjektposition „Flüchtling“ für die „national kodierte Selbstdeutung der Mehrheitsgesellschaft“ (ebd., S. 181) beschreiben:

> Die Positionen in der Dreiecksstruktur Täter-Opfer-Retter werden in den dominanten diskursiven Formationen in einer Weise zugeordnet, die eine kollektive Weiße

europäische Identität konstruiert: Die Abwehr der ‚falschen Flüchtlinge' (Täter) stabilisiert das imaginierte Zentrum durch Ausgrenzung der Nicht-Dazugehörigen; als ‚Retter' der ‚echten Flüchtlinge' (Opfer) wird das Bild von ‚Europa' als Hort der Menschenrechte und der politischen wie moralischen Überlegenheit aufrecht erhalten, was allerdings die Ausblendung (post-)kolonialer Täterschaft und Verantwortlichkeit voraussetzt. (ebd.)

Die hier in den Praktiken prozessierte „national kodierte Selbstdeutung der Mehrheitsgesellschaft" im Sinne einer Nicht-Eingebundenheit betrifft dabei, wie ich in den Kapitel 8.2 und 8.3 zeigen werde, nicht nur die Theaterpädagogik am Theater als Ort, sondern auch die Subjektposition Theaterpädagog*in am Theater sowie die Subjektpositionen von allen nicht als „anders" markierten Teilnehmenden an theaterpädagogischen Projekten. Werden (migrations-)gesellschaftliche Verhältnisse und die theaterpädagogische Auseinandersetzung mit ihnen hier an die Körper von migrationsgesellschaftlich als Andere Geltenden geknüpft, so werden *weiß* positionierte Teilnehmende gleichzeitig von eben diesen Verhältnissen und der (theaterpädagogischen) Auseinandersetzung mit ihnen und ihren Effekten für die Entwicklung ihrer Selbst-, Fremd- und Weltverhältnisse „ent-knüpft".

Vor dem Hintergrund der Verortung des gesteigerten Politischen in den Anderen wird die theaterpädagogische Praxis mit „Geflüchteten" dann zum „sinnvollsten" weil „politischsten" Ansatzpunkt einer politischen Theaterpädagogik am Theater, während Projekte mit anderen Teilnehmenden aufgrund des Mangels an derart politisch aufgeladenen Körpern in dieser Logik für eine Auseinandersetzung mit migrationsgesellschaftlichen Verhältnissen nicht nahe zu liegen scheinen.

8.1.3 Das Politische als Thema der Anderen

Im Folgenden werde ich vor diesem Hintergrund weitere Praktiken der Aktualisierung der Figur der Steigerung des Politischen der Theaterpädagogik am Theater und deren Verwobenheit mit ver-andernden Praktiken der Naturalisierung der Subjektposition „Flüchtling" in den Blick nehmen. Die für die folgenden Ausführungen fokussierte Passage aus dem Interviewgespräch mit E steht ebenso wie die oben abgebildete Passage aus dem Gespräch mit B relativ am Anfang des Gesprächs. Zuvor findet eine Begrüßung statt sowie die das Gespräch einleitenden Bitten, E möge ihre Person und ihre Funktion am Theater sowie eines der „jüngeren oder aktuellen Inszenierungsprojekte" vorstellen. E stellt daraufhin drei

Jugendtheaterprojekte aus der vergangenen Spielzeit mit dem jeweiligen Titel der aus den Projekten entstandenen Produktionen vor. Die unten zitierte Textpassage setzt am Ende von diesem ersten Sprechen von E über die Projekte ein.

Die vorliegende methodologische Perspektive einer Analyse diskursiver Praktiken perspektiviert und untersucht das Sprechen in den Interviews als Praktiken der Aktualisierung von (theaterpädagogischen) Diskursen. Diese Praktiken werden nicht nur im Sprechen der Interviewten aufgegriffen, sondern ebenso im Sprechen der interviewenden Person. Deshalb und weil Interviewfragen zudem auch mit Blick auf den prozessualen Verlauf eines Gesprächs relevante Kategorien und Ordnungen in die Interviews einführen und bestimmte Anschlusspraktiken (nicht) anbieten, ist es wichtig, auch das Sprechen der interviewenden Person in die Untersuchung der diskursiven Hervorbringung einer politischen Theaterpädagogik einzubeziehen (vgl. Kapitel 6). Vor diesem Hintergrund werde ich im Folgenden zunächst untersuchen, welche Weise des Sprechens über das Politische der Theaterpädagogik der Interviewten E die in meiner Bitte um eine Entscheidung für eines der drei zuvor vorgestellten Projekte aufgegriffenen Praktiken nahelegen.

Die Logik der Passung zur „Frage der politischen Dimension"

> I: Ich finde ja die hören sich alle drei spannend an, ähm da es ja in der Arbeit um die Frage der politischen Dimension geht würde ich dich einfach bitten zu entscheiden jetzt welches findest du passt dazu am besten von den Dreien? (E, Pos. 9)

Nach einer Bewertung aller drei zuvor kurz von E eingeführten Projekte als „spannend" folgt in der hier zitierten Passage die Bitte an E zu entscheiden, welches der drei „am besten" zu der „Frage der politischen Dimension" „passt". Dabei werden für den weiteren Verlauf des Sprechens über das Politische der Theaterpädagogik verschiedene Möglichkeiten und Ordnungen ein- und aufgeführt, von denen im Folgenden für das vorliegende Nachdenken über die Aktualisierung des Politischen der Theaterpädagogik am Theater besonders jene fokussiert werden soll, die eine *Unterschiedlichkeit der Passung* der Projekte zur Frage nach der politischen Dimension markiert.

Denn die Formulierung „welches findest du passt dazu am besten" setzt implizit voraus, dass eines der Projekte besser zu der in der „Arbeit" untersuchten „Frage der politischen Dimension" „passen kann" als die anderen beiden. Anders als eine

Formulierung in der gebeten wird, sich für den Interviewrahmen für ein Projekt zu entscheiden, über das mit Blick auf Dimensionen des Politischen gesprochen werden soll, führt die Bitte um die Entscheidung für das „am besten passende" Projekt die *Kategorie der „Passung" von Projekten zur „Frage der politischen Dimension"* ein und damit zugleich die Voraus-Setzung, dass diese Passung sich je nach Projekt in ihrer Gradualität unterscheidet. Denn dass ein Projekt wie in meiner Bitte formuliert „am besten" zur genannten Frage passt, impliziert gleichzeitig die Möglichkeit, dass ein anderes Projekt weniger gut passt und auch, dass ein drittes Projekt möglicherweise „am schlechtesten" passt. Die hier nachvollziehbare Praktik der Unterscheidung der graduellen, also steigerbaren Passung von Projekten zur „Frage nach der politischen Dimension" bezieht sich dabei hier *nicht* auf das notwendigerweise perspektivierende *Sprechen* über diese Projekte im Interviewgespräch und dessen Passung. Sondern sie aktualisiert eine substanzlogisch verfasste Qualität, die *in den Projekten selbst* zu liegen scheint, die also einen *Kern* dieser theaterpädagogischen Projekte behauptet, der mehr oder weniger gut zur genannten Fragestellung passt.

Dies betrifft zwei Dimensionen: Einerseits bezieht es sich als implizite Behauptung auf die konkreten drei eingeführten Projekte: Nahegelegt wird, dass eines besser als die anderen „passt" für das Sprechen zur „Frage nach der politischen Dimension". Andererseits gründet diese Markierung überhaupt erst auf der Möglichkeit, dass theaterpädagogische Projekte im Allgemeinen unterschiedlich gut zum Sprechen über die „Frage nach der politischen Dimension" passen können, prozessiert und affirmiert also die grundsätzliche Möglichkeit der Unterscheidung der Passung von theaterpädagogischen Projekten zur „Frage nach der politischen Dimension".

Die diskursive Ordnung theaterpädagogischen Sprechens über die Frage nach Dimensionen des Politischen in Jugendtheaterprojekten wird durch meine Bitte so also als eine aktualisiert, in der eine grundsätzliche Unterscheidung zwischen besser und schlechter passenden Projekten zur „Frage der politischen Dimension" nahe liegt. Dabei adressiert die Formulierung „würde ich dich einfach bitten zu entscheiden jetzt welches findest du passt dazu am besten" E als Expert*in, welche*r die Passung der drei beschriebenen Inszenierungsprojekte zur „Frage der politischen Dimension" einschätzen kann bzw. können sollte. Insofern wie oben gezeigt die Bitte implizit einen qualitativen Unterschied in der Passung der verschiedenen Projekte behauptet, ist E durch die formulierte Bitte also nicht nur aufgerufen, über eines der eingeführten Jugendtheaterprojekte mit Blick auf die „Frage der politischen Dimension“ zu sprechen, sondern dieses Sprechen an einer Beurteilung von dessen Passung zur genannten Frage im Vergleich zu den anderen Projekten zu orientieren. So wird E durch die in der Bitte vollzogenen Praktiken ein Sprechen als Expert*in nahegelegt, welches die Auswahl des ausgesuchten Projekts als „am besten [zur Frage nach der politischen Dimension] passendes“ Projekt darzulegen hat, während die politische Dimension des auszuwählenden theaterpädagogischen Projekts implizit zugleich als eine im Vergleich zu weniger „passenden“ Projekten *zu begründende* markiert wird. Im Folgenden werde ich nun rekonstruieren, auf welche Weise die hier auf- und eingeführte diskursive Ordnung im auf die Frage folgenden Sprechen der interviewten Theaterpädagog*in aktualisiert wird.

8.1.3.1 Das Politische als „Flüchtlingsproblematik“

> I: [...] welches findest du passt dazu am besten von den Dreien?
>
> E: Ähm tja ich glaub dann schon also [Name einer Produktion mit dem Wort „Flucht“ im Titel] [142] war also am eindeutigsten ein politisches Thema und das ist eigentlich ganz interessant ich hab die letzten Tage öfter gedacht schade dass wir das jetzt nicht mehr spielen weil im Moment ist das ja ein Wahnsinnsthema ähm bundesweit und in Berlin nochmal nochmal extrem das Thema Flüchtlinge wo aber auch viel im Moment künstlerisch zu gearbeitet wird (E, Pos. 10)

Die oben herausgearbeitete Dimension der unterscheidenden Passung der Projekte zur „Frage nach der politischen Dimension“ nimmt E in der Antwort grundsätzlich auf. Das ausgewählte Projekt E1 wird von den anderen beiden zuvor angeführten Projekten hinsichtlich seiner Passung zur „Frage nach der politischen Dimension“ als am passendsten unterschieden, womit die implizit vorgegebene Möglichkeit der unterschiedlichen Passung von theaterpädagogischen Projekten zu dieser Frage als Ordnung des Sprechens anerkannt und übernommen wird.

Explizit begründet wird die Passung des Projekts E1 zur „Frage nach der politischen Dimension“ dabei nicht. Vielmehr wird zunächst nur der Projekttitel genannt und das Projekt selbst dann als „am eindeutigsten ein politisches Thema“ markiert. *Dass* es sich bei dem Projekt um eines handelt, über das sich nun sinnvollerweise hinsichtlich politischer Dimensionen sprechen lässt, scheint an dieser

142 Der exakte Titel des Projekts wird hier aus Gründen der Anonymisierung nicht genannt.

Stelle nicht weiter begründungsbedürftig zu sein. Die folgende semantische Verknüpfung des Projekts mit dem „Thema Flüchtlinge" verweist jedoch rückwirkend darauf, dass die bereits im Projekttitel vollzogene Markierung des später wiederholt als „Flüchtlingsprojekt" (E, Pos. 34) bezeichneten Projektes als eines, welches sich thematisch mit „Flucht" beschäftigt für dessen Passung zur Frage nach der politischen Dimension eine Rolle spielt bzw. als hinreichende Bedingung für diese Passung eingeführt wird.

Anders als in der Formulierung „das Projekt *hatte* am eindeutigsten ein politisches Thema" wird in der Formulierung das Projekt „*war* [Herv. TB] also am eindeutigsten ein politisches Thema" eine Gleichsetzung von Projekt und „politischem Thema" vorgenommen, die suggeriert, das Projekt selbst *sei* ein „politisches Thema". Das hier inhaltlich noch nicht näher explizierte „Thema", welches gleichermaßen sich selbst als auch das theaterpädagogische Projekt repräsentiert, wird anschließend dann als „das Thema Flüchtlinge" spezifiziert. Verknüpft wird das Politische der Theaterpädagogik also erstens auch hier mit dem *thematischen* Fokus eines Projekts auf das „Thema Flüchtlinge", wobei zweitens eine *Gleichsetzung* des Projekts mit dem „politischen Thema" und damit mit dem Politischen vorgenommen wird.

Die Formulierung „das Thema Flüchtlinge" kennzeichnet das „Thema" dabei auf eine bestimmte Art und Weise als ein politisches „Thema": Anders als etwa die Formulierung „das Thema Flucht" rücken in der hier auftretenden Formulierung „das Thema Flüchtlinge" die adressierten Subjekte als „Thema" in den Blick. Das „am eindeutigsten politische Thema" wird so *personifiziert* und mit ihm im Rückschluss das Politische selbst, welches somit als „*Thema der Anderen*" verortet wird. Die Verquickung des vieldimensionalen Themas „Fluchtmigration" mit der auf dieses Thema und seine bestimmte Interpretation reduzierten Subjektposition „Flüchtling" im Diskurs der Theaterpädagogik am Theater verstehe ich als theaterpädagogische Aktualisierung der oben angeführten Praktiken der diskursiven „Naturalisierung der Flüchtlingsexistenz". Ihren Ausdruck erhält diese in der essentialisierenden Verknüpfung der derart hervorgebrachten Subjektposition mit dem Thema „Flucht". Im Zuge dieser Verknüpfung rückt „Flucht" im Theater nicht als Effekt politisch-diskursiver Strukturen und Herrschaftsverhältnisse, sondern etwa als eine „Leidensgeschichte" (E, Pos. 12) der „Flüchtlinge" in den Blick und kann so in der oben angeführten „Dreiecksstruktur Täter-Opfer-Retter" mit den ihr inhärenten Positionierungen und Ausblendungen der Involviertheiten des Eigenen hervorgebracht werden.

Praktiken der essentialisierenden Verknüpfung eines „Themas“ mit Subjektpositionen Anderer spielen im gesamten Interviewmaterial eine bedeutsame Rolle. So beispielsweise in Fokussierungen von Theaterprojekten, „[...], die sich mit der Flüchtlingsthematik auseinandersetzen [...]“ (D, Pos. 101), aber auch in solchen Praktiken, in denen Theaterprojekte mit migrationsgesellschaftlich als Andere Geltenden über eine Adressierung der Verkörperung des Politischen in Bezeichnungen wie „Romaprojekt“ (D, Pos. 28) markiert werden, welche gewissermaßen als Zeichen der Politizität dieser Projekte fungieren. Über derartige *explizite* sprachliche Verknüpfungen eines als „politisch“ markierten Themas mit Subjektpositionen von Anderen hinaus lässt sich im Material außerdem eine *implizite* Adressierung von „Themen“ der Migrationsgesellschaft als *Themen der Anderen* nachvollziehen, die ich ausführlich in Kapitel 8.3 darlegen und mit Blick auf ihre Implikationen der Delegation der Zuständigkeit der Auseinandersetzung mit diesen Themen diskutieren werde.

Die hier modellierten Praktiken wiederholen damit hinsichtlich der Subjektposition „Flüchtling“ jene in Kapitel 3 thematisch gemachte essentialisierende Verknüpfung von Themen und migrationsanderen Teilnehmer*innen“ im Kontext von Diskursen der Interkulturellen Theaterpädagogik. Die in ihnen vollzogene „Themen-Teilnehmer-Verquickung“ (Meyer 2016b, S. 64) legt, ähnlich wie dies im Diskurs der Interkulturellen Theaterpädagogik für „Spieler*innen mit Migrationshintergrund“ nachvollziehbar ist, das als „Flüchtling“ markierte Subjekt tendenziell „auf bestimmte Themen und Konfliktstoffe“ (ebd.) fest. Hinsichtlich der diskursiven Hervorbringung des Politischen im Diskurs der Interkulturellen Theaterpädagogik hatte Tania Meyer außerdem auf die Problemzentrierung innerhalb dieser „Themen-Teilnehmer-Verquickung“ hingewiesen, mit der eine Reduktion des Politischen der Interkulturellen Theaterpädagogik auf „Problemstellungen“ einher geht.

> Vor diesem Hintergrund besteht die Problematik in der Diskussion um das Interkulturelle in der Theaterpädagogik auch darin, dass ‚das Politische‘ auf inhaltlich-thematische Auseinandersetzungen – gesellschaftliche Problemstellungen der Theaterstücke – reduziert und im Effekt die Differenz des Anderen ‚mit Migrationshintergrund‘ zum Ästhetischen erhoben wird. In einer hierarchischen Ordnung spaltet sich der Migra-

> tionshintergrund auf: Zum einen avanciert er zum Mittel der Kunst, während er auf inhaltlicher Ebene mit gesellschaftlichen Problemen behaftet wird. (Meyer 2016b, S. 61, Herv. i. O.)

Die auch aus postmigrantischen Perspektiven auf das Theater der Gegenwart wiederholt kritisierte dominante Adressierung von Migration als Problem (vgl. Sharifi 2014) wiederholt sich in der oben zitierten Sequenz in der Formulierung „Flüchtlingsproblematik", in der die Personifizierung des „Flüchtlingsthemas" dann im Bezug auf eine Dimension der *Problematisierung* spezifiziert wird, wobei das „problematische" sprachlich auch hier wieder mit der Subjektposition „Flüchtling" verknüpft wird. Die Engführung und Fokussierung auf „Flüchtlinge" wird in der Kennzeichnung der „Flüchtlinge" *selbst* als „Problematik" konkretisiert. Das „Thema Flüchtlinge" zeigt sich als ein problematisches Thema. Die naturalisierte Subjektposition „Flüchtling" wird als Trägerin einer (politischen) Problematik adressiert, mit der sie auf vermeintlich essentielle Weise verknüpft ist, während andere Subjektpositionen mit dieser „Problematik" nicht verknüpft sind.

In der folgenden Sequenz „[…] im Moment ist das ja ein Wahnsinnsthema ähm bundesweit und in Berlin nochmal nochmal extrem das Thema Flüchtlinge wo aber auch viel im Moment künstlerisch zu gearbeitet wird […]" wird das „Thema Flüchtlinge" dann als „Wahnsinnsthema" markiert. Sowohl die Attribuierung „Wahnsinnsthema" als auch seine spätere Einordnung als „extrem" markieren eine *außergewöhnliche* Relevanz des „Themas" und aktualisieren das Politische somit auch hier als eines, welches sowohl mit dem Außergewöhnlichen als auch mit dem Dynamischen verknüpft ist. Die doppelten zeitlichen („jetzt", „im Moment") und geographischen Verortungen („bundesweit und in Berlin") in der (Berliner) Gegenwart unterstützen eine solche Lesart der Sequenz. Wenn die entworfene Relevanz des „Themas" als eine in ihrer zeitlichen und geographischen Gegenwärtigkeit *außergewöhnliche* konturiert wird, so wird sie damit zugleich von einer (gewöhnlichen) Zeit und einem Ort abgesetzt, in der/in dem das „Thema Flüchtlinge" kein „Wahnsinnsthema" war oder ist.

Mit Blick auf das künstlerische Arbeiten expliziert die Passivkonstruktion „[…] wo aber auch viel im Moment künstlerisch zu gearbeitet wird […]" aufgrund des fehlenden grammatikalischen Subjekts dabei nicht eindeutig, von *wem* hier eigentlich künstlerisch gearbeitet wird. Vor dem Hintergrund der Figur der Personifizierung des Themas stellt sich jedoch die Frage, ob geflüchtete Menschen hier selbst gemeint sein können als diejenigen, die zum „Thema Flüchtlinge" künstlerisch arbeiten, oder ob die personifizierende Engführung des Themas als „das Thema Flüchtlinge" nicht eher semantisch eine Nicht-Zugehörigkeit der künstlerisch Arbeitenden zur Gruppe geflüchteter Menschen aufruft und damit eine Trennung zwischen denjenigen, die sich künstlerisch mit dem Thema Flucht auseinandersetzen (Menschen, die nicht als „Flüchtlinge" markiert werden) und denjenigen, die die Objekte dieser Auseinandersetzung darstellen (Menschen, die als „Flüchtlinge" markiert werden).

Die an dieser Stelle bestehende Offenheit in der Markierung von unterschiedlichen Rollen in diesem künstlerischen Arbeiten schließt sich im weiteren Verlauf der Passage, wenn mit Blick auf Projekte im Kontext „Flucht" konkretisiert wird, es seien „[…] Stücke die eben die Flüchtlingsproblematik äh thematisieren oder auch mit Flüchtlingen arbeiten […]".

Die Frage, ob das oben bzgl. der Subjekte dieses künstlerischen Arbeitens semantisch noch offene „künstlerische Arbeiten" eines von geflüchteten Menschen/von geflüchteten Theatermacher*innen, sein kann, wird hier nun tendenziell negativ beantwortet. Denn während die Personifizierung „Stücke" im ersten Teil der Sequenz grundsätzlich noch auf alle Menschen bezogen sein kann, legt die Weiterführung der Sequenz nahe, dass es sich bei dem mit der Personifizierung „Stücke" adressierten künstlerisch arbeitenden Subjekt eben nicht um ein als „Flüchtling" markiertes handelt. Vielmehr wird die Subjektposition „Flüchtling" hier als eine adressiert, *mit* der aus einer – bis auf den Status „Nicht-Flüchtling" ansonsten - unmarkierten Subjektposition heraus künstlerisch gearbeitet werden kann, als eine Subjektposition also, die als *Objekt und Ort der Zuwendung* der hier aktualisierten Figur des Politischen der Theaterpädagogik am Theater adressiert wird.

Wenn migrationsgesellschaftliche Verhältnisse (und ihr Politisches) wie für die vorliegende Figur festgestellt, durch migrationsgesellschaftlich als Andere Geltende personifiziert werden, so werden diese zu Adressat*innen der theaterpädagogischen Bewegung der Zuwendung zum migrationsgesellschaftlich Politischen, deren *Funktion für die Theaterpädagogik am Theater* in der Repräsentanz eben dieses migrationsgesellschaftlich Politischen besteht. Die Möglichkeit der Teilnahme an oder Initiation von theaterpädagogischen Projekten beschränkt sich in dieser diskursiven Figur für das als „Flüchtling" markierte Subjekt auf eine, in der ein (bestimmtes) Verständnis des Politischen relevant gemacht und für die als Teilnehmer*in adressierte Subjektposition „Flüchtling“ die Rolle vorgesehen wird, dieses Verständnis im Theater zu verhandeln, während es zugleich mit Blick auf die ihm zugewiesenen künstlerischen Handlungsräume passiviert wird.

8.1.4 Inkludierende Exklusion

Mit Blick auf ausgewählte in den Interviewgesprächen vollzogene Praktiken habe ich bis hierher Praktiken der Aktualisierung des Politischen der Theaterpädagogik am Theater der Migrationsgesellschaft in einer Logik der Steigerung modelliert, für die verschiedene Weisen der naturalisierenden Adressierung der Subjektposition „Flüchtling“ bedeutsam sind. Hier läuft zusammen, dass einerseits das Politische in einer substanzlogischen Fassung als ein zu steigerndes Besonderes, Außergewöhnliches und Dynamisches entworfen wird und dass andererseits die Subjektposition „Flüchtling“ essentialisierend als etwas Besonderes, Außergewöhnliches und Dynamisches adressiert wird.

Fokussiert wurde eine Adressierung der Subjektposition „Flüchtling“ als superlativer Bezugspunkt einer theaterpädagogischen Praxis, die in der Figur der Steigerung als eine „andere Praxis“ über die theaterpädagogische Jugendclubpraxis „hinaus geht“. Das substanzlogisch verfasste Politische mit den adressierten Qualitäten Urbanität, Dynamizität und Außergewöhnlichkeit findet seinen superlativen Bezugspunkt in der Markierung einer theaterpädagogischen Zuwendung zu als Verkörperungen jenes Außergewöhnlichen und Dynamischen adressierten Teilnehmenden an theaterpädagogischen Projekten. Dieser Zuwendung inhärent ist eine Verquickung der Gleichsetzung des Politischen mit einem Thema mit der Adressierung der Subjektposition „Flüchtling“ als körperliche Repräsentant*in eines substanzlogisch gedachten Politischen (der Migrationsgesellschaft). Hierbei habe ich zwei Implikationen dieser spezifischen Hervorbringung des Politischen als „Flüchtlingsthema“ relevant gemacht. Zum einen die reduktionistische, personifizierende und subjektivierende Fokussierung des Themas „Flucht“ mit seinen vielfältigen möglichen Betrachtungsebenen auf ein „Thema Flüchtlinge“ als eine dieser Betrachtungsebenen. Zum anderen die hiermit verbundene ebenfalls subjektivierende Verortung des „Themas“ und damit auch des Politischen *in* der Subjektposition „Flüchtling“. Dieser Verhältnissetzung ist eine Positionierung sowohl der Theaterpädagogik am Theater als diskursiver Ort als auch *weiß* positionierter Subjektpositionen inhärent, in der diese als *außerhalb* des Politischen der Migrationsgesellschaft stehend markiert werden. Das dieserart konstruierte Verhältnis der Zuwendung der Theaterpädagogik am Theater zum Politischen lässt sich mit Blick auf die als „Flüchtling“ adressierten Teilnehmenden an theaterpädagogischen Projekten dabei als Form einer „inkludierenden Exklusion“ verstehen, wie sie Veronika Kourabas und Ellen Kollender (2020, S. 94) mit Blick auf gegenwärtig bedeutsame Weisen der Herstellung von Ausschlüssen in der Migrationsgesellschaft beschreiben:

> Andererseits sind neue, subtile migrationsgesellschaftliche Ausschlüsse entstanden. Diese kommen vor allem in Form einer inkludierenden Exklusion zum Ausdruck. Hierzu zählen insbesondere solche selektiven Arbeitsmarkt- und Integrationspolitiken, über die ‚Migrant_innen' in einen begrenzten Raum im Innern der Migrationsgesellschaft eingeschlossen und zugleich von der Möglichkeit ausgeschlossen werden, als Teil einer ‚hiesigen' Gesellschaft anerkannt und behandelt zu werden [...]. (Kollender und Kourabas 2020, S. 94)

Die als „Flüchtlinge“ adressierten Subjekte werden einerseits in die Theaterpädagogik am Theater eingeschlossen, bzw. wird die Zusammenarbeit mit ihnen als zentraler Bestandteil einer politischen Theaterpädagogik markiert. Andererseits werden sie auf spezifische naturalisierende Weisen als Andere der Theaterpädagogik am Theater hergestellt und hiermit verbunden mit bestimmten Themen und Aufgaben verbunden, für welche die Einnahme der ihnen zugewiesenen Positionen als Andere grundlegend ist. Rekonstruierbar sind Verwobenheiten von Praktiken der Aktualisierung des Politischen der Theaterpädagogik in einer Figur der Steigerung und Praktiken einer „inkludierenden Exklusion“ Anderer mit Blick auf das gesamte Material, wobei besonders die Anhaftung des Politischen an diese und hiermit seine Verortung im Außen bedeutsam ist. Interviewübergreifend lassen sich vielfältige Markierungen einer politischen Theaterpädagogik rekonstruieren, die damit verknüpft sind, das Theater zu verlassen und in die Migrationsgesellschaft als einen dem Theater äußeren Ort von „gesellschaftspolitischen Themen“ (E, Pos. 71) zu intervenieren. Das Politische der Theaterpädagogik am Theater wird dann beispielweise mit Blick auf ein „Rausgehen“ (E, Pos. 76) als „[...] ganz ganz wichtige Bewegung für das Theater [...]“ (ebd.) zu verstehen gegeben, als eine aktive Zuwendung im „[...] rausgehen, zusammen sein und zusammen aktiv sein [...]“ (C, Pos. 79) oder als Steigerungsmöglichkeit des Eigenen der Theaterpädagogik, wenn der Theaterjugendclub, der „[...] auch woanders hingeht [...]“ dabei „[...] über die eine Theaterarbeit hinauswächst [...]“ (B, Pos. 61). Jedoch auch über derartige Entwürfe eines „Rausgehens“ hinaus sind Entwürfe des Politischen der Theaterpädagogik am Theater in einer Logik der Steigerung, für die Bezugnahmen auf migrationsgesellschaftlich als Andere Geltende konstitutiv sind, über das gesamte Material hinweg relevant. Hierbei unterscheiden sich, wie ich in den folgenden Kapitel zeigen werde, der als zu steigernd entworfene „Gegenstand" des Politischen der Theaterpädagogik ebenso wie die Art und Weise, wie dessen Steigerung und Steigerbarkeit konstruiert wird, während zugleich die grundsätzliche Steigerungslogik in einer Vielzahl von Praktiken bedeutsam ist. Im Dreieck von Pädagogischem, Künstlerischem und Politischem verschränkt sich hier eine in von Ordnungen des Wachstums strukturierten (Wettbewerbs-)Gesellschaften alle Bereiche des Sozialen durchziehende Steigerungslogik (vgl. Rosa 2019; Schmelzer/Vetter 2019) auf spezifische Weise mit einer an natio-ethno-kulturellen Unterscheidungen orientierten rassifizierenden Konstruktion der Anderen. Hervorgebracht wird eine diskursive Ordnung der Theaterpädagogik am Theater der Migrationsgesellschaft, in der migrationsgesellschaftlich als Andere Geltende als *funktionaler* (körperlicher) Bezugspunkt der Steigerung der Theaterpädagogik am Theater adressiert und in deren (Verwertungs-)Logik eingeordnet werden. Mit Blick auf in dieser Ordnung performativ entlang natio-ethno-kulturell kodierter Differenzlinien unterschiedlich positionierte Subjekte werden dabei spezifische Formen und (Un-)Möglichkeiten von Zugehörigkeit für den Kontext einer Theaterpädagogik am Theater markiert, denen in den folgenden Teilkapiteln (weiter) nachgegangen werden soll.

8.2: Die Heterogenität der Anderen

Die Frage nach dem Politischen der Theaterpädagogik wird in den Interviewgesprächen wiederholt mit Fragen der heterogenen Zusammensetzung der Theaterjugendclubs in Verbindung gebracht. Im folgenden Text werde ich den hierbei aktualisierten Praktiken hinsichtlich der Frage nachgehen, auf welche Weise „Heterogenität" und hiermit auch „Homogenität" im Kontext des Theaterjugendclubs konstruiert werden und welche Implikationen dieser Konstruktionen für die diskursive Hervorbringung der Theaterpädagogik am Theater und ihrer Subjekte sich beschreiben lassen.

Heterogenität wird im Material einerseits mit Blick auf die Teilnehmenden an den zum Zeitpunkt der Interviews bestehenden Theaterjugendclubs und Fragen nach dem Umgang mit Heterogenität thematisch gemacht. Hier wird einerseits der große Wert einer heterogenen personalen Zusammensetzung des Theaterjugendclubs betont, die von den Interviewten immer wieder als besonders „spannend" (C, Pos. 9) für die theaterpädagogische Jugendclubpraxis zu verstehen gegeben. Dieser Wert bestehe mit Blick auf das Bühnengeschehen darin, ein „möglichst diverses, heterogenes Ensemble zu haben" (E, Pos.10). Adressiert wird auch eine Bereicherung der Probenprozesse der Gruppe durch eine „große Vielfalt kulturell [und] künstlerisch" (D, Pos. 22), welche wiederholt auch mit einer affektiven Dimension verknüpft wird, wenn beispielsweise formuliert wird:

> [...] und dass ich mich wohler fühle (lacht) wenns bunter ist, also ich merke, sobald es irgendwie zu homogen ist dann ähm krieg ich Angst [...] (D, Pos. 24)

Andererseits und gleichzeitig wird Heterogenität im Material ebenfalls auf verschiedenen Ebenen als eine Herausforderung sowohl für die Mitglieder des Theaterjugendclubs als auch für Theaterpädagog*innen adressiert. Es gelte beispielsweise, einen Umgang damit zu finden, dass in einer heterogen zusammengesetzten Gruppe die Mitglieder des Theaterjugendclubs einander „annehmen" müssten, „trotz anderem Umgangston, anderer Sprache, anderer Denkweise" (C, Pos. 73) und dass es im Kontext heterogener Gruppenzusammensetzungen zu „kulturellen Missverständnissen" (D, Pos. 24) kommen könne.

Mit Blick auf die Frage nach dem Politischen der Theaterpädagogik gruppiert sich das Sprechen über Heterogenität im Interviewmaterial um die Diagnose einer bestehenden vorwiegenden *Homogenität* der personalen Zusammensetzung der Theaterjugendclubs, welche es aufzulösen gelte. Vor diesem Hintergrund wird die *Herstellung personal heterogener(er) Theaterjugendclubs* als ein politisches *Ziel* der Theaterpädagogik am Theater adressiert. Um die Teilnehmenden an theaterpädagogischen Projekten im Sinne einer solchen angestrebten „Heterogenität" zu „erweitern" (E, Pos. 10) beschreibt beispielsweise E im Interview ausführlich die Suche nach einer anderen „Kommunikation" von Projekten, nach „Sendern", die über den Newsletter des Jungen Theater 2 und Anzeigen in der Berliner Zeitung hinaus gingen, um „nicht nur the happy few" zu „erreichen" (ebd.). In diesem Zusammenhang erläutert E die „Strategie", im öffentlichen Raum „sexy Trailer" für theaterpädagogische Inszenierungsprojekte zu schalten, welche jedoch nur zu einem kleinen Zuwachs geführt habe: „dann kommen halt drei mehr" (ebd.). Was besser „funktioniere" seien Kooperationen, wie die bestehenden mit einem Sportverein oder mit Schulen (ebd.). Denn in diesen Kooperationen gebe es „schon mal so ein Vertrauen [...] zu den Bezugspersonen", von welchem aus dann besser

„gemeinsam ein Projekt" initiiert werden könne (ebd.). Dabei suche sie Schulkooperationen besonders mit solchen Schulen, an denen explizit „nicht das Theater E-Klientel", sondern „90% Migrationshintergrund" zu finden seien (ebd.).

Das Ziel einer heterogeneren Zusammensetzung der Theaterjugendclubs wird interviewübergreifend vor dem Hintergrund einer auf verschiedene Weisen vollzogenen Kritik an der Institution Theater zu verstehen gegeben, deren „klassisches Klientel ein 17-jähriges blondes Bürgermädchen" (E, Pos. 10) sei. Thematisch gemacht wird, dass nicht alle in Berlin lebenden Menschen gleichermaßen einen Zugang zu den Theaterjugendclubs der Berliner Theater hätten, sondern an diesen nur bestimmte Menschen, etwa „Bildungskids" (E, Pos. 38) aus einer bestimmten „Bildungsschicht" (B, Pos. 7) aus dem Bürgertum teilnähmen, während „die ästhetische Bildungsarbeit, die wir machen" für einen „breiteren Kreis" (E, Pos. 40) und besonders für „Arbeitskinder oder die bildungsfernen Kinder oder die benachteiligten Kinder" (C, Pos. 73) häufig nicht zugänglich sei. Beschrieben wird der gegenwärtige Zustand der „Theatergesellschaft" (C, Pos. 45) als „sehr elitäre Kacke" (C, Pos. 73), wie es eine der interviewten Personen drastisch ausdrückt, welche Gefahr laufe, eine „Burg der kaukasischen Bevölkerung" und eine „Parallelgesellschaft" (E, Pos. 40) zu sein oder zu werden. Dies so zu verändern, „dass sich andere hier auch zu Hause fühlen" (D, Pos. 24) und „nicht nur the happy-few zu uns kommen kann" (E, Pos. 38), markieren alle interviewten Theaterpädagog*innen als eine zentrale Aufgabe und Herausforderung ihrer Arbeit und geben diese als relevante politische Dimension der Theaterpädagogik am Theater zu verstehen. Auch und besonders sei diese Aufgabe am Theater in der theaterpädagogischen Jugendclubpraxis relevant und umsetzbar, da diese sich anders als theaterpädagogische Vor- und Nachbereitungsworkshops mit Schüler*innen aufgrund ihrer Regelmäßigkeit und Langfristigkeit besonders gut dazu eigne, „andere Leute an Bord zu holen" (C, Pos. 73).

Im Folgenden werde ich den im Material aufgerufenen Praktiken der Thematisierung einer homogenen und/oder heterogenen personalen Zusammensetzung der Theaterjugendclubs unter der Bezeichnung „Theaterpädagogische Heterogenitätskonstruktionen" nachgehen. Grundlegend für dieses Nachgehen ist die mit dieser Bezeichnungspraxis ausgedrückte Annahme, dass die im Sprechen über Heterogenität thematisch gemachten Unterschiede von Teilnehmenden an theaterpädagogischen Formaten diesen nicht im Sinne vermeintlich natürlicher Kategorien der Unterscheidung beispielsweise zwischen Jugendlichen mit und ohne „Migrationshintergrund" vorgängig sind, sondern in eben den Praktiken als Aktualisierung von Heterogenitätsdiskursen auf spezifische Weisen in Bezug auf den Kontext Theaterpädagogik am Theater (ko-)konstruiert, perspektiviert und relationiert werden. *Dass* Heterogenität im Sprechen über das Politische der Theaterpädagogik am Theater einen bedeutsamen Bezugspunkt bildet, ist vor dem Hintergrund der derzeitigen Popularität von Heterogenitätsdiskursen wenig verwunderlich.

Um nun auf die Spezifik von deren Aktualisierung im Kontext der Theaterpädagogik zu fokussieren, werde ich im Folgenden zunächst einführend auf einige wenige ausgewählte Aspekte der jüngeren erziehungswissenschaftlichen Diskussionen um Heterogenität (vgl. Dirim/Mecheril 2018; Walgenbach 2017; Koller/Casale/Ricken 2014a; Emmerich/Hormel 2013) eingehen, bevor ich mich im zweiten Schritt dann dem Interviewmaterial zuwenden werde.

„Heterogenität ist in den letzten Jahren zu einer Art Zauberformel in erziehungswissenschaftlichen, bildungspolitischen und praktisch-pädagogischen Debatten geworden" schreiben Hans-Christoph Koller, Rita Casale und Norbert Ricken im Vorwort ihres Bandes „Heterogenität – Zur Konjunktur eines pädagogischen Konzepts" [143] und führen aus:

> Ob in Schulpädagogik, interkultureller Pädagogik, Geschlechterforschung, Sozialpädagogik oder Sonderpädagogik - überall ist die Rede von der Heterogenität der Adressaten pädagogischen Handelns, die es zu berücksichtigen gelte, oder von Heterogenität als Herausforderung, mit der ein angemessener Umgang zu finden sei. (Koller/Casale/Ricken 2014b, S. 7)

Anders als es der Titel des Buches suggerieren mag, handelt es sich bei „Heterogenität" jedoch nicht um ein spezifisches pädagogisches Konzept. Vielmehr lässt sich der Begriff „Heterogenität" aus erziehungswissenschaftlicher Perspektive als ein „Gemengebegriff" (Dirim/Mecheril 2018, S. 27) verstehen, mit dem (jeweils spezifische) Berücksichtigungen der Unterschiedlichkeit der pädagogischen

143 Als Gründe für diese derzeitige „Konjunktur" von Heterogenitätsdiskursen beschreiben İnci Dirim und Paul Mecheril die auch durch soziale Bewegungen adressierte Krise kultureller Hegemonie, die Vorliebe für ‚Differenz' in der Postmoderne sowie die verspätete politische Anerkennung der Migrationstatsache (vgl. Dirim/Mecheril 2018, S. 26–33).

Gegenüber in den Fokus rücken und der mit einer Vielzahl anderer Begriffe wie zum Beispiel Differenz, Diversität, Alterität, Pluralität oder Vielfalt verbunden ist (WALGENBACH 2017).[144]

Die „eigentümliche Unschärfe" (KOLLER/CASALE/RICKEN 2014b, S. 7) des Begriffs „Heterogenität" führen Koller, Casale und Ricken dabei nicht nur auf die große Bandbreite an Kategorien zurück, auf die sich „Heterogenität" im pädagogischen Kontext beziehen kann und die von (aufgerufenen) Unterschieden zwischen Adressat*innen pädagogischen Handelns hinsichtlich ihrer (Schul-) Leis-tungen, über alters-, geschlechts- oder körperbezogener Vielfalt bis hin zur Differenzierung von sozialen, kulturellen oder religiösen „Hintergründen" reichen kann. Unklar und im Kontext einer wissenschaftlichen Beschäftigung mit Heterogenität zu untersuchen sei vielmehr auch, welche anthropologischen, gesellschaftstheoretischen oder (inter-)subjektivitätsphilosophischen Annahmen mit den jeweiligen Konzepten verbunden seien (vgl. ebd.).

Nicht nur die Unmöglichkeit, sondern auch auf die fehlende Sinnhaftigkeit einer eindeutigen Bestimmung von „Heterogenität" betonen Dirim und Mecheril vor dem Hintergrund der vielfältigen Verwendung des Begriffs und weisen darauf hin, dass dieser nicht nur in einem deskriptiven Sinne genutzt wird. Vielmehr werden mit ihm sowohl explizit als auch – häufiger – implizit normativ-moralische Ideen und Verständnisse etwa von (Bildungs-)Gerechtigkeit artikuliert, welche sich auf unterschiedliche Hintergründe und Interessen zurückführen ließen:

> Weil die Konjunktur der Verwendung von Heterogenität mit unterschiedlichen Diskursen und Diskursereignissen verknüpft ist, sie in unterschiedlichen disziplinaren Feldern genutzt wird und sich auf eine Reihe intellektueller Traditionen und normativer Referenzen zurückbezieht, ist eine eindeutige Bestimmung weder möglich noch

144 Dasselbe lässt sich mit Blick auf Diskurse der Kulturellen Bildung sowie der Theaterpädagogik konstatieren, in denen in den letzten Jahren eine Vielzahl an (Plädoyers für) Auseinandersetzungen mit „Unterschiedlichkeit" zu finden ist, während die in diesen benutzten Begriffe wie Heterogenität, Diversität oder Pluralität kaum trennscharf voneinander unterschieden werden. Auch wenn diese fehlende Trennschärfe Gründe in eben diesen Begriffen haben mag, so kann doch einer ihrer Effekte darin bestehen, eine gewissen Einigkeit zu suggerieren. Diese kann eine differenzierte Auseinandersetzung mit verschiedenen (theoretischen) Perspektiven auf Unterschiedlichkeit und soziale Ungleichheit und mit ihnen einhergehende verschiedene Analysen von Ein- und Ausschlüssen im Bereich der Theaterpädagogik und der Kulturellen Bildung zugunsten einer oberflächlichen scheinbar bestehenden harmonisierenden Einigkeit erschweren.

> sinnvoll. Vielmehr kann die Vokabel Heterogenität vielgestaltig als eine fluide und flexible Chiffre von verschiedenen gesellschaftstheoretischen, erziehungswissenschaftlichen und bildungspolitischen Hintergründen und Interessen für unterschiedliche Anliegen herangezogen, in verschiedenen Bedeutungskonstellationen beansprucht und im Horizont diverser Zielsetzungen und impliziter, zuweilen auch expliziter präskriptiver Ansätze verortet und eingebracht werden. (Dirim/Mecheril 2018, S. 34)

Der Umgang mit Heterogenität scheint angesichts der derzeitigen geopolitischen Umwälzungen und der mit ihnen einhergehenden weltweiten Migrationsbewegungen dabei in vielen jüngeren Publikationen zum Thema – auch vor dem Hintergrund der verspäteten Anerkennung der Migrationsgesellschaftlichkeit Deutschlands - eine *neue* Aufgabe für Bildungskontexte zu sein. Erziehungswissenschaftliche Thematisierungen von Heterogenität sind jedoch keineswegs neu, sondern lassen sich bildungshistorisch bis in die 1960er Jahre zurückverfolgen, seit denen sie konjunkturellen Schwankungen unterliegen (vgl. Vorrink/Mecheril 2014, S. 93–99). Bei genauerer Betrachtung erweist sich die Beschäftigung mit Heterogenität weiterhin auch als eine grundsätzliche Aufgabe jeder pädagogischen Praxis:

> Schon immer hatten Lehrer*innen, Erzieher*innen oder Sozialarbeiter*innen etwa mit Differenzen zu tun, die sich zwischen erwachsenen und jugendlichen Kleidungsvorlieben, zwischen konservativen und progressiven politischen Orientierungen, zwischen proletarischen und bildungsbürgerlichen Kommunikationsformen oder zwischen divergierenden geschlechtsspezifischen Verhaltenserwartungen ergeben. Jede soziale Gruppe und jedes menschliche Individuum prägen Eigenschaften aus, etablieren Normen und folgen Traditionen, die von anderen Individuen oder Gruppen als irritierend oder unangemessen empfunden werden können und ein produktiver Umgang mit solcher Andersheit ist das Alltagsgeschäft jeder gemeinsamen Erziehung. (Dirim/Mecheril 2018, S. 9)

Während (theater-)pädagogisches Handeln also einerseits immer mit der Unterschiedlichkeit bzw. den Unterschiedlichkeiten seiner Adressat*innen konfrontiert ist, ist (theater-)pädagogisches Handeln, sind (theater-)pädagogische Institutionen und Diskurse andererseits gleichzeitig bedeutsame Instanzen der *spezifischen Konstruktion, Relevantsetzung und Relationierung* dieser Unterschiedlichkeiten. Das Sprechen über Heterogenität ist auf konstitutive Weise mit gesellschaftlichen Macht- und Herrschaftsverhältnissen und den in diesen hervorgebrachten Differenzordnungen verwoben. „Soziale Differenzen, um die es mit dem Ausdruck Heterogenität geht", betonen in diesem Sinne İnci Dirim und Paul Mecheril, „haben immer auch etwas mit Diskriminierung, Ungleichheit, Dominanz und Herrschaft zu tun. Denn Menschen sind nicht schlicht un-gleich, manche sind etwas un-gleicher und zwar in Abhängigkeit von ihrer gesellschaftlich vermittelten Position" (Dirim/Mecheril 2018, S. 17).

In ihrer an Analyseperspektiven der Cultural Studies orientierten Auseinandersetzung mit Heterogenitätsdiskursen geben Mecheril und Dirim zwei grundsätzlich unterscheidbare Paradigmen der Thematisierung von Heterogenität im pädagogischen Kontext zu verstehen:

> Auf der einen Seite finden sich jene Thematisierungen, die Unterschiedsdimensionen wie ‚Ethnie' oder ‚Geschlecht' als (zuweilen ‚natürlich') gegeben ansehen und Möglichkeiten des pädagogischen Umgangs mit ihnen suchen. Von diesem Ansatz grenzen sich jene Thematisierungen ab, denen es darum geht, Unterschiede [...] als gesellschaftliche Konstruktionen zu begreifen und Möglichkeiten eines zuschreibungsreflexiven Umgangs mit diesen Konstruktionen anzubieten. Die Bedeutung etwa von ‚Ethnie' oder ‚Geschlecht' ist im Zuge dieser zweiten Perspektive somit mit Bezug auf historische und aktuelle gesellschaftliche Aushandlungsprozesse zu begreifen, zu untersuchen und zu vermitteln. (Dirim/Mecheril 2018, S. 19)

Vor dem Hintergrund eines Anschlusses an die zweite der hier beschriebenen Perspektiven, der auch die vorliegende Studie folgt, plädieren sie für eine Analyse von Heterogenitätsdiskursen, welche sich für die Frage interessiere, auf welche Weise und aufgrund welcher symbolischer Voraussetzungen in diesen zwischen etwa Mädchen und Jungen oder Türk*innen und Deutschen unterschieden werde und welche Konsequenzen diese Unterscheidungen für die sozialen Handlungsspielräume und Bildungsprozesse der Adressierten hätten (vgl. Dirim/Mecheril 2018, S. 21). Die im Folgenden untersuchten Praktiken lassen sich als Ausdruck und Aktualisierung eines theaterpädagogischen Heterogenitätsdiskurses verstehen, der aus den vorliegenden Theorieperspektiven mit Blick auf die sich in ihm vollziehenden Konstruktionen von Heterogenität, die Frage nach deren subjektivierenden Dimensionen sowie nach den hierbei hergestellten an natio-ethno-kulturellen Unterscheidungen orientierten Zugehörigkeitsordnungen im Kontext der Theaterpädagogik am Theater analysiert werden kann.

Anders als in den oben eingeführten erziehungswissenschaftlichen Auseinandersetzungen mit dem Topos Heterogenität im Kontext Schule, werden im vorliegenden Interviewmaterial wie oben kurz skizziert nicht nur Perspektiven auf und Umgangsstrategien mit einer strukturell *bestehenden* Heterogenität zum Beispiel von Schüler*innen thematisch gemacht. Vielmehr wird die „heterogene Zusammensetzung" des theaterpädagogischen Jugendclubs im Material häufig als ein (erst noch) zu erreichender Zustand des Jugendclubs markiert, als etwas, das zwar wichtig, jedoch noch nicht oder zumindest noch nicht in ausreichendem Maße hergestellt sei.[145]

Die „heterogene Zusammensetzung" des theaterpädagogischen Jugendclubs lässt sich vor dem Hintergrund dieser beiden Dimensionen im Material als eine mit dem Politischen der Theaterpädagogik in Verbindung gebrachte *doppelte Anforderung* an die Theaterpädagogik am Theater verstehen, mit der unterschiedliche zeitliche Bezüge verknüpft sind: Einerseits werden im Material Umgangsweisen mit und Perspektivierungen von einer zum Zeitpunkt der Interviews bestehenden gegenwärtigen Heterogenität in Theaterjugendclubs thematisch gemacht und als politische Dimension der Theaterpädagogik markiert. Andererseits wird den Theaterjugendclubs eine gegenwärtig zu hohe *Homogenität* in der personalen Zusammensetzung attestiert und von hier aus die Vermehrung von Heterogenität durch die Veränderung der personalen Zusammensetzung in der Zukunft in den Blick genommen. Heterogenität als Kategorie des Sprechens über Teilnehmende an Theaterjugendclubs beinhaltet dann gleichsam eine Dimension, mit der derzeitige Mitglieder des Theaterjugendclubs mit Bezug auf (bestimmte) Unterschiedlichkeiten und/oder Gleichheiten adressiert und thematisiert werden, als auch eine Dimension, in der eine mit diesen Adressierungen verknüpfte Heterogenität als eine mit Blick auf die Zukunft anzustrebende und zu steigernde Eigenschaft der Theaterjugendclubs fokussiert wird. Mit beiden miteinander verwobenen Di-

145 Insofern hierbei häufig die Möglichkeiten der Teilhabe und Teilnahme von unterschiedlich positionierten Jugendlichen an Theaterjugendclubs fokussiert werden, werden im hier untersuchten theaterpädagogischen Sprechen über Heterogenität immer wieder auch Elemente des theaterpädagogischen Partizipationsdiskurses aktualisiert. Dieser zeichnet sich, wie ich in einem anderen Text (vgl. Blum 2017) herausarbeite, durch Analogien zu hegemonialen Integrationsdiskursen aus, die sich im theaterpädagogischen Partizipationsdiskurs als Praktiken post-/kolonialer Ausbeutung Anderer im Sinne einer „Inversion kolonialer Expansionsformen" (Ha 2007, S. 67) materialisieren. Ich werde an späterer Stelle in diesem Teilkapitel ausführlicher auf das spezifische Verhältnis der hier modellierten Figur zu gesellschaftlichen Integrationsdiskursen zu sprechen kommen.

mensionen werden dabei Versprechungen verbunden, wie eine derart als politisch konturierte Theaterpädagogik am Theater zur Lösung der oben skizzierten Probleme des ausschließenden und elitären Status Quo der Theaterinstitutionen der Migrationsgesellschaft beitragen kann, denen ich im Folgenden nachgehen werde.

8.2.1 Andere zwischen Bereicherung und Herausforderung des theaterpädagogischen Jugendclubs

Folgende Passage aus dem Interview mit B steht relativ am Anfang des Interviewgesprächs. Sie folgt auf eine längere Passage, in der B zu Beginn des Gesprächs zunächst das aktuelle Projekt des von B geleiteten Theaterjugendclubs vorstellt. Zunächst soll auch hier die Frage gestellt werden, auf welche Weise welche diskursiven (theaterpädagogischen) Ordnungen bereits in der von mir gestellten Frage aufgerufen werden, welches Sprechen mein Fragen somit nahelegt und inwiefern diesem nahegelegten Sprechen dann von B nachgekommen wird und inwiefern hierbei welche Verschiebungen und Konkretisierungen nachvollziehbar werden. Dafür werde zunächst nur die Frage sowie die erste Sequenz der Antwort betrachten:

> I: Ja, und mit wem arbeitest du da bei [Theaterjugendclub 1], ist das ne immer gleichbleibende Gruppe oder (B: nee) (1) wer ist da drin in der Gruppe?
>
> B: Äh, es war immer als eine n stückweit homogene [gemeint: heterogene][146] Gruppe angelegt [...] (B, Pos. 6-7)

Die von mir gestellte Frage danach, „mit wem" B im Theaterjugendclub arbeite, lässt sich zunächst als Aktualisierung einer diskursiven theaterpädagogischen Ordnung verstehen, in der das *Sprechen über die Teilnehmenden* eines theaterpädagogischen Jugendclubs als eine für die Frage nach der politischen Dimension theaterpädagogischer Jugendclubarbeit relevante Kategorie eingeführt, aktualisiert und nahegelegt wird. Mit dieser Fokussierung öffnet sie die diskursive „Tür" auch aber nicht nur für ein Sprechen über Identitäten oder Positionierungen der Teilnehmenden. Der erste Zusatz, ob es sich bei der zuvor von B als bereits seit mehreren Jahren bestehende Gruppe eingeführten Gruppe um eine handle, die „immer gleich" bleibe, legt dann ein spezifischeres Sprechen darüber nahe, ob und

146 Ich werde die Nutzung des Begriffs „homogen" hier als versehentlichen sprachlichen Dreher behandeln und ihm nicht weiter nachgehen. Der Interviewkontext legt meines Erachtens recht deutlich nahe, dass hier nicht „homogen", sondern „heterogen" gemeint ist.

inwiefern sich die personale Zusammensetzung des Theaterjugendclubs im zeitlichen Verlauf verändert hat und bewegt sich damit in der Konkretisierung von der Fokussierung einer Frage nach den Identitäten der Teilnehmenden fort. Der zweite Zusatz, die Frage „wer ist da drin in der Gruppe" hingegen macht den semantischen Möglichkeitsraum wieder breiter.

In der Antwort nimmt B sowohl die Frage nach der Veränderung der Gruppe im zeitlichen Verlauf als auch die Möglichkeit eines Sprechens über die Identitäten der Teilnehmenden auf, indem B in der Vergangenheitsform auf eine Beständigkeit darin verweist, dass die Gruppe „immer", also seit ihrem Bestehen, als eine „homogene [gemeint: heterogene, TB]" Gruppe „angelegt" gewesen sei, was „auch diesmal wieder so" sei. Hierbei wird Heterogenität/Homogenität als relevante Kategorie für das Sprechen über die Frage nach den Mitgliedern des Theaterjugendclub eingeführt. Das hierbei benutzte Verb „anlegen" gibt dabei die Homogenität/Heterogenität der Gruppe nicht nur als eine wichtige *Eigenschaft* der Gruppe, sondern auch als Ergebnis einer willentlichen *theaterpädagogischen Gestaltungspraxis* zu verstehen, der sowohl eine bewusste Entscheidung als auch ein „anlegendes" Tun zugrunde liegt und führt so Heterogenität nicht nur als deskriptive, sondern auch als normative Kategorie in das Gespräch ein.

„Heterogenität" als (anzustrebendes) Ergebnis theaterpädagogischer Gestaltungspraxis der personalen Zusammensetzung des Theaterjugendclubs wird hierbei auf zwei miteinander verbundene Weisen markiert: Mit einem ontologischen Status der *Erkennbarkeit* von Heterogenität ebenso wie mit ihrer normativen Anerkennung. (Kategorien der) Heterogenität als eben solche zu identifizieren und zu affirmieren verstehe ich als eine hier zum Ausdruck kommende Anforderung an die Subjektposition Theaterpädagog*in am Theater, welcher ich in ihrer Spezifik im Folgenden nachgehen werde.[147]

Die nachfolgende Konkretisierung der Heterogenität der Gruppe als eine „ein stückweit heterogen" angelegte Gruppe folgt der in Kapitel 8.1 modellierten Steigerungslogik des Politischen der Theaterpädagogik: Auch Heterogenität als Dimension des Politischen wird hier als eine substanzlogisch gedachte, steigerbare und zu steigernde Gruppeneigenschaft hervorgebracht, die einer Gruppe mehr

147 Vgl. hierzu auch die Ausführungen zu den Anforderungen an pädagogische Professionalität im Kontext erziehungswissenschaftlicher Heterogenitätsdiskurse im Spannungsfeld von Erkennen und Anerkennen in JERGUS/KRÜGER/SCHENK 2014, 160f.

oder weniger zu eigen sein kann bzw. als solche in unterschiedlichem Maße angelegt werden kann, von „gar nicht heterogen" bis „sehr heterogen". Entsprechend lassen sich auch solche häufigen Markierungen des Theaterjugendclubs lesen, in denen dieser wie in der obigen Sequenz als „sehr unterschiedlich" (im Gegensatz zu der Formulierung „unterschiedlich") markiert wird. Offensichtlich wird hier, dass Teilnehmende eines Theaterjugendclubs in der aktualisierten diskursiven Ordnung voneinander mehr oder weniger unterschiedlich sein können, womit die Frage nahe liegt, welche Unterschiedlichkeit auf welche Weise „gewichtet" wird.

Zugleich markiert die Formulierung „ein stückweit" aber auch eine einschränkende Dimension in der Gestaltung der Heterogenität der Gruppe und gibt das Bestehen einer Grenze in der theaterpädagogischen Gestaltung des Heterogenen zu verstehen. Vor dem Hintergrund, dass es sich bei der hier aufgerufenen anzustrebenden Heterogenität der Gruppe um eine (auch) normativ markierte Größe handelt, lässt sich auch die Formulierung „ein stückweit" als normativ deuten. Dann verweist „ein stückweit" auf den Anspruch, Heterogenität im *richtigen Maße* „anzulegen", also weder zu viel noch zu wenig und es stellt sich die Frage, welche Gefahren oder Verluste wohl mit einem zu viel oder zu wenig an Heterogenität einhergehen. Ich werde diesem Aspekt an späterer Stelle in Kapitel 8.2.2 nachgehen.

„Heterogenität" wird hier so erstens als eine Kategorie eingeführt, die in einem Interviewgespräch zu Dimensionen des Politischen der Theaterpädagogik relevant im Sprechen darüber ist, „wer da drin ist" im Jugendclub. Die hierbei aufgerufene „Unterschiedlichkeit" wird dabei, diskurstheoretisch perspektiviert, nicht nur als solche beobachtet bzw. festgestellt, sondern im Sinne einer performativen Hervorbringung als eben solche hervorgebracht und es ist zu fragen, auf welche Weise dies – etwa in der Reproduktion, in der Zurückweisung oder in der Verschiebung von askriptiven Kategorien - geschieht und in welches Verhältnis dies sich zu hegemonialen migrationsgesellschaftlichen Differenzordnungen setzen lässt. Zweitens wird sie als eine Kategorie eingeführt, die nicht nur deskriptiv im Sinne eines sprachlichen Erfassens des Bestehenden verfasst ist, sondern auch normativ als ein in einer Steigerungslogik verfasstes Ziel einer politischen Theaterpädagogik am Theater, weshalb ich im Folgenden von einem theaterpädagogischen Heterogenitätsideal sprechen werde. Dieses Heterogenitätsideal wird drittens als anzustrebendes Ergebnis einer (pro-)aktiven theaterpädagogischen Gestaltungspraxis zu verstehen gegeben. Hiermit verbunden ist eine Markierung der Subjektposition Theaterpädagog*in am Theater, für welche (ein Umgang mit einer Anforderung an) die aktiv anlegende und gestaltende Herstellung einer heterogenen personalen Zusammensetzung des Theaterjugendclubs relevant ist. Die entsprechende Gestaltung des Theaterjugendclubs zeichnet sich normativ wiederum dadurch aus, dass sie im richtigen Maße vorgenommen wird. Während die Subjektposition Theaterpädagog*in am Theater hier in einer aktiv-gestaltenden Rolle entwickelt wird, werden die Mitglieder des Theaterjugendclubs an dieser Stelle im Umkehrschluss implizit als (passive) Objekte der theaterpädagogischen Gestaltungspraxis adressiert, welche „angelegt" werden.

8.2.1.1 Die Heterogenität der Anderen

> I: Ja, und mit wem arbeitest du da bei [Theaterjugendclub 1], ist das ne immer gleichbleibende Gruppe oder (B: nee) (1) wer ist da drin in der Gruppe?
>
> B: Äh, es war immer als eine n stückweit homogene Gruppe angelegt, also aus unterschiedlichen Bezirken, aus unterschiedlichen Bildungsschichten, das ist auch diesmal wieder so und die Jüngste ist 15 und diesmal war eine schon wieder dabei, [Name 1], weil sie nochmal will, die ist schon 24 und alt sozusagen, also in diesem Fall, weil sie schon am Studieren ist, ich hab diesmal noch zwei weitere Leute, die auch jetzt gerade anfangen mit Studium mit drinne, weil die Anfragen auch mehr in diese Richtung gehen, hab aber auch nachwievor (1) Leute aus der [Name integrierte Sekundarschule 1] drinne die (3) mitten in Kreuzberg liegt und ähm (1) oder erstmal nicht Gymnasium ist sozusagen, also und nen Auszubildenden hab ich drinne, der wird äh wie heißt das ähm (1) nicht Erzieher sondern (1) f f f Erzieherfachkraft also noch das was davor ist sozusagen vor dem Erzieher will er ne Erzieherausbildung machen und [Name 2] ist einfach auch schon länger dabei und ich find das super, dass er mit dabei ist, also so, das bringt mir Spaß (1) (I: mh), also von daher sehr unterschiedlich aber ne sehr gruppige Gruppe aber auch, meistens (I: ok) (B, Pos. 6-7)

Was können wir mit Blick auf das hier nun ausführlich abgebildete Zitat vor diesem Hintergrund darüber erfahren, inwiefern welche migrationsgesellschaftlichen Wissensordnungen und Subjektpositionen in den hier untersuchten Praktiken des theaterpädagogischen Heterogenitätsdiskurses aktualisiert werden?[148]

148 Dieser Frage werde ich im Folgenden ausschließlich mit Blick auf jene Aspekte nachgehen, die sich im Material als interviewübergreifend relevante rekonstruieren lassen, während ich anderen beim Lesen der Passage möglicherweise „ins Auge springenden" Aspekten hier nicht nachgehen werde.

Die Passage lese ich als eine Antwort auf meine Fragen, in der die eingangs markierte heterogene Zusammensetzung des Theaterjugendclubs durch eine Beschreibung verschiedener Mitglieder des Jugendclubs konkretisiert und bestätigt wird. Als Bestätigung der markierten heterogenen Zusammensetzung „funktioniert“ diese Beschreibung deshalb, weil in ihr Kategorien der Differenzierung aufgerufen und relevant gemacht werden, denen die Teilnehmenden unterschiedlich zugeordnet werden. Markiert werden Zugehörigkeiten der Jugendclubmitglieder explizit zu „unterschiedlichen Bezirken“ und zu „unterschiedlichen Bildungsschichten“ sowie implizit im Fortgang der Passage zu unterschiedlichen Altersgruppen und unterschiedlichen Schul- und Ausbildungsformen. Im Folgenden werde ich mit Blick auf diese Markierungen von Zugehörigkeiten im Kontext des Ziels einer heterogenen Zusammensetzung des Theaterjugendclubs zwei Aspekte näher betrachten: Erstens die unterschiedlichen Weisen des Sprechens über die Studierenden und über die Schüler*innen als Jugendclubmitglieder und die besonderen Implikationen dieses Sprechens vor dem Hintergrund der Markierung einer Schule als „mitten in Kreuzberg“. Und zweitens das Sprechen über das als „Auszubildender“ markierte Jugendclubmitglied [Name 2]. und das Verhältnis zum theaterpädagogischen Jugendclub, in welches dieses in diesem Sprechen gesetzt wird.

Mit Blick auf den ersten Aspekt ist sequenziell zunächst eine Veränderung der semantischen *Form* des Sprechens im Laufe der Passage rekonstruierbar:

Das Sprechen über die Teilnahme der als Studentin gekennzeichneten [Name 1] im Konkreten, die weiterhin am Theaterjugendclub teilnimmt, „weil sie nochmal will“ und von Studierenden im Allgemeinen, die Mitglieder des Jugendclubs seien, „weil die Anfragen auch mehr in diese Richtung gehen“ lässt sich formal als Rechtfertigungssemantik lesen. So wird die Mitgliedschaft im Theaterjugendclub der als „Studierende“ markierten Personen hier als eine zu verstehen gegeben, die sich nicht *aus sich heraus* ausreichend erklärt, sondern für die es einen Erklärungs- bzw. Begründungsbedarf gibt. Ich lese dies als Hinweis auf eine implizite theaterpädagogische Norm (sowie als diskursive Aktualisierung derselben), von der die Teilnahme *eben dieser* (hier als „Studierende“ positionierten) Teilnehmer*innen abweicht.

Der Notwendigkeit der Rechtfertigung der von einer impliziten Norm abweichenden Teilnehmer*innen gegenüber steht dann sowohl das Sprechen über die

Teilnahme der Schüler*innen der Kreuzberger Schule als auch das Sprechen über die Teilnahme des Auszubildenden P am Theaterjugendclub, welches jeweils *nicht* gerechtfertigt wird / werden muss. Im Gegenteil wird der zu rechtfertigenden Teilnahme der Studierenden über die Überleitung „hab aber auch nachwievor (1) Leute aus der [Name integrierte Sekundarschule 1] drinne, die (3) mitten in Kreuzberg liegt" die Teilnahme besagter Schüler*innen durch das „aber auch" explizit *entgegengestellt*, und zwar als eine, welche der impliziten Teilnahme-Norm durchaus entspricht.

Diese Norm lässt sich im Material zunächst als eine nachvollziehen, die mit der Zugehörigkeit zu den zu Beginn der Passage aufgerufenen „unterschiedlichen Bildungsschichten" und „unterschiedlichen Bezirken" verbunden ist. So werden die Studierenden hier (auch) als Repräsentant*innen einer spezifischen „Bildungsschicht" adressiert, deren Teilnahme am Theaterjugendclub begründungsbedürftig ist. Im Umkehrschluss werden die Schüler*innen der Kreuzberger Schule sowie der Auszubildende [Name 2] als Repräsentant*innen einer „Bildungsschicht" adressiert, deren Teilnahme nicht nur *nicht* begründungsbedürftig ist, sondern die zum Ende der Passage in Bezug auf [Name 2] sogar explizit als „super" bewertet wird.

Dies ist nicht nur mit Blick auf die hier sichtbar werdende Adressierung der Anderen als im Rahmen des Sprechens über das Politische nicht erklärungsbedürftige Adressat*innen dieses Anlegens interessant, auf das ich an späterer Stelle ausführlicher eingehen werde. Sondern es verweist auch auf einen logischen und keinesfalls singulär im Diskurs auftretenden Widerspruch: Denn um die hier und an vielen Stellen in den Interviewgesprächen mit Blick auf Zugehörigkeiten zu sozialen Differenzkategorien aufgerufenen Ziele von Heterogenität, Unterschiedlichkeit, Vielfalt, Diversität, etc. zu „erfüllen" braucht es im Theaterjugendclub Vertreter*innen *verschiedener* Positionierungen in den (gleichsam identifizierten wie produzierten) Zugehörigkeitskategorien. So ist beispielsweise eine mit Blick auf das Alter heterogene Gruppe nur dann heterogen, wenn sowohl ältere *als auch* jüngere Menschen Teil der Gruppe sind und eine mit Blick auf formale Bildungszugehörigkeiten nach der Schule heterogene Gruppe ist dies nur dann, wenn beispielsweise sowohl Auszubildende als auch Studierende an ihr teilnehmen. Vor diesem Hintergrund ergibt die *positive Hervorhebung* einer der beiden Seiten und die *Markierung* der anderen Seite als zu rechtfertigende Abweichung im Kontext eines Topos, dessen Norm die Verschiedenheit der Teilnehmenden ist, vordergründig keinen Sinn.

Die unterschiedliche Bewertung der Teilnahme von Jugendclubmitgliedern aus den hier gegenübergestellten Zugehörigkeitsgruppen legt die Interpretation einer *identifizierenden Gleichsetzung* der positiv bewerteten Teilnahme der Kreuzberger Schüler*innen und des Auszubildenden [Name 2] *mit dem Topos Heterogenität* nahe. Heterogenität in diesem Sinne verstanden bezieht sich dann nicht auf ein *Verhältnis* der (unterschiedlichen Zugehörigkeiten der) Jugendclubmitglieder zueinander. Sondern Heterogenität wird hier diskursiv als eine *Eigenschaft* hervorgebracht, die mit bestimmten Jugendclubmitgliedern verbunden ist, und zwar konkret mit denjenigen, die „anders“ sind. Anders formuliert: Indem sie als (vermeintlich) *‚selbst schon heterogen'* markiert werden, werden die Schüler*innen aus Kreuzberg und das Jugendclubmitglied [Name 2] in dieser Logik zu *Verkörperungen* der anzustrebenden „Heterogenität“ des Theaterjugendclubs gemacht. Gleichzeitig werden die als Studierende markierten Teilnehmer*innen nicht nur als zu rechtfertigende Mitglieder der Gruppe adressiert, sondern auch als solche, die selbst nicht „heterogen“ sind, sondern im Gegenteil der Heterogenität des Theaterjugendclubs entgegenzustehen scheinen.

Insofern hierbei Andere als Verkörperungen von Heterogenität adressiert werden, werden sie paradoxerweise gleichermaßen homogenisiert. Den Anderen, die als Träger*innen der Eigenschaft „heterogen“ identifiziert werden, wird in der Produktion ihres Status als „heterogen“ in diesem eine Einheitlichkeit unterstellt, von der aus ihre Existenz als Gegenüber des gleichsam homogenisierten Eigenen erst aufgerufen werden kann. Mit Paul de Man formuliert kommt es in der vorliegenden Aktualisierung des theaterpädagogischen Heterogenitätsdiskurses zu einer „Umkehr der Kategorien von Frühersein und Spätersein, von ‚vorher' und ‚nachher'“ (Man 1988, S. 169). Die Homogenität einer auf diese spezifische Weise adressierten vermeintlich einheitlich „anderen“ „Gruppe“ wird so zur konstitutiven Voraussetzung für das vorliegende Sprechen über das Ideal der Heterogenität.

Nachvollziehbar wird hier eine im gesamten Material vielfach rekonstruierbare grundsätzliche diskursive Ordnung des theaterpädagogischen Heterogenitätsideals, die sich durch zwei Aspekte auszeichnet:

Erstens durch eine - wie ich später zeigen werde: höchst ambivalente - Positivbewertung einer Teilnahme solcher junger Menschen am Theaterjugendclub, denen die Zugehörigkeit zu einer auch natio-ethno-kulturell kodierten „niedrigeren Bildungsschicht" zugeschrieben wird und eine damit verknüpfte Negativbewertung der Teilnahme solcher junger Menschen, die der hier konstruierten Gruppe nicht zugeordnet werden.

Zweitens durch eine identifizierende Gleichsetzung der auf diese Weise einer unteren „Bildungsschicht" zugeordneten Teilnehmenden mit dem Topos der Heterogenität selbst, in welcher diese nicht nur im Verhältnis zu anderen Gruppenmitgliedern als unterschiedlich markiert werden, sondern als Subjekte adressiert werden, die nicht relational, sondern in sich und damit essentiell unterschiedlich, bzw. eben ‚anders' sind.

Die Formulierung, B habe „ [...] aber auch nachwievor (1) Leute aus der [Name integrierte Sekundarschule 1] drinne die (3) mitten in Kreuzberg liegt und ähm (1) oder erstmal nicht Gymnasium ist sozusagen [...]" verknüpft zunächst die geografische Verortung „Kreuzberg" auf doppelte Weise mit einem Bildungsaspekt. Erstens, weil sie wie oben bereits angeführt durch das „aber auch" eine Differenzsetzung zwischen den zuvor fokussierten studierenden Teilnehmer*innen und den Teilnehmer*innen der Schule in Kreuzberg vornimmt, zweitens, weil sie diese Schule anschließend als „nicht Gymnasium" markiert. Zweiteres ist auch insofern interessant, weil es implizit eine Zugehörigkeit der Schüler*innen adressiert, in der vor allem wichtig ist, was diese *nicht* sind, dass sie nämlich *nicht* Studierende und *nicht* Gymnasiast*innen sind.

Die Formulierung „mitten in Kreuzberg" ist dabei in zwei Hinsichten interessant:

Erstens wird „Kreuzberg" hier nicht (nur) als ein geographischer Ort in Berlin eingeführt, sondern auch als ein Topos, dessen vermeintliche Verbundenheit mit dem Thema „Unterschiedlichkeit" hier als nicht weiter erklärungsbedürftig vorausgesetzt wird. Mit dieser Voraussetzung aufgerufen wird dabei zugleich auch ein Wissen darüber, *was* es bedeutet, dass eine Schule „mitten in Kreuzberg" liegt und welches jene stereotypisierenden Vorstellungen von Kreuzberg als ein Bezirk aufruft, der stark „migrantisch" geprägt und mit Schlagwörtern wie „Unterschicht", „Kulturkonflikt", „Parallelgesellschaft" aber auch „Hauptschule" verbunden ist.[149]

Mit der Chiffre „Kreuzberg", so die vorliegende Interpretation, wird also implizit eine Markierung jener hier adressierten Jugendclubmitglieder vorgenommen, die in der Gegenüberstellung von „Kreuzberg" zu „Gymnasium" und „Studium" als (auch) natio-ethno-kulturell kodierte Andere konstruiert werden, denen die Zugehörigkeit zu einer bestimmten „Bildungsschicht" zugeschrieben wird, die sich von der zuvor markierten Bildungsschicht der Studierenden als ihr Gegenüber unterscheidet.

Zweitens lässt sich die Formulierung „mitten in" Kreuzberg hier als Hinweis darauf verstehen, dass es auch Orte innerhalb Kreuzbergs gibt, die eben nicht in dessen Mitte, sondern an dessen Rand liegen. Der hier thematisch gemachte Ort besagter Schule befindet sich jedoch, wie eine kurze Recherche gezeigt hat, geografisch am Rand des Bezirks (Friedrichshain-)Kreuzberg[150]. Dies kann auf einen simplen Irrtum seitens der interviewten Person in der geografischen Verortung hinweisen. Im Kontext der hier modellierten Steigerungslogiken liegt jedoch die Deutung nahe, dass die hier vorgenommene Verortung „mitten in Kreuzberg" eben nicht (nur) den geografischen Ort der Schule aufruft, sondern auch, dass diese sich in der Steigerungslogik des Politischen *besonders gut* als Symbol der mit dem Topos „Kreuzberg" aufgerufenen Eigenschaften eignet, die damit als attribuierende Zugehörigkeiten der adressierten Jugendclubmitglieder aufgerufen werden. Als *prototypisierende Markierung* bedeutet „Mitten in Kreuzberg" dann mitten in den an dieser Stelle nicht explizierten Attributen, die mit „Kreuzberg" als natio-ethno-kulturell kodierter migrationsgesellschaftlicher Topos verbunden werden.

Das Aufrufen des Topos „Kreuzberg" als Chiffre, die die bestehende Unterschiedlichkeit mit Blick auf die oben eingeführten „unterschiedlichen Bildungsschich-

149 Mit Blick auf die Zuordnung von Jugendlichen zu unterschiedlichen Schultypen weist Stefan Wellgraf auf die „gesellschaftliche Produktion von Verachtung" hin, die mit der Zuordnung „Hauptschüler" verbunden ist. Wellgraf problematisiert, dass die Beschämung „darüber, als Hauptschüler zu gelten, […] die Verinnerlichung einer moralisch belasteten Ordnungsvorstellung voraus[setzt], der zufolge Berliner Hauptschulen und ihre Besucher als rangniedrig und minderwertig gelten. Einmal als Hauptschüler abgestempelt, fällt es schwer, dieser negativ konnotierten sozialen Markierung wieder zu entkommen" (Wellgraf 2014, S. 21).

150 Aufgrund der Anonymisierung der Daten ist dies leider für die Leser*in nicht überprüfbar.

ten" zwischen den zuvor genannten studierenden Teilnehmer*innen und den danach adressierten Kreuzberger Schüler*innen unterstreichen soll, ruft also eine Gegenüberstellung von auf der einen Seite weder natio-ethno-kulturell noch mit Blick auf ihre (Bezirks-)Zugehörigkeit markierten Studierenden als Repräsentant*innen einer höheren „Bildungsschicht" und auf der anderen Seite (implizit) natio-ethno-kulturell als „anders" markierten Kreuzberger Schüler*innen als Repräsentant*innen einer niedrigeren Bildungsschicht auf. Dabei wird auch hier im Sprechen über das Politische der Theaterpädagogik eine Figur der Steigerung relevant, in der Teilnehmende an einem Jugendclub mehr oder weniger „Kreuzberg" *sein* können und in der das „mehr Kreuzberg sein" und damit das „mehr migrantisch sein", das „mehr untere Bildungsschicht sein", etc. in ein affirmatives Verhältnis zu einem steigerbaren Politischen gesetzt wird, dessen Steigerung auch hier an die leibliche Präsenz der derart ver-andernd adressierten Jugendlichen im Theaterjugendclub geknüpft wird.

8.2.1.2 Praktiken der Essentialisierung der Anderen als gleichzeitige Bereicherung und Herausforderung der theaterpädagogischen Gruppe

Ebenfalls für die vorliegende Untersuchung thematisch gemacht werden soll im Folgenden das ausführliche Sprechen über das als „Auszubildender" markierte Jugendclubmitglied [Name 2], welches ich als eine diskursive Praxis der Besonderung zu verstehen geben möchte.

Praktiken der Besonderung lassen sich als ambivalente Markierungspraktiken verstehen: Einerseits bringen sie veranderte Subjektpositionen durch ihre spezifische Besonderung als Andere ebenso wie die Position des nicht zu besondernden und unmarkiert bleibenden Eigenen mit hervor, indem sie diese Positionierungen aufrufen. Anderseits können sie aber auch eine mögliche Grundlage für die Veränderung von Differenz- und Zugehörigkeitsordnungen bilden, insofern sie die unterschiedlichen in diesen hervorgebrachten Subjektpositionen als solche thematisch machen und resignifizieren können. Diese Ambivalenz betrifft auch wissenschaftliche Forschungspraktiken mit Differenz. So unterstreicht Britta Hoffarth (2016, S. 82) mit Blick auf Praktiken der Besonderung in der wissenschaftlichen Forschungspraxis das Potenzial von Praktiken der Besonderung als „Strategie der Sichtbarmachung" in einem „Prozess der Normalisierung". Gleichzeitig weist sie jedoch auf die Notwendigkeit einer (Selbst-)Befragung bezüglich der eigenen „Reifizierungssensibilität“ hin. Mit Blick auf diese „Gefahr“ der Reifizierung von hegemonialen Differenzkategorien und den in ihnen adressierten Subjektpositionen lässt sich mit Paul Mecheril (2014c) auf zwei miteinander verwobene Dimensionen hinweisen: Erstens können Praktiken der Besonderung essentialisierend zur „Erzeugung von Andersartigkeit und Fremdheit“ (ebd., S. 13) beitragen. Und zweitens können sie eine Zugehörigkeitsordnung aktualisieren, in der die nicht-besonderte Seite „[…] sich als nicht besonders, nicht integrationsbedürftig, normal und fraglos am richtigen Ort verstehen kann“ (ebd.).

In diesem ambivalenten Sinne lese ich auch die mehrfachen Bezugnahmen auf das Jugendmitglied [Name 2] im Kontext der Markierung der Heterogenität des beschriebenen Theaterjugendclubs. Über [Name 2] erfahren wir in der oben abgebildeten Sequenz, dass er „Auszubildender“ ist, den B „drinne“ hat, dass er „nicht Erzieher sondern (1) f f f Erzieherfachkraft also noch was davor“ ist und eine Erzieherausbildung machen will. [Name 2]s Ausbildung als Erzieher(-fachkraft) bekommt dabei eine gewichtige Rolle zugewiesen, indem diese innerhalb einer kurzen Sequenz viermal explizit benannt wird. Erst nachdem seine berufliche Tätigkeit mehrmals als eine im Jugendclub besondere markiert wurde, erfahren wir [Name 2]s Namen und dass dieser „auch schon länger dabei“ ist, was nachfolgend zweimal nacheinander unterstreichend positiv bewertet wird: B findet es „super, dass er mit dabei ist, also so, das bringt mir Spaß“. So wird die Zugehörigkeit von [Name 2] zum Jugendclub hier auf doppelte Weise zu etwas Besonderem gemacht, das explizit positiv bewertet wird: Einerseits ist es etwas Besonderes, das [Name 2] als „Erzieherfachkraft“ Mitglied des Theaterjugendclubs ist, wobei positiv bewertet wird, *dass* er *als Auszubildender* (und damit als Nicht-Gymnasiast) „dabei ist“. Und zweitens wird [Name 2]s Teilnahme am Theaterjugendclub auch in ihrer Qualität als eine besondere markiert, als eine nämlich, die „super“ ist und die der interviewten Person „Spaß“ bringt, wobei im Fokus steht, dass er *als Auszubildender* „dabei ist“. Die Behauptung und positive Bewertung einer derartigen mit der Teilnahme eines Auszubildenden am Theaterjugendclub verbundenen *spezifischen Qualität* deute ich einerseits als Gegenrede zu einer stereotypisierenden defizitorientierten Perspektive auf Jugendliche in Ausbildung oder auf deren Teilnahme an Theaterjugendclubs, der eine wertschätzende Perspektive entgegengestellt wird. Insofern diese Perspektive jedoch eine der Teilnahme von P *als Auszubildender* inhärente spezifische Qualität adressiert, die der interviewten Person „Spaß bringt“, stellt sich die Frage, woraus diese abgeleitet wird und inwiefern hier möglicherweise stereotypisierende Wissensbestände über Menschen in Ausbildung als Gegensatz zu Studierenden und Gymnasiast*innen aufgerufen werden. So könnte eine Interpretation lauten, dass Auszubildende deshalb einen besonderen „Spaß" in den Theaterjugendclub bringen, weil sie hier als (weniger „verkopfter") Gegensatz zum Topos einer bildungsbürgerlich-langweilenden Rationalität adressiert werden, wie dies in der postkolonialen Forschung mit Blick auf Praktiken der Exotisierung beschrieben wurde (vgl. Danielzik/Bendix 2015).

Während die hier mit einer Essentialisierung verbundene Aktualisierung eines theaterpädagogischen Heterogenitätsideals bisher durchgehend mit Blick auf eine in der obigen Passage vollzogene explizierte positive Einschätzung der heterogenen personalen Zusammensetzung des Theaterjugendclubs als dessen Bereicherung fokussiert wurde, sollen im Folgenden die in derselben Passage zum Ausdruck kommenden Praktiken der Adressierung von *Heterogenität als Herausforderung* des theaterpädagogischen Jugendclubs fokussiert werden:

Diese Herausforderung wird in der vorliegenden Passage als eine Herausforderung für die theaterpädagogische Gruppe adressiert, wenn B das Sprechen über die Heterogenität der Gruppe folgendermaßen abschließend zusammenfasst: „[...] von daher sehr unterschiedlich aber ne sehr gruppige Gruppe aber auch, meistens [...]". Konstruiert wird hier ein Gegensatz zwischen „unterschiedlich" und „gruppig", der durch die beiden „aber" und das abschließende „meistens" noch unterstrichen wird (anders wäre zum Beispiel folgende Formulierung: „von daher sehr unterschiedlich UND ne sehr gruppige Gruppe auch, meistens"). Die nicht weiter konkretisierte Wortschöpfung „gruppig" zeigt dabei an, dass „Gruppe" hier nicht nur eine personale Konstellation bezeichnet, sondern eine – ebenfalls steigerbare und zu steigernde - spezifische Eigenschaft, die einer Gruppe (mehr oder weniger) zu eigen / nicht zu eigen sein kann und die durch „Unterschiedlichkeit" *herausgefordert oder bedroht* wird.[151] Im Umkehrschluss ergibt sich dann die implizite Annahme, dass das „Gruppige" einer „homogenen Gruppe", die nicht „sehr unterschiedlich" ist, gegeben ist oder zunimmt. Während hier also einerseits die „Unterschiedlichkeit" der Gruppe als Ideal und Bereicherung vermittelt wird, wird zugleich eine (potenzielle) Konflikthaftigkeit (des Bestehens) der konstruierten unterschiedlichen sozialen und/oder kulturellen Zugehörig-

151 Vgl. hierzu auch die Ausführungen zum Theaterjugendclub als authentische Gemeinschaft in Kapitel 8.3

keiten aufgerufen, die eine (theaterpädagogische) Herausforderung darstellt und *trotz derer* es sich bei der Gruppe um eine „gruppige" handle.

Zusammenfassend lässt sich mit Blick auf die hier exemplarisch anhand einer Passage modellierten Praktiken der Bezugnahme auf Heterogenität feststellen, dass diese eine tendenziell essentialisierende „Unterschiedlichkeit" der Jugendclubmitglieder adressieren. Relevante Kategorien sind in der Passage besonders die Zugehörigkeit zu einer „Bildungsschicht" sowie die Zugehörigkeit zu einem „Bezirk", wobei beide Unterscheidungskategorien als miteinander verbundene konstruiert werden. Während die hier derart konstruierte Differenz einerseits im Sinne einer persönlich-emotionalen Bereicherung der interviewten Person durch die Anderen als eine positive zu verstehen gegeben wird, wird sie gleichzeitig implizit als eine adressiert, die der „Gruppigkeit" des Theaterjugendclubs entgegensteht. Dabei wurde ein Verständnis entwickelt, in dem die Unterscheidung der bezirklichen Herkünfte der Teilnehmenden hier als Chiffre für eine Unterscheidung zwischen einem natio-ethno-kulturell kodierten „Wir" und einem „Nicht-Wir" fungiert. Die Zugehörigkeiten zu verschiedenen „Bildungsschichten" und die mit ihnen verbundenen Implikationen mit Blick auf den theaterpädagogischen Jugendclub werden vor diesem Hintergrund als natio-ethno-kulturell kodierte Zugehörigkeiten hervorgebracht.

Ähnlich findet diese Chiffrierung natio-ethno-kulturell kodierter Zugehörigkeitsordnungen im Material wiederholt im Rahmen von Bezugnahmen auf Kooperationen der theaterpädagogischen Abteilungen mit Berliner Schulen statt, die wie oben implizit über ihre geografische Verortung oder aber auch über ihren Schultypus als solche Schulen markiert werden, an denen die Schüler*innenschaft vorwiegend als Migrationsandere adressiert werden. Migrationsgesellschaftlich als Anderen Geltenden wird dabei im Material nicht nur die Zugehörigkeit zu einer unteren „Bildungsschicht" zugeschrieben. Sondern diese „untere Bildungsschicht" wird im Material überhaupt erst im natio-ethno-kulturell kodierten Bezug auf das vermeintliche „anders" sein ihrer Subjekte als solche konstruiert, während im Umkehrschluss eine diskursive Gleichsetzung von *whiteness* mit (der Zugehörigkeit zu) einer oberen „Bildungsschicht" vollzogen wird, wie ich weiter unten in Kapitel 8.2.2 ausführlicher thematisieren werde. (Potenzielle) Teilnehmende werden dabei nicht nur mit Blick auf ihre unterschiedlichen gesellschaftlichen Positioniertheiten voneinander unterschieden, sondern den als „anders" adressierten Teilnehmenden wird ein über (ihre) kulturelle oder soziale Differenz begründetes essentielles Anderssein auf der Ebene ihres Charakters, ihres Verhaltens oder – wie oben – ihrer Zugehörigkeit zu einer „Bildungsschicht" zugeschrieben, welches anschlussfähig an jene rassifizierenden Wissensordnungen ist, denen das zweite Kapitel dieser Arbeit sich widmete.

Vor dem Hintergrund der hier exemplarisch rekonstruierten Passage sollen im Folgenden nun mit Blick auf das gesamte Interviewmaterial relevante Aspekte dieser Figur nachverfolgt und vertieft werden:

Erstens die hier implizit vorgenommene Adressierung der Anderen als Herausforderung für eine oben als „Gruppigkeit" markierte Harmonie (innerhalb) des Theaterjugendclubs, mit der Andere als Verkörperungen eines (kulturalisierten) Konfliktiven markiert werden, während im Umkehrschluss ein vermeintlich homogen-harmonisches „Eigenes" der Theaterpädagogik am Theater hergestellt wird.

Und zweitens die stereotypisierende Markierung der Anderen als Repräsentant*innen einer (niedrigeren) Bildungsschicht, deren im Heterogenitätsideal angestrebte Teilnahme am Theaterjugendclub in den untersuchten Praktiken als verkürzter und zu problematisierender Gegenentwurf zu einer kritisierten Bürgerlichkeit der Theaterinstitution aktualisiert wird.

8.2.2 Andere als ambivalentes Gegenbild vermeintlicher Harmonie

Vor dem Hintergrund der oben exemplarisch modellierten Gegenüberstellung der Anderen zum „Gruppigen" des Theaterjugendclubs lässt sich mit Blick auf das gesamte Material ein für das Sprechen über die heterogene Zusammensetzung des Theaterjugendclubs relevanter *Passungsimperativ* rekonstruieren, der mit einer Essentialisierung und Homogenisierung sowohl der Anderen als auch des Eigenen verknüpft ist. So wird in der folgenden Passage eine Notwendigkeit der theaterpädagogischen „Auseinandersetzung" damit thematisch gemacht,

> dass ab und zu auch mal Leute bei mir jetzt in den Jugendclub kamen, die nicht so diesem Gymnasiasten[…][152]-Ding entsprochen haben und wo man's gemerkt hat, ähm, und da musste ich mich dann mit auseinandersetzen, dass die Leute dann trotzdem in die Gruppe passen und vor allem auch bleiben, dass die Gruppe <u>sie</u> annimmt, trotz

152 Aus Anonymisierungsgründen wurde hier eine geografische Markierung gelöscht.

> anderem Umgangston, anderer Sprache, anderer Denkweise, also so, ähm, und das ironische ist auch noch, ich hatte mal so einen Klischeetürken im Jugendclub, der so ein bisschen so geredet hat und so [spricht mit tiefer Stimme], so n haariger Typ (lacht) so (C, Pos. 73)

Die Kategorisierung nicht dem „Gymnasiasten-Ding entsprechen" wird hier nicht nur als eine den derart markierten Teilnehmenden zugeschriebene *Eigenschaft* zu verstehen gegeben, die deren „Passen" in die Gruppe entgegensteht, sondern in seiner späteren Konkretisierung auch als eine Eigenschaft, mit der sowohl ein unterschiedliches (sprachliches) soziales Verhalten („anderer Umgangston", „andere Sprache") als auch eine damit verbundene andere „Denkweise" einherginge. Dabei wird auch hier die zu Beginn noch nicht explizit natio-ethno-kulturell kodierte (Nicht-)Zugehörigkeit zum „Gymnasiasten-Ding" im sich anschließenden Beispiel mit der Markierung der adressierten „Leute" als Migrationsandere (hier: als „Klischeetürke") verbunden und dabei stereotypisierend die zuvor eingeführten Kategorien des „anderen" (sprachlichen) sozialen Verhaltens konkretisiert. Und auch hier wird die Zugehörigkeitskategorie der adressierten Jugendlichen über eine Negation zu verstehen gegeben, darüber nämlich, dass es sich bei ihnen *nicht* um Gymnasiast*innen handelt. Wenn wenig später in der Passage mit Blick auf die Anderen formuliert wird, dass diese „[…] merken, äh, irgendwie ticke ich anders als die anderen Leute, die normalen Theaterheinis […]" bestätigt sich, dass das „Passen" bzw. „Nicht-Passen" der geanderten Teilnehmenden - hier nur über die Formulierung des „anders Tickens" - an das essentialisierende vermeintliche Bestehen unterschiedlicher und ebenso unveränderbarer wie vorgängiger Mentalitäten von im rassistischen Differenzverhältnissen unterschiedlich positionierten Subjekten geknüpft wird. Die gleichzeitig vollzogene Gegenüberstellung zwischen dem „normalen" und dem „unnormalen" „Ticken" der „Theaterheinis" stellt dabei den theaterpädagogischen Jugendclub selbst als einen (kulturellen) Ort her, dessen gymnasialen Bewohner*innen bestimmte Mentalitäten zugeordnet werden können, welche als natio-ethno-kulturell kodierte Mentalitäten zu verstehen gegeben und essentialisiert werden. Ähnlich wie oben in der Gegenüberstellung der Anderen zum „Gruppigen" der Gruppe wird so hier erstens ein essentielles Anderssein Migrationsanderer, deren Mentalitäten von den „normalen" Mentalitäten innerhalb eines Theaterjugendclubs abweichen konstruiert. Hiermit ist zweitens eine im Sprechen über die Anderen konstruierte vermeintliche Homogenität (des „Tickens"/der Mentalitäten der Mitglieder) des theaterpädagogischen Jugendclubs als „Eigenes" verbunden, woraus drittens ein Konfliktpotenzial zwischen den derart als binär entgegengesetzt konstruierten Seiten des Eigenen und des Anderen abgeleitet wird, wie ich es ähnlich in Kapitel 3.2 mit Blick auf Diskurse des Interkulturellen thematisch gemacht hatte.

Hier wird wiederholt, was Annita Kalpaka für die Praxisreflexion von pädagogischen Professionellen bemerkt:

> In der Praxisreflexion fällt auf, dass das Erklärungsmuster ‚Kulturunterschiede' oder ‚Kulturprobleme' fast immer das erste ist, was auf der Hand zu liegen scheint, wenn problematische Praxissituationen aus der Schule oder der Beratungstätigkeit in der Sozialarbeit dargestellt werden. (KALPAKA 2006, S. 388)

Dass das Bestehen von an natio-ethno-kulturell kodierten Zugehörigkeiten orientierten zu unterscheidenden Mentalitäten in den Praktiken als nicht weiter erklärungsbedürftig zu verstehen gegeben wird, lässt sich als Verweis darauf verstehen, dass diese hier als vermeintlich *natürliche* Mentalitäten des Eigenen und des Anderen konstruiert werden. Insofern dabei das Bedrohlich-Konfliktive in den Anderen verortet wird, wird das Eigene nicht nur homogenisiert, sondern im Sprechen über die Anderen auch als eines hergestellt, welches über die Konstruktion der Anderen als Ort von Harmonie und Übereinstimmung konstruiert wird.

Insofern in der Rede von der sozialen und kulturellen Unterschiedlichkeit von Teilnehmenden am Theaterjugendclub im Material hier ein Problem der „Passung" markiert wird, erweist sie sich außerdem als anschlussfähig an jene Semantiken des Integrationsdiskurses, in denen Integration als eine zu vollbringende Anpassungsleistung migrationsgesellschaftlich als Andere Geltender an eine als überlegen gegenübergestellte Kultur der „Dominanzgesellschaft" (Rommelspacher) zu verstehen gegeben wird[153]. So erläutert Anna Böcker (2015, S. 347) in einer rassismuskritischen Perspektivierung des Integrationsbegriffs und der hiermit einhergehenden „disziplinierende[n] und ausgrenzende[n] Integrationsregime": „Die von der *weißen* Dominanzgesellschaft an rassifizierte Migrierte und als Ausländer_innen ausgegrenzte Menschen gestellte Forderung nach Integration knüpft in der aktuellen Integrationspolitik gesellschaftliche Teilhaberechte an Anpassung und Unterordnung" Mit Blick auf das Zusammenspiel des in Integrationsregimes zentralen Anpassungsimperativs mit Praktiken der Konstruktion des Anderen betont sie darüber hinaus dessen Gewalttätigkeit, weil der Integrationsbegriff „[...]

153 Vgl. dazu etwa auch MESSERSCHMIDT 2008.

Menschen als ‚Andere' konstruiert, sie zu Fremden macht und ihnen die so konstruierte Differenz von der *weißen* deutschen Norm als ein Defizit vorwirft, das sie ablegen müssen, um teilhaben zu können" (ebd., S. 347f.). Dabei lässt sich im Kontext des gesellschaftlichen „Integrationsdispositivs" (MECHERIL 2011) nicht nur eine erwartete Anpassungsleistung der als Andere konstruierten beschreiben, sondern die Verwendung von Integrationskonzepten ist auch verbunden mit einer Perspektive, in deren Zentrum die Fokussierung des *gesellschaftlichen Nutzens* migrationsgesellschaftlich als Andere Geltender steht. In diesem Kontext werden besonders auch Bezüge auf „Kultur" und kulturelle Differenz relevant, da in diesen nicht nur vermeintlich feststehende Eigenschaften von Subjekten je nach deren Zuordnung zu einer „Kultur" adressiert werden, sondern die Adressierung dieser Eigenschaften zugleich auch für eine Unterteilung in „nützliche Andere" und „weniger nützliche Andere" relevant gemacht werden.

> ‚Kulturelle Differenz' dient im Anschluss an kolonial-rassistische Praxen unter anderem dazu, die ‚nützlichen Anderen' von den ‚weniger nützlichen Anderen', die, in moderner Terminologie, ‚integrationsbereiten und -fähigen' von den das Gefüge gesellschaftlicher Ordnung problematisierenden ‚integrationsunwilligen' Anderen zu unterscheiden [...]. (BRODEN/MECHERIL 2010, S. 15)

Dass es sich bei dem mit der Markierung migrationsgesellschaftlich als Andere Geltender adressierten mit deren vermeintlicher Abweichung von der Norm verbundenen Konfliktpotenzial im Interviewmaterial um eines handelt, welches (auch) über die Behauptung einer migrationsbezogenen kulturellen Differenz erklärt wird, legen auch jene Passagen nahe, in denen die Interviewten mit Blick auf die heterogene Zusammensetzung des Theaterjugendclubs die Relevanz der unterschiedlichen „kulturellen Hintergründe" der Jugendclubmitglieder betonen. Etwa im mit Blick auf den Theaterjugendclub geäußerten „Wunsch", dass „wir eine große Vielfalt haben kulturell" (D, Pos. 22) oder im Unterstreichen, es sei wichtig, „[...] dass man wirklich ein gemischtes Ensemble hat, ob das jetzt soziale oder kulturelle Hintergründe sind [...]" (E, Pos. 36) und der hiermit verbundenen Zielsetzung, „[...] internationaler und interkultureller zu werden in den Themen, in den Künstlern aber auch in den Teilnehmern [...]" (E, Pos. 44). Dabei wird die mit Migrationsanderen verbundene Differenz nicht nur als solche hervorgebracht und wiederholt explizit positiv bewertet, sondern ähnlich wie im Diskurs der Interkulturellen Theaterpädagogik häufig auch kulturalisiert (vgl. Kapitel 3.2 dieser Arbeit). Praktiken der Kulturalisierung, die mit einem „naiven Verständnis" von kultureller Differenz operieren, lassen sich mit Annita Kalpaka und Paul Mecheril verstehen als solche, die

> [...] nicht nur unangemessen [sind], weil sie mit vergröbernden und pauschalierenden Wissensbeständen, Vorstellungen und Bildern arbeiten. Sie müssen auch als machtvolle Praxen verstanden werden, die die Handlungs- und Selbstverständnismöglichkeiten von Menschen einschränken. (Mecheril u. a. 2010b, S. 84)

Im Sinne einer solchen Kulturalisierung wird im vorliegenden Interviewmaterial überwiegend eine *reduktionistische Perspektive* auf „Kultur" (vgl. Kapitel 3.2.1) aufgerufen, in der „kulturelle Vielfalt" sich ausschließlich auf migrationsbezogene Differenz bezieht. Eine solche Reduktion des Kulturbegriffs aktualisiert eine Perspektive, in der andere, nicht auf Migration bezogene Dimensionen des Kulturellen und einer „kulturellen Vielfalt" im Kontext des Theaterjugendclubs dethematisiert werden. Anstatt „[...] die ‚interkulturelle' Dimension systematisch und konsequent als allgemeine und nicht als migrationsspezifische Dimension pädagogischer Interaktion [...]" (Mecheril u. a. 2010b, S. 85) zu verstehen, adressieren die Bezugnahmen auf die anzustrebende „kulturelle Vielfalt" des Theaterjugendclubs im Interviewmaterial kulturelle Differenz als eine vermeintlich selbstverständlich gegebene sowie ausschließlich migrationsbezogene Differenz. Indem diese gleichzeitig an die Körper migrationsgesellschaftlich als Andere Geltender gebunden wird, gerät die kulturelle Verfasstheit des Eigenen aus dem Blick. Und ebenso eine Auseinandersetzung mit den historischen Entstehungsbedingungen dessen, was an einem Ort wie dem Theater unter kultureller Differenz verstanden und verhandelt wird. Auch hier zeigt sich eine Analogie zu Diskursen um „Kultur" im pädagogischen Kontext:

> Auch wenn Kultur ein auf verschiedenen Ebenen relevantes Thema ist, steht im herrschenden Diskurs ‚die Kultur der anderen' im Mittelpunkt. Weder die eigene, noch die Kultur der Einrichtung noch die ‚Leitkultur' oder die Dominanzkultur und auch nicht der eigene Blick auf die andere Kultur sind die vorherrschenden Themen. (Kalpaka 2006, S. 397)

Wenn die untersuchten Praktiken der Bezugnahme auf die „kulturelle Vielfalt" des Theaterjugendclubs dabei sowohl Bereicherung als auch Herausforderung einer Begegnung zwischen den „Kulturen" adressieren, wird ein Bezug auf „Kultur" nachvollziehbar, der anschlussfähig an eine *kulturessentialisierende* Konzeption des

Interkulturellen ist, wie sie im deutschsprachigen Raum prominent vom Sozial- und Kulturpsychologen Alexander Thomas vertreten wird:

> Kulturelle Überschneidungssituationen [entstehen] dann, wenn Fremdes für das Eigene bedeutsam wird und wenn es zu wechselseitigen Beziehungen zwischen Eigenem und Fremdem kommt. Zwischen dem Eigenkulturellen und dem zunächst sehr fernen, dann aber immer näher rückenden Fremden entsteht ein Zwischenraum der Uneindeutigkeit, Vagheit und Neuartigkeit, der bedrohlich oder auch anregend wirken kann. (Thomas 2003, S. 46)

Indem eine solche Konzeption des Interkulturellen das „Eigene" und das „Fremde" als vermeintlich immer schon gegebene und situationsunabhängige Größen adressiert, ruft sie jenes in der Tradition Herders stehende essentialisierende Verständnis von „Kultur" auf, welches ich ausführlich in Kapitel 3.2.1 dieser Arbeit mit Blick auf die Interkulturelle Theaterpädagogik diskutiert habe. Ähnlich wie hier wird auch im Interviewmaterial die oben beschriebene Ambivalenz von Anregung und Bedrohung durch „kulturelle Vielfalt" im Theaterjugendclub auf eine Weise adressiert, in der kulturelle Differenz essentialisierend und reduktionistisch an die Körper Migrationsanderer geheftet wird und gleichzeitig die Vorstellung eines kulturell homogenen und harmonischen „Wir" derjenigen Teilnehmenden „ohne Migrationshintergrund" aktualisiert. Über die Verortung kultureller Differenz in den Anderen werden diese nicht nur kulturalisierend als eben solche hervorgebracht, sondern wird auch die Theaterpädagogik am Theater als Ort konstruiert, der selbst nicht bzgl. seiner Kulturalität zu befragen ist. Nicht nur die Mitglieder des Theaterjugendclubs, die „normalen Theaterheinis", sondern auch die Position Theaterpädagog*in am Theater wird in der Rede von der „kulturellen Vielfalt", welche durch die Teilnahme Migrationsanderer am Theaterjugendclub entstehe, als Bestandteil eines natio-ethno-kulturell kodierten, homogenisierten und nicht thematisierungsbedürftigen „Wir" des Theaters adressiert, aus dem heraus sich Theaterpädagog*innen dann den als „migrantisch" markierten Teilnehmenden mit Blick auf deren Potenziale *als Andere* für den Theaterjugendclub zuwenden können.

Die hiermit im Material verbundene Adressierung Migrationsanderer als den Theaterjugendclub *bereichernde Verkörperungen eines kulturell Differenten* kann dann selbst das vermeintliche Bestehen von mit der Anwesenheit Migrationsanderer verbundenen „kulturellen Missverständnissen" betreffen, wenn beispielsweise

– auch hier wieder in einer Semantik der persönlich-emotionalen Bereicherung durch die Anderen – betont wird: „[…] ich fühl mich einfach wohl wenn mehrere Sprachen oder wenn man sich ähm (1) wenn auch kulturelle Missverständnisse da sind […]" (D, Pos. 24). Mit Annita Kalpaka ließe sich auf die hier sichtbare diskursive Konfiguration, in der Herrschaftsverhältnisse zugunsten einer harmonistisch-individualisierenden Perspektive de-thematisiert werden: „Aber Dominanzverhältnisse sind kein (kulturelles) Missverständnis" (Kalpaka 2006, S. 392).

Eine solchen Perspektive auf kulturelle Differenz wird im Material immer wieder nachvollziehbar: Die Anwesenheit „migrantischer" Jugendlicher im Theaterjugendclub sei „sehr spannend" (C, Pos. 9), „bringe Spaß" (B, Pos. 7) und mache diesen „bunter" (D, Pos. 24). Gleichzeitig wird dabei ein (kulturelles) „Wir" des Theaterjugendclubs adressiert, welches Gefahr laufe, auch ästhetisch-künstlerisch langweilig zu sein, weil im Theaterjugendclub ohne die Anwesenheit von Migrationsanderen „alles irgendwie so ganz konform geht" (D, Pos. 24). „Die ‚Anderen' sind immer reizend und irritierend zugleich, anziehend und abstoßend in einem" schreiben María do Mar Castro Varela und Paul Mecheril (2006, S. 412) mit Blick auf die Ambivalenz der Konstruktion des Anderen im Kontext kolonialer Diskurse. Im Sinne dieser Gleichzeitigkeit wird hier eine Adressierung der Anderen nachvollziehbar, in der diese als faszinierende Bereicherung adressiert werden, gerade *weil* sie vermeintlich das Konfliktive verkörpern, während zugleich ein kulturell homogenes, tendenziell langweiliges und konfliktfreies „Wir" des Theaterjugendclubs am Theater produziert wird.

Hervorgebracht wird so eine ambivalente Ordnung der adressierten Zugehörigkeitsmöglichkeiten migrationsgesellschaftlich als Andere Geltender: Einerseits wird ihre Teilnahme an Theaterjugendclubs nicht nur positiv als dessen Bereicherung bewertet, sondern über das gesamte Material hinweg als zentrales Ziel einer politischen Theaterpädagogik am Theater im Kontext einer angestrebten Öffnung der Theaterinstitutionen zu verstehen gegeben. Andererseits werden sie im Rückgriff auf kulturessentialistische Wissensordnungen implizit als Verkörperungen des Konfliktiven und damit als Gegenbild einer vermeintlich harmonischen wie (ästhetisch) langweiligen Homogenität innerhalb der Theaterjugendclubs adressiert, welche – möglicherweise auch vor dem Hintergrund der grundlegenden Relevanz des Konflikts für das Dramatische des Theaters – durch das Konflikthafte der Anderen sowohl herausgefordert als auch bereichert würde. Das als „migrantisch" markierte Subjekt im Theaterjugendclub wird so mit sich widersprechenden Anforderungen konfrontiert: Es soll sich einerseits im Sinne des Integrationsdiskurses anpassen und sein vermeintliches „Anderssein" angesichts von dessen Bedrohlichkeit für das „Wir" des harmonisierten Theaterjugendclubs und für die mit diesem verbundenen scheinbaren Gewissheiten ablegen. Andererseits soll es die für die angestrebte Herstellung „kultureller Vielfalt" in der vorliegenden Kulturkonzeption notwendige Position des (migrationsbezogenen) kulturell Differenten und faszinierend Konfliktiven und Neuen beziehen und von dieser aus den Theaterjugendclub kulturell „erweitern" (E, Pos. 38). Auf diese Weise für den Theaterjugendclub funktionalisiert, soll es durch seine Anwesenheit als Zeichen für dessen Vielfältigkeit und Offenheit fungieren. Die im gesellschaftlichen Integrationsdispositiv angelegte Unterteilung Migrationsanderer in nützliche und nicht nützliche aktualisiert sich im theaterpädagogischen Kontext so auf eine Weise, in der die Nützlichkeit der als „migrantisch" markierten Teilnehmer*innen an die mit ihnen verbundene ambivalent bewertete kulturelle Differenz geheftet wird, welche die derart Adressierten im Sinne des Heterogenitätsideals im Theaterjugendclub im oben skizzierten Spannungsfeld verkörpern sollen.

8.2.3 Migrationsandere als Verkörperungen des Nicht-Bürgerlichen

Die oben beispielhaft rekonstruierte Adressierung von als „anders" markierten Teilnehmenden des Theaterjugendclubs als Repräsentant*innen einer (unteren) „Bildungsschicht" lässt sich mit Blick auf das gesamte Interviewmaterial als Aktualisierung einer essentialisierenden und gleichzeitig herrschaftsstabilisierenden Ordnung perspektivieren. Diese ist mit den spezifischen Weisen der im Material vollzogenen Konstruktionen und Kritiken der „Bürgerlichkeit" der Theater und den mit ihr verbundenen Mechanismen von Ein- und Ausschluss, von Anerkennung und Nicht-Anerkennung verbunden, denen ich im Folgenden nachgehen werde.

Als Ziel einer politischen theaterpädagogischen Praxis am Theater wird in den Interviewgesprächen eine Zuwendung zu Kindern und Jugendlichen thematisch gemacht, die „einen anderen Bildungsstand" hätten und „natürlich keine Theatergänger" seien (E, Pos. 44). Kritisiert wird die „homogene" (D, Pos. 24) Zusammensetzung des Theaterjugendclubs besonders auch dahingehend, dass dieser aus überwiegend „Bildungskids" (E, Pos. 38) bestehe, worin sich der kritisierte ausschließende und elitäre Status der Theaterinstitutionen widerspiegle. In den Blick rücken als zu adressierende „Zielgruppen" (C, Pos. 72) theaterpädagogischer

Formate die „Arbeitskinder oder die bildungsfernen Kinder oder die benachteiligten Kinder“ (C, Pos. 73). Im Sinne der Steigerung der Teilhabemöglichkeiten von „bildungsfernen“ Kindern und Jugendlichen an der „ästhetischen Bildungsarbeit“ der Theater, wird das Ziel zu verstehen gegeben, die Theaterjugendclubs der Theater „erreichbar“ zu machen:

> was wir machen und was das subventionierte Theater äh macht kann nicht nur für für the happy-few sein und gerade die die ästhetische Bildungsarbeit, die wir machen, find ich find ich dass es äh erreichbar sein muss und sich auch wenden muss an einen breiteren Kreis (E, Pos. 40)

Vor dem Hintergrund dieser Markierungen stellt sich die Frage, welche Wissensordnungen das Sprechen über „Bildungsferne“, „Bürgerlichkeit“ und „kulturelle Unterschiede“ im Interviewmaterial herstellt, wie es diese Begriffe miteinander im Kontext der Theaterpädagogik am Theater figuriert und welche natio-ethno-kulturell kodierten Subjektpositionen es hierbei adressiert. Diese Perspektive schließt dabei an die mit Blick auf eine subjektivierungstheoretische Analyse von erziehungswissenschaftlichen und bildungspolitischen Debatten um Formen der Bildungsbenachteiligung von als „migrantisch“ markierten Kindern und Jugendlichen bestehende Annahme an, „dass ein zentrales Spezifikum der Lebenslage migrationsanderer Jugendlicher die Schwierigkeit darstellt, im Rahmen der Mehrheitsgesellschaft anerkennbare Subjektpositionen hervorzubringen und zu formulieren“ (Rose 2012, 27f.). Nadine Rose plädiert dafür, mit Blick auf die Frage nach Bildungsbenachteiligungen nicht die vermeintliche kulturelle oder soziale Differenz von Jugendlichen zu analysieren, sondern die in diesen Auseinandersetzungen „mit der angenommenen Differenz verbundenen Zuschreibungen und Diskriminierungen“ (ebd.), welche eng mit dem in Diskursen produzierten Wissen über migrationsgesellschaftlich als Andere Geltende verwoben sind. Mit einem Interesse an den theaterpädagogischen Aktualisierungen dieses Wissens soll im Folgenden das Sprechen über die Bildungsbenachteiligung migrationsgesellschaftlich als Andere Geltender im Kontext der Theaterpädagogik am Theater perspektiviert werden. In diesem Sinne soll zunächst die spezifische Weise der Konstruktion jener Gruppen von Teilnehmenden an Theaterjugendclubs in den Blick genommen werden, die voneinander bezüglich ihrer Teilnahmemöglichkeiten an diesen unterschieden werden.

Hinsichtlich dieser Konstruktionen von (potenziellen) Teilnehmenden an den Theaterjugendclubs der Theater lassen sich im Material wiederholt Adressierungen nachvollziehen, in denen ein als „migrantisch" markiertes Subjekt einer „gebildeten", „theaternahen" und „bürgerlichen" *weißen* Mittelschicht gegenübergestellt wird:

> Theater ist ja eine sehr elitäre Kacke und es kommen so die die Kinder von Eltern, die eh auch schon irgendwie in irgendeiner Form so äh theaternah oder zumindest gebildet sind, also jetzt nicht die Arbeiterkinder, die einfach so kommen, sondern es sind eher so die Gymnasiasten, die Studi-Leute, die kommen und die sich auch gemeldet haben (.) bei mir so als ich diese Ausschreibung gemacht habe, und ich wusste auch, es gibt jetzt keine Zeit irgendwie ähm ein Netzwerk herzustellen oder andere Leute an Bord zu holen oder so (1) genau, deswegen ist das so, so weiße Mittelschicht kann man sagen (C, Pos. 73)

In dieser und ähnlichen in den Beschreibungen der Mitglieder des Theaterjugendclubs im Interviewmaterial zum Ausdruck kommenden Praktiken werden Kategorien der sozialen Herkunft, der Bildung und der Beschäftigung mit Theater als scheinbar analoge Kategorien adressiert und in ein binäres Schema organisiert, welches natio-ethno-kulturell kodiert wird. So wird in der obigen Passage eine stereotypisierende Gegenüberstellung der Eigenschaften „gebildet" und theaternah" zur sozialen Herkunft „Arbeiterkinder" vorgenommen und damit die Subjektposition „Arbeiterkind" als eine adressiert, die weder „gebildet" noch „theaternah" ist. Gleichzeitig werden „Arbeiterkinder" als selbstverständlich *nicht* „Gymnasiasten" und „Studi-Leute" adressiert. Indem die analogisierten Attribute „theaternah", „gebildet", „Gymnasiasten", „Studi-Leute" am Ende der Passage im Topos „weiße Mittelschicht" zusammengefasst werden, werden sie natio-ethno-kulturell kodiert. Das als „migrantisch" markierte Subjekt wird so homogenisierend und stereotypisierend als prototypischer *Repräsentant* von „Bildungsferne" adressiert, als welcher es weder „gebildet" noch „theaternah", weder „Gymnasiast" noch „Student*in" und auch nicht Teil der „Mittelschicht" ist. Im Umkehrschluss wird ein *weißes* „Wir" konstruiert, welches „gebildet", „theaternah" und Teil einer bürgerlichen „Mittelschicht" ist.

So wie es hier nachvollziehbar ist, werden im Material mit Blick auf die Teilnehmenden am Theaterjugendclub wiederholt zwei voneinander zu unterscheidende homogene Gruppen adressiert: Auf der einen Seite eine den Theaterjugendclubs zugeordnete Gruppe von *weißen* Jugendlichen aus einer bildungsbürgerlichen und „theaternahen" Mittelschicht, wie sie auch in dieser Passage als „Typus der kommt" beschrieben wird:

> dann sind das eher homogene Gruppen, die da zu uns kommen, ne das sind die wirklich natürlich Bildungskids, ne die äh Mädchen, blonde Mädchen, 17-jährige Mädchen, (.) das ist der Typus der kommt (E, Pos. 38)

Dieser Gruppe der „Bildungskids" wird auf der anderen Seite eine Gruppe jener (zu „erreichenden") migrationsanderen Jugendclubmitglieder entgegengestellt, die weder „theaternah" noch „gebildet" seien. Soziale Herkunft, Migration, Bildung und Beschäftigung mit Theater werden so als Kategorien adressiert, die auf scheinbar natürliche Weise miteinander verknüpft zu sein scheinen.

Verstehen wir „Bürgertum" als einen Begriff, der eine relativ privilegierte soziale Klasse im Kontext kapitalistischer Klassenverhältnisse beschreibt (vgl. Dirim/Mecheril 2018, 133ff.), so zeigt sich die hier implizit vollzogene Analogisierung von (Bildungs-)Bürgertum und *whiteness* zunächst als eine, in der die unterschiedlichen Positionierungen in sozialen Verhältnissen mit einer vermeintliche Zugehörigkeit zu einer „Kultur" gleichgesetzt werden. Diese als „kulturalistische Reduktion des Sozialen" (ebd., S. 167) zu verstehende Analogisierung bildet die semantische Grundlage dafür, dass das Ziel einer migrationsbezogenen Öffnung der *weiß* dominierten Theater und Theaterjugendclubs im Material auf eine Weise thematisch gemacht werden kann, deren Zentrum die Zuwendung zu „bildungsfernen" und „theaterfernen" Kindern und Jugendlichen bildet. Ohne die Gleichsetzungen *weiß*=gebildet und migrantisch=ungebildet wäre die Auseinandersetzung mit der in allen Interviews explizierten Öffnung der Theaterjugendclubs für Jugendclubmitglieder „mit Migrationshintergrund" *in ihrer Form als Zuwendung zum (Bildungs-)Defizit der Anderen* kaum nahe liegend.

Indem die Subjektposition „Migrant*in" dabei als „theaterfern" adressiert wird, werden migrationsandere Jugendliche dabei nicht nur wie bisher argumentiert, mit Blick auf ihre kulturalisierte (Nicht-)Zugehörigkeit zu einer sozialen Klasse „Bürgertum" homogenisiert und essentialisiert. Sondern zugleich wird in der Raummetaphorik von „theaternah"/"theaterfern" ein normativer Theaterbegriff aktualisiert. Das Theater, nicht als Institution, sondern als Kunstform gedacht, bekommt in der Rede von als „migrantisch" markierten Jugendlichen als „theaterfern“ einen spezifischen Ort zugewiesen, dem diese sich durch das Angebot der Theaterjugendclubs „nähern“ können. Der Theaterbegriff wird dabei tendenziell essentialisiert. Jene vielfältigen existenten Formen theatraler Praktiken, die dem aufgerufenen (hegemonialen) Verständnis des Theaters nicht entsprechen oder ihm nicht zugeordnet werden, werden außerhalb des hier figurierten Theatralen positioniert. Die Gegenüberstellung von „theaternahen“ und „theaterfernen“ Jugendlichen aktualisiert in dieser Lesart eine implizite Hierarchisierung dessen, was als Theater anerkennenswert ist und was nicht.

Ähnliches lässt sich mit Blick auf den in der Gegenüberstellung von „bildungsnah“ und „bildungsfern“ ebenfalls in einer Raummetaphorik aktualisierten Bildungsbegriff nachvollziehen, mit dem „Bildung“ als eine verortbare Größe adressiert wird, der sich Subjekte graduell nähern können.

Die Spezifik eines solchen Bildungsverständnis im Kontext der Theaterpädagogik am Theater wird auch dann nachvollziehbar, wenn theaterpädagogische Formate als solche beschrieben werden, die als „migrantisch“ markierten Jugendlichen Elemente eines hegemonialen Bildungs- und Theaterkanons näherbringen sollen:

> und da gucken wir auch mit welcher Schule arbeiten wir zusammen ähm wir haben jetzt nen Kulturagenten, ähm Projekte, da sind wir jetzt im dritten Jahr mit der [Name integrierte Sekundarschule in Berlin-Wedding], wo wir eben nicht das Theater E-Klientel sind, äh 90% Migrationshintergrund und die machen jetzt haben was zu Romeo und Julia gearbeitet, zu Hedda und zeigen das auch hier bei uns, dann gibt es zumindest über diese Projekte nen Kontakt und dann sind da vielleicht auch ein, zwei die sich überlegen und irgendwie Spaß haben und beim Jugendclub spielen, vielleicht, dann auch bei einer Inszenierung so sind, (.) das sind so so die Strategien, weil ich find tatsächlich, dass sich das (1) dass sich das erweitern muss, so und nicht nur the happy-few zu uns kommen kann. (E, Pos. 10)

Indem hier bestimmte Kinder und Jugendliche als „bildungsfern“ und „theaterfern“ adressiert werden, wird hier nicht nur stereotypisierend vorausgesetzt, wer über Bildung und Theater/Kultur verfügt, sondern auch, dass überhaupt geklärt ist, was ‚Bildung' und ‚Kultur' jeweils bedeuten. Die hier vorgenommenen Identifizierungen sind daher weder zufällig noch neutral, sondern sind, wie ich in Kapitel 3.2 mit Blick Zielgruppendiskurse im Kontext der Kulturellen Bildung erläutert wurde, „von den Perspektiven und Interessen der Einladenden geformt. Sie haben nicht nur die Funktion, das Andere herzustellen, sondern auch, das Eigene als angestrebte Norm zu bestätigen" (Mörsch 2016a, S. 68). So laufen sie Gefahr, die Ungleichheit, die durch sie vordergründig bekämpft werden soll, zu verstärken.

Wenn wie hier als „bildungsfern" und „theaterfern" adressierte Jugendliche in ihrer Teilhabe am Theater unterstützt werden sollen, so lässt sich als Zielpunkt dieser Unterstützung in diesem Sinne die Orientierung an einer (bildungsbürgerlichen) Norm (der Theaterpädagogik am Theater) rekonstruieren, welche ihrerseits selbst jedoch unhinterfragt bleibt. Die Orientierung an einem auf diese Weise markierten „bürgerlichen" Bildungsbegriff wird mit den ihr impliziten Hierarchisierungen durch die integrieren wollende Zuwendung zu „bildungsfernen" Jugendlichen auf eben jene Weise stabilisiert, die sich auch mit Blick auf die Förderung von Schüler*innen aus „nicht-bürgerlichen Milieus" im Kontext Schule problematisieren lässt:

> Gleich, welche Argumente für die notwendige Förderung von Kindern und Schüler*innen aus nicht-bürgerlichen Milieus bemüht werden, die heute gern ‚bildungsfern' und mithin verächtlich (Rechenbach 2015) bezeichnet werden, die implizite ‚Mittelschichtsorientierung der Schule' (Rolff 1997, 43; Hurrelmann/Wolff 1986), die quasi-ständisch regulierten Mechanismen sozialer Segregation durch das Bildungswesen (Vester 2013), oder auch ihr ‚nationales Selbstverständnis' (Gogolin/Heckmann 1994) und damit spezifische, unsichtbare kulturelle Prägungen und das kulturelle Privileg der bereits Privilegierten werden durch ausgleichende Maßnahmen in dem Sinne bestärkt, dass die bürgerliche, also klassenspezifische Praxis als fragloser Standard von Bildungsprozessen gesetzt bleibt. (Dirim/Mecheril 2018, S. 154)

Während im Interviewmaterial einerseits wiederholt explizit eine Kritik an der Bürgerlichkeit der Theaterinstitution und ihrem ausschließenden Charakter thematisch gemacht wird, werden gleichzeitig die mit dieser Bürgerlichkeit verknüpften normativen und klassengebundenen Vorstellungen von Theater und Bildung implizit als fraglose Setzungen aktualisiert. Die auf diese Weise aktualisierte Figur der „Öffnung" der Theaterinstitutionen für „andere Leute" stabilisiert die hegemonialen Strukturen, indem sie die mit ihnen verbundenen Wissens- und Differenzordnungen unhinterfragt lässt. Im Sinne jener von Carmen Mörsch (2019) im Kontext der Kunstvermittlung problematisierten „Bildung der A_n_d_e_r_e_n durch Kunst" lässt sich die im Material markierte Zuwendung zu den Anderen als Repräsentant*innen des Nicht-Bürgerlichen hier zusammenfassend als eine verstehen, in der Diskurse der defizitären Anderen aktualisiert werden, die dem bürgerlichen Subjekt ähnlich gemacht werden sollen. Mörsch fragt mit Blick auf Diskurse der Kunstvermittlung,

> [...] wie der Paternalismus der Idee des Bildens der ‚Anderen' mit Kunst mit dem Gedanken von deren Emanzipation vereinbar ist. Ist das Ziel des Bildens mit Kunst, diese Anderen der bürgerlichen Mehrheit möglichst ähnlich zu machen oder geht es darum, sie gerade als Andere zu bestätigen und zu bestärken? Und wenn es um letzteres geht, meint dies ihre Bestätigung als widerständige Subjekte oder aber als bunte Illustration einer domestizierten Idee von ‚Vielfalt', welche die Privilegien der Mehrheit letztendlich nicht in Frage stellt? (Mörsch 2017, S. 21)

Migrationsgesellschaftlich als Andere Geltende werden im Material nicht nur als defizitärer Gegensatz zum Topos einer weißen gebildeten Mittelschicht adressiert, der sie sich angleichen sollen, sondern auch als relevantes Gegenbild zum „Theater" als „sehr elitäre Kacke". So wird die Kritik am institutionalisierten Theater im Material wiederholt auf eine Weise thematisch gemacht, in der der angestrebte Einbezug der Anderen im Sinne der von Mörsch problematisierten „domestizierten Idee von ‚Vielfalt'" als eine Lösungsstrategie für das „Legitimationsproblem" (E, Pos. 40) der Stadt- und Staatstheater der Migrationsgesellschaft perspektiviert werden kann. Hierbei werden nicht nur wie von Mörsch attestiert „die Privilegien der Mehrheit letztendlich nicht in Frage [ge]stellt", sondern die Zugehörigkeit migrationsgesellschaftlich als Andere Geltender zu den theaterpädagogischen Formaten der Theater wird auf eine Weise aufgerufen, in der gerade *durch* diese Teilnahme der bestehende und in eine Krise geratene Status Quo der Theater als bürgerlich-elitäre Institutionen bestätigt und stabilisiert werden kann.[154]

Auf spezifische Weise lässt sich dies im Material in jenen Passagen nachvollziehen, in denen mit Blick auf die Bühnenpräsenz der Jugendclubmitglieder eine Dimension des „Optischen" thematisch gemacht wird, wie dies sich besonders im Interviewgespräch mit E nachvollziehen lässt. Im Gespräch betont E mehrmals, ihr sei ein „optisch gemischtes Ensemble" wichtig. Die hier aufgerufene Kategorie der optischen „Mischung" gibt sie dabei als eine zu verstehen, in deren Zentrum die Unterscheidung zwischen Spieler*innen mit oder ohne einen „Migrationshinter-

154 Vgl. hierzu auch die Ausführungen zum gegenwärtigen Diversity-Diskurs in Kapitel 3.3 dieser Arbeit

grund" (E, Pos. 40) steht, wie in der folgenden Passage, in der über ein Theaterprojekt der vergangenen Spielzeit gesprochen wird:

> Es war auch n sehr gemischtes Ensemble, was aber uns eigentlich immer wichtig ist, das heißt (.) die Jugendlichen die natürlich so ins [Theater E] kommen sind äh kann man gar nicht anders sagen sind, klassische [Name theaterpädagogische Abteilung des Theater E]-Spielerin ist ein junges 17 jähriges Bürgermädchen (lacht) ähm und das hat natürlich auch mit unserem Spielplan zu tun, das hat irgendwie auch damit zu tun, dass da [Theater E] draufsteht und aber bei den ähm (.) jetzt bei [Name theaterpädagogisches Format am Theater E] zum Beispiel ähm machen wir auch diese Kooperation um andere Leute zu erreichen und bei den Inszenierungen ähm ist uns einfach immer sehr wichtig nen möglichst diverses, heterogenes Ensemble zu haben, weils auch künstlerisch spannender ist und bei dem, bei dem Projekt, war das auch so, dass ein türkischer Spieler, ne (2) dunkelhäutige Spielerin, deren Eltern aus Ghana kommen, eine Asiatin als das ist wirklich auch ähm blöd sag ich auch mal optisch nen gemischtes Ensemble, was aber irgendwie auch Berlin abbildet (E, Pos. 10)

Auch mit Blick auf diese Passage lässt sich zunächst eine Aktualisierung von rassifizierenden Differenzordnungen nachvollziehen, in der vorausgesetzt wird, dass „ein türkischer Spieler" und „eine Asiatin" scheinbar per se auf der Bühne eine „anderes" Aussehen repräsentieren würden. Zu vermuten ist hierbei, dass es sich bei den hier vorgenommenen Bezugnahmen auf Spieler*innen als „türkisch" und als „Asiatin" nicht um Bezüge auf deren tatsächliche Staatsbürgerschaft oder geografische Herkunft handelt, sondern dass hier eine aus rassismuskritischer Perspektive problematische Gleichsetzung einer „Optik" der Markierten" mit ihren vermeintlichen staatsbürgerschaftlichen oder geografischen Zugehörigkeiten aktualisiert wird. Erst vor dem Hintergrund der essentialisierenden Formel „türkischer Spieler" = „optisch ‚anderer'" Spieler' erhält die Rede von einem „optisch gemischten Ensemble" hier ihren Sinn. In der Gleichsetzung von staatsbürgerschaftlichen Kategorien mit der „Optik" wird dabei implizit auch eine an nationalistische Diskurse anschlussfähige rassistische Ordnung aufgerufen, in der „deutsch sein" implizit mit „*weiß* positioniert sein" gleichgesetzt wird.

Dabei wird auch hier die Zugehörigkeit zum „Bürgertum" mit der Positionierung *weiß* gleichgesetzt. Die Gegenüberstellung des „17-jährigen Bürgermädchen" zu den später als Migrationsandere adressierten Spieler*innen suggeriert jedoch nicht nur, dass die markierte Subjektposition „Asiatin" *natürlich nicht* Bestandteil des Topos „Bürgermädchen" ist. Vielmehr werden mit der hier vollzogenen binären Organisation von „Bürgerlichkeit" auf der einen Seite und nicht-*weißen* Teilnehmenden auf der anderen Seite migrationsandere Jugendliche als auf der Theaterbühne *sichtbares* Gegenteil des „Bürgerlichen" adressiert und für die Theaterpädagogik am Theater in funktionaler Hinsicht relevant gemacht.[155] Hatte ich in Kapitel 8.1 die Bedeutsamkeit der Adressierung Anderer als Verkörperungen des Politischen der Migrationsgesellschaft herausgearbeitet, so zeigt sich hier nun die Bedeutsamkeit der Adressierung Anderer als Verkörperungen von Heterogenität. So wird auch in der folgenden Beschreibung einer vermeintlich möglichen „Identifikation" von Schüler*innen einer (auch hier: natio-ethno-kulturell kodierten) integrierten Sekundarschule mit dem Jugendclub eine Verknüpfung der migrationsgesellschaftlich Anderen (hier: „zwei türkische Kinder") zu etwas vorgenommen, das einem „elitären Kulturding" entgegensteht:

> und ich erleb auch wenn jetzt zum Beispiel Schulklassen der [Name integrierte Sekundarschule in Berlin-Wedding] sich ein [Theater E]-Projekt angucken, wo auch zwei türkische Kinder auf der Bühne stehen, das ist ne ganz andere Identifikation, das ist diese klassische ist das mein Club oder nicht mein Club, wenn die sehen hey die sind auch hier, okay scheint ja doch nicht nur die elitäre äh (1) Kultur (.) ding zu sein (E, Pos. 40)[156]

Die Weise, in der die Bühnenpräsenz der „zwei türkischen Kinder" hier dem „elitären Kulturding" des Theaters entgegengesetzt wird, ruft nicht nur erneut die rassifizierende Formel „türkisches Kind" = „anders aussehendes Kind" auf. Sondern sie adressiert die Subjektposition „türkisches Kind" zugleich als eine, die *in sich* aufgrund ihres „Aussehens" nicht zugehörig zu jenem elitären Kulturding sein

155 Auf die in der Passage rekonstruierbare Verknüpfung des Ziels, „ein möglichst diverses, heterogenes Ensemble zu haben" mit der Attribuierung eines solchen als „künstlerisch spannender" werde ich später ausführlicher eingehen.

156 Der hier zum Ausdruck kommende Gedanke, die Anwesenheit von Migrationsanderen auf der Bühne sorge zugleich für eine migrationsbezogene Diversifizierung des Publikums, findet sich als eine Versprechung der Arbeit mit „Jugendlichen mit Migrationshintergrund" auch in vielen aktuellen Texten im Kontext des Diversitydiskurses (vgl. Kapitel 3.3 dieser Arbeit) und findet sich auch schon in der Interkulturellen Theaterpädagogik. So beschreiben etwa Hoffmann und Klose in der Studie „Bestandsaufnahme" die Zunahme von Theaterprojekten, „[...] die sich der Komplexität und der Ambivalenz der Themen Migration, fremde Kulturen, andere Religionen, Multikulturalität, Integration nähern [...]" und betonen: „Besonders aber die Theaterpädagogik nimmt sich jetzt dieser Themen an und beteiligt junge Migranten/-innen als Spieler/-innen und Spielleiter/-innen und hat damit zusehends auch ein Publikum mit Migrationshintergrund" (Hoffmann/Klose 2008, S. 11).

kann, dem die interviewte Person sich dabei implizit gleichermaßen selbst ebenso wie die *weiß* positionierten Spieler*innen des Theaterjugendclubs zuordnet. Die hierbei aktualisierte diskursive Ordnung kann auf verschiedenen Ebenen als funktional perspektiviert werden:

Indem die Teilnahme von migrationsgesellschaftlich als Andere Geltenden am Theaterjugendclub des Theaters als eine explizit gewollte adressiert wird, wird die Theaterpädagogik am Theater im Diskurs als eine migrationsgesellschaftlich legitime Institution der Kulturvermittlung und -produktion markiert, die der demografischen Zusammensetzung der Berliner Stadtgesellschaft und den mit dieser verbundenen Repräsentationsfragen im Kontext der Kulturinstitutionen (vgl. Kapitel 3.3) gegenüber offen ist. Migrationsgesellschaftlich als Andere Geltende werden im Kontext dieser Zuwendung nicht nur rassifiziert und als Andere eines natio-ethno-kulturell kodierten „Wir" hervorgebracht, sondern gleichzeitig und hiermit verbunden als Subjekte adressiert, die nicht Teil eines bürgerlich-elitären „Wir" sind. Ähnlich wie oben mit Blick auf die Schüler*innen aus Kreuzberg lässt sich hier eine Verknüpfung von Rassifizierung Anderer und deren Zuordnung zu einer bestimmten Klasse nachvollziehen, in der stereotype Wissensbestände aufgegriffen und wiederholt werden und Migrationsandere als vermeintliches Gegenstück zu einem Eigenen konstruiert werden, als dessen Eigenschaften hierbei sowohl die bürgerlich-elitäre Positionierung als auch die Fähigkeit zur Selbstreflexion und Transformation des Theaters über den Einbezug der Anderen adressiert werden. Es geht hier also nicht nur um die Wiederholung rassifizierender und stereotypisierender Wissensbestände in den Praktiken der Theaterpädagogik am Theater, sondern darum, dass und wie diese Wiederholungen für die Aufrechterhaltung migrationsgesellschaftlicher Macht- und Herrschaftsverhältnisse funktional sind. Diese Funktionalität verstehe ich hier im Sinne einer paradoxen Adressierung, in der Bewahrung und Veränderung der Theaterpädagogik am Theater Hand in Hand gehen. Die hier modellierte Zuwendung zu migrationsgesellschaftlich als Andere Geltenden im Heterogenitätsideal behauptet einerseits, eine Veränderung der im Theater repräsentierten Subjekte anzustreben, während sie gleichzeitig jedoch die Praktiken der Ver-anderung eben dieser Subjekte fortführt.

Hier verweben sich zwei der in Kapitel 7 beschriebenen Vermittlungsdiskurse der Theaterpädagogik am Theater ineinander: Während auf expliziter Ebene an den transformativen Diskurs und seine Zielsetzung der Veränderung der Institution angeschlossen wird, wird auf impliziter Ebene mit Blick auf zentrale Konzepte wie Bildung und Theater sowie auf im Theater gültige Unterscheidungen zwischen „Wir" und „Nicht-Wir" der reproduktiven Diskurs wirksam. Über den Einbezug der sowohl rassifizierten als auch hiermit essentialisierend verbunden auf ihre Klassenzugehörigkeit festgelegten Anderen wird Theaterpädagogik am Theater so als ein Ort in Veränderung markiert, als ein Ort, der seinem eigenen bürgerlich-elitären Status gegenüber kritisch eingestellt ist und diesen angesichts prominenter werdender Kritiken zu transformieren bereit ist. Wenn dabei jedoch wie hier exemplarisch in der Rede vom „optisch gemischten Ensemble" besonders das „andere Aussehen" von migrationsanderen Kindern und Jugendlichen auf der Bühne relevant gemacht wird, wird deren Zugehörigkeit zugleich in einer *Funktion der Repräsentanz der Vielfalt* der Theater adressiert.[157] In der Adressierung der Anderen als („optisches") Zeichen der von der Theaterpädagogik integrierten Nicht-Bürgerlichkeit kann dann eben diese Bürgerlichkeit als ein normativer Referenzwert erhalten bleiben, der gerade durch die Anwesenheit der als optische Repräsentant*innen von Vielfalt adressierten Anderen auf der Theaterbühne legitimiert wird.

8.3: Andere als (authentische) Expert*innen

Im Mittelpunkt des folgenden Kapitels steht die Modellierung einer diskursiven Figur, in der das Politische der Theaterpädagogik am Theater über das in allen Interviews markierte Anliegen konstruiert wird, Anderen als Expert*innen im Theater eine „Stimme zu geben". Mein Fokus liegt hierbei auf der Frage, wie Subjektpositionen in diesem Zusammenhang adressiert und mit welchen Expertisen verknüpft und nicht verknüpft werden und wie durch die spezifischen Weisen der Adressierung von Anderen als Expert*innen Zugehörigkeitsordnungen im Kontext der Theaterpädagogik am Theater aktualisiert werden.

Als zentrale politische Dimension theaterpädagogischer Jugendclubpraxis wird im Material wiederholt ein Ziel markiert, durch eine „Öffnung" (E, Pos. 71) der Theaterjugendclubs migrationsgesellschaftlich als Andere Geltenden am Theater „die Bühne zu überlassen" (D, Pos. 105) und ihnen (so) „eine Stimme zu geben".

157 Die hiermit verbundene Reduktion der Zugehörigkeitsmöglichkeiten der derart Adressierten wird durch die Adressierung von Jugendclubmitgliedern als „Ensemble" noch verstärkt. Denn anders als die Rede von Jugendclubmitgliedern als künstlerische Produzent*innen, die auf verschiedenen Ebenen in den künstlerischen Produktionsprozess eingebunden sind, fokussiert deren Adressierung als „Ensemble" die Jugendclubmitglieder tendenziell als (ausschließlich) Spieler*innen in den Inszenierungen.

So betont etwa B mit Blick die theaterpädagogische Arbeit mit Geflüchteten: „[…] ja was ist daran das Politische […], na ja denen eine Stimme zu geben, also den vermeintlich Stimmlosen […]" (B, Pos. 81). Vor dem Hintergrund von interviewübergreifend rekonstruierbaren Kritiken an gegenwärtigen migrationsgesellschaftlichen Repräsentationsverhältnissen, in denen die Möglichkeiten des Sprechens/Gehört-/Gesehen-Werdens ungleich und ungerecht verteilt seien, wird dieses Ziel dabei (auch) als eines zu verstehen gegeben, welches sich auf eine grundlegende Anforderung an demokratische Gesellschaften beziehe:

> ich finde in ner demokratischen Gesellschaft ähm haben die Leute ne Chance Gesellschaft mitzugestalten die gehört werden, die da vor kommen, die nicht um es radikal zu sagen in einer Diktatur (lacht) zum Schweigen gebracht werden oder einfach auch nicht (.) ja ne Plattform zu haben, wo sie sagen können was sie wollen und was sie brauchen und äh was für Interessen sie haben und das finde ich eine Voraussetzung für eine demokratische Gesellschaft, ne Stimme zu haben, gesehen und gehört zu werden (E, Pos. 34)

Verbunden mit dem hier in den Blick genommenen Ziel, das „gesehen und gehört zu werden" migrationsgesellschaftlich als Andere Geltender *durch die* und *in der* Theaterpädagogik zu verfolgen, lassen sich im Material Konkretisierungen dessen rekonstruieren, warum und wofür genau die Bühne hier den Anderen als „Plattform" zur Verfügung gestellt werden soll. So ginge es beispielsweise darum, im Theater „[…] mit äh den Betroffenen oder auch mit den Experten, wie man es auch nennen will […]" (E, Pos. 71) zu arbeiten, um hier „[…] gesellschaftspolitische Themen auch auf die Bühnen zu bringen […]" (ebd.).

Mit Blick auf (solche) Fragen der demokratischen Repräsentation in der Migrationsgesellschaft wird mit dem Ziel, marginalisierten Gruppen eine „Bühne zu geben" das Anliegen verknüpft, dass diese auf dieser Bühne „über sich Erzählen" (D, Pos. 20), dass in theaterpädagogischen Inszenierungen „[…] andere Perspektiven und Erfahrungen erzählt werden […]" (E, Pos. 40). Einen Hintergrund hierfür bildet wiederholt die Betonung einer Perspektive auf migrationsgesellschaftliche Repräsentationsverhältnisse, mit der problematisiert wird, dass sehr häufig „über", aber selten „mit" den „Betroffenen" von Diskriminierung gesprochen würde. So äußert D mit Blick auf ein „Projekt mit Romas" (D, Pos. 20) den „Wunsch", eine vorherrschende (Geschichts-)Erzählung durch die Zusammenarbeit mit dieser „Gruppe von Menschen" zu „kippen". Es ginge hier um

> ne Gruppe von Menschen über die viel erzählt wird über die die Medien auch viel erzählen aber die ne die Geschichtsbücher sind voll aber nie von ihnen sondern über sie und und das irgendwie zu kippen, denen ne Plattform zu geben und sagen zu sagen ‚Erzählt über euch und wir hören zu' das ist irgendwie (1) so mein auch wichtig also (.) das was ich mir wünsche (1) (D, Pos. 22)

In Absetzung von einer Perspektive auf vermeintliche „Defizite" (E, Pos. 34) und einem „gleichmachenden Blick" (E, Pos. 34) werden migrationsgesellschaftlich als Andere Geltende dabei im Material immer wieder als *Expert*innen* mit spezifischen „Expertisen" und/oder „Kompetenzen" adressiert, von denen sowohl die Theaterpädagog*innen als auch die (anderen) Jugendclubmitglieder etwas „erfahren" könnten:

> aber ich mich interessiert erstmal auch was sie können und was sie mitbringen, das ist auch so die Idee oder der Blick für das Flüchtlingsprojekt, was haben die so für Kompetenzen, was haben die für Expertisen, was können die, was nur die können oder was können die mir erzählen, was ich nicht weiß oder was kann ich da erfahren (E, Pos. 34)

Ein solcher auf die spezifischen Expertisen der Anderen ausgerichteter „Blick" (ebd.) lässt als zentrale im Interviewmaterial markierte Anforderung an eine politische Theaterpädagogik am Theater der Migrationsgesellschaft rekonstruieren, mit der eine Markierung einer anzustrebenden theaterpädagogischen Haltung der Wertschätzung gegenüber dem und den Anderen verbunden ist. Wertgeschätzt werden (sollen) die als „anders" Adressierten als solche, die über ein – spezifisches - Wissen und über – spezifische - Fähigkeiten verfügen, welche sie in den Theaterjugendclub einbringen könnten. In diesem Sinne wird gefragt: „[...] was können die, was nur die können oder was können die mir erzählen, was ich nicht weiß [...]" (E, Pos. 34). Ganz im Sinne des pädagogischen Interkulturalitätsparadigmas (vgl. Auernheimer 2013) wird dabei im Material besonders eine (Perspektive der) Anerkennung[158] Anderer als Andere thematisch gemacht. Mit dieser verbunden wird die Teilnahme der – gleichsam ko-konstruierten – Anderen am Theaterjugendclub auf verschiedenen Ebenen nicht nur vor dem Hintergrund demokratischer Repräsentationsverhältnisse adressiert, sondern auch als ein Potenzial, die theaterpädagogische Jugendclubpraxis durch ihre spezifischen (marginalisierten) Perspektiven und Erfahrungen als Expert*innen zu bereichern.

158 Für einen Überblick über und eine „programmatische Kritik" an anerkennungstheoretischen Ansätzen in der Pädagogik aus migrationspädagogischer Perspektive vgl. Mecheril 2010d, S. 8–13.

Im Kontext des Theaters wurde der Begriff des „Experten“ stark durch das Regie-Kollektiv Rimini-Protokoll geprägt. Anstatt mit professionell ausgebildeten Schauspieler*innen arbeiten Rimini-Protokoll mit sogenannten „Experten des Alltags“, welche in den Projekten des Kollektivs mit Blick auf ihr jeweiliges Wissen

zu einem Thema als deren körperliche Repräsentant*innen auf der Bühne inszeniert werden (vgl. hierzu ausführlich Dreysse/Malzacher 2007). Gegenüber dem Begriff des „Laien“ präferieren Rimini-Protokoll die Bezeichnung „Experte“, da ersterer immer auch Defizite signalisiere:

> Diese alten Damen, Teenager, arbeitslosen Fluglotsen, gescheiterten Bürgermeisterkandidaten, Vietnamsoldaten, Trauerredner, Fernfahrer, Rechtsanwälte, Call-Center-Arbeiter, Polizisten, diese ‚echten Menschen‘ eben, sind das Markenzeichen von Rimini Protokoll. Sie stehen als Experten (und eben bewusst nicht als Laien) im Mittelpunkt der Inszenierungen, sie gestalten die Aufführungen durch ihre Geschichten, ihr berufliches oder ihr privates Wissen und Nichtwissen, durch ihre Erfahrungen und Persönlichkeiten. (Dreysse/Malzacher 2007, S. 7)

Arbeiten mit nicht-professionellen Schauspieler*innen als „Experten des Alltags“ wie die von Rimini-Protokoll werden in der theaterwissenschaftlichen Diskussion angesichts der in ihnen sich vollziehenden Beteiligung besonders auch von marginalisierten gesellschaftlichen Gruppen häufig mit sozialen und politischen Zielsetzungen verknüpft. So beschreibt der Theaterwissenschaftler Patrick Primavesi derartige Theaterformate mit nicht-professionellen Schauspieler*innen als eine Form der Demokratisierung sowie der Öffnung der elitären Institution des Theaters. Hier würden „[…] Stimmen hörbar, die ansonsten stets überhört werden und keine Resonanz finden“ (Primavesi 2011, S. 56).

Die in den untersuchten Praktiken nachzuvollziehende Verknüpfung des Politischen der Theaterpädagogik am Theater mit dem Ziel, Anderen als Expert*innen „eine Stimme zu geben“ möchte ich vor diesen Hintergründen besonders dahingehend betrachten, auf welche Weise hier wer als Expert*in wofür adressiert wird, wie hierbei das Politische der Theaterpädagogik am Theater der Migrationsgesellschaft hervorgebracht wird und welche Implikationen und Effekte mit Blick auf migrationsgesellschaftliche Macht- und Herrschaftsverhältnisse sich in diesem Kontext perspektivieren lassen. Um diesen Fragen nachzugehen werde ich im Folgenden zunächst eine Interviewpassage rekonstruieren, in der sich einige sich im

Material wiederholende Weisen der Adressierung der Anderen als Expert*innen exemplarisch nachvollziehen lassen. Anschließend werde ich hiervon ausgehend mit einem breiteren Blick auf das Interviewmaterial verschiedenen Weisen der Adressierung von Anderen als Expert*innen mit Blick auf die oben genannten Fragen nachgehen.

Adressierungen Anderer als Expert*innen lassen sich im Material in Bezugnahmen auf ganz verschiedene Differenzkategorien rekonstruieren: Als Expert*innen adressiert werden als „anders" markierte Teilnehmende am Theaterjugendclub nicht nur mit Blick auf ihre Positionierung als Andere im Kontext von *race*, sondern auch wie in der unten thematisch gemachten Passage vor dem Hintergrund ihrer Positionierung in (heteronormativen) Geschlechterordnungen sowie auch mit Blick auf weitere Differenzkategorien wie Religion, Bildung und Alter und auf deren Verschränkungen. Auch wenn die vollzogenen Adressierungen Anderer als Expert*innen im Material sich u.a. auch vor dem Hintergrund der in ihnen explizit aufgerufenen Differenzordnungen unterscheiden und weder homogen noch widerspruchsfrei sind, wird im Folgenden der Fokus darauf liegen, (interview- und sequenz-)übergreifenden diskursiven Ordnungen in der theaterpädagogischen Figur der Anderen als Expert*innen nachzugehen.

8.3.1 „Dann gab es eine junge Frau dabei, die offensichtlich Transgender war"

Auf die relativ am Anfang des Interviewgesprächs mit C auf den Theaterjugendclub bezogene Frage [...] ‚Wie kam es dazu (C: Wie kams dazu) und was habt ihr da gemacht?' (C, Pos. 8) [...]" folgt ein längeres Sprechen über den Theaterjugendclub, bei dem C zunächst ausführlich auf das Ausschreibungsprocedere für den Theaterjugendclub und die hieraus entstandene personelle Zusammensetzung eingeht. Anschließend wird dann in jeweils längeren Passagen thematisch gemacht, wie sich hier nach einem Prozess auf das „Thema Körper" ‚geeinigt' (ebd.) wurde und dass die Interviewte mit Blick auf ästhetische Strategien im Theaterjugendclub besonders gern mit „Text" (ebd.) und „Bewegungsaufgaben" (ebd.) arbeite. Wobei diese ästhetischen Strategien als solche zu verstehen gegeben werden, in denen auf der Bühne eine „absolute Ehrlichkeit" (ebd.) entstehe, die „nicht gespielt" (ebd.) sei. Auf die auf diese „absolute Ehrlichkeit" bezogene

Feststellung, diese sei „schwierig zu beschreiben" (ebd.) folgt dann die unten abgebildete Passage.

Im Vergleich zu den ansonsten in dieser Arbeit zitierten Ausschnitten aus den Transkripten zeichnet die folgende Zitation sich durch eine außergewöhnliche Länge aus. Obwohl sich die folgende Analyse vornehmlich auf Beginn und Ende der abgebildeten Passage beziehen wird, habe ich mich für diese ausführliche Zitation entschieden, weil ihre Lektüre meines Erachtens aufschlussreich dafür sein kann, welche möglichen Handlungsweisen mit der hier modellierten diskursiven Figur verbunden sein *können*. Hierbei soll allerdings weder eine Deckungsgleichheit noch eine Einheitlichkeit der zitierten sprachlichen Markierungen theaterpädagogischer Praktiken und der jeweiligen leiblich-praktischen Vollzüge dieser Praktiken suggeriert werden.

> genau, dann sind wir da am Anfang so ein bisschen an der Oberfläche rumgedümpelt bei nem Thema, es war eher so ‚Ja ja, ja ja, ja ja' (leicht singend). Dann gab es eine junge Frau dabei, die offensichtlich Transgender war, es aber selber nie thematisiert hat (I: mmh), so, ähm und das war sehr spannend für mich, das war auch neu für mich, weil ich dachte wow, für die ist das natürlich perfekt oder sie kann jetzt da, sie kann darüber reden, sie hat ne auch nen super Blickwinkel, ne ganz andere Erfahrung, ähm hat aber selber dann das komplett, also sie hat ähm (2) nicht drüber geredet und sie hat sich einfach eingereiht, ganz normal wie die alle anderen, hat drüber geredet, wann sie zum ersten Mal ihre Tage bekommen hat und so Sachen und ähm und so der Moment sozusagen, wo die erste Lüge in Anführungszeichen äh gefallen ist, war's dann schwierig, sie dann noch drauf anzusprechen und zu sagen ‚Hey, aber sag mal', so (1) (I: mmh) und ähm und dann, damit habe ich mich dann lange auseinander gesetzt, soll ich sie drauf ansprechen, habe ich überhaupt das Recht? Kann mir doch eigentlich scheißegal sein, die will einfach hier sein und spielen (I: mmh) und und das nicht thematisieren offensichtlich ähm (1) oder ist es meine Pflicht sie anzusprechen, weil sie ja nachher mit diesem Thema auf der Bühne steht und alle die zugucken ähm (1) sehen, dass das mal ein Junge war, ähm (1) und (.) ich hab dann, ich hab dann ihr mehrmals sozusagen die Möglichkeit gegeben, mich anzusprechen (lacht leise), also dass ich extra die gleiche Straßenbahn genommen hab wie sie, zu zweit und so Sachen und ein bisschen nen Umweg gefahren bin, oder mit ihr irgendwo noch gewartet hab auf irgendwen, so dass wir zu zweit alleine sind, hat sie aber dann nie gemacht so, und da habe ich beschlossen ok, ich lasse es, ich lasse es und falls es sich mal ergibt oder so dann (1) dann würde ich sie ansprechen, aber ich werde es nicht selber äh so forcieren, und es blieb dann bis

> zum Ende kein Thema (I: mmh) so (1) und ich bin mir jetzt im Nachhinein immer noch nicht sicher äh (.) und sie war auch bei einem anderen Jugendclub dabei und die die Spielleiterin hat dann mit mir das Gespräch gesucht, weil sie gehofft hat, dass ich vielleicht was weiß, weil es bei ihr das Gleiche war, so, und ich denke manchmal eigentlich ist es voll cool, die hat da einfach, die hat da einfach ganz normal mitgemacht, wie alle anderen und musste nicht thematisieren, was sie denn jetzt eigentlich ist oder ob sie denn jetzt mal ein Junge war oder nicht, also einerseits fühlt es sich gut an und aber andererseits denke ich auch, ist aber auch schade äh (.) vielleicht hätte sie ja gewollt, vielleicht hätte sie ja ne Auseinandersetzung gewollt aber wusste nicht wie, kann ja auch sein, oder dass sie sich nicht getraut hat oder so, aber ja, das ist halt, naja gehört zum Job und hmm, und dann irgendwann hat die Gruppe echt, äh (2) also ich hab dann gemerkt, die fangen wirklich an, sich zu vertrauen, das war auch wirklich ne sehr angenehme Gruppe, die nicht (.) aggressiv war oder so, sondern wirklich so super Umgang miteinander (1) einfach hatten, alle (1) und ähm und dann ging das immer tiefer, so, also die wurden dann immer ehrlicher und offener und dann gabs zwischendurch auch so n bisschen diesen Zugzwang, dass jetzt alle irgendwie über ihre Sexualität reden und äh äh und dann einige nicht (1) (I: mmh) (C, Pos. 9)

8.3.1.1 Theaterpädagogische Authentizitätsanforderungen

Bevor ich auf die hier im *expliziten* Sprechen über die als „Transgender“ adressierte (Subjektposition einer) Teilnehmerin[159] vollzogenen Aktualisierungen der Figur der Anderen als Expert*innen eingehe, werde ich zunächst seinen semantischen Rahmen in den Blick nehmen, in welchem bereits eine zentrale Dimension dieses Sprechens rekonstruierbar ist:

Vor der expliziten Thematisierung einer als „Transgender“ markierten Teilnehmerin wird die Arbeit im Theaterjugendclub dadurch beschrieben, man sei „[...] so

159 Die in der Einleitung eingeführte für diese Untersuchung gewählte Praxis der schriftlichen Markierung von Geschlecht mit dem Gendersternchen (Asterisk*) ist nicht unambivalent. Sie kann auch Gefahr laufen, Menschen ihr Definitionsrecht über die eigene Geschlechtsidentität abzusprechen. So kritisiert etwa Hengameh Yaghoobifarah die Verwendung der Schreibweise Frauen* mit Blick auf trans Frauen, denn sie impliziere, „dass trans Frauen keine Frauen, sondern Frauen* sind. Also nur uneigentlich Frauen“ (Yaghoobifarah 2018). Vor diesem Hintergrund habe ich mich entschieden, im vorliegenden Zusammenhang auf das Sternchen* zu verzichten. Der Grund hierfür liegt darin, dass ich in meiner Lektüre der Passagen aus dem Interview mit C den Eindruck gewonnen habe, dass das hier als „Transgender“ thematisch gemachte Jugendclubmitglied seine Geschlechtsidentität in einer sprachlichen Markierung als „Teilnehmerin“ eher wiederfinden würde, als in einer Markierung mit Sternchen*.

ein bisschen an der Oberfläche rumgedümpelt bei nem Thema [...]". *Nach* der Passage, in der die Arbeit mit Blick auf diese Teilnehmerin thematisch gemacht wird, gibt C zu verstehen, dass „dann irgendwann" die Gruppe angefangen habe, „sich zu vertrauen" und dass es dann „immer tiefer" gegangen sei und die Jugendclubmitglieder „immer ehrlicher und offener" geworden seien.

Vor diesem Hintergrund lässt sich zunächst nachvollziehen, dass das Sprechen über die als „Transgender" markierte Teilnehmerin hier mit Blick auf die sequenzielle Abfolge im Interviewgespräch einen Übergang, eine Transition bildet, bei der eine sprachliche Bewegung von der „Oberfläche" zur „Tiefe" vollzogen wird. In der hierbei vollzogenen Gegenüberstellung von „Oberfläche" und „Tiefe" wird letztere dabei verbunden mit den auf die Teilnehmer*innen bezogenen anzustrebenden Qualitäten von „Vertrauen", „Offenheit" und „Ehrlichkeit" während im Umkehrschluss das „Rumdümpeln" an der „Oberfläche" diesen Qualitäten entgegengesetzt wird.

Die im Material wiederholt benutzte Metapher der „Tiefe" lässt sich in ihrer Gegenüberstellung zur Metapher der „Oberfläche" dabei metaphernanalytisch als Bezugnahme auf ein Bild verstehen, mit dem der Ort dessen markiert wird, was hier in den Blick theaterpädagogischer Jugendclubpraxis genommen wird und werden soll. Dabei wird eine Vorstellung von übereinanderliegenden Schichten aufgerufen, die, wenn sie Schicht für Schicht abgetragen oder durchdrungen werden, den Blick auf einen in ihnen verborgenes „Inneres" frei geben. Der (imaginierte) Ort, dem sich die theaterpädagogische Praxis im Ideal der Tiefe zuwendet ist einer, der nicht äußerlich ist, sondern im Inneren zu suchen ist, bzw. in der Figur der Steigerung: im Allerinnersten.

Die mit dem Begriff der „Tiefe" verbundene „Ehrlichkeit" wird im Interviewgespräch mit C sowohl mit Blick auf eine Ehrlichkeit im Sinne eines Verhaltens der Jugendclubmitglieder als auch mit Blick auf eine Ehrlichkeit eines ästhetischen Produkts mit einem Sprechen über „Authentizität" verbunden. (Auch) vor diesem Hintergrund verstehe ich die hier adressierte Qualität einer „Tiefe", die damit verbunden wird, dass die Teilnehmenden „immer ehrlicher und offener" wurden, als Aktualisierung eines theaterpädagogischen Authentizitätsideals.

Die sprachliche „Verschiebung" von „Authentizität" zu „Ehrlichkeit" lässt sich dabei vor dem Hintergrund der in den letzten Jahrzehnten zunehmenden kritischen

Diskussionen von „Versprechungen der Authentizität" (HENTSCHEL 1999) im Kontext von Theaterpädagogik und Theater betrachten (vgl. WARTEMANN 2002, HENTSCHEL 2003, FISCHER-LICHTE 2007, RÖSSNER 2014, KUP 2019). In diesen wird prominent die in Authentizitätsvorstellungen und -ideale eingelagerte aus konstruktivistischer Perspektive zu problematisierende „[…] Gegenüberstellung von ‚Echtem' und ‚Falschem', von ‚Wirklichkeit' und ‚Abbild' […]" (HENTSCHEL 2003) bemerkt sowie hiermit verbunden mit Bezug auf subjektivierungstheoretische Kritiken an einem essentialistischen Subjektbegriff die Vorstellung eines authentischen Kerns des Subjekts, die in Authentizitätsdiskursen aktualisiert wird (vgl. ebd.).

Im Interviewmaterial wird der Begriff „Authentizität" kaum benutzt und wenn, wird er mit Blick auf ein ambivalentes Verhältnis der Interviewten zu ihm zu verstehen gegeben. So in der Aussage, „[…] Authentizität ist ja immer noch so ein schöner Begriff ähm, manchmal kann ich mit dem was anfangen, manchmal auch nicht […] (B, Pos. 89) oder in der Aussage „Ich mag es, das berühmte Wort Authentizität (lacht) aber ich mags auch nicht, also ich finde, das ist ein schwieriges Wort […]" (C, Pos. 59). Während also der *Begriff* Authentizität im Material fast nicht präsent ist, leben jedoch oben beschriebenen *Funktionsweisen* des Authentizitätsdiskurses für die Theaterpädagogik in alternativen Bezeichnungspraxen wie der der „Ehrlichkeit" oder der der „Tiefe" weiter.

So betont C mit Blick auf die Arbeit zum Thema „Körper" im Theaterjugendclub: „[…] also das ging sehr sehr sehr in die Tiefe und ich selber war auch (1) also ich hab das natürlich gehofft, dass das so in die Tiefe geht […]" (C, Pos. 9). Mit diesem Ziel der „Tiefe" verbunden wird das Ziel zu verstehen gegeben, im Theaterjugendclub „sehr persönlich zu arbeiten" (C, Pos. 15). Der Begriff „persönlich" kann je nach Kontext auf unterschiedliche Bedeutungen verweisen. „Persönlich" kann gemeint sein im Sinne von „von einer Person stammend/in eigener Person", im Sinne also etwa des Satzes „Die Chefin persönlich hat mich eingeladen". „Persönlich" kann aber auch gemeint sein im Sinne von „nur die eigene Person betreffend, nicht für Fremde bestimmt", so etwa, wenn man jemandem „persönliche Fragen" stellt. Synonyme für „persönlich" in dieser zweiten Bedeutung sind die Wörter „intim" und „vertraulich", das zugehörige Substantiv ist hier dann nicht die „Person", sondern das „Persönliche". Im Sinne dieser zweiten Bedeutung verstanden, fokussiert das Sprechen über das „persönlich Arbeiten" ein (bestimmtes) „Inneres" der Teilnehmenden am Theaterjugendclub. Dabei ist auch das hier rekonstruierbare

Authentizitätsideal, welches anstrebt, dass es im Theaterjugendclub „immer tiefer" geht und dass die Teilnehmenden „immer ehrlicher und offener" werden in einer Logik der Steigerung verfasst. Authentizität wird hier als eine Qualität adressiert, die sowohl deskriptiv steigerbar sei als auch normativ zu steigernd und mit einer Anforderung verbunden ist, sich aktiv mit seinem Inneren in die Arbeit des Theaterjugendclubs einzubringen.

Die hier modellierte Ordnung ist damit auch anschlussfähig an jenes von Ute Pinkert (2008c) als ein historisches kulturpädagogisches Paradigma beschriebene „Lebensweltparadigma". Diagnostiziert wird in diesem besonders in den 80er und 90er Jahren dominierenden Paradigma eine „Entfremdung des Menschen von sich selbst, von den anderen und der Natur durch die Kolonialisierung der „Lebenswelt", durch Systeme (zum Beispiel diejenigen der Bürokratie, der Institutionen, aber auch dem System etablierter Kunst)" (ebd., S. 258). Dieser Entfremdung könne auf der Ebene der Kunst durch den „echten" ästhetischen Selbstausdruck des Individuums in allen Lebensäußerungen begegnet werden. Eine am Lebensweltparadigma orientiere Theaterpädagogik zeichne sich in ihrer Orientierung am Ziel von „Authentizität" durch eine Zuwendung zu den „spezifischen Bedingungen der Gruppe" und einen großen „Formenreichtum der entstehenden Produkte" aus:

> Unter der Zielsetzung, ‚das Eigene zu entfalten' (vgl. Riemer/Sturzenhecker 1999) orientiert man sich weniger am klassischen Literaturtheater als an anderen – ‚freieren' - künstlerischen Gattungen wie der Aktionskunst, dem freien Tanz oder der Performance Art. Es wird ein weiter Theaterbegriff vertreten, und die bevorzugte Form ist die Eigenproduktion, das ‚wild Ästhetische' (Georg-Achim Mies, Peter-Jürgen Sommer) oder das ‚Theater der Themen' (Edgar Wilhelm). (Pinkert 2008c, S. 259, Herv. i. O.)

Verknüpft mit der Bedeutsamkeit von Authentizität im Material lässt sich die Aufforderung nachvollziehen, das „authentische Selbst" aktiv in den Theaterjugendclub *einzubringen*. Die hier thematisch werdende enge Verbindung der theaterpädagogischen Adressierung eines authentischen Subjekts mit einem gegenwärtigen Partizipationsimperativ zeigt Johannes Kup (2019) in seiner gouvernementalitätstheoretischen Analyse des „Theater der Teilhabe" auf. Kup gibt partizipative Gouvernementalität im theaterpädagogischen Kontext als eine Adressierung der Selbststeuerungskompetenzen von Subjekten zu verstehen. Gegenwärtige Programmatiken der Partizipation in Theater und Theaterpädagogik liest er mit dem Performance-Theoretiker Jon McKenzie (2013) im Zusammenhang mit einem gegenwärtigen „Performance-Dispositiv". Die Forderung des Partizipationsimperativs „Bring dich ein!" treffe sich hier mit dem Apell „Zeig dich!". Sie diene einer „Aktivierung des Individuums, das als unternehmerisches Selbst Eigen- und Sozialverantwortung übernehmen und im Akt seiner Teilnahme vor allem sich selbst einbringen soll" (Kup 2019, 77f.). Mit der Vorstellung von einem authentischen Selbst, welches sich als solches (hier: in den Theaterjugendclub) einbringen soll, korrespondiert ausgehend von Diagnosen einer Entfremdung der Gesellschaft das Ideal einer authentischen Gemeinschaft, welche die Kunsttheoretikerin Juliane Rebentisch als Ideal „einer sozialen Authentizität jenseits aller Vermittlung" zu verstehen gibt, mit der die „Vorstellung einer authentischen Identität des demos, des Volkes, mit sich selbst" (Rebentisch 2017, S. 66) einhergehe. Das partizipative Authentizitätsideal richte sich daher gleichermaßen gegen eine angebliche Entfremdung der Gesellschaft bzw. der Gemeinschaft als auch gegen die des einzelnen Individuums, das sich durch seine Partizipation als authentisches Subjekt „wieder als es selbst und […] als Teil einer Gemeinschaft erfahren soll" (Kup 2019, S. 78).

Als partizipationsorientierte Authentizitätsanforderung gelesen adressiert der Komplex Vertrauen/Ehrlichkeit/Offenheit in diesem Sinne eine *dreifache Anforderung*: Erstens eine Anforderung an die professionelle theaterpädagogische Praxis von Theaterpädagog*innen als eine, in der die Qualität von Authentizität in der Theaterjugendclubpraxis zu ermöglichen und/oder anzustreben ist. Zweitens eine Anforderung an die Jugendclubmitglieder, die aufgefordert sind, sich in der Steigerungslogik des Authentischen als authentische Subjekte mit ihrem persönlichen Inneren in die theaterpädagogische Jugendclubpraxis auf immer „tiefere" und „sehr persönliche" Weise einzubringen. Und drittens eine Anforderung an den Ort Theaterjugendclub als einen, an dem eine authentische Gemeinschaft möglich sei. Als eine „sehr angenehme Gruppe, die nicht (.) aggressiv war […]", sondern stattdessen einen „super Umgang miteinander" gehabt habe zeigt sich der Theaterjugendclub als authentische Gemeinschaft dann nicht nur durch die Anforderungen an Vertrauen, Ehrlichkeit und Offenheit, sondern auch durch ein Ideal friedfertiger Harmonie ohne Aggressivität.[160]

160 Mit dem Ziel der Gemeinschaftsbildung im Kontext des Nationalsozialismus setzt sich Anne Keller (2018) in ihrer theaterpädagogischen Dissertation zum deutschen Volksspiel am Beispiel der Hitlerjugend-Spielscharen auseinander.

Mit Blick auf diesen dritten Aspekt lässt sich im Interviewmaterial auch eine wiederholt vollzogene Gegenüberstellung des theaterpädagogischen Jugendclubs zu der sehr hierarchisch organisierten Theaterinstitution perspektivieren. Immer wieder betonen die Interviewten die im Vergleich zu professionellen Theaterproduktionen im Theaterjugendclub bestehenden Freiheiten und Beteiligungsmöglichkeiten. Als Teil des Theaterbetriebs als eine „Maschine" (B, Pos. 89) hätten Schauspieler*innen kaum Möglichkeiten, sich selbst einzubringen. Demgegenüber zeichne sich der Theaterjugendclub als „[…] etwas viel viel gemeinschaftlicheres […]" (B, Pos. 69) durch eine Begegnung miteinander auf „Augenhöhe" (D, Pos. 35) aus, in der es „[…] niemanden [gibt] der sich nicht mit einbringen kann und nicht erhört wird […]" (D, Pos. 60). Konstruiert wird der Theaterjugendclub hier, mit den Worten des Soziologen Winfried Gebhard (1999), in einer Gegenüberstellung zwischen „warmer Gemeinschaft" und „kalter Gesellschaft" als Ort einer authentischen und harmonischen Gemeinschaft unter Gleichen.

Dabei lässt sich die von Kup analysierte Verknüpfung der Ideale von Partizipation und Authentizität mit Praktiken der Aktivierung auch in der Konstruktion des Theaterjugendclubs nachvollziehen. Etwa wenn mit Blick auf diesen eine politische Dimension des Umgangs mit der Gruppe auf „Augenhöhe" (C, Pos. 45) beschrieben wird, die in dem Versuch bestehe, „[…] die Leute ja als mün- als mündige (.) Mitglieder äh der Gesellschaft oder jetzt hier dieser Theatergesellschaft wo sie gerade sind ähm (3) zu behandeln oder dass sie sich so fühlen und dass ähm und die Leute aktiv werden zu lassen" (C, Pos. 45)

Die hier rekonstruierte Gegenüberstellung einer „authentischen Gemeinschaft" (des Theaterjugendclub) zu einer vermeintlich entfremdeten Gesellschaft (der Institution Theater) wird in kritischen Auseinandersetzungen mit dem gegenwärtigen Authentizitätsideal ideengeschichtlich häufig auf den Genfer Philosophen Jean-Jacques Rousseau zurückgeführt (vgl. Noetzel 1999). Dessen Demokratieverständnis eines „volonté générale" zeichnet sich aus durch eine Ablehnung jeder Form von Repräsentation zugunsten einer Vorstellung der Republik als einer Versammlung, in die sich alle Bürger*innen direkt einbringen können. Die von Rousseau als Antipode zu einer entfremdeten Zivilisationsgesellschaft dabei zentral aufgerufene Vorstellung einer Naturgesellschaft ist dabei aus rassismuskritischer und postkolonialer Perspektive nicht nur eine Hilfskonstruktion im Kontext einer Theorie über die politische Ordnung. Vielmehr stellt sie, wie Patricia Purtschert feststellt, „[…] eine Denkfigur dar, welche koloniale Vorstellungen in die politische Philosophie einführt und diese konstitutiv mit ihr verbindet […]" und in der „[…] die neuzeitliche Konzeption des Naturzustandes mit Vorstellungen menschlicher Wildheit verknüpft [ist], die zeitgenössischen kolonialen Diskursen entstammen" (Purtschert 2012, S. 861).[161] An der in dieser Konzeption implizierten Adressierung des kolonialisierten Subjekts als „Edler Wilder", der u.a. naturverbunden, unverdorben und sexuell freizügig sei, waren auch die Künste und Theater maßgeblich beteiligt.[162] Sie dienten der Legitimation der Herrschaft der Kolonialmächte über die derart gleichermaßen als faszinierend wie als abstoßend, immer jedoch als unterlegen hervorgebrachten Gesellschaften der kolonialisierten Gebiete (vgl. hierzu ausführlich Hall 1994a).[163] Vor dem Hintergrund (auch)

---

161 Es ist zumindest erwähnenswert, wie wenig präsent diese Verknüpfung der Konzeption des Ideals einer authentischen Gemeinschaft mit der performativen Hervorbringung Anderer und der mit ihr verbundenen Legitimation von deren (kolonialer wie postkolonialer) Ausbeutung noch immer in gegenwärtigen Auseinandersetzungen mit dem Thema Authentizität in Theater und Theaterpädagogik ist.

162 Im theaterpädagogischen Kontext setzt sich Tania Meyer (2016b) dezidiert mit der maßgeblichen Rolle des europäischen (bürgerlichen) Theaters der Aufklärung für die Produktion von rassifizierendem Wissen und der Konstruktion eines europäischen Eigenen auseinander und diskutiert Strategien, wie heute in Theaterprojekten politisierende und historisierende künstlerische Zugriffe auf (das Theater der) Aufklärung aussehen können.

163 In diesem Sinne weist Stuart Hall auf die konstitutive Funktion der Figur der Anderen im Kolonialismus hin: „Ohne den Rest (oder seine eigenen internen ‚Anderen') wäre der Westen nicht fähig gewesen, sich selbst als Höhepunkt der Menschheitsgeschichte zu erkennen und darzustellen. Die Figur des ‚Anderen', der an den äußeren Rand der begrifflichen Welt verbannt und als absoluter Gegensatz, als die Negation all dessen konstruiert war, wofür der Westen stand, tauchte mitten im Zentrum des Diskurses über die Zivilisation, die Kultiviertheit, die Modernität und die Entwicklung des Westens wieder auf. ‚Der Andere' war die ‚dunkle', die vergessene, die unterdrückte und verleugnete Seite, das Gegenbild der Aufklärung und der Modernität" (Hall 1994a, S. 174). Die heutige Ambivalenz der Verwobenheit von Aufklärungsphilosophien und Kolonialismus diskutiert Nikita Dhawan aus postkolonialer Perspektive in ihrem Aufsatz „Die affirmative Sabotage der Aufklärung: Die postkoloniale Zwickmühle". Einerseits weist sie auf die zentrale Rolle der Aufklärungsphilosophie in der Herstellung und Legitimierung rassistischer und kolonialer Ordnungen hin. Postkoloniale Studien hätten ebenso wie Studien zum Holocaust zeigen können, dass „[…] das Versprechen, Freiheit durch den Gebrauch der Vernunft zu erreichen, ironischerweise zu einer Beherrschung durch die Vernunft selbst geführt […]" (Dhawan 2019, S. 183) habe. Andererseits betont sie die widersprüchlichen Konsequenzen der Aufklärung für die postkoloniale Welt und folgert, es solle „[…] versucht werden, die Rolle der Aufklärung im Dekolonisierungsprozess konzeptionell zu repositionieren, anstatt die Aufklärung einfach polemisch abzulehnen, wenngleich die Aufklärung selbst dekolonisiert werden muss. Dies ist nicht einfach die Aufgabe, das Erbe der Aufklärung und des Kolonialismus zu annullieren; es ist stattdessen das schwierigere Vorhaben, die ‚Früchte' der Aufklärung durch und für die postkoloniale Welt zurückzugewinnen und zu rekonfigurieren" (ebd.).

dieser (historischen) Verwobenheit der Konstruktion einer authentischen Gemeinschaft mit der Konstruktion von Anderen als deren vermeintliche Verkörperungen stellt sich die Frage, in welcher spezifische Weise das theaterpädagogische Authentizitätsideal mit Blick auf Adressierungen von Teilnehmenden am Theaterjugendclub als Andere aktualisiert wird. Hierzu komme ich im Folgenden wieder auf die oben abgebildete Passage aus dem Interviewgespräch mit C zurück.

8.3.1.2 Praktiken der Besonderung der Subjektposition „Transgender" im Theaterjugendclub

Die Formulierung „[…] Dann gab es eine junge Frau dabei, die offensichtlich Transgender war […]" lässt sich als Einleitung in einen Rückblick verstehen, in dem die Arbeit der Interviewten mit dem Theaterjugendclub im Interview mit Blick auf die als „Transgender" markierte Subjektposition thematisch gemacht und reflektiert wird. Dabei wird ein Dilemma der Theaterpädagog*in zu verstehen gegeben, welches ausgehend von der Beschreibung der Anwesenheit der von ihr als „Transgender" identifizierten Teilnehmerin im Theaterjugendclub entworfen wird und als dessen Inhalt die Frage markiert wird, ob (und auf welche Weise) die Geschlechtsidentität „Transgender" im Theaterjugendclub (im Gespräch mit ihr) zu thematisieren (gewesen) sei. Auf der einen Seite dieses Dilemmas stünde die Frage, ob die Interviewte „[…] überhaupt das Recht […]" habe, die Teilnehmerin auf ihre vermeintliche Geschlechtsidentität anzusprechen, wenn diese offensichtlich „[…] einfach hier sein und spielen […]" und „[…] das nicht thematisieren […]" wolle. Dem gegenüber wird gefragt, ob die Theaterpädagog*in nicht im Gegenteil die „[…] Pflicht sie anzusprechen […]" habe, „[…] weil sie ja nachher mit diesem Thema auf der Bühne steht […]".[164] Im Laufe der Passage werden hiermit verbunden verschiedene Umgangsweisen thematisch gemacht. Die Interviewte habe der Teilnehmerin „[…] mehrmals sozusagen die Möglichkeit gegeben, mich anzusprechen […], was diese „[…] aber dann nie gemacht […]" habe. Stattdessen habe diese „[…] sich einfach eingereiht, ganz normal wie die alle anderen

164 Mit Michael Wimmer lässt sich das hier konturierte Spannungsverhältnis mit Blick auf ein konstitutives erziehungswissenschaftliches „Paradoxieproblem" (Wimmer 2006, S. 35) kontextualisieren, welches die Pädagogik nicht nur vor die Frage stelle, wie durch intentionale Fremdbestimmung Selbstbestimmung erreicht werden könne, sondern auch, wie die Notwendigkeit der Erziehung moralisch begründet werden kann. Denn Erziehung habe sowohl die „Verantwortlichkeit des Subjekts zum Ziel als auch sich selbst als Praxis, die moralisch verantwortet und begründet werden muss" (Wimmer 2006, S. 39).

[…]". Resümierend fasst die Interviewte vor diesem Hintergrund ihr Erleben als ambivalent zusammen: „[…] also einerseits fühlt es sich gut an und aber andererseits denke ich auch, ist aber auch schade […]", wobei der Begriff „schade" auf einen *Verlust* verweist, den die Theaterpädagog*in durch die von ihr beschriebene Entwicklung erlitten habe und der konkretisiert wird durch die Fortführung „[…] vielleicht hätte sie ja ne Auseinandersetzung gewollt aber wusste nicht wie […]".

Insofern es sich bei der hier zitierten Sequenz um die einzige im gesamten Interviewmaterial handelt, in der eine (zugeschriebene) Geschlechtsidentität einer einzelnen Teilnehmer*in explizit zum Thema gemacht wird, lässt sich das vorliegende Sprechen auch hier zunächst als eine *diskursive Praxis der Besonderung* verstehen (vgl. Kapitel 8.2.1). Die Geschlechtsidentität „Transgender" wird hier als eine grundsätzlich zu erwähnende, eben als eine *besondere* Geschlechtsidentität adressiert.

Praktiken der Besonderung hatte ich oben als ambivalente Markierungspraktiken zu verstehen gegeben. Als „Strategie der Sichtbarmachung" (Hoffart 2016, S. 82) können sie einerseits die Grundlage für Veränderungsprozesse bilden. Gleichzeitig können sie andererseits hinsichtlich der in ihnen vollzogenen Reifizierungen von Differenzordnungen Gefahr laufen, zur „Erzeugung von Andersartigkeit und Fremdheit" (Mecheril 2014c, S. 13) beizutragen und Zugehörigkeitsordnungen zu aktualisieren, in der die nicht-besonderte Seite „[…] sich als nicht besonders, nicht integrationsbedürftig, normal und fraglos am richtigen Ort verstehen kann" (ebd.). Im Sinne dieser doppelten Performativität der Reifizierung in Praktiken der Besonderung lässt sich die abgebildete Passage als Herstellung und Aktualisierung nicht nur der geanderten Subjektposition „Transgender", sondern auch einer binär organisierten heteronormativen Geschlechterordnung verstehen, innerhalb derer denjenigen Teilnehmer*innen, die nicht als „Transgender" besondert werden eine *fraglose* Zugehörigkeit zum Theaterjugendclub zugeschrieben wird.

Mit dem u.a. im Kontext der Queer-Studies zentralen Begriff der Heteronormativität werden Naturalisierung und Privilegierung von Heterosexualität und Zweigeschlechtlichkeit in Frage gestellt. In ihrem Beitrag zum Begriff „Heteronormativität" im Gender-Glossar erläutert Bettina Kleiner:

> Das bedeutet, dass nicht nur die auf Alltagswissen bezogene Annahme, es gäbe zwei gegensätzliche Geschlechter und diese seien sexuell aufeinander bezogen, kritisiert wird, sondern auch die mit Zweigeschlechtlichkeit und (ehevertraglich geregelter) Heterosexualität einhergehenden Privilegierungen und Marginalisierungen. Der Begriff Heteronormativität dient zur Analyse und Kritik der Verflechtung von Heterosexualität und Geschlechternormen, mit denen Macht-, Ungleichheits- und Herrschaftsverhältnisse einhergehen [...]. (Kleiner 2016)

Der das explizite Sprechen über die hier mit Blick auf ihre (Geschlechts-)Identität thematisch gemachte Teilnehmerin einleitende Satz „[...] Dann gab es eine junge Frau dabei, die offensichtlich Transgender war [...]“ markiert in der vorliegenden spezifischen Weise dieser Hervorbringung (die) (Geschlechts-)Identität (der Teilnehmerin) als etwas, das „offensichtlich“, also von außen *sichtbar* und als eben *genau diese* (Geschlechts-)Identität kategorisierbar und als eine vermeintlich feststehende „Eigenschaft“ der Teilnehmerin beschreibbar ist[165]. So wird die hier als „offensichtlich“ aufgerufene Subjektposition „Transgender“ nicht nur mit Blick auf ihre Zugehörigkeit zum Theaterjugendclub als eine besondere zu verstehen gegeben, sondern werden vergeschlechtlichte Subjektpositionen gleichzeitig im Sinne einer binär organisierten heteronormativen Geschlechterordnung *naturalisiert,* wie ich es in Kapitel 4.2.1 ausführlich mit Bezug auf Judith Butler problematisiert habe.[166] Im Sprechen über eine als „Transgender“ zu verstehen gegebene Person wird die Performativität von Geschlecht hier zugunsten einer vermeintlichen essentiell-natürlichen Qualität von Geschlechtsidentität negiert und damit nicht nur ein naturalisierendes Verständnis von Geschlecht, sondern auch ein naturalisierendes Körperverständnis reifiziert.

---

165 Deutlich wird in dieser Formulierung auch die Relevanz des Blickes, des Sehens, des *Offen-Sichtlichen,* für die hier vorgenommene Identifizierung und Kategorisierung, vgl. Schade/Wenk 2014.

166 Stuart Hall verweist auf eine weitere, grundsätzliche Funktion der Naturalisierung. Diese sei eine „[...] Strategie der Repräsentation, die dazu da ist, ‚Differenz‘ festzuschreiben, und sie so für immer zu sichern. Sie ist der Versuch, das unvermeidbare ‚Entgleiten‘ von Bedeutung aufzuhalten und eine diskursive und ideologische ‚Schließung‘ sicherzustellen“ (Hall 2004a, S. 130).

8.3.1.3 Ordnungen der Thematisierungsnotwendigkeit in heteronormativen Geschlechterordnungen

Die Fortführung der Sequenz „[…] Dann gab es eine junge Frau dabei, die offensichtlich Transgender war […]" durch den Zusatz „[…] es aber selber nie thematisiert hat […]" verknüpft die adressierte (Geschlechts-)Identität semantisch mit einem potenziellen Bedarf ihrer Thematisierung im Theaterjugendclub. Das Bestehen dieser Thematisierungsnotwendigkeit der als „anders" markierten (Geschlechts-)Identität wird dabei als eine scheinbar selbstverständliche und nicht begründungsbedürftige Ordnung des Sprechens über die(se) „Andere(n)" aktualisiert.

Mit Blick auf die vorgenommene Konstruktion des Eigenen als impliziter Gegenentwurf des Anderen werden die hier in der Praxis der Besonderung dethematisierten (Geschlechts-)Identitäten anderer am Theaterjugendclub Beteiligter gleichzeitig implizit als nicht auf diese Weise thematisierungsbedürftig konturiert und so das Bestehen einer allgemeinen oder spezifischen Norm und Normalität adressiert, als deren Abweichung „Transgender" markiert wird.[167] Ihre vermeintliche Thematisierungsnotwendigkeit liegt implizit darin, dass die (Geschlechts-)Identität „Transgender" entweder *per se immer* thematisierungsbedürftig ist oder dies auf spezifische Weise in einem Theaterprojekt zum Thema „Körper" ist. In beiden Fällen stellt sie jedoch eine Abweichung von einer bestehenden Norm oder Normalität dar.

Die Bedeutung des Bestehens einer solchen Norm/Normalität, zu der die als dieser nicht zugehörig adressierte Teilnehmerin sich verhalten muss, wird in der späteren Formulierung „[…] und sie hat sich einfach eingereiht, ganz normal wie die alle anderen […]" unterstrichen: Als Sinnbild uniformer Geradlinigkeit verweist die Metapher der „Reihe" dabei auf eine (disziplinierende) räumliche Formation, die sich dadurch auszeichnet, dass alle Teilnehmer*innen „auf einer Linie" sind. Das Bild von Menschen, die sich „ganz normal" in eine Reihe einordnen,

167 Dies wird auch dann deutlich, wenn ich das Wort „Transgender" durch eine beliebige andere Markierung ersetze. So würde etwa der Satz „Dann gab es eine junge Frau dabei, die offensichtlich BLOND war, es aber selber nie thematisiert hat […]" nur dann Sinn ergeben, wenn „Blondsein" entweder a) eine Eigenschaft darstellt, die als Abweichung von einer bestehenden allgemeinen Norm oder Normalität (hier: der Haarfarbe) per se thematisierungsbedürftig ist oder b) „Blondsein" eine spezifische Abweichung von einer zuvor als „nicht-blond" explizierten Norm / Normalität (der Haarfarbe) in einem spezifischen Rahmen darstellen würde, also etwa in einem Theaterprojekt mit dem Titel „Meine schwarzen Haare und Ich".

ruft dabei das Bestehen einer mit einer Normalitätsvorstellung verbundenen Ordnung des theaterpädagogischen Settings Jugendclub auf, in die Teilnehmende sich „ganz normal" oder nicht „ganz normal" einordnen können. Die Ordnung selbst wird hierbei als eine *vorgängige Ordnung* markiert, innerhalb oder außerhalb derer Teilnehmende sich (als) „normal" positionieren können.[168] In den Blick genommen wird dann mit der Feststellung, sie habe sich „ganz normal eingereiht, wie alle anderen" die in einer Position der Abweichung adressierte Teilnehmerin hinsichtlich der von ihr vollzogenen Anpassungsleistung an eine als vorgängig und normal konstruierte Geschlechterordnung des Theaterjugendclubs.

Mit Gayatri Spivak ist jede Form der (Selbst-)Repräsentation als ein Sprechakt zu lesen, mit einer Sprechenden auf der einen und einer Zuhörenden auf der anderen Seite, für dessen Gelingen ein *Erkennen* des Akts der Repräsentation durch die Zuhörende notwendig ist (vgl. Castro Varela/Dhawan 2004, S. 213). Die (Selbst-)Repräsentation – hier: des „subaltern subjects" - scheitert dann nicht daran, dass sie nicht „versucht" wird, sondern daran, dass sie als solche nicht wahrgenommen wird:

> Nicht selten versucht das subaltern subject sich selbst zu repräsentieren. Wenn jedoch diese Repräsentation außerhalb der ‚lines laid down by the oficial institutional structures of representation' (Spivak 1996, S. 306) stattfindet, so wird dieser Akt nicht gehört, sondern einfach ignoriert. Die Zuhörer erkennen es nicht als einen Akt der Repräsentation, auch weil es nicht dem entspricht, was sie erwarten […]" (Castro Varela/Dhawan 2004, S. 213, Herv. i. O.)

Vor diesem Hintergrund stellt sich angesichts der auf die Markierung *trans bezogene Formulierung „[…] es aber selber nie thematisiert hat […]" hier die Frage, welche Weisen der (Selbst-)Thematisierung von Geschlechtlichkeit als solche anerkannt werden und welche nicht. Im Fortlauf der Passage betont die Interviewte wiederholt im Sinne dieser adressierten durchgängigen („nie") Absenz einer (Selbst-)Thematisierung, die Geschlechtsidentität der Teilnehmerin sei „bis zum Ende kein Thema" geblieben. Gleichzeitig ließen sich jedoch verschiedene der beschriebenen Verhaltensweisen der als „Transgender" adressierten Teilnehmerin durchaus als Akte von deren Selbstpositionierung perspektivieren: Etwa das Sprechen darüber, „[…] wann sie zum ersten Mal ihre Tage bekommen hat

168 Gleichzeitig ist das Bild der Reihe von Körpern auch ein schönes Beispiel für die Prekarität von Ordnungen, denn die körperliche Reihe entsteht performativ, und zwar nur dann, wenn Körper sich auch tatsächlich „einreihen" und die Reihe damit als solche erst herstellen.

und so Sachen […]" oder dass diese „[…] da einfach ganz normal mitgemacht [habe], wie alle anderen […]. Und zwar als Akte, in denen die als „Transgender" Adressierte sich der Positionierung als Abweichung von vermeintlich natürlichen Geschlechtsidentitäten ebenso entzieht, wie der Vorstellung einer Notwendigkeit, über Fragen der (eigenen) Geschlechtsidentität mit der Theaterpädagog*in (auf eine bestimmte Weise) „reden" zu müssen. Mit Kamala Visweswaran (1994, S. 60) ließe sich das hier sprachlich markierte Verhalten der als „Transgender" Markierten im Sinne einer – im postkolonialen Kontext: subalternen – aktiven „Schweigsamkeit" – im Gegensatz zu einem Zum-Schweigen-Bringen - als Form von Widerstand und Handlungsmacht verstehen (vgl. Castro Varela/Dhawan 2020, S. 228).

Hierbei steht aus der vorliegenden methodologischen Perspektive nicht die Frage im Mittelpunkt, wie die adressierte Teilnehmerin sich „tatsächlich" während der Arbeit des Theaterjugendclubs verhalten hat, da das Interviewmaterial aus dieser Perspektive keine Rückschlüsse auf etwaige „tatsächliche" Verhaltensweisen der Teilnehmerin erlaubt. Durchaus aber lässt sich mit Blick auf die Passage eine sprachliche Markierung von Verhaltensweisen als solche nachvollziehen, die *keine* Form der (Selbst-)Thematisierung der adressierten Identität „Transgender" darstellen. Nachvollziehbar wird dann, dass die Aussage, die Teilnehmerin habe „es aber selber nie thematisiert" eine Ordnung aufruft, in der nur *spezifische* Praktiken der (Selbst-)Thematisierung als solche im Theaterjugendclub anerkannt werden, und zwar solche, die in diese Ordnung als anerkennbare eingeschlossen sind.

Der Theaterjugendclub als Ort für das „Problem" der Anderen

Die im Fortlauf der Passage vollzogene Bewertung der Teilnahme der als „anders" markierten Teilnehmerin als „sehr spannend für mich" und „neu für mich" lässt sich zunächst als eine Wiederholung der in dieser Untersuchung schon mehrfach thematisierten Bereicherungssemantik (vgl. insbesondere Kapitel 3.2 und Kapitel 8.2) verstehen, in der hier nun eine persönlich-emotionale Bereicherung der Theaterpädagog*in durch die (Teilnahme der) Anderen thematisch gemacht wird. Dieses Bereicherungspotenzial wird dann im Fortlauf auf verschiedene Weisen kontextualisiert, denen im Folgenden nachgegangen werden wird.

Die Semantik der Bereicherung der Theaterpädagog*in durch die als „Transgender" markierte Person wird durch die Äußerung „[…] wow, für die ist das natürlich perfekt oder sie kann jetzt da, sie kann darüber reden [...]" zunächst in der Form einer *indirekten* Bereicherung aktualisiert:

Die Attribuierungen „spannend für mich" und „neu für mich" werden durch die Konjunktion „weil" kausal daran geknüpft, dass für die veranderte Teilnehmerin die Teilnahme an diesem Jugendclubprojekt (zum Thema „Körper") „[...] natürlich perfekt [...]" sei. Indirekt ist diese Bereicherung deshalb, weil die hier konstruierte Bereicherung der sprechenden Theaterpädagog*in als Effekt eines (vermeintlichen) Vorteils der als „anders" adressierten Teilnehmerin markiert wird, den diese durch ihre Teilnahme am Theaterprojekt zum Thema „Körper" haben könnte, da diese *für sie* „natürlich perfekt" sei. Warum genau dies der Fall sei, bleibt hier zunächst offen. Allerdings wird bereits ein semantischer Möglichkeitsraum eröffnet, in dem die Adressierung, für sie sei das „natürlich perfekt" vor dem Hintergrund eines spezifischen und *natürlichen* Auseinandersetzungs*bedarfs* der Teilnehmerin deutbar ist, eines Auseinandersetzungsbedarfs, dessen Bestehen hier auf naturalisierende Weise an die als „anders" markierte Subjektposition geknüpft wird.

In der Fortführung des Satzes „[...] sie kann jetzt da, sie kann darüber reden [...]" konkretisiert sich dann die oben rekonstruierte semantische Verknüpfung von adressierter Geschlechtsidentität und Thematisierungsbedarf. Das im Fortgang der Passage mehrfach adressierte „darüber reden" lese ich als Aktualisierung der oben rekonstruierten mit dem Authentizitätsideal verknüpften Anforderungen von Ehrlichkeit, Vertrauen und Offenheit an die Mitglieder des Theaterjugendclubs. Gleichzeitig konkretisiert es, welche Praktiken der (Selbst-)Thematisierung hier als anerkennenswerte Praktiken markiert werden: Nämlich solche, in denen die Teilnehmerin (mit der Theaterpädagog*in) *explizit* über *ihre* Geschlechtsidentität(en) „redet". Hier vereinen sich drei normative Dimensionen: Es wird erstens „darüber geredet", es wird zweitens über *bestimmte* Identitäten geredet und über andere nicht und es wird drittens nur eine spezifische Weise des „Redens" als solche überhaupt anerkannt. Ganz im Sinne dieser Ordnung der (Nicht-)Anerkennung verschiedener Thematisierungsweisen heißt es später in der Passage:

> und es blieb dann bis zum Ende kein Thema (I: mmh) so (1) und ich bin mir jetzt im Nachhinein immer noch nicht sicher äh (.) und sie war auch bei einem anderen Jugendclub dabei und die die Spielleiterin hat dann mit mir das Gespräch gesucht, weil sie gehofft hat, dass ich vielleicht was weiß, weil es bei ihr das Gleiche war (C, Pos. 9)

Die Formulierung, sie könne „jetzt [...] darüber reden", lässt sich mit Blick auf den Gegenstand, über den „jetzt geredet" werden „kann" als Markierung von dessen (potenzieller) problematischer Verfasstheit verstehen. Wobei (auch) diese (potenzielle) Problematik in der obigen Passage nicht näher bestimmt, sondern als nicht erklärungsbedürftig vorausgesetzt wird. Grundlage dieser Verknüpfung der adressierten Geschlechtsidentität *trans mit einem Problem bildet dabei auch hier das Aufrufen einer naturalisierenden heteronormativen Geschlechterordnung. Diese wird im Fortlauf der Passage auch mit Blick auf die bloße Präsenz der Teilnehmerin auf der Bühne aktualisiert, wenn deren als Abweichung von der Norm adressierte Geschlechtsidentität problematisierend als ein „Thema" zu verstehen gegeben wird, mit dem sie „[...] auf der Bühne steht und alle die zugucken ähm (1) sehen, dass das mal ein Junge war [...]".

Implizit aufgerufen und aktualisiert wird damit hier (ein Wissen über) eine Verknüpfung der als *trans markierten (Geschlechts-)Identität mit einem nicht explizit spezifizierten *Problem,* welches nun im Theaterjugendclub zumindest thematisiert werden sollte, wenn es nicht gar verringert werden könne. Gleichzeitig wird der Gegenstand, über den geredet werden könnte, als einer markiert, über den in anderen Kontexten nur schwerer oder vielleicht auch gar nicht geredet werden kann. Der Theaterjugendclub am Theater wird so im Sinne des Ideals einer authentischen Gemeinschaft als ein Ort markiert, an dem das „Reden" über ein vermeintliches „Anderssein" und das mit ihm verknüpfte Problem (besonders gut) möglich ist.

Wenn gegen Ende der zitierten Passage resümiert wird „[...] vielleicht hätte sie ja gewollt, vielleicht hätte sie ja ne Auseinandersetzung gewollt aber wusste nicht wie, kann ja auch sein, oder dass sie sich nicht getraut hat oder so, aber ja, das ist halt, naja gehört zum Job [...]" lässt sich ein Bedauern der Theaterpädagog*in darüber rekonstruieren, dass eine (derartige) „Auseinandersetzung" nicht stattgefunden habe. Vor dem Hintergrund der oben konturierten dreifachen Anforderung an Authentizität - als Anforderung an den Theaterjugendclub als Ort einer authentischen Gemeinschaft, als Anforderung an die Teilnahme der Jugendclubmitglieder als authentische Subjekte und als Anforderung an die Gestaltungspraxis des Theaterjugendclubs durch die Theaterpädagog*in – lese ich die hier nachvollziehbare Markierung eines Bedauerns als Hinweis auf eine Verfehlung dieser Anforderung. Zu verstehen gegeben wird diese Verfehlung dabei als potenzielle Verfehlung der als „Transgender" adressierten Teilnehmerin, die möglicherweise ja eine „Auseinandersetzung" gewollt habe, aber vielleicht nicht gewusst habe „wie" oder sich „nicht getraut" habe. Mit Blick auf die Steigerungslogik, in der das Authentizitätsideal in der Passage als Ideal einer zu steigernden „Tiefe" der „persönlichen" Auseinandersetzung verfasst ist, lässt sich das Bedauern hier außerdem als Verweis auf die besondere Position verstehen, mit der die Authentizität der als „neu" und „spannend" attribuierten Teilnahme *dieser* Teilnehmerin am Theaterjugendclub verbunden wird. Bedauert wird dann der Verlust des *besonderen* Potenzials der Steigerbarkeit des Authentischen, welches mit der hier als *Ressource* für Theater, Theaterjugendclub und Theaterpädagog*in adressierten Anderen verbunden wird.[169]

8.3.1.4 „Sag mir die Wahrheit über dich, die ich weiß"

Der oben thematisch gemachten (Defizit-)Zuschreibung eines vermeintlichen zu thematisierenden Problems scheinbar entgegen steht in der Passage die wiederholte Betonung einer spezifischen *Expertise* der adressierten Teilnehmerin. Verbunden mit dieser wird ein „super Blickwinkel, ne ganz andere Erfahrung" der Teilnehmerin markiert. Die Zuschreibung eines „super Blickwinkel" wiederholt dabei nicht nur mit dem Wort „super" die „positive" Markierung der Anderen als Bereicherung des Theaterjugendclubs, sondern spezifiziert sie hinsichtlich einer im Singular verfassten Perspektive oder Sichtweise, welche die als „Transgender" markierte Teilnehmerin in die theaterpädagogische Arbeit (zum Thema „Körper") einbringen könne. Dabei verweist der Begriff „Blickwinkel" hier auf die Relevanz einer spezifischen *Position*, von der aus ein „Blick" sich erst als aus einem spezifischen „Blickwinkel" heraus vollziehen kann. Zu verstehen gegeben wird dabei nicht nur, dass Menschen von unterschiedlichen Positionen aus auf einen

169 Mit Pierre Bourdieu könnte diese Figur mit Blick auf die in ihr angelegte Steigerung symbolischen Kapitals durch die Arbeit mit Anderen perspektiviert werden, so wie es Carmen Mörsch in ihrer Auseinandersetzung mit Kooperationsprojekten zwischen Schule und Theater am Beispiel des Berliner Projekts „Jump and Run" tut. Vor dem Hintergrund unterschiedlicher „Interessenlagen" der an den Projekten beteiligten Gruppen (Schüler*innen, Lehrer*innen, Künstler*innen, Theater, Bildungspolitik und Forschungsinstitute) setzt sie sich besonders mit den Projekten an denjenigen Schulen auseinander, die von einigen Künstler*innen als „richtig schwierige Schulen" bezeichnet wurden und resümiert: „Gleichzeitig bringen diese Schüler_innen etwas ein, das unverzichtbar für das Funktionieren der Tauschgeschäfte aller anderen im Spielfeld der Kooperationsprojekte Kultureller Bildung ist: Sie besorgen mit ihrer spezifischen Präsenz als ‚Bildungsverlierer_innen', als ‚Bildungsferne', das Sujet für die Defiziterzählung […]. Damit stellen sie die Legitimation her, aus der heraus Tauschgeschäfte im Rahmen von Kooperationsprojekten Kultureller Bildung überhaupt erst stattfinden, dass also der Marktplatz mit Ständen bestückt und das Spiel eröffnet werden kann" (Mörsch 2016a, 94f.).

Gegenstand „blicken", sondern auch, dass die mit diesen Positionen verbundenen „Blickwinkel" sich – anschlussfähig an die oben thematisierten Besonderung der Anwesenheit *dieser* Teilnehmenden als „spannend" und „neu" - darin unterscheiden, wie „super" sie sind.

Hier zeigt sich also eine Adressierung als Expert*in, die weniger auf das Bestehen eines besonders umfangreichen erlernten Wissens über einen Gegenstand rekurriert, wie es zum Beispiel durch die Synonyme „Sachverständiger, Fachmann, Kenner" suggeriert wird, sondern auf ein *spezifisches* Wissen, welches an die Positionierung als Andere gebunden wird. Um welches in den Theaterjugendclub einzubringendes vermeintliche Expert*innenwissen es sich dabei (nicht) handelt, lässt sich mit Blick auf den Fortlauf der Passage rekonstruieren, wenn der „super Blickwinkel" als „ne ganz andere Erfahrung" konkretisiert wird.

Indem die Adressierung der Expertise der Teilnehmerin explizit an die vermeintliche Andersartigkeit ihrer Erfahrungen gebunden wird, wird die Teilnehmerin in eben dieser Position als Andere festgeschrieben und auf diese reduziert. Um der Erwartung zu entsprechen, ihr vermeintliches Expert*innenwissen zu ihrer „ganz anderen Erfahrung" in den Theaterjugendclub einzubringen, müsste die Teilnehmerin entsprechend überhaupt erst die ihr zugewiesene als „anders" markierte Subjektposition den Zuschreibungen entsprechend *als eben solche* einnehmen.

Die ebenso wie der „Blickwinkel" im Singular gehaltene Formulierung, die Teilnehmerin verfüge über eine „ganz andere Erfahrung" reduziert dabei nicht nur die Erfahrungen (im Plural) dieser Teilnehmerin auf *eine* Erfahrung. Sondern sie markiert gleichzeitig auch die Erfahrungen der weiteren Teilnehmer*innen am Theaterjugendclub als solche, die eben nicht „ganz anders" sind. So rufen die als „anders" markierten Erfahrung und Perspektive zugleich die Figur einer Normalität von Erfahrungen auf, mit der ein gleichsam homogenisierter wie objektivierter „normaler Blickwinkel" behauptet wird.

Markierungen einer spezifischen Positioniertheit und mit ihnen verbundenen bestimmten Erfahrungen und Perspektiven werden im Interviewmaterial ausschließlich mit Blick auf als „anders" adressierte Subjektpositionen vorgenommen. Vor diesem Hintergrund lässt sich die hier exemplarisch rekonstruierte Markierung des „super Blickwinkel" als Aktualisierung einer diskursiven Ordnung verstehen, in der die Positionsgebundenheiten jener Perspektiven und Erfahrungen, die nicht als Andere markiert werden, dethematisiert werden. Die wiederholte Markierung der spezifischen positionsbedingten Perspektiven der Anderen als deren Expertise in Verbindung mit der nicht vollzogenen Markierung der positionsbedingten

Perspektiviertheit des Eigenen markiert die eigenen Expertisen dann tendenziell als solche, die nicht positioniert, sondern universell und hiermit verbunden auch ästhetisch langweilig sind.

In der Passage lässt sich wie oben dargelegt rekonstruieren, welche Akte *nicht* als Akte der Selbst-)Thematisierung der (Erfahrungen der) Teilnehmerin im Theaterjugendclub kontextualisiert werden. Ein Moment, in dem diese über ihre Menstruationserfahrungen gesprochen habe, wird dabei als „Lüge in Anführungszeichen" markiert. Unabhängig von der einschränkenden Markierung der „Lüge" als einer „in Anführungszeichen" wird dabei als kategorialer Rahmen der für das Authentizitätsideal zentrale Bezug auf eine vermeintliche *Wahrheit* der Teilnehmerin aufgerufen, den ich bereits oben mit Blick auf die Anforderung an eine „absolute Ehrlichkeit" thematisiert hatte. Mit dem Duden verstanden als „bewusst falsche, auf Täuschung angelegte Aussage" und als „absichtlich, wissentlich geäußerte Unwahrheit" perspektiviert der Begriff „Lüge" das Tun der Teilnehmerin dabei als eine *bewusst herbeigeführte Täuschung* der Theaterpädagog*in. In der Bezugnahme auf das Tun der Teilnehmerin als „Lüge" wird die Gegenüberstellung von „echt" und „unecht" im Kontext der Authentizitätsanforderung so hier als eine aktualisiert, der auch eine moralisch-disziplinierende Dimension eingeschrieben ist. Als (moralische) Norm des Sprechens im Theaterjugendclub als Ort einer authentischen Gemeinschaft wird das Sprechen von „Wahrheit" dabei mit Blick auf die als „Transgender" markierte Subjektposition als eine spezifische Anforderung an Andere zu verstehen gegeben: In deren Zentrum steht das authentische Einbringen einer mit der Adressierung der Anderen als Abweichung von der Norm verknüpften „wahren" biografischen Erfahrung, welche als *eben solche* als eine „Wahrheit der Anderen" in den Theaterjugendclub eingebracht werden soll.

Die Authentizitätsforderung, Teilnehmende sollten „sie selbst sein" und sich mit ihrem Selbst und ihrem Eigenen in die Theaterjugendclub einbringen, betrifft die als „anders" adressierte Teilnehmerin hier also auf spezifische Weise: Das, was ihr vermeintlich Eigenes und ihr vermeintliches Selbst ausmachen, wird als der Theaterpädagog*in bereits bekannte „Wahrheit" vorausgesetzt. Drastisch lässt sich die hier vollzogene Adressierung der Anderen als Expert*in zusammenfassen mit dem Satz „Sprich die Wahrheit über dich, die ich weiß!".[170]

Derartige Adressierungen von als „anders" markierten Jugendclubmitgliedern als Expert*in verstehe ich als spezifische theaterpädagogische Aktualisierung einer diskursiven Ordnung, in der die Konstruktion des vermeintlich Fremden mit einem für diese Konstruktion konstitutiven Wissen über die Zugehörigkeit der Anderen zum Theaterjugendclub verknüpft ist. In diesem Sinne gibt Sarah Ahmed zu verstehen, dass das vermeintlich Fremde eben nicht unbekannt ist, sondern dass seine Adressierung als „fremd" immer schon seine Bekanntheit als nicht-zugehörig voraussetzt:

> The figure of the stranger is far from simply being strange; it is a figure that is painfully familiar in that very strange(r)ness. [...] Strangers are not simply those who are not known in this dwelling, but those who are, in their very proximity, already recognized as not belonging, as being out of place. (Ahmed 2013, S. 19f., Hervorhebung i. O.)

Die vermeintliche Wahrheit der Anderen soll dann einerseits als ein problembezogenes „darüber reden" und andererseits als exotisiertes Fremdes in den Theaterjugendclub eingebracht werden.

Die Faszination für Andere als solche, die Einblicke in ein authentisches Fremdes vermitteln können, bildet aus postkolonialer Perspektive einen zentralen Bestandteil von Praktiken des Exotismus. Exotismus zeichnet sich dabei nicht nur durch „die faszinierte Betrachtung des vermeintlich Fremden" aus, sondern will den exotisierten Subjekten „näherkommen", schreiben Chandra Milena Danielzik und Daniel Bendix (Danielzik/Bendix 2010, ohne Seite) über das Verhältnis von Exotisierenden und Exotisierten. Dieser Wille, dem Objekt der Faszination näher

170 Diese Annahme eines eigenen Wissens über die „eigentliche, authentische Wahrheit der Anderen" wurde aus herrschaftskritischer Perspektive bereits mit Blick auf verschiedene Differenzverhältnisse thematisiert (vgl. im Kontext Rassismus etwa Kilomba 2016). Mit Blick auf Praktiken der Transfeindlichkeit beschreibt Jannik Franzen: „Oft wird Trans*Personen die eigene Identität abgesprochen: ‚Du bist doch gar nicht trans – für mich bleibst du eine Lesbe...' oder ‚Man sieht dir doch an, dass du eigentlich ein Mann bist...'. Hier treffen nicht nur Selbstdefinitionen auf Fremdzuschreibungen. Oft meinen auch andere von vornherein zu wissen, was es mit dem Trans-Prozess einer Person auf sich hat: ‚Jetzt wo du eine Frau bist...', ‚Das war bestimmt schwer, dass du dich immer im falschen Körper gefühlt hast...'" (Franzen 2011, zitiert nach Grigowski 2016, S. 62).

zu kommen, materialisiert sich im Kontext der hier herausgearbeiteten Figur auch mit Blick auf die Konstruktion des „Eigenen“: Hervorgebracht wird die Subjektposition Theaterpädagog*in am Theater als eine, die sich durch eine Haltung der helfenden Zuwendung zum Faszinierend-Problematischen der als „anders“ markierten Teilnehmer*innen auszeichnet.

Vor dem Hintergrund der oben als Rahmung der Passage rekonstruierten Authentizitätsanforderung lässt sich außerdem folgern, dass es sich bei dem „reden“ über die hier adressierte „Erfahrung“ um eines handelt, als dessen Inhalte „sehr persönliche“ biografische Erfahrungen adressiert werden. Um die mit dem Ideal des Theaterjugendclubs als authentische Gemeinschaft verknüpften Zugehörigkeitsanforderungen zu erfüllen, müsste die adressierte Teilnehmerin also einerseits die ihr auf diese spezifische Weise zugewiesene Position als Andere beziehen und aus dieser die Erwartungen an ihre vermeintlich authentische problembehaftete biografische Wahrheit erfüllen. Als Expert*in für das Fremde ist sie andererseits gleichzeitig dazu aufgerufen, den Jugendclub durch ihren „super Blickwinkel“ mit etwas Neuem und Spannenden, das noch nicht gewusst wird zu bereichern.

8.3.1.5 Ästhetik des Eigenen

Anschließend werde ich im Folgenden auf eine Passage eingehen, die der oben zitierten Passage aus dem Gespräch mit C vorausgeht und direkt an sie anschließt und mit deren Betrachtung über Implikationen und Verbindungen des bis hier Rekonstruierten zu gegenwärtigen theatralen und ästhetischen Strategien in der theaterpädagogischen Jugendclubpraxis nachgedacht werden kann:

> und ich arbeite auch gerne mit Erschöpfung, mit Kraft, also über Auspowern und äh, ja, in Bewegung sein, das mag ich sehr, ich mag es, wenn Leute auf der Bühne schwitzen und sich anstrengen (lacht) weil da kommt man auch immer irgendwie an so ne, na ja es ist halt auch so n, man kommt das ist dann auch ne absolute Ehrlichkeit sozusagen, es ist dann nicht gespielt, und das mag ich und darauf lege ich dann sehr gerne Spiel sozusagen (I: mmh) (C, Pos. 9)

C macht hier eine ästhetische Präferenz thematisch, die sich aus theaterwissenschaftlicher Perspektive als (postdramatische) Performance-Orientierung (Fischer-Lichte 2017) einordnen lässt. Im Zentrum stehen dabei die sechs Begriffe „Erschöpfung“, „Kraft“, „Auspowern“, „in Bewegung sein“, „schwitzen“ und „sich anstrengen", über die sich auf der Bühne eine „absolute Ehrlichkeit" herstelle. Bei deren Betrachtung fällt auf, dass diese allesamt eine körperliche Dimension fokussieren, in deren Zentrum das Anwenden von *Kraft* durch die Spieler*innen steht. Anders jedoch als bei einer Präsentation von Stärke auf der Bühne rückt hier nicht die beeindruckende Größe von Kraft, sondern deren *Begrenztheit*, rücken die körperlichen Leistungs*grenzen* der Spieler*innen und letztlich auch ihre Vulnerabilität in den Blick. Die körperlichen Anstrengungen der sich „auspowernden" Spieler*innen führen zu deren Erschöpfung, welche wiederum im Schwitzen einen Ausdruck findet. Dabei fungiert das Schwitzen hier als *äußeres* körperliches Zeichen, welches einen erlebten *inneren* Zustand sichtbar werden lässt – und zwar auf eine Weise, die „absolut ehrlich" ist und damit sehr gut zu der rekonstruierten Authentizitätsanforderung passt. „Absolut" ist die hier markierte Ehrlichkeit dabei auch deshalb, weil es sich um eine *unausweichliche* Ehrlichkeit handelt. Selbst unter den gegenwärtigen technologischen Möglichkeiten scheint es schwierig bis unmöglich zu sein, auf der Bühne den Vorgang des Ins-Schwitzen-Kommen-durch-körperliche-Anstrengung glaubhaft zu simulieren oder zu verhindern. Wenn dann das „Spiel" auf die „absolute Ehrlichkeit" der beschriebenen performativen Körperakte „drauf gelegt" wird, so liegt die „absolute Ehrlichkeit" entsprechend dem oben rekonstruierten Authentizitätsideal im Bild des Schichtenmodells ganz unten in der „Tiefe".

Einem solchen Interesse an einem „ehrlichen" Sichtbarmachen eines Inneren auf der Theaterbühne entspricht es, wenn an anderer Stelle formuliert wird, in der Inszenierung sollten die Jugendclubmitglieder auf der Bühne in einem „Kampf mit sich selber" (C, Pos. 11) sichtbar gemacht werden. Hiermit einher lässt sich eine Perspektive sowohl auf künstlerische Formate theaterpädagogischer Jugendclubpraxis als auch mit Blick auf das zu bearbeitende Material rekonstruieren, in der eine Zuwendung zu einem vermeintlichen authentischen Eigenen im Kontext postdramatischer Formate nachzuvollziehen ist:

> und ich versuche auch immer ähm (2) äh (4) also sehr persönlich zu arbeiten, das das also ich nehme nicht irgendein, also ich nehme eigentlich <u>nie</u> für einen Jugendclub irgendein vorgegebenes Stück äh (2) und äh setz das mit ihnen um also habe ich auch schon gemacht, aber eigentlich ich mache lieber so Collagen mit wirklich persönlichen Inhalten, die wirklich von ihnen kommen, so, dass man auf der Bühne eine Auseinandersetzung sieht (C, Pos. 15)

Die Arbeit an „Collagen mit wirklich persönlichen Inhalten, die wirklich von ihnen kommen" wird der Arbeit mit einer Textvorlage auf diametrale Weise gegenübergestellt. Während die Collage hier als Format beschrieben wird, in dem es möglich sei „persönlich zu arbeiten", so, „[…] dass man auf der Bühne eine Auseinandersetzung […]" sehe, wird die Arbeit an einer dramatischen Textvorlage („irgendein vorgegebenes Stück") hier als das *unpersönliche Gegenstück* der persönlichen Auseinandersetzung konstruiert und damit in der binären Gegenüberstellung „Authentizität/Entfremdung" als Ort/Material der Entfremdung positioniert. Durch das Verb „umsetzen" für die Arbeitsweise an einer dramatischen Vorlage wird der Aspekt der Fremdheit des Textes noch unterstrichen. Hierbei wird eine vermeintlich feste Verknüpfung zwischen dem gewählten *Material* („vorgegebenes Stück" vs. „persönliche Inhalte") und dem *Verhältnis* der Jugendclubmitglieder zu diesem Material („Umsetzung" vs. „Auseinandersetzung") hergestellt. Die Möglichkeit, an einem „fremden" Text auf eine Weise zu arbeiten, dass auf der Bühne eine „Auseinandersetzung", vielleicht sogar eine persönliche, sichtbar wird, wird in dieser diametralen Gegenüberstellung ausgeschlossen. Stattdessen werden sowohl die Materialsorten als auch die Verhältnisse von Spieler*innen und Material zugunsten einer Fokussierung des Eigenen hierarchisiert, woraus als zu favorisierende Arbeitsweise eine begründet wird, deren Bezugspunkt das authentische „Innere" der Spieler*innen ist, welches auf der Bühne in einer „Ästhetik des Eigenen" collagiert und kuratiert werden soll.[171]

8.3.2 (Weitere) Figuren der Anderen als Expert*innen im Interviewmaterial

Vor dem Hintergrund der bisherigen Ausführungen werde ich im Folgenden mit Blick auf das gesamte Interviewmaterial zwei Dimensionen der Adressierungen Anderer als Expert*innen fokussieren:

Erstens eine Adressierung Anderer als solche, die aus einer als „anders" markierten Positioniertheit eine (vermeintlich authentische) *biographische Erfahrungsexpertise* in den Theaterjugendclub einbringen sollen, die „künstlerisch spannender" (E, Pos. 10) sei und in den Theaterjugendclub eine „künstlerische Vielfalt" (D, Pos. 20) einbringe.

171 Kritisch diskutiert auch Bernd Stegemann die Verknüpfung zwischen Authentizitätsideal und postdramatischen Theaterformen und -verständnissen (vgl. etwa Stegemann 2013; Stegemann 2015).

Zweitens auf die Hervorbringung einer hiermit verbundenen theaterpädagogischen Zugehörigkeitsordnung, in der die (inhaltliche, politische, künstlerische) Auseinandersetzung mit migrationsgesellschaftlichen Differenzverhältnissen als *Zuständigkeit* an jene Subjektpositionen geknüpft ist, die in diesen Verhältnissen als „andere“ Subjektpositionen hervorgebracht werden.

8.3.2.1 Andere als (authentische) Expert*innen ihrer Selbst

Ausgehend von einer Auseinandersetzung mit einer Passage aus dem Gespräch mit C habe ich bis hierher exemplarisch die Weise der performativen Hervorbringung der Anderen als eben solche in ihrer Verknüpfung mit der Fokussierung von deren vermeintlich authentischer Erfahrungsexpertise nachvollzogen. Mit Blick auf das Interviewmaterial lassen sich in diesem Sinne viele Adressierungen der Anderen als Expert*innen rekonstruieren, in denen diese Expertise als eine konstruiert wird, in deren Zentrum Markierungen von bestimmten „Erfahrungen“ und „Perspektiven“ der Anderen stehen. Als (Verkörperungen der) „Welt in Berlin“ (E, Pos. 44) wird mit Blick auf migrationsgesellschaftlich als Andere Geltende betont, dass diese „[…] Protagonisten hier sein müssen, die auch spielen und zu sehen sein sollen […] weil einfach andere Perspektiven und Erfahrungen erzählt werden […]“ (E, Pos. 40)“. Ähnlich zu der oben rekonstruierten Form des „darüber Redens“ wird dabei die spezifische Expertise der Anderen wiederholt als eine markiert, die diese (den Theaterpädagog*innen) über das vermeintlich Unbekannte „erzählen“ können und sollen:

> […] das ist auch so die Idee oder der Blick für das Flüchtlingsprojekt, was haben die für Expertisen, was können die, was nur die können oder was können die mir erzählen, was ich nicht weiß oder was kann ich da erfahren […] (E, Pos. 34).

Das hier rekonstruierbare Interesse an den Anderen lässt sich dabei als Ausdruck einer Neugierde verstehen, die „auch verletzen kann“ (Broden/Mecheril 2010, S. 13). Im Sinne einer solchen „Obszönität von Neugierde“ (ebd.) interpretiert Grada Ferreira Neugierde mit Blick auf Momente der Übergriffigkeit und der Grenzverletzung, die nicht nur in abwertenden rassistischen Zuschreibungen eingelagert sind, sondern auch in einem als positiv und aufgeschlossen adressierten Interesse an Anderen:

> Nicht nur süße und bittere Worte machen es schwer, Rassismus zu identifizieren; sondern das Spiel süßer und bitterer Worte *ist* eine Form, in der Rassismus produziert wird. Die Schwierigkeit, Rassismus zu identifizieren, ist nicht nur funktional für Rassismus, sondern ein Teil des Rassismus selbst. (Ferreira 2012, S. 156, Herv. i. O.)

Im Zentrum eines solchen Interesses an Anderen stehen dabei im Material besonders solche Expertisen, die in Verbindung mit einer Betroffenheit von (migrations-)gesellschaftlichen Differenzverhältnissen adressiert werden. So wird als politische Dimension der Theaterpädagogik am Theater die „Aufgabe" (E, Pos. 71) formuliert, „[...] mit den Betroffenen oder auch mit den Experten, wie man es auch nennen will, denen auch ne Stimme zu geben [...]" (ebd.). In den Blick der Semantik des „Eine Stimme geben" im theaterpädagogischen Kontext rückt dabei wiederholt die Fokussierung einer auf der Bühne von migrationsgesellschaftlich als Andere Geltenden als *ihre Geschichte* etwa als „Flüchtlingsgeschichte" (E, Pos. 10) zu erzählenden Geschichte.

In der Semantik des „Eine Stimme geben" wird das theatrale Produzieren von als Andere Geltenden dabei im Interviewmaterial mit drei gleichermaßen voraussetzenden wie einschränkenden Anspruchsdimensionen verknüpft: Erstens wird die „betroffene" *Position* als Andere, aus der heraus das „Erzählen" stattfindet als eine vorausgesetzt, in der über keine eigene Stimme verfügt wird. Zweitens wird der *Gegenstand,* über den die „gegebene Stimme" sprechen soll als (biografische) Erfahrungen und Perspektiven adressiert. Und drittens wird die (ästhetische) *Strategie,* in der zu diesem Gegenstand künstlerisch gearbeitet werden soll als eine *narrative* adressiert.

Als besonders fest-schreibend lässt sich diese Weise der Fokussierung der Expertise der Anderen dabei immer dann perspektivieren, wenn mit ihr wie oben dargelegt die Zuschreibung einer vermeintlichen Echtheit, Eigentlichkeit oder Authentizität einhergeht. Dies kann nicht nur mit Blick auf den Theaterjugendclub stattfinden, in welchen die spezifischen Erfahrungen und Perspektiven Migrationsanderer beispielsweise als „andere Farben" (D, Pos. 137) eingebracht werden sollen, sondern auch mit Blick auf (natio-ethno-kulturell kodierte) Schulkooperationen, die, konzipiert als biografisch orientiertes „Rechercheprojekt" (C, Pos. 47), das Ziel verfolgten „[...] Jugendliche setzen sich auseinander mit ihrer Erfahrung von Gewalt, ganz persönlich, authentisch [...]" (ebd.). Vor diesem

Hintergrund zeigt sich das hier aktualisierte Politische der Theaterpädagogik im Sprechen über die Anderen als Expert*innen als eines, in dem die Expertise der Anderen als deren vermeintlich authentische biografische (Gewalt-)Erfahrungen adressiert wird, die dann in Form von hiermit verbundenen „persönliche[n] Geschichten“ (E, Pos. 10) oder „individuelle[n] Schicksale[n]“ (ebd.) auf die Theaterbühne gebracht werden sollen.[172]

Der Fokussierung von vermeintlich authentischen Erfahrungen der Anderen als „Betroffene“ von gesellschaftlichen Differenzverhältnissen implizit ist im Material außerdem die Adressierung einer spezifischen künstlerischen Qualität der (theaterpädagogischen Arbeit mit) Anderen. Wiederholt wird nicht nur die oben thematisierte politische und legitimatorische Notwendigkeit der „Öffnung“ der Theaterjugendclubs für migrationsgesellschaftlich als Andere Geltende markiert, sondern auch eine mit dieser einhergehende Bereicherung der Theaterjugendclubs auf der künstlerischen Ebene. Die Arbeit mit diesen sei auch „künstlerisch interessanter“ (E, Pos. 40). So betont D mit Blick auf ein als „Roma-Projekt“ markiertes Jugendtheaterprojekt:

> und Ziel ist auch (1) also klar ist irgendwie werden wir (.) in die Romacommunity gehen und da Jugendliche suchen, die ähm [Theater D] nicht kennen und so weiter aber Ziel ist natürlich, dass das alles eine Gruppe wird oder dass die hier bleiben und dass ähm (1) wir ne große Vielfalt haben kulturell und (.) ja und so (1) (I: mmh) und künstlerisch auch (3) (D, Pos. 20)

Nachvollziehbar wird dabei nicht nur, dass es sich auch bei den hier – homogenisierend - als Mitglieder einer „Romacommunity“ adressierten um eine *Ressource* für den Theaterjugendclub handelt, die es zu „suchen“ gilt, sondern auch, dass neben der Positionierung als „Roma“ die Voraussetzung dafür, als Teil dieser Ressource anerkannt zu werden auch darin besteht, das Theater, an dem D arbeitet, nicht zu kennen. Als Ressource werden die Adressierten dabei hier – ganz im Sinne des in Kapitel 8.2 thematisch gemachten Heterogenitätsideals - mit Blick auf eine „Vielfalt“ markiert, die durch ihre Teilnahme am Theaterjugendclub sowohl „kulturell“

172 Vgl. hierzu auch die theaterwissenschaftliche Auseinandersetzung von Hanna Voss mit dem *doing refugee* in Nicolas Stemanns „Die Schutzbefohlenen“. Voss beschreibt das performative *doing refugee* mit Blick auf diese Inszenierung als Hervorbringung einer Analogie von Ethnizität und Unprofessionalität auf der Bühne, in der die Subjektposition „Flüchtling“ als einer „anderen Ethnie“ zugehörig und hiermit verknüpft in der Rolle des „Experten des Alltags“ als nicht-professionelle Spieler*innen adressiert wird (vgl. Voss 2017).

als auch „künstlerisch“ befördert oder entstehen würde. Aufgerufen werden dabei verschiedene Felder der Differenz: Aufgerufen wird das Feld einer natio-ethno-kulturell kodierten Differenz zwischen Angehörigen der „Romacommunity“ und solchen, die nicht Teil dieser (oder einer anderen natio-ethno-kulturell kodierten) „Community“ sind. Hiermit verknüpft wird unterschieden zwischen denen, die die Theaterinstitution von D kennen und jenen, die dies nicht tun. Wobei die Zugehörigkeit zu einer „Romacommunity“ hier zumindest als Erhöhung der Wahrscheinlichkeit, die Institution nicht zu kennen markiert wird, wenn nicht gar die Zugehörigkeit zur „Romacommunity“ dieses „nicht kennen“ des Theaters impliziert. Aufgerufen wird weiterhin das Feld einer als „kulturell“ benannten Differenz als Grundlage für das Bestehen oder Entstehen einer (potenziellen) „kulturellen Vielfalt“ im Theaterjugendclub sowie das Bestehen einer künstlerischen und/oder ästhetischen Differenz als Grundlage für die angestrebte „künstlerische Vielfalt“.

Diese verschiedenen Markierungen von Differenz werden dabei nicht nur essentialisierend an die *Körper* derer gebunden, die als zugehörig zu einer „Romacommunity“ adressiert werden, sondern sie werden auch gleichzeitig miteinander analogisiert: Die Markierung der Zugehörigkeit zu einer „Romacommunity“ adressiert nicht nur auf spezifische Weise eine natio-ethno-kulturell kodierte Subjektposition, sondern auch eine spezifische an die Körper der Adressierten geknüpfte künstlerische/ästhetische Differenz.

In diesem Sinne lassen sich auch Passagen im Material lesen, in denen – wie zum Beispiel in der folgenden Markierung von „Leuten mit Behinderung“ (B, Pos. 89) - eine spezifische „Spielqualität“ (ebd.) als Andere Geltender adressiert wird:

> ich habe das jetzt gesehen bei so einem Inklusionsstück in Hannover ähm, ja, wo die die sehr sehr toll an Qualitäten von Leuten mit Behinderung gearbeitet haben, und hätten das richtige Schauspieler oder hätten das andere Leute gespielt, die hätten das nicht so spielen können (B, Pos. 89)

Das vordergründig anerkennend-wertschätzende Sprechen über die Anderen als Expert*innen lässt sich vor diesem Hintergrund als eines nachvollziehen, in dem weniger eine Expertise der als Andere Adressierten, sondern vielmehr die *eigene Expertise* der Theaterpädagog*innen über die Adressierten und ihre vermeintlichen (authentischen) Erfahrungen und Perspektiven thematisch gemacht wird und von diesen bestätigt werden soll. Diese letztlich der Adressierung der Anderen als Expert*innen eingelagerte *Umkehrung* der Zuordnung einer Expertise lässt sich mit Stuart Hall in der Tradition rassifizierender Weisen der Herstellung von Macht über Andere lesen. So schreibt Hall mit Blick auf die Produktivität rassifizierender Diskurse:

> Das Wissen, das ein Diskurs produziert, konstituiert eine Art von Macht, die über jene ausgeübt wird, über die ‚etwas gewusst wird'. Wenn dieses Wissen in der Praxis ausgeübt wird, werden diejenigen, über die ‚etwas gewusst wird', auf eine besondere Weise zum Gegenstand der Unterwerfung. (Hall 1994a, S. 154)

Die in der Verknüpfung mit dieser Weise der reduzierenden Hervorbringung von Subjektpositionen der Anderen als „Betroffene" zugleich vollzogene *semantische Reduktion* des Expertenbegriffs kann dabei bis zu dessen Auflösung führen, wie es in der folgenden Passage in einer weiteren Analogisierung von Expertise und Betroffenheit von migrationsgesellschaftlichen Differenzverhältnissen nachzuvollziehen ist:

> also jeder, jede ist ja irgendwie Expertin für irgendwas (I: mmh) so, das wäre das gleiche, wie wenn man sagt, man führt eine Rassismusdebatte, ohne dass die betroffene Gruppe mitreden darf (C, Pos. 45)

Hierbei wird das „Betroffensein" von Rassismus und anderen gesellschaftlichen Differenzverhältnissen insofern verkürzt, als dass suggeriert wird, dass eben nicht alle Menschen – wenn auch auf unterschiedliche Weisen – von diesen betroffen seien (vgl. Kapitel 2). In diesem Sinne begründet auch D die oben kurz thematisierte Entscheidung, mit dem Theaterjugendclub nicht zur Berliner Afrikakonferenz zu arbeiten damit, dass sie dies lieber „Betroffene[n] aus den Ländern die sozusagen die Geschichte viel stärker spüren, als wir hier in Europa" (D, Pos. 107) überlasse.

Veronika Kourabas (2019, S. 10) unterscheidet mit Blick auf die unterschiedlichen Weisen der Betroffenheit von Rassismus zwischen der „positiven" Betroffenheit derjenigen, die von Rassismus profitieren und der „negativen Betroffenheit" derjenigen, die im Rassismus als Andere hervorgebracht und benachteiligt werden.[173] Diese Unterscheidung ist zentral, um die Dimension der strukturellen Pri-

173 Gleichzeitig weist Kourabas (2019, S. 10) mit Bezug auf Untersuchungen von Frantz Fanon und Grada Kilomba darauf hin, dass Rassismus komplexer wirkt. Rassismus halte ebenfalls schädigende Momente für Personen bereit, „die zwar faktisch von Rassismus profitieren bzw. nicht von Rassismus in ihrer Lebensgestaltung spürbar eingeschränkt werden, jedoch ebenfalls Deformationen in einer Abspaltung negativer Eigenschaften und Projektionen auf rassifizierte Menschen in sich tragen".

vilegierung und Deprivilegierung von Menschen im Rassismus als Herrschaftsverhältnis zu benennen.

Die hier angesprochene „positive" Betroffenheit derjenigen Menschen, die in Differenzordnungen als strukturell privilegiert werden, wird im theaterpädagogischen Diskurs tendenziell dethematisiert. Dies ist besonders dann problematisch, wenn „betreffen" mit Blick auf die Bedeutsamkeitsdimension gelesen wird, etwas sei „von Bedeutung für jemanden", und hieraus eine nicht bestehende Notwendigkeit abgeleitet wird, sich als zum Beispiel *weiß* positionierte Person mit der Frage zu beschäftigen, wie Rassismus und Kolonialgeschichte auf das eigene Leben und das Leben anderer Menschen Einfluss nehmen.

Entgegen der Annahme, Rassismus „betreffe" nur diejenigen, die in Ordnungen des Rassismus als Andere adressiert werden, hatte ich in Kapitel 5 aus einer subjektivierungstheoretischen Perspektive erläutert, dass Rassismus *alle* Menschen nicht nur betrifft, sondern diese auch „bildet", insofern

> [...] Rassismus mittels Wissen und Erfahrung auf Prozesse der Konstitution und Transformation von Selbst- und Weltverhältnissen positiv oder negativ Einfluss nimmt. [...] In Diskursen, Wissensformen und Sprachen, den heteronomen Medien der Subjektkonstituierung, werden Menschen machtvoll unterschieden. (Broden/Mecheril 2010, 7ff.)

Rassistische Zugehörigkeitsordnungen wirken sich nicht nur auf die Selbstverständnisse und -Praxen derer aus, die in ihnen als Andere positioniert werden. Vielmehr besteht ihre sozialisierende Wirkung darin, dass sie die Selbstverständnisse *aller* Menschen „praktisch, kognitiv-explizit, aber auch sinnlich-leiblich vermitteln" (Broden/Mecheril 2010, S. 17). Ein Bestandteil von Rassismus ist es aber, dass dies mit Blick auf im Rassismus *weiß* positionierte Menschen häufig dethematisiert wird und Erfahrungen, die mit dieser *weißen* Positioniertheit verknüpft sind als universelle Erfahrungen interpretiert werden und somit Privilegien und Differenzverhältnisse aus dem Blick geraten. In diesem Zusammenhang spricht Ursula Wachendörfer (2001) von „Weiß-Sein in Deutschland" als „Unsichtbarkeit einer herrschenden Normalität" und weist auf die Funktionalität der Dethematisierung und Nicht-Wahrnehmung der (eigenen) *weißen* Positioniertheit und der mit ihr verbundenen Privilegien für die Aufrechterhaltung und Etablierung von Macht- und Herrschaftsverhältnissen hin.

Auch aber nicht nur vor dem Hintergrund einer solchen Lesart der Adressierung Anderer als Expert*innen als Praxis der Dethematisierung wird mit Blick auf die untersuchten Praktiken die Gefahr nachvollziehbar, dass die (künstlerische, inhaltliche) Auseinandersetzung mit Differenzverhältnissen im Kontext der Theaterpädagogik am Theater im Sinne einer Zuständigkeitsordnung als Aufgabe jener verfasst wird, die von diesen als Andere hervorgebracht werden, während die in diesen Differenzverhältnissen hervorgebrachten Subjektpositionen des Eigenen als solche adressiert werden, die nicht für die (künstlerische, inhaltliche) Auseinandersetzung mit Differenzordnungen und den in ihnen aktualisierten Macht- und Herrschaftsverhältnissen verantwortlich sind. Dieser Zuständigkeitsordnung und der mit ihr verknüpften Praxis einer *diskursiven Responsibilisierung* von Anderen für die Auseinandersetzung mit Differenzverhältnissen werde ich im Folgenden weiter nachgehen.

8.3.3 Theaterpädagogische Ordnungen der Zuständigkeit für die Auseinandersetzung mit Differenzverhältnissen

Mit Blick auf die „Betroffenheit" Anderer von migrationsgesellschaftlichen Differenzverhältnissen wird im Material prominent das Bestehen von einem „gleichmachenden Blick" (E, Pos. 34), von „Stereotypen" (ebd.), von „Vorurteilen" (D, Pos. 20) oder von „Klischees" (C, Pos. 25; E, Pos. 20) thematisch gemacht. Als mit dem Politischen verbundene Aufgabe der Theaterpädagogik am Theater wird in den Interviews das Ziel zu verstehen gegeben, möglichst reflektiert mit diesen umzugehen. Etwa im Kontext der Besetzung von Rollen im Theaterjugendclub ginge es darum, stereotype Besetzungstraditionen im Theater zu überwinden und stattdessen „[...] Grenzen auf zu machen also (1) wer spielt was eigentlich, grundsätzlich, in alle Richtungen [...]" (C, Pos. 5). Vor dem Hintergrund, dass ein (solcher) Umgang mit stereotypisierenden Praktiken der Repräsentation „[...] ein gesellschaftliches Bewusstsein betrifft, oder so ein kollektives Bewusstsein, oder so ähm (4) wie eine Gesellschaft Dinge wahrnimmt oder über Dinge redet (1) [...]" (C, Pos. 17) wird dieser sowohl mit Blick auf Bildungsprozesse der Jugendclubmitglieder als auch mit Blick auf solche des Publikums explizit als „politisch" (ebd.) zu verstehen gegeben.

Bezugnehmend auf die theaterpädagogische Inszenierungspraxis mit Kindern erläutert in diesem Sinne E das Ziel, „Kinderklischees" zu „hinterfragen" als etwas „politisches":

> ich finde das hat auch was politisches, dass ich da nochmal die Kinderklischees da hinterfrage (.) und das können natürlich nur echte Kinder (E, Pos. 20)

Die Formulierung „dass ich da nochmal die Kinderklischees da hinterfrage" markiert dabei das Politische des theaterpädagogischen Umgangs mit „Klischees" als eine Form des Handelns (das „Hinterfragen" der „Kinderklischees"), als dessen handelndes Subjekt zunächst das (theaterpädagogische) „Ich" zu verstehen gegeben wird. Dem gegenüber steht der Fortlauf der Sequenz, in dem das Hinterfragen dann als eine Handlung zu verstehen gegeben wird, die „natürlich nur echte Kinder" vollziehen „können". Rekonstruierbar wird hier eine doppelte Markierung der Subjekte dieses (politischen) Handelns: Auf der einen Seite ein (politisches) Handeln der Theaterpädagog*in, auf der anderen Seite ein (politisches) Handeln von Kindern. Vor diesem Hintergrund stellt sich die Frage, was *genau* hier als theaterpädagogisches politisches Handeln markiert wird und was als ein solches, welches *nur* („echte") Kinder tun können.

Ich hatte oben herausgearbeitet, wie Andere auf eine Weise als Expert*innen adressiert werden, in deren Zentrum nicht *deren* Expertise, sondern die Expertise der Theaterpädagog*innen über die (vermeintliche Expertise der) Anderen steht. Gelesen als Aktualisierung dieser Figur lässt sich die hier abgebildete Passage als eine diskursive Praxis verstehen, in der die mit dieser Zuteilung von Expertisen verbundenen unterschiedenen Handlungsanforderungen nachvollziehbar werden. Für diese Zuteilung bezieht die Theaterpädagog*in als Grundlage für das von *ihr* vollzogene „Hinterfragen" eine Position, in der bereits *gewusst* wird, um welche Kinderklischees es hier geht oder welche Kinderklischees es gibt. Die Formulierung „*die* Kinderklischees" im Gegensatz nur zu „Kinderklischees" unterstreicht diese Lesart. Als eine sich aus der mit diesem Wissen der Theaterpädagog*in verbundenen Position heraus vollziehende Handlungsweise wird das „Hinterfragen" von „Kinderklischees" dann als eine Praxis markiert, die in die Nähe eines Kuratierens der Anderen rückt. Den Kindern kommt in dieser (Konstruktion der) theaterpädagogischen Inszenierungspraxis dann die Aufgabe zu, mit ihren *Körpern* das, was gezeigt werden soll, als „echte Kinder" zu *repräsentieren*. Und zwar auf eine Art, in der paradoxerweise das „Echte" der Subjektposition „Kind" als *not-*

wendiger Bezugsrahmen für das „Hinterfragen“ jener „Kinderklischees“ markiert wird, für die essentialisierende Adressierungen der Subjektposition „Kind“[174] die Grundlage bilden.

Mit Blick auf die Adressierung migrationsgesellschaftlich als „Andere“ Geltender als Expert*innen lassen sich im Material wiederholt (derartige) Markierungen der *Notwendigkeit* der (leiblichen) *Präsenz* „echter“ Anderer auf der Theaterbühne für die Reflexion und Bearbeitung von stereotypen „Bilder[n]“ (C, Pos. 34; E Pos. 20) rekonstruieren. So wird zum Beispiel in der folgenden Passage die „Suche nach (1) Romas“ (D, Pos. 20) verknüpft mit dem Ziel einer „Aufklärung des Publikums“ (ebd.) und damit, mit „den Vorurteilen [zu] spielen“ (ebd.):

> und wir sind da gerade auf der Suche nach (1) Romas und da geht es darum, auf jeden Fall da um Empowerment und um (3) Aufklärung des Publikums vielleicht auch, sozusagen, also so ein bisschen so dieses mit den Vorurteilen spielen ähm und um Bühne überlassen (D, Pos. 20)

Die Bedeutung des Begriffs „überlassen“ kann sich laut Duden sowohl darauf beziehen, „jemandem etwas ganz oder zeitweise zur Verfügung zu stellen“ als auch darauf „etwas jemandes Obhut anzuvertrauen“. Beide Bedeutungen implizieren eine Verfügungsmöglichkeit der überlassenden Person über den zu überlassenden Gegenstand. Ähnliches gilt für das im Material gegenüber der Formulierung „überlassen“ häufiger aktualisierte sprachliche Bild des „Bühne Gebens“. Der Topos „Bühne überlassen/Bühne geben“ lässt sich also zunächst als Markierung einer Zugehörigkeit der sprechenden Theaterpädagog*in zu dieser Bühne verstehen, welche sich durch die Möglichkeit der Verfügung über diese auszeichnet, die die Grundlage dafür bildet, diese „überlassen“ oder „geben“ zu können. Aus dieser hier implizit konstruierten Position der eigenen Verfügungsmöglichkeit heraus soll diese Bühne dann in der obigen Passage an die als „Romas“ Markierten zu *deren Verfügung* gestellt werden. Und zwar einerseits im Sinne von deren Ermächtigung („Empowerment“), im Sinne also einer Steigerung von deren Macht. Und

174 Ich gehe hier im Anschluss an Perspektiven der Kindheitssoziologie davon aus, dass (auch) „Kindheit“ keine natürliche Kategorie bezeichnet, sondern als soziales Konstrukt zu verstehen ist. So formulieren Alan Prout und Allison James: „Childhood is understood as a social construction. As such, it provides an interpretive frame for contextualizing the early years of human life. Childhood, as distinct from biological immaturity, is neither a natural nor a universal feature of human groups, but appears as a specific structural and cultural component of many societies“ (James/Prout 1997, S. 8).

andererseits im Sinne einer „Aufklärung des Publikums" und eines „mit den Vorurteilen spielen". In der Verknüpfung des Topos „Bühne überlassen/Bühne Geben" mit dem Ziel einer „Aufklärung des Publikums" und eines „mit den Vorurteilen spielen" zeigt sich dabei, dass die Verfügung über die Bühne an verschiedene Anforderungen geknüpft ist, die ihren Rahmen bilden:

Gebunden ist das „Überlassen" der Bühne erstens auch hier an die Anforderung an die Einnahme jener Subjektposition migrationsgesellschaftlich als Andere Geltender als „Betroffene" (hier: von „Vorurteilen") durch die – hier: als „Romas" - adressierten potenziellen künstlerischen Produzent*innen. Diskursiv ausgeschlossen werden durch diese Anforderung solche Verfügungsweisen über die Bühne, die sich durch theatrale Praktiken und diesen implizite Selbstpositionierungen auszeichnen, in denen von den künstlerischen Produzent*innen die Subjektposition „Betroffene*r von „Vorurteilen" nicht bezogen wird. Zweitens ist es darüber hinaus auch gebunden an die Anforderung, eine künstlerisch-theatrale Praxis zu vollziehen, die zu einer „Aufklärung des Publikums" bezüglich „Vorurteilen" über „Romas" beitragen kann.

Insofern sich diese Verknüpfung dabei in eine Figur einfügt, in der nur „echte" Andere zum Thema „Vorurteile" (künstlerisch) auf der Bühne arbeiten können, lassen sich die Adressierungen der Anderen als Expert*innen hier als Aktualisierung einer Zuständigkeitsordnung und mit ihr verknüpften diskursiven Praktiken der Responsibilisierung perspektivieren. Diese Zuständigkeitsordnung bezieht sich im Material nicht nur auf die Auseinandersetzung mit Stereotypen, sondern sie kann auch ganze Themenkomplexe betreffen, wie etwa die theaterpädagogische Arbeit mit dem Jugendclub zur Berliner Afrikakonferenz:

> [...] und wir wurden gefragt ob wir dazu was machen wollen (1) [...] und ich hab dieses Mal irgendwie abgesagt und gesagt ´Nee`, ich finde es nicht richtig, wenn weiße Jugendliche Europäer was zur Berliner Konferenz machen indem sie sagen ´Das war nicht richtig`, das, das stimmt nicht und zum Glück ist das so, dass ähm (2) also es werden ein Künstler aus Ghana und ein Künstler aus Kamerun hier eingeladen (I: mmh) ne Performance zu machen und ich hab dann, also ich finde das dann eher, also ich fänds schöner in dem Fall, tatsächlich, sozusagen ihnen die Bühne zu überlassen [...] (D, Pos. 105)

In ihrer Kritik einer Hervorbringung von „White Racial Innocence" weist in diesem Sinne Robin di Angelo auf die Gefahr hin, von Rassismus als Andere Betroffene als Verkörperungen von *race* zu adressieren, während *weiße* Menschen als Subjekte imaginiert werden, die sich außerhalb der Ordnungen des Rassismus befinden und die Aufgabe der Bearbeitung von Rassismus (oder wie oben: Kolonialgeschichte) an migrationsgesellschaftlich als Andere Geltende übertragen können:

> Because people of color are not seen as racially innocent, they are expected to speak to issues of race (but must do so in white terms). This idea – that racism is not a white problem – enables us to sit back and let people of color take very real risks of invalidation and retaliation as they share their experiences. But we are not required to take similar cross-racial risks. They- not we – have race, and thus they are the holders of racial knowledge. In this way, we position ourselves as standing outside hierarchical social relations. [...] The expactation that people of color should teach white people about racism [...] implies that racism is something that happens to people of color and has nothing to do with us and that we consequently cannot be expected to have any knowledge of it. This framework denies that racism is a relationship in which both groups are involved. By leaving it to people of color to tackle racial issues, we offload the tensions and social dangers of speaking openly onto them. We can ignore the risks ourselves and remain silent on questions of our own culpability. (DiAngelo 2018, S. 62)

Vor diesem Hintergrund betont di Angelo zwei weitere problematische Dimensionen der Responsibilisierung Anderer als Zuständige für die Auseinandersetzung mit Rassismus. Einerseits stärke diese Erwartung ungleiche Machtverhältnisse, weil sie von *Weißen* nichts verlange, sondern People of Color auffordere, „unsere Arbeit zu erledigen" („asking people of color to do our work", ebd., S. 64). Zweitens ignoriere diese Erwartung eine historische Dimension von Rassismus als einem Herrschaftsverhältnis: Von Rassismus als Andere Betroffene kritisieren und bekämpfen Rassismus seit dessen Bestehen. Das Problem ist also nicht, dass es kein rassismuskritisches Sprechen aus diesen Perspektiven gibt und gegeben hat, sondern dass dieses seit Jahrhunderten ignoriert, disqualifiziert oder für die Herstellung von *weißer* Vorherrschaft angeeignet wird.

Als vermeintlich authentische Expert*innen ihrer Selbst werden migrationsgesellschaftlich als Andere Geltende also nicht nur wie oben rekonstruiert im Kontext eines Authentizitätsimperativs als Auskunftgeber*innen über sich selbst und ihre

Biografien adressiert, sondern auch als (alleinig) *Verantwortliche* für die (künstlerische) Auseinandersetzung mit migrationsgesellschaftlichen Differenzverhältnissen und mit diesen verknüpften Wissensbeständen.

So wird als Andere Markierten diskursiv eine Position zugewiesen, mit der eine spezifische und äußerst eingeschränkte Zugehörigkeitsmöglichkeit zum Theaterjugendclub einhergeht. Für diese ist der Bezug einer ver-anderten Subjektposition ebenso notwendig, wie das Erfüllen der mit ihm einhergehenden Anforderungen der Verantwortungsübernahme für eine (sowohl inhaltlich als auch ästhetisch spezifische auf „Vorurteile" bezogene) Auseinandersetzung mit migrationsgesellschaftlichen Differenzverhältnissen.

Im Sinne jener in Kapitel 3 thematisch gemachten hiermit verknüpften "Themen-Teilnehmer-Verquickung" lässt sich auch eine Passage aus dem Interviewgespräch mit C lesen, in dem C mit Blick auf die Jugendclubarbeit zum Thema „Körper" betont:

> eigentlich (.) ist das ganz gut wenn wenn wenn junge Menschen sich mal mit (1) äh (3) mit Geschlechterfragen auseinandersetzen obwohl die Geschlechterfrage jetzt da nicht im Vordergrund stand sondern einfach der eigene Körper und dadurch, dass das halt alles Frauen waren, wars halt automatisch (1) gings halt um Gender (C, Pos. 15)

Indem hier „einfach der eigene Körper" fokussiert wird, wird die theatrale Auseinandersetzung mit dem Themenkomplex „Körper" im Jugendclub hier zunächst als eine Auseinandersetzung mit den *eigenen* Körpern, also den Körpern *der Jugendclubmitglieder* zu verstehen gegeben. Diese werden auch hier zugleich mit Blick auf ihre Geschlechtlichkeit naturalisiert, wobei jene in Kapitel 4 mit Judith Butler problematisierte Ordnung zum Ausdruck kommt, in welcher das biologische Geschlecht („sex") nicht als „Effekt des kulturellen Konstruktionsapparates" (Butler 2001a, S. 24) adressiert wird, sondern als vermeintlich natürliche, vordiskursive Kategorie, deren *kulturelle Aufladung* dann in Auseinandersetzung mit dem sozialen Geschlecht („gender") zum Thema werden kann. Auf dieser Grundlage kann die „Themen-Teilnehmer-Verquickung" hier als eine Verknüpfung der Arbeit zum Thema „Körper" mit der Arbeit zum *eigenen und zugleich naturalisierend vergeschlechtlichten Körper* der Jugendclubmitglieder wirksam werden. Dabei suggeriert das Wort „einfach" eine vermeintliche „Natürlichkeit" dessen, dass die Körper der Jugendclubmitglieder hier nicht nur als *Medien* der Auseinandersetzung, sondern auch als deren *Gegenstand* adressiert werden, die zu einer „automatischen" Auseinandersetzung mit dem Thema „Gender" geführt habe.

Ähnliches lässt sich in den untersuchten Praktiken immer wieder auch mit Blick auf das Anliegen, „eine Stimme zu geben" feststellen, wenn es zum Beispiel mit Blick auf eine Zusammenarbeit mit geflüchteten Jugendlichen heißt: „[...] ja was ist daran das Politische, ähm ich glaube da wurde gesagt, na ja denen eine Stimme zu geben [...] also es geht darum, ihre Problematik, ihre Sachen zu zeigen [...]" (B, Pos. 81). Die diskursive Aktualisierung von Ordnungen des Rassismus in der Migrationsgesellschaft als „Problem" der migrationsgesellschaftlich als Andere Geltenden, als „ihre Problematik, ihre Sachen", schreibt dabei nicht nur *deren* Zugehörigkeitsmöglichkeiten zum Theaterjugendclub und die mit diesen verbundenen Anforderungen fest, sondern aktualisiert im Umkehrschluss auch die Subjektposition *des Eigenen* auf spezifische Weisen: Erstens, wie ich dies in Kapitel 8.1 erläutert hatte, als eine, welche sich als nicht als „anders" Markierte selbst *außerhalb* dieser „Problematik" befindet und deren Zugehörigkeitsmöglichkeiten zum Theaterjugendclub daher auch nicht auf diese Weise eingeschränkt sind. Zweitens als eine, für die die Auseinandersetzung mit gesellschaftlichen Differenzverhältnissen erst *angesichts der Präsenz* als „anders" markierter Subjektpositionen auf eine Weise relevant wird, in der die Bearbeitung gesellschaftlicher Differenzverhältnisse den als „anders" markierten Subjektpositionen „überlassen" wird. Und drittens, als eine, welche (als Theaterpädagog*in) über die „Problematik" der migrationsgesellschaftlich als Andere Geltenden weiß und diese „Problematik" (und die sie repräsentierenden Körper) vom Standpunkt dieses Wissens aus „zeigen" kann.

9 Zusammenfassung

Bevor ich in den folgenden beiden Kapiteln die Ergebnisse meiner Untersuchung zusammenfasse, zusammenführe und abschließend herrschaftskritisch perspektiviere, möchte ich im Sinne der Nachvollziehbarkeit für die Lesenden an dieser Stelle noch einmal einige für die Untersuchung wesentliche Eckpfeiler markieren:

Untersucht wurde unter Bezugnahme auf rassismuskritische und subjektivierungstheoretische Analyseperspektiven der Diskurs der Theaterpädagogik am Theater der Migrationsgesellschaft hinsichtlich der in ihm aktualisierten Differenz- und Zugehörigkeitsordnungen sowie der in diesen vollzogenen Praktiken der Subjektivierung. Ein zentrales Interesse lag hierbei auf der Frage, wie der theaterpädagogische Diskurs in den in Interviewgesprächen zwischen Theaterpädagog*innen über das Politische der Theaterpädagogik iterierten Praktiken aktualisiert wird und welche Rolle hierbei Bezugnahmen auf Andere spielen. Dieses Interesse stand nicht am Anfang der Untersuchung, sondern bildet das Ergebnis von (auch gemeinsamen) Lektüren der Interviewtranskripte und der Entscheidung für eine in diesen Lektüren entstandene fruchtbare Lesart des Materials. Im Zentrum dieser Lesart steht eine enge Verknüpfung zwischen dem Sprechen der Interviewten über die politischen Dimensionen ihrer theaterpädagogischen Praxis am Theater mit dem Sprechen über migrationsgesellschaftlich als Andere Geltende.

Um dieser Verknüpfung im Material nachzugehen, habe ich drei diskursive Figuren herausgearbeitet, mit und in denen der Gegenstand einer (politischen) Theaterpädagogik am Theater der Migrationsgesellschaft und seine Subjekte in den Interviews hergestellt werden. In den von mir im Sinne von Modellierungen (vgl. Kapitel 6) erarbeiteten Figuren habe ich mich unter verschiedenen Schwerpunktsetzungen für die spezifischen Weisen der Konstruktion des Politischen der Theaterpädagogik am Theater der Migrationsgesellschaft interessiert. Hierbei habe ich insbesondere die diskursiven Praktiken der Subjektivierung fokussiert, welche in die Konstruktionen des Politischen eingelassen sind und gefragt, inwiefern diese für die Konstruktionen des Politischen der Theaterpädagogik am Theater relevant sind.

Ein erstes, gewissermaßen allgemeines, die von mir modellierten Figuren übergreifendes Ergebnis der Untersuchung besteht darin, dass sowohl der Gegenstand einer (politischen) Theaterpädagogik am Theater als auch seine Subjekte in diesen Praktiken auf bedeutsame Weise *in Verknüpfung* mit migrationsgesellschaftlich vorherrschenden Differenz- und Zugehörigkeitsordnungen hergestellt werden. Hierbei zeigen sich beide Ebenen als empirisch konstitutiv miteinander verwoben und einander nicht vorgängig: Nicht nur die diskursiven Gegenstandskonstruktionen (des Politischen) der Theaterpädagogik am Theater strukturieren die möglichen Subjektpositionen. Sondern die diskursive Hervorbringung von Subjektpositionen entlang von Unterscheidungen zwischen einem „Wir" und einem „Nicht-Wir" strukturiert auch die Hervorbringung des Gegenstands (des Politischen der) Theaterpädagogik am Theater.

Anliegen der beiden nun folgenden abschließenden Kapitel 9 und 10 ist es, wesentliche Aspekte der von mir in der Fokussierung dieser Verknüpfung modellierten Figuren zusammenzufassen (Kapitel 9) und in einer Zusammenführung einige meines Erachtens aus herrschaftskritischer Perspektive bedeutsame Dimensionen der Theaterpädagogik am Theater der Migrationsgesellschaft zu perspektivieren (Kapitel 10).

9.1 Das Politische der Theaterpädagogik am Theater im Kontext von Fluchtdiskursen

In Kapitel 8.1 habe ich eine diskursive Figur herausgearbeitet, in der das Politische der Theaterpädagogik am Theater über die Theaterarbeit mit „Flüchtlingen" konstruiert und damit eng mit einer spezifischen Hervorbringung der Subjektposition „Flüchtling" verknüpft ist.

Grundlegend für meine Ausführungen war dabei die subjektivierungstheoretisch informierte Annahme, dass es sich bei der Subjektposition „Flüchtling" nicht um eine natürliche Kategorie handelt, sondern um eine, die in (Migrations-)Diskursen auf je spezifische Weisen hergestellt und in Beziehung zum jeweiligen Kontext (hier: Theaterpädagogik am Theater) gesetzt wird. Ein „Flüchtling" zu *„sein"* lässt sich als Effekt von (hegemonialen) (Migrations-)Diskursen verstehen, die sich laut der Forschung u.a. maßgeblich dadurch auszeichnen, dass sie die Tatsache, dass die Position „Flüchtling" sich nicht aus der Migration eines Individuums, sondern aus der rechtlichen Verfasstheit des sogenannten „Aufnahmelandes" „ableitet" zugunsten einer Verquickung dieser Markierung mit dem Subjekt verschleiern. Mit Blick auf die Subjektposition „Flüchtling" wird aus der Perspektive der kritischen Migrationsforschung außerdem problematisiert, dass Menschen hier auf einen auf spezifische Weise hervorgebrachten politisch-rechtlichen Status reduziert und zugunsten eines einzigen Merkmals homogenisiert werden.

> Die Flucht [...] wird als zentrales Merkmal dieser Personen herausgestellt und zum Hauptaspekt ihrer Identität gemacht. Die Menschen verlieren ihre Gesichter. All ihre Lebenserfahrungen, all das, was ihr Leben vor der Flucht bestimmt hat, ihre soziale Position, ihre Fähigkeiten, ihre Sprache etc. werden bedeutungslos. Sie werden nur noch als ‚Flüchtlinge' angesehen und mit verallgemeinernden Attributen bedacht. So kann die Kategorie ‚Flüchtling' und die damit verbundenen Zuschreibungen für die Betroffenen zu einem Gefängnis werden und zu einer grundlegend veränderten und reduzierten Selbstwahrnehmung führen. (Hemmerling 2003, S. 16)

Als monokausale Perspektive stellen Flüchtlingsdiskurse eine „identitätsstiftende Eindeutigkeit im ausschließlichen Bezug auf den Herkunftsort" (Seukwa 2016) her und bilden dabei den Nährboden für diskriminierende Effekte. Die Markierung „Flucht" wird dadurch „[...] zum bestimmenden Merkmal der *Biografie* der Flüchtenden gemacht", wobei den derart adressierten „eine Identität zugeordnet [wird], die umfassend über sie bestimmt". Ein „Flüchtling" zu sein wird „zum identitätsbestimmenden Merkmal stilisiert und alle anderen Persönlichkeitsmerkmale werden diesem einen Kriterium nach- und untergeordnet" (ebd.).

Vor diesem Hintergrund habe ich mein Interesse an der Konstruktion des Politischen der Theaterpädagogik am Theater über die Arbeit mit sogenannten „Flüchtlingen" mit Blick auf folgende miteinander verwobene Fragen konkretisiert: Wie wird in dieser Figur das Politische der Theaterpädagogik am Theater konstruiert? Was gilt als Politisches der Theaterpädagogik am Theater und was nicht und welche Eigenschaften werden in den modellierten Praktiken mit dem Politischen verbunden? Wie wird hiermit verwoben die Subjektposition „Flüchtling" adressiert? Inwiefern werden Praktiken der „Naturalisierung der Flüchtlingsexistenz" in dieser Adressierung im spezifischen theaterpädagogischen Kontext bedeutsam? Auf welche Weise wird hierbei Theaterpädagogik am Theater als diskursiver Ort hergestellt und welche natio-ethno-kulturell kodierten Zugehörigkeitsordnungen werden hierbei aktualisiert?

Das in den untersuchten Praktiken hervorgebrachte Politische der Theaterpädagogik am Theater habe ich als ein *substanzlogisch verfasstes Politisches* rekonstruiert, welches mit Blick auf die theoretische Unterscheidung zwischen „le politique" und „la politique" als Fassung des Politischen als „Politik" kontextualisiert werden kann. Im rekonstruierten substanzlogisch verfassten Begriff des Politischen bildet dieses eine Eigenschaft, die bestimmten „Gegenständen" oder „Orten" im weitesten Sinne zu eigen ist und anderen nicht.

In der in 8.1 herausgearbeiteten Figur werden vor allem *Themen*, mit denen sich theaterpädagogische Projekte beschäftigen, fokussiert und in mehr oder weniger politische Themen unterteilt. Dabei wird die Politizität eines Themas mit seiner Außergewöhnlichkeit verbunden und das Politische (der Theaterpädagogik) damit als etwas markiert, das weniger im Alltag als vielmehr im Besonderen zu suchen ist.

Dabei ließ sich die Hervorbringung des Politischen der Theaterpädagogik in einer normativ verfassten *Steigerungslogik* rekonstruieren, in der ein „mehr" an Politischem angestrebt wird und die grundsätzlich anschlussfähig ist an die prominent von Hartmut Rosa beschriebenen strukturellen Steigerungsanforderungen im Kontext von modernen Wachstums- und Wettbewerbsgesellschaften (vgl. ROSA 2020) und mit diesen verbundene Subjektivierungsformen (vgl. BRÖCKLING 2007).

Als besonders politisch und als superlativer Bezugspunkt in der Steigerungslogik des Politischen der Theaterpädagogik wird wiederholt das „Flüchtlingsthema" markiert, mit dem eine politische Theaterpädagogik am Theater sich auseinandersetzen soll – und zwar in der theatralen Arbeit *mit „Flüchtlingen"*. Hier läuft zusammen, dass einerseits das Politische als ein zu steigerndes Besonderes entworfen wird und dass hier andererseits die Subjektposition „Flüchtling" als etwas Besonderes hergestellt, bzw. in der Sprache der Rassismuskritik „besondert" wird. In den modellierten Praktiken wird die Zuwendung zu den „Flüchtlingen" und „ihren Themen" dabei wiederholt als etwas auch *aktuell* sehr Politisches beschrieben, was ich als Aktualisierung einer Logik des Konjunkturellen in der Theaterpädagogik am Theater lese.

Die Subjektposition „Flüchtling" wird dabei als eine hergestellt, durch die Subjekte tendenziell auf ihr „Geflüchtetsein" reduziert und in diesem Status / dieser Identitätskonstruktion festgeschrieben werden. Bezugnahmen auf die Theaterarbeit mit der „Flüchtlingsszene" oder der „Flüchtlingsbewegung" rufen dabei im Material das Bild einer gewissen Homogenität und Geschlossenheit bzw. auch Abgeschlossenheit einer vermeintlichen Gemeinschaft mit eigenen (sozialen/kulturellen) Regeln auf, welches für die Markierung einer Bewegung der Annäherung der Theaterpädagogik am Theater *zu etwas Anderem* funktional ist.

Die Subjektposition „Flüchtling“ wird dabei als eine Art Personifizierung des Politischen im Allgemeinen und von Migrationsgesellschaftlichkeit im Speziellen adressiert. Grundlegend hierfür ist eine Markierung der Subjektposition „Flüchtling“ als eine, die problembehaftet ist. Als Repräsentantin einer „Flüchtlingsproblematik“ wird die Subjektposition „Flüchtling“ als Trägerin dieser Problematik markiert. Indem Theaterprojekte „zu“ oder „mit“ „Flüchtlingen“ arbeiten, werden die derart Adressierten außerdem tendenziell passiviert. Als „Zuwendungsempfänger*innen“ werden sie auf ihren Status und ihre Biografien als „Flüchtling“ reduziert, mit denen künstlerisch gearbeitet und das Politische auf die Bühne gebracht werden kann. Zwar wird im Material wiederholt eine Reflexion markiert, wie eine (aneignungs-)sensible Umgangsweise mit „den Geschichten von Geflüchteten“ im Theater aussehen könnte, die hier thematisch werdenden Weisen der Herstellung dieser Subjektposition durch das Theater werden jedoch nicht reflektiert.

9.1.1 Ambivalenzen der Zuwendung

Verwoben mit der Konstruktion der Subjektposition „Flüchtling“ wird das Politische der Theaterpädagogik am Theater auf spezifische Weise diskursiv hergestellt und in Beziehung zu migrationsgesellschaftlichen Macht- und Herrschaftsverhältnissen gesetzt:

Theaterpädagogik am Theater wird in dieser Figur als ein diskursiver Ort hervorgebracht, der sich mit dem Politischen in Form eines politischen Themas (Migration) über die Zuwendung zu Anderen beschäftigt. In seiner Kennzeichnung als „Flüchtlingsthema“ ist dieses Thema kein „eigenes“ Thema, sondern eines der Anderen: Wenn Flüchtlinge über „ihre Sachen“ sprechen (sollen), ist damit häufig eine Auseinandersetzung mit Krieg, Gewalt und Katastrophen in den „Herkunftsländern“ verbunden oder mit Motivationen und Prozessen der Fluchtmigration. Beizeiten aber deutlich seltener auch eine Auseinandersetzung mit der sozialen, rechtlichen und lebensweltlichen Situation in Deutschland.

Anders als eine Auseinandersetzung mit dem „Thema Flucht" bindet eine Theaterarbeit zum „Flüchtlingsthema" und zur „Flüchtlingsproblematik" diese außerdem an die Subjektposition „Flüchtling". Aktualisiert wird die „Naturalisierung der Flüchtlingsexistenz" hier als eine, in der die Subjektposition „Flüchtling" als Ort des migrationsgesellschaftlichen Politischen (als superlativer Bezugspunkt in einer Logik der Steigerung) adressiert wird und dieses auf der Bühne der Theater auch repräsentieren soll, während das Eigene im Umkehrschluss nicht in seiner Politizität fokussiert wird und das Politische auch nicht auf der Bühne (in diesem Sinne) repräsentieren kann. Hiermit verbunden habe ich auch die ebenfalls im Material rekonstruierbare Verknüpfung des Politischen mit dem „Rausgehen" aus dem Theater perspektiviert: Das Rausgehen erscheint auch deshalb als notwendig, weil das Politische im „Außen" des Theaters und der Theaterpädagogik verortet wird. Die hier fokussierte Bewegung der Zuwendung zu einem derart *in den Anderen* verorteten Politischen kann aus herrschaftskritischer Perspektive als Praxis der Dethematisierung der migrationsgesellschaftlichen Verfasstheit des Eigenen der Theaterpädagogik am Theater verstanden werden, wie ich in Kapitel 10 weiter ausführen werde.

9.2 Das Politische der Theaterpädagogik am Theater im Kontext des Heterogenitätsideals

In Kapitel 8.2 habe ich eine diskursive Figur modelliert, in der das Politische der theaterpädagogischen Jugendclubarbeit am Theater über die Fokussierung der personellen Zusammensetzung des Theaterjugendclubs konstruiert wird. Das als zu steigernd markierte Politische der Theaterpädagogik am Theater wird hier ausgehend von der Diagnose einer bestehenden Homogenität der Jugendclubmitglieder in der Erhöhung von deren Heterogenität verortet.

Theoretisch grundlegend war für die Analyse dieser Figur eine Perspektivierung der gegenwärtigen „Konjunktur" (Koller 2014, S. 9) von (erziehungswissenschaftlichen) Heterogenitätsdiskursen als Praktiken, mit denen Subjekte entlang von Differenzkategorien voneinander unterschieden als solche hervorgebracht werden, die sich mehr oder weniger gleich/ ungleich sind. Weil Heterogenität etwa mit Blick auf Eigenschaften, Vorlieben oder Herkünfte grundsätzlich für jede Gruppe beschreibbar ist, stellte sich mir für meine Analyse des theaterpädagogischen Heterogenitätsdiskurses die Frage, welche *spezifischen* Unterscheidungskategorien in den untersuchten Praktiken auf welche Weise relevant gemacht und mit (welcher) Bedeutung versehen werden. Mit Blick auf das von mir modellierte ambivalente Heterogenitätsideal der Theaterpädagogik ist hierbei besonders das Spannungsverhältnis von Konstruiertheit und Wirkmacht von Differenzkategorien relevant. Denn Thematisierungen von Heterogenität, die „[…] Unterschiedsdimensionen wie ‚Ethnie' oder ‚Geschlecht' als (zuweilen ‚natürlich') gegeben ansehen und Möglichkeiten des pädagogischen Umgangs mit ihnen suchen […]" (Dirim/Mecheril 2018, S. 19) laufen Gefahr, Subjekte mit Blick auf beispielsweise rassifizierende und vergeschlechtlichende Kategorien festzuschreiben. Thematisierungen hingegen, die von einer grundsätzlichen Heterogenität *innerhalb jeder* Gruppe ohne eine Beachtung hegemonialer Differenzordnungen ausgehen, in denen Subjekten spezifische Positionen und mit diesen verbunden unterschiedliche Möglichkeiten der Anerkennung und des Zugangs zu symbolischen und materiellen Ressourcen zugewiesen werden, laufen Gefahr, die Wirkmacht von gesellschaftlichen Differenzkategorien und den mit ihnen verbundenen Ordnungen zu ignorieren. „Denn Menschen sind nicht schlicht un-gleich, manche sind etwas un-gleicher und zwar in Abhängigkeit von ihrer gesellschaftlich vermittelten Position" (ebd., S. 17).

Vor diesem Hintergrund habe ich mein Interesse an der Konstruktion des Politischen der Theaterpädagogik am Theater im Zusammenhang des Heterogenitätsideals mit Blick auf folgende miteinander verwobene Fragen konkretisiert: Welche Kategorien der Unterscheidung von Teilnehmenden am Theaterjugendclub werden hier auf welche Weise relevant gemacht, aktualisiert und relationiert und welche diskursiven Praktiken der Subjektivierung sind hiermit verbunden? Wie und als was wird das Politische der Theaterpädagogik am Theater in den Bezugnahmen auf eine bestehende und im Sinne der herausgearbeiteten Steigerungslogik des Politischen zu steigernde Heterogenität der Teilnehmenden am Theaterjugendclub hergestellt? Auf welche Weise wird hierbei Theaterpädagogik am Theater als diskursiver Ort hergestellt und welche natio-ethno-kulturell kodierten Zugehörigkeitsordnungen werden hierbei aktualisiert?

Das Politische der Theaterpädagogik am Theater wird in dieser Figur über die Adressierung und Gestaltung einer Heterogenität der personellen Zusammensetzung des Theaterjugendclubs konstruiert. Heterogenität wird hier sowohl mit Blick auf eine gegenwärtig bereits bestehende Heterogenität als auch als zu erreichendes zukünftiges Ziel thematisch gemacht. Die Grundlage hierfür bildet im

Interviewmaterial der Fokus auf *spezifische* Unterschiedsdimensionen, die hier als „Marker" für Heterogenität fungieren, während andere Unterschiedsdimensionen hier nicht markiert und relevant gemacht werden.

Als eine über alle Interviews hinweg zentrale Kategorie der Unterscheidung wird im Kontext des Heterogenitätsideals die Zugehörigkeit oder Nicht-Zugehörigkeit der Jugendclubmitglieder zu einem „(Bildungs-)Bürgertum" markiert, welches als eine privilegierte Kultur- und Bildungselite adressiert wird. Das Politische der Theaterpädagogik am Theater wird vor diesem Hintergrund als Zuwendung zu denjenigen konstruiert, die *nicht* als Teil des (Bildungs-)Bürgertums positioniert werden.

Obwohl der Begriff „Heterogenität" eine *Relation* – der Unterschiedlichkeit von X und Y – kennzeichnet, ließ sich im Material in diesem Zusammenhang an vielen Stellen eine Gleichsetzung der als dem „bürgerlich" markierten Subjekt entgegen gesetzten als „anders" markierten Subjekte *mit* Heterogenität nachvollziehen, während die Teilnahme von als „bürgerlich" markierten Teilnehmenden als *Abweichung* vom Heterogenitätsideal adressiert wird. Das derart adressierte „nicht-bürgerliche" Subjekt wird hierbei im Sinne der Konstruktion einer „Heterogenität der ‚Anderen'" als gewissermaßen „in sich / von sich aus heterogen" adressiert. Als Verkörperung von Heterogenität wird es zum Anderen der gleichzeitig in ihrer (vermeintlichen) „Homogenität" fokussierten Theaterpädagogik am Theater gemacht.

Das im Heterogenitätsideal thematisch gemachte „(Bildungs-)Bürgertum" wird in der Figur des „Heterogenitätsideals" hierbei implizit als ein *weißes* (Bildungs-)Bürgertum hervorgebracht. Die Positionierungen *weiß* und „gebildet/bildungsbürgerlich sein" werden essentialisierend miteinander verbunden und diese Verbindung wird naturalisiert, wenn die (Nicht-)Zugehörigkeit zum „(Bildungs-)Bürgertum" (etwa mit Blick auf das „Optische") aus einer Positionierung von Teilnehmenden entlang natio-ethno-kulturell kodierter Unterscheidungen abgeleitet wird. In dieser als *naturalisierende Analogisierung* der Differenzkategorien *race* und *class*[175] zu lesenden Dimension der Figur werden dem derart als „bürgerlich", „ge-

175 Die (Markierung der) Zugehörigkeit zum Bildungsbürgertum lese ich vor dem Hintergrund meiner Auseinandersetzungen mit dem Material und der wiederholten Kritik an der „Bürgerlichkeit" der Theater als elitärer Ort als Markierung einer Klassenzugehörigkeit, welche mit einem normativen Bildungsbegriff verknüpft ist (vgl. Kemper/Weinbach 2021).

bildet“ und *„weiß“* konstruierten Eigenen der Theaterpädagogik am Theater als „migrantisch“ markierte Jugendliche als solche Andere entgegengesetzt, denen sich Theaterpädagogik als weniger bürgerliche und weniger gebildete Andere zuwenden kann und soll.

In einer Analogie zu Diskursen des Interkulturellen (vgl. Kapitel 3.2) werden das Bestehen und die Steigerung von Heterogenität im Theaterjugendclub vor dem Hintergrund dieser spezifischen Homogenitäts- und Heterogenitätskonstruktionen mit der Entstehung von Konflikten verbunden, welche auf die „Heterogenität der Anderen“ zurückgeführt werden und an kulturessentialistische Integrations- und Anpassungsdiskurse anschlussfähig sind.

Die (potenzielle) Konflikthaftigkeit des Einbezugs der Anderen im Sinne des Heterogenitätsideals wird jedoch nicht ausschließlich negativ, sondern auch explizit mit positiven Bewertungen verbunden: Die Teilnahme der Anderen als „Träger*innen des Konfliktiven“ wird als eine Bereicherung des Theaterjugendclubs, als sozial, ästhetisch und (für die Theaterpädagog*innen auch: persönlich) „spannend“ sowie als moralisch/politisch wünschenswert hervorgebracht.

Vor diesem Hintergrund habe ich eine implizite Markierung eines doppelten Mangels des (dieserart hervorgebrachten) Eigenen der Theaterpädagogik am Theater thematisch gemacht: Es wird in den untersuchten Praktiken sowohl als (sozial und ästhetisch) langweilig markiert als auch mit Blick auf seine Dominanz im Kontext der Theaterpädagogik am Theater hinsichtlich seiner moralischen Legitimität befragt. Angesichts der Verortung des Konflikthaften in den Anderen wird der theaterpädagogische Jugendclub dabei als ein Ort hergestellt, der ohne die Anwesenheit Anderer durch (langweilige aber friedliche) Harmonie gekennzeichnet wäre, während zugleich die Legitimität dieser (vermeintlichen) Harmonie infrage gestellt wird.

Mit Blick auf die untersuchten Praktiken der Subjektivierung in der Figur des Heterogenitätsideals werden als „migrantisch“ markierte (gegenwärtige und zukünftige) Jugendclubmitglieder als zugleich weniger gebildete und „spannende“ (C, Pos. 9) Andere konstruiert, die als solche den Theaterjugendclub bereichern können. Hiermit verknüpft wird – häufig verbunden mit einer essentialisierenden und homogenisierenden Verwendungsweise von „Kultur“ - implizit ein (kulturell) „Eigenes“ des Theaterjugendclub adressiert, welches als *weiß*, gebildet und bürgerlich adressiert wird. Auf diese Weise aktualisieren die in der Figur des Heterogenitätsideals modellierten Praktiken für den theaterpädagogischen Kontext eine hierarchisierende Ver-anderung der als „migrantisch“ markierten Jugendclubmitglieder. Wenn migrationsgesellschaftliche Differenz dabei wie hier als eine essentialisierte kulturelle Differenz adressiert und auf diese reduziert wird, geraten andere Dimensionen der Differenz, beispielsweise ökonomische oder soziale Differenzen aus dem Blick. Gleichzeitig wird hier, wie ich zeigen konnte, eine „kulturelle“ Homogenität des Eigenen und des Anderen hervorgebracht, zu welcher die jeweils unterschiedlich adressierten Subjekte dann in ein Verhältnis der (Nicht-) Zugehörigkeit gesetzt werden (können).

Verknüpft mit der rekonstruierten Verortung von Heterogenität *im* als „migrantisch“ adressierten Subjekt ist außerdem eine Verortung des Konfliktiven in diesem Subjekt. Das natio-ethno-kulturell kodierten Eigene des Theaterjugendclubs wird so im Sprechen über die Anderen als „in sich“ harmonisch konstruiert. Störungen des Harmonischen des Theaterjugendclubs, die (auch) im Kontext von Auseinandersetzungen mit und Veränderungen von Macht- und Herrschaftsverhältnissen in der Theaterpädagogik am Theater unvermeidbar sind, können auf diese Weise auf der Ebene einer naturalisierten und/oder kulturalisierten Unterschiedlichkeit verortet/verhandelt und die Gründe für diese Störungen als „Fehlleistungen“ der nicht (richtig) integrierten/angepassten essentiell Anderen kontextualisiert werden.

9.2.1 Anforderungen an Andere zwischen Bewahrung, Veränderung und Assimilation

Die Auseinandersetzung mit Heterogenität im Material lese ich als Bestandteil einer diskursiven Ordnung, in der Semantiken der (Selbst-)Kritik an der Dominanz einer maßgeblich von *weißer* Bürgerlichkeit strukturierten Theaterinstitution aufgegriffen werden. In der hier als Heterogenitätsideal modellierten Figur wird Theaterpädagogik am Theater diskursiv als ein Ort hervorgebracht, der den gegenwärtigen Anforderungen an eine Veränderung der Theaterinstitution der Migrationsgesellschaft im Sinne des „transformativen Diskurses“ (vgl. Kapitel 7) durch eine Bewegung der Zuwendung zu als „anders“ und als nicht dem Theater zugehörig markierten Spieler*innen mit dem Ziel einer Steigerung der Heterogenität der personellen Zusammensetzung des Theaterjugendclubs begegnet.

Das als „migrantisch" adressierte Subjekt bildet in der Figur des Heterogenitätsideals sowohl das Gegenstück zum diagnostizierten Status Quo des Theaters als „elitäre Kacke" (C, Pos. 73) als auch zu seinem diagnostizierten Status Quo als „Burg der kaukasischen Bevölkerung" (E, Pos. 40). Es vereint in sich gewissermaßen all jene Eigenschaften, die dem Theater als dessen Mangel bescheinigt werden, wobei diese Eigenschaften zugleich als steigerbare und mit Blick auf ihre Repräsentanz im Theaterjugendclub zu steigernde entworfen werden. Der Theaterjugendclub wird in dieser Figur „politischer" durch eine Steigerung der Teilnahme der als Andere adressierten Subjekte. Dafür wird ein Subjekt als Adressat der Zuwendung aufgerufen und ver-andernd festgeschrieben, welches auf essentiell miteinander verknüpfte Weise als ungebildet, weniger bürgerlich und migrantisch adressiert wird.

Daraus entstehen gegenläufige und daher auch nie erfüllbare Anforderungen an die zugleich als „migrantisch" und als „nicht-bürgerlich" markierten (zukünftigen) Mitglieder des Theaterjugendclubs: Sie sollen a) eine Anpassungsleistung vollbringen und „sich integrieren". Sie sollen b) jedoch nicht selbst zu „Theaterheinis" (C, Pos. 71) werden, sondern weiterhin das Spannende und Konfliktive in den Theaterjugendclub einbringen. Und sie sollen c) die Theaterpädagogik am Theater durch ihre Teilnahme am Theaterjugendclub *als Andere* (moralisch/politisch) legitimieren.

Theaterpädagogik am Theater wird so als ein diskursiver Ort hergestellt, für den das als „anders" markierte Subjekt auf drei Ebenen konstitutiv ist: Als *Zielgruppe* des Theaterjugendclubs sollen Andere sich im Sinne des Integrationsdispositivs anpassen und sollen von der „ästhetischen Bildungsarbeit" (E, Pos. 40) der Theaterpädagogik profitieren. Als *Veränderer* der Theaterpädagogik sollen Andere der in einer vermeintlichen Homogenität der Teilnehmenden verortete Langeweile und Harmonie des Theaterjugendclubs das exotisierte spannende Andere und das Konfliktive entgegensetzen. Und als *Bewahrer* der bestehenden Theaterpädagogik am Theater fungieren Andere für die (Wieder-)Herstellung einer in Frage stehenden moralischen und/oder politischen Legitimität der Theaterpädagogik am Theater und sollen durch ihre Teilnahme die in dieser vorherrschenden Begriffe von Theater und Bildung bestätigen.

9.3 Das Politische der Theaterpädagogik am Theater im Kontext der Figur des „Eine Stimme/Bühne Geben"

In Kapitel 8.3 habe ich eine diskursive Figur modelliert, in deren Zentrum vor dem Hintergrund einer Problematisierung gegenwärtiger Repräsentationsverhältnisse an Theatern das Ziel steht, mit und in der Jugendclubpraxis Anderen als vermeintlich „Stimmlose" (B, Pos. 81) eine „Stimme" und/oder eine „Bühne" zu „geben".

Verknüpft ist diese Semantik des „Eine Bühne/Stimme geben" in den Interviewgesprächen mit der Markierung einer wünschenswerten theaterpädagogischen Haltung: In Anlehnung an die besonders durch die Gruppe *Rimini Protokoll* prominent gemachte Perspektive auf die Arbeit mit Theater-Laien als Arbeit mit *Experten des Alltags* wird in den Interviews ein „Blick" thematisch gemacht, der Andere als Expert*innen adressiert. Die Zuwendung zu Anderen als Expert*innen wird im Material ähnlich wie auch im Kontext theaterwissenschaftlicher Forschung mit dem Versprechen einer Demokratisierung und Öffnung der elitären Institution des Theaters verbunden. Durch sie würden „[...] Stimmen hörbar, die ansonsten stets überhört werden und keine Resonanz finden" (Primavesi 2011, S. 56).

In den untersuchten Praktiken habe ich die Markierung einer solchen Perspektive auf die Expertisen Anderer und ihre Verknüpfung mit dem Ziel des „Eine Bühne/Stimme geben" als einen für die Konstruktion des Politischen der Theaterpädagogik am Theater zentralen Bezugspunkt interpretiert. Vor diesem Hintergrund habe ich mein Interesse an der Konstruktion des Politischen der Theaterpädagogik am Theater mit Blick auf folgende miteinander verwobene Fragen konkretisiert: Auf welche Weise werden hier Andere als Expert*innen adressiert? Welche differentiellen Subjektpositionen werden hierbei auf welche Weise für den Kontext der Theaterpädagogik am Theater aktualisiert und welche Subjektpositionen werden mit welchen Expertisen verbunden/nicht verbunden? Wie und als was wird das Politische der Theaterpädagogik am Theater in der Verknüpfung der Semantik des „Eine Bühne/Stimme geben" und einer Adressierung Anderer als Expert*innen diskursiv hervorgebracht und welche natio-ethno-kulturell kodierten Zugehörigkeitsordnungen werden hierbei aktualisiert?

Einen bedeutsamen Bezugspunkt der rekonstruierten Figur bilden im Material problematisierende Perspektivierungen (migrations-)gesellschaftlicher Repräsentationsverhältnisse als solche, in denen Menschen, die in Differenzordnungen als Andere positioniert werden, zu wenig Möglichkeiten haben, ihre (spezifischen) Perspektiven und Interessen auf der Theaterbühne als Ort der (Selbst-)Repräsentation einzubringen (vgl. hierzu auch Kapitel 3). Hierbei wird in den Interviews zumeist die theaterpädagogische Arbeit mit solchen Menschen in den Blick genommen, die entlang natio-ethno-kultureller Unterscheidungen als Andere hervorgebracht werden, zum Beispiel als „Flüchtlinge", als „Roma", als „Jugendliche mit Migrationshintergrund" oder als „türkische Spieler". In einigen Passagen wird jedoch auch die Arbeit mit entlang anderer Differenzkategorien Ge-Anderten thematisch gemacht, wie in der in Kapitel 8.3 beispielhaft interpretierten Passage, in der die theaterpädagogische Arbeit mit einer Teilnehmerin beschrieben wird, die im Interviewgespräch als „Trans-Gender" bezeichnet und als Andere einer heteronormativen Ordnung adressiert wird.

Das Politische der Theaterpädagogik am Theater wird hier als eines hervorgebracht, welches in einer Figur der Zuwendung der Theaterpädagogik zu als „anders" markierten Jugendclubmitgliedern als Expert*innen konstruiert wird, welchen eine „Bühne/Stimme gegeben" werden soll. Das Anderen eine „Bühne/Stimme geben" wird hierbei sowohl als ein Ziel als auch als ein Potenzial theaterpädagogischer (Jugendclub-)Praxis markiert, mit der ein „Mehr" an demokratischer Mitbestimmung von Anderen angestrebt werden könne und solle. Es ginge darum, im Theater weniger über als Andere Geltende zu sprechen, sondern vielmehr *mit* ihnen. Darum, wie es in einem Gespräch ausgedrückt wird, „denen ne Plattform zu geben und zu sagen ‚Erzählt über euch und wir hören zu'" (D, Pos. 22). Wiederholt wird hierbei die Bedeutsamkeit einer wertschätzenden und anerkennenden Zuwendung zu Anderen markiert, welche sich durch ein Interesse an deren spezifischer Expertise auszeichne.

Als Gegenstand dieser Expertise wird im Interviewmaterial dabei wiederholt eine „ganz andere Erfahrung" (C, Pos. 9) adressiert, welche Andere in den Theaterjugendclub einbringen könnten und für deren Markierung als solche ich die Relevanz von Praktiken der Homogenisierung und Essentialisierung zu verstehen gegeben habe. Hiermit verbunden habe ich die (Re-)Produktion einer vermeintlich selbstverständlichen Ordnung der Thematisierungsnotwendigkeit im Kontext des Theaterjugendclubs herausgearbeitet: Während auf der einen Seite ein spezifischer Thematisierungsbedarf einer von einer Norm abweichenden und besonderten Subjektposition der Anderen im Theaterjugendclub adressiert wird, werden auf der anderen Seite die (ebenfalls: homogenisierten) Erfahrungen und Positionierungen des hegemonialen Eigenen implizit im Sinne der Gleichzeitigkeit von Normativität und Universalität (vgl. Kapitel 4) als im Theater nicht thematisierungsbedürftig markiert.

Mit Blick auf die Spezifik der Adressierung Anderer als Expert*innen habe ich auf ein hier wirksam werdendes mit einer essentialisierenden Subjektvorstellung verknüpftes Authentizitätsideal im Kontext des Theaterjugendclub fokussiert. Dieses wird in den untersuchten Praktiken häufig nicht explizit mit dem inzwischen fachwissenschaftlich viel problematisierten Begriff der „Authentizität" hervorgebracht, sondern mit Begriffen wie „Ehrlichkeit", „Tiefe", „Offenheit" und „Vertrauen".

Als hiermit verbunden habe ich mit Blick auf den Theaterjugendclub eine dreifache Anforderung modelliert: Erstens eine Anforderung an die Praxis von Theaterpädagog*innen, in der die Qualität von Authentizität in der Theaterjugendclubpraxis zu ermöglichen und/oder anzustreben und dann mit postdramatischen ästhetischen Verfahren „gebrochen" auf die Bühne zu bringen ist. Zweitens eine Anforderung an die Jugendclubmitglieder, die aufgefordert sind, sich in einer Steigerungslogik des Authentischen als authentische Subjekte mit ihrem persönlichen Inneren in die theaterpädagogische Jugendclubpraxis auf immer „tiefere" und „sehr persönliche" Weise einzubringen. Und drittens eine Anforderung an den Ort Theaterjugendclub als einen, an dem eine authentische Gemeinschaft aller Mitglieder möglich ist und sein soll.

9.3.1 Ambivalenzen der Adressierungen Anderer als Expert*innen

Mit Blick auf die Aktualisierung der Figur der Anderen als Expert*innen im Kontext des Authentizitätsideals habe ich exemplarisch diskursive Praktiken der Besonderung einer als „Trans-Gender" markierten Teilnehmerin rekonstruiert, in denen die als „Trans-Gender" markierte Subjektposition ausgehend von einem naturalisierenden Körper- und Geschlechterverständnis als Abweichung von einer vermeintlich „natürlichen" (Geschlechter-)Ordnung des Theaterjugendclubs adressiert wird. Vor dem Hintergrund der hier exemplarisch rekonstruierten Aktualisierungen der Figur der Anderen als Expert*innen habe ich mit Blick auf das gesamte Material verschiedene Adressierungen migrationsgesellschaftlich als Andere Geltender als vermeintlich authentische Expert*innen ihrer Selbst thematisch gemacht, in deren Zentrum deren (biografierendes) Erzählen über ihre „authentische" Betroffenheit von (migrations-)gesellschaftlichen Differenzverhältnissen steht.

Der Superlativ des zu steigernden Politischen der Theaterpädagogik am Theater wird in der Verknüpfung des Authentizitätsideals mit der Figur von Anderen als Expert*innen im *Innersten* der als „anders" markierten Teilnehmerinnen an Jugendclubprojekten verortet. Wie in Kapitel 4 problematisiert, verknüpft sich in den untersuchten Praktiken die Vorstellung eines authentischen Subjekts und seiner unhinterfragbaren Erfahrung mit einem Wahrheitsimperativ: „Was authentisch ist, ist wahr, weil es das Innerste eines Subjekts verkörpert und weil sich darin eine unhinterfragbare Erfahrung verbirgt" (Villa 2003, S. 38). In der theaterpädagogischen Spezifik dieser Verknüpfung wird eine Adressierung Anderer als vermeintlich *authentische Expert*innen ihrer Selbst* bedeutsam, die sich in die etwa in den Schriften Rousseaus nachvollziehbare neuzeitliche Tradition der Bedeutsamkeit Anderer als Repräsentant*innen eines vermeintlich authentischen „Naturzustandes" (vgl. Purtschert 2012) einschreibt. Adressiert wird ein *besonderes und besondertes* Potenzial der Steigerbarkeit des Authentischen in der Authentizität Anderer.

Als hiermit verbunden habe ich die Markierung eines Wissens der interviewten Theaterpädagog*innen über die (vermeintliche) Spezifik der Expertise der Anderen fokussiert, in der als „Innerstes" der Anderen eine „schmerzhafte Erfahrung", eine „Problematik" adressiert wird, der im und durch den Theaterjugendclub „eine Bühne/Stimme gegeben" werden soll. Ausgewählte sich wiederholende Markierungen der Erfahrungen und Perspektiven der geanderten Jugendclubmitglieder habe ich als Aktualisierungen eines moralisch-disziplinierend konnotierten Authentizitätsimperativs zu verstehen gegeben, in dessen Zentrum die Vorstellung von einer „Wahrheit der Anderen" steht, die die derart als „anders" Markierten bestätigen und in den Theaterjugendclub einbringen sollen. Die Subjektposition der Theaterpädagog*in am Theater wird hierbei als eine moralisch hoch-/höherstehende Position adressiert, die befähigt und angehalten ist, die Authentizität dessen, worüber (von Anderen) im Theaterjugendclub „geredet wird", zu bewerten.

Gleichzeitig kommt in den untersuchten Praktiken eine Anforderung an die als „anders" markierten Jugendclubmitglieder zum Ausdruck, dieses „Innerste" als authentischen Kern ihres Selbst auf eine spezifische Weise in die Jugendclubarbeit einzubringen. Bedeutsam wird hier nicht nur eine authentizistische und essentialistische Subjektvorstellung, sondern Andere sind, um dieser Anforderung zu entsprechen, aufgefordert, sich *auf spezifische Weise als Andere zu positionieren* und eine mit dieser (Fremd-)Positionierung verknüpfte vermeintliche (Erfahrungs-)Expertise zu bestätigen. Die adressierte Expertise der Anderen wird so wie ich argumentiert habe in zu problematisierender Weise auf ihre vermeintliche (problembehaftete) „ganz andere Erfahrung" (im Singular) reduziert. Verknüpft mit dieser Adressierung wird der Theaterjugendclub diskursiv als ein Ort hergestellt, in dem es für dessen Mitglieder nicht nur möglich, sondern auch angebracht bzw. gefordert ist, die (vermeintlichen) eigenen „authentischen Erfahrungen" einzubringen und auf die Bühne zu bringen. In Richtung der ver-anderten Jugendclubmitglieder lautet die hier rekonstruierte Aufforderung im Kontext des Theaterjugendclubs pointiert formuliert: *Sag mir die Wahrheit über dich, die ich weiß.*

In diesem Zusammenhang habe ich außerdem eine Festlegung Anderer auf bestimmte künstlerische Formate thematisch gemacht. Rekonstruiert wurde eine Priorisierung „persönlicher" biografischer Formate in Kombination mit einer „absolute[n] Ehrlichkeit" (C, Pos. 9) entsprechenden und so gleichzeitig mit dem Authentizitätsideal wie mit Anforderungen an das zeitgenössische (theaterpädagogische) Theater kongruenten Verfahren aus Postdramatik und Performance-Kunst, welche ich als „Ästhetik des Eigenen" perspektiviert habe. Dementgegen wird die Auseinandersetzung von Spieler*innen mit einem „fremden" Material wie einem dramatischen Text und eine eher an Rollen und Figuren als am Perfomance-Ich orientierte Spielweise als weniger „spannend" markiert. Der Gegenstand des künstlerischen Produzierens wird hier auf den Bereich von mit der markierten Positionierung als „anders" verbundenen „authentischen" Erfahrungen und Perspektiven reduziert, welche mit Blick auf ihr Potenzial fokussiert werden, den Theaterjugendclub durch eine naturalisierend an die gesellschaftlichen Positionierungen der Ge-Anderten geknüpfte vermeintliche „künstlerische Vielfalt" (D, Pos. 20) zu bereichern.

Im Zusammenhang der Verknüpfung der hier bedeutsam werdenden Wissensbestände über Andere mit der diskursiven Hervorbringung einer an Authentizität und Wahrheit orientierten disziplinierenden Ordnung des Theaterjugendclubs habe ich außerdem eine weitere mögliche Implikation thematisch gemacht: Die Adressierung einer *Eigentlichkeit der Erfahrung der Anderen* in der theaterpädagogischen Jugendclubpraxis in Kombination mit einem Imperativ des „darüber Redens" als Thematisierungs*form* kann dazu dienen, Praktiken der resignifizierenden Selbst-Positionierung durch Jugendclubmitglieder nicht als solche zu kontextualisieren (und möglicherweise auch nicht wahrzunehmen); sondern sie stattdessen zum Beispiel als Mangel an Offenheit, Mut oder Bereitschaft zur Auseinandersetzung der Anderen mit der eigenen Identität einzuordnen.

10 Theaterpädagogik am Theater der Migrationsgesellschaft – herrschaftskritische Perspektivierungen

Diese Untersuchung abschließend lässt sich zunächst festhalten, dass der gegenwärtige Diskurs der Theaterpädagogik am Theater sich über die drei modellierten Figuren hinweg durch eine durch Ambivalenz gekennzeichnete *Zuwendung* der Theaterpädagogik am Theater zum Politischen der Migrationsgesellschaft auszeichnet. Von der lange dominanten Diagnose, Migration finde im deutschen Theater „nur als Marginalie statt" (Schneider 2011, S. 9) kann mit Blick auf das untersuchte Material empirisch keine Rede sein. Im Gegenteil nehmen Bezüge auf Migration und Migrationsgesellschaftlichkeit sowohl auf expliziter wie auch auf impliziter Ebene eine konstitutive Rolle für die Konstruktion (des Politischen) der Theaterpädagogik am Theater ein. Interviewübergreifend wird dabei auf expliziter Ebene besonders erstens die Notwendigkeit einer verstärkten inhaltlich-ästhetischen Auseinandersetzung mit gegenwärtig bedeutsamen migrationsgesellschaftlichen Themen wie Flucht, Diskriminierung und Stereotypisierung im Theater markiert, sowie zweitens die Auseinandersetzung mit Fragen nach strukturellen Ein- und Ausschlüssen im Kontext der Theaterpädagogik am Theater. Wenn auch auf unterschiedliche Weisen und mit unterschiedlichen Gewichtungen, so markieren letztlich alle Interviewten ausgehend von einer Kritik an den Theaterinstitutionen als „Burg der kaukasischen Bevölkerung", wie es in einem Interview zugespitzt formuliert wird, die Relevanz einer „Öffnung" der Theaterpädagogik am Theater. Diese „Öffnung" wird im Diskurs auf bedeutsame Weise als Zuwendung der Theaterpädagogik am Theater zu als „migrantisch" adressierten Spieler*innen und Performer*innen thematisch gemacht.

Für die hier beschriebenen Ziele und Schwerpunktsetzungen sind jedoch Praktiken der Naturalisierung und Essentialisierung bedeutsam, die aus rassismuskritischer Perspektive zu problematisieren sind. Als grundlegend für die in den Interviewgesprächen markierten Formen der theatralen Auseinandersetzungen mit dem Thema Migration ließ sich in den drei von mir modellierten Figuren eine tendenzielle Naturalisierung von Subjektpositionen Anderer nachvollziehen. In dieser werden bestimmte migrationsgesellschaftlich relevante Themen an in migrationsgesellschaftlichen Differenzverhältnissen als „anders" positionierte Subjekte angeheftet. Sie werden zu „deren Themen" und „deren Problemen" gemacht. Hier zeigt sich eine Analogie zu Diskursen der Interkulturellen Theaterpädagogik, in denen als „migrantisch" markierte Teilnehmende an theaterpädagogischen Projekten aufgerufen sind, in einer „Verknüpfung von Migration und Doku" (Terkessidis 2011) einen Einblick in vermeintliche „Parallelgesellschaften" zu geben (vgl. Kapitel 3.2). Ganz ähnlich zeichnet sich der in Kapitel 8 untersuchte Diskurs des Politischen der Theaterpädagogik am Theater der Migrationsgesellschaft durch verschiedene Weisen einer *Zentrierung* der als „anders" adressierten Subjekte aus. Anders als in der Interkulturellen Theaterpädagogik werden diese hier jedoch nicht nur als Repräsentant*innen des Differenten und von dessen bildenden und künstlerischen Potenzialen, sondern als *Verkörperungen des Politischen* adressiert, welches sie in der Theaterpädagogik am Theater repräsentieren sollen.

Für die modellierten diskursiven Verhältnissetzungen im Dreieck von Theaterpädagogik, Politischem und Migrationsgesellschaft grundlegend ist dabei ein *substanzlogischer Begriff des Politischen*. Das Politische kann dann bestimmten Gegenständen im weitesten Sinne (etwa bestimmten Themen, Fragestellungen oder Orten) zu eigen sein, während es anderen Gegenständen eben nicht zu eigen ist, womit diese zu vermeintlich unpolitischen beispielweise Themen, Fragestellungen oder Orten werden. Verstehen wir Theater und Theaterpädagogik in Anlehnung an die Cultural Studies dagegen als Felder von Bedeutungsproduktion, welche immer grundlegend mit Fragen von Macht und Identität verknüpft sind (vgl. Kapitel 2.1), lassen sich substanzlogische Fassungen des Poltischen daraufhin befragen, inwiefern sie im Namen einer Politisierung des Theaters zu einer *Entpolitisierung* von bestimmten Praktiken von Theater und Theaterpädagogik beitragen können (vgl. ausführlicher Kapitel 10.1).

Auf dieser Basis ist es erstens möglich, das Politische der Theaterpädagogik in einer Steigerungslogik zu konstruieren, zweitens, eine Unterscheidung zwischen politischen und nicht politischen theaterpädagogischen Projekten und Arbeitsweisen vorzunehmen und drittens, die Theaterarbeit mit in migrationsgesellschaftlichen Differenzordnungen als Andere positionierten Subjekten in dieser Steigerungslogik als Superlativ des Politischen der Theaterpädagogik am Theater zu konstruieren (vgl. Kapitel 8.1).

Für die spezifische Art und Weise dieser Relationierung zwischen dem Politischen und der Theaterpädagogik am Theater der Migrationsgesellschaft sind im Interviewmaterial besonders Diskurse der Naturalisierung und Homogenisierung von als „anders" adressierten Subjektpositionen nachvollziehbar. Mit den im Material aufgegriffen und aktualisierten Praktiken der Naturalisierung und Homogenisierung der Subjektposition „Flüchtling“ oder der Subjektposition „Jugendlicher mit Migrationshintergrund“ werden nicht nur auf problematische Weise Subjekte in einem vermeintlich essentiellen „anders-sein“ hervorgebracht und hiermit verbunden machtvolle migrationsgesellschaftliche Differenz- und Subjektordnungen affirmiert. Sondern sie aktualisieren zugleich natio-ethno-kulturell kodierte Zugehörigkeitsordnungen für den Kontext Theaterpädagogik am Theater, welche in verschiedenen Hinsichten Gefahr laufen, eben jene migrationsgesellschaftlichen Macht- und Herrschaftsverhältnisse zu stabilisieren, die im Diskurs gleichzeitig explizit als problematische markiert werden.

Im Folgenden werde ich auf drei meines Erachtens aus herrschaftskritischer Perspektive hier besonders bedeutsame Implikationen näher einhegen: Erstens in 10.1 auf die oben bereits angedeutete Implikation einer in dieser Konstruktion einer politischen Theaterpädagogik paradoxerweise hervorgebrachten *Entpolitisierung der Theaterpädagogik am Theater*. Zweitens in 10.2 auf die Implikation einer *Funktionalisierung Anderer* als körperliche Repräsentant*innen einer anvisierten „Öffnung“ der Theater der Migrationsgesellschaft im Topos des „Eine Stimme/Bühne Geben“. Und drittens in 10.3 eine mit den ersten beiden Punkten verknüpfte *Delegation der Zuständigkeit* für die Auseinandersetzung mit migrationsgesellschaftlichen Macht- und Herrschaftsverhältnissen an in diesen Verhältnissen als Andere hervorgebrachte Teilnehmende an theaterpädagogischen Projekten.

10.1 Die Politisierung des Anderen als Entpolitisierung des Eigenen

Wie ich im achten Kapitel auf verschiedenen Ebene gezeigt habe, adressieren die untersuchten diskursiven Praktiken Andere als *Verkörperung des Politischen der Migrationsgesellschaft*.

Aus herrschaftskritischer Perspektive zu problematisieren ist diese *Anheftung* des Politischen der Migrationsgesellschaft an die als „anders“ adressierten Subjekte erstens mit Blick auf die sich hieraus ergebenen unterschiedlichen Zugehörigkeitsmöglichkeiten von Subjekten im Kontext der Theaterpädagogik am Theater: Die nachvollzogene Weise der Fokussierung von Differenz *im* Anderen läuft Gefahr, Menschen in einem naturalisierten und/oder kulturalisierten „anders-sein“ festzuschreiben und ihre Zugehörigkeit im Sinne von Mitgliedschaft, Wirksamkeit und Verbundenheit (vgl. Kapitel 2.2.2) im und mit dem Theaterjugendclub an die Einnahme naturalisierter Subjektpositionen wie der des „Flüchtlings" und die mit dieser Einnahme verbundenen Vorstellungen und Anforderungen zu binden. Adressiert als Verkörperungen bedeutsamer migrationsgesellschaftlicher Themen wie Flucht (Kapitel 8.1), eines Gegengewichts zur (Bildungs-)Bürgerlichkeit der Theaterinstitutionen (vgl. Kapitel 8.2) und einer anderen und damit besonders „spannenden" Authentizität (vgl. Kapitel 8.3) legt der Diskurs es nahe, migrationsgesellschaftlich als Andere Geltende aufzurufen, sich *als eben solche Andere* und eben nur als solche in den Theaterjugendclub einzubringen. Die vordergründig mit einem Profitieren der migrationsanderen Teilnehmenden begründete Relevanz von deren Teilnahme am theaterpädagogischen Theaterjugendclub ist eng verknüpft mit einem Nutzen und einem (nicht nur symbolischen) Profit, den diese Teilnahme für das Theater hat. Dies kann nicht nur auch, sondern besonders unter den Vorzeichen einer als „Öffnung" verstandenen angestrebten Politisierung des Theaters gelten. Denn insofern diese Politisierung wie in den untersuchten diskursiven Praktiken substanzlogisch gedacht wird, *braucht* es die Anderen als Ressource für die optimale Steigerung der Politizität des Theaterjugendclubs.

Zweitens ist aus herrschaftskritischer Perspektive die Dimension der Herstellung eines Eigenen der Theaterpädagogik am Theater bedeutsam, welche der Adressierung Anderer als in die Theaterpädagogik am Theater einzubeziehende Verkörperung des migrationsgesellschaftlichen Politischen implizit ist. Die modellierten Praktiken der naturalisierenden Hervorbringung „anderer" Subjektpositionen dienen (auch) hier nicht nur der Konstruktion „Anderer" als eben solche, sondern ebenso bringen sie das Eigene sowie die Relationen zwischen den derart konstruierten Positionen hervor: Allen *expliziten* gegenläufigen Betonungen der Notwendigkeit der Selbstreflexion der eigenen Verstrickungen der Theater mit migrationsgesellschaftlichen Machtverhältnissen zum Trotz stellt die in den Praktiken spezifizierte Bewegung der Zuwendung zum Politischen der Migrationsgesellschaft durch die Theaterpädagogik am Theater die Theaterpädagogik *implizit* als einen *Ort außerhalb der Migrationsgesellschaft* und ihres Politischen her. Während und indem im Diskurs ein substanzlogisch verfasstes superlatives Politisches konstruiert wird, welches auf verschiedene Weisen *in* Subjektpositionen Anderer verortet wird, kann die Theaterpädagogik am Theater so als ein Ort hervorgebracht werden, der nicht nur den Anforderungen nach einer Politisierung von Theater und Theaterpädagogik in den jüngeren Debatten nachkommt, sondern auch den Steigerungs- und Innovationsanforderungen der Wettbewerbsgesellschaft und ihres Theaters (vgl. Kapitel 3). Die Subjektposition „Theaterpädagog*in am Theater" wird dabei als eine „Brückenbauer*in" nicht nur zwischen voneinander essentialisierend unterschiedenen Kulturen hervorgebracht (vgl. Kapitel 8.2), sondern sie baut auch Brücken zwischen der essentialisierten Theaterpädagogik am Theater auf der einen und dem essentialisierten Politischen der Migrationsgesellschaft auf der anderen Seite. Theaterpädagog:innen am Theater werden hierbei auf sich wiedersprechende Weisen adressiert: Sie sollen einerseits ihre Verstrickungen in migrationsgesellschaftliche Differenzordnungen anerkennen und diese reflektieren und andererseits solche Expert:innen für die Migrationsgesellschaft/für das Politische sein, deren Expertise vermeintlich nicht positionsgebunden, sondern universell ist.

Die Annäherung der Theaterpädagogik am Theater zum Politischen der Migrationsgesellschaft lässt sich in ihrer Art und Weise vor diesem Hintergrund paradoxerweise auch mit Blick auf eine Dimension der *Entpolitisierung* der Theaterpädagogik am Theater perspektivieren. Der Annäherung an das im Anderen verortete Politische liegt in Kombination mit der Reproduktion eines substanzlogischen Begriffs des Politischen eine semantische *Trennung* zwischen dem Eigenen der Theaterpädagogik am Theater und dem Politischen der Migrationsgesellschaft zugrunde. Diese Trennung ist herrschaftskritisch auch deshalb relevant, weil sie – besonders auch vor dem Hintergrund ihrer im Material immer wieder markierten konjunkturellen Qualität - die Möglichkeit der Zuwendung zum derart konstruierten Politischen ebenso mit sich bringt, wie die Möglichkeit der Abwendung vom Politischen.[176] Je nach Beschaffenheit des Kontexts kann die Involviertheit

176 Simone Dede Ayivi beschreibt am Beispiel eines kurzen „switch" in der Aufmerksamkeitsrichtung der Theaterinstitutionen vom Thema „Geflüchtete" zum Thema „Rechtspopulismus" diese Instabilität der Auseinandersetzung mit „Flucht"/"Flüchtlingen" an der Institution Theater und schlussfolgert, das Theater sei „gut darin, sich Diskurse zu krallen und dann zu sagen: ‚Wir machen was dazu. Und darüber. Und wir machen es besser'. Das ist eigentlich das Problem, dass eine wirkliche Öffnung für POC eine langwierige Arbeit ist, die viel Kontinuität verlangt. Aber alles verpufft, was länger als eine Spielzeit dauert" (Dede Ayivi 2017, S. 210). Es wäre für weitere Untersuchungen interessant einer solchen „Bedeutsamkeit des Konjunkturellen" (vgl. Kapitel 8.1) tiefergehend mit Blick auf die Steigerungs- und Wachstumsanforderungen in (neo-)kapitalistischen Gesellschaften nachzugehen und (bspw. in einer Dispositivanalyse) nach den spezifischen strukturellen und institutionellen Logiken und Ordnungen der (Theaterpädagogik am) Theater im Kontext dieser Anforderungen zu fragen und danach, welche Weisen der Verhältnissetzungen zu Anderen in diesen nahegelegt werden und wo möglicherweise auch Potenziale der Verschiebung und Destabilisierung dieser Ordnungen liegen könnten.

von Theaterpädagogik und Theater(-institutionen) in migrationsgesellschaftliche Macht- und Herrschaftsverhältnisse so sowohl thematisiert als auch nicht thematisiert werden. Eine aus meiner Perspektive wünschenswerte systematische und auf alle theaterpädagogischen Praktiken und Formate bezogene reflexive Auseinandersetzung mit deren Verflochtenheit mit (migrations-)gesellschaftlichen Differenzordnungen und Herrschaftsverhältnissen wird so erschwert.

10.2 Repräsentationskritik zwischen Stabilisierung und Destabilisierung

Die Hervorbringungen Anderer in den untersuchten Praktiken zeichnen sich durch gegenläufige und widersprüchliche, im jeweiligen Kontext für die Herstellung des Politischen der Theaterpädagogik am Theater unterschiedlich funktionale Adressierungen aus: Es werden diskursive Ordnungen aufgerufen und aktualisiert, in denen migrationsgesellschaftlich als Andere Geltende mit vermeintlichen (Bildung-)Defiziten verknüpft und die Herausforderungen (auch) kultureller Differenz für die Theaterjugendclubarbeit im Anschluss an Integrations- und Defizitdiskurse markiert werden. Und es werden gleichzeitig und hiermit verwoben spezifische Expertisen der derart adressierten Subjekte thematisch gemacht, welche die Theaterpädagogik am Theater sowohl künstlerisch als auch thematisch bereichern sollen. Dieser durch Ambivalenz und Ambiguität geprägten Aktualisierung migrationsgesellschaftlicher Differenzordnungen in der Theaterpädagogik sind auf verschiedenen Ebenen Hierarchisierungen eingeschrieben, die für die Fortführung migrationsgesellschaftlicher Dominanzverhältnisse im Kontext der Theaterpädagogik am Theater funktional gemacht und zu deren Legitimation dienen können.

So schließt die im Zusammenhang besonders des Heterogenitätsideals (vgl. Kapitel 8.2) nachzuvollziehende naturalisierende Anheftung von Bildung und Bürgerlichkeit an ein *weißes* Subjekt an die Figur einer vermeintlich notwendigen „Bildung der ‚Anderen' durch Kunst" (Mörsch 2017) an. Sie adressiert *weiß* positionierte Akteure der Theaterpädagogik am Theater hierarchisierend als die Gebildeten und Bildenden, während als natio-ethno-kulturell Andere positionierte Jugendclubmitglieder als „weniger gebildete" Subjekte von ihnen lernen sollen. Dies leistet einer Kulturalisierung von Differenz sowie gewaltvollen und disziplinierenden Maßnahmen einer als Anpassung konturierten (kulturellen) Integration der defizitär adressierten Anderen in den (bereits „gebildeten") Theaterjugendclub Vorschub. Gleichzeitig wird durch die Fokussierung auf den Einbezug der als „ungebildet“ festgeschriebenen Anderen auch das, was als „Bildung“ kontextualisiert bzw. anerkannt wird, als implizite Norm vorausgesetzt und somit tendenziell bewahrt (vgl. Kapitel 8.2 und 8.3).[177]

Doch auch die einer solchen Defizit-Perspektive (scheinbar) gegenläufige Adressierung migrationsgesellschaftlich als Andere Geltender als Expert*innen, die ihr spezifisches (Erfahrungs-)Wissen als Bereicherung in den Theaterjugendclub einbringen sollen ist herrschaftskritisch hinsichtlich der spezifischen in ihr aktualisierten Zugehörigkeitsordnungen und deren Funktion für die Theaterpädagogik am Theater zu problematisieren:

Die im Diskurs der Theaterpädagogik am Theater bedeutsame Fokussierung der Erfahrung migrationsgesellschaftlich als Andere Geltender und deren hiermit verbundene Adressierung als Expert*innen habe ich als eine durch eine konstitutive Ambivalenz gekennzeichnete diskursive Praxis der Besonderung von Anderen zu verstehen gegeben (vgl. Kapitel 8.3). Dieser Praxis ist einerseits eine meines Erachtens aus rassismuskritischer Perspektive begrüßenswerte Thematisierung der Unterschiedlichkeit der Positionierungen von Subjekten in (migrations-)gesellschaftlichen Differenzordnungen eingeschrieben. Anerkannt werden hier auch die mit unterschiedlichen Positionierungen verbundenen unterschiedlichen (Möglichkeiten von) Erfahrungen in maßgeblich von Differenzordnungen strukturierten Verhältnissen. Diese Thematisierung kann differenzignorierenden hegemonialen Konstruktionen einer vermeintlichen Universalität der Erfahrungen von strukturell privilegiert positionierten Subjekten im Kontext des Theaters entgegenlaufen. Sie kann mit dem Anliegen verbunden sein, die mit unterschiedlichen

177 „Bildung“ kann sich in diesem Zusammenhang beispielsweise auf die Kenntnis kanonischer Texte des (westlichen und/oder im Westen hegemonialen) Theaters oder auf die Orientierung an einem bestimmten Wertekatalog beziehen. Im Kontext des Theaters als Institution kann „Bildung“ in meiner Erfahrung aber auch das Wissen um sowie die (körperliche) Verinnerlichung und auch Performanz von geltenden Verhaltensnormen im Theater meinen. Das „gebildete“ und „theaternahe“ Subjekt“ weiß, wie es sich (vermeintlich) im Theater zu bewegen und zu kleiden hat, wann und wie applaudiert wird und auf welche Weise eine Theateraufführung während des Rezipierens und danach kommentiert und eingeordnet wird, etc.. Im Theater ein „gebildetes Subjekt“ zu sein und zu werden ist mit einer Unterwerfung unter die spezifischen hier relevanten Diskurse (im Plural) von „Bildung“ im Kontext des Theaters verbunden. Und wird beeinflusst von der Kompatibilität der mit diesen Diskursen verwobenen Ordnungen (des Sprechens, des Sich-Bewegens, des Sich-Kleidens, des Fühlens) mit denjenigen, die an anderen Orten eines Lebens von Bedeutung sind.

Positionierungen verknüpften unterschiedlichen und unterschiedlich anerkannten Wissensbestände sowie Fragen nach Sichtbarkeit und (Selbst-)Repräsentation im Theater zu thematisieren, wie es prominent im Kontext des postmigrantischen Theaters getan wird.

Im untersuchten Material wird wiederholt die Frage thematisch gemacht, wer im Kontext der (Theaterpädagogik am) Theater auf welche Weise worüber bisher „sprach" und heute „spricht" und (wie) „gehört" wird und auf welches Wissen, welche Perspektiven und welche Erfahrungen hierbei wie Bezug genommen wird. Einer herrschaftskritischen Auseinandersetzung mit dem Theater der Migrationsgesellschaft und seiner Mitwirkung an der Herstellung und möglicherweise auch Veränderung der in Kapitel 2 mit Stuart Hall thematisierten Repräsentationsregime kann dies zuträglich sein.

Wenn von Rassismus als Andere betroffene Subjekte im gegenwärtigen Diskurs der Theaterpädagogik am Theater dabei wiederholt als Expert*innen für ein spezifisches Wissen adressiert werden, dann verstehe ich dies vor diesem Hintergrund als (Hervorbringung einer) Ordnung des theaterpädagogischen Diskurses, in der *auch* eine Anerkennung der Bedeutsamkeit des Wissens von als Andere rassifizierten Menschen markiert wird. Aus rassismuskritischer Perspektive kann diese Anerkennung meines Erachtens besonders dann zu einer Destabilisierung (migrations-)gesellschaftlicher Herrschaftsverhältnisse beitragen, wenn sie eine herrschaftskritische Reflexion und Bearbeitung von machtvollen Differenzordnungen für den Kontext Theater relevant setzt *UND* hierbei strukturelle Veränderungen der *weißen* Institution Theater befördert.

Die im Diskurs wiederholt explizierte Markierung einer Abkehr von einer lange vorherrschenden Defizitperspektive hin zu einer Perspektive auf Andere als Expert*innen möchte ich vor diesem Hintergrund in ihrer Ambivalenz zu verstehen geben: Einerseits verstehe ich es aus herrschaftskritischer Perspektive als begrüßenswert, dass der historisch wie gegenwärtig für die Legitimierung und den Erhalt von Differenzordnungen bedeutsame gewaltsame Ausschluss von Perspektiven, Erfahrungen, Analysen und (politischen und künstlerischen) Positionen migrationsgesellschaftlich als Andere Geltender im Diskurs problematisierend thematisch wird. In ihrer Spezifik scheinen (mir) die hier nachvollzogenen Praktiken mit Blick auf die in ihnen aktualisierten diskursiven (Zugehörigkeits-)Ordnungen besonders in den Semantiken des „Eine Bühne geben" und „Eine Stimme geben" jedoch auf verschiedenen Ebenen eher einer Stabilisierung als einer Destabilisierung migrationsgesellschaftlicher Herrschaftsverhältnisse zuzuarbeiten.

Ähnlich wie ich dies in Kapitel 3 mit Blick auf gegenwärtige Auseinandersetzungen mit Diversity-Diskursen an Kulturinstitutionen beschrieben hatte, laufen die untersuchten Praktiken Gefahr, die Auseinandersetzung mit migrationsgesellschaftlichen (Differenz-)Ordnungen auf die Ebene einer (spezifischen) *Teilhabe* von migrationsgesellschaftlich als Andere Geltenden zu reduzieren. Dies gilt einerseits dann, wenn im Diskurs primär die *körperliche Anwesenheit* des als „anders" positionierten Subjekts auf der Bühne oder im Theaterjugendclub als *Zeichen* der (erfolgten/abgeschlossenen) migrationsgesellschaftlichen „Öffnung" der Theater fokussiert wird, wie ich es im Kontext des Heterogenitätsideals (vgl. Kapitel 8.2) thematisch gemacht habe.[178] Aus herrschaftskritischer Perspektive bedeutsam erscheint mir dies auch deshalb, weil die Adressierung einer von einem naturalisierten Körperverständnis ausgehenden („optischen") Veränderung der Theaterpädagogik am Theater die Gefahr einer bloßen „Imagepolitik" läuft. Eine inhaltliche Auseinandersetzung mit den spezifischen Involviertheiten von Theaterpädagogik am Theater in migrationsgesellschaftliche Macht- und Herrschaftsverhältnisse kann sie vermeintlich obsolet machen, weil die „Diversität" der Theater nun ja gegeben zu sein scheint. Auch wenn eine Erhöhung der Teilhabemöglichkeiten nicht *weiß* positionierter Subjekte an der Theaterpädagogik am Theater aus herrschaftskritischer Perspektive (besonders, wenn dies *alle* Ebenen der Theaterpädagogik am Theater betrifft) begrüßenswert ist: Ähnlich wie auch Diversity-Diskurse läuft sie Gefahr „die raffinierte Fortsetzung von Machtverhältnissen mit auf den ers-

178 In diesem Zusammenhang ist der Begriff des „tokenism" geprägt worden („token", engl. Symbol, Zeichen, Spielstein). Mit diesem Begriff wird eine Praxis kritisiert, die nicht eine grundsätzliche Vergrößerung der Teilhabemöglichkeiten marginalisierter Subjekte anstrebt, sondern Menschen gewissermaßen als Aushängeschilder gebraucht, etwa um die eigene Diversitäts- oder Diskriminierungssensibilität zu belegen. So beschreibt in diesem Sinne etwa die Kultur- und Theaterwissenschaftlerin Azadeh Sharifi in einem 2018 veröffentlichten Essay den Ablauf ihrer einwöchigen Residency im Berliner Bode-Museum. Eingeladen worden war sie trotz ihres Schwerpunkts auf das Theater als Institution in das Museum mit dem Ziel „kritische Perspektiven von außen und aus anderen Perspektiven auf das Museum und auf die Vermittlungsarbeit" (Sharifi 2018) zu werfen. Sharifi beschreibt ihre Skepsis bezüglich dieser Anfrage vor dem Hintergrund ihrer Erfahrung mit *weißen* Kulturinstitutionen: „Die bisherigen Erfahrungen mit weißen Institutionen haben mir gezeigt, dass weniger Interesse an meiner Fachexpertise besteht, als an meiner ‚Perspektive'. Was diese *Perspektive* bedeuten soll ist schnell geklärt, denn ich bin eine der wenigen Frauen of color im kulturwissenschaftlichen (und theaterwissenschaftlichen) akademischen Feld und oft in der Funktion der ‚sprechenden Stellvertreterin', oder als ‚token' eingeladen" (ebd.).

ten Blick ‚irgendwie achtbar' wirkenden Mitteln" (MECHERIL 2007) zu sein. Für eine strukturelle Veränderung der Theaterpädagogik am Theater wäre es zentral, erstens im Sinne einer Zuschreibungsreflexivität den eigenen Anteil an der identifizierenden Hervorbringung von differentiellen Subjektpositionen zu reflektieren und zweitens die Gegenstände, an denen partizipiert werden soll auf grundsätzliche Weise zur Diskussion zu stellen. Ganz im Sinne des von Camilla Schlie und Sascha Willenbacher (2016) herausgegebenen Sammelbandes „Eure Zwecke sind nicht unsre Zwecke" zur Kooperationspraxis zwischen Theatern und Schulen im Berliner Modellprojekt *Jump&Run* führt dies zu einer Auseinandersetzung mit der Frage, wer auf welche Weise von der in der Semantik des „Bühne/Stimme geben" adressierten Form des Einbezugs profitiert und für wen die Steigerung der hier markierten „Vielfalt" im Theater auf welche Weise sinnvoll sein kann.

10.3 Praktiken der Zuständigkeitsdelegation

Abschließend möchte ich aus herrschaftskritischer Perspektive auf eine letzte Implikation der Verortung des migrationsgesellschaftlich Politischen in migrationsgesellschaftlich als Andere Geltenden eingehen, die ich als Zuständigkeitsdelegation verstehe. Hierfür grundlegend ist eine im Diskurs hervorgebrachte einseitige Fokussierung der Betroffenheit von Menschen durch migrationsgesellschaftliche Verhältnisse, in der ausschließlich in Differenzordnungen als Andere positionierte Subjekte als von diesen „betroffen" adressiert werden, während die „positive" (vgl. Kapitel 8.3) Betroffenheit derjenigen Subjekte, die strukturell von Rassismus profitieren, ausgeblendet wird. Mit dieser einseitigen Fokussierung verknüpft wird im theaterpädagogischen Diskurs eine diskursive Ordnung des Thematisierens von hegemonialen Differenzordnungen im Theater, in der ausschließlich als Andere Geltende diese Ordnungen im Jugendclub/auf der Bühne thematisch machen können und sollen. So ließen sich mit Blick auf die Kritik stereotypisierender Repräsentationsregime im Theater im Material wiederholt Markierungen der Notwendigkeit der leiblichen Präsenz „echter" Anderer für die Reflexion und Bearbeitung von stereotypen Bildern rekonstruieren. Eine künstlerisch-pädagogische und meines Erachtens notwendige Auseinandersetzung mit den „positiven" Betroffenheiten von strukturell privilegiert positionierten Teilnehmenden und hiermit verbunden zum Beispiel mit der Frage nach der Bedeutsamkeit von *whiteness* für die Selbst- und Weltverhältnisse von Jugendclubmitgliedern und Theaterpädagog*innen sowie für die Hervorbringung der Theaterpädagogik am Theater rückt hier in die Ferne.

Die Auseinandersetzung mit Rassismus und anderen Herrschaftsverhältnissen im Kontext des Theaters wird vor dem Hintergrund dieser einseitigen Betroffenheitsfokussierung meines Erachtens tendenziell auf zu problematisierende Weise auf die Ebene der (biografischen) Erfahrungen des Subjekts verkürzt. Und sie wird zugleich als *Zuständigkeit* an jene Subjekte geknüpft, die in diesen Ordnungen als Andere positioniert werden und die nun für die Bearbeitung eben dieser Ordnungen als Expert*innen verantwortlich gemacht werden. In Kapitel 8.3.2 und 8.3.3 hatte ich dies an verschiedenen Passagen aus dem Material mit Blick auf die essentialisierende Verknüpfung „echter" Anderer mit der Zuständigkeit für die Auseinandersetzung mit stereotypisierenden Repräsentationsregimen aber auch mit ganzen Themenkomplexen wie mit Geschlechterverhältnissen oder mit der europäischen Kolonialgeschichte diskutiert. Die im theaterpädagogischen Diskurs hervorgebrachte Zuständigkeitsordnung möchte ich abschließend als diskursive *Praxis des Delegierens* zu verstehen geben:

Nicht zufällig ist der hier von mir gewählte Begriff des Delegierens aus dem Bereich des Arbeitslebens entlehnt und ist ihm eine Dimension von Hierarchisierung und Responsibilisierung eingeschrieben. Denn auch wenn sie unter der schönen Überschrift „Partizipation" firmiert bedeutet die Auseinandersetzung mit dem Politischen der Theaterpädagogik, mit ihrer historischen und gegenwärtigen Verflochtenheit mit rassistischen Ordnungen und den (Un-)Möglichkeiten rassismuskritischer Theaterarbeit für die beteiligten Subjekte Arbeit.[179] Mit dem Verb „delegieren" adressiere ich eine Hierarchie zwischen den an dieser Arbeit beteiligten Subjekten. Delegiert wird „von oben nach unten" und nicht umgekehrt. Es ist in Arbeitskontexten üblicherweise die vorgesetzte Person, die Aufgaben delegiert, während es die Untergebenen sind, an die Aufgaben delegiert werden, zu deren eigenverantwortlicher Bearbeitung innerhalb des vorgegebenen Rahmens sie dann angehalten sind. Mit dem Begriff „Delegieren" bezeichne ich ein spezifisches dem Diskurs in der vorliegenden Lesart eingeschriebenes und in ihm hervorgebrachtes hierarchisches Verhältnis. In diesem werde die als Andere adressierten Jugendclubmitglieder nicht entgegen, sondern *durch* die Spezifik der Markierung ihrer Expertise als verantwortliche „Ausführende" der Arbeit am Politischen und

179 Vgl. hierzu ausführlich Blum 2017.

an Rassismus adressiert. Unter der Überschrift des „Bühne/Stimme Gebens" adressieren Praktiken des Delegierens so unterschiedlich verortete Wissensbestände und hiermit verbundene Expertisen und Machtpositionen. Wird deren eine Seite im Material als spezifische (biografische Erfahrungs-)Expertise der Anderen *explizit* gemacht und wird die Expertise der derart adressierten Teilnehmenden auf diesen Bereich reduziert, wird als ihr Gegenstück *implizit* das (theaterpädagogische) Eigene in einer „Expertise für die Expertise der Anderen" hervorgebracht. Wie in Kapitel 8.3 ausgeführt kann aus dieser heraus beispielsweise die vermeintliche Authentizität und künstlerische, soziale und politische Bedeutsamkeit des (nicht) eingebrachten Wissens der Anderen eingeordnet werden. Über die Markierung einer Anerkennung der Expertise Anderer wird die Subjektposition der Theaterpädaog*in so in einer Position der überblickenden Überlegenheit hervorgebracht, aus der heraus entschieden werden kann, wer wofür auf welche Weise produktiv als (authentische) Expert*in eingebunden werden kann, während die eigenen Vorannahmen über die Anderen unhinterfragt bleiben können.[180]

Der Begriff „Delegieren" adressiert mit Blick auf das delegierende Subjekt „Theaterpädagog*in am Theater" vor diesem Hintergrund eine *spezifische* Verantwortung, während eine andere Verantwortung nicht adressiert wird. Im Sinne eines positionsabhängigen Responsibilisierens und De-Responsibilisierens können die Praktiken des Delegierens funktional für eine Entlastung des jeweils strukturell privilegiert positionierten Subjekts von der eigenen Auseinandersetzung mit Differenzverhältnissen sein. Im Fokus stehen in dieser Logik trotz gegenläufiger Markierungen in den untersuchten Praktiken dann doch *nicht* die strukturellen Verflochtenheiten von Theaterpädagogik am Theater mit Rassismus und weiteren Herrschaftsverhältnissen und deren Bearbeitung. Theaterpädagog*innen, die Anderen als „Expert*innen eine Stimme/Bühne geben, sind dann auch nicht angehalten, selbst zu Expert*innen für das Herrschaftsverhältnis Rassismus zu werden und/oder künstlerisch-pädagogische Strategien und Projekte zu entwerfen, die Wissensbestände und Ordnungen des Rassismus kritisch zum Thema machen und in diese intervenieren. Die im Diskurs vorherrschenden Weisen der Adres-

180 Dies erinnert auch an den Topos des „white man´s burden", der aus dem gleichnamigen Gedicht des britischen Schriftstellers und Dichters Rudyard Kipling (1899) abgeleitet ist, und der für eine Perspektive auf den Kolonialismus als humanitäre Mission steht. Die adressierte „Bürde des *weißen* Mannes" besteht hier darin, eine Verantwortung zu tragen, die sich aus der Imagination der eigenen Überlegenheit über die „zu zivilisierenden" kolonialisierten Gesellschaften ableitet und bildet eine bedeutsame Analyseperspektive der Critical Race Theory auch für gegenwärtige Konstellationen (vgl. Murphy 2010).

sierung Anderer als Expert*innen laufen so Gefahr, die als (politisch) notwendig konturierte kritische Auseinandersetzung mit migrationsgesellschaftlichen Repräsentationsverhältnissen als Aufgabe derjenigen zu verorten, die im Rassismus und in anderen Differenz- und Herrschaftsverhältnissen als Andere positioniert werden. Und zwar unabhängig davon, wie die jeweiligen Personen sich selbst positionieren, ob sie sich selbst als Expert*innen für das „Thema" (beispielsweise) Rassismus verstehen und ob es ihr Anliegen ist, im Kontext des Theaters explizit eine Expertise hierzu beizusteuern. Während (migrations-)gesellschaftlich als Andere Geltende hier derart verantwortlich gemacht werden, werden so im Umkehrschluss diejenigen, die von diesen Ordnungen als Teil eines „Wir" adressiert werden, von der Verantwortung des Aufbaus einer eigenen Expertise für eine herrschaftskritische Auseinandersetzung mit diesen Ordnungen enthoben. Rassismus, so scheint es dann, ist ein Thema, für welches die in ihm als Andere hervorgebrachten Subjekte nicht nur die Expert*innen sind, sondern für dessen kritische und informierte Bearbeitung sie auch alleinig zuständig sind.

Hito Steyerl spricht im Zusammenhang einer derartigen Responsibilisierung von Anderen für die Bearbeitung migrationsgesellschaftlicher Differenzverhältnisse von einer „quasi naturalisierten Arbeitsteilung" (Steyerl 1999, S. 160). Der Frage nachzugehen, wie einer solchen Arbeitsteilung in theaterpädagogischen Projekten entgegen zu arbeiten ist ohne hierbei sowohl die unterschiedlichen Verletzlichkeiten von Subjekten in Differenzverhältnissen als auch die Situiertheit von Wissensbeständen und die hiermit verbundenen unterschiedlichen „Expertisen" zu ignorieren, sollte meines Erachtens ein zentrales Anliegen einer rassismuskritisch informierten und versierten Theaterpädagogik darstellen.

Mit Blick auf das hier untersuchte Material bedeutet dies aus meiner Perspektive für Theaterpädagog*innen am Theater auch, die eigenen Vorannahmen über die Expertisen der als solche identifizierten Anderen zu reflektieren und den Blick für Praktiken der Resignifizierung von hegemonialen Subjektpositionen und -ordnungen durch Teilnehmende am Theaterjugendclub (vgl. Kapitel 8.3) zu öffnen.[181] Wenn widerständige Praktiken und das in ihnen zum Ausdruck kom-

181 Ähnlich perspektiviert auch Carmen Mörsch ausgehend von einer Beschäftigung mit der Historie der Praxis des *Slumming* gegenwärtige Projekte der kulturellen Bildung als „Verhinderung von Selbstermächtigung", wenn in diesen vornehmlich „das gute Gewissen, die Befriedigung der Neugierde und der Horizonterweiterung der Anbieter_innen" im Mittelpunkt stehen (Vgl. Mörsch 2016c, S. 181)

mende Wissen von Jugendclubmitgliedern nicht als solche wahrgenommen, sondern als Verfehlen oder Scheitern der jeweiligen Teilnehmenden kontextualisiert werden, kann das vermeintliche „Stimme geben" tendenziell einem „Stimme nehmen" Vorschub leisten.

Für eine differenzsensible theaterpädagogische Praxis geht es stattdessen darum, die in der künstlerischen Zusammenarbeit im Theaterjugendclub vollzogenen Akte des Widerstands gegen herrschende (Subjekt-)Ordnungen so wenig wie möglich zu verhindern – etwa die im Interpretationskapitel thematisch gemachten Praktiken der Verweigerung[182], Praktiken einer möglicherweise für Theaterpädagog*innen contra-intuitiven Selbstpositionierung oder auch Praktiken jener sich einer Positionierungspflicht entziehenden Schweigsamkeit, die Kamala Visweswaran (1994, S. 60) hegemonialen Praktiken des Zum-Schweigen-Bringens entgegensetzt. Denn erst „die Anerkennung des Restes, die Anerkennung von Nicht-Wissen" seitens der (Theater-)Pädagog*innen, konturiert Paul Mecheril eine „Kompetenzlosigkeitskompetenz" (Mecheril 2008a), ermöglicht „eine Bezugnahme auf den Anderen, die ihn nicht von vornherein in den Kategorien des Bezugnehmenden darstellt" (ebd., S. 26). Als für die Theaterpädagogik konstitutiv zeigt sich ein in diesem Sinne unauflösbares Spannungsverhältnis zwischen Wissen und Nicht-Wissen über Andere.[183] Nur in der Anerkennung dieses Spannungsverhältnisses und der reflexiven Auseinandersetzung mit ihm erscheint es möglich, den Theaterjugendclub als einen Ort mitzugestalten, an dem die von Jugendclubmitgliedern vollzogenen Praktiken der Resignifizierung und Destabilisierung hegemonialer (Subjekt-)Ordnungen einer herrschaftskritischen Revision der Theaterpädagogik am Theater und der ihr zugrunde liegenden Begriffe und Konzepte zuträglich sind.

182 Vgl. hierzu etwa auch Alice Lagaays (2016) sehr interessante Ausführungen zur Performativität des „aktiven Nicht-Tuns" und dessen widerständigen Potenzial im Kontext der Theaterpädagogik.

183 Ich schließe hier an strukturtheoretische Überlegungen zur Bedeutsamkeit des Umgangs mit Spannungsverhältnissen und Antinomien für die pädagogische Professionalität (vgl. Combe/Helsper 2002; Helsper 2016) und deren Bezüge auf den Kontext der Migrationsgesellschaft an (vgl. Castro Varela/Mecheril 2015; Doğmuş/Karakaşoğlu/Mecheril 2016; Doğmuş 2016); daran, dass erst „das Ineinandergreifen von Wissen und Nicht-Wissen einen geeigneten Ausgangs- und Endpunkt professionellen Handelns unter Bedingungen kultureller Differenz" (Mecheril 2008a, S. 26) ergibt.

10.4 Eine Theaterpädagogik lernen, die es noch nicht gibt - Ausblick und Schluss

Im Sinne einer solchen Revision möchte ich mich abschließend für eine Theaterpädagogik am Theater stark machen, welche die *allgemeine* Bedeutsamkeit migrationsgesellschaftlicher Differenzordnungen für die Theaterpädagogik in den Blick rückt, ohne hierbei das Spannungsverhältnis zwischen Differenzfixierung und Differenzignoranz aufzulösen. Weder ist eine in diesem Sinne rassismus- und herrschaftskritisch informierte und versierte Theaterpädagogik am Theater differenzfixierend auf die naturalisierende Hervorbringung Anderer und deren Festlegung auf bestimmte Themen und Zuständigkeiten angewiesen. Noch blendet sie die Bedeutsamkeit von hegemonialen Differenzordnungen und deren gewaltvollen Effekten auf in ihnen unterschiedlich positionierte Subjekte aus. Es geht vielmehr darum, die Konstruktionsweisen von differentiellen Subjektpositionen und die Bedeutsamkeiten der mit diesen verbundenen Zugehörigkeitsordnungen für die Theaterpädagogik am Theater auf den Ebenen der dominierenden Wissensbestände, der routinisierten Praktiken und der institutionalisierten Strukturen zu fokussieren.

Um sich diesen Bedeutsamkeiten zu nähern hielte ich es für die weitere theaterpädagogische Forschung für besonders sinnvoll, neben Diskursen auch gegenwärtige theaterpädagogische *Praktiken* (etwa des Probens, des Inszenierens oder des Nachbesprechens) hinsichtlich der in ihnen wirksam werdenden Vorstellungen von Subjektivität und deren Zusammenhängen zu hegemonialen Differenzordnungen zu untersuchen: Verbunden mit welchen expliziten und impliziten Idealen, Anforderungen, Kompetenzzuweisungen und Affekten werden in diesen Praktiken rassifizierte und anderweitig über Differenz konstruierte Subjektformen der Gegenwart adressiert? Welche „Verfehlungen" der Aneignung einer Subjektform finden in den Praktiken statt und wie finden sie statt? Und welche möglicherweise für die Theaterpädagogik spezifischen Potenziale der Stabilisierung und Destabilisierung migrationsgesellschaftlicher Subjektordnungen sind hiermit verbunden? Praktiken der Subjektivierung auf dem theaterpädagogischen Feld mit diesen oder ähnlichen Fragen praxistheoretisch informiert zu untersuchen und herrschaftskritisch in Bezug zu gegenwärtigen Formen der Macht und mit diesen verknüpften Differenzverhältnissen zu setzen stellt meines Wissens (noch) eine bedeutsame Lücke in der theaterpädagogischen Forschung dar.

Von besonderem Interesse für die weitere Forschung scheinen mir auch die in allen drei modellierten Figuren relevanten Verknüpfungen von Steigerungslogiken und rassifizierten Anderen. Ich habe diese mit Blick auf sozialwissenschaftliche Ausführungen zur Dominanz eines Wachstumsparadigmas in der Wettbewerbsgesellschaft eingeordnet und mit Blick auf spezifische diskursive Praktiken im Material verschiedentlich als Adressierungen von Anderen als Ressource für die Steigerung der Theaterpädagogik am Theater problematisiert. Nicht geleistet werden konnte im Rahmen der vorliegenden Untersuchung jedoch eine systematischere Auseinandersetzung mit dem Zusammenhang von Steigerungsimperativ – Institution Theater – Theaterpädagogik – Rassifizierung. Einem Zusammenhang, der sowohl in seiner Verknüpfung mit historischen Kontinuitäten und Transformationen kolonialer und postkolonialer Formen der Ausbeutung Anderer zu untersuchen wäre, als auch vor dem Hintergrund von Analysen der Schnittstellen von Kapitalismus, Kunst und Subjektivität und einem „Zwang zur kreativen Selbstverwirklichung" (Menke/Rebentisch 2016, S. 7).

Theaterpädagogische Selbstverständnisse und Zielsetzungen und mit diesen verknüpfte Vorstellungen von Theater, Bildung, Subjekt und Macht sind immer wieder als Bestandteil einer historischen Gegenwart und in dieser Gegenwart hegemonialer Differenzordnungen herrschaftskritisch zu befragen. Hierzu ein letzter Gedanke: Wenn wir Macht mit Foucault als eine relationale Größe verstehen, als *Machtbeziehungen*, die „immer von den ‚einen' über die ‚anderen' ausgeübt" (Foucault 2005, S. 285) werden, dann heißt dies, dass ein Zuwachs von Macht an einer Stelle immer auch einen Verlust von Macht an anderer Stelle bedeutet. Eine herrschaftskritische Revision der Theaterpädagogik meint dann *nicht* jene im Diskurs so häufig adressierte Variante eines „Einbezug der Anderen", von dem alle gleichermaßen im Sinne einer vermeintlichen „win-win-situation" profitieren. Sondern es geht ihr um die an der Zielsetzung weniger gewaltvoller Verhältnisse orientierte Befragung und Gestaltung dessen, was Theater(-pädagogik) „ist", welche Ziele mit ihm/ihr auf welche Weise verfolgt werden, welches Wissen hierfür als bedeutsam erachtet wird und welche Machteffekte hiermit verbunden sind.

Eine in diesem Sinne motivierte Auseinandersetzung mit den in der vorliegenden Untersuchung in ihrer allgemeinen Bedeutsamkeit für die Theaterpädagogik am Theater herausgearbeiteten Differenzordnungen stellt dabei keine „Spezialdisziplin" dar, der die Theaterpädagogik (am Theater) sich in bestimmten Projekten neben dem gewissermaßen „*eigen*-tlichen" theaterpädagogischen Tun im Sinne des oben beschriebenen paradoxen Verhältnisses von Politisierung und Entpolitisierung zuwenden kann. Sondern es geht um die Anerkennung, die Reflexion und die Gestaltung eines Umgangs mit der konstitutiven Politizität der Theaterpädagogik am Theater der Migrationsgesellschaft als *allgemeine* Perspektive. Die (Weiter-)Entwicklung des Wissens der Institutionen und der in ihnen wirksamen Subjekte über die Verwobenheiten theaterpädagogischer Praktiken mit (migrations-)gesellschaftlichen Differenzordnungen und über die hiermit verbundenen Spannungsverhältnisse lässt sich dann im Sinne einer theaterpädagogischen *Allgemeinbildung* verstehen. Diese bildet meines Erachtens eine notwendige Bedingung für eine qualitätsvolle herrschaftskritische theaterpädagogische Praxis der Gegenwart. Als eine solche steht ihr in der theaterpädagogischen Ausbildung, in der theaterpädagogischen Forschung und an den Orten der künstlerisch-pädagogischen Praxis ein zentraler Stellenwert zu. Letztlich ginge es hier dann auch um eine Auseinandersetzung mit der Frage nach theaterpädagogischer Professionalität. In Anlehnung an migrationspädagogische Beschäftigungen mit der Professionalität von Lehrer*innen stellt dann auch für Theaterpädagog*innen

> [d]er Mut, das Vermögen und die strukturelle Gelegenheit [...] die gesellschaftliche und das heißt auch immer historische Vermitteltheit ihres Tuns zu erkennen und sich dieses verantwortend dazu in ein Verhältnis zu setzen [...] eine wichtige Dimension pädagogischer Professionalität dar [...]. (Dirim/Mecheril 2018, S. 65)

Dabei halte ich es für wichtig, jener von Sabine Reh (2008) treffend für den Bereich pädagogischer Professionalität in der Schule problematisierten Gefahr der Reflexivitäts-Überforderung von Theaterpädagog*innen und ihrer hiermit verbundenen Responsibilisierung entgegenzuwirken. Vor dem Hintergrund des in dieser Arbeit zugrundgelegten *produktiven* Machtbegriffs möchte ich stattdessen abschließend für eine prominent von Gayatri Chakravorty Spivak (2022; 2013) eingeführte Dimension von Bildung als unerzwungene Neuordnung unserer gesellschaftlich vermittelten Begehrensstrukturen („Uncoercive Rearrangement of Desires") plädieren. Und konkreter dafür, in theaterpädagogischen Kontexten Reflexions-Räume zu implementieren und zu institutionalisieren, in denen ein „Ver_Lernen" (vgl. Heinemann/Castro Varela 2016) hegemonialer Wissensbestände auf den Ebenen des Denkens, Handelns und Fühlens und eine hiermit verbundene Beschäftigung mit den konstitutiven Spannungsverhältnissen der Theaterpädagogik der Migrationsgesellschaft anvisiert und erprobt werden. Die (Weiter-)Entwicklung einer herrschaftskritischen Theaterpädagogik stellt sich dann als entschieden notwendiger und zugleich notwendig unabgeschlossener und damit auch potenziell irritierend-verunsichernder Veränderungsprozess dar, in dem es, in Anlehnung an einen Titel zum Demokratielernen von Nora Sternfeld (2020, S. 205), darum geht, *eine Theaterpädagogik zu lernen, die es noch nicht gibt.*

Danke

Dieses Buch ist nur zustande gekommen durch die Unterstützung all jener, die mich inspiriert, begleitet, gehalten, motiviert, befragt und berührt haben. Euch allen möchte ich an dieser Stelle aus tiefstem Herzen danken!

Dass ich überhaupt eine Arbeit aus rassismuskritischer Perspektive geschrieben habe, ist für mich ohne die vielen Lehrer*innen, die mich an ihrem Wissen über Rassismus und an ihrer Kraft teilhaben ließen, nicht denkbar. Hier möchte ich besonders Urmila Goel, Grada Kilomba und dem Phoenix e.V. danken, die mich in die Auseinandersetzung mit Rassismus und meine Position in ihm (ein-)geführt und durch viele Verunsicherungen und Fragen begleitet haben.

Von ganzem Herzen danke ich Ute Schlegel-Pinkert und Paul Mecheril, die diese Arbeit sehr zugewandt, interessiert und unterstützend betreut haben und sich immer wieder Zeit für Fragen, Rückmeldungen und gemeinsames Nachdenken genommen haben. Beide haben die in diese Dissertation eingeflossenen Auseinandersetzungsprozesse mit der Theaterpädagogik der Migrationsgesellschaft und der Frage nach ihrer wissenschaftlichen Erforschung sowohl durch ihre inspirierenden eigenen Arbeiten und die in ihnen entwickelten Perspektiven als auch durch die von ihnen geschaffenen (Denk-)Räume unschätzbar bereichert. Ute Schlegel-Pinkert hat mich außerdem immer wieder darin unterstützt, produktive Rahmenbedingungen für die Arbeit an der Dissertation zu schaffen, wofür ich ebenfalls sehr dankbar bin. Mein herzlicher Dank gilt auch Ulrike Hentschel, die die Dissertation in den ersten Jahren betreut und auch anschließend weiterhin durch ihre klugen Fragen und Ratschläge sehr unterstützt hat.

Die von Paul Mecheril ins Leben gerufene „Forschungswerkstatt Migration und Bildung" an den Universitäten Oldenburg und Bielefeld und das theaterpädagogische Doktorand*innen-Kolloquium an der Universität der Künste Berlin bildeten für mich wichtige Orte des Austauschs mit studierenden, promovierenden und professoralen Kolleg*innen, an denen ich viel gelernt und erfahren habe. Dasselbe gilt für den Arbeitskreis Kritische Theaterpädagogik. Vielen Dank euch allen für die anregenden Diskussionen!

Für inhaltliche Auseinandersetzungen und Rückmeldungen zu Teilen der Arbeit danke ich namentlich besonders Nina Simon, Manuel Peters, Tania Meyer, Tobias

Linnemann, Mai-Anh Boger, Wiebke Nonne, Ellen Bonte, Sebastian Spiering, Iniobong Essien, Gregor Gondecki, Soubhi Shami, Lena Staab und Fabian Schwitter.

Den Mitgliedern meiner Schreibgruppe danke ich dafür, dass sie mir im letzten Abschnitt der Arbeit an der Dissertation durch einige Krisen geholfen haben: Radhika Natarajan, Irina Grünheid, Santina Battaglia, Daniel Krenz-Dewe und Shadi Kooroshy.

Von meinen Interviewgesprächspartner*innen habe ich in unseren Gesprächen viel gelernt und möchte mich für ihre Zeit und für ihr Vertrauen in mich und meine Arbeit mit dem Interviewmaterial bedanken.

Der Heinrich-Böll-Stiftung danke ich für das Promotionsstipendium, durch welches es mir möglich war, über einen längeren Zeitraum fokussiert an der Dissertation zu arbeiten. Der Hochschule für Künste im Sozialen (HKS) Ottersberg möchte ich für das von ihr verliehene Abschlussstipendium und ihr Vertrauen danken. Nicole Helms vom Schibri-Verlag danke ich für ihre kompetente und freundliche Unterstützung bei der Veröffentlichung dieses Buches.

Aus tiefstem Herzen danke ich abschließend Alena, Robin und Ellen, die mich in den letzten Jahren immer wieder mit viel Geduld gestärkt und ermutigt haben. Meinem Sohn Lino ist dieses Buch gewidmet.

Literaturverzeichnis

360 GRAD 2020: Programm. https://www.360-fonds.de/programm/, 20.11.2020.

ADORNO, Theodor W. 1975: Schuld und Abwehr. In: ADORNO, Theodor W. (Hrsg.): Gesammelte Schriften 9/2. Berlin: Suhrkamp.

AFP/EPD 2020: Rassismus bei der Polizei: Seehofer lehnt Studie weiter ab. https://taz.de/Rassismus-bei-der-Polizei/!5714864/, 19.12.2021.

AHMED, Sara 2013: Strange Encounters. Embodied Others in Post-Coloniality. Hoboken: Taylor and Francis.

AKTAŞ, Ulaş u. a. 2018: Postkoloniale Perspektiven auf Fort- und Weiterbildung in der Kulturellen Bildung. Hegemonie(selbst)kritik als ästhetisches Prinzip. https://www.kubi-online.de/artikel/postkoloniale-perspektiven-fort-weiterbildung-kulturellen-bildung-hegemonieselbstkritik, 12.11.2021.

ALKEMEYER, Thomas/BUDDE, Gunilla/FREIST, Dagmar (Hrsg.) 2013: Selbst-Bildungen. Soziale und kulturelle Praktiken der Subjektivierung. Bielefeld: transcript.

ALLMANRITTER, Vera 2017: Audience Development in der Migrationsgesellschaft. Neue Strategien für Kulturinstitutionen. Bielefeld: transcript.

ALTHUSSER, Louis 1970: Ideologie und Ideologische Staatsapparate. Anmerkungen für eine Untersuchung. http://www.b-books.de/texteprojekte/althusser/, 18.12.2021.

AMJAHID, Mohamed 2017: Unter Weissen. Was es heißt, privilegiert zu sein. München: Hanser.

ANDERSON, Benedict 1996: Die Erfindung der Nation. Zur Karriere eines folgenreichen Konzepts. Frankfurt am Main: Campus.

ANGERMÜLLER, Johannes u. a. (Hrsg.) 2014: Diskursforschung. Ein interdisziplinäres Handbuch. Bielefeld: transcript.

ANTI-RASSISMUS-KLAUSEL 2021: Home. https://www.antirassismusklausel.de/, 19.12.2021.

ARBEITSKREIS THEATERPÄDAGOGIK DER BERLINER BÜHNEN 2012: Dokumentation „Was Geht?“. http://www.was-geht-berlin.de/content/dokumentation, 18.12.2021.

ARNDT, Susan 2015: Die 101 wichtigsten Fragen - Rassismus. München: C.H. Beck.

ARNDT, Susan/THIERL, Heiko/WALTHER, Ralf (Hrsg.) 2001: AfrikaBilder. Studien zu Rassismus in Deutschland. Münster: Unrast-Verlag.

ATTIA, Iman 2009: Die »westliche Kultur« und ihr Anderes. Zur Dekonstruktion von Orientalismus und antimuslimischem Rassismus. (Kultur und soziale Praxis). Bielefeld: transcript.

Attia, Iman/Keskinkiliç, Ozan Zakariya 2016: Antimuslimischer Rassismus. In: Mecheril, Paul (Hrsg.): Handbuch Migrationspädagogik. Weinheim u.a.: Beltz Verlag, S. 168–182.

Auernheimer, Georg 2013: Interkulturelle Kompetenz und pädagogische Professionalität. Wiesbaden: VS Verlag für Sozialwissenschaften.

Austin, John L. 2002: Zur Theorie der Sprechakte. (How to do things with words). Stuttgart: Reclam.

Aydemir, Fatma/Yaghoobifarah, Hengameh (Hrsg.) 2019: Eure Heimat ist unser Albtraum. Berlin: Ullstein.

Bade, Klaus: Versäumte Integrationschancen und nachholende Integrationspolitik. In: APuZ.

Bade, Klaus 2017: Migration, Flucht, Integration. Kritische Politikbegleitung von der ‚Gastarbeiterfrage' bis zur ‚Flüchtlingskrise'. Erinnerungen und Beiträge. https://www.imis.uni-osnabrueck.de/fileadmin/4_Publikationen/PDFs/Bade_Migration.pdf, 09.12.2021.

Bade, Klaus J./Oltmer, Jochen 2004: Normalfall Migration. Bonn: Bundeszentrale für Politische Bildung.

Bade, Klaus J./van Eijl, Corrie (Hrsg.) 2010: Enzyklopädie Migration in Europa. Vom 17. Jahrhundert bis zur Gegenwart. Paderborn: Schöningh.

Baitamani, Wael u. a. 2020: „Fakt ist, dass geflüchtete Jugendliche kaum jemals die Chance haben ein Kunstprodukt zu erstellen" – Kulturelle Bildung für junge Menschen mit Fluchterfahrung im Fokus einer rassismuskritisch positionierten Diskursanalyse. In: Timm, Susanne u. a. (Hrsg.): Kulturelle Bildung. Theoretische Perspektiven, methodologische Herausforderungen und empirische Befunde. Münster u. a.: Waxmann, S. 196–211.

Balibar, Étienne 1990: Gibt es einen „Neo-Rassismus"? In: Balibar, Étienne/Wallerstein, Immanuel Maurice (Hrsg.): Rasse - Klasse - Nation. Ambivalente Identitäten. Hamburg: Argument-Verlag, S. 23–38.

Balibar, Étienne/Wallerstein, Immanuel Maurice (Hrsg.) 1990: Rasse - Klasse - Nation. Ambivalente Identitäten. Hamburg: Argument-Verlag.

Ballhaus Naunynstrasse 2016: 10 Jahre postmigrantisches Theater. https://ballhausnaunynstrasse.de/event/10_jahre_postmigrantisches_theater_30-01-2016/, 19.12.2021.

Balme, Christopher (Hrsg.) 2001: Das Theater der Anderen. Alterität und Theater zwischen Antike und Gegenwart. Tübingen: Francke.

Balme, Christopher 2007: Deutsches Welttheater. In: Die deutsche Bühne - Stadttheater Interkulturell, H. 78, S. 20–23.

Barskanmaz, Cengiz 2011: Rasse – Unwort des Antidiskriminierungsrechts? In: Kritische Justiz, H. 4, S. 382–389.

Battaglia, Santina/Mecheril, Paul 2020: Die politische Dimension kultureller Bildung in der Migrationsgesellschaft. In: Gloe, Markus/Oeftering, Tonio (Hrsg.): Politische Bildung meets Kulturelle Bildung. Baden-Baden: Nomos, S. 33–45.

Beck, Ulrich 2005: Europäisierung - Soziologie für das 21. Jahrhundert. http://www.bpb.de/apuz/28897/europaeisierung-soziologie-fuer-das-21-jahrhundert?p=all, 09.07.2018.

Becker, Peter/Wildermann, Patrick 2011: „Verrücktes Blut" im Ballhaus Naunynstraße: „Mensch, das ist ja besser als Hollywood!". https://www.tagesspiegel.de/kultur/verruecktes-blut-im-ballhaus-naunynstrasse-mensch-das-ist-ja-besser-als-hollywood/4157030.html, 19.12.2021.

Bedorf, Thomas 2010: Das Politische und die Politik. Berlin: Suhrkamp.

Bender, Désirée/Eck, Sandra 2014: Studentische Subjektivierungsweisen im Machtnetz des Bologna-Prozesses. Eine Dispositivanalyse narrativer Interviews. In: Angermüller, Johannes u. a. (Hrsg.): Diskursforschung. Ein interdisziplinäres Handbuch. Bielefeld: transcript, S. 472–499.

Bendix, Daniel 2013: Mit kolonialen Grüßen … Berichte und Erzählungen von Auslandsaufenthalten rassismuskritisch betrachtet. Berlin: Glokal e.V.

Benhabib, Seyla u. a. (Hrsg.) 1995: Der Streit um Differenz. Feminismus und Postmoderne in der Gegenwart. (, Bd. 11810). Frankfurt am Main: Fischer-Taschenbuch-Verlag.

Berliner Festspiele 2011: Verrücktes Blut. https://www.berlinerfestspiele.de/de/berliner-festspiele/programm/bfs-gesamtprogramm/programmdetail_20451.html, 19.12.2021.

Bicker, Björn 2009: Theater als Parallelgesellschaft? Über das Verhältnis von Theater und Migration. In: Hess, Sabine/Binder, Jana/Moser, Johannes (Hrsg.): No integration?! transcript-Verlag, S. 27–34.

Bicker, Björn 2017: „Sich selbst abschaffen" - für ein Theater des Verzichts. Björn Bicker im Gespräch mit Christoph Scheurle. In: Scheurle, Christoph/Hinz, Melanie/Köhler, Norma (Hrsg.): Partizipation: teilhaben/teilnehmen. München: kopaed, S. 173–182.

Blum, Thomas 2011: Keine „Kanakenselbsthassernummer". Ästhetische Strategien des Umgangs mit Identitätskonstruktionen des „Anderen" in Nurkan Erpulats „Verrücktes Blut" als Inspiration für die Theaterpädagogik. unveröffentlichte Masterarbeit.

Blum, Thomas 2015: Theaterpädagogik ist immer politisch! Zu Konstruktionen des ‚Anderen' in der theaterpädagogischen Praxis. In: Jenni, Ursula/Panskus, Janka (Hrsg.): Blick Zurück – Fallstudien. Praxis Kultureller Bildung, S. 64–76.

Blum, Thomas 2017: … und alle machen mit! Rassismuskritische Gedanken zum Thema Partizipation in der Theaterpädagogik. In: Scheurle, Christoph/Hinz, Melanie/Köhler, Norma (Hrsg.): Partizipation: teilhaben/teilnehmen. München: kopaed, S. 61–78.

Blum, Thomas 2019a: Gegenwärtige Migrationsdiskurse am Theater am Beispiel einer Intervention des Schauspiel Leipzig. In: Zeitschrift für Theaterpädagogik, H. 74, S. 13–15.

Blum, Thomas 2019b: Keine ‚Kanaken-Selbsthass-Nummer'! Nurkan Erpulats ‚Verrücktes Blut' als Anlass ästhetischer Bildung? In: Schultheater, H. 38, S. 30–34.

Blum, Thomas/Simon, Nina (2022): Zur Relevanz rassismuskritisch informierter Theaterpädagogik in Theater und Schule. Ein Gespräch. In: Schüler, Eliana / Falk, Friederike / Zinsmaier, Isabelle (Hg.): Zeitgenössische Theaterpädagogik. Macht- und diskriminierungskritische Perspektiven. Bielefeld: transcript, S. 189-203.

Bönkost, Jule 2016: Rassismuskritik aus weißer Perspektive: Praxis plus Reflexion (2016). https://www.academia.edu/26589608/Rassismuskritik_aus_wei%C3%9Fer_Perspektive_Praxis_plus_Reflexion_2016_.

Boos-Nünning, Ursula 2016: Bildungsbrücken bauen. Stärkung der Bildungschancen von Kindern mit Migrationshintergrund : ein Handbuch für die Elternbildung. Münster u. a.: Waxmann.

Bourdieu, Pierre 2003: Sozialer Sinn. Kritik der theoretischen Vernunft. Frankfurt am Main: Suhrkamp.

Bourdieu, Pierre/Wacquant, Loïc 1996: Reflexive Anthropologie. Frankfurt am Main: Suhrkamp.

Brand, Ulrich 2017: Imperiale Lebensweise. Zur Ausbeutung von Mensch und Natur in Zeiten des globalen Kapitalismus. Berlin: oekom verlag.

Braun, Tom/Witt, Kirsten (Hrsg.) 2017: Illusion Partizipation - Zukunft Partizipation. (wie) macht kulturelle Bildung unsere Gesellschaft jugendgerechter? (Kulturelle Bildung, Bd. 54). kopaed verlagsGmbH. München: kopaed.

Brech, Sarah Maria 2013: Als Helmut Kohl die Türken zurückschicken wollte. In: WELT vom 3. August 2013.

Bröckling, Ulrich 2002: Das unternehmerische Selbst und seine Geschlechter. In: Leviathan, 30. Jg., H. 2, S. 175–194.

Bröckling, Ulrich 2007: Das unternehmerische Selbst. Soziologie einer Subjektivierungsform. Frankfurt am Main: Suhrkamp.

Bröckling, Ulrich/Feustel, Robert (Hrsg.) 2010: Das Politische denken. Zeitgenössische Positionen. Bielefeld: transcript.

Broden, Anne/Mecheril, Paul (Hrsg.) 2007: Re-Präsentationen. Dynamiken der Migrationsgesellschaft. Düsseldorf: IDA-NRW.

Broden, Anne/Mecheril, Paul (Hrsg.) 2010: Rassismus bildet. Bildungswissenschaftliche Beiträge zu Normalisierung und Subjektivierung in der Migrationsgesellschaft. Bielefeld: transcript.

Bublitz, Hannelore 2015: Diskurs. Bielefeld: transcript.

BUBLITZ, Hannelore 2018a: Diskurstheorie: zur kulturellen Konstruktion der Kategorie Geschlecht. In: KORTENDIEK, Beate/RIEGRAF, Birgit/SABISCH, Katja (Hrsg.): Handbuch interdisziplinäre Geschlechterforschung. Wiesbaden: Springer VS, S. 1–9.

BUBLITZ, Hannelore 2018b: Judith Butler zur Einführung. (Zur Einführung, Bd. 378). Hamburg: Junius, 5., ergänzte Auflage.

BÜCKEN, Susanne u. a. 2018: Flucht – Diversität – Kulturelle Bildung. In: ZEP – Zeitschrift für internationale Bildungsforschung und Entwicklungspädagogik, H. 04, S. 30–34.

BÜCKEN, Susanne 2020: Zur Dringlichkeit einer rassismuskritischen Perspektive für die Kulturelle Bildung in der Migrationsgesellschaft. https://www.kubi-online.de/artikel/zur-dringlichkeit-einer-rassismuskritischen-perspektive-kulturelle-bildung, 20.12.2021.

BÜNGER, Carsten 2013: Die offene Frage der Mündigkeit. Studien zur Politizität der Bildung. Paderborn u. a.: Schöningh.

BUT E.V 2017: Preisverleihung: Theater mit Geflüchteten. https://www.butinfo.de/termine/preisverleihung-theater-mit-gefluechteten, 16.12.2021.

BUTLER, Judith 1993: Ort der politischen Neuverhandlung. Der Feminismus braucht ‚die Frauen', aber er muss nicht wissen, ‚wer' sie sind. In: Frankfurter Rundschau vom 27. Juli 1993, S. 10.

BUTLER, Judith 1995a: Für ein sorgfältges Lesen. In: BENHABIB, Seyla u. a. (Hrsg.): Der Streit um Differenz. Feminismus und Postmoderne in der Gegenwart. (, Bd. 11810). Frankfurt am Main: Fischer-Taschenbuch-Verlag, S. 122–132.

BUTLER, Judith 1995b: Kontingente Grundlagen. Der Feminismus und die Frage der ‚Postmoderne'. In: BENHABIB, Seyla u. a. (Hrsg.): Der Streit um Differenz. Feminismus und Postmoderne in der Gegenwart. (, Bd. 11810). Frankfurt am Main: Fischer-Taschenbuch-Verlag, S. 31–58.

BUTLER, Judith 1997: Körper von Gewicht. Die diskursiven Grenzen des Geschlechts. Frankfurt am Main: Suhrkamp.

BUTLER, Judith 2001a: Das Unbehagen der Geschlechter. Frankfurt am Main: Suhrkamp.

BUTLER, Judith 2001b: Psyche der Macht. Das Subjekt der Unterwerfung. (1744 = N.F. 744). Frankfurt am Main: Suhrkamp.

BUTLER, Judith 2006: Haß spricht. Zur Politik des Performativen. Frankfurt am Main: Suhrkamp.

BUTLER, Judith/SPIVAK, Gayatri Chakravorty 2011: Sprache, Politik, Zugehörigkeit. Zürich: diaphanes.

CASTLES, Stephen/MILLER, Mark J. 2010: The age of migration. International population movements in the modern world. Basingstoke: Palgrave Macmillan.

CASTRO VARELA, María do Mar 2017: (Un-)Wissen. Verlernen als komplexer Lernprozess. http://www.migrazine.at/artikel/un-wissen-verlernen-als-komplexer-lernprozess, 03.05.2021.

Castro Varela, María do Mar/Dhawan, Nikita 2004: Horizonte der Repräsentationspolitik - Taktiken der Intervention. In: Ross, Bettina (Hrsg.): Migration, Geschlecht und Staatsbürgerschaft. Perspektiven für eine anti-rassistische und feministische Politik und Politikwissenschaft. Wiesbaden: VS Verlag für Sozialwissenschaften, S. 205–226.

Castro Varela, María do Mar/Dhawan, Nikita 2005: Postkoloniale Theorie. Eine kritische Einführung. Bielefeld: transcript.

Castro Varela, María do Mar/Dhawan, Nikita 2012: Postkolonialer Feminismus und die Kunst der Selbstkritik. In: Steyerl, Hito (Hrsg.): Spricht die Subalterne deutsch? Migration und postkoloniale Kritik. Münster: Unrast-Verlag, S. 270–290.

Castro Varela, María do Mar/Dhawan, Nikita 2020: Postkoloniale Theorie. Eine kritische Einführung.

Castro Varela, María do Mar/Haghighat, Leila (Hrsg.) 2023: Double Bind postkolonial. Kritische Perspektiven auf Kunst und Kulturelle Bildung. Bielefeld: transcript.

Castro Varela, María do Mar/Mecheril, Paul 2006: Minderheitenangehörige und ´professionelles Handeln`. Anmerkungen zu einem unmöglichen Verhältnis. In: Leiprecht, Rudolf/Kerber, Anne (Hrsg.): Schule in der Einwanderungsgesellschaft. Ein Handbuch. Schwalbach/Ts.: Wochenschau Verlag, S. 406–419.

Castro Varela, María do Mar/Mecheril, Paul 2015: Minderheitenangehörige und ´professionelles Handeln`. Anmerkungen zu einem unmöglichen Verhältnis. In: Leiprecht, Rudolf (Hrsg.): Schule in der Migrationsgesellschaft. Schwalbach/Ts.: Debus Pädagogik, S. 406–419.

Castro Varela, María do Mar/Mecheril, Paul (Hrsg.) 2016: Die Dämonisierung der Anderen. Rassismuskritik der Gegenwart. Bielefeld: transcript.

Cherrat, Nisma 2005: Mätresse – Wahnsinnige – Hure: Schwarze SchauspielerInnen am deutschsprachigen Theater. In: Eggers, Maureen Maisha u. a. (Hrsg.): Mythen, Masken und Subjekte. Kritische Weißseinsforschung in Deutschland. Münster: Unrast, S. 206–220.

Combe, Arno/Helsper, Werner (Hrsg.) 2002: Pädagogische Professionalität. Untersuchungen zum Typus pädagogischen Handelns. Frankfurt am Main: Suhrkamp.

Crenshaw, Kimberly 1989: Demarginalizing the Intersection of Race and Sex:A Black Feminist Critique of AntidiscriminationDoctrine, Feminist Theory and Antiracist Politics. In: University of Chicago Legal Forum, S. 139–167.

Czejkowska, Agnieszka 2016: Kunstpädagogik. In: Mecheril, Paul (Hrsg.): Handbuch Migrationspädagogik. Weinheim u.a.: Beltz Verlag, S. 403–417.

Czollek, Max 2018: Desintegriert euch! München: Carl Hanser Verlag.

Danielzik, Chandra-Milena/Bendix, Daniel 2010: Exotismus. https://www.freiburg-postkolonial.de/Seiten/2010-Danielzik-Bendix-Exotismus.htm, 24.01.2022.

DANIELZIK, Chandra-Milena/BENDIX, Daniel 2015: Exotik/exotisch. In: ARNDT, Susan/OFUATEY-ALAZARD, Nadja (Hrsg.): Wie Rassismus aus Wörtern spricht. (K)Erben des Kolonialismus im Wissensarchiv deutsche Sprache : ein kritisches Nachschlagewerk. Münster: Unrast-Verlag, S. 633.

DEDE AYIVI, Simone 2015: Schwarze Bühnenpositionen. In: BERGOLD-CALDWELL, Denise u. a. (Hrsg.): Spiegelblicke. Perspektiven Schwarzer Bewegung in Deutschland. Berlin: Orlanda, S. 204–209.

DEDE AYIVI, Simone 2017: „Alles verpufft, was länger als eine Spielzeit dauert!“ - Über die Bindung von Communities von Schwarzen/People of Color im Theater. Simone Dede Ayivi im Gespräch mit Melanie Hinz. In: SCHEURLE, Christoph/HINZ, Melanie/KÖHLER, Norma (Hrsg.): Partizipation: teilhaben/teilnehmen. München: kopaed, S. 205–211.

DELEUZE, Gilles/GUATTARI, Félix/BERGER, Dagmar 1977: Rhizom. Berlin: Merve-Verlag.

DERRIDA, Jacques 1988: Signatur Ereignis Kontext. In: ENGELMANN, Peter (Hrsg.): Randgänge der Philosophie. Wien: Passagen-Verlag, S. 291–314.

DHAWAN, Nikita 2019: Die affirmative Sabotage der Aufklärung: Die postkoloniale Zwickmühle. In: ZfP Zeitschrift für Politik, 66. Jg., H. 2, S. 183–198.

DIANGELO, Robin 2018: White fragility. Why it's so hard for white people to talk about racism. Boston: Beacon Press.

DIRIM, Inci/MECHERIL, Paul (Hrsg.) 2018: Heterogenität, Sprache(n), Bildung. Die Schule der Migrationsgesellschaft. Bad Heilbrunn: UTB.

DIVERSITY ARTS CULTURE 2020: Selbstbeschreibung. https://diversity-arts-culture.berlin/diversity-arts-culture, 20.11.2020.

DOĞMUŞ, Aysun 2016: Migrationsverhältnisse und pädagogische Professionalisierung. In: GEIER, Thomas/ZABOROWSKI, Katrin U. (Hrsg.): Migration: Auflösungen und Grenzziehungen. Perspektiven einer erziehungswissenschaftlichen Migrationsforschung. Wiesbaden: Springer VS, S. 191–207.

DOĞMUŞ, Aysun/KARAKAŞOĞLU, Yasemin/MECHERIL, Paul (Hrsg.) 2016: Pädagogisches Können in der Migrationsgesellschaft. Wiesbaden: Springer.

DOMKOWSKI, Romy 2011: Theaterspielen – und seine Wirkungen. https://opus4.kobv.de/opus4-udk/frontdoor/deliver/index/docId/25/file/domkowsky_romi.pdf.

DRAMATURGISCHE GESELLSCHAFT 2011: Wer ist wir? Theater in der interkulturellen Gesellschaft. https://dramaturgische-gesellschaft.de/wp-content/uploads/2020/06/dramaturgie-2011-01.pdf, 10.12.2021.

DRESING, Thorsten/PEHL, Thorsten (Hrsg.) 2017: Praxisbuch Interview, Transkription & Analyse. Anleitungen und Regelsysteme für qualitativ Forschende. Marburg: Eigenverlag.

DREYSSE, Miriam/MALZACHER, Florian 2007: Experten des Alltags. Das Theater von Rimini Protokoll. Berlin: Alexander.

DRIEMEL, Ina 2013: Die inszenierte Jugend - Eine Analyse zum Konstrukt Jugend in der Theaterpädagogik. In: Zeitschrift für Theaterpädagogik, H. 63, S. 40–42.

EDDO-LODGE, Reni 2019: Warum ich nicht länger mit Weißen über Hautfarbe spreche. Stuttgart: Tropen.

EGGERS, Maureen Maisha u. a. (Hrsg.) 2005: Mythen, Masken und Subjekte. Kritische Weißseinsforschung in Deutschland. Münster: Unrast.

EILERS, Dirk 2015: Theater. In: ARNDT, Susan/OFUATEY-ALAZARD, Nadja (Hrsg.): Wie Rassismus aus Wörtern spricht. (K)Erben des Kolonialismus im Wissensarchiv deutsche Sprache : ein kritisches Nachschlagewerk. Münster: Unrast-Verlag, S. 538–545.

EL-TAYEB, Fatima 2012: Begrenzte Horizonte. Queer Identity in der Festung Europa. In: STEYERL, Hito (Hrsg.): Spricht die Subalterne deutsch? Migration und postkoloniale Kritik. Münster: Unrast-Verlag, S. 129–145.

EMMERICH, Marcus/HORMEL, Ulrike 2013: Heterogenität - Diversity - Intersektionalität. Zur Logik sozialer Unterscheidungen in pädagigischen Semantiken der Differenz. Wiesbaden: Springer VS.

ERGÜN-HAMAZ, Mutlu 2014: Nachbohren geht in Richtung Rassismus. In: Süddeutsche Zeitung vom 17. November 2014.

ERPULAT, Nurkan/HILJE, Jens 2010: „Verrücktes Blut". Programmheft. Berlin: Ballhaus Naunynstraße.

FEGTER, Susann u. a. (Hrsg.) 2015a: Erziehungswissenschaftliche Diskursforschung. Empirische Analysen zu Bildungs- und Erziehungsverhältnissen. Wiesbaden: Springer VS.

FEGTER, Susann u. a. 2015b: Erziehungswissenschaftliche Diskursforschung. Theorien, Methodologien, Gegenstandskonstruktionen. In: FEGTER, Susann u. a. (Hrsg.): Erziehungswissenschaftliche Diskursforschung. Empirische Analysen zu Bildungs- und Erziehungsverhältnissen. Wiesbaden: Springer VS, S. 9–58.

FERREIRA, Grada 2012: Die Kolonisierung des Selbst – der Platz des Schwarzen. In: STEYERL, Hito (Hrsg.): Spricht die Subalterne deutsch? Migration und postkoloniale Kritik. Münster: Unrast-Verlag, S. 146–165.

FISCHER, Florian/ČUPIĆ, Nenad 2015: Die Kontinuität des Genozids. Die europäische Moderne und der Völkermord an den Herero und Nama in Deutsch-Südwestafrika. Berlin: AphorismA.

FISCHER-LICHTE, Erika (Hrsg.) 2007: Inszenierung von Authentizität. Tübingen: Francke.

FISCHER-LICHTE, Erika 2017: Ästhetik des Performativen. Frankfurt am Main: Suhrkamp.

FLICK, Uwe/KARDORFF, Ernst von/STEINKE, Ines (Hrsg.) 2008: Qualitative Forschung. Ein Handbuch. Reinbek bei Hamburg: Rowohlt Taschenbuch Verlag.

FOROUTAN, Naika/İKIZ, Dilek 2016: Migrationsgesellschaft. In: MECHERIL, Paul (Hrsg.): Handbuch Migrationspädagogik. Weinheim u.a.: Beltz Verlag, S. 138–151.

FOUCAULT, Michel 1976: Mikrophysik der Macht. Über Strafjustiz, Psychiatrie und Medizin. Berlin: Merve-Verlag.

FOUCAULT, Michel 1981: Archäologie des Wissens. Frankfurt am Main: Suhrkamp.

FOUCAULT, Michel 1992a: Überwachen und Strafen. Die Geburt des Gefängnisses. (, Bd. 2271). Frankfurt am Main: Suhrkamp.

FOUCAULT, Michel 1992b: Was ist Kritik? Berlin: Merve.

FOUCAULT, Michel 2003: Die Ordnung der Dinge. Eine Archäologie der Humanwissenschaften. Frankfurt am Main: Suhrkamp.

FOUCAULT, Michel 2005: Subjekt und Macht. In: FOUCAULT, Michel (Hrsg.): Schriften in vier Bänden. Dits et Ecrits, Bd 4. Frankfurt am Main: Suhrkamp, Erste Auflage, S. 269–294.

FOUCAULT, Michel 2009: In Verteidigung der Gesellschaft. Vorlesungen am Collège de France (1975 - 76). Frankfurt am Main: Suhrkamp.

FOUCAULT, Michel/DEFERT, Daniel/BISCHOFF, Michael (Hrsg.) 2001: Schriften. In vier Bänden = Dits et écrits. Frankfurt am Main: Suhrkamp.

FRANK, Martin 2003: Jugendclubs an Theatern. In: KOCH, Gerd/STREISAND, Marianne (Hrsg.): Wörterbuch der Theaterpädagogik (Online). Berlin: Schibri-Verlag.

FRANK, Martin 2012: Vorwort. In: BERLINER FESTSPIELE (Hrsg.): Theatertreffen der Jugend, 25. Mai – 2. Juni 2012.

FRANK, Martin 2014: Jugendclubs an Theatern - die Kunst mit unprofessionellen Künstlern künstlerisch zu spielen. In: PINKERT, Ute (Hrsg.): Theaterpädagogik am Theater. Kontexte und Konzepte von Theatervermittlung. Berlin u. a.: Schibri-Verlag, S. 183–193.

FRANKENBERG, Ruth 1996: Weiße Frauen, Feminismus und die Herausforderung des Antirassismus. In: FUCHS, Brigitte/HABINGER, Gabriele (Hrsg.): Rassismen & Feminismen. Differenzen, Machtverhältnisse und Solidarität zwischen Frauen. Wien: Promedia, S. 51–66.

FRASER, Nancy 1995: From Redistribution to Recognition? Dilemmas of Justice in a »Post-Socialist« Age. In: New left review, H. 212, S. 68–93.

FÜSSEL, Marian/NEU, Tim 2010: Doing Discourse. In: LANDWEHR, Achim (Hrsg.): Diskursiver Wandel. Wiesbaden: VS Verl. für Sozialwiss, S. 213–235.

Gaztambide-Fernández, Rubén 2017: Jenseits des banalen Empirismus- Gedanken zu einem neuen Paradigma. In: Konietzko, Sebastian/Kuschel, Sarah/Reinwand-Weiss, Vanessa-Isabelle (Hrsg.): Von Mythen zu Erkenntnissen? Empirische Forschung in der Kulturellen Bildung. München: kopaed.

Gebhard, Winfried 1999: „Warme Gemeinschaft“ und „kalte Gesellschaft“. Zur Kontinuität einer deutschen Denkfigur. In: Meuter, Günter/Otten, Henrique Ricardo (Hrsg.): Der Aufstand gegen den Bürger. Antibürgerliches Denken im 20. Jahrhundert. Würzburg: Königshausen & Neumann, S. 165–184.

Geier, Thomas 2017: Die Gesellschaft der Zielgruppen - ein diskriminierungs- und rassismuskritischer Kommentar. Spiegelung. In: Hübner, Kerstin/Kelb, Viola/Schönfeld, Franziska (Hrsg.): Teilhabe. Versprechen?! Diskurse über Chancen- und Bildungsgerechtigkeit, Kulturelle Bildung und Bildungsbündnisse, S. 189–204.

Gelhard, Andreas/Alkemeyer, Thomas/Ricken, Norbert (Hrsg.) 2013: Techniken der Subjektivierung. München u. a.: Wilhelm Fink.

Georgi, Viola B. 2017: Diversity Education im Fokus Kultureller Bildung. Diskurse vernetzen und Synergien nutzen. In: Eitzeroth, Anna/Schneider, Wolfgang (Hrsg.): Partizipation als Programm. Wege ins Theater für Kinder und Jugendliche. Bielefeld: transcript Verlag.

Ghaffarizad, Kiana/Linnemann, Tobias 2017: Ist doch nur Theater? – Rassismuskritische Perspektiven auf Theater und Theaterarbeit mit geflüchteten Jugendlichen. http://www.bildungswerkstatt-migration.de/images/bimig/impuls_theater_rassismuskritik_2017.pdf, 03.12.2020.

Giddens, Anthony 1997: Die Konstitution der Gesellschaft. Grundzüge einer Theorie der Strukturierung. Frankfurt/Main: Campus-Verlag.

Grigowski, Zita 2016: Trans* Fiction. Geschlechtliche Selbstverständnisse und Transfeindlichkeit. Münster: Unrast.

Grossberg, Lawrence 1999: Was sind Cultural Studies? In: Hörning, Karl H./Winter, Rainer (Hrsg.): Widerspenstige Kulturen. Cultural Studies als Herausforderung. Frankfurt am Main: Suhrkamp, S. 43–63.

Grünheid, Irina/Nikolenko, Anna/Schmidt, Bozzi (Hrsg.) 2020: Bildung - Für alle? Kritische Impulse für eine inklusive Schule in der Migrationsgesellschaft. Ein Dossier. Landesarbeitsgemeinschaft Politisch-Kulturelle Bildung in Sachsen e.V. Dresden.

Guillaumin, Colette 2010: Racism, sexism, power, and ideology. London u. a.: Routledge.

Gutjahr, Ortrud (Hrsg.) 2017: Lessings Erbe? Theater als diskursive Institution. Würzburg: Königshausen & Neumann.

HA, Kien Nghi 2007: Koloniale Arbeitsmigrationspolitik in Imperial Germany. In: HA, Kien Nghi/ LAURÉ AL-SAMARAI, Nicola/MYSOREKAR, Sheila (Hrsg.): re/visionen. Postkoloniale Perspektiven von People of Color auf Rassismus, Kulturpolitik und Widerstand in Deutschland. Münster: Unrast-Verlag, S. 65–73.

HAGHIGHAT, Leila 2017: Kultur zwischen Freiheit, Macht und Beherrschung. Die Bedeutung des Hegemoniebegriffs für die Kulturelle Bildung. In: SCHÜTZE, Anja/MAEDLER, Jens (Hrsg.): weiße Flecken. Diskurse und Gedanken über Diskriminierung, Diversität und Inklusion in der Kulturellen Bildung. München: kopaed, S. 95–102.

HAGHIGHAT, Leila/SIMON, Nina 2018: Diversitätsmanagement oder Imagepflege? https://www.kiwit.org/kultur-oeffnet-welten/positionen/position_6784.html, 11.12.2021.

HALDER, Alois 2008: „Substanz". In: HALDER, Alois/MÜLLER, Max (Hrsg.): Philosophisches Wörterbuch. Freiburg: Herder, S. 314–315.

HALL, Stuart 1994a: Der Westen und der Rest: Diskurs und Macht. In: HALL, Stuart/MEHLEM, Ulrich/KOIVISTO, Juha (Hrsg.): Rassismus und kulturelle Identität. Hamburg: Argument-Verlag, S. 137–179.

HALL, Stuart 1994b: Die Frage der kulturellen Identität. In: HALL, Stuart/MEHLEM, Ulrich/KOIVISTO, Juha (Hrsg.): Rassismus und kulturelle Identität. Hamburg: Argument-Verlag, S. 180–222.

HALL, Stuart 1999: Ethnizität: Identität und Differenz. In: ENGELMANN, Jan (Hrsg.): Die kleinen Unterschiede. Der cultural studies-reader. Frankfurt/Main: Campus Verl., S. 83–98.

HALL, Stuart 2000: Rassismus als ideologischer Diskurs. In: RÄTHZEL, Nora (Hrsg.): Theorien über Rassismus. Hamburg: Argument-Verlag, S. 7–16.

HALL, Stuart 2004a: Das Spektakel der Anderen. In: HALL, Stuart/KOIVISTO, Juha/MERKENS, Andreas (Hrsg.): Ideologie, Identität, Repräsentation. Hamburg: Argument-Verlag, S. 108–167.

HALL, Stuart 2004b: Die Frage des Multikulturalismus. In: HALL, Stuart/KOIVISTO, Juha/MERKENS, Andreas (Hrsg.): Ideologie, Identität, Repräsentation. Hamburg: Argument-Verlag, S. 189–227.

HALL, Stuart 2004c: Ideologie, Kultur, Rassismus. Hamburg: Argument-Verlag.

HALL, Stuart 2004d: Wer braucht „Identität"? In: HALL, Stuart/KOIVISTO, Juha/MERKENS, Andreas (Hrsg.): Ideologie, Identität, Repräsentation. Hamburg: Argument-Verlag, S. 167–187.

HALL, Stuart 2018: Cultural studies. Ein politisches Theorieprojekt. Hamburg: Argument-Verlag.

HALL, Stuart 2020: Vertrauter Fremder. Ein Leben zwischen zwei Inseln. Hamburg: Argument-Verlag.

HALL, Stuart/MEHLEM, Ulrich/KOIVISTO, Juha (Hrsg.) 1994: Rassismus und kulturelle Identität. Hamburg: Argument-Verlag.

HARAWAY, Donna 1995: Situiertes Wissen. Die Wissenschaftsfrage im Feminismus und das Privileg einer partialen Perspektive. In: HARAWAY, Donna Jeanne (Hrsg.): Die Neuerfindung der Natur. Primaten, Cyborgs und Frauen. Frankfurt/Main u. a.: Campus Verlag, S. 73–97.

HASTERS, Alice 2019: Was weiße Menschen nicht über Rassismus hören wollen, aber wissen sollten. München: hanserblau.

HEEG, Günther 2017: Das transkulturelle Theater. Berlin: Theater der Zeit.

HEEG, Günther/HILLMANN, Lutz (Hrsg.) 2017: Willkommen anderswo – sich spielend begegnen. (Recherchen, Bd. 134). Theater der Zeit GmbH. Berlin: Theater der Zeit.

HEINEMANN, Alisha M. B./CASTRO VARELA, María do Mar 2016: Ambivalente Erbschaften. Verlernen Erlernen. https://www.trafo-k.at/_media/download/Zwischenraeume_10_Castro-Heinemann.pdf, 12.12.2021.

HEINEMANN, Alisha M.B/KHAKPOUR, Natascha 2019: Pädagogik sprechen. Die sprachliche Reproduktion gewaltvoller Ordnungen in der Migrationsgesellschaft. Stuttgart: J.B. Metzler'sche Verlagsbuchhandlung & Carl Ernst Poeschel GmbH.

HELFFERICH, Cornelia 2011: Die Qualität qualitativer Daten. Manual für die Durchführung qualitativer Interviews. Wiesbaden: VS, Verl. für Sozialwiss.

HELSPER, Werner 2016: Antinomien und Paradoxien im professionellen Handeln. In: DICK, Michael/MAROTZKI, Winfried/MIEG, Harald A. (Hrsg.): Handbuch Professionsentwicklung. Bad Heilbrunn: Verlag Julius Klinkhardt, S. 50–61.

HEMMERLING, Ulrike 2003: Von der Schwierigkeit mit dem Begriff „Flüchtling" zu operieren. In: PROJEKTTUTORIEN „LEBENSWIRKLICHKEITEN VON FLÜCHTLINGEN"/"BEHÖRDEN UND MIGRATION" (Hrsg.): Verwaltet, entrechtet, abgestempelt – wo bleiben die Menschen? Einblicke in das Leben von Flüchtlingen in Berlin, S. 9–16.

HENTSCHEL, Ulrike 1999: Das Gefühl fürs Echte. Versprechungen von Authentizität in Pädagogik und Theaterpädagogik. In: Zeitschrift für Theaterpädagogik, H. 30, S. 10–17.

HENTSCHEL, Ulrike 2003: Authentizität. In: KOCH, Gerd/STREISAND, Marianne (Hrsg.): Wörterbuch der Theaterpädagogik (Online). Berlin: Schibri-Verlag.

HENTSCHEL, Ulrike 2007: "... mit Schiller zu mehr social skills ..."? Zur Rolle des Theaters im aktuellen Bildungsdiskurs. In: Dramaturgie. Zeitschrift der dramaturgischen Gesellschaft, 1. Jg.

HENTSCHEL, Ulrike 2010: Theaterspielen als ästhetische Bildung. Über einen Beitrag produktiven künstlerischen Gestaltens zur Selbstbildung. Berlin: Schibri Verlag.

HENTSCHEL, Ulrike 2017: Theater lehren - Theater lernen - Theater probieren. Überlegungen zu einer praxeologischen Didaktik der Theaterpädagogik. In: HENTSCHEL, Ulrike (Hrsg.): Theater lehren. Didaktik probieren. Uckerland: Schibri-Verlag, S. 202–236.

Hentschel, Ulrike/Pinkert, Ute 2008: Was tue ich hier und warum? Überlegungen zur Theaterpädagogikausbildung heute. In: Zeitschrift für Theaterpädagogik, H. 53, S. 19–23.

Hentschel, Ulrike/Pinkert, Ute 2014: Theaterpädagogisches Wissen und gesellschaftliches Handeln. Überlegungen zu einer reflexiven Theaterpädagogik. In: Zeitschrift für Theaterpädagogik, H. 64, S. 4–10.

Hentschel, Ulrike/Pinkert, Ute 2017: Theaterpädagogisches Wissen und gesellschaftliches Handeln - Überlegung zu einer reflexiven Theaterpädagogik. Bundesakademie für Kulturelle Bildung.

Hess, Sabine u. a. (Hrsg.) 2017: Der lange Sommer der Migration. Berlin: Assoziation A.

Hess, Sabine/Binder, Jana/Moser, Johannes (Hrsg.) 2009: No integration?! transcript-Verlag.

Hirsbrunner, Stefanie 2015: Ausländer_in. In: Arndt, Susan/Ofuatey-Alazard, Nadja (Hrsg.): Wie Rassismus aus Wörtern spricht. (K)Erben des Kolonialismus im Wissensarchiv deutsche Sprache : ein kritisches Nachschlagewerk. Münster: Unrast-Verlag, S. 242–252.

Hirschauer, Stefan (Hrsg.) 1997: Die Befremdung der eigenen Kultur. Zur ethnographischen Herausforderung soziologischer Empirie. (, Bd. 1318). Frankfurt am Main: Suhrkamp.

Hoffart, Britta 2016: Migrationsforschung als Subjektivierungsforschung. In: Arslan, Emre/Bozay, Kemal (Hrsg.): Symbolische Ordnung und Bildungsungleichheit in der Migrationsgesellschaft. Wiesbaden: Springer VS, S. 71–86.

Hoffmann, Klaus/Klose, Rainer (Hrsg.) 2008: Theater interkulturell. Theaterarbeit mit Kindern und Jugendlichen. Berlin: Schibri-Verlag.

hooks, bell 1981: Ain't I a woman. Black women and feminism. New York u. a.: Routledge.

Hörning, Karl H./Reuter, Julia 2004: Doing Culture. Neue Positionen zum Verhältnis von Kultur und sozialer Praxis. Bielefeld: transcript.

Hörning, Karl H./Winter, Rainer (Hrsg.) 1999: Widerspenstige Kulturen. Cultural Studies als Herausforderung. Frankfurt am Main: Suhrkamp.

Hurrelmann, Klaus/Bauer, Ullrich 2015: Einführung in die Sozialisationstheorie. Das Modell der produktiven Realitätsverarbeitung. Weinheim u. a.: Beltz.

Initiative Schwarze Menschen in Deutschland 2016: real life: Deutschland. https://isdonline.de/real-life-deutschland/, 11.12.2020.

Interkulturell Aktiv 2021: Qualifizierung zum/zur Spielleiter/in mit interkultureller Kompetenz. http://www.interkulturellaktiv.de/aus-und-weiterbildung/qualifizierung-zumzur-spielleiterin-mit-interkultureller-kompetenz/, 02.12.2021.

Jäger, Margarete/Jäger, Siegfried 2007: Deutungskämpfe. Wiesbaden: VS Verlag für Sozialwissenschaften.

James, Allison/Prout, Alan 1997: A New Paradigm for the Sociological Study of Childhood? Provenance, Promise and Problems. In: James, Allison/Prout, Alan (Hrsg.): Constructing and Reconstruc ting Childhood. Contemporary Issues in the Sociological Study of Childhood. London: Routledge Falmer, S. 7–33.

Jameson, Fredric 2000: The cultural turn. Selected writings on the postmodern 1983 - 1998. London: Verso.

Jergus, Kerstin 2011: Liebe ist... Artikulationen der Unbestimmtheit im Sprechen über Liebe ; eine Diskursanalyse. Bielefeld: transcript.

Jergus, Kerstin 2014: Die Analyse diskursiver Artikulationen. Perspektiven einer poststrukturalistischen (Interview-)Forschung. In: Thompson, Christiane/Jergus, Kerstin/Breidenstein, Georg (Hrsg.): Interferenzen. Perspektiven kulturwissenschaftlicher Bildungsforschung. Weilerswist: Velbrück Wissenschaft, S. 51–70.

Jergus, Kerstin 2015: Produktive Unbestimmtheit(en). Analysen des Sprechens über Liebe und Verliebtheit. In: Fegter, Susann u. a. (Hrsg.): Erziehungswissenschaftliche Diskursforschung. Empirische Analysen zu Bildungs- und Erziehungsverhältnissen. Wiesbaden: Springer VS, S. 159–176.

Jergus, Kerstin/Krüger, Jens Oliver/Schenk, Sabrina 2014: Heterogenität - Zur Konjunktur eines pädagogischen Konzepts? Analysen der Kontingenz, Generativität und Performativität pädagogischer Artikulationen. In: Koller, Hans-Christoph/Casale, Rita/Ricken, Norbert (Hrsg.): Heterogenität. Zur Konjunktur eines pädagogischen Konzepts. Paderborn: Ferdinand Schöningh, S. 149–168.

Jergus, Kerstin/Thompson, Christiane (Hrsg.) 2017: Autorisierungen des pädagogischen Selbst. Wiesbaden: Springer VS.

Kalpaka, Annita 2006: Pädagogische Professionalität in der Kulturalisierungsfalle - Über den Umgang mit 'Kultur' in Verhältnissen von Differenz und Dominanz. In: Leiprecht, Rudolf/ Kerber, Anne (Hrsg.): Schule in der Einwanderungsgesellschaft. Ein Handbuch. Schwalbach/Ts.: Wochenschau Verlag, S. 387–404.

Kalpaka, Annita/Räthzel, Nora (Hrsg.) 1986: Die Schwierigkeit, nicht rassistisch zu sein. Berlin: Express-Edition.

Kammler, Clemens u. a. (Hrsg.) 2010: Foucault-Handbuch. Leben - Werk - Wirkung. Stuttgart u. a.: Verlag J.B. Metzler.

Kazeem-Kamiński, Belinda/Bayer, Natalie/Sternfeld, Nora (Hrsg.) 2017: Kuratieren als antirassistische Praxis. Berlin, Boston: De Gruyter.

Keller, Anne 2018: Das Deutsche Volksspiel. Theater in den Hitlerjugend-Spielscharen. Berlin u. a.: Schibri-Verlag.

Keller, Reiner 2011: Diskursforschung. Eine Einführung für SozialwissenschaftlerInnen. Wiesbaden: VS Verlag für Sozialwissenschaften.

Kelly, Natasha A. (Hrsg.) 2019: Schwarzer Feminismus. Grundlagentexte. Münster: Unrast.

Kemper, Andreas/Weinbach, Heike 2021: Klassismus. Eine Einführung. Münster: Unrast.

Keuchel, Susanne/Kelb, Viola (Hrsg.) 2015: Diversität in der Kulturellen Bildung. Bielefeld: transcript.

Kilomba, Grada 2016: Plantation memories. Episodes of everyday racism. Münster: Unrast-Verlag.

Kleiner, Bettina 2016: Heteronormativität. http://gender-glossar.de, 02.12.2021.

Kleiner, Bettina/Rose, Nadine (Hrsg.) 2014: (Re-)Produktion Von Ungleichheiten Im Schulalltag. Judith Butlers Konzept der Subjektivation in der Erziehungswissenschaftlichen Forschung. Leverkusen-Opladen: Barbara Budrich-Esser.

Kleining, Gerhard 1995: Von der Herneneutik zur qualitativen Heuristik. Weinheim: Beltz.

Koch, Gerd (Hrsg.) 2011: Ohne Körper geht nichts. Lernen in neuen Kontexten. Berlin: Schibri-Verlag.

Koller, Hans-Christoph 2014: Einleitung: Heterogenität -Zur Konjunktur eines pädagogischen Konzepts. In: Koller, Hans-Christoph/Casale, Rita/Ricken, Norbert (Hrsg.): Heterogenität. Zur Konjunktur eines pädagogischen Konzepts. Paderborn: Ferdinand Schöningh, S. 9–18.

Koller, Hans-Christoph 2016: Bildung. In: Mecheril, Paul (Hrsg.): Handbuch Migrationspädagogik. Weinheim u.a.: Beltz Verlag, S. 32–43.

Koller, Hans-Christoph/Casale, Rita/Ricken, Norbert (Hrsg.) 2014a: Heterogenität. Zur Konjunktur eines pädagogischen Konzepts. Paderborn: Ferdinand Schöningh.

Koller, Hans-Christoph/Casale, Rita/Ricken, Norbert 2014b: Vorwort der Herausgeber. In: Koller, Hans-Christoph/Casale, Rita/Ricken, Norbert (Hrsg.): Heterogenität. Zur Konjunktur eines pädagogischen Konzepts. Paderborn: Ferdinand Schöningh, S. 7–8.

Koller, Hans-Christoph/Lüders, Jenny 2004: Möglichkeiten und Grenzen der Foucaultschen Diskursanalyse. In: Ricken, Norbert/Rieger-Ladich, Markus (Hrsg.): Michel Foucault: Pädagogische Lektüren. Wiesbaden: VS Verlag für Sozialwissenschaften, S. 57–76.

Kossek, Brigitte (Hrsg.) 1999: Gegen-Rassismen. Konstruktionen - Interaktionen - Interventionen. Hamburg: Argument Verlag.

Kourabas, Veronika 2019: Grundlegende Darstellung zu Rassismuskritik. In: In: Arbeitspapier: Denkanstöße für eine rassismuskritische Perspektive auf kommunale Integrationsarbeit in den Kommunalen Integrationszentren – Ein Querschnittsthema. https://www.academia.edu/41266502/Kourabas_Veronika_2019_Grundlegende_Darstellung_zu_Rassismuskritik?email_work_card=view-paper, 21.12.2021.

KRUSE, Jan 2010: Interviewforschung - Reader.

KRUSE, Jan 2014: Qualitative Interviewforschung. Ein integrativer Ansatz. Weinheim u. a.: Beltz Juventa.

KUHN, Gabriel 2005: Tier-Werden, Schwarz-Werden, Frau-Werden. Eine Einführung in die politische Philosophie des Poststrukturalismus. Münster: Unrast-Verlag.

KULAÇATAN, Meltem 2016: Die verkannte Angst des Fremden Rassismus und Sexismus im Kontext medialer Öf fentlichkeit. In: CASTRO VARELA, María do Mar/MECHERIL, Paul (Hrsg.): Die Dämonisierung der Anderen. Rassismuskritik der Gegenwart. Bielefeld: transcript, S. 107–118.

KUP, Johannes 2017: Von der Bildung einer Haltung. Für eine reflexive Didaktik des Schulfachs Theater. In: HENTSCHEL, Ulrike (Hrsg.): Theater lehren. Didaktik probieren. Uckerland: Schibri-Verlag, S. 193–201.

KUP, Johannes 2019: Das Theater der Teilhabe. Zum Diskurs um Partizipation in der zeitgenössischen Theaterpädagogik. Berlin: Schibri Verlag.

LACLAU, Ernesto 1999: Dekonstruktion, Pragmatismus, Hegemonie. In: MOUFFE, Chantal/CRITCHLEY, Simon (Hrsg.): Dekonstruktion und Pragmatismus. Demokratie, Wahrheit und Vernunft. Wien: Passagen-Verlag, S. 111–153.

LACLAU, Ernesto/MOUFFE, Chantal 2001: Hegemonie und radikale Demokratie. Zur Dekonstruktion des Marxismus. Wien: Passagen-Verlag.

LAGAAY, Alice 2016: Jump&Run? Sitzen und Seinlassen! Skizze eines Forschungsprojekts zum Potenzial aktiven Nichtstuns. In: SCHLIE, Camilla/WILLENBACHER, Sascha (Hrsg.): „Eure Zwecke sind nicht unsre Zwecke.“. Zur Kooperationspraxis zwischen Theater und Schule im Berliner Modellprojekt „JUMP & RUN“. Bielefeld: transcript, S. 345–355.

LANGHOFF, Shermin 2011a: Aufklärung und Rassismus. In: BEHRENDT, Eva (Hrsg.): Theater Heute - Jahrbuch 2011. Mut zur Wut, S. 26–28.

LANGHOFF, Shermin 2011b: Die Herkunft spielt keine Rolle - „Postmigrantisches“ Theater im Ballhaus Naunynstraße. https://www.bpb.de/gesellschaft/bildung/kulturelle-bildung/60135/interview-mit-shermin-langhoff?p=all%20, 30.11.2020.

LANGHOFF, Shermin/KULAOGLU, Tuncay/KASTNER, Barbara 2014: Dialoge I: Migration dichten und deuten. Ein Gespräch zwischen Shermin Langhoff, Tunçay Kulaoğlu und Barbara Kastner. In: PELKA, Artur/TIGGES, Stefan (Hrsg.): Das Drama nach dem Drama. Bielefeld: transcript, S. 309–408.

LAT NIEDERSACHSEN 2017: Transkulturelle Theaterarbeit im Kontext von Flucht und Migration, Tagung vom 18. Februar 2017. https://www.lat-niedersachsen.de/transkulturelle-theaterarbeit-im-kontext-von-flucht-und-migration-18-februar-2017-oldenburg/, 16.12.2021.

LEIPRECHT, Rudolf 2016: Rassismus. In: MECHERIL, Paul (Hrsg.): Handbuch Migrationspädagogik. Weinheim u.a.: Beltz Verlag, S. 226–242.

LEMMLE, julia 2012: Kann es denn rassistisch sein, wenn ich es nicht rassistisch meine? Weißsein, Theater und die Normalität rassistischer Darstellung. https://heimatkunde.boell.de/de/2012/06/18/kann-es-denn-rassistisch-sein-wenn-ich-es-nicht-rassistisch-meine-weiss-sein-theater-und, 12.11.2021.

LENTIN, Alana 2008: Europe and the Silence about Race. In: European Journal of Social Theory, H. 4, S. 487–503.

LIEPSCH, Elisa/WARNER, Julian (Hrsg.) 2018a: Allianzen. Kritische Praxis an weißen Institutionen. Bielefeld: transcript.

LIEPSCH, Elisa/WARNER, Julian 2018b: Einleitung/Introduction. In: LIEPSCH, Elisa/WARNER, Julian (Hrsg.): Allianzen. Kritische Praxis an weißen Institutionen. Bielefeld: transcript, S. 9–30.

LINGEN-ALI, Ulrike/MECHERIL, Paul 2019: Integration – Kritik einer Disziplinierungspraxis. In: PICKEL, Gert/DECKER, Oliver/KAILITZ, Steffen (Hrsg.): Handbuch Integration. Springer, S. 1–14.

LINNEMANN, Tobias/RONACHER, Kim Annakathrin 2016: Rassismus und Weißsein, das spielt bei uns keine Rolle"!? - Critical Whiteness-Perspektiven auf kulturelle Bildung. In: ZIESE, Maren/GRITSCHKE, Caroline (Hrsg.): Geflüchtete und Kulturelle Bildung. Formate und Konzepte für ein neues Praxisfeld. Bielefeld: transcript.

LORDE, Audrey 2019: Alter, Race, Klasse und Gender: Frauen* definieren ihre Unterschiede neu (1984). In: KELLY, Natasha A. (Hrsg.): Schwarzer Feminismus. Grundlagentexte. Münster: Unrast, S. 109–122.

LORNSEN, Karin 2007: Transgressive topographien in der turkisch-deutschen post-migrantenliteratur (Transgressive topographies in turkish-german post-migrant literature). University of British Columbia.

MAN, Paul de 1988: Allegorien des Lesens. Frankfurt am Main: Suhrkamp.

MANDEL, Birgit 2011: Interkulturelles Audience Development? Barrieren der Nutzung öffentlicher Kulturangebote und Strategien für kulturelle Teilhabe und kulturelle Vielfalt. In: SCHNEIDER, Wolfgang (Hrsg.): Theater und Migration. Herausforderungen für Kulturpolitik und Theaterpraxis. Bielefeld: transcript.

MANDEL, Birgit (Hrsg.) 2013: Interkulturelles Audience Development. Zukunftsstrategien für öffentlich geförderte Kultureinrichtungen. Bielefeld: transcript.

MANDEL, Birgit 2017: Audience Development, Kulturelle Bildung, Kulturentwicklungsplanung, Community Building. Konzepte zur Reduzierung der sozialen Selektivität des öffentlich geförderten Kulturangebots. Bundesakademie für Kulturelle Bildung.

Marchart, Oliver 2008: Cultural Studies. (, Bd. 2883). Konstanz: UVK Verl.-Ges.

Marchart, Oliver 2010: Die politische Differenz. Zum Denken des Politischen bei Nancy, Lefort, Badiou, Laclau und Agamben. Berlin: Suhrkamp.

Mau, Steffen u. a. 2007: Staatlichkeit, Territorialgrenzen und Personenmobilität. https://www.econstor.eu/bitstream/10419/24963/1/527146870.PDF, 12.11.2021.

Maxim Gorki Theater 2020: Shermin Langhoff. https://www.gorki.de/de/ensemble/shermin-langhoff, 19.12.2021.

Mbembe, Achille 2016: Kritik der schwarzen Vernunft. Berlin: Suhrkamp.

McKenzie, Jon 2013: Performativitäten, Gegen-Performativitäten und Meta-Performativitäten. In: Fischer-Lichte, Erika (Hrsg.): Performing the future. Die Zukunft der Performativitätsforschung. München: Fink, S. 141–159.

Mecheril, Paul 2003: Prekäre Verhältnisse. Über natio-ethno-kulturelle (Mehrfach-)Zugehörigkeit. Münster u. a.: Waxmann Verlag GmbH.

Mecheril, Paul 2004: Einführung in die Migrationspädagogik. Weinheim: Beltz.

Mecheril, Paul 2007: Diversity. Die Macht des Einbezugs. https://heimatkunde.boell.de/de/2007/01/18/diversity-die-macht-des-einbezugs, 12.11.2020.

Mecheril, Paul 2008a: „Kompetenzlosigkeitskompetenz“. Pädagogisches Handeln unter Einwanderungsbedingungen. In: Auernheimer, Georg (Hrsg.): Interkulturelle Kompetenz und pädagogische Professionalität. Wiesbaden: VS Verlag für Sozialwissenschaften, S. 15–34.

Mecheril, Paul 2008b: Weder differenzblind noch differenzfixiert. Für einen reflexiven und kontextspezifischen Gebrauch von Begriffen. http://www.idanrw.de/cms/upload/PDF_tagungsberichte/Reader_2009.pdf, 14.09.2020.

Mecheril, Paul 2010a: Die Ordnung des erziehungswissenschaftlichen Diskurses in der Migrationsgesellschaft. In: Mecheril, Paul u. a. (Hrsg.): Migrationspädagogik. Weinheim u. a.: Beltz Verlag, S. 54–76.

Mecheril, Paul u. a. (Hrsg.) 2010b: Migrationspädagogik. Weinheim u. a.: Beltz Verlag.

Mecheril, Paul 2010c: Migrationspädagogik. Hinführung zu einer Perspektive. In: Mecheril, Paul u. a. (Hrsg.): Migrationspädagogik. Weinheim u. a.: Beltz Verlag, S. 7–22.

Mecheril, Paul 2010d: Pädagogik der Anerkennung. Eine programmatische Kritik. In: Überblick, H. 3, S. 8–13.

Mecheril, Paul 2011: Wirklichkeit schaffen: Integration als Dispositiv - Essay | APuZ. In: Bundeszentrale für politische Bildung vom 2011.

MECHERIL, Paul 2012: Ästhetische Bildung und Kunstpädagogik. Migrationspädagogische Anmerkungen. In: Art Education Research, H. 6, S. 1–10. http://iae-journal.zhdk.ch/no-6/, 12.12.2021.

MECHERIL, Paul u. a. 2013: Migrationsforschung als Kritik? Erkundung eines epistemischen Anliegens in 57 Schritten. In: MECHERIL, Paul u. a. (Hrsg.): Migrationsforschung als Kritik? Spielräume kritischer Migrationsforschung. Wiesbaden: Springer VS, S. 7–57.

MECHERIL, Paul (Hrsg.) 2014a: Subjektbildung. Interdisziplinäre Analysen der Migrationsgesellschaft. Bielefeld: transcript.

MECHERIL, Paul 2014b: Subjekt-Bildung in der Migrationsgesellschaft. Eine Einführung in das Thema, die zugleich grundlegende Anliegen des Center for Migration, Education und Cultural Studies anspricht. In: MECHERIL, Paul (Hrsg.): Subjektbildung. Interdisziplinäre Analysen der Migrationsgesellschaft. Bielefeld: transcript, S. 11–26.

MECHERIL, Paul 2014c: Über die Kritik interkultureller Ansätze zu uneindeutigen Zugehörigkeiten – kunstpädagogische Perspektiven. In: CLAUSEN, Bernd (Hrsg.): Teilhabe und Gerechtigkeit. Participation and equity. Münster u. a.: Waxmann, S. 11–19.

MECHERIL, Paul 2014d: Was ist das X im Postmigrantischen? In: s u b \ u r b a n . zeitschrift für kritische stadtforschung, 2. Jg., H. 3, S. 107–112.

MECHERIL, Paul u. a. 2016a: Ein unabgeschlossenes und revisionäres Projekt: Migrationsforschung als (Herrschafts-)Kritik! In: GEIER, Thomas/ZABOROWSKI, Katrin U. (Hrsg.): Migration: Auflösungen und Grenzziehungen. Perspektiven einer erziehungswissenschaftlichen Migrationsforschung. Wiesbaden: Springer VS, S. 17–42.

MECHERIL, Paul (Hrsg.) 2016b: Handbuch Migrationspädagogik. Weinheim u.a.: Beltz Verlag.

MECHERIL, Paul 2016c: Migrationspädagogik - ein Projekt. In: MECHERIL, Paul (Hrsg.): Handbuch Migrationspädagogik. Weinheim u.a.: Beltz Verlag, S. 8–31.

MECHERIL, Paul 2019: Migrationspädagogik. In: SCHLAU-WERKSTATT FÜR MIGRATIONSPÄDAGOGIK (Hrsg.):): Heterogenität in der fluchtbezogenen Bildungsarbeit - Analytische und praktische Perspektiven. Jahrestagung 2018, S. 8–18.

MECHERIL, Paul/KALPAKA, Annita 2010: »Interkulturell«. Von spezifisch kulturalistischen Ansätzen zu allgemein reflexiven Perspektiven. In: MECHERIL, Paul u. a. (Hrsg.): Migrationspädagogik. Weinheim u. a.: Beltz Verlag, S. 77–98.

MECHERIL, Paul/MELTER, Claus 2010: Gewöhnliche Unterscheidungen. Wege aus dem Rassismus. In: MECHERIL, Paul u. a. (Hrsg.): Migrationspädagogik. Weinheim u. a.: Beltz Verlag, S. 150–178.

MECHERIL, Paul/SHURE, Saphira 2018: Schule als institutionell und interaktiv hervorgebrachter Raum. In: DIRIM, Inci/MECHERIL, Paul (Hrsg.): Heterogenität, Sprache(n), Bildung. Die Schule der Migrationsgesellschaft. Bad Heilbrunn: UTB, S. 63–89.

MECHERIL, Paul/VAN DER HAAGEN-WULF, Monica 2016: Bedroht, angstvoll, wütend. Affektlogik der Migrationsgesellschaft. In: CASTRO VARELA, María do Mar/MECHERIL, Paul (Hrsg.): Die Dämonisierung der Anderen. Rassismuskritik der Gegenwart. Bielefeld: transcript, S. 119–142.

MECHERIL, Paul/WITSCH, Monika 2006: Cultural Studies und Pädagogik. Kritische Artikulationen. Bielefeld: transcript.

MEILI, Jürg Martin 2014: Kunst als Brücke zwischen den Kulturen. Afro-amerikanische Musik im Licht der schwarzen Bürgerrechtsbewegung. Bielefeld: transcript.

MEISSNER, Barbara 2010: Von der Interkulturellen zu einer transkulturellen Theaterpädagogik. Theoretische Auseinandersetzungen mit dem Kulturbegriff für die theaterpädagogische Praxis. https://www.echtestheater.de/assets/data_Content_Manager/pdf-download/Magisterarbeit_Barbara%20Meissner_Transkulturelle_Theaterpaedagogik.pdf, 12.02.2021.

MELTER, Claus/MECHERIL, Paul (Hrsg.) 2009: Rassismuskritik. Band 1: Rassismustheorie und -forschung. Schwalbach/Ts.: Wochenschau-Verlag.

MEMMI, Albert 1987: Rassismus. Frankfurt am Main: Athenäum-Verlag.

MENKE, Christoph/REBENTISCH, Juliane (Hrsg.) 2016: Kreation und Depression. Freiheit im gegenwärtigen Kapitalismus. (Kaleidogramme, Bd. 67). Berlin: Kadmos, 3. Auflage.

MENRATH, Stefanie Kiwi 2019: Integration? Diversity! Kulturelle Bildung in der heterogenen Gesellschaft. https://www.kubi-online.de/artikel/integration-diversity-kulturelle-bildung-heterogenen-gesellschaf, 12.12.2021.

MESSERSCHMIDT, Astrid 2008: Integration. In: DZIERZBICKA, Agnieszka (Hrsg.): Pädagogisches Glossar der Gegenwart. Von Autonomie bis Zertifizierung. Wien: Löcker, S. 154–161.

MESSERSCHMIDT, Astrid 2009: Rassismusanalyse in einer postnationalsozialistischen Gesellschaft. In: MELTER, Claus/MECHERIL, Paul (Hrsg.): Rassismuskritik. Band 1: Rassismustheorie und -forschung. Schwalbach/Ts.: Wochenschau-Verlag, S. 59–74.

MESSERSCHMIDT, Astrid 2010: Distanzierungsmuster. Vier Praktiken im Umgang mit Rassismus. In: BRODEN, Anne/MECHERIL, Paul (Hrsg.): Rassismus bildet. Bildungswissenschaftliche Beiträge zu Normalisierung und Subjektivierung in der Migrationsgesellschaft. Bielefeld: transcript, S. 41–58.

MESSERSCHMIDT, Astrid 2016: ›Nach Köln‹ – Zusammenhänge von Sexismus und Rassismus thematisieren. In: CASTRO VARELA, María do Mar/MECHERIL, Paul (Hrsg.): Die Dämonisierung der Anderen. Rassismuskritik der Gegenwart. Bielefeld: transcript, S. 159–172.

MEYER, Tania 2008: Blondkopp an Blondkopp. Polemische Anmerkungen zu einer interkulturellen oder transkulturellen Theaterpädagogik. In: STREISAND, Marianne (Hrsg.): Talkin ,bout my generation. Archäologie der Theaterpädagogik II; Konferenzband. Berlin u. a.: Schibri-Verlag, S. 186–197.

MEYER, Tania 2011: ,Einfach' Theater machen!/? „Interkulturelle Theaterarbeit" – die 25. Bundestagung Theaterpädagogik des BuT am Staatstheater in Karlsruhe vom 29.- 31. Oktober 201. In: Zeitschrift für Theaterpädagogik, H. 58, S. 72–75.

MEYER, Tania 2016a: Die Regeln der Kunst sind antastbar. Zur Schwierigkeit, auf Theatertreffen über Rassismus zu sprechen. In: Zeitschrift für Theaterpädagogik, H. 69, S. 57–59.

MEYER, Tania 2016b: Gegenstimmbildung. Strategien rassismuskritischer Theaterarbeit. Bielefeld: transcript.

MEYER, Tania 2019: Home is where the heart is … aber wessen Herz? Gedanken zur performativen Reflexion eines deutschen Gefühls. In: Schultheater, H. 38, S. 4–6.

MICOSSÉ-AIKINS, Sandrine/SHARIFI, Bahareh 2017: Kulturinstitutionen ohne Grenzen? Annäherung an einen diskriminierungskritischen Kulturbereich. In: SCHÜTZE, Anja/MAEDLER, Jens (Hrsg.): weiße Flecken. Diskurse und Gedanken über Diskriminierung, Diversität und Inklusion in der Kulturellen Bildung. München: kopaed, S. 13–20.

MIGNOLO, Walter D. 2010: The darker side of the Renaissance. Literacy, territoriality, and colonization. Ann Arbor: The University of Michigan Press.

MILAGRO, Lara-Sophie 2015: The Afro-Actor´s Experience - Von Schafen und anderen Rollen. In: BERGOLD-CALDWELL, Denise u. a. (Hrsg.): Spiegelblicke. Perspektiven Schwarzer Bewegung in Deutschland. Berlin: Orlanda, S. 199–203.

MILES, Robert 1991: Rassismus. Einführung in die Geschichte und Theorie eines Begriffs. Hamburg: Argument Verlag.

MIND THE TRAP 2014: Intervention am Deutschen Theater. https://www.youtube.com/watch?v=JTN3WT4lAaY&feature=emb_logo, 10.04.2020.

MÖRSCH, Carmen 2009: Am Kreuzpunkt von vier Diskursen: Die documenta 12 Vermittlung zwischen Affirmation, Reproduktion, Dekonstruktion und Transformation. http://whtsnxt.net/249, 12.12.2021.

MÖRSCH, Carmen 2012: Sich selbst widersprechen. Kunstvermittlung als kritische Praxis innerhalb des educational turn in curating. http://whtsnxt.net/107, 08.10.2021.

MÖRSCH, Carmen 2016a: Darüber, hinaus. Mehrwert mit Marx: den über den Wert der Arbeitskraft hinausgehenden Teil der Wertschöpfung. In: SCHLIE, Camilla/WILLENBACHER, Sascha (Hrsg.): „Eure Zwecke sind nicht unsre Zwecke.". Zur Kooperationspraxis zwischen Theater und Schule im Berliner Modellprojekt „JUMP & RUN". Bielefeld: transcript, S. 85–106.

MÖRSCH, Carmen 2016b: Refugees sind keine Zielgruppe. In: ZIESE, Maren/GRITSCHKE, Caroline (Hrsg.): Geflüchtete und Kulturelle Bildung. Formate und Konzepte für ein neues Praxisfeld. Bielefeld: transcript, S. 67–74.

MÖRSCH, Carmen 2016c: Stop Slumming! Eine Kritik kultureller Bildung als Verhinderung von Selbstermächtigung. In: CASTRO VARELA, María do Mar/MECHERIL, Paul (Hrsg.): Die Dämonisierung der Anderen. Rassismuskritik der Gegenwart. Bielefeld: transcript, S. 173–184.

MÖRSCH, Carmen 2017: Die Bildung der Anderen mit Kunst: ein Beitrag zu einer postkolonialen Geschichte der Kulturellen Bildung. Hamburg: Universitätsdruckerei.

MÖRSCH, Carmen 2019: Die Bildung der A_n_d_e_r_e_n durch Kunst. Eine postkoloniale und feministische historische Kartierung der Kunstvermittlung. Wien: Zaglossus-Verlag.

MÖRSCH, Carmen/STURM, Eva 2008: Performing the museum as a public sphere. https://sfkp.ch/artikel/n2_vermittlung-performance-widerstreit, 05.05.2021.

MÖRSCH, Carmen/STURM, Eva 2010: Vermittlung - Performance - Widerstreit. In: Art Education Research, H. 2, S. 1–6.

MORTON, Stephen 2003: Gayatri Chakravorty Spivak. London: Routledge.

MÜLLER, Hans-Peter 2016: Pierre Bourdieu. Eine systematische Einführung. (, Bd. 2110). Berlin: Suhrkamp.

MURPHY, Gretchen 2010: Shadowing the white man's burden. U.S. imperialism and the problem of the color line. New York: New York University Press.

NANDI, Miriam 2018: Gayatri Chakravorty Spivak. https://gender-glossar.de/g/item/89-gayatri-chakravorty-spivak, 14.09.2021.

NIEDERBACHER, Arne/ZIMMERMANN, Peter 2011: Sozialisation – was ist das eigentlich? In: NIEDERBACHER, Arne/ZIMMERMANN, Peter (Hrsg.): Grundwissen Sozialisation. Einführung zur Sozialisation im Kindes- und Jugendalter. Wiesbaden: VS Verlag für Sozialwissenschaften, S. 11–18.

NIEDRIG, Heike/SEUKWA, Louis Henri 2010: Die Ordnung des Diskurses in der Flüchtlingskonstruktion: Eine postkoloniale Re-Lektüre. In: Diskurs Kindheits- und Jugendforschung, H. 2, S. 181–193.

NOETZEL, Thomas 1999: Authentizität als politisches Problem. Ein Beitrag zur Theoriegeschichte der Legitimation politischer Ordnung. (Politische Ideen). Berlin: De Gruyter.

NÜNNING, Ansgar (Hrsg.) 2004: Metzler-Lexikon Literatur- und Kulturtheorie. Ansätze - Personen - Grundbegriffe. Stuttgart: Metzler.

OELSCHLÄGER, Birgit 2009: Theater interkulturell von Klaus Hoffmann und Rainer Klose. In: Scenario: A Journal of Performative Teaching, Learning, Research, H. 1, S. 81–83.

OGETTE, Tupoka 2018: exit RACISM. Rassismuskritisch denken lernen. Münster: Unrast.

OTOO, Sharon Dodua 2012: Reclaiming Innocence. Unmasking Representations of Whiteness in German Theatre. In: MICOSSÉ-AIKINS, Sandrine/OTOO, Sharon (Hrsg.): The little book of big visions. How to be an artist and revolutionize the world. Münster: edition assemblage, S. 54–71.

OTTO, Ulf 2014: Doing Theatre. Theater, Wissenschaft und Praxis. In: BAUMBACH, Gerda u. a. (Hrsg.): Momentaufnahme Theaterwissenschaft. Leipziger Vorlesungen. Berlin: Theater der Zeit, S. 137–147.

PINKERT, Ute 2008a: Der Theaterbegriff in der Theaterpdagogik. In: BRANDSTÄTTER, Ursula (Hrsg.): Szenenwechsel 3. Vermittlung von bildender Kunst, Musik und Theater. Berlin: Schibri-Verlag, S. 173–180.

PINKERT, Ute (Hrsg.) 2008b: Körper im Spiel. Wege zur Erforschung theaterpädagogischer Praxen. Berlin: Schibri-Verlag.

PINKERT, Ute 2008c: Theater machen! Ja, aber welches? Paradigmenwechsel in der Theaterpädagogik. In: STREISAND, Marianne (Hrsg.): Talkin' ‚bout my generation. Archäologie der Theaterpädagogik II; Konferenzband. Berlin u. a.: Schibri-Verlag, S. 252–267.

PINKERT, Ute 2009: Jenseits von Heilsversprechungen – Über die Wirkungen des Theaterspielens. In: infodienst. Das Magazin für Kulturelle Bildung, S. 10–12.

PINKERT, Ute 2014: Vermittlungsgefüge I. Vermittlung im institutionalisierten Theater als immanente Dimension und pädagogischer Auftrag. In: PINKERT, Ute (Hrsg.): Theaterpädagogik am Theater. Kontexte und Konzepte von Theatervermittlung. Berlin u. a.: Schibri-Verlag, S. 12–69.

PINKERT, Ute 2016: Theater und Vermittlung. Potentiale und Spannungsfelder einer Beziehung. https://www.kubi-online.de/artikel/theater-vermittlung-potentiale-spannungsfelder-einer-beziehung, 20.01.2020.

PINKERT, Ute/SACK, Mira 2014: Vorwort. In: PINKERT, Ute (Hrsg.): Theaterpädagogik am Theater. Kontexte und Konzepte von Theatervermittlung. Berlin u. a.: Schibri-Verlag, S. 7–10.

POSSELT, Gerald 2003: Kommentar zu Derrida, Jacques (1988): „Signatur Ereignis Kontext". https://differenzen.univie.ac.at/bibliografie_literatursuche.php?sp=11, 22.03.2021.

PRIES, Ludger 2001: Internationale Migration. Bielefeld: transcript.

PRIMAVESI, Patrick 2011: Theater/Politik - Kontexte und Beziehungen. In: DECK, Jan/SIEBURG, Angelika (Hrsg.): Politisch Theater machen. Neue Artikulationsformen des Politischen in den darstellenden Künsten. Bielefeld: transcript, S. 41–72.

PRZYBORSKI, Aglaja/WOHLRAB-SAHR, Monika 2014: Qualitative Sozialforschung. Ein Arbeitsbuch. München: Oldenbourg Verlag.

Purtschert, Patricia 2012: Jenseits des Naturzustandes. Eine postkoloniale Lektüre von Hobbes und Rousseau. In: Deutsche Zeitschrift für Philosophie, H. 6, S. 861–882. https://www.degruyter.com/view/journals/dzph/60/6/article-p861.xml, 12.12.2021.

Pusch, Luise F./Sookee 2021: Feminismus und Sprache. Ein Gespräch. Berlin: Querverlag.

Rakow, Christian/Merck, Nikolaus 2015: Die Türen sind offen. #refugeeswelcome - Wie die Theater in der Flüchtlingshilfe aktiv werden. https://www.nachtkritik.de/index.php?option=com_content&view=article&id=11497, 16.12.2021.

Rebentisch, Juliane 2017: Theorien der Gegenwartskunst zur Einführung. Hamburg: Junius.

Reckwitz, Andreas 2008: Subjekt. Bielefeld: transcript.

Reckwitz, Andreas 2010: Auf dem Weg zu einer kultursoziologischen Analytik zwischen Praxeologie und Poststrukturalismus. In: Wohlrab-Sahr, Monika (Hrsg.): Kultursoziologie. Paradigmen - Methoden - Fragestellungen. Wiesbaden: VS Verlag für Sozialwissenschaften, S. 179–205.

Regus, Christine 2009: Interkulturelles Theater zu Beginn des 21. Jahrhunderts. Ästhetik - Politik - Postkolonialismus. Bielefeld: transcript.

Reh, Sabine 2003: Berufsbiographische Texte ostdeutscher Lehrer und Lehrerinnen als „Bekenntnisse". Interpretationen und methodologische Überlegungen zur erziehungswissenschaftlichen Biographieforschung. Bad Heilbrunn: Klinkhardt.

Reh, Sabine 2008: ‚Reflexivität der Organisation' und Bekenntnis. Perspektiven der Lehrerkooperation. In: Helsper, Werner u. a. (Hrsg.): Pädagogische Professionalität in Organisationen. Neue Verhältnisbestimmungen am Beispiel der Schule. (, Bd. 23). Wiesbaden: VS Verlag für Sozialwissenschaften, S. 163–187.

Renz, Thomas 2016: Nicht-BesucherInnen öffentlich geförderter Kulturveranstaltungen. Der Forschungsstand zur kulturellen Teilhabe in Deutschland. https://www.kubi-online.de/artikel/nicht-besucherinnen-oeffentlich-gefoerderter-kulturveranstaltungen-forschungsstand-zur, 12.12.2021.

Reuter, Julia 2002: Ordnungen des Anderen. Zum Problem des Eigenen in der Soziologie des Fremden. Bielefeld: transcript.

Reuter, Julia/Karentzos, Alexandra (Hrsg.) 2012: Schlüsselwerke der Postcolonial Studies. Wiesbaden: Springer VS.

Ribolits, Erich 2008: Wer bitte sind hier die Bildungsfernen? In: Christof, Eveline u. a. (Hrsg.): schriftlos = sprachlos? Alphabetisierung und Basisbildung in der marktorientierten Gesellschaft. Innsbruck: Studien-Verlag, S. 121–133.

Ricken, Norbert/Balzer, Nicole (Hrsg.) 2012: Judith Butler: Pädagogische Lektüren. Wiesbaden: Springer VS.

Ricken, Norbert/Casale, Rita/Thompson, Christiane (Hrsg.) 2019: Subjektivierung. Erziehungswissenschaftliche Theorieperspektiven. Weinheim: Beltz Juventa.

Ricken, Norbert/Koller, Hans-Christoph/Reichenbach, Roland (Hrsg.) 2011: Erkenntnispolitik und die Konstruktion pädagogischer Wirklichkeiten. Paderborn: Schöningh.

Ricken, Norbert/Wittpoth, Jürgen 2017: Sozialisation? Subjektivation? In: Rieger-Ladich, Markus/Grabau, Christian (Hrsg.): Pierre Bourdieu: Pädagogische Lektüren. Wiesbaden: Springer VS, S. 227–254.

Rommelspacher, Birgit 1998: Dominanzkultur. Texte zu Fremdheit und Macht. Berlin: Orlanda Frauenverlag.

Rommelspacher, Birgit 2009: Was ist eigentlich Rassismus? In: Melter, Claus/Mecheril, Paul (Hrsg.): Rassismuskritik. Band 1: Rassismustheorie und -forschung. Schwalbach/Ts.: Wochenschau-Verlag, S. 25–38.

Rosa, Hartmut 2019: Resonanz. Eine Soziologie der Weltbeziehung. Berlin: Suhrkamp.

Rosa, Hartmut 2020: Beschleunigung. Die Veränderung der Zeitstrukturen in der Moderne. Frankfurt am Main: Suhrkamp.

Rose, Nadine 2012: Migration als Bildungsherausforderung. Subjektivierung und Diskriminierung im Spiegel von Migrationsbiographien. Berlin: De Gruyter.

Rose, Nadine 2016: Subjektverhältnisse. In: Mecheril, Paul (Hrsg.): Handbuch Migrationspädagogik. Weinheim u.a.: Beltz Verlag, S. 326–339.

Rössner, Michael 2014: Renaissance der Authentizität? Über die neue Sehnsucht nach dem Ursprünglichen. Bielefeld: transcript.

Ruoff, Michael 2009: Foucault-Lexikon. Entwicklung, Kernbegriffe, Zusammenhänge. (, Bd. 2896). Paderborn: Fink.

Saar, Martin 2011: Subjekt. In: Göhler, Gerhard/Iser, Mattias/Kerner, Ina (Hrsg.): Politische Theorie. 25 umkämpfte Begriffe zur Einführung. Wiesbaden: VS Verlag für Sozialwissenschaften, S. 356–371.

Saar, Martin 2013: Analytik der Subjektivierung. Umrisse eines Theorieprogramms. In: Gelhard, Andreas/Alkemeyer, Thomas/Ricken, Norbert (Hrsg.): Techniken der Subjektivierung. München u. a.: Wilhelm Fink, S. 17–28.

Said, Edward 1979: Orientalismus. Frankfurt am Main: Fischer-Taschenbuch-Verlag.

Said, Edward W. 2003: Orientalism. New York: Vintage Books.

Sarasin, Philipp 2006: Michel Foucault zur Einführung. Hamburg: Junius.

SCHADE, Sigrid/WENK, Silke 2014: Studien zur visuellen Kultur. Einführung in ein transdisziplinäres Forschungsfeld. Bielefeld: transcript.

SCHÄFER, Franka 2019: Diskurstheorie und Gesellschaft. Wiesbaden: Springer Fachmedien Wiesbaden.

SCHARATHOW, Wiebke u. a. 2009: Rassismuskritik. In: MELTER, Claus/MECHERIL, Paul (Hrsg.): Rassismuskritik. Band 1: Rassismustheorie und -forschung. Schwalbach/Ts.: Wochenschau-Verlag, S. 10–12.

SCHEURLE, Christoph/HINZ, Melanie/KÖHLER, Norma (Hrsg.) 2017a: Partizipation: teilhaben/teilnehmen. München: kopaed.

SCHEURLE, Christoph/HINZ, Melanie/KÖHLER, Norma 2017b: Vorwort. In: SCHEURLE, Christoph/HINZ, Melanie/KÖHLER, Norma (Hrsg.): Partizipation: teilhaben/teilnehmen. München: kopaed, S. 7–11.

SCHLIE, Camilla/WILLENBACHER, Sascha (Hrsg.) 2016: „Eure Zwecke sind nicht unsre Zwecke.". Zur Kooperationspraxis zwischen Theater und Schule im Berliner Modellprojekt „JUMP & RUN". Bielefeld: transcript.

SCHMELZER, Matthias/VETTER, Andrea 2019: Degrowth/Postwachstum zur Einführung. Hamburg: Junius.

SCHNEIDER, Wolfgang 2011: Warum wir kein Migranten-Theater brauchen … … aber eine Kulturpolitik, die in Personal, Produktion und Publikum der dramatischen Künste multiethnisch ist. In: SCHNEIDER, Wolfgang (Hrsg.): Theater und Migration. Herausforderungen für Kulturpolitik und Theaterpraxis. Bielefeld: transcript.

SCHNEIDER, Wolfgang 2012: Integration durch Interkultur oder Interkultur statt Integration? In: EHLERT, Andrea/REINWAND, Vanessa-Isabelle (Hrsg.): Interkultur - Teilhabe und kulturelle Vielfalt in Niedersachsen. Wolfenbüttel: Bundesakademie für Kulturelle Bildung, S. 29–44.

SCHNITTPUNKT (HRSG.) 2012: educational turn. Handlungsräume der Kunst- und Kulturvermittlung. Wien und Berlin: Turia + Kant.

SCHRÖTER, Jens 2004: Computer/Simulation, Kopie ohne Original oder das Original kontrollierende Kopie? In: FEHRMANN, Gisela u. a. (Hrsg.): Originalkopie. Praktiken des Sekundären. Köln: DuMont, S. 139–155.

SCHÜLER, Eliana/STOCKER, Valeria 2019: Versuche des Verlernens. Theaterpädagogisch Handeln in postkolonialen Gefügen. In: Zeitschrift für Theaterpädagogik, H. 75, S. 43–45.

SCHÜTZE, Anja/MAEDLER, Jens 2017a: Vorwort. In: SCHÜTZE, Anja/MAEDLER, Jens (Hrsg.): weiße Flecken. Diskurse und Gedanken über Diskriminierung, Diversität und Inklusion in der Kulturellen Bildung. München: kopaed, S. 9–10.

SCHÜTZE, Anja/MAEDLER, Jens (Hrsg.) 2017b: weiße Flecken. Diskurse und Gedanken über Diskriminierung, Diversität und Inklusion in der Kulturellen Bildung. München: kopaed.

SEITZ, Hanne 2015: Modi der Partizipation im Theater: Zuschauer bleiben, Publikum werden, Performer sein. https://www.kubi-online.de/artikel/modi-partizipation-theater-zuschauer-bleiben-publikum-werden-performer-sein, 12.12.2021.

SEUKWA, Louis Henri 2016: Flucht. In: MECHERIL, Paul (Hrsg.): Handbuch Migrationspädagogik. Weinheim u.a.: Beltz Verlag, S. 196–210.

SEVIL, Canan 2012: Regisseur Erpulat: Ich verdanke meinen Erfolg Vorurteilen. http://www.nrw-buehnen.de/buehnen/ensembledetail.php?id_adr=23418&id_user=65016&event_account=35214, 06.02.2017.

SHAH, Ahmed/ERHARD, Nils 2014: Lost in Vermittlung? KulTür auf! In: Art Education Research, H. 8.

SHARIFI, Azadeh 2011: Postmigrantisches Theater Eine neue Agenda für die deutschen Bühnen. In: SCHNEIDER, Wolfgang (Hrsg.): Theater und Migration. Herausforderungen für Kulturpolitik und Theaterpraxis. Bielefeld: transcript, S. 35–46.

SHARIFI, Azadeh 2014: Scheppernde Antworten auf dröhnende Fragen. Postmigrantische Perspektiven auf deutsches Theater. In: PINKERT, Ute (Hrsg.): Theaterpädagogik am Theater. Kontexte und Konzepte von Theatervermittlung. Berlin u. a.: Schibri-Verlag, S. 90–99.

SHARIFI, Azadeh 2017: Institutioneller und struktureller Rassismus im Theater. https://www.nsu-watch.info/2017/01/institutioneller-und-struktureller-rassismus-im-theater/, 04.05.2021.

SHARIFI, Azadeh 2018: Eine Woche Residency im Bode-Museum. Ein kritischer Blick auf eine weiße Institution aus einer Women of Color-Perspektive. https://www.lab-bode.de/lab-bode/lab-bode-residents/resident-2-azadeh-sharifi/, 19.10.2021.

SHARIFI, Bahareh/SCHEIBNER, Lisa 2015: Paradigmenwechsel mit Hindernissen – Diversität in der deutschen Kulturlandschaft, eine Bestandsaufnahme. https://mindthetrapberlin.wordpress.com/2015/05/25/paradigmenwechsel-mit-hindernissen-diversitat-in-der-deutschen-kulturlandschaft-eine-bestandsaufnahme/, 04.05.2021.

SHOOMAN, Yasemin 2018: „Deutschenfeindlichkeit" – rechtsextremer Topos und Ausblendung von Machtverhältnissen. https://www.bpb.de/politik/extremismus/rechtsextremismus/266358/debattenbeitrag-dr-yasemin-shooman, 13.02.2021.

SHURE, Saphira 2021: De_Thematisierung migrationsgesellschaftlicher Ordnungen. Lehramtsstudium als Ort der Bedeutungsproduktion. Weinheim: Juventa Verlag.

SIAVASH, Mariam Soufi 2011: Wer ist „wir"? Theaterarbeit in der interkulturellen Gesellschaft. In: SCHNEIDER, Wolfgang (Hrsg.): Theater und Migration. Herausforderungen für Kulturpolitik und Theaterpraxis. Bielefeld: transcript, S. 83–90.

SONDEREGGER, Ruth 2018: Fragen zur Kolonialität der europäischen Ästhetik. In: KNOPF, Eva/ LEMBCKE, Sophie/RECKLIES, Mara (Hrsg.): Archive dekolonialisieren. Mediale und epistemische Transformationen in Kunst, Design und Film. Bielefeld: transcript, S. 251–258.

SPIEGEL-ONLINE 2006: Einwanderer-Debatte: Spanische Fassung der Hymne entzweit die USA vom 29. April 2006.

SPIESS, Constanze 2017: Vom Flüchtlingsstrom bis hin zum Flüchtlingstsunami? Metaphern als Meinungsbildner. In: Magazin Erwachsenenbildung.at, H. 31, S. 1–5.

SPIVAK, Gayatri Chakravorty 1988a: Can the Subaltern Speak. In: NELSON, Cary/GROSSBERG, Lawrence (Hrsg.): Marxism and the interpretation of culture. London: Macmillan, S. 24–28.

SPIVAK, Gayatri Chakravorty 1988b: Subaltern Studies. Deconstructing Historiography. In: GUHA, Ranajit/SPIVAK, Gayatri Chakravorty (Hrsg.): Selected subaltern studies. New York u. a.: Oxford University Press, S. 3–32.

SPIVAK, Gayatri Chakravorty 2013: An aesthetic education in the era of globalization. Cambridge: Harvard University Press.

SPIVAK, Gayatri Chakravorty 2022: Righting Wrongs. Unrecht richten. Berlin: diaphanes.

STAATSSCHAUSPIEL DRESDEN 2015: Morgenland. http://www.staatsschauspiel-dresden.de/freunde_partner/junger_freundeskreis/morgenland/, 12.11.2021.

STADT BERLIN 2021: Theaterbühnen von A bis Z. https://www.berlin.de/tickets/theater/tipps/buehnen/a-bis-z/, 18.12.2021.

STEGEMANN, Bernd 2013: Kritik des Theaters. Berlin: Theater der Zeit.

STEGEMANN, Bernd 2015: Lob des Realismus. Berlin: Theater der Zeit.

STERNFELD, Nora 2014: Verlernen vermitteln. Hamburg: Lüdke.

STERNFELD, Nora 2020: Eine Demokratie lernen, die es noch nicht gibt. In: RAJAL, Elke u. a. (Hrsg.): Making Democracy - Aushandlungen von Freiheit, Gleichheit und Solidarität im Alltag. Bielefeld: transcript, S. 205–214.

STEYERL, Hito 1999: Was ist Kunst? In: GELBIN, Cathy S. (Hrsg.): AufBrüche. Kulturelle Produktionen von Migrantinnen, Schwarzen und jüdischen Frauen in Deutschland. Königstein/Taunus: Helmer, S. 155–171.

STING, Wolfgang 1994: Interkulturelles Theater im Spektrum von Kultur- und Theaterpädagogik. In: KURZENBERGER, Hajo (Hrsg.): Interkulturelles Theater und Theaterpädagogik. Dokumentation der Tagung und des Festivals an der Universität Hildesheim und in der Kulturfabrik Löseke, November 1993. Hildesheim: Universität Hildesheim, S. 83–98.

STING, Wolfgang 2003: Differenz zeigen. Interkulturelles Theater als ästhetisches Lernen. (Antrittsvorlesung). Hamburg.

STING, Wolfgang 2005: Differenz zeigen. Chancen interkultureller Theaterarbeit. In: Zeitschrift für Theaterpädagogik, H. 46, S. 41–47.

STING, Wolfgang 2008: Anders sehen. Interkulturelles Theater und Theaterpädagogik. In: HOFFMANN, Klaus/KLOSE, Rainer (Hrsg.): Theater interkulturell. Theaterarbeit mit Kindern und Jugendlichen. Berlin: Schibri-Verlag, S. 101–109.

STING, Wolfgang 2010a: Interkulturalität in Theater und Theaterpädagogik. In: Zeitschrift für Theaterpädagogik, H. 56, S. 53–56.

STING, Wolfgang 2010b: Irritation und Vermittlung. Theater in einer interkulturellen und multireligiösen Gesellschaft. Berlin: LIT-Verlag.

STING, Wolfgang 2012: Interkulturelles Theater. In: NIX, Christoph (Hrsg.): Theaterpädagogik. Berlin: Theater der Zeit, S. 189–196.

STING, Wolfgang 2014: Interkulturalität und Migration: eine Herausforderung und Chance für Theater und Theaterpädagogik. In: ADIGÜZEL, Ömer u. a. (Hrsg.): Theater und community - kreativ gestalten! Deutsch-türkische Kooperationen in der kulturellen Bildung. München: kopaed.

STOFFERS, Nina 2019: Kulturelle Teilhabe durch Musik? Transkulturelle Kinder- und Jugendbildung im Spannungsfeld von Empowerment und Othering. Bielefeld: transcript.

SUEDDEUTSCHE.DE 2014: Pegida: Semperoper schaltet das Licht aus. In: Süddeutsche Zeitung vom 22. Dezember 2014.

TAGUIEFF, Pierre-André 2000: Die Macht des Vorurteils. Der Rassismus und sein Double. Hamburg: Hamburger Edition.

TERKESSIDIS, Mark 1998: Psychologie des Rassismus. Opladen: Westdeutscher Verlag.

TERKESSIDIS, Mark 2004: Die Banalität des Rassismus. Migranten zweiter Generation entwickeln eine neue Perspektive. Bielefeld: transcript.

TERKESSIDIS, Mark 2011: Die Heimsuchung der Migration. Die Frage der interkulturellen Öffnung des Theaters. In: Theater der Zeit, H. 21, S. 42–49.

THOMAS, Alexander 2003: Das Eigene, das Fremde, das Interkulturelle. In: THOMAS, Alexander/KINAST, Eva-Ulrike/SCHROLL-MACHEL, Sylvia (Hrsg.): Handbuch interkulturelle Kommunikation und Kooperation. Band 1: Grundlagen und Praxisfelder, S. 44–59.

THOMPSON, Christiane/JERGUS, Kerstin/BREIDENSTEIN, Georg (Hrsg.) 2014: Interferenzen. Perspektiven kulturwissenschaftlicher Bildungsforschung. Weilerswist: Velbrück Wissenschaft.

TRAN, Thu Hoài 2017: Über die Notwendigkeit der Dekolonialisierung des Stadttheaters. In: SCHÜTZE, Anja/MAEDLER, Jens (Hrsg.): weiße Flecken. Diskurse und Gedanken über Diskriminierung, Diversität und Inklusion in der Kulturellen Bildung. München: kopaed, S. 21–30.

TSCHOLL, Miriam 2008: Jenseits des Hochkulturbunkers. In: Klaus Hoffmann, Rainer Klose (Hg.): Theater interkulturell, Theaterarbeit mit Kindern und Jugendlichen. Uckerland, S. 123–131.

TURNER, Victor Witter 2000: Das Ritual. Struktur und Anti-Struktur. Frankfurt am Main: Campus.

UNIVERSITÄT HILDESHEIM 2014: Mind The Gap - Flyer. https://www.uni-hildesheim.de/media/presse/Zugangsbarrieren_Kultur_Uni_Hildesheim_und_Kulturloge.pdf, 10.12.2021.

VELHO, Astride 2015: Alltagsrassismus erfahren. Prozesse der Subjektbildung - Potenziale der Transformation. Frankfurt am Main: Peter Lang.

VILLA, Paula-Irene 2003: Judith Butler. Frankfurt am Main: Campus-Verlag.

VISWESWARAN, Kamala 1994: Fictions of feminist ethnography. Minneapolis: University of Minnesota Press.

VOLBERS, Jörg 2011: Zur Performativität des Sozialen. In: HEMPFER, Klaus/VOLBERS, Jörg (Hrsg.): Theorien des Performativen. Sprache - Wissen - Praxis. Eine kritische Bestandsaufnahme. Bielefeld: transcript, S. 141–160.

VORRINK, Andrea J./MECHERIL, Paul 2014: Heterogenität – Sondierung einer (schul)pädagogischen Gemengelage. In: KOLLER, Hans-Christoph/CASALE, Rita/RICKEN, Norbert (Hrsg.): Heterogenität. Zur Konjunktur eines pädagogischen Konzepts. Paderborn: Ferdinand Schöningh, S. 87–113.

VOSS, Hanna 2017: Doing Refugee in Nicolas Stemanns *Die Schutzbefohlenen* zwischen Ästhetik und Institution. In: PETER, Birgit/PFEIFFER, Gabriele C. (Hrsg.): Flucht - Migration - Theater. Dokumente und Positionen. Göttingen: V&R Unipress, S. 165–176.

WACHENDORFER, Ursula 2001: Weiß-Sein in Deutschland. Zur Unsichtbarkeit einer herrschenden Normalität. In: ARNDT, Susan/THIERL, Heiko/WALTHER, Ralf (Hrsg.): AfrikaBilder. Studien zu Rassismus in Deutschland. Münster: Unrast-Verlag, S. 87–101.

WAHL, Christine 2020: So war das Theater der Zehnerjahre: Kunstnasen in Penisform - Kultur - Tagesspiegel. https://www.tagesspiegel.de/kultur/so-war-das-theater-der-zehnerjahre-kunstnasen-in-penisform/25421244.html, 19.12.2021.

WALGENBACH, Katharina 2012: Intersektionalität - eine Einführung. www.portal-intersektionalität.de, 16.03.2021.

WALGENBACH, Katharina 2017: Heterogenität - Intersektionalität - Diversity in der Erziehungswissenschaft. (, Bd. 8546). Opladen u. a.: Verlag Barbara Budrich.

WALGENBACH, Katharina/DIETZE, Gabriele 2007: Gender als interdependente Kategorie. Neue Perspektiven auf Intersektionalität, Diversität und Heterogenität. Leverkusen-Opladen: Verlag Barbara Budrich.

WARTEMANN, Geesche 2002: Theater der Erfahrung. Authentizität als Forderung und als Darstellungsform. Hildesheim: Universität Hildesheim.

WARTEMANN, Geesche 2013: Hildesheimer Thesen VIII – Die Zukunft der Theatervermittlung Zwischen Lektion und Labor. https://nachtkritik.de/index.php?option=com_content&view=article&id=7554:hildesheimer-thesen-vi-die-zukunft-der-theatervermittlung&catid=101:debatte&Itemid=84, 05.05.2021.

WELLGRAF, Stefan 2014: Hauptschüler. Zur gesellschaftlichen Produktion von Verachtung. Bielefeld: transcript.

WELSCH, Wolfgang 2000: Transkulturalität. Zwischen Globalisierung und Partikularismus. In: WIERLACHER, Alois/EGGERS, Dietrich/EHLICH, Konrad (Hrsg.): Jahrbuch Deutsch als Fremdsprache. Intercultural German Studies. München: iudicium Verlag, S. 327–351.

WERNET, Andreas 2009: Einführung in die Interpretationstechnik der Objektiven Hermeneutik. Wiesbaden: VS Verlag für Sozialwissenschaften.

WIMMER, Michael 2006: Dekonstruktion und Erziehung. Studien zum Paradoxieproblem in der Pädagogik. Bielefeld: transcript.

WINKER, Gabriele/DEGELE, Nina 2010: Intersektionalität. Zur Analyse sozialer Ungleichheiten. Bielefeld: transcript.

WISSENDERKUENSTE.DE 2021: Online-Publikation des DFG-Graduiertenkollegs „Das Wissen der Künste". https://wissenderkuenste.de/, 19.12.2021.

WISSERT, Julia 2014: Schwarz. Macht. Weiß. Eine künstlerische Recherche zur Frage nach strukturellem Rassismus auf deutschsprachigen Bühnen. Mozarteum Wien: Unveröffentlichte Diplomarbeit.

WRANA, Daniel 2006: Das Subjekt schreiben. Reflexive Praktiken und Subjektivierung in der Weiterbildung - eine Diskursanalyse. Baltmannsweiler: Schneider.

WRANA, Daniel 2012: Theoretische und methodologische Grundlagen der Analyse diskursiver Praktiken. In: WRANA, Daniel/MAIER REINHARD, Christiane (Hrsg.): Professionalisierung in Lernberatungsgesprächen. Theoretische Grundlegungen und empirische Untersuchungen. Opladen: Budrich, S. 195–214.

WRANA, Daniel 2014a: Die Analytik diskursiver Praktiken als Zugang zu Professionalisierungsprozessen. In: THOMPSON, Christiane/JERGUS, Kerstin/BREIDENSTEIN, Georg (Hrsg.): Interferenzen. Perspektiven kulturwissenschaftlicher Bildungsforschung. Weilerswist: Velbrück Wissenschaft, S. 175–198.

WRANA, Daniel (Hrsg.) 2014b: DiskursNetz. Wörterbuch der interdisziplinären Diskursforschung. Berlin: Suhrkamp.

WRANA, Daniel 2015a: Zur Analyse von Positionierungen in diskursiven Praktiken. Methodologische Reflexionen anhand von zwei Studien. In: FEGTER, Susann u. a. (Hrsg.): Erziehungswissenschaftliche Diskursforschung. Empirische Analysen zu Bildungs- und Erziehungsverhältnissen. Wiesbaden: Springer VS, S. 123–143.

WRANA, Daniel 2015b: Zur Methodik einer Analyse diskursiver Praktiken. In: DANIEL, Anna/HILLEBRANDT, Frank/SCHÄFER, Franka (Hrsg.): Methoden einer Soziologie der Praxis. Bielefeld: transcript, S. 121–144.

WRANA, Daniel/LANGER, Antje 2007: An den Rändern der Diskurse. Jenseits der Unterscheidung diskursiver und nichtdiskursiver Praktiken. In: Forum Qualitative Sozialforschung / Forum: Qualitative Social Research, 8 (2), S. 1–22. http://nbn-resolving.de/urn:nbn:de:0114-fqs0702206, 17.07.2018.

YAGHOOBIFARAH, Hengameh 2018: Stars und Sternchen. Einfach an jedes gegenderte Wort ein * klatschen und alle sind mitgedacht? So einfach ist es leider nicht. https://missy-magazine.de/blog/2018/05/11/stars-und-sternchen/, 16.12.2021.

YILDIZ, Erol/HILL, Marc 2015: Nach der Migration. Postmigrantische Perspektiven jenseits der Parallelgesellschaft. Berlin: De Gruyter.

ZIESE, Maren/GRITSCHKE, Caroline (Hrsg.) 2016: Geflüchtete und kulturelle Bildung. Formate und Konzepte für ein neues Praxisfeld.

ZINSMAIER, Isabelle 2019: Theaterpädagogik im postkolonialen Kontext. In: Zeitschrift für Theaterpädagogik, H. 74, S. 7–9.